LE JUDAÏSME ANTIQUE

DU MÊME AUTEUR,
DANS LA MÊME COLLECTION

L'Éthique protestante et l'esprit du capitalisme, précédé de *Remarque préliminaire au recueil d'études de sociologie de la religion*, I, et suivi de *Les Sectes protestantes et l'esprit du capitalisme*, traduction, introduction et notes par Isabelle Kalinowski.

Hindouisme et bouddhisme, traduction, introduction et notes par Isabelle Kalinowski et Roland Lardinois.

Sociologie de la religion, traduction, introduction et notes par Isabelle Kalinowski.

Max Weber

LE JUDAÏSME ANTIQUE

Traduction de l'allemand par Isabelle Kalinowski
avec la collaboration de Camille Joseph et Benjamin Lévy
Introduction, glossaire et notes par Isabelle Kalinowski

Ouvrage traduit avec le concours
du Centre national du Livre

Champs classiques

ISBN : 978-2-0812-1116-2

INTRODUCTION

Bien que *Le Judaïsme antique*, publié en 1917-1918, soit un des textes les plus longs, les plus précis et les plus passionnés de Max Weber, ce dernier ne s'intéressait guère à « la question juive ». Il n'en dit mot, fût-ce dans une note. Le terme « antisémitisme » est absent du *Judaïsme antique*, et n'apparaît qu'une fois dans l'annexe *Les Pharisiens* : « C'est un fait que, dans l'Antiquité, l'"antisémitisme" était universellement répandu » [JA, p. 651]. Le mot, entouré de guillemets, renvoyait à un débat que Weber ne jugeait pas sien, et tenait pour déplacé dans un cadre savant. Il aborda le judaïsme en postulant que cette religion avait à être étudiée par les spécialistes des religions exactement au même titre qu'une autre, et en conservant d'un bout à l'autre ce parti pris méthodologique. Bien sûr, il n'ignorait pas qu'une telle approche n'allait pas de soi dans l'Allemagne de son époque : en coulisse, dans son exemplaire personnel des *Juifs et la vie économique* de Werner Sombart (1911), par exemple, il raturait la marge face à telle ou telle assertion sur les déterminations « raciales » du judaïsme [1]. Mais si le souci de réfuter les thèses de Sombart compta parmi les motivations de la rédaction de bien des pages de Weber, dans *Le Judaïsme antique* comme ailleurs [2], ce dernier

1. Lorsque Sombart écrivait : « Il ne faut donc pas hésiter, à mon sens, à partir des spécificités de la religion juive pour remonter aux spécificités du peuple des Juifs », Weber notait dans la marge : « Surtout *pas ça* ! » [Cf. MWG I/21, 2, p. 829, note 43].

2. L'édition critique du *Judaïsme antique* parue en Allemagne en 2005 comprend, outre le texte connu, initialement paru en 1917-1918

songeait davantage aux positions sociologiques de Sombart sur le rapport entre judaïsme et capitalisme qu'à ses dérapages « ethniques », qu'il ne reconnaissait pas comme de véritables prises de position scientifiques. Corrélativement, Weber prit soin de systématiser son usage du mot « juif » : dans *Le Judaïsme antique,* il est surtout question de la communauté attachée à Israël, celle des « Israélites », et le terme « juif », presque absent, n'apparaît guère qu'à la fin, pour désigner, selon une acception précise, les fidèles de la religion d'Israël une fois que celle-ci, après l'exil, est institutionnalisée comme une « confession ». Dans le même esprit, Weber soulignait avec insistance que, « *historiquement*, les Israélites [n'avaient] jamais été un peuple nomade à proprement parler, ni une "tribu de bédouins" » [1] ; il prenait ainsi ses distances avec un topos antisémite aisément identifiable, l'opposition des « aryens sédentaires » et des « sémites nomades » [2], mais se refusait à tout commentaire au sujet de ce dernier. On peut supposer que le silence de Weber sur la « question » qu'il savait présente à l'esprit de ses lecteurs était un choix parfaitement réfléchi, de même que l'absence, dans ce texte, de toute allusion à Sombart.

Une autre interrogation se faisait cependant jour dès les premières lignes du *Judaïsme antique* : lorsqu'ils

---

dans la revue *Archiv für Sozialwissenschaft und Sozialpolitik*, la retranscription d'un fragment de manuscrit actuellement conservé à la Bayrische Staatsbibliothek de Munich [Cf. MWG I/21, 1, p. 178-209]. Ce texte, intitulé « Éthique et mythe. La séparation rituelle », date de 1911-1912 et porte témoignage d'un premier état de la réflexion wébérienne sur la question du judaïsme antique, qu'il réexamina ensuite, après l'interruption des premières années de guerre, à partir de 1916, pour rédiger *Le Judaïsme antique.* L'élaboration de ce premier texte fut ainsi immédiatement postérieure à la publication, en 1911, du livre de Sombart.

1. Cf. MWG I/21, 1, p. 8. Weber avait défendu ce point de vue dès la première fois où il avait évoqué le judaïsme ancien dans un texte publié, en 1907, dans les *Agrarverhältnisse im Altertum* [ESA, p. 181-193], puis sans cesse par la suite.

2. Cf. Maurice Olender, *Les Langues du Paradis. Aryens et sémites : un couple providentiel,* Gallimard/Seuil, 1989.

étudiaient une religion, les savants étaient-ils capables de dépasser les *a priori* liés à leurs origines confessionnelles ? Ils ne l'étaient manifestement pas toujours ; si la toute première grande controverse scientifique à laquelle Weber faisait allusion, celle qui avait opposé le spécialiste de l'Ancien Testament Julius Wellhausen à l'historien de l'Antiquité Eduard Meyer, avait revêtu un « ton extrêmement passionné », c'était, à en croire le sociologue, parce qu'un des deux contradicteurs avait défendu « un présupposé qui, en fin de compte, était malgré tout un présupposé religieux » [JA, p. 73]. Weber regardait cette inertie des catégories spontanées comme dommageable à la qualité de l'analyse, mais le jugement qu'il formulait ainsi n'était pas seulement dicté par une éthique scientifique (celle qu'il exposa dans la conférence *La Science, profession et vocation* [1]). Il procédait d'abord d'un constat factuel : la science n'était pas en mesure, de toute façon, d'accréditer ni d'authentifier les actes de foi, « miracles » et « révélations », elle n'avait les moyens de reconnaître à aucune religion la valeur d'une vérité rationnelle. Le savant n'était en aucune manière autorisé à « attribuer une *valeur* de "révélations" aux faits dont il tentait de trouver une explication empirique, pour autant que l'état des sources le permît » [JA, p. 72] : ce ne pouvait être là, irréductiblement, que l'acte de foi assumé par un croyant [2]. Corrélativement, le sociologue prenait soin de

1. Voir Max Weber, *La Science, profession et vocation,* suivi des *Leçons wébériennes sur la science et la propagande,* par I. Kalinowski, Marseille, Agone, 2005. En énonçant dans ce texte fameux l'impératif de « non-imposition des valeurs », Weber exhortait les savants à ne pas abuser de la position sociale d'autorité attachée à la « science » pour cautionner des valeurs extrascientifiques ; celles-ci pouvaient, en revanche, être défendues dans la sphère confessionnelle comme dans la sphère publique des luttes politiques et de leurs « propagandes ».

2. Weber formulait par exemple dans *La Science, profession et vocation* l'idée qu'il existait un antagonisme de principe entre la démarche scientifique moderne et l'acte de croyance : « Si l'on veut tuer à la racine la croyance qu'il existe quelque chose comme un "sens" du monde, aucune arme n'est plus efficace que ces connaissances-là [les connaissances scientifiques] ! Et que dire de la science comme voie "qui

le préciser, le savant n'était pas davantage en mesure d'invalider un tel acte de foi ; s'il ne pouvait accréditer la « valeur » d'une religion, il n'avait pas davantage les moyens de contester celle qui lui était reconnue par ses fidèles : « Un croyant juif (ou chrétien) objecterait avec vigueur que cela [les constats du savant] ne prouve absolument rien quant à la “valeur” religieuse de ces conceptions, et une telle objection serait incontestablement légitime » [JA, p. 72]. Ces deux prises de position traçaient à elles seules tout un programme épistémologique, que l'on pourrait désigner comme une forme radicale d'antiévolutionnisme : une religion n'avait pas davantage de « valeur » qu'une autre, la non-croyance n'était pas préférable à la croyance, la science n'était pas plus « évoluée » que la religion. Le propos de la sociologie des religions, dans la perspective de Weber, n'était en aucun cas orienté vers l'identification ou la critique de « superstitions ». Il s'agissait, non de dénoncer le caractère de « simples croyances » de certaines représentations, mais de saisir la logique de leur articulation avec un certain contexte social.

Faut-il déduire de ce qui précède que Weber entendait bannir toute subjectivité de la sociologie des religions, et prôner, comme on l'affirme souvent, la « neutralité » en ces matières ? *Le Judaïsme antique* atteste au contraire, de façon éclatante, que les exigences scientifiques de « non-imposition des valeurs » que Weber ne cessait de réaffirmer n'étaient aucunement incompatibles avec un investissement intime profond. Aucun texte ne laisse affleurer aussi distinctement la « musique religieuse » à laquelle Weber était vraiment sensible et qui le faisait réagir plus viscéralement qu'une autre tradition sacrée : ce protestant, qui se disait « ni antireligieux ni irréligieux » mais

---

mène à Dieu” ? Elle, la puissance spécifiquement étrangère au divin ? Nul ne doute plus aujourd'hui, en son for intérieur – qu'il se l'avoue ou non – que la science soit coupée de Dieu » [SPV, p. 35].

dépourvu « de sens musical » pour la religion [1], révélait dans son analyse du prophétisme juif à quel point la langue de l'Ancien Testament, tout spécialement la rhétorique des prophètes, lui était familière, comme l'est une parole dans laquelle une jeunesse a été baignée. À l'âge de quinze ou seize ans, Weber avait « pris l'initiative d'apprendre l'hébreu, pour lire l'Ancien Testament dans l'original [2] ». La langue des prophètes, d'abord orale (les prophètes, pour Weber, n'étaient des « prophètes de l'écrit » qu'à titre second), chargée de pathos et d'affect, qui tendait à la grandiloquence, voire, dans certains cas, à la vocifération, cette langue souvent litanique, mais toujours puissamment rythmée, où perçaient çà et là la colère et les fulgurations d'images « magnifiques », le faisait réagir fortement :

> « Dans leur perfection formelle et leur tonalité tempérée, les oracles grecs que nous connaissons, toujours livrés à la demande, n'atteignent pas, loin s'en faut, la puissance d'émotion qui émane des versets prophétiques spontanés d'Amos, Nahum, Ésaïe, Sophonie et Jérémie. Même si les textes qui ont été conservés sont parfois fragmentaires, le pouvoir du rythme, puissant en soi, est encore surpassé par la force ardente des images visuelles, toujours concrètes, évidentes, condensées, frappantes, définitives, souvent grandioses et infiniment terrifiantes ; elles font partie de ce que la littérature universelle a produit de plus magnifique dans ce

1. « Il est certain que je n'ai absolument pas le sens "musical" de la religion et que je n'ai ni le besoin ni la capacité d'ériger en moi de quelconques "édifices" spirituels à caractère religieux – ce n'est tout simplement pas possible, ou, plutôt, je le refuse. Mais, à l'examen, je ne suis précisément ni antireligieux ni irréligieux » (Lettre de Max Weber à Ferdinand Tönnies, 19 février 1909, [MWG II/6, p. 65]).

2. Marianne Weber, *Max Weber. Ein Lebensbild,* Tübingen, Mohr, 1926, p. 60. Weber déplorait cependant en 1920, peu avant sa mort, dans la « Remarque préliminaire » au *Recueil d'études de sociologie des religions,* l'érosion de sa connaissance de l'hébreu (« Les restes d'hébreu que je maîtrise encore sont tout à fait insuffisants » [EP, p. 65]). Dans la *Sociologie de la religion* [SR 2, p. 381], il avait recours à l'expression « patois de Canaan », qui désignait la langue des théologiens protestants allemands, truffée, comme la sienne, de références bibliques.

domaine, et ne perdent de leur force plastique que dans les visions d'avenir, fantastiques mais indéfinies, qui étaient censées, à partir d'une image vague, figurer les hauts faits que le Dieu invisible avait personnellement accomplis en faveur d'Israël » [JA, p. 483].

Cette langue, parfois, était aussi la sienne : la lecture, en parallèle, du *Judaïsme antique* et des passages de l'Ancien Testament mentionnés par Weber produit un singulier effet de consonance. L'exercice de traduction, qui impose de prêter l'oreille aux fines inflexions de la voix d'un auteur, à ses accents, ses tendresses ou ses accélérations nerveuses, révèle, dans le cas de Max Weber, une alternance régulière entre une langue âpre, répétitive, « rationnelle », le *continuo* de la prose wébérienne, marqué par des cadences amples, ou simples et sans recherche, et, d'autre part, de brefs moments de crise, de brusques emballements, où la voix s'amplifie et se fait plus vibrante, et le rythme plus percutant, plus musical. Comme dans le cas des premiers prophètes, le lien avec la langue orale demeure vivace : l'écriture wébérienne est avant tout la transcription d'une parole, elle est scandée comme un discours. Weber était d'ailleurs pleinement conscient du primat qu'il accordait à la langue prononcée sur la langue écrite : il mentionnait par exemple avec intérêt, dans *Le Judaïsme antique*, une étude analysant le style littéraire du Deutéronome à partir des marques d'oralité dont il était porteur [1].

1. « Klostermann, quant à lui, a subtilement établi un parallèle entre les "Juges" d'Israël et les "diseurs de loi" (*lögsögumadr*) des pays nordiques, d'Islande en particulier : les porteurs de la tradition juridique sous sa forme orale, qui furent les précurseurs de sa fixation par écrit. Il a ainsi tenté d'expliquer, notamment, la genèse et le caractère spécifiquement littéraire des recueils juridiques préexiliques, issus justement, selon lui, des enseignements juridiques donnés en public par ces "énonciateurs de la loi" » [JA, p. 198]. La référence de l'ouvrage était la suivante : August Klostermann, *Der Pentateuch : Beiträge zu seinem Verständnis und seiner Entstehungsgeschichte,* Leipzig, 1907.

Dans ses réflexions sur la genèse des prophéties du judaïsme ancien, le sociologue soulignait que ces dernières étaient souvent le produit d'un état de transe. Il livrait ainsi la clé des passages, toujours situés au terme de longues démonstrations, où sa propre langue connaissait un soudain changement de registre, devenait plus « littéraire » et laissait brièvement entrevoir un pathos plus personnel et une vraie « puissance d'émotion ». Chez lui, cette alternance est si systématique qu'elle permet de déterminer à coup sûr si un texte est ou non achevé : l'absence d'une conclusion aux accents plus « extatiques » atteste, par exemple, que les derniers paragraphes du *Judaïsme antique* n'étaient pas le terme prévu par Weber pour cette étude, demeurée fragmentaire, alors que la présence d'une conclusion de ce type dans *Les Pharisiens* signale qu'il s'agit bien d'un texte auquel l'auteur avait mis un point final. Cette succession de tonalités, clairement séparées et dont le contraste était manifestement outré pour prévenir tout risque de confusion, suggère que Weber ne s'interdisait pas l'expression de points de vue subjectifs, mais cherchait à les délimiter et à en exagérer les marquages, afin qu'ils fussent nettement perçus comme tels.

Les composantes proprement « visionnaires » que Weber jugeait « magnifiques » chez les prophètes de l'Ancien Testament ne représentaient pas seulement, pour lui, un contrepoint de la réflexion rationnelle. *Le Judaïsme antique* fait ressortir une dimension décisive de la pensée wébérienne, rarement affichée avec autant d'insistance que dans cette étude tissée d'un épais maillage de scènes bibliques [1] : le rôle que Weber accordait à l'image, à la

1. Dans la traduction qui va suivre, il est fréquent qu'une même page comprenne une bonne dizaine de références à des « histoires » de l'Ancien Testament, voire davantage, si l'on ajoute les références non signalées par Weber et qui ont parfois été ajoutées entre crochets : en lisant *Le Judaïsme antique*, on visualise ainsi davantage que dans d'autres œuvres wébériennes tout un soubassement d'images, de légendes et de récits dont la réflexion sociologique n'est pas séparée.

représentation visuelle d'une scène ou d'une histoire en images, dans l'élaboration de l'intelligibilité sociologique. Chez lui, les images ou les scènes imagées ne sont pas très nombreuses mais possèdent, précisément, les caractéristiques qu'il attribue aux images prophétiques de l'Ancien Testament : la « force plastique [1] », la « force ardente » qui les rend « toujours concrètes, évidentes, condensées, frappantes, définitives, souvent grandioses et infiniment terrifiantes ». Ces « images visuelles » ont le pouvoir de « condenser » les éléments d'une réalité, d'autoriser la perception immédiate et synthétique de propriétés que l'analyse ne peut énumérer que diachroniquement ; elles sont dotées d'une puissance explicative propre, qui peut faire d'elles le corrélat des méthodes rationnelles plutôt que leur envers. Comment ne pas établir un lien entre ce type d'images, telles que Weber les décrit ici, et l'outil méthodologique qu'il a appelé « l'idéaltype », cet « artefact » qui ne se rencontre jamais tel quel dans la réalité, mais est cependant composé d'éléments empiriques dont il offre une « compilation cohérente » [EP, p. 157] ? Images, visions, figures, personnages, scènes, histoires se trouvent ainsi investis d'une portée capitale pour l'explication *scientifique* des phénomènes humains. Ainsi, le recours fréquent de Weber, dans *Le Judaïsme antique*, au terme de « légende », à propos des textes de l'Ancien Testament, voire de « nouvelle » (lorsqu'il est question de la « nouvelle de Joseph », « nouvelle » est entendu au sens de la forme littéraire [2]),

1. Weber se réfère souvent au couple « plastique »/« abstrait », qui ne recoupe pas exactement l'opposition « image »/« concept » ; il est des images sans « force plastique », et des discours conceptuels capables de « créer des images ».

2. Là comme ailleurs, Weber était attentif non seulement au détail de l'élaboration littéraire mais aussi à la circulation entre les formes artistiques « savantes » et « populaires » : « L'histoire de Joseph, sous la forme développée que nous connaissons, présentait déjà le caractère d'une "nouvelle" édifiante composée avec art par un poète cultivé pour des yahvistes cultivés : c'était l'œuvre d'un artiste. Entre les cercles de laïcs indépendants, lettrés et cultivés mais également intéressés par la

ne doit pas induire en erreur : il ne s'inscrivait pas dans la topique d'une opposition entre « vrai » et « faux », « réalité » et « fiction », textes « authentiques » et « inauthentiques ». Du point de vue de Weber, cette opposition n'était guère pertinente, et une « légende » pouvait être mieux à même de donner accès à la compréhension d'une réalité historique qu'un récit « factuel ». L'usage répété, dans cette étude, de la notion de « légende étiologique » montrait bien que Weber n'établissait pas d'antagonisme de principe entre la fiction, le récit en images, et, d'autre part, l'explication des causes. Les premiers pouvaient offrir une forme condensée de la seconde, une forme « frappante », apte à marquer les esprits et les mémoires. *Le Judaïsme antique* permet de mieux saisir la fonction que Weber attribuait à l'image et, en même temps, l'origine de cette conception particulière : sa longue fréquentation des prophètes de l'Ancien Testament. Il privilégia toujours un type d'images, d'histoires et de scènes qui présentaient des caractéristiques semblables à celles des visions prophétiques.

Pour la même raison, il n'est guère possible d'invalider la portée de la réflexion wébérienne sur le judaïsme antique en arguant que les connaissances philologiques sur lesquelles il prenait appui ont aujourd'hui été réfutées, notamment les travaux de Julius Wellhausen sur la datation de l'Ancien Testament et sa version de « l'hypothèse documentaire ». Weber admettait avec Wellhausen l'existence d'une série de strates d'écriture du Pentateuque, attribuées à des rédacteurs successifs (« Yahviste », « Élohiste », « Jéhoviste »), plus ou moins « retouchées » et combinées au fil du temps, en fonction, notamment, des intérêts sacerdotaux. Il avait fréquemment recours à la notion « d'interpolation », autrement

politique et la politique religieuse et, d'autre part, les porteurs de la poésie populaire des proverbes et des légendes, il existait des médiations et, surtout, des relations directes » [JA, p. 356].

dit d'intervention sur le matériau « initial » d'un texte, et reprenait également à son compte la polarité « authentique »/« inauthentique » (il n'hésitait pas à parler de « tradition authentique »). Mais cette conformité somme toute assez peu critique aux modèles philologiques en vigueur à son époque [1] ne signifie pas que toute l'argumentation wébérienne ait reposé sur l'identification d'un noyau de textes « authentiques » qui aurait concentré ce qui était, pour lui, la « vérité » du judaïsme ancien. Nulle part, dans son œuvre de sociologie religieuse, et dans *Le Judaïsme antique* pas davantage qu'ailleurs, Weber ne postulait la possibilité d'une quelconque adéquation directe entre les textes sacrés et la « réalité » historique. « Authentiques » ou « inauthentiques », ces textes procédaient de toute façon d'un acte de formalisation littéraire et de codification rationnelle, conceptuelle et métaphorique qui les différenciait radicalement de ce qu'on désigne couramment sous le nom de « documents historiques ». En un sens, pour Weber, ce type de documents immédiatement « réalistes » n'existait pas ; inversement, une « fable historique » pouvait très bien « faire la synthèse de réminiscences anciennes » [JA, p. 155].

1. Weber déclarait lui-même opter pour un « traitement des sources » de type « conservateur », qu'il définissait comme suit : « Il est d'autant plus difficile d'aboutir à des constats positifs et incontestables que le texte des sources, souvent corrompu précisément dans ses parties les plus importantes ou altéré, à des époques inconnues, par des interpolations ou des émendations, a suscité des controverses que le non-philologue, en règle générale, n'est pas en mesure de trancher. Dans bien des cas, l'option choisie dépend aussi des doutes plus ou moins radicaux que peut inspirer l'authenticité du texte : les rédacteurs sacerdotaux ont pu avoir intérêt à les falsifier. De façon générale, pour tous les textes dont le caractère de faux n'est pas avéré, soit pour des raisons linguistiques, de l'avis général des philologues autorisés, soit pour des raisons pratiques évidentes, du point de vue de leur contenu, le non-spécialiste aura tout lieu de commencer par les examiner en formulant l'hypothèse que, malgré tout, ils sont peut-être utilisables comme outils de compréhension historique » [JA, p. 75].

Max Weber et le prophète Jérémie

Dans les temps où il entra en dépression et ne pouvait plus guère travailler, Weber disait trouver un apaisement dans la lecture d'ouvrages sur le judaïsme ancien : il relatait dans une lettre à sa femme qu'il avait troqué *Madame Bovary*, qui ne lui réussissait guère, contre *L'Histoire israélite* de Wellhausen, un livre « superbe [1] ». D'après Marianne Weber, *Le Judaïsme antique* n'avait pas seulement, à certains égards, des accents personnels, mais une tonalité nettement autobiographique, Weber s'identifiant plus tard, dans le contexte politique de la Première Guerre mondiale, avec les « prophètes de malheur » et, plus particulièrement, avec Jérémie [2].

> « Weber montre que les prophètes se manifestaient toujours lorsque de grandes puissances menaçaient leur pays, et lorsque l'existence de l'État national juif était en jeu. Ils étaient alors pris dans le tourbillon des partis et des conflits d'intérêts. Tout particulièrement en ce qui concernait la politique étrangère. [...] Lorsque Weber avait étudié, quelques années auparavant, le type du prophète israélite ancien dans le cadre de sa sociologie de la religion systématique [3], il n'avait pas encore fait usage de telles notions. Ce n'est qu'avec l'expérience de la guerre et de l'action politique qu'il devint attentif à ces aspects. Il était particulièrement saisi par

---

1. Lettre à Marianne Weber, 15 août 1898, citée par Eckart Otto, « Einleitung », MWG I/21.1, p. 1-2.

2. Weber livrait, dans un passage du *Judaïsme antique,* une caractérisation des prophètes juifs selon leurs « tempéraments » : il distinguait ainsi « la passion tumultueuse, ardente et entière d'Amos, la douceur et la chaleur aimante et séduisante d'Osée, l'élan bien trempé, distingué et sûr de lui et l'enthousiasme puissant et profond d'Ésaïe, l'âme tendre de Jérémie, gravement atteinte par des états émotionnels dépressifs et des idées fixes, mais tendue vers un héroïsme désespéré sous l'effet de sa vocation irrésistible, et l'intellectualisme d'Ézéchiel, porté à l'excitation extatique, mais intérieurement froid » [JA, p. 502].

3. Marianne Weber se réfère ici à la *Sociologie de la religion* qui parut, à titre posthume, comme un chapitre d'*Économie et société* (cf. Max Weber, *Sociologie de la religion,* trad. I. Kalinowski, Champs Flammarion, 2006).

la figure du prophète de malheur Jérémie, dont l'analyse, comme celles qui portent sur les puritains, atteste une forte participation intime. Lorsque, le soir, il lisait à son épouse les passages qu'il avait écrits sur ce thème, beaucoup de traits rappelaient à celle-ci le destin de Weber.
Jérémie implore Dieu de le dispenser de prophétiser. Il ne veut pas parler, il y est *contraint*, et il ressent cette obligation de parler comme un destin effrayant. Sur l'ordre de Yahvé, il prend la parole en public, dans les rues, toujours contre les dirigeants de son propre peuple, le roi et les siens. Yahvé parle à travers lui, le contraint à prédire le malheur et à maudire le roi parce qu'il n'a pas respecté l'alliance avec Yahvé et a fait des concessions à des dieux étrangers. [...] Une fois qu'il s'est avéré qu'il avait raison, nulle trace de triomphe. Ni non plus, comme auparavant, de sourd désespoir. Mais plutôt, à côté d'une lourde tristesse, un espoir qui s'ouvre, l'espoir de la grâce de Dieu et de temps meilleurs. [...] Il lutte seul avec ses visions et, après les avoir proclamées, il rentre chez lui, suscitant chez les autres effroi et crainte. Le charisme est son privilège : son but n'est jamais de faire venir "l'esprit" sur ses auditeurs. Il ne s'appuie pas, à la différence du prophète chrétien, sur une communauté pneumatique. Au contraire : incompris et haï de la masse, il ne se sent jamais porté par elle ni entouré par des compagnons partageant ses vues, comme les apôtres chrétiens. Le pathos de la solitude intérieure pèse sur lui. Il n'est pas poursuivi par des nuées d'extatiques ; seuls quelques élèves partagent son ivresse solitaire et son tourment tout aussi solitaire. Jamais il ne nourrit l'ambition d'être un sauveur, un virtuose religieux exemplaire, ni un homme sans péché. Il n'offre pas non plus de biens de salut qui lui soient propres. Il exhorte le peuple à la moralité et à l'obéissance envers Dieu, mais il ne proclame pas une nouvelle conception de Dieu, ni de nouvelles voies de salut, ni même seulement de nouveaux commandements ; il se contente de prôner une religion plus intériorisée. Il est la voix du Dieu connu de tous [1]. »

Comme à son habitude, Marianne Weber reprenait ici des extraits de textes de Weber pour les paraphraser ; la sélection ainsi opérée, à partir du portrait de Jérémie et

1. Marianne Weber, *op. cit.*, p. 604-606 (trad. I.K.).

des prophètes brossé dans *Le Judaïsme antique*, traçait un parallèle entre la position des prophètes juifs anciens et celle de Max Weber dans le contexte de la Première Guerre mondiale. Les « prophètes de malheur » de l'Ancien Testament adressaient à la royauté de leur temps des critiques acerbes, sans pour autant trouver appui auprès de leur peuple, auquel ils se refusaient à délivrer des promesses d'avenir rassurantes ; Weber, quant à lui, se trouvait en porte-à-faux dans ses prises de position politiques, puisqu'il se montrait à la fois critique à l'égard des pouvoirs en place, reprochant à l'empereur Guillaume II et à son gouvernement de mal défendre l'Allemagne, et, en même temps, peu enclin à faire miroiter pour les « masses » des alternatives lénifiantes. Si l'analogie évoquée ici par Marianne Weber devait être poussée à son terme, le lecteur ne pourrait manquer de relever que Weber associait à la figure de Jérémie, comme à celles d'autres prophètes, aussi bien l'idée d'un attachement à « l'État national » que la notion de « haute trahison » : tandis qu'Israël était menacé d'invasion par des puissances extérieures, assyriennes ou babyloniennes, Jérémie et Ésaïe disaient appeler de leurs vœux la défaite de leur pays, afin que celui-ci reçût une leçon et regrettât d'avoir désobéi aux commandements de Yahvé. Weber conjuguait, de fait, un patriotisme fervent et des réflexes très hostiles à l'égard des élites politiques allemandes ; de même, selon une contradiction qui n'était qu'apparente, il critiquait sans ménagement les doctrines pacifistes mais affichait tout aussi ouvertement son aversion pour la propagande de guerre, comme dans ce passage du *Judaïsme antique* :

> « Dans leurs fantaisies utopiques, ceux qui étaient les porteurs [de l'idéal ancien] cherchaient d'autant plus à se rassasier d'images sanglantes et à se remémorer les actes guerriers héroïques de Yahvé qu'eux-mêmes s'étaient entre-temps démilitarisés – tout comme on voit, de nos jours, dans tous les pays, la soif guerrière atteindre des sommets chez les

couches de littérateurs qui sont le plus éloignés des tranchées et le moins taillés pour faire la guerre » [JA, p. 237].

L'identification à la figure de Jérémie pouvait d'ailleurs directement évoquer, dans le contexte du temps, des connotations pacifistes, entièrement assumées, par exemple, dans la pièce de Stefan Zweig qui vit le jour à la fin de la guerre, *Jérémie* (1917).

Le parallèle entre les positions des prophètes de malheur et les intérêts politiques de Max Weber trouve un point d'orgue dans le constat selon lequel la « démagogie » politique n'était au fond ni pour les uns ni pour les autres le ressort ultime de leur vocation. Les années 1918-1919, le moment de la parution du *Judaïsme antique,* furent pour Weber un temps d'intense interrogation sur sa vocation de scientifique et sur l'opportunité d'accorder la préférence à une ambition d'orateur politique qui s'affirmait également chez lui de manière persistante. Peut-être faut-il voir dans le passage suivant l'écho d'une réflexion lucide sur la hiérarchie de ses propres intérêts :

« Tous ces exemples montrent que, d'un point de vue objectif, les prophètes, de par leur mode d'action, étaient des démagogues et des publicistes politiques, surtout pour la politique étrangère, mais que, d'un point de vue subjectif, ce n'étaient pas des hommes de parti. De façon générale, les intérêts politiques n'étaient pas ceux qui leur importaient le plus. Jamais la prophétie ne laissa entrevoir un “État idéal” (à l'exception de la construction hiérocratique imaginée par Ézéchiel pendant l'exil) ; jamais elle ne fit l'expérience, tentée par les aisymnètes philosophiques et surtout par l'Académie, de conseiller les puissants pour les aider à traduire dans la réalité des idéaux politiques orientés dans le sens d'une éthique sociale. L'État et ses affaires n'intéressaient pas les prophètes pour eux-mêmes. Leur problématique n'était pas celle des Grecs, qui se demandaient comment faire de bons citoyens. Elle était de part en part religieuse, nous le verrons, et visait l'accomplissement des commandements de Yahvé. Cela ne signifie pas, bien au contraire, que ces prophètes

– ce fut du moins le cas de Jérémie – n'étaient pas capables d'apprécier les configurations de pouvoir réelles de leur temps avec davantage de clairvoyance que les prophètes de salut [1]. Mais pour eux, l'enjeu décisif résidait ailleurs » [JA, p. 462].

La question de savoir à quelle valeur Max Weber accordait le primat, par analogie avec la prééminence reconnue par les prophètes aux valeurs religieuses, trouve des éléments de réponse dans la conférence *La Science, profession et vocation*, où le sociologue plaidait en faveur d'une science capable de s'acquitter avec simplicité et probité des « exigences du jour », même si elles paraissaient modestes et moins décisives que l'ancienne ambition de délivrance de « biens de salut » [SPV, p. 59]. À la fin de ce texte, Weber citait un texte de prophète, le « Chant du Veilleur » d'Ésaïe, et établissait une comparaison entre la perpétuation de l'attente messianique dans le judaïsme et l'inassouvissement perpétuel de l'attente de « sens » à laquelle la science devait accepter de ne pouvoir mettre un terme :

« Veilleur, combien de temps la nuit durera-t-elle encore ?
Le veilleur répond :
– Le matin vient, mais c'est encore la nuit. »

[*ibid.*].

La problématique du « peuple paria »

Le « problème sociologique posé par l'histoire de la religion juive » se résumait, à en croire Weber, dans un mot-clé, la notion de « peuple paria ». Le texte, plutôt bref, de la « Remarque préliminaire » était centré sur ce constat. Le fait d'avoir rangé les juifs dans une telle catégorie a exposé Weber à des suspicions, et son premier traducteur français, le sociologue Freddy Raphaël, insistait encore, dix ans après la publication de sa remarquable traduction

1. Sur l'opposition entre « prophètes de malheur » et « prophètes de salut », voir *infra*, p. 53-54.

du *Judaïsme antique,* sur le malaise qu'avait suscité chez lui l'application, par Weber, de la notion de « peuple paria » aux juifs anciens ; il considérait, dans le cas de ces derniers, la qualification de « peuple-hôte » comme nettement plus pertinente [1]. L'usage wébérien de la notion de « paria » était-il effectivement péjoratif ? De fait, loin de la réserver à un usage historique spécialisé, Weber reconnaissait lui-même dans *Hindouisme et bouddhisme* que la signification qu'il lui attribuait aurait été « totalement incorrecte » « dans la bouche d'un hindou » ; il affirmait employer le terme dans le « sens désormais usuel en Europe » [H&B, p. 88, n. 1]. Cela n'était vrai qu'en partie, cependant : si, chez Weber, le terme de « paria » renvoyait, banalement, à une position dévalorisée, marginale, il n'en recouvrait pas moins un concept sociologique bien précis, dont lui-même livra, nous allons le voir, une définition dépourvue de toute ambiguïté. La proposition selon laquelle le judaïsme de l'Antiquité avait donné naissance à un « peuple paria » était bel et bien une thèse sociologique, et non un jugement sur les vicissitudes de l'histoire des juifs.

Les critiques émises par Freddy Raphaël, cependant, ne visaient pas exclusivement les connotations attachées à l'usage profane du terme, mais portaient également sur son acception technique. Selon Weber, la transformation d'une « tribu hôte » en un « peuple paria » présupposait la rupture des liens qui la rattachaient originellement à un territoire géographique précis : « Plus on s'approche du type pur du "peuple paria", plus les attaches à un territoire de tribu bien défini sont fluctuantes ou se relâchent » [H&B, p. 91]. On peut dès lors s'étonner, avec

1. La traduction pionnière du *Judaïsme antique* par Freddy Raphaël parut en 1971 chez Plon. Je me réfère ici à son article « Die Juden als Gastvolk im Werk Max Webers », in : Wolfgang Schluchter (éd.), *Max Webers Studie über das antike Judentum. Interpretation und Kritik,* Francfort, Suhrkamp, 1981, p. 224-262. Cet article a ensuite été développé dans l'ouvrage *Judaïsme et capitalisme : essai sur la controverse entre Max Weber et Werner Sombart,* PUF, 1982.

Freddy Raphaël, que Weber ait précisément appliqué la notion de « peuple paria » à la période de l'histoire du judaïsme où le lien avec la terre d'Israël était le plus étroit, plutôt qu'à des épisodes ultérieurs comme « l'histoire des juifs d'Europe à partir de la fin du Moyen Âge [1] ». Un autre point litigieux mis en avant par Freddy Raphaël concernait la pertinence sociologique du recours à la notion de « paria » en dehors du contexte de l'Inde et du régime des castes [2]. Weber sacrifiait-il le respect de la singularité historique aux schématismes de la comparaison ? Lui-même semblait abonder dans le sens d'une telle objection, puisque, immédiatement avoir posé sa définition du peuple juif comme peuple paria, il s'empressait de relever trois différences historiques fondamentales « entre le judaïsme et les tribus parias indiennes » : « l'environnement sans caste » du peuple paria juif, l'opposition entre l'attente juive d'une « révolution politique et sociale à venir, menée par Dieu » et l'attitude « éminemment conservatrice [des castes indiennes] d'un point de vue social », enfin, le rejet de la magie dans le judaïsme, qui contrastait avec « les voies de salut des religions asiatiques de la délivrance », dans lesquelles la magie occupait une place centrale.

Pourquoi Weber choisit-il, non seulement de maintenir l'usage d'un concept dont les limites lui apparaissaient clairement, mais, surtout, de lui accorder une place aussi liminaire dans les analyses du *Judaïsme antique* ? Pour répondre à cette question, il est nécessaire de formuler le

1. F. Raphaël, *art. cit.*, p. 258. On pourrait ajouter que la référence idéale à la terre d'Israël ne fut justement en aucun cas abandonnée. Cependant, Weber avait plus précisément en tête des liens *économiques* : en observant que le peuple paria avait « entièrement perdu toute attache locale spécifique », il entendait par là qu'il était « totalement impliqué, d'un point de vue économique, dans la couverture des besoins d'autres peuples établis dans un lieu donné » [H&B, p. 88].

2. « Une comparaison entre les parias indiens et les juifs n'est possible que si l'on procède de façon parfaitement formelle et néglige certains éléments structurels fondamentaux qui font la spécificité de chacun de ces systèmes » (F. Raphaël, *art. cit.*, p. 229).

problème sociologique précis que Weber associait, dans *Hindouisme et bouddhisme*, à ses considérations sur les groupes « parias ». La question sociologique que soulevait, selon lui, l'existence de tels groupes, n'avait pas trait au caractère inégalitaire d'un régime social et d'une hiérarchie de rangs : ces inégalités sociales n'étaient en rien une spécificité de l'Inde. La question portait, beaucoup plus exactement, sur un paradoxe dont il s'agissait de rendre compte : comment expliquer que, pour les « peuples parias » indiens, en dépit de leur position dévalorisée, « il ait été malgré tout plus avantageux d'être considéré comme une "caste" légitime, fût-elle négativement privilégiée, que comme un simple peuple étranger » [H&B, p. 94] ? Les « peuples parias » recherchaient l'intégration dans l'ordre des castes hindou alors même que celui-ci les désavantageait socialement et les cantonnait dans un statut mineur. Pourquoi ? C'est là que résidait, pour Weber, le véritable enjeu associé aux groupes « parias » de l'Inde comme objet sociologique. « L'attraction » du régime des castes hindou s'exerçait irrésistiblement sur les couches sociales que celui-ci « opprimait » ; les groupes parias n'avaient de cesse de devenir à leur tour des « castes », même s'ils ne pouvaient espérer devenir que des « castes impures ». Ce paradoxe éveillait fortement l'attention du sociologue parce qu'il traduisait l'incidence décisive d'une logique sociale particulière, qui ne recoupait pas complètement la logique des « intérêts de classe », bien qu'elle pût également, dans certains cas, épouser et conforter cette dernière : la logique « rituelle ». Selon lui, la spécificité des « peuples parias » procédait plus fondamentalement d'une exclusion « rituelle » que d'une exclusion « sociale » : ce qui les définissait en propre, ce n'était pas leur « rang inférieur » d'un point de vue social, mais leur « rang religieux négatif » [1] ; ce n'étaient

1. Sur l'opposition entre le paradigme « vertical » de la « hiérarchie sociale » et le paradigme « structurel » du « système » des castes, voir I. Kalinowski, « La sociologie des religions indiennes en France et en Allemagne au début du XXe siècle : *Essai sur le régime des castes* de

« pas des tribus barbares étrangères, mais les "castes impures" de la classification hindoue. Il n'en [allait] pas de même pour les tribus qui, tout en jouissant d'un statut d'hôte traditionnellement reconnu et réglementé [...], [n'occupaient] cependant aucun rang religieux, ni positif, ni négatif » [H&B, p. 90]. La pointe de l'argumentation wébérienne n'était autre que celle-ci : les « peuples parias » aspiraient à intégrer l'ordre des castes hindou *avant tout pour obéir à des motivations rituelles,* en l'occurrence, pour se voir reconnaître un rang religieux, si modeste fût-il ; c'est d'abord en vertu de tels motifs qu'ils se faisaient les défenseurs du système des castes, et même des défenseurs très acharnés, alors même qu'ils ne pouvaient escompter, dans un tel cadre, que des « privilèges négatifs » d'un point de vue social. Weber n'entendait pas par là qu'intérêts religieux et intérêts sociaux s'exerçaient nécessairement dans des sens divergents ; le plus souvent, au contraire, ils se renforçaient mutuellement. Cependant, certains cas particuliers, comme ceux des « peuples parias » de l'Inde, faisaient apparaître que les intérêts rituels n'étaient pas un simple épiphénomène des intérêts sociaux ou économiques ; ils possédaient une logique spécifique, partiellement indépendante des logiques économiques et sociales, et précisément capable de conforter celles-ci parce qu'elle en était partiellement indépendante. Tel était le problème sociologique que Weber avait en tête à propos des « parias » indiens et des « castes impures » :

> « Les anciennes castes d'artisans ne sont pas seulement les porteurs d'un traditionalisme strict, mais aussi, en règle générale, ceux de la plus stricte exclusivité rituelle de caste. L'endogamie et l'exclusion de la commensalité ne sont jamais imposées plus rigoureusement que chez elles. Et pas seulement dans les rapports entre castes de rang supérieur et castes de rang inférieur. Les castes impures évitent tout aussi

---

Célestin Bouglé (1900-1908) et *Hindouisme et bouddhisme* de Max Weber (1916-1917) », *Revue germanique internationale,* 7, 2008, p. 201-214.

> soigneusement les contacts avec ceux qui n'en sont pas membres, et sont par là sources de pollution, que les castes pures s'abstiennent de contact avec les castes impures ; on a là la preuve que les causes de cette exclusivité mutuelle n'étaient pas de prime abord sociales, mais rituelles, et s'enracinaient dans le statut antérieur de peuple-hôte et de peuple paria d'un grand nombre d'entre elles. On trouve justement parmi les anciennes castes d'artisans, et parfois précisément parmi les castes impures, des communautés particulièrement correctes du point de vue de l'hindouisme » [H&B, p. 211].

En quoi cette problématique, à présent, était-elle transposable au cas du judaïsme antique ? Toute l'analogie construite par Weber reposait sur la notion de « séparation rituelle » : c'est la présence d'une telle frontière symbolique, à caractère religieux, qui justifiait l'attribution aux juifs du qualificatif de « parias », en dépit de la différence fondamentale qui opposait une exclusion subie, dans le cas des parias indiens, et une exclusion, Weber insistait beaucoup sur ce point, délibérément choisie, du moins dans un premier temps, dans le cas des juifs (« L'existence du judaïsme sous forme de ghetto volontaire fut bien antérieure à son internement forcé » [JA, p. 77]). Weber associait ainsi, spécifiquement, la notion de « paria » aux groupes que la présence d'une barrière rituelle forte tendait à placer dans les « marges » d'une communauté sociale dont ils étaient néanmoins des membres à part entière, et non de simples « hôtes ». Cependant, cette position marginale (distincte de celle d'autres groupes eux aussi entourés par des barrières rituelles extrêmement rigides, sans qu'ils fussent pour autant des « parias » : les brahmanes, par exemple) n'impliquait pas nécessairement une situation d'infériorité sociale. Le primat de la définition « rituelle » du statut de paria explique pourquoi Weber jugeait opportun d'appliquer au cas du judaïsme une problématique qui, il ne l'ignorait pas, était difficilement exportable hors du cadre de l'histoire de l'Inde : avec le judaïsme, la question posée par l'existence de « peuples parias » atteignait un degré d'acuité sociologique nouveau, puisque, cette fois, la marginalité rituelle se conjuguait avec un statut économique et social plus favorable que celui des parias indiens. D'une certaine façon, le problème était cette fois inversé : ce qu'il s'agissait désormais d'expliquer, c'était que l'attachement des juifs à leur position *rituelle* de « parias » ait pu perdurer alors même que celle-ci était en contradiction avec des positions sociales et économiques qui, elles, n'avaient de prime abord rien de marginal. C'est une « communauté religieuse de plus en plus "bourgeoise" » qui se plaça ainsi « délibérément dans une position de paria » [JA, p. 577]. Le cas des « parias » juifs était ainsi construit par Weber en miroir de celui des parias indiens.

Le terme de « paria », appliqué aux juifs, n'avait ainsi à peu près rien à voir avec la représentation d'un sort misérable. Il ne renvoyait pas davantage à une quelconque dénonciation des injustices et violences subies par les « parias ». Weber n'entendait certainement pas minimiser ces dernières mais examinait de préférence ce qui, dans l'attitude des « parias », relevait de leur propre « marge de jeu ». Ce parti pris, au demeurant, s'appliquait aussi aux parias indiens, même s'ils disposaient d'une latitude sociale moindre que le « peuple paria » juif : Weber faisait valoir que les contraintes écrasantes auxquelles les parias indiens étaient soumis n'expliquaient justement pas pourquoi ils défendaient positivement l'ordre religieux établi, au lieu d'entreprendre des « révolutions » [H&B, p. 95 [1]]. Inversement, la question

1. Ainsi, la problématique wébérienne du « peuple paria » représentait le contrepoint exact de celle que Freddy Raphaël, pour sa part, jugeait davantage appropriée : « La notion de peuple-hôte met l'accent sur l'insécurité existentielle des juifs durant l'exil, sur le fait que la communauté juive était fondamentalement livrée, à chaque fois, à tel ou tel prince ou tel ou tel Père de l'Église, et que sa survie ne dépendait que de l'arbitraire ou de la bonne volonté de ces derniers » (F. Raphaël, *art. cit.*, p. 256-257).

sociologique posée par l'histoire du judaïsme, dans l'optique de Weber, se résumait finalement à celle-ci : pourquoi les juifs refusèrent-ils, dans leur grande majorité, de se convertir et d'abandonner leur statut rituel de « parias », alors que celui-ci était, dans bien des cas, en contradiction avec leur statut social – au risque de mettre en péril ce dernier ? Quelle était cette foi juive, capable d'opposer un tel contrepoids aux intérêts sociaux immédiats ? Ou, pour reprendre la formulation de Weber dans la *Sociologie de la religion* : sur quoi se fonda « l'association », non pas entre « l'indignité » mais entre « la *dignité religieuse* du juif et sa position de paria » [SR 2, p. 465] [1] ?

« Capitalisme irrationnel » et « capitalisme rationnel », « peuple paria juif » et « secte puritaine »

On ne saurait toutefois se méprendre : lorsque Weber interprétait le cas des « parias » comme le modèle paradigmatique d'une dissociation entre intérêts rituels et intérêts sociaux, son objectif n'était ni de proclamer la transcendance de principe des premiers par rapport aux seconds, ni de faire pièce aux théories du « matérialisme historique ». Pareil projet serait resté enfermé dans une alternative qui n'était pas la sienne, comme il l'avait déclaré sans ambiguïté dans les dernières lignes de *L'Éthique protestante et l'esprit du capitalisme* (1904-1905) [2]. Il n'entendait ni affirmer l'irréductibilité de principe des motivations religieuses par rapport aux intérêts « matériels », ni définir un modèle universel des relations que les premières entretenaient avec les secondes. Il

1. Souligné par nous.

2. « Nous n'avons pas l'intention de substituer à une interprétation causale unilatéralement "matérialiste" des faits culturels et historiques une interprétation causale tout aussi unilatéralement spiritualiste. *L'une et l'autre sont également possibles,* mais l'une et l'autre, si elles ont l'ambition d'être le dernier mot d'une recherche, et non un travail préparatoire, servent également peu la vérité historique » [EP, p. 303-304].

s'attachait à montrer, au contraire, que les unes et les autres entraient dans des systèmes de configurations variables selon les cultures et les époques. La constitution progressive de sa série d'études de sociologie religieuse avait pour première fin, ne l'oublions pas, de démontrer, par le biais d'un ensemble de comparaisons approfondies (avant sa mort en 1920 – à cinquante-six ans – il eut le temps d'achever *Confucianisme et taoïsme, Hindouisme et bouddhisme,* et une bonne partie du *Judaïsme antique*), la validité d'une thèse qu'il avait formulée dans son premier travail de sociologie religieuse, *L'Éthique protestante et l'esprit du capitalisme* : la forme moderne du capitalisme, ou « capitalisme rationnel », était le produit spécifique d'un courant protestant, le puritanisme ascétique issu du calvinisme, et, précisément, d'un modèle d'articulation entre intérêts religieux et intérêts économiques qui ne se rencontrait nulle part ailleurs. Les travaux de sociologie religieuse de Weber n'étaient pas de prime abord orientés vers la sociologie religieuse « pure » mais toujours axés sur la question du rapport entre les cultures religieuses et les pratiques économiques, dans leur plus ou moins grande distance avec l'économie capitaliste « rationalisée » [1].

La définition du judaïsme comme religion d'un « peuple paria », par suite, demande à être replacée dans cette problématique plus générale de la genèse du capitalisme moderne. En défendant la thèse selon laquelle ce dernier n'était pas né du judaïsme mais plutôt du puritanisme protestant, Weber prenait position contre les théories de son collègue Werner Sombart (*Le Capitalisme moderne,* 1902 ; *Les Juifs et la vie économique,* 1911). L'antithèse entre « capitalisme irrationnel » et « capitalisme rationnel » développée dans *L'Éthique protestante*

1. Quoique nous ayons l'habitude de regarder ces longs textes comme des ouvrages séparés, rappelons que Weber les concevait comme autant de sections d'un ensemble plus vaste intitulé *L'Éthique économique des religions mondiales.*

recoupait pour une large part, sous la plume de Weber, une antithèse entre judaïsme et puritanisme. Là encore, comme pour l'usage de la notion de « paria », on a fait grief à Max Weber d'avoir rangé le judaïsme du côté des modèles économiques « irrationnels ». Freddy Raphaël rappelle même sans détour que « l'opposition entre l'entreprise bourgeoise, d'une part, dotée de fondements rationnels et se développant de façon continue dans le temps, et, d'autre part, le capitalisme financier juif, fondé sur la politique, fut exploitée par les idéologues nazis, qui opposaient au "capitalisme productif" (aryen) le simple "capitalisme de razzia" (juif) [1] ».

Weber n'avait certainement pas en tête une telle polarité lorsqu'il évoquait des pratiques économiques « rationnelles » et des pratiques économiques « irrationnelles ». D'abord, il n'attribuait en aucun cas une valeur plus positive aux pratiques « rationnelles » qu'à celles qui ne l'étaient pas. Weber était loin de valoriser la rationalité capitaliste occidentale, et si sa vision était « ethnocentrique », elle l'était plutôt au sens où son point de départ était un doute fondamental quant à la valeur de « progrès » de cette rationalité, et une interrogation toujours recommencée sur l'enchaînement en aucun cas miraculeux mais bien plutôt fatal qui avait pu donner le jour à ce modèle spécifique. Lorsqu'il étudiait des religions non chrétiennes et les dispositions économiques avec lesquelles celles-ci étaient en affinité, il ne cherchait ni à démontrer la supériorité du modèle puritain et capitaliste sur ces dernières, ni, inversement, à idéaliser celles-ci comme des îlots d'authenticité préservée. Il aspirait par-dessus tout à faire perdre aux catégories « capitalistes » dans lesquelles il avait « grandi » [EP, p. 49] une grande partie de leur évidence et de leur pouvoir mentalement contraignant ; il cherchait à comprendre comment le travail, en Occident, avait pu, en se « rationalisant », revêtir la forme d'un impératif « si commun et cependant

1. F. Raphaël, *art. cit.*, p. 256.

si peu évident en réalité » [EP, p. 93] (si peu « rationnel » du point de vue de l'agrément individuel) : l'injonction sans limites à développer toujours davantage la productivité, par l'adoption d'une « conduite de vie méthodique » et la généralisation de contraintes ascétiques qui, avant le puritanisme, avaient été réservées à une minorité de virtuoses religieux (les moines). La « rationalisation » du travail, à ses yeux, représentait au moins autant une pathologie et un mystère qu'une avancée de la civilisation [1].

Nous touchons ici à l'enjeu de fond de l'application, par Weber, de la notion de « peuple paria » au judaïsme. En réalité, comme bien souvent dans son œuvre, cet « idéaltype » n'allait pas seul mais formait un couple antagoniste avec un second qui en révélait la signification : plutôt qu'au « peuple paria indien », le « peuple paria juif » était implicitement corrélé – c'est la thèse que nous défendrons ici – à la « secte puritaine », dont il constituait l'antithèse du point de vue de la problématique de la genèse du capitalisme « rationnel ». En définitive, Weber ne cessait d'argumenter contre Sombart et l'identification du capitalisme moderne à un capitalisme « juif », et son argument était que le capitalisme « rationnel » se distinguait du capitalisme « irrationnel » comme la « secte puritaine » du « peuple paria ». Ces deux

1. « C'est un fait : cette idée spécifique du *métier comme devoir*, aujourd'hui si commune et cependant si peu évidente en réalité – cette obligation dont l'individu se sent et doit se sentir investi à l'égard du contenu de son activité "professionnelle", quelle qu'elle soit [...] – c'est cette idée qui est caractéristique de "l'éthique sociale" de la culture capitaliste » [EP, p. 93]. « Au lieu de se demander, du moins *pendant* le travail, comment gagner son salaire habituel avec un maximum de confort et un minimum d'effort, la main-d'œuvre doit effectuer le travail comme s'il était une fin en soi absolue – une "vocation". Un tel état d'esprit n'est cependant pas naturel, il n'est pas un donné. Il n'est pas le produit immédiat d'une hausse ou d'une baisse de salaires, mais le résultat d'un processus d'éducation de longue haleine » [EP, p. 105]. Voir aussi I. Kalinowski, « Le capitalisme et son éthique : une lecture de Max Weber », *Agone* 33, 2005, p. 247-268.

formes de capitalisme ne s'opposaient pas comme deux secteurs d'activité, telles l'industrie et la finance ; elles ne s'opposaient pas parce que le capitalisme « irrationnel » aurait été inapte à mettre en place des formes « rationnelles » de production de la richesse, et Weber aurait évidemment approuvé l'argument de Freddy Raphaël soulignant la « rationalité » « durable » de certains modèles économiques développés dans les banques juives [1] ; plus généralement, nous reviendrons sur ce point, Weber regardait la religion juive comme un creuset important de modèles de rationalité. Capitalisme rationnel et capitalisme irrationnel ne s'opposaient certainement pas non plus parce que les intérêts religieux, dans le cas du capitalisme « rationnel », auraient été évincés au profit de la seule « rationalité économique ». Ils ne s'opposaient pas, enfin, parce que les capitalistes puritains auraient connu un ancrage « intramondain » plus stable que celui des capitalistes juifs ; bien au contraire, Weber avait démontré inlassablement, dans *L'Éthique protestante*, que ces pionniers du capitalisme abhorraient le « monde » et vivaient, en particulier à travers la secte, une forme de « séparation rituelle » visant à les distinguer des « damnés ». « L'adoption de l'éthique bourgeoise du métier », écrivait-il, n'était même que « la transposition dans le monde temporel d'une ascèse qui impliquait à l'origine une fuite hors du monde » [EP, p. 246, note]. La véritable opposition résidait ailleurs. En définitive, la grande spécificité de l'éthique puritaine consistait, selon Weber, à obtenir une forme de coïncidence absolue entre la dynamique des intérêts religieux et celle des intérêts économiques, à réaliser une jointure parfaite entre l'une et l'autre ; le judaïsme, en revanche, était une religion dans laquelle *les intérêts rituels débordaient perpétuellement, structurellement, sur les intérêts économiques.* Le puritanisme assurait une conjonction jusque-là entièrement inédite entre une forme radicale de

1. F. Raphaël, *art. cit.*, p. 255. Sur ce point, voir EP, p. 110.

logique religieuse et une forme radicale de logique économique ; aucune ne primait sur l'autre, mais l'une et l'autre, dans ce qu'elles avaient de plus irréductible, exerçaient leurs effets dans le même sens. C'était là ce qui fondait, à en croire Weber, son absolue singularité parmi toutes les autres formes historiquement connues d'articulation entre intérêts religieux et intérêts matériels. Le judaïsme, par contre, n'avait jamais opéré une telle jonction : il avait pu développer des modes très efficaces (et en ce sens « rationnels ») de multiplication des profits, mais avait toujours préservé, en dernière instance, le primat des impératifs rituels. Il suffit de mentionner les institutions juives que Weber tenait pour paradigmatiques de ce point de vue : le sabbat ou l'année jubilaire, par exemple. Celles-ci représentaient, par rapport à un hypothétique objectif de « rationalisation » économique absolue, une sorte de « reste » incompressible et volontairement préservé comme tel [1].

L'intensité des intérêts religieux et des marques de « séparation » religieuse, commune aux juifs et aux puritains, ne produisait pas, chez les uns et chez les autres, les mêmes conséquences économiques et sociales. Pour Weber, il était décisif de se demander pourquoi ce n'était pas le cas : l'émergence du capitalisme, selon lui, avait de toute façon été corrélée, non pas à une neutralisation des contraintes religieuses, mais à un investissement religieux radical et à une incidence puissante de la religion sur les conduites de vie – trait commun au judaïsme et au

---

1. De la même façon, dans le judaïsme, les impératifs rituels primaient, selon l'analyse de Weber, sur les éventuelles dispositions de « politique sociale ». « Le respect du repos du sabbat et l'octroi de ce repos aux travailleurs, aux esclaves et au bétail », écrivait-il, était « de loin le témoignage le plus parlant de la puissance, déjà énorme à cette époque, des considérations religieuses : il serait naturellement impensable d'assigner à ce repos sabbatique des origines qui soient purement de 'politique sociale', bien que ce commandement, sans aucun doute, profitât aussi, mais pas seulement, aux esclaves pour dettes » [ESA, p. 183].

puritanisme, plus proches l'un de l'autre, de ce point de vue, que le puritanisme ne l'était des autres obédiences chrétiennes. Judaïsme et puritanisme, associés, selon Weber, aux modèles sociaux du « peuple paria juif » et de la « secte puritaine », partageaient tous deux une même structure « d'automarginalisation » religieuse, même si les puritains ne constituaient pas à proprement parler un groupement rituel autonome : c'est bien les effets sociaux et économiques d'une telle « automarginalisation » que Weber entendait interroger. En ce sens, le modèle du « peuple paria juif » était davantage corrélé, chez Weber, avec celui de la « secte puritaine » qu'avec celui des « peuples parias » indiens.

Judaïsme et puritanisme possédaient ainsi une particularité commune qui fascinait Weber à l'extrême : ces deux formes religieuses étaient capables d'infléchir radicalement les comportements de leurs adeptes, d'imposer « une réglementation sérieuse et infiniment pesante des conduites de vie dans leur ensemble » et de « s'immiscer on ne peut plus profondément dans toutes les sphères de la vie domestique et de la vie publique » [EP, p. 73]. Weber accordait sa préférence, en tant que sociologue mais aussi par goût personnel, aux religions puissamment contraignantes, par opposition aux confessions plus « tolérantes » dont, d'après lui, l'Église catholique représentait un exemple. L'objet proprement dit de sa fascination était la capacité de ces religions à investir les détails les plus infimes de la vie, et surtout les plus prosaïques et les plus éloignés, en apparence, de la sphère religieuse. Avec elles, tout faisait sens, et c'est la totalité des gestes et des actes qui se trouvait intégrée dans un système d'interprétation cohérent. Cette prétention exorbitante de certaines religions à épouser un par un les ressorts de l'action constituait, pour Weber, un motif d'étonnement et, à certains égards, d'admiration ou d'effroi. Dans leur mode de fonctionnement, ces religions présentaient une analogie avec la démarche de la science, celle de la magie ou encore celle de certaines formes de folie, parce qu'elles tendaient spontanément à rechercher une interprétation exhaustive du monde. L'activité de plus en plus intense de définition, de commentaire et de rappel des « commandements », dans le judaïsme, éveillait l'attention de Weber au même titre que le programme puritain de rationalisation intégrale des « actes les plus insignifiants » exploré dans *L'Éthique protestante* [EP, p. 87 sq.].

Chaque fois, l'incidence massive de la religion sur les pratiques et les conduites de vie ne présupposait en rien une résolution de la tension entre la sphère de la transcendance proprement dite et la sphère profane : au contraire, l'effet maximal était justement atteint lorsque cette tension était portée à son paroxysme. Le judaïsme, comme le puritanisme, représentaient pour Weber les deux formes les plus pures de tension avec le monde assumée dans le monde même, au cœur de son fonctionnement le plus profane, et non résolue par une « fuite du monde ». Dans ces deux religions, la transcendance ne faisait pas valoir ses exigences les plus poussées dans un à-côté séparé de la sphère profane, à la seule intention d'une minorité de « virtuoses », et pas davantage dans la référence à un « au-delà », mais dans la sphère du quotidien, du non-sacré, « dans le monde ». Et, dans le même temps, cette implication dans le monde ne s'accompagnait pas d'une « laïcisation » des exigences religieuses. L'élan décisif n'était pas donné par des « doctrines » ou « théories éthiques » plus ou moins sécularisées ; il résultait « d'impulsions pratiques individuelles motivées par des intérêts de salut » [EP, p. 120, note]. Pour expliquer la genèse d'un phénomène tel que le capitalisme, qui impliquait avant tout, selon Weber, l'éducation à de nouvelles pratiques de travail d'une intensité jusque-là inégalée et incompréhensible, il fallait identifier un ressort extraordinairement puissant de révolution des pratiques, et ce ressort ne pouvait résider nulle part ailleurs que dans les motivations que certaines formes de religion – et elles seules – étaient capables d'éveiller. La thèse de

Weber était que la clé de ce bouleversement du monde profane, économique, ne se trouvait pas en lui-même mais dans une sphère avec laquelle il entretenait un rapport de tension exacerbé. Weber opposait certes judaïsme et puritanisme en associant l'un et l'autre à deux formes distinctes de capitalisme ; mais cette différenciation n'était opérée que sur la base d'un constat premier d'affinité foncière : *le judaïsme, comme le puritanisme, était une religion capable de faire sentir le puissant levier de la transcendance jusque dans les replis les plus profanes de la vie.* Et il était seul dans ce cas : aucune autre religion, dans l'analyse wébérienne, ne développa cette structure tout à fait spécifique, qu'il partageait avec le puritanisme. C'est avant tout celle-ci qui, en définitive, était visée dans la notion de « paria » : un rapport de tension extrême entre la séparation religieuse (qui excentrait) et l'investissement au cœur du monde profane (qui induisait simultanément le mouvement inverse). C'est cette « relation » tout à fait spécifique « entre vie religieuse et activité *temporelle* » [EP, p. 148 [1]] qui était en cause.

Ainsi, la genèse du capitalisme « rationnel » moderne n'était en aucun cas unilatéralement expliquée par Weber comme l'aboutissement d'un processus de « rationalisation », de « sécularisation » et de « désenchantement du monde ». Le puritanisme ne représentait nullement, à ses yeux, une religion entièrement « rationalisée », et il fut bien loin de prétendre que, dans cette confession, un levier « rationnel » avait seul mis en branle la dynamique du capitalisme moderne ; ce fut, au contraire, un article de foi typiquement « irrationnel », la croyance dans le

1. Souligné par nous. À propos du calvinisme, dans *L'Éthique protestante,* Weber formulait cette contradiction de la manière suivante : « Au premier abord, cela semble être une énigme. Quel lien établir entre cette tendance de l'individu à rompre intérieurement les liens les plus étroits qui l'unissent au monde et la supériorité incontestable du calvinisme dans l'organisation sociale ? » [EP, p. 171].

dogme de la prédestination, qui constitua selon lui le facteur décisif [cf. EP, p. 158 sq.]. En ce sens, il est tout à fait erroné de résumer le propos de Weber en affirmant, comme le responsable de la récente édition critique allemande du *Judaïsme antique*, Eckart Otto, que, selon le sociologue, le judaïsme ne put donner naissance au capitalisme parce que la rupture des juifs avec la « magie » (le fameux « désenchantement du monde »), pourtant déjà très approfondie, ne fut pas entièrement menée à son terme et ne put déboucher sur une « rationalisation intégrale » de l'éthique israélite. Weber n'entendait certainement pas démontrer que le judaïsme avait « manqué » la voie de la rationalisation parce qu'il était resté attaché, avec intransigeance, à une logique de « foi » qui avait pris le relais de la logique « magique » : c'était aussi bien le cas du puritanisme, justement. Seule l'articulation de cette logique de foi avec celle de la rationalisation économique était visée. Weber ne pensait pas l'une sans l'autre.

De la même façon, Eckart Otto interprète l'intérêt de Weber pour le motif de la *berith* (l'alliance), dans *Le Judaïsme antique*, comme avant tout justifié par la nature « contractuelle » de celle-ci, et observe qu'elle tend vers le modèle d'un échange rationnellement réglé et « calculable » [1]. Mais ce n'est pas à ce titre que la *berith* éveillait l'attention de Weber : c'est bien plutôt parce que, tout en adoptant effectivement une forme rationnelle rappelant celle d'un « contrat », elle se prétentait sous les dehors inouïs et structurellement irrationnels d'une alliance avec un contractant très spécifique, « Dieu lui-même » [JA, p. 190 et p. 244]. C'est parce que la *berith* nouait ensemble une rationalité toute terrestre *et* une pensée radicale de la transcendance que Weber lui accorda une telle importance.

1. Eckart Otto, « Einleitung », in : MWG I/21.1, p. 51.

Berith, *transcendance et histoire*

La notion de *berith* constitue un fil rouge autour duquel est tissée, à travers tout *Le Judaïsme antique*, la problématique qui vient d'être d'exposée : elle l'approfondit et la « tresse » au fur et à mesure de l'avancée du texte, qui en révèle sans cesse de nouvelles facettes. La *berith* occupe une place à part parmi les grandes notions de la sociologie religieuse wébérienne : c'est une des rares notions « indigènes » ou « endogènes »[1] qui inspira à Weber des analyses aussi attentives. Les concepts-clés des autres études de Weber, par exemple le « *Beruf* » (le métier, la vocation) dans *L'Éthique protestante* ou le « charisme héréditaire » dans *Hindouisme et bouddhisme,* étaient, pour l'essentiel, des outils sociologiques forgés par l'auteur lui-même ; Weber s'attachait à faire ressortir la spécificité de chacun des systèmes religieux qu'il étudiait, mais celle-ci ne devenait manifeste qu'au terme d'un travail initial de comparaison impliquant le recours à des catégories exogènes. Le postulat premier n'était pas celui d'une singularité irréductible de la religion étudiée, qui aurait d'emblée rendu nécessaire un recours exclusif aux notions théologiques de cette dernière, et à elles seules. Et lorsque Weber accordait une grande attention à une catégorie indigène, telle la *berith,* il ne le faisait pas au nom de son importance historique effective pour la religion concernée, mais parce que cette notion recoupait largement une problématique déjà centrale dans sa sociologie religieuse. Dans le cas de la *berith,* en l'occurrence, la polarité entre la foi en la transcendance et l'« action dans l'ici-bas ». Weber n'aspirait jamais exclusivement ni

1. Weber emploie couramment le premier terme ; le second est utilisé dans *Le Judaïsme antique* pour qualifier la genèse des états extatiques des prophètes, qui, selon le sociologue, n'étaient pas le produit de facteurs « exogènes » (comme la suggestion de masse en usage dans les communautés chrétiennes primitives) mais « endogènes », liés à la personnalité de chaque prophète.

prioritairement à faire œuvre d'historien, fût-ce d'historien des religions ; il réinterprétait un matériau historique généralement de seconde main dans une perspective sociologique dont il revendiquait en revanche l'originalité. De la même façon que la notion de « peuple paria », pour lui, ne revêtait pas seulement une signification par rapport au judaïsme dans son histoire singulière, mais davantage encore par rapport à un problème sociologique, les réflexions sur la *berith* jouaient également sur les deux tableaux, celui du judaïsme dans sa spécificité et celui de la polarité qu'il partageait, selon son analyse, avec le puritanisme.

Le premier motif d'étonnement éveillé chez Weber par la notion de *berith,* nous l'avons dit, concernait l'idée même d'une alliance conclue non pas seulement « devant » un Dieu censé en être le garant, mais « avec » lui :

> « Par opposition aux *berith* conclues entre des individus ou avec des métèques, les *berith* adoptées par le peuple d'Israël dans son ensemble et pour celui-ci en tant que tel, autrement dit les *berith* les plus anciennes, ne se réduisaient justement pas à des contrats et à des fraternisations mutuelles placées sous la protection du Dieu qui en était le témoin et qui était censé exercer sa vengeance en cas de parjure ; au contraire, [...] ces *berith* étaient considérées comme des alliances conclues *avec Dieu lui-même.* Autrement dit, s'il avait à venger une rupture de l'alliance, celui-ci ne défendrait pas seulement les droits que le parti respectueux du contrat avait recommandés à sa protection, mais aussi ses propres droits bafoués par la rupture de ce dernier » [JA, p. 190].

Ce passage illustre bien le mode d'exposition wébérien, dans sa dramaturgie spécifique : l'analyse était ponctuée par une succession de moments de dévoilement qui arrachaient progressivement le concept à son évidence initiale pour faire apparaître son étrangeté et la richesse de ses contradictions. Loin de chercher à effacer peu à peu ces dernières, Weber s'employait au contraire à les rendre de plus en plus tangibles, à les mettre en scène : ici, la première phrase était construite pour aboutir à la révélation d'une audace de pensée inouïe, celle qui avait conduit des fidèles à concevoir la possibilité d'aborder Yahvé, l'être absolument transcendant, comme un partenaire de contrat, autrement dit à le regarder comme assujetti au respect de certaines obligations. L'émergence de cette représentation tout à fait inédite, la deuxième phrase le suggérait, était corrélée à la structure particulière de la *berith* : celle-ci autorisait à la fois un strict maintien de la transcendance, puisque la conclusion de l'alliance était entièrement soumise à l'arbitraire divin, et un jeu très humain sur la dialectique de l'intérêt et de la morale (Dieu défendrait d'autant plus activement les droits associés à un principe moral s'ils avaient également partie liée avec la protection de ses propres intérêts).

La problématique proprement religieuse de la transcendance et de l'ici-bas pouvait être mise en parallèle, *Le Judaïsme antique* invitait à le faire, avec une question centrale de la sociologie : l'articulation entre logiques religieuses et déterminations matérielles et sociales[1]. Weber postulait comme une exigence méthodologique majeure de la sociologie l'impératif de penser conjointement une spécificité des logiques religieuses et les liens que celles-ci entretenaient avec certaines « conditions de vie ». Ainsi, selon lui, l'importance de la *berith* dans le judaïsme avait, à l'origine, été tributaire de certains facteurs politiques et économiques, en particulier le « caractère particulièrement instable de tous les groupements politiques » chez les « éleveurs de bétail », les groupements à base religieuse ayant seuls « constitué, à

1. Chez Weber, la mise en relation des catégories de pensée religieuses avec celles de la sociologie est un phénomène récurrent : voir, par exemple, pour le parallèle entre les différentes acceptions religieuses de la « faute » et de la « culpabilité » et les catégories sociologiques de la « causalité », ma préface à Max Weber, *Sociologie de la religion,* Champs Flammarion, 2006, p. 56-69.

long terme, une base solide pour les organisations politiques et militaires ». Ce constat, précisait-il immédiatement, n'impliquait cependant pas que la *berith* fût conçue comme un « reflet idéologique » :

> « Il faut dire bien plutôt que, compte tenu des conditions de vie des couches en question, *lorsque* ces ordres furent fondés, ce sont eux qui, dans la lutte pour la sélection, avaient, et de loin, les chances les plus fortes de survivre aux autres formations politiques plus instables. Cependant, le *fait* qu'ils soient apparus a été tributaire de circonstances et de facteurs très concrets de l'histoire des religions et, bien souvent, de la destinée de certains individus. [...] Le message de Mahomet, tout comme celui de Yonadav ben Rékhav, ne peuvent pas être "expliqués" comme les produits de conditions démographiques ou économiques, même si celles-ci en déterminèrent fortement le contenu. Ils étaient bien plutôt l'expression d'expériences et de visées personnelles. Cependant, la nature des moyens intellectuels et sociaux qui furent mobilisés et, de surcroît, le *succès* important rencontré par ce type de créations en particulier ne peuvent se comprendre qu'en référence à de telles conditions de vie » [JA, p. 192-193].

Sur cette question, Weber livra rarement une mise au point aussi explicite et aussi limpide. Dans le cas de la *berith,* il identifiait effectivement un lien avec un « événement concret », un moment historique bien précis, dont il importait moins de déceler le caractère éventuellement légendaire que de percevoir l'importance, pour les Israélites, *en tant qu'événement perçu comme porteur d'une historicité.* « Yahvé avait libéré Israël des corvées égyptiennes, en éliminant miraculeusement une armée égyptienne sur la mer Rouge » [JA, p. 244]. C'est cet événement qui avait été à l'origine de « sa réception comme Dieu de l'Alliance, en vertu d'une *berith* solennelle », et de l'instauration par Moïse du culte de Yahvé. « Les promesses du peuple fondèrent les obligations durables et particulières qu'il entretint à l'égard du Dieu, et les promesses du Dieu offertes en contrepartie firent de lui, pour Israël, un Dieu de *la promesse,* en un sens plus éminent que cela ne fut jamais le cas pour aucun autre Dieu connu de l'histoire universelle » [*ibid.*]. Dans l'interprétation de Weber, toute la portée de la *berith* résidait dans la conjonction entre, d'une part, un modèle de la foi et de la confiance inconditionnelles et, d'autre part, une pratique tout à fait pragmatique de la tractation : les juifs étaient le peuple de la promesse, ils offraient sans condition leur croyance dans un avenir que le fidèle individuel ne connaîtrait peut-être pas de son vivant ; en même temps, cette soumission à la transcendance absolue de Dieu n'aurait pas été envisageable si elle n'avait été initialement rattachée, dans l'histoire terrestre et humaine, à un *miracle* manifestant de façon tangible la crédibilité du Dieu, « signe avéré de sa puissance et de la fiabilité de ses promesses », et « origine de la dette de reconnaissance qu'Israël avait durablement contractée envers lui » [*ibid.*]. Certes, la transcendance et la tractation n'étaient pas vraiment placées sur le même plan : l'histoire du sacrifice d'Isaac par Abraham, observait Weber, comme « paradigme de l'authentique foi inconditionnelle », rappelait le primat fondamentalement accordé, dans le judaïsme, à la transcendance. L'obéissance à l'arbitraire divin restait première. La *berith* conclue par Yahvé avec Israël était d'abord la manifestation de ce libre arbitre divin, et en aucun cas, Weber le soulignait, la conséquence nécessaire d'une « supériorité » du peuple d'Israël que le Dieu aurait sanctionnée en faisant de lui le peuple élu : « C'est son propre serment et, au fond, absolument rien d'autre qui conduisait Yahvé à préférer Israël à toutes les autres nations et non, par exemple, une valeur moralement supérieure » [JA, p. 246].

« À l'origine », le respect de la *berith* impliquait avant tout une condition et une seule, « que Yahvé fût le Dieu d'Israël et fût traité en tant que tel », auquel cas « il serait aux côtés d'Israël quoi qu'il advînt » [JA, p. 245] ; ce n'est que dans un second temps que l'accent avait été mis « sur le respect des commandements de Yahvé comme condition d'obtention de sa grâce », et que la *berith* avait tendu à revêtir une tournure « éthique », c'est-à-dire aussi une tournure plus « rationnelle » : le refus par Yahvé de venir en aide à Israël pouvait ainsi avoir « ses raisons », les lacunes constatées par Dieu dans le respect de ses commandements. Néanmoins, si le respect de la transcendance et des commandements divins était premier, le peuple d'Israël ne dissociait pas celui-ci de certaines attentes profanes : l'idée de la *promesse* impliquait toujours aussi, indissociablement, *l'existence de contreparties terrestres* réelles ou attendues, et la reconnaissance de la légitimité de telles attentes. Plus encore : la référence constante au « miracle de la mer Rouge » [JA, p. 255] et à toutes sortes de miracles accomplis par Yahvé et, le cas échéant, par ses prophètes, attestait la nécessité d'un ancrage tangible de la foi qui, pour être inconditionnelle, n'en était pas moins associée à des intérêts intramondains.

Weber notait encore qu'une des grandes particularités de la *berith* était la suivante : le Dieu voué à la protection spéciale du peuple d'Israël n'était paradoxalement ni un Dieu local (un « Baal »), « ni le Dieu d'une tribu, mais une figure étrangère et pleine de mystères », un « Dieu à distance » auquel son « éloignement conféra d'emblée une majesté particulière » [JA, p. 252]. Ce Dieu lointain et, en ce sens encore, absolument transcendant, n'était cependant en aucun cas associé à des préoccupations strictement universalistes, spirituelles et abstraites : « Le point important était que la délivrance, tout comme la promesse, ne portait pas sur le plan spirituel mais sur des affaires politiques *actuelles.* Ce qu'offrait Yahvé, ce n'était pas de soustraire Israël à un monde divisé et privé de sens, mais de le délivrer du joug égyptien. Ce n'était pas la promesse de biens transcendants, mais celle de régner sur Canaan, et de mener là une existence heureuse » [JA, p. 257]. Ce « Dieu à distance » ne se confondait pas avec un « simple dieu fonctionnel de tels ou tels phénomènes naturels ou de telles ou telles institutions sociales », et pas davantage avec le « garant d'un droit immuable » (tel Varuna en Inde) : « la *berith* était loin de se réduire, du point de vue du droit public, à un contrat purement théorique », puisque « c'est par une *berith* positive conclue avec Yahvé que le droit positif d'Israël avait été créé. Il n'avait pas toujours été là et on pouvait imaginer qu'il fût transformé par une nouvelle révélation et une nouvelle *berith* contractée avec Yahvé » [JA, p. 264]. Les commandements qui formaient le contenu de la *berith* ne dérivaient pas d'une « éthique universellement valable » ; il s'agissait « d'obligations positives, positivement établies par la *berith* ». La notion « d'alliance », dans le judaïsme ancien, articulait ainsi, non pas la transcendance divine et l'universalisme d'une morale, mais exactement le contraire, la transcendance et la positivité radicale du droit. Weber mettait au jour le lien fondamental entre transcendance et historicité que les exégètes du judaïsme ont, jusqu'à aujourd'hui, identifié comme un trait caractéristique de cette religion, en soulignant par exemple, dans le récit de la Genèse, la différence entre les conceptions « mythiques » et la conception juive de la Création : comme l'écrit André Neher, la « transcendance de Dieu », son « extériorité absolue par rapport à sa création » (« aucun élément de la création n'existait dans le non-temps de Dieu »), fonde, dans le judaïsme, « l'apparition d'un temps historique », par opposition au « temps mythique recouvrant l'être et le non-être » [1]. Yahvé était pleinement impliqué dans ce temps historique, il faisait « alliance » avec le peuple d'Israël, mais, de façon tout aussi irréductible, il demeurait séparé de lui par une limite infranchissable, que l'interdit de le « regarder en face », de « prononcer son nom » ou de séjourner « dans sa proximité » rappelait sans cesse [JA, p. 390].

1. André Neher, *Prophètes et prophéties*, Payot, 1983, p. 124.

Job

L'histoire de Job, à laquelle Weber faisait référence dans plusieurs de ses études de sociologie religieuse, et à laquelle il avait le projet de consacrer une monographie qu'il n'eut pas le temps d'achever avant sa mort [1], était pour lui l'illustration par excellence de la double orientation qu'il regardait comme caractéristique du judaïsme ancien. La déchéance de Job et l'impossibilité de lui trouver une justification satisfaisante traduisaient la persistance d'une disjonction partielle entre l'ordre divin, dont le mystère insondable demeurait préservé, et l'ordre des affaires humaines, dont Yahvé n'avait pas à rendre raison :

> « Lorsque Job lui demandait des comptes sur l'injustice de l'ordre humain, Dieu apparaissait dans son nuage d'orage sans dire un mot [Jb 38, 1] : c'était là un fait très hautement significatif. Yahvé ne défendait pas la sagesse de l'ordre des relations humaines et ne les désignait pas comme un ordre de Dieu, comme cela allait par exemple de soi pour le confucianisme ; il se contentait de mettre en relation sa puissance souveraine et sa grandeur avec les phénomènes naturels » [JA, p. 265].

Pourtant, le Dieu d'Israël n'était pas davantage regardé comme une puissance aveugle et inaccessible ; le fidèle en proie au doute l'apostrophait et demandait raison des malheurs qui le frappaient ; une intense activité rationnelle se déployait dans ce dialogue inégal, mais jamais interrompu, qui présupposait la croyance dans une implication au moins relative de Dieu dans la rationalité et les destins humains. Le Livre de Job traduisait l'effort du judaïsme pour penser ensemble la transcendance et l'historicité, le mystère de Dieu et la

---

1. Cf. *infra,* p. 69, la précision apportée par Marianne Weber dans sa note liminaire au *Judaïsme antique* : « [Weber] voulait encore augmenter l'étude sur le judaïsme antique d'une analyse des Psaumes et du Livre de Job et d'un exposé sur le judaïsme talmudique. »

demande infinie de sens portée par les hommes, et d'abord par ceux qui étaient en proie à l'infortune et souffraient de subir celle-ci, mais davantage encore de ne pouvoir comprendre pourquoi elle s'était abattue sur eux.

C'est, en fin de compte, cette polarité inhérente au judaïsme qui conférait à l'idée du « peuple paria » sa véritable portée. Dans *Le Judaïsme antique,* elle était déclinée à grande comme à plus petite échelle, dans bon nombre de variations et d'analogies développées avec virtuosité. Chaque fois, la structure était la même : une dynamique irrésistible d'implication dans l'ici-bas était paradoxalement déclenchée par la foi dans un Dieu perçu comme irréductiblement transcendant, qui pouvait soumettre ses fidèles, comme Job, à l'épreuve de la position de « paria ». Dans ce cas, le statut de « paria » procédait moins d'un donné socio-économique initial – l'opulence première de Job en était la preuve – qu'il ne renvoyait à une épreuve spécifiquement religieuse, voire à une « initiation ». Les fidèles pouvaient être confrontés à l'épreuve de la non-coïncidence avec les conforts « intramondains », l'exil, la privation des biens, voire à une douleur plus grande encore, celle de voir leur bon renom remis en cause : car « la pire des souffrances » endurées par Job n'était pas « le sacrifice de soi, subi ou volontaire, mais le fait de passer de surcroît pour un pécheur visé par la colère divine » [JA, p. 592]. Les « parias » avaient à connaître ces différentes formes de perte, ces dépossessions matérielles mais surtout symboliques, un peu comme les convertis baptistes avaient à plonger dans l'eau froide d'un étang, par un matin glacé [EP, p. 308 sq.] ; et c'est de là que, en vertu d'une logique apparemment inversée mais dont le sociologue relevait la puissante emprise, ils tiraient une compétence hors du commun à intervenir dans les affaires du monde, notamment celles de l'économie et celles de la pensée.

« Point d'Archimède » et créativité de la pensée

La thématique du rapport entre « périphérie » et « centre », « petits pays » et « grands empires », « marges » et « lieux de pouvoir » constituait, dans *Le Judaïsme antique,* un autre terrain d'élaboration de la thèse de Weber sur les effets de la « position de paria ». À ses yeux, « l'excentrage » pratiqué pour des raisons rituelles n'induisait en aucun cas un relâchement des liens sociaux ni une situation d'anomie ; il impliquait, au contraire, un rapport dynamique et productif de tension avec le « centre ». Dans *Hindouisme et bouddhisme,* Weber insistait beaucoup sur l'interdépendance entre les pôles de la société les plus antagonistes, les brahmanes et les parias, notamment. À la fin de cette étude, il évoquait également un phénomène à ses yeux particulièrement remarquable, le cas des monastères tibétains situés dans des montagnes inaccessibles, mais qui avaient été « des lieux de grandes constructions et de production artistique », comme le monastère du Potala à Lhassa. La prise de distance extrême par rapport aux centres de pouvoir séculier ne s'accompagnait pas, bien au contraire, d'une décadence des traits de civilisation : Weber s'émerveillait de « l'existence d'une science, [...] y compris dans les monastères de second rang, [de] l'émergence d'une littérature religieuse au demeurant considérable, et, davantage encore, d'une accumulation d'œuvres d'art parfois de tout premier ordre dans ces régions de pâturages et de déserts, situées généralement à plus de 5 000 mètres au-dessus du niveau de la mer, où le sol était gelé huit mois par an, et dont la population était exclusivement nomade » [H&B, p. 465]. Le sociologue avait volontiers recours à la métaphore du « point d'Archimède » pour souligner ce qui lui apparaissait comme la fécondité particulière des positions d'extrême décentrement : dans le domaine de la connaissance, notamment, il mettait en avant la vertu heuristique des questions soulevées par les

« marginaux » du système académique, tels les « anarchistes » [ETS, p. 375-376] ou les « révolutionnaires russes » [GASS, p. 487]. Le fait de se situer « *en dehors* des conventions et des présuppositions » admises pouvait donner l'occasion de découvrir [...] une problématique qui échappait à tous ceux pour lesquels elles étaient par trop évidentes » [ETS, p. 375-376] [1]. Dans *Le Judaïsme antique,* Weber ne reprenait pas l'image du « point d'Archimède » mais proposait, sur le même modèle, une analyse des dynamiques de productivité intellectuelle déclenchées par certaines formes d'excentrage social ou religieux :

> « Il est rare que les centres de culture rationnelle aient donné naissance à des conceptions religieuses nouvelles. Ce n'est ni à Babylone, ni à Athènes, ni à Alexandrie, ni à Rome, ni à Paris, ni à Londres, ni à Cologne, ni à Hambourg, ni à Vienne, mais dans la Jérusalem de l'époque préexilique, dans la Galilée de l'époque du judaïsme tardif, dans la province africaine de la Rome tardive, à Assise, à Wittenberg, à Zurich, à Genève et dans les régions périphériques des aires culturelles hollandaises, basses-allemandes ou anglaises, comme la Frise et la Nouvelle-Angleterre, que furent conçues pour la première fois des prophéties rationnelles ou de nouvelles visions réformatrices. Bien entendu, elles n'auraient pu voir le jour sans l'influence et les effets exercés par la culture rationnelle d'un pays voisin. Cela tient, en tous lieux, à un seul et unique motif : dans le domaine religieux, pour que des conceptions nouvelles puissent voir le jour, les hommes doivent en être au point où, avant de désapprendre à le faire par la suite, ils appréhendent les événements du monde en *se posant des questions.* L'occasion en est donnée à ceux qui vivent à l'écart des grands centres de culture lorsque l'influence de ces derniers commence à les affecter ou à les menacer dans leurs intérêts vitaux. Une fois que l'homme a pris l'habitude de vivre au sein de territoires saturés de culture et se trouve pris dans les rêts de leurs techniques,

1. Sur le concept du « point d'Archimède » et ses implications chez Weber, voir I. Kalinowski, *Leçons wébériennes sur la science et la propagande, op. cit.*, p. 196-197.

il ne pose plus de questions au monde qui l'entoure – pas davantage, par exemple, que l'enfant habitué à emprunter chaque jour le tramway électrique, à qui il ne viendrait pas à l'idée de se demander comment ce véhicule se met en mouvement. La capacité à *s'étonner* du cours du monde est la condition de possibilité d'une interrogation quant à son sens. Les expériences que les Israélites partagèrent avant l'exil et qui leur fournirent l'occasion de se poser des questions de ce type étaient les grandes guerres de libération, la mise en place de la royauté, la constitution d'un État dispensateur de corvées et d'une culture d'assise urbaine, la menace représentée par les grandes puissances, mais, surtout, l'effondrement du Royaume du Nord et le fait que le Royaume du Sud, dernier vestige d'une splendeur dont on se souvenait encore, s'apprêtait au vu et au su de tous à connaître le même destin. Puis l'exil. Le déclassement social et la démilitarisation des porteurs de l'ancienne armée de Yahvé furent à l'origine de la légende historique du yahvisme. Mais c'est seulement la menace d'un effondrement du royaume qui inspira les questions vraiment importantes de la théodicée » [JA, p. 371].

Weber établissait volontiers un rapprochement entre les répercussions positives, dans le domaine intellectuel, des conjonctures où les « évidences » dominantes étaient mises en suspens, et, d'autre part, l'intensité des effets induits par les positions de « parias » religieux. Nous avons relevé plus haut que la conférence *La Science, profession et vocation* se concluait sur une mise en parallèle entre, d'une part, le renoncement à une maîtrise exhaustive du sens dans la recherche scientifique et, d'autre part, l'inassouvissement de l'attente messianique dans le judaïsme. Weber voyait à l'œuvre, dans les deux cas, une dynamique qui favorisait directement la créativité rationnelle mais était conjointement fondée sur une acceptation, selon lui à la fois douloureuse et empreinte de « modestie », des limites de la rationalité. Comme dans l'histoire de Job, c'est avant tout une expérience existentielle et parfois initiatique de la perte, de la privation des repères jusque-là opérants, de la négativité, qui était seule capable de déclencher une telle dynamique créatrice et productive ; les ressorts de celle-ci ne procédaient jamais directement d'un processus d'accumulation positive (par exemple d'accumulation de « capital culturel »). Telle était la thèse défendue, par exemple, dans le passage de *L'Éthique protestante* où était proposée une explication des transformations qualitatives du travail d'ouvriers, à l'origine faiblement productifs, placés en situation d'exil : « Ce ne sont pas les effets éducatifs de l'accès à un "milieu culturel" supérieur qui exercent une influence décisive. [...] C'est plutôt le simple fait de travailler dans un environnement totalement différent de celui auquel on est accoutumé qui brise le traditionalisme : voilà ce qui remplit une fonction "éducative" » [EP, p. 82, n. 1]. Bien entendu, il était également possible d'observer que, sur d'autres plans, la confrontation avec la position de « paria » renforçait au contraire le « traditionalisme » ; mais l'un des enjeux des démonstrations wébériennes était bien d'affirmer que, dans les pratiques économiques comme dans les pratiques intellectuelles et culturelles, le moteur des grandes innovations n'était pas, d'emblée, l'adhésion simple et directe à un projet d'épanouissement dans l'ici-bas, mais le heurt avec une réalité problématique et l'acuité intolérable des questions que celle-ci faisait surgir. C'est dans de telles situations que se faisait sentir, sous une forme au premier abord pénible et inquiète, ce que Weber appelait le « besoin rationnel ».

Prophètes de malheur et parias

C'est sur une évocation de la figure des « prophètes de malheur » (d'Amos à Ézéchiel), dont le rôle est central dans les développements du *Judaïsme antique*, que nous achèverons cette interprétation de la problématique wébérienne du « peuple paria ». Le *Judaïsme antique* offre la synthèse et le couronnement des réflexions de Max Weber sur la prophétie, déjà amorcées ailleurs, en particulier dans la *Sociologie de la religion* tirée d'*Économie et société*, où était notamment présentée la polarité paradigmatique du « prêtre » et du « prophète » (voir SR 2, p. 51). Parce que, dans un premier temps, le judaïsme antique constitua pour l'essentiel, aux yeux de Weber, une religion sans prêtres (lévites puis rabbins ne connurent selon lui l'institutionnalisation que dans une période postérieure à « l'époque prophétique »), l'accent n'était guère mis, dans *Le Judaïsme antique*, sur l'antagonisme entre pouvoir sacerdotal et charisme prophétique, mais plutôt sur une différenciation interne à la catégorie des prophètes. Selon Weber, elle s'opérait principalement en deux grands moments qui n'étaient pas exclusivement pensés comme successifs dans une chronologie, mais s'organisaient néanmoins comme deux phases consécutives, une première (cf. *fig. 1*) dans laquelle la prophétie était avant tout mise au service de la guerre, et une seconde (cf. *fig. 2*) dans laquelle la « démilitarisation » induisait une reconversion des prophètes dans des secteurs nouveaux, en particulier les services de divination et de magie destinés aux personnes privées et, d'autre part, la prophétie politique. Cette « démilitarisation » et ce passage de la prophétie guerrière à la prophétie privée et politique intervinrent, d'après Weber, avec l'instauration de la royauté en Israël. Tandis que les prophètes guerriers (« nazirs » et « *neviim* »), de recrutement souvent populaire, avaient principalement exercé leurs pratiques dans le cadre de la « levée de soldats paysans » et d'une armée de combattants à pied, la constitution d'une « armée permanente », sous la royauté, composée de « gardes du corps royaux et de troupes de mercenaires » maîtrisant la technique du combat de chars, entraîna le déclin de la prophétie guerrière et l'apparition de nouvelles formes de prophéties « démilitarisées » :

> « Les anciens avant-postes de la liberté, les *neviim*, furent fortement affectés par les changements ainsi intervenus. Ils avaient été les guides spirituels des anciennes levées de pay-

sans. Miryam, Déborah, ou encore Samuel, selon une tradition plus tardive (et contestée), les anciens héros-*Berserker* et les bandes de derviches étaient, dans l'imaginaire populaire, les porteurs de l'esprit héroïque authentiquement pieux, saisis par "l'esprit" du dieu guerrier de l'Alliance. L'ennemi avait été jusque-là identifié aux chevaliers combattant sur des chars – égyptiens, cananéens et philistins ; Yahvé avait permis à l'armée de paysans de les écraser en éveillant l'extase héroïque et prophétique. À présent, l'armée des rois israélites eux-mêmes était composée de chevaliers qui avaient appris à combattre sur des chars et de mercenaires issus de tribus étrangères ; *neviim* et nazirs n'y avaient plus leur place. L'extase des *neviim* et l'ascèse des nazirs furent ainsi elles aussi démilitarisées – ce fut là une caractéristique très importante de l'évolution de la politique intérieure d'Israël, du point de vue de l'histoire religieuse » [JA, p. 221].

Figure 1. Polarité des prophètes guerriers

Berserker ⟵○	**Nazirs** **« Les mis à l'écart »**	○⟶ **Extase de masse**
- Héros charismatiques individuels (Tydée, Cuchulaïn, Amok) - soif de sang enragée - état de semi-conscience - ex. Samson « Lorsque l'Esprit de Yahvé venait sur lui, il déchirait des lions, incendiait des champs, détruisait des maisons, abattait des quantités d'hommes avec les outils qui lui tombaient sous la main, entre autres actes de sauvagerie et de rage guerrière » [JA, p. 212]	- Guerriers ascétiques - Entraînement à l'extase - cheveux longs - mortification - cf. derviches et *naga* indiens	- danse guerrière - danse autour de l'arche - orgie de viande - cri de guerre

Figure 2. Polarité des prophètes démilitarisés (« prophétie oraculaire extatique » à l'usage des particuliers et prophétie politique)

Divination à l'usage des particuliers | **Prophétie politique**

***Navi* *(neviim)* « homme des extases magiques »** ← ***Roé* « voyant »** ← **Prophète de salut royal** → **Prophète de malheur « homme de Dieu »**

Navi (neviim) « homme des extases magiques »

- magie de métier
- extatiques professionnels formés dans des écoles : vœux
- ni ascèse ni célibat
- recrutement plébéien
- danse, musique, rondes
- automutilation
- hommes médecine
- faiseurs de pluie
- tatouages sur le front comme les moines mendiants indiens
- manteau
- états cataleptiques
- objectif : acquisition de forces magiques
- miracles

Roé « voyant »

- commerce privé
- interprétation des rêves
- visions extralucides en état de veille
- extase apathique
- non recours aux méthodes de l'ivresse orgiaque
- état d'« enlèvement » (*Entrückung*)

Prophète de salut royal

- « fonctionnaire »
- oracles
- promesses de bonheur
- « prophètes de mensonge »
- « *vaticinatio ex eventu* » (« divination à partir de l'événement »)

Prophète de malheur « homme de Dieu »

- non professionnel
- pas d'école
- pas de profit matériel
- solitude, conflit avec les « communautés » ; la prophétie n'est pas inspirée par une communauté
- démagogues politiques
- oracles politiques adressés
  - au pouvoir constitutionnel
  - au public
- 2 types d'oracle :
  - vision
    - rêveur visionnaire
  - audition
    - prophète auditif épiphanies
- prophète oral
- prophète scripturaire
- porteurs de la résistance contre la royauté
- Élie : premier prophète de malheur et dernier grand magicien
- menace de malheur politique, *omen* mauvais
- indépendance extérieure et intérieure des prophéties par rapport au pouvoir politique
- « les titans de la malédiction sacrée » :

« La passion ardente du prophète explosait, et tous les abîmes du cœur humain s'ouvraient en lui sans être bridés par aucune convention, ni celle des prêtres, ni celle d'un *Stand* ; ils n'étaient pas davantage tempérés par quelque discipline personnelle que ce fût, ni ascétique, ni contemplative » [JA, p. 459]

- Valorisation de l'enseignement de la parole de Dieu par rapport au culte et au rituel. Jérémie oppose à la circoncision externe la « circoncision du cœur » (Jr 9, 24). Dévalorisation des sacrifices.
- Attitude « hostile à la culture » mais pas inculture.

Cette rupture, qui fut l'une des conditions d'émergence de la catégorie spécifique de prophètes auxquels Weber donnait le nom de « prophètes de malheur », n'impliqua cependant pas un abandon pur et simple des pratiques « extatiques » qui avaient été le lot des prophètes guerriers des armées de paysans. Au contraire : l'association entre prophétie et extase, plus précisément entre prophétie et « extase émotionnelle » (par opposition avec l'« extase apathique » déclinée en Inde dans toutes ses variantes), était regardée par Weber comme une constante de la prophétie israélite sous toutes ses formes. Là comme ailleurs, le processus de différenciation que le sociologue cherchait à décrire ne se confondait en rien avec une évolution linéaire et globale vers la « rationalisation » ; non seulement parce que les différentes formes de prophétie, loin de se succéder comme des « stades », perduraient simultanément, mais aussi parce que le développement de certaines tendances à la « rationalisation » allait de pair avec l'affirmation de tendances exactement contradictoires et le renforcement d'aspects nettement « irrationnels ». Selon la polarité résumée dans la figure 2, l'émergence des « prophètes de malheur » correspondait à une forme d'autonomisation de la raison prophétique, puisque ces prophètes acquirent une liberté de ton et une indépendance de pensée qui les distinguaient radi calement des prophètes monnayant leurs services aux particuliers, ou encore des « prophètes de salut royaux » prébendés par les cours et astreints à délivrer des « promesses de bonheur » ; en même temps, cependant, du point de vue de leurs modes d'inspiration, les prophètes de malheur présentaient en fin de compte davantage d'affinités avec les extatiques des premiers temps, ces individus « saisis par l'Esprit », qu'avec les prophètes formés dans des écoles et ayant suivi un apprentissage collectif, partiellement « rationalisé ». Les états extatiques des prophètes de malheur, pour reprendre les critères retenus par Weber, étaient relativement plus « irrationnels » que les extases des « prophètes de métier », par exemple, parce qu'ils ne pouvaient en principe être provoqués à la demande (contrairement aux extases obtenues de façon « calculée » et relativement maîtrisable, par le recours à des narcotiques, à des techniques telles que la danse et la musique, ou encore à l'interaction avec une assemblée de fidèles) et, surtout, parce qu'ils étaient en grande partie imputables à des « pathologies » caractérisées :

> « Les états pathologiques et les actes pathologiques les plus divers accompagnaient l'extase ou la précédaient. Il ne fait pas de doute que, à l'origine, ces états passaient pour la meilleure garantie du charisme prophétique et qu'il faut donc présupposer leur existence, éventuellement sous une forme atténuée, même lorsque la tradition demeure muette à ce sujet. Une partie des prophètes les décrivaient explicitement. La main de Yahvé "pesait lourd" sur eux. L'esprit "s'emparait" d'eux. Ézéchiel (Ez 6, 11 ; 21, 19) frappait dans ses mains, se battait les flancs et trépignait. Jérémie (Jr 23, 9) devenait comme ivre et tremblait de tous ses membres. Le visage des prophètes se faisait grimaçant lorsque l'esprit venait sur eux, ils avaient le souffle court, il leur arrivait de s'effondrer, en état d'hébétude, ils perdaient parfois la vue et la parole, ils se tordaient, en proie à des convulsions (Es 21). Après une vision, Ézéchiel resta paralysé sept jours durant (Ez 3, 15). Les prophètes accomplissaient des actes étranges, censés posséder une valeur d'*omen.* [...] Ils annonçaient leur message en poussant des cris (*qaro*) devant tout le monde, en prononçant parfois des paroles incompréhensibles, et en proférant des malédictions, des menaces, des bénédictions ; beaucoup avaient l'écume aux lèvres (*hittihp*, "baver" = prophétiser), murmuraient ou bégayaient. Des hallucinations visuelles et auditives, mais aussi toutes sortes de sensations anormales au niveau du goût ou des autres sens étaient rapportées (Es 3, 2). Ils avaient l'impression de voler (Ez 8, 3 et *passim*) et de planer dans les airs, ils avaient la vision d'événements qui se déroulaient dans un lieu éloigné, tel Ézéchiel à Babylone à l'heure de la chute de Jérusalem, ou qui n'avaient lieu que beaucoup plus tard, comme Jérémie anticipant le destin de Sédécias (Jr 38, 22). Ils mangeaient des nourritures étranges. Mais surtout, ils entendaient des bruits

(Ez 3, 12 sq. ; Es 4, 19), des voix (Es 40, 3 sq.), isolées ou en dialogue, et, très souvent, ils entendaient des paroles et des ordres qui leur étaient adressés. Ils percevaient une lumière d'un éclat hallucinatoire et, au milieu, des figures suprahumaines, comme la majesté du ciel (Es 6 ; Am 9, 1). [...] Ou bien ils passaient, comme Ézéchiel, par des états d'autohypnose. Ils se mettaient à agir et à parler sous contrainte. Jérémie se sentait divisé et pensait que son moi était double. Il implorait son Dieu de le dispenser de parler. Il ne voulait pas parler, mais il y était contraint, il devait dire ce qui lui avait été inspiré et qui ne venait pas de lui, et il ressentait cette obligation de parler comme un destin atroce (Jr 17, 16). S'il s'abstenait de parler, il endurait des souffrances épouvantables, il était saisi par une chaleur terrible » [JA, p. 477-478].

L'insistance de Weber à détailler les symptômes spécifiques dont les prophètes juifs étaient affectés atteste l'intérêt « technique » qu'il vouait à ce type de manifestations depuis que lui-même avait connu les effets d'une maladie nerveuse [1] et momentanément découvert ce qu'il appelait « l'autre rive [2] ». Pourtant, tout en s'efforçant de livrer le plus grand nombre d'indices en vue d'un diagnostic qu'il ne portait pas lui-même, il ne s'arrêtait pas au constat que les prophéties juives avaient vu le jour dans un contexte psychopathologique. Selon lui, elles n'étaient que partiellement le produit de la maladie, qui les conditionnait mais ne permettait pas de rendre

1. Karl Jaspers, qui exerçait la psychiatrie dans une clinique où Max Weber fut soigné, a relaté que le sociologue avait rédigé, pour son propre compte, un « autoportrait pathographique » minutieux qu'il avait personnellement eu l'occasion de lire et qui l'avait « fortement impressionné par sa véracité sans concession. Il tenait ce texte pour un document historique important. Mais il encouragea la veuve de Weber à le détruire lorsque le manuscrit courut le risque de tomber dans les mains de fonctionnaires culturels nazis » (Dieter Henrich, « Denken im Blick auf Max Weber », in : Karl Jaspers, *Max Weber*, Munich, Piper, 1988, p. 23).

2. Cf. la lettre à Mina Tobler du 15 juin 1918, citée in MWG I/17, p. 16 : « Je connais bien "l'autre rive" et cette sorte de solitude qui sépare de tous les êtres en bonne santé, même de ceux dont on est le plus proche. »

compte de leur nature particulière : celle d'un phénomène second, d'une *interprétation.* « Une partie seulement des prophètes s'exprimaient directement *pendant* l'extase. La plupart se mettaient à parler *à partir* de ce qu'ils avaient vécu en état d'extase : c'est par “Yahvé m'a *dit*” que débutaient généralement les oracles » [JA, p. 481]. De la même façon que Karl Jaspers chercha, dans des écrits un peu postérieurs comme son *Strindberg et Van Gogh*, à décrire la genèse des œuvres artistiques de certains « génies » comme tributaire de certaines formes de folie sans qu'elle fût elle-même de nature pathologique, Max Weber invitait à distinguer soigneusement l'activité prophétique, d'une part, et, de l'autre, des phénomènes auxquels elle était étroitement associée sans pour autant se confondre avec eux. Il mettait l'accent sur la part productive de la prophétie, son caractère d'interprétation, ou, pour reprendre ses propres termes, la part du « poète » par opposition à celle de la « pythie ». « Le prophète israélite réunissait » l'un et l'autre « dans sa personne » :

> « D'où pouvait donc provenir une telle émotion, si, dans bien des cas tout au moins, l'excitation pathologique de l'extase proprement dite était passée et calmée ? C'est bien qu'elle n'était *pas* le produit du pathos de ces états psychopathiques en tant que tels, mais naissait, chez le prophète, de la certitude foudroyante d'avoir réussi à saisir le *sens* de ce qu'il avait vécu. Disons le plus clairement : le prophète, justement, n'avait pas eu des visions, fait des rêves ou entendu des voix mystérieuses comme n'importe quel extatique pathologique, mais il avait acquis la certitude, confirmée par la voix de Dieu en personne, de comprendre *la signification* que Yahvé attribuait à ces rêves éveillés, à ces visions ou à cette excitation extatique et qu'il lui ordonnait d'exprimer dans un langage intelligible. Le pathos extraordinaire de cette parole était dans bien des cas, pour ainsi dire, une excitation postextatique à caractère à nouveau semi-extatique, née de la certitude d'avoir vraiment pris part en personne – c'étaient les termes des prophètes – au “conseil de Dieu”, d'être son porte-parole, de dire ce qu'il leur avait dit ou ce qu'il avait en quelque sorte dit à travers eux. Le prophète typique se trouvait, semble-t-il, dans un état permanent de

tension et de méditation sourde, dans lequel même les choses les plus insignifiantes du quotidien étaient susceptibles de devenir des énigmes angoissantes, parce qu'elles pouvaient avoir une signification. Il n'était pas nécessaire d'avoir une vision extatique pour éprouver cette tension. Quand elle se *dénouait* – elle se dénouait lorsque surgissait, en un éclair, l'*interprétation,* c'est-à-dire quand le prophète entendait la voix de Dieu – le prophète pouvait prendre la parole. Dans ce cas, la pythie et les poètes-prêtres interprètes ne se distinguaient plus : le prophète israélite les réunissait dans sa personne. *Voilà* ce qui expliquait le pathos extraordinaire de cette prophétie » [JA, p. 483-484].

L'analyse wébérienne de la prophétie israélite attirait l'attention sur un paradoxe déroutant : alors que les « prophètes de malheur » entretenaient une distance par rapport à leur communauté, non seulement parce que leurs symptômes les renvoyaient du côté des « fous [1] » mais aussi parce que le contenu de leurs prédictions ne pouvait que les placer en porte-à-faux par rapport aux attentes des pouvoirs politiques et à celles de la population, les prophéties elles-mêmes étaient cependant chargées de potentialités expressives immenses [2]. Le message

1. « En Israël, comme dans toute l'Antiquité, les états psychopathiques étaient tenus pour sacrés. À l'époque rabbinique, le contact avec les fous était encore tabou. Le fonctionnaire chargé par le roi de surveiller les prophètes (Jr 29, 24 sq.) était appelé "surveillant des fous et des prophètes" » [JA, p. 480].

2. Selon André Neher, cette dimension de communication est capitale dans la prophétie. Celle-ci ne se réduit pas à une révélation, ni même à une interprétation ; elle est aussi, fondamentalement, « transmission » : « La prophétie ne se satisfait pas d'une révélation qui, lucide ou mystérieuse, resterait intime et cachée. Elle ne se contente pas de découvrir la voix divine, ou son silence, dans la nature extérieure et dans ses spectacles, ou bien encore dans la nature intérieure et dans ses émotions ; elle n'est ni contemplation ni prière. Dépassant le cadre d'une communication personnelle, l'expérience prophétique traverse l'homme pour se donner à d'autres. C'est ce qui caractérise la prophétie parmi les autres modes de révélation. La révélation ne se borne ni à la réception, ni à l'acceptation, ni à l'interprétation. Elle exige la transmission » (A. Neher, *op. cit.,* p. 10).

prophétique ne résonnait pas comme dépourvu de sens ni comme le délire d'un fou mais possédait, au contraire, la valeur d'un outil de communication extrêmement performant ; si performant que, Weber en formulait la thèse dans la « Remarque préliminaire » du *Judaïsme antique*, il fonda à lui seul, pour une grande part, la dynamique missionnaire universelle du christianisme héritier du judaïsme :

> « La portée de l'histoire de la religion juive du point de vue de l'histoire universelle tient avant tout à la création de l'"Ancien Testament". En effet, l'un des actes spirituels les plus importants de la mission paulinienne fut de sauver ce livre sacré des juifs et d'en faire un livre sacré du christianisme, tout en écartant comme désormais caducs, parce que le Sauveur chrétien les avait invalidés, l'ensemble des traits éthiques, radicalisés dans l'Ancien Testament, sur lesquels s'était fondée, d'un point de vue rituel, la position spécifique des juifs, leur statut de peuple paria. Pour mesurer la portée d'un tel acte, il suffit de s'imaginer ce qui se serait passé s'il n'avait pas eu lieu. Sans la reprise de l'Ancien Testament comme livre sacré, il aurait certes existé, dans le monde hellénistique, avec le culte du Kyrios Christos, des sectes pneumatiques et des communautés à mystères, mais jamais une Église chrétienne ni une éthique chrétienne du quotidien » [JA, p. 78-79].

Formulant ici une thèse également développée ailleurs [voir, par exemple, H&B, p. 121], Weber défendait l'idée que le christianisme se plaçait entièrement dans la continuité de l'héritage spirituel, intellectuel et littéraire de l'Ancien Testament et que la véritable innovation de l'Église chrétienne, de nature avant tout formelle, avait consisté à abolir le principe juif de la séparation rituelle, autrement dit le statut de « peuple paria ». Selon un tel point de vue, le christianisme avait puisé l'essentiel de sa vigueur missionnaire à une source particulière : la « puissance d'émotion », le « pathos » émanant des textes de l'Ancien Testament et tout spécialement des textes prophétiques. En même temps, comme on vient de le montrer, la force irrésistible du message prophétique avait partie liée, d'après Weber, avec la position de « paria » endossée par le peuple israélite et, au sein de ce dernier, avec la position de paria « au second degré » occupée par les prophètes juifs. La prophétie était le produit d'une situation de tension exacerbée par rapport à un certain ordre du monde et de la communauté ; mais elle était, simultanément, porteuse d'un message qui devait s'avérer fédérateur et riche de potentialités d'intégration, non seulement pour les juifs mais aussi pour les chrétiens.

En définitive, la figure du « paria », chez Weber, concentrait une contradiction à laquelle il réserva une place centrale dans son œuvre de sociologue, par-delà les cas historiques qu'il étudia en les associant à ce vocable, les parias indiens et, surtout, le « peuple paria juif ». Le phénomène qui éveilla très fortement son attention était l'émergence de dynamiques sociales d'expansion et d'intégration extrêmement puissantes – aussi bien religieuses, intellectuelles, artistiques, qu'économiques (le capitalisme) – à partir d'un contexte initial de non-intégration, d'automarginalisation et de tension avec le « monde ». Dans les différentes sphères de la vie, les logiques d'accumulation et de productivité les plus irrépressibles procédaient moins, pour Weber, de l'assurance solide conférée par la présence d'un héritage initial, d'un « capital » et d'un socle de positivité, que des effets déclenchés par un moment « initiatique » de confrontation avec la négativité, l'excentrage, la distance et la rupture. En suggérant, au sein même de son analyse du judaïsme ancien comme religion d'un « peuple paria », la possibilité d'une comparaison structurelle entre la position de « paria » des prophètes de malheur et celle du « peuple paria », Weber suggérait aussi que cette dynamique paradoxale pouvait trouver son origine dans un contexte « pathologique ». Mais ce n'était pas le moment de la pathologie en tant que telle qui était placé au cœur de son analyse. Le point sur lequel il focalisait son regard et qu'il cherchait à appréhender avec la plus grande acuité était un moment d'instabilité et de transition : le moment mystérieux de la naissance d'une productivité, d'une expressivité, d'une créativité, d'un pouvoir fédérateur, à partir d'une confrontation avec la perte, la dépossession, l'impuissance et la solitude. Le temps du « paria », dans son œuvre, ne se réduisait pas à un moment de négativité appelé à être dépassé dialectiquement, à un « non-être » provisoire ; Weber voyait au contraire obstinément dans cette « nuit » l'origine de la création. C'est dans un tel moment que se situait l'action du Livre de Job, mais aussi celle du « Chant du Veilleur » qu'il aimait tant. Il partageait les deux points de vue exposés dans le bref dialogue que nous avons déjà cité. Il comprenait l'impatience de ceux qui attendaient la fin de la nuit mais devinait, avec le Veilleur, que la nuit avait partie liée avec le matin à venir et en était la condition aussi bien que le contraire :

> « Veilleur, combien de temps la nuit durera-t-elle encore ?
> Le veilleur répond :
> – Le matin vient, mais c'est encore la nuit. »
>
> [Es 21, 11-12].

Isabelle KALINOWSKI.

LISTE DES ABRÉVIATIONS

Livres de l'Ancien et du Nouveau Testament

Ac : Actes des Apôtres
Ag : Aggée
Am : Amos
Ap : Apocalypse de Jean
1 Ch : Premier Livre des Chroniques
2 Ch : Deuxième Livre des Chroniques
1 Co : Première Épître aux Corinthiens
2 Co : Deuxième Épître aux Corinthiens
Dn : Daniel
Dt : Deutéronome
Es : Ésaïe
Esd : Esdras
Est : Esther
Ex : Exode
Ez : Ézéchiel
Ga : Épître aux Galates
Gn : Genèse
Ha : Habaquq
Jb : Job
Jg : Juges
Jl : Joël
Jn : Évangile de Jean
Jos : Josué
Jr : Jérémie
Lc : Évangile de Luc
Lv : Lévitique
1 M : Premier Livre des Maccabées
2 M : Deuxième Livre des Maccabées
Mc : Évangile de Marc

Mi : Michée
Ml : Malachie
Mt : Évangile de Matthieu
Nb : Nombres
Ne : Néhémie
Os : Osée
Ps : Psaumes
1 R : Premier Livre des Rois
2 R : Deuxième Livre des Rois
Rt : Ruth
1 S : Premier Livre de Samuel
2 S : Deuxième Livre de Samuel
Si : Siracide
So : Sophonie
Tb : Tobit
2 Th : Deuxième Épître aux Thessaloniciens
Za : Zacharie

Ouvrages de Max Weber

CT : *Confucianisme et taoïsme*, trad. C. Colliot-Thélène et J.-P. Grossein, Gallimard, 2000.

EP : *L'Éthique protestante et l'esprit du capitalisme*, trad. I. Kalinowski, Champs, Flammarion, 2000.

ESA : *Économie et société dans l'Antiquité*, trad. dirigée par C. Colliot-Thélène, La Découverte, 2001.

GASS : *Gesammelte Aufsätze zur Soziologie und Sozialpolitik*, Tübingen, Mohr, 1988^2.

H&B : *Hindouisme et bouddhisme*, trad. I. Kalinowski, avec la collaboration de R. Lardinois, Champs, Flammarion, 2003.

MWG suivi de l'indication du volume : *Max Weber Gesamtausgabe*, Tübingen, Mohr. En particulier, MWG I/21, t. 1 et 2, *Die Wirtschaftsethik der Weltreligionen. Das antike Judentum*, 2005.

SPV : *La Science, profession et vocation*, trad. I. Kalinowski, Marseille, Agone, 2005.

SR : *Sociologie des religions*, choix de textes traduits par J.-P. Grossein, Gallimard, 1996.

SR 2 : *Sociologie de la religion*, trad. I. Kalinowski, Champs, Flammarion, 2006.

NOTE SUR CETTE ÉDITION

La présente traduction est assortie de notes [*] et d'un glossaire (en fin de volume). On se reportera au second pour l'élucidation de la plupart des termes en langues étrangères (principalement hébreu, grec et latin), pour de brèves indications sur les notions et personnages historiques et pour une explication des concepts théologiques et des notions sociologiques spécifiquement wébériennes. Je remercie Frédéric Junqua et Benjamin Lévy de m'avoir assistée dans l'élaboration de cet outil, composé avec l'appui du glossaire de l'édition critique allemande du *Judaïsme antique* (sous la direction d'Eckart Otto, Tübingen, 2005).

Weber cite dans le texte un nombre considérable de mots hébreux tirés de l'Ancien Testament. La translittération en a été assurée par Benjamin Lévy, à partir du travail considérable accompli par le premier traducteur du *Judaïsme antique* en français, Freddy Raphaël (Plon, 1970).

Les références bibliques données directement par Weber (présentées entre parenthèses) ont, le cas échéant, été corrigées, mais la plupart étaient justes. Des références supplémentaires à l'Ancien et au Nouveau Testament (présentées entre crochets) ont été ajoutées lorsque les passages auxquels Weber faisait allusion ont pu être identifiés.

Les références bibliographiques ont été complétées ; lorsque Weber mentionne le nom d'un auteur sans préciser la référence de l'ouvrage, on trouvera celle-ci dans la « Bibliographie des œuvres citées par Weber » qui figure en fin de volume.

LE JUDAÏSME ANTIQUE

suivi de

LES PHARISIENS

À Else Jaffe-Richthofen

PRÉFACE AU TROISIÈME VOLUME

Max Weber a pu revoir les articles rassemblés dans le premier volume de ces écrits* et, en particulier, apporter des compléments notables à l'essai sur les formes de religion chinoises. Les textes contenus dans les deuxième et troisième volumes, en revanche, sont restés quasiment en l'état où ils étaient lors de leur première publication. Il n'a pas été donné à l'auteur d'achever cette œuvre. Il voulait encore augmenter l'étude sur le judaïsme antique d'une analyse des Psaumes et du Livre de Job et d'un exposé sur le judaïsme talmudique. Un texte achevé consacré aux pharisiens devait assurer la transition ; il a été retrouvé après sa mort et ajouté en annexe au présent volume. Des essais sur le christianisme primitif et l'islam étaient ensuite censés clore cette série. L'auteur avait depuis longtemps terminé les recherches préparatoires à ces études.

Max Weber eut en propre une sérénité souveraine et pleine de détachement à l'égard du destin qui fut le sien. Peut-être dirait-il aujourd'hui encore, comme si souvent par le passé :

« Ce que je ne fais pas, d'autres le feront. »

Munich, octobre 1920
Marianne WEBER

LE JUDAÏSME ANTIQUE

REMARQUE PRÉLIMINAIRE

Pour comprendre le problème spécifique posé par le judaïsme [1] du point de vue de l'histoire et de la sociologie

---

1. La religion d'Israël et le judaïsme ont fait l'objet d'une littérature dont le travail de toute une vie ne suffirait pas à faire le tour, notamment parce qu'elle est d'une qualité tout à fait remarquable. Pour la religion de l'ancien Israël, de l'aveu général, aujourd'hui comme hier, c'est la recherche protestante moderne, allemande en particulier, qui domine. Pour le judaïsme talmudique, la nette supériorité des recherches juives est à peu près incontestée. Nous tenterons de présenter ici les aspects de l'évolution du judaïsme qui sont importants du point de vue du problème que nous avons posé*, mais il nous faut d'emblée ramener à une mesure extrêmement modeste l'espoir d'apporter une quelconque contribution essentielle à l'avancement des connaissances dans ce domaine. Tout au plus pourrons-nous, à partir des sources disponibles, organiser la présentation de bon nombre de faits d'une façon différente de celle qui est ordinairement retenue, en mettant l'accent sur des aspects généralement négligés. Il est également évident que, sur un certain nombre de points, notre problématique est assez différente de celle que privilégient, à bon droit, les spécialistes de l'Ancien Testament. Ce qui fait véritablement obstacle à l'analyse purement historique, dans ce domaine comme dans tous ceux où l'on rencontre la même difficulté, c'est, avant tout, l'importation de jugements de valeur dans l'analyse strictement objective. À des questions comme celle de savoir si la conception mosaïque de Dieu ou l'éthique mosaïque (à supposer que nous soyons en mesure d'en déterminer les contenus de manière univoque) étaient « supérieures » aux conceptions des peuples voisins, une discipline purement empirique, historique ou sociologique, ne peut en aucun cas apporter de réponse. De telles questions ne peuvent être formulées qu'à partir du moment où l'on admet certaines prémisses religieuses. Le fait est, cependant, que les jugements de valeur ont fortement influencé, dans la méthode comme dans l'approche, une part non négligeable des travaux, y compris purement empiriques, qui ont été consacrés à l'histoire de la religion israélite. En revanche, bien entendu, il est possible de poser la question suivante : par comparaison avec les conceptions en vigueur dans les peuples voisins, telle ou telle

conception israélite apparaît-elle 1) plus ou moins ancienne (« primitive »), en fonction de la succession des étapes que l'on rencontre par ailleurs dans l'évolution des religions, ou bien 2) plus ou moins intellectualisée et rationalisée (la rationalisation étant entendue ici dans le sens d'une élimination des représentations magiques), ou bien 3) systématisée de façon plus ou moins cohérente ou bien 4) plus ou moins orientée vers une éthique de la disposition d'esprit (c'est-à-dire plus ou moins sublimée). Par exemple, les exigences formulées dans l'éthique du Décalogue peuvent être comparées avec celles d'autres recueils de morale analogues et lorsqu'il existe, dans le détail, des parallèles immédiats entre les uns et les autres, on peut relever quels commandements manquent dans l'un alors qu'ils figurent dans l'autre et inversement. De la même façon, il est possible d'examiner, dans ces différentes éthiques, les conceptions de Dieu et la manière dont on se représentait les relations avec lui, en fonction, pour les premières, de leur degré d'universalisme et d'élimination des traits anthropomorphiques*, etc., et, pour les secondes, de leur degré de cohérence et de leur plus ou moins grande orientation dans le sens d'une éthique de la disposition d'esprit. Il est alors facile d'en conclure, par exemple, que la conception israélite de Dieu était moins universaliste et plus anthropomorphique que celle de l'Inde ancienne, que, en ce qui concernait certains commandements importants, l'éthique du Décalogue était non seulement plus modeste que l'éthique indienne (en particulier jaïna) et zoroastrienne mais également moins rigoureuse que l'éthique égyptienne et que, en outre, certains problèmes majeurs (celui de la théodicée, par exemple) n'étaient abordés, dans la religiosité israélite, en particulier la religiosité israélite prophétique, que sous une forme extrêmement « primitive », par comparaison avec d'autres confessions. Un croyant juif (ou chrétien) objecterait néanmoins avec vigueur que cela ne prouve absolument rien quant à la « valeur » religieuse de ces conceptions, et une telle objection serait incontestablement légitime. Dans tout travail purement empirique, on traite évidemment les faits et les sources de l'histoire religieuse israélito-judéo-chrétienne très exactement comme ceux de n'importe quelle autre religion, on cherche à interpréter ces sources et à expliquer ces faits absolument selon les mêmes principes que les sources et les faits d'une autre religion, et, par suite, il ne saurait être question de « miracles » ni de « révélations », pas davantage dans un cas que dans l'autre. Dans un cas comme dans l'autre, cependant, il est pareillement exclu que le chercheur ait la volonté ou seulement la possibilité d'interdire à quiconque d'attribuer une *valeur* de « révélations » aux faits dont il tente de trouver une explication empirique, pour autant que l'état des sources le permette.

Fût-ce pour s'en démarquer explicitement, tous les travaux sur l'Ancien Testament s'appuient aujourd'hui sur les magnifiques études de Julius Wellhausen (*Prolegomena zur Geschichte Israels*, Berlin, 1883 ; *Israelitische und jüdische Geschichte,* Berlin, 1894 ; parmi ses autres recherches, on citera surtout *Die Komposition des Hexateuch und der historischen Bücher des Alten Testaments*, Berlin, 1899). Wellhausen a porté à leur plus haut degré d'accomplissement systématique et manié avec virtuosité des méthodes qui n'avaient jamais été abandonnées depuis Wilhelm De Wette, Johann Vatke et Karl Graf et qui avaient trouvé un prolongement chez August Dillmann, Eduard Reuß, etc. Pour caractériser le plus précisément possible la représentation qu'il se fait de l'évolution de la religion juive, l'expression la plus appropriée serait un « évolutionnisme immanent ». Selon lui, le cours de l'histoire du judaïsme a été déterminé par des tendances d'évolution internes à la religion de Yahvé, même s'il a par ailleurs été influencé par le destin général du peuple juif. Le ton extrêmement passionné que Wellhausen a adopté pour se défendre contre les brillants travaux d'Eduard Meyer (*Die Entstehung des Judentums*, Halle, 1906), bien que cet auteur lui ait pour une large part rendu justice, s'explique par ce présupposé qui, en fin de compte, était malgré tout un présupposé religieux. Comme on pouvait s'y attendre de la part d'un historien de l'Antiquité universelle, en effet, Eduard Meyer a fait passer au premier plan de l'imputation causale le destin et l'événement historiques concrets (en l'occurrence, une décision politique particulière de la Perse) et privilégié, par conséquent, une explication qui, en ce sens, peut être qualifiée d'« épigénétique ». Pour la question débattue entre les deux savants, on s'accorde aujourd'hui à peu près unanimement à considérer que, des deux, c'est Eduard Meyer qui avait raison. En effet, le traitement « évolutionniste » de l'histoire de la religion israélite peut facilement basculer dans un type de présupposés qui troublent l'impartialité de la connaissance. Il élève au rang de dogme – ce n'était pas le cas chez Wellhausen, au demeurant – les résultats de l'ethnographie moderne et de la science comparative des religions en les appliquant à l'évolution concrète de la religion d'Israël ; en d'autres termes, il postule que les représentations magiques et « animistes » qui peuvent être observées à peu près partout dans le monde chez les peuples « primitifs » devaient se trouver aussi au commencement de l'évolution de la religion d'Israël et n'avoir fait place que dans une phase ultérieure aux conceptions religieuses « supérieures ». Les écrits de Robertson Smith (traduits en allemand sous le titre *Die Religion der Semiten*) et les travaux parfois brillants de spécialistes, entre autres, de l'Ancien Testament qui se sont penchés sur les commandements rituels et les mythes et légendes d'Israël, notamment, ont, il est vrai, établi de façon incontestable des analogies avec bon nombre de représentations magiques et animistes observées ailleurs, comme on pouvait au demeurant s'y attendre. (Qu'on ait même voulu trouver les preuves de l'existence d'un « totémisme » en Israël, voilà qui a suscité à juste titre les railleries d'Eduard Meyer.) Mais on a parfois oublié, ce faisant, que, si Israël avait débuté son existence historique comme une communauté paysanne de confédérés, c'était (au même titre que la Suisse, par exemple) dans un environnement où la culture de l'écrit, l'organisation urbaine, le commerce maritime et le commerce par caravanes, l'administration étatique, le savoir des prêtres, les observations astronomiques et les spéculations cosmologiques étaient depuis longtemps développées. L'évolutionnisme ethnographique est donc remis en cause par l'approche universaliste de l'histoire culturelle, qui est notamment défendue par les spécialistes de l'assyriologie mais aussi, sous sa forme la plus radicale, par ceux qu'on appelle les panbabyloniens. Les représentants de ce courant historique, des savants du rang de Eberhard Schrader (voir surtout *Die Keilinschriften und das Alte Testament*, nouvelles éditions par Hugo Winckler et Heinrich Zimmern, Berlin, 1903) et de Hugo Winckler (mentionnons notamment *Geschichte Israels in Einzeldarstellungen,* 2 t., Leizpig, 1895 et 1900), Peter Jensen, plus radical encore, et Alfred Jeremias, de loin le plus mesuré, mais qui reprend néanmoins, sous une forme prudente, le « principe » de cette approche (outre le *Handbuch der altorientalischen Geisteskultur*, Leipzig, 1913, citons surtout *Das Alte Testament im Lichte des alten Orients*, deuxième édition, 1906) sont ici allés très loin. Les tentatives n'ont pas manqué pour démontrer que la plupart des récits du Pentateuque, par exemple, trouvaient leur origine dans une théologie astrale, ou pour cataloguer les prophètes parmi les agents d'un parti international des prêtres de l'Asie antérieure.

Les conférences et articles de Friedrich Delitzsch ont ensuite fait connaître dans de larges cercles ce qu'on appelle la « querelle de Babel et de la Bible ». Parmi les chercheurs sérieux, nul ne songerait plus aujourd'hui, comme ce fut un temps le cas, à faire dériver la religion israélite des cultes astraux babyloniens et du savoir ésotérique des prêtres de Babylone. (Dans le domaine de l'égyptologie, on peut voir un équivalent extrême de tels errements dans la tentative à mon sens complètement manquée de Daniel Völter, *Aegypten und die Bibel*, Leyde, 1903 ; on consultera plutôt les travaux très circonspects de Max Müller, en particulier *Asien und Europa nach altägyptischen Denkmälern,* Leipzig, 1893, et les études spécialisées qui sont pour une part mentionnées plus loin.) Il ne sera guère question, dans l'exposé qui suit, des conclusions des travaux panbabyloniens ; leur validité n'est aucunement en cause et il ne faut certainement pas voir là un désaveu de notre part : la raison en est seulement que, de notre point de vue, c'est l'*éthique* pratique d'Israël qui est au premier plan, et que, pour la compréhension de cette dernière, les questions qui intéressent les panbabyloniens, à savoir les relations du point de vue de l'histoire culturelle, ne sont pas déterminantes, comme on le verra. Il n'en demeure pas moins que l'influence de ce courant de recherche a été tout à fait significative. Ce sont les panbabyloniens qui ont catalogué la religion israélite comme une forme dérivée des religions des cultures avoisinantes. Cette orientation a exercé en retour des effets sur les problématiques des spécialistes de l'Ancien Testament. Comme il était impossible de nier que la Palestine avait fortement subi l'influence de la culture babylonienne, surtout, mais aussi de la culture égyptienne, les spécialistes de l'Ancien Testament, sous l'impulsion de Hermann Gunkel, en particulier, ont entrepris d'apporter des correctifs importants au schéma évolutionniste de Wellhausen. Désormais, on a prêté davantage attention à certains faits : d'une part, la religion israélite était imprégnée de représentations magiques et animistes et, d'autre part, elle entretenait des liens avec les grandes sphères culturelles avoisinantes. Dès lors, le travail s'est concentré sur la question en réalité décisive de savoir en quoi résidait, en fin de compte, dans son évolution, la *spécificité* de la religion israélite, malgré tout incontestable, bien qu'elle ait partagé des traits communs avec d'autres religions, pour une part universellement répandus et pour une part déterminés par le contexte historique concret ; enfin, on s'est demandé ce qui conditionnait cette spécificité historique. Cependant, on a eu tôt fait, dès lors, de mêler à nouveau à ces réflexions des *jugements de valeur* déterminés par les prises de position religieuses de chacun. La « singularité » n'a pas tardé à redevenir une *valeur* en soi chez une part des chercheurs et ils se sont employés, par exemple, à démontrer une thèse comme celle-ci : les œuvres de Moïse avaient déjà été en soi une création « surpassant », en degré de valeur religieuse et morale, tous les modèles environnants (on trouvera les meilleurs exemples de cette théorie dans une part des travaux de Bruno Baentsch, un chercheur par ailleurs très méritant ; ils ont été critiqués par Karl Budde, notamment). Bien que, dans le détail, de tels jugements de valeur aient, à l'occasion, détourné la recherche des purs constats factuels, historiques et empiriques, les résultats des brillants travaux des spécialistes de l'Ancien Testament ont été d'une telle importance pour la critique de la tradition que même les savants les plus conservateurs n'ont pu se permettre de les ignorer plus longtemps. Il est d'autant plus difficile d'aboutir à des constats positifs et incontestables que le texte des sources, souvent corrompu précisément dans ses parties les plus importantes ou altéré, à des époques inconnues, par des interpolations ou des émendations, a suscité des controverses que le non-philologue, en règle générale, n'est pas en mesure de trancher. Dans bien des cas, l'option choisie dépend aussi des doutes plus ou moins radicaux que peut inspirer l'authenticité du texte : les rédacteurs sacerdotaux ont pu avoir intérêt à les falsifier. De façon générale, pour tous les textes dont le caractère de faux n'est pas avéré, soit pour des raisons linguistiques, de l'avis général des philologues autorisés, soit pour des raisons pratiques évidentes, du point de vue de leur contenu, le non-spécialiste aura tout lieu de commencer par les examiner en formulant l'hypothèse que, malgré tout, ils sont peut-être utilisables comme outils de compréhension historique. Chez les spécialistes de l'Ancien Testament, ce type de traitement des sources,

« conservateur » au sens que nous venons de décrire, est diversement admis par les chercheurs ; ces derniers temps, au demeurant, il a eu tendance à se développer un peu trop, à bien des égards, en réaction contre un scepticisme extrême. Un point de vue à l'évidence extrêmement conservateur est défendu, par exemple, dans l'ouvrage très complet et par ailleurs tout à fait remarquable de Rudolph Kittel, *Geschichte des Volkes Israel,* 2 t., 2e édition, Gotha, 1909 et 1912. Parmi les autres présentations récentes, mentionnons la *Geschichte des Volkes Israel* de Hermann Guthe (2e édition, Tübingen, 1904), un ouvrage synthétique qui peut offrir une bonne introduction, la synthèse valable de Jean Valeton dans le *Lehrbuch der Religionsgeschichte* de Chantepie de La Saussaye (Tübingen, 1897), ainsi qu'un livre qui retrace un panorama très clair de l'histoire de la politique extérieure d'Israël, *Israel ; Seine Entwicklung im Rahmen der Weltgeschichte* (Tübingen, 1911) de Carl Friedrich Lehmann-Haupt. Outre le livre de Kayser-Marti, on consultera avec profit le *Lehrbuch der alttestamentlichen Religionsgeschichte* de Rudolf Smend (Fribourg/Brisgau, 1893). Pour ce qui concerne la recherche scientifique dans le domaine de l'histoire ancienne d'Israël, un ouvrage est particulièrement indispensable, en dépit de toutes les critiques dont il a pu faire l'objet : c'est le livre d'Eduard Meyer (avec les suppléments de Bernhard Luther), *Die Israeliten und ihre Nachbarstämme*, Halle, 1906. Pour l'histoire intérieure et l'histoire culturelle, on peut utiliser, outre les *compendia* d'archéologie hébraïque de Immanuel Benzinger (*Hebräische Archeologie,* Fribourg, 1907) et Wilhelm Nowack (*Lehrbuch der hebräischen Archeologie,* Fribourg, 1894), le livre de Frants Buhl, *Die sozialen Verhältnisse der Israeliten*, Berlin, 1899. Pour l'histoire religieuse, outre la *Biblische Theologie des Alten Testaments* de Bernhard Stade (t. 1, Tübingen, 1905 ; t. 2, de Bertholet, 1911), un ouvrage souvent contestable, dans le détail, mais très riche et très synthétique, on mentionnera un livre remarquable, en raison, là encore, de la grande précision de ses formulations, le texte posthume de Emil Kautzsch, *Biblische Theologie des Alten Testaments,* Tübingen, 1911. Pour la religion comparée, citons le recueil édité par Hugo Greßmann avec Arthur Ungnad, *Altorientalische Texte und Bilder zum Alten Testament*, 1909 (que je n'ai malheureusement pas pu consulter au moment de la révision de mon manuscrit). Parmi les nombreux commentaires de l'Ancien Testament, le non-spécialiste trouvera un agrément particulier à lire celui de Kayser-Marti, édité avec Benzinger, Bertholet, Budde, Duhm, Holtzinger et Wildeboer. Il existe une traduction moderne commentée des *Schriften des Alten Testaments* par Greßmann, Gunkel, Haller, H. Schmidt, Stärk, Volz (1911-1914 ; d'autres volumes sont encore à paraître), un travail très sérieux et pour une part tout à fait remarquable, qui s'adresse aussi à un lectorat élargi (c'est la raison pour laquelle quelques libertés ont été prises dans la composition du volume, organisé en fonction des types de sources, des objets et de la chronologie, et qui a surtout le défaut d'être incomplet).

des religions, le mieux est d'opérer une comparaison avec l'ordre des castes indien. En effet, qu'étaient les juifs d'un point de vue sociologique ? Un peuple paria. Ce qui signifie, comme nous l'apprend l'étude de l'Inde : un peuple-hôte, séparé, d'un point de vue rituel, formel ou factuel, de son environnement social. De là ont découlé tous ses traits caractéristiques : son attitude à l'égard de son environnement, en particulier, son existence sous forme de ghetto volontaire, qui fut bien antérieure à son internement forcé, et la sorte de dualisme qui, chez lui, opposait une morale interne et une morale externe. Les différences entre le judaïsme et les tribus parias indiennes tiennent à trois facteurs importants, à savoir :

1) Le judaïsme était (ou bien plutôt devint) un peuple paria *dans un environnement sans caste.* 2) Les promesses de salut sur lesquelles était fondée la séparation rituelle du judaïsme étaient tout à fait différentes de celles des castes indiennes. Pour les castes parias indiennes, nous l'avons vu*, la prime associée à un comportement rituellement correct, c'est-à-dire conforme à l'ordre des castes, était, par la voie de la renaissance, une ascension à l'intérieur de l'ordre des castes, qui régissait éternellement et immuablement le monde. La perpétuation de l'ordre des castes sous sa forme existante et le maintien, non seulement de l'individu dans la caste, mais aussi de la position occupée par la caste en tant que telle vis-à-vis des autres castes : cette attitude éminemment conservatrice d'un point de vue social était la condition préalable de tout

---

Les références des citations ponctuelles extraites d'autres travaux sont indiquées dans les passages concernés. Dans ce domaine, la littérature spécialisée, y compris les ouvrages de tout premier plan, est si abondante que, de façon générale, les références n'ont été citées que lorsqu'une raison concrète particulière nous incitait à le faire. En m'autorisant pareille omission, je n'ai pas cru m'exposer au soupçon d'avoir développé une ambition qui n'est pas la mienne : celle de présenter ici des faits et des résultats nouveaux. Ce n'est aucunement le cas. Les seuls éléments en quelque mesure nouveaux sont certains questionnements sociologiques que j'ai choisis ici comme angle d'approche.

salut. En effet, le monde était éternel et n'avait pas d'« histoire ». Pour le juif, en revanche, la promesse était exactement opposée : l'ordre social du monde était, sous sa forme existante, le renversement de l'ordre promis pour l'avenir, et il devait un jour être renversé une nouvelle fois ; le judaïsme se verrait alors octroyer à nouveau sa position de peuple des seigneurs de la terre. Le monde n'était ni éternel ni immuable, mais créé, et ses ordres présents étaient un produit de l'action des hommes, des juifs, en particulier, et de la réaction de leur Dieu face à cette action : en d'autres termes, un produit de l'*histoire.* Ce monde était appelé à faire place, à nouveau, à l'ordre réellement voulu par Dieu. Toute l'attitude des juifs de l'Antiquité à l'égard de la vie était déterminée par cette représentation d'une *révolution politique et sociale à venir, menée par Dieu.* En l'occurrence, cette attitude était orientée 3) dans une direction bien précise. En effet, la correction rituelle et la séparation à l'égard de l'environnement social dont celle-ci était la condition n'étaient qu'un aspect des commandements imposés aux juifs. Elles étaient associées à une *éthique religieuse de l'action intramondaine* qui avait atteint un fort degré de *rationalité*, qui était, en d'autres termes, affranchie aussi bien de la magie que de toutes les formes irrationnelles de quête du salut, et qui se trouvait, d'un point de vue interne, à des années-lumière de toutes les voies de salut des religions asiatiques de la délivrance. Dans une large mesure, cette éthique est, encore aujourd'hui, au fondement de celle des religions de l'Europe et de l'Asie antérieure. On voit ici l'intérêt de l'étude du judaïsme du point de vue de l'histoire universelle.

La portée de l'histoire de la religion juive du point de vue de l'histoire universelle tient avant tout à la création de l'« Ancien Testament ». En effet, l'un des actes spirituels les plus importants de la mission paulinienne fut de sauver ce livre sacré des juifs et d'en faire un livre sacré du christianisme, tout en écartant comme désormais caducs, parce que le Sauveur chrétien les avait invalidés, l'ensemble des traits éthiques, radicalisés dans l'Ancien Testament, sur lesquels s'était fondée, d'un point de vue rituel, la position spécifique des juifs, leur statut de peuple paria. Pour mesurer la portée d'un tel acte, il suffit de s'imaginer ce qui se serait passé s'il n'avait pas eu lieu. Sans la reprise de l'Ancien Testament comme livre sacré, il aurait certes existé, dans le monde hellénistique, avec le culte du Kyrios Christos, des sectes pneumatiques et des communautés à mystères, mais jamais une Église chrétienne ni une éthique chrétienne du quotidien. Celles-ci, en effet, auraient été entièrement dépourvues de fondement. Si elle ne s'était pas émancipée des prescriptions rituelles de la Thora, qui fondent la séparation des juifs comme une barrière de caste, la communauté chrétienne serait restée une petite secte du peuple paria juif, tout comme les esséniens et les thérapeutes. Or, dans le noyau même de la doctrine du salut chrétienne, qui libérait du ghetto créé par le judaïsme lui-même, la mission paulinienne se rattachait justement à une doctrine juive il est vrai pour une part oubliée, qui était issue de l'expérience religieuse du peuple en exil. En effet, comment concevoir la genèse de la doctrine chrétienne de la mort du Sauveur divin qui s'offre en sacrifice, dans sa spécificité par rapport à d'autres doctrines de mystères en apparence semblables – même s'il exista plus tard une doctrine ésotérique du fils de l'homme – sans les promesses ô combien singulières du grand écrivain inconnu de la période exilique qui fut l'auteur de la théodicée prophétique de la souffrance (Es 40-55), en particulier la doctrine du Serviteur de Yahvé* qui, à des fins didactiques, souffre et meurt volontairement comme victime expiatoire alors qu'il n'est pas coupable ? D'un autre côté, le judaïsme a été une source d'inspiration explicite et, pour une part, un modèle pour le message de Mahomet. En examinant les conditions de son évolution, sans même évoquer l'importance du peuple paria juif en tant que tel au sein de l'économie européenne du Moyen Âge et de l'époque moderne, nous touchons à un point crucial de toute l'histoire de la culture de l'Occident et de l'Asie antérieure : le rôle joué par cette religion dans l'histoire universelle a été décisif. On ne peut reconnaître une importance historique équivalente qu'à la culture intellectuelle grecque et, pour l'Europe occidentale, au droit romain et à l'Église romaine fondée sur la conception romaine de l'administration, ou encore à l'ordre médiéval des *Stände* et, enfin, aux influences qui ont aboli cet ordre mais en ont perpétué les institutions dans le domaine religieux, à savoir celles du protestantisme.

Le problème est donc le suivant : comment les juifs sont-ils devenus un peuple paria doté d'une particularité tout à fait singulière ?

I.

La confédération israélite et Yahvé

1. Conditions historiques générales et conditions climatiques

Les pays montagneux de la Syrie et de la Palestine furent exposés alternativement à des influences mésopotamiennes et égyptiennes. Les premières furent le fait de la communauté tribale des Amorréens qui, dans les temps anciens, régnaient aussi bien en Syrie qu'en Mésopotamie ; elles furent ensuite conditionnées par l'essor politique de la puissance babylonienne, à la fin du troisième millénaire et, durablement, par l'influence importante de Babylone dans le domaine du commerce : c'est là que virent le jour les premières formes de commerce capitaliste. Quant aux influences égyptiennes, elles furent tout d'abord liées aux relations commerciales que l'Ancien Empire entretenait déjà avec la côte phénicienne, au rôle des mines égyptiennes dans la péninsule du Sinaï et à la proximité géographique de l'Égypte en tant que telle. Avant le XVIIe siècle av. J.-C., il n'était pas envisageable que l'un de ces deux grands centres culturels imposât à l'autre un assujettissement politique durable et strict, parce que les techniques militaires et administratives de l'époque ne le permettaient pas. Il est vrai que le cheval n'était entièrement inconnu, en Mésopotamie du moins, mais il n'était pas encore devenu l'instrument d'une technique militaire proprement dite. Ce ne fut le cas qu'à partir des grandes migrations qui inaugurèrent, en Égypte, le règne des Hyksos et, en Mésopotamie, celui des Kassites. Ce n'est qu'alors que la technique du combat de chars fit son apparition et, avec elle, la possibilité et la tentation d'entreprendre de grandes expéditions de conquête dans des territoires lointains. La Palestine fut d'abord visée par l'Égypte parce que celle-ci espérait y trouver du butin. La dix-huitième dynastie ne se contenta pas de libérer l'Égypte des Hyksos – c'est semble-t-il sous leurs souverains que le nom de Jacob fit pour la première fois son apparition – mais fut emportée par son élan de conquête jusqu'à l'Euphrate. Ses représentants et vassaux restèrent en Palestine, même si, pour des raisons de politique intérieure, la tendance expansionniste se fit moins forte. La dynastie des Ramsès dut reprendre le combat pour la Palestine car, entre-temps, le puissant empire des Hittites d'Asie Mineure s'était avancé vers le sud et menaçait l'Égypte. Grâce à un compromis conclu sous Ramsès II, la Syrie fut partagée, et la Palestine resta aux mains de l'Égypte, à laquelle elle continua de se rattacher nominalement jusqu'à la fin de la dynastie des

Ramsès, autrement dit pendant une grande partie de ce que les Israélites appelaient « l'époque des Juges ». De fait, cependant, le pouvoir de l'empire égyptien aussi bien que celui de l'empire hittite se réduisirent si considérablement, notamment pour des raisons de politique intérieure, que, à partir du XIIIe siècle et pour plusieurs centaines d'années, la Syrie et la Palestine furent pour l'essentiel livrées à elles-mêmes. Par la suite, à partir du IXe siècle, la Palestine fut à nouveau attaquée par la puissance militaire assyrienne apparue entre-temps, puis, à partir du VIIe siècle, par les Babyloniens et, au VIIe siècle également, après une première tentative au Xe siècle, par la puissance égyptienne ; à partir du dernier tiers du VIIIe siècle, le pays perdit son autonomie, abandonnant l'un après l'autre ses territoires aux Assyriens, pour une part, aux Égyptiens, durant un temps, puis, de manière définitive, aux grands rois de Babylone, dont l'héritage revint à l'empire perse. Ainsi, la Palestine ne put se développer de façon autonome par rapport aux grandes puissances étrangères que dans un intervalle qui fut globalement marqué par une profonde régression de toutes les relations politiques et commerciales internationales et au cours duquel la Grèce connut, dans le même contexte, l'invasion dite dorienne. Les voisins les plus puissants de la Palestine étaient, d'un côté, les villes phéniciennes et les Philistins, qui arrivèrent par la mer dans les temps où l'Égypte était faible, et, de l'autre, les tribus de Bédouins du désert, puis, aux Xe et IXe siècles, le royaume araméen de Damas. Pour faire face à cette dernière puissance, le roi des Juifs fit appel aux Assyriens. À cette période intermédiaire correspondirent, sinon les débuts, du moins les sommets de la puissance militaire de l'alliance d'Israël, du royaume de David, puis des royaumes d'Israël et de Juda.

La puissance politique des grands États de forte culture des rives de l'Euphrate et du Nil n'était alors guère développée, mais il faut pourtant se garder d'imaginer la Palestine de cette époque comme primitive et barbare. Non seulement elle continuait d'entretenir des relations diplomatiques et commerciales avec d'autres pays, même si elles étaient rendues plus difficiles, mais l'influence spirituelle des régions de forte culture perdurait également. Par la langue et l'écrit, la Palestine resta durablement attachée, y compris sous le règne égyptien, aux régions de l'Euphrate dont elle était géographiquement plus éloignée ; l'influence de ces derniers était effectivement patente, dans la vie juridique, notamment, mais aussi dans les mythes et les représentations cosmologiques. D'un point de vue purement extérieur, l'influence de l'Égypte sur la culture de la Palestine paraît remarquablement modeste, compte tenu de leur proximité géographique. Cela tint d'abord à la spécificité interne de la culture égyptienne, dont les porteurs, des prébendiers des temples ou de l'administration, étaient étrangers à tout prosélytisme. L'Égypte exerça sans doute, dans bien des domaines que nous considérons comme importants, une forte influence sur l'évolution spirituelle de la Palestine. Mais cette influence emprunta le détour de la Phénicie, d'une part, et, d'autre part, elle ne fut guère qu'un « stimulant d'évolution », assez difficile à saisir et le plus souvent essentiellement négatif. La faiblesse apparente de cette influence directe tint non seulement à des motifs linguistiques mais aussi à des différences profondes entre ces deux pays, du point de vue des conditions de vie naturelles et de l'ordre social fondé sur ces dernières. L'État de corvées égyptien, né de la nécessité de réguler l'irrigation et de construire les édifices royaux, était profondément étranger aux habitants de la Palestine, compte tenu de leur mode d'existence ; cette « maison d'esclavage », cette « forge », leur faisait horreur. Les Égyptiens, de leur côté, regardaient comme barbares tous les voisins qui ne partageaient pas les crues du Nil et l'administration royale des scribes, ces présents de Dieu. Les couches religieusement influentes, en Palestine, rejetaient quant à elles le fondement majeur du pouvoir des prêtres égyptiens, le culte des morts, abomination qui dévalorisait leurs propres intérêts, d'orientation tout à fait intramondaine ; en cela, elles suivaient le modèle typique des peuples qui ne sont pas soumis à une réglementation hiérocratique, de la même façon que la dynastie égyptienne elle-même chercha un temps, sous Aménophis IV, à échapper au pouvoir des prêtres, mais en vain, car celui-ci était déjà solidement établi. L'opposition à l'égard de l'Égypte était, enfin, fondée sur des différences naturelles et sociales, même si les conditions de vie et les situations sociales étaient également très variables à l'intérieur de la Palestine.

La Palestine présentait des potentialités économiques très contrastées, conditionnées par le climat [1]. Dans les plaines des régions du Centre et du Nord, notamment, on pratiquait non seulement l'agriculture céréalière et l'élevage de bovins, mais également, aussi loin que remontent nos documents, la culture des fruits, des figues, de la vigne et des oliviers. On cultivait aussi des dattes dans les oasis du désert voisin et autour de la ville-palmeraie de Jéricho. L'eau d'irrigation puisée dans des sources abondantes et la pluie des plaines palestiniennes autorisaient les cultures. Dans le Sud et dans l'Est, non seulement pour les paysans mais aussi pour les bergers, le désert stérile était un lieu terrifiant, le siège des démons, et il l'est encore aujourd'hui. Seules les marges du désert, les steppes, périodiquement arrosées par des pluies, pouvaient et peuvent encore servir de pâturages pour les chameaux et le petit bétail et, les bonnes années, les nomades y pratiquaient occasionnellement la culture de céréales. On rencontrait, et on rencontre encore, toutes sortes de modes d'exploitation intermédiaires, jusqu'aux cultures

1. Au sujet des conditions naturelles de la Palestine, on consultera, outre les ouvrages généraux consacrés à ce pays, les nombreux articles de la *Zeitschrift* et des *Mitteilungen und Nachrichten des Deutschen Palästinavereins.* Sur le climat de l'Antiquité (à l'époque talmudique), voir l'article de Hugo Klein, « Das Klima Palästinas auf Grund der alten hebräischen Quellen », *Zeitschrift des Deutschen Palästinavereins,* 37, 1914.

sédentaires et régulières [1]. Il existait, en particulier, une grande variété de prairies. Dans certains cas, des territoires de pâturage nettement délimités au niveau local étaient utilisés par les colons, soit pour le petit et le gros bétail, soit exclusivement pour le petit. Mais, le plus souvent, il était nécessaire de changer de pâturage une fois l'an, entre la saison des pluies hivernale et la saison sèche estivale [2]. Les éleveurs occupaient et abandonnaient alors tour à tour des villages d'été et des villages d'hiver situés dans les hauteurs, – une coutume que l'on rencontre aussi, au demeurant, chez les cultivateurs qui travaillent des champs très éloignés les uns des autres et dont les périodes de végétation ne sont pas simultanées. Ailleurs, les zones de pâturage des différentes saisons étaient si éloignées les unes des autres ou de rendement si irrégulier que les éleveurs ne pouvaient s'établir dans un lieu fixe. Les éleveurs de petit bétail, car eux seuls étaient concernés, vivaient alors dans des tentes, à la façon des chameliers du désert, et changeaient périodiquement de pâturage en déplaçant leurs troupeaux sur de vastes distances, parfois plutôt d'est en ouest, d'autres fois plutôt du nord au sud, comme cela se fait encore dans le sud de l'Italie, en Espagne, dans la péninsule balkanique et en Afrique du Nord [3]. Lors de ces déplacements, il est d'usage, dans la mesure du possible, de combiner le pâturage sur les prairies, les jachères et les chaumes des champs moissonnés. Dans d'autres cas, des périodes de

1. Dans le Livre de Josué (Jos 15, 19), Caleb, à qui on a confié Hébron, donne en dot à sa fille « de la terre du sud » (*Erets ha-Negev*) et, à sa demande, il ajoute des « sources d'en haut » et des « sources d'en bas ». La terre cultivable, par opposition à la steppe, était appelée « *sadé* ».

2. Sur ce point, voir notamment les observations de Schumacher dans son récit de voyage en Jordanie orientale, reproduits dans les *Mitteilungen und Nachrichten des Deutschen Palästinavereins,* 1904 sq.

3. Voir aujourd'hui l'excellent travail de Rudolf Leonhard, « Die Transhumanz im Mittelmeergebiet : Eine wirtschaftsgeographische Studie über den Seminomadismus », in : *Festschrift für Lujo Brentano*, éd. par Edgar Jaffé, Munich, 1916, p. 327-349.

sédentarité alternent avec des phases de nomadisme ou de recherche de travail à l'extérieur : une partie des paysans établis dans les villages des montagnes de Judée habitent la moitié de l'année dans des tentes. On observe toutes les formes intermédiaires et toutes les nuances possibles entre la pleine sédentarité et l'habitat dans des maisons, d'un côté, et, de l'autre, le nomadisme et l'installation dans des tentes. Comme dans l'Antiquité, on rencontre aujourd'hui des formes de nomadisme tendant vers l'agriculture, en raison de l'accroissement de la population et des besoins en pain, mais aussi le cas exactement inverse, des fellahs devenus semi-nomades en raison de l'ensablement. À l'exception des régions au demeurant fort limitées qui sont irriguées par des sources, le destin de toute une année se joue précisément en fonction de la quantité et de la répartition des pluies [1]. Il existe deux sortes de pluies. La première est apportée par le sirocco, un vent du sud, qui déclenche souvent des orages extrêmement violents, accompagnés de pluies torrentielles. Quand les fellahs et les Bédouins voient de grands éclairs, ils attendent de grandes pluies. Si la pluie ne vient pas, aujourd'hui comme dans l'Antiquité, c'est que « Dieu est loin », et on pense, aujourd'hui comme hier, que c'est là la conséquence des péchés qui ont été commis, en particulier par le cheik [2]. Souvent fatales pour la surface des champs, à l'est du Jourdain, notamment, ces pluies battantes remplissent les citernes de la steppe et sont ainsi particulièrement attendues par les chameliers du désert : pour eux, aujourd'hui comme hier, le dieu qui donne la pluie est un dieu de l'orage, aux colères brutales. Pour les palmiers dattiers et la végétation arborée, de façon générale, ces fortes pluies ne sont

1. On trouvera à présent les meilleures observations relatives à la météorologie chez Felix Exner, « Zum Klima von Palästina », *Zeitschrift des Deutschen Palästinavereins*, 33, 1910, p. 107 sq.

2. Voir les proverbes et prières de fellahs rassemblés par le Docteur Taufik Cana'an, « Der Kalender des palästinensischen Fellachen », *Zeitschrift des Deutschen Palästinavereins*, 36, 1913, p. 285 et p. 291.

pas néfastes, elles sont même utiles si elles ne tombent pas en excès. Les pluies douces, en revanche, qui font verdir la surface des champs et des prairies de montagne, sont apportées par le vent du sud-ouest et de l'est, venu de la mer, qu'Élie attendait sur le Carmel. L'agriculteur, par suite, désire par-dessus tout cette pluie : en Palestine, l'arrivée du dieu qui donne la pluie n'est pas annoncée par l'orage ou la tempête – qui le précèdent souvent, il est vrai – mais par un « murmure paisible et doux ».

Dans la Palestine proprement dite, le « désert de Juda », ce plateau des régions montagneuses de la mer Morte, a été depuis toujours une région presque entièrement dépourvue de villages. Dans les régions montagneuses du centre et du nord d'Israël, en revanche, il tombe en hiver (de novembre à mars) autant de pluie qu'en Europe centrale pendant toute une année. Par suite, les bonnes années, c'est-à-dire celles où de fortes pluies tombent précocement (dans l'Antiquité, souvent, dès l'époque de la fête des Tabernacles) et tardivement (jusqu'en mai), on peut escompter de bonnes récoltes de céréales dans les vallées et une grande abondance de fourrage et de foin sur les flancs de montagne. Par contre, en l'absence des pluies précoces et tardives, la sécheresse absolue de l'été peut brûler toutes les prairies et se prolonger pendant plus des deux tiers de l'année ; c'est ainsi que les bergers, surtout, sont contraints de se procurer des céréales venues de l'extérieur, d'Égypte, dans l'Antiquité, ou encore d'émigrer. Aussi l'existence de ces bergers est-elle précaire et soumise aux aléas météorologiques ; pour eux, c'est seulement les bonnes années que la Palestine « ruisselle de lait et de miel [1] » – à coup sûr,

---

1. La question de savoir si le pays de Canaan méritait cette désignation et ce qu'elle signifiait est controversée. Sur ce point, voir, par exemple, l'article récent de Samuel Krauss, « Honig in Palästina », *Zeitschrift des Deutschen Palästinavereins*, 32, 1909, p. 151 sq. : à partir de sources talmudiques, Krauss donne une interprétation tout à fait littérale du verbe « ruisseler », qui se référait selon lui à un mélange de lait de chèvre et de miel de fruits, de dattes, de figues et de raisins. À l'inverse, David Simonsen, « Milch und Honig : Eine Erwiderung »,

un miel de dattes que les Bédouins connaissaient déjà à l'époque de Thoutmès, mais peut-être aussi un miel de figues ou d'abeilles sauvages.

Zeitschrift des Deutschen Palästinavereins, 1910, 33, p. 44, considère à juste titre que c'était là une expression métaphorique. De même, Gustav Dalman, « Das Land, das mit Milch und Honig fließt », *Mitteilungen und Nachrichten des Deutschen Palästinavereins*, 1905, p. 27, commente l'expression « des gâteaux doux comme le miel » ; se fondant sur l'interprétation actuelle des juifs de Palestine, il considère que le pays a toujours été pauvre en bétail. Par contre (c'est à mon avis le meilleur article), Leonhard Bauer, « Ein Land, da Milch und Honig fließt », *ibid.*, p. 65, insiste sur la richesse de ce pays en lait, aujourd'hui encore (le beurre et le lait sont les principaux aliments), et il identifie le miel comme un miel de raisins. Dalman (« Nochmals Milch und Honig », *Mitteilungen und Nachrichten des Deutschen Palästinavereins*, 1906, p. 81) démontre que cette dernière hypothèse est fausse en ce qui concerne l'Antiquité : à l'époque, la plus importante variété de miel était le miel de dattes. Heinrich Hänsler, « Noch einmal 'Honig im hl. Lande' », *Zeitschrift des Deutschen Palästinavereins*, 35, 1912, p. 186 sq., met en doute le fait que le miel ait toujours été abondant. Cependant, même dans les *Lettres d'Amarna* (n° 55 dans l'édition Knudtzon), il est dit qu'une garnison égyptienne avait choisi le miel comme tribut en nature. Le miel que Sinouhé, un Égyptien en fuite à l'époque de Sésostris Ier, signale comme récolté en abondance au pays de Retenou, à côté des figues, des olives et de la vigne, était peut-être aussi du miel de dattes. La manne (Ex 16, 31) a le goût d'une galette de miel. Lorsque, après avoir été dévastée par les Assyriens, la Palestine redeviendra pareille à une steppe où on ne trouvera plus de vignes mais des épines et des ronces, alors les derniers hommes pieux goûteront la crème et le miel comme autrefois, proclame Ésaïe (Es, 7, 22-23). Voilà pourquoi l'enfant sauveur, l'Emmanuel, se nourrira de crème et de miel (Es, 7, 15). Cette mention rappelle la nourriture de Zeus enfant en Crète, la crème et le miel. Hugo Greßmann (*Der Ursprung der israelitisch-jüdischen Eschatologie,* 1905, p. 207 sq. ; voir aussi les titres mentionnés plus loin) préfère ainsi interpréter l'expression sur un mode purement eschatologique, en identifiant « la crème et le miel » comme la nourriture des dieux. Dans tous les cas, la nourriture des dieux est quand même le mets idéal des riches humains d'une région de steppe.

2. Les Bédouins

Déterminés par la nature, les contrastes des conditions économiques se sont, par suite, toujours exprimés dans les oppositions des structures économiques et sociales.

À l'une des extrémités de l'échelle, on trouvait et on trouve encore les *Bédouins* du désert. Le *bedu* proprement dit qui, jusqu'au nord du monde arabe, se distinguait fortement de l'Arabe sédentaire, méprisa de tout temps l'agriculture et honnissait les maisons et les lieux fortifiés. Il vivait de lait de chameau et de dattes, ne connaissait pas le vin et ne recherchait ni ne souffrait aucune forme d'organisation étatique. Comme l'a notamment décrit Wellhausen [1], entre autres auteurs, pour les temps épiques des Arabes, la seule autorité permanente était, normalement, le cheik, le chef du clan, à côté du *mukhtar*, le chef de famille (c'est-à-dire le chef de la communauté qui partageait la même tente). Le clan regroupait l'ensemble des communautés de tentes qui, à tort ou à raison, pensaient descendre d'un même ancêtre et dont les tentes étaient par suite voisines. C'était un groupement cimenté de façon la plus solide par le devoir absolu de vengeance du sang. Des clans partageant les mêmes itinéraires et les mêmes campements formèrent, à des fins de protection mutuelle, des communautés. La « tribu » ainsi constituée comprenait rarement plus d'un millier d'âmes. Elle ne disposait d'un chef permanent que si un homme s'était particulièrement illustré par des prouesses guerrières ou par la sagesse avec laquelle il rendait la justice ; il était alors reconnu comme « *saïd* » en vertu de ce charisme. Son prestige pouvait ensuite être transmis comme un charisme héréditaire à chacun des cheiks de son clan, en particulier quand celui-ci était fortuné. Cependant, même le saïd n'était qu'un *primus inter pares*.

1. Julius Wellhausen, *Ein Gemeinwesen ohne Obrigkeit. Rede zur Feier des Geburtstages Seiner Majestät des Kaisers und Königs am 27. Januar 1900 im Namen der Georg-August-Universität*, Göttingen, 1900.

C'est lui qui présidait les palabres de la tribu (qui avaient souvent lieu tous les soirs dans les petites tribus), qui tranchait dans les cas litigieux, sonnait l'heure du départ et choisissait les lieux de campement. Mais tout pouvoir contraignant lui faisait défaut, de la même façon qu'aux cheiks. Son exemple et ses jugements étaient suivis par les clans aussi longtemps que son charisme faisait ses preuves. De la même façon, la participation aux expéditions guerrières était volontaire et elle n'était imposée qu'indirectement, par la moquerie et l'humiliation. Chaque clan choisissait de se lancer ou non dans telle ou telle aventure. Chacun disposait souverainement, en outre, du pouvoir d'accorder protection à des étrangers. Dans les deux cas, ces choix pouvaient affecter en retour la communauté : le premier pouvait entraîner des représailles et le second la vengeance, lorsque le droit d'asile avait été bafoué. Mais la communauté n'intervenait qu'exceptionnellement. En effet, tous les groupements plus larges que le clan demeuraient extrêmement instables. Les différents clans pouvaient nouer de nouvelles alliances et se séparer de leur ancienne tribu. La différence entre une tribu faible et un clan important n'était pas très marquée. Chez les Bédouins, cependant, la configuration politique d'une tribu pouvait, dans certains cas, donner naissance à une formation relativement stable, notamment lorsqu'un prince charismatique parvenait à conserver longtemps, pour lui-même et son clan, une position militaire dominante. Du reste, naturellement, cela supposait que le prince guerrier eût les moyens d'entretenir une suite personnelle dans une forteresse des hauteurs, grâce au prélèvement de rentes foncières et de tributs sur les cultures intensives des oasis, ou encore à la perception de taxes fixes sur les douanes et la circulation des caravanes [1]. Dans tous les autres cas, les positions de pouvoir

1. Ainsi, dans le pays de Retenou, qui se trouve à l'est de Byblos (c'est là que se seraient déroulés les événements, d'après les hypothèses les plus récentes), un cheik qui régnait sur des terres où étaient cultivés

occupées par des individus étaient très instables. En fin de compte, les notables n'avaient que des « devoirs » et n'étaient dédommagés que par un gain d'honneur social, tout au plus par certains avantages dans les procès. Il n'en demeure pas moins que les inégalités sociales entre les clans, en matière de richesses et de charisme héréditaire, étaient parfois considérables. D'un autre côté, cependant, la stricte obligation de secours fraternel devait être observée d'abord au sein du clan, mais aussi, dans certains cas, au sein de la tribu. Le non-frère, en revanche, était privé de droits s'il n'était pas admis dans le groupement de défense par la commensalité. Les terres de prairies que s'attribuait et défendait la communauté tribale, instable et sans cohésion forte, étaient respectées par peur mutuelle de la vengeance, mais elles changeaient de mains au fur et à mesure que la configuration des pouvoirs évoluait, en fonction, notamment, des luttes pour le bien le plus précieux : les sources. Il n'existait pas de reconnaissance de la propriété de la terre. La guerre et le vol, en particulier le vol de grand chemin qu'il fallait savoir pratiquer à l'occasion, c'était là une question d'honneur, marquaient de leur sceau l'idée de l'honneur typique chez les Bédouins. Une famille de renom, le courage personnel et la générosité étaient les trois qualités prisées chez un homme. Pour l'Arabe préislamique, les motivations décisives de toute action étaient les considérations relatives à la noblesse de sa famille et à la bonne renommée sociale de son nom.

Du point de vue économique, le Bédouin passe de nos jours pour un traditionaliste sans imagination [1], de surcroît peu enclin au profit pacifique. Cependant, il faut se garder de généraliser de tels jugements : en raison de

la vigne, l'olivier et le figuier, accueillit Sinouhé, l'Égyptien en fuite, l'embaucha comme employé et l'investit d'un fief.

1. Cf. Joseph Hell, « Die Beduinen der Gegenwart im Lichte ihrer Lieder », *Beiträge zur Kunde des Orients*, 5, 1908, p. 161 sq. (y compris pour tout ce qui précède).

l'importance des gains attachés au commerce intermédiaire et à la circulation des caravanes, les tribus établies le long des routes caravanières du désert avaient intérêt à la prospérité de ce commerce, partout où il était pratiqué. Le caractère hautement sacré qui était reconnu au droit d'asile se fondait aussi, pour une part, sur ces intérêts liés au commerce itinérant. Tout comme, en mer, le commerce maritime n'allait pas sans la piraterie, dans le désert, le commerce intermédiaire et le vol de grand chemin allaient de pair, car le chameau est le plus remarquable de tous les moyens de transport animaux [1]. Aujourd'hui comme hier, le marchand étranger est pillé si une puissance étrangère n'a pas établi des garnisons pour assurer la couverture militaire des routes, ou si les commerçants n'ont pas eux-mêmes conclu des accords de protection permanents avec les tribus qui surveillent ces dernières.

Les recueils juridiques de l'ancien Israël ne portent pas trace d'un droit des Bédouins proprement dit ; pour la tradition, le Bédouin était l'ennemi juré d'Israël. Une lutte éternelle opposait Yahvé et Amaleq. L'ancêtre de la tribu des Qénites, Caïn, qui portait « le signe de Caïn », le tatouage de sa tribu, était condamné par Dieu à l'errance en tant que meurtrier, et son seul privilège était la dureté implacable de la vengeance du sang. Plus généralement, les influences liées aux Bédouins faisaient presque entièrement défaut dans les coutumes israélites. On ne mentionnera qu'une pratique importante : la coutume de badigeonner les montants des portes avec du sang pour éloigner les démons était répandue en Arabie. Dans le domaine militaire, il exista peut-être, historiquement, un lien entre le volontariat absolu, chez les Bédouins, de la participation aux expéditions guerrières et la prescription du Deutéronome, le plus souvent interprétée comme une construction théologique purement utopique de l'époque des prophètes, qui exigeait d'exempter ou de renvoyer chez eux tous ceux

1. Ce sont des marchands « ismaélites », autrement dit bédouins, qui achetèrent Joseph à ses frères (Gn 37, 28).

qui se sentaient trop « lâches ». Au demeurant, celle-ci ne constituait pas pour autant un emprunt aux Bédouins ; à l'origine de cette prescription, on trouvait plutôt la réminiscence de coutumes des tribus d'éleveurs qui, nous le verrons plus loin, étaient en accord avec celles des Bédouins.

3. Les villes et les *giborim*

À l'autre extrémité de l'échelle, on trouvait, et on trouve encore, la *ville* (*gir*). Nous devons tenter de préciser ici un peu l'analyse. À l'évidence, elle eut pour antécédents, en Palestine comme ailleurs, les forteresses édifiées par les chefs guerriers pour eux-mêmes et leur suite personnelle, d'une part, et, d'autre part, les refuges construits pour les bêtes et les hommes dans les régions menacées, en bordure du désert, notamment. La tradition ne fournit guère de détails, ni sur les uns, ni sur les autres [1]. La ville d'alors pouvait représenter quelque chose de très différent, d'un point de vue économique et politique, de celle que nous connaissons. Dans certains cas, ce n'était qu'une petite commune de cultivateurs fortifiée, dotée d'un marché. Elle ne se distinguait alors que par degrés du village de paysans. Par contre, lorsqu'elle était pleinement développée, dans tout l'Orient antique, elle n'était pas seulement un marché mais surtout un lieu fortifié et, en tant que telle, le siège du groupement de défense, du dieu local et de ses prêtres, ainsi que du porteur du pouvoir politique, monarchique ou oligarchique, selon les cas. Cette cité

1. Dans les inscriptions de Sennachérib, il était fait mention des nombreuses forteresses qu'il avait prises d'assaut et qui appartenaient au roi Ézéchias. Les Chroniques évoquaient aussi les forteresses d'Ézéchias, ainsi que les nombreuses places fortes établies sur les frontières par Roboam. Les garnisons en recevaient sans doute au titre de fiefs. Une partie des villes évoquées dans les *Lettres d'Amarna* n'étaient manifestement que des forteresses de ce type. Celles-ci avaient aussi leurs chefs charismatiques, comme David et, dans les temps anciens, Abimélekh.

était, à l'évidence, un équivalent de la *polis* méditerranéenne, avec laquelle il est possible d'établir des analogies.

De fait, les villes de Syrie et de Palestine présentaient, dans leur constitution politique, un stade d'évolution qui les rapprochait de la « *polis* des grandes familles » de la Grèce ancienne. À l'époque préisraélite déjà, les villes maritimes phéniciennes et les cités philistines étaient organisées comme des villes au plein sens du terme. Pour l'époque de Thoutmès III, les sources égyptiennes rapportent l'existence de nombreuses cités-États en Palestine. Elles n'avaient pas toutes disparu, en Israël, à l'époque cananéenne (Lakhich, par exemple [1]). Dans la correspondance de Tell El-Amarna, on peut lire que, sous Aménophis IV (Akhénaton), il existait, dans les grandes villes, notamment à Tyr et à Byblos, à côté des rois vassaux et des représentants du pharaon, avec leurs garnisons, leurs entrepôts et leurs arsenaux, une couche d'assise urbaine qui détenait le pouvoir à l'hôtel de ville (*bitu*) et menait sa propre politique, souvent hostile à la domination égyptienne [2]. À l'évidence, quelles qu'aient été par ailleurs les spécificités de cette couche sociale, il s'agissait d'un patriciat militaire [3]. Ses relations avec les

1. Cf. Max Müller, « An Egyptian Document for the History of Palestine », *Jewish Quaterly Review New Series*, 4, 1913-1914, p. 65.

2. Le *bitu* de Tyr était censé être distinct du *bitu* du régent installé par le pharaon (Knudtzon n° 89). L'auteur de la lettre signale au pharaon que, à Tyr, la politique n'était pas décidée par le régent auquel il s'adressait constamment, mais par les cercles qui tenaient l'hôtel de ville. Plus tard, le régent fut assassiné.

3. Lorsque sont mentionnés les « grands » d'une ville (Knudtzon n° 129), on ignore s'il s'agissait de fonctionnaires ou de patriciens qui étaient les anciens des clans ; quoi qu'il en soit, la population des villes exerçait une influence sur la politique. Les gens de Dunip (n° 50) demandent au roi de choisir comme représentant un homme qu'ils lui désignent. La population de Byblos chasse de la ville le représentant du roi, un Cananéen, avec l'appui du frère renégat de ce dernier. Ailleurs, la population fait cause commune avec les ennemis qui envahissent le pays : le régent est menacé de mort. La ville est perdue quand la garnison égyptienne se retire, parce que les tributs de nourriture ne lui ont pas été versés ou parce que la population a refusé de s'acquitter des corvées sur les fiefs des régents et de leurs soldats ; elle est égale-

princes vassaux et avec les représentants du pharaon étaient déjà analogues, manifestement, à celles que les clans israélites des villes entretinrent plus tard avec les princes militaires, par exemple Abimélekh, le fils de Gédéon. On peut également constater, d'un autre point de vue, des similitudes évidentes entre la période préisraélite et la période israélite, voire celle du judaïsme tardif. Les sources talmudiques distinguaient plusieurs catégories de localités : à chaque capitale fortifiée correspondait une série de villes qui en dépendaient politiquement, et les unes comme les autres étaient assorties d'un certain

---

ment perdue si la garnison se révolte. À mon sens, c'est ainsi qu'il faut interpréter les numéros 117, 37 ; 138 ; 77, 36 ; 81, 33 ; 74 ; 125 et les événements qui y sont souvent évoqués ; je m'écarte ainsi, en partie, de l'interprétation remarquable de O. Weber dans le tome 2 de l'édition de Knudtzon. Il semble tout à fait invraisemblable que ceux qui partent en raison du manque de nourriture aient été des « paysans ». Il est vrai que l'expression employée était aussi celle qui désignait, en Mésopotamie, le colon (par opposition au patricien pleinement libre). Cependant, les μάχιμοι du pharaon étaient, à en juger d'après leur nombre élevé, dotés de minuscules fiefs (« les fiefs des soldats d'infanterie ») et les « *hu-ub-su* » des sources étaient plutôt des militaires ayant reçu des prébendes sur le mode liturgique, comme on en rencontrait, typiquement, en Asie antérieure et en Égypte. Dans le n° 74, le champ du régent, c'est-à-dire le fief, est resté en friche, en raison du refus de la population de s'acquitter des corvées ; le régent est dans le besoin. Il en va de même de la garnison et, par suite, elle est abandonnée. À l'évidence, le nombre de garnisons était très réduit. Il arrivait que les régents réclament des renforts de cinquante hommes, voire moins. De façon générale, toutes les proportions étaient mesquines. Un tribut de bœufs livré par le prince de Megiddo ne dépassait pas les trente têtes. Il est également invraisemblable que la ville ait été livrée aux ennemis par les paysans : pourquoi eux en particulier ? C'étaient les gens des villes qui, à Byblos et ailleurs, s'employaient à provoquer la chute de leur cité. Sur ce point encore, je ne peux donner raison à O. Weber (*op. cit.*, p. 1178) : il n'est pas vrai que, à Tyr et dans d'autres villes, l'aristocratie était égyptienne tandis que le *dêmos* était hostile au pouvoir égyptien. Même dans les grandes villes, l'existence d'un *dêmos* puissant est difficile à imaginer. C'étaient bien plutôt les patriciens, c'est-à-dire de riches clans urbains pratiquant le commerce, qui avaient à supporter le fardeau des liturgies et des impôts du pouvoir égyptien. Les sources mentionnent des tributs considérables.

nombre de villages. Une configuration semblable ou analogue était déjà présupposée dans les *Lettres d'Amarna* [1], ainsi que dans le Livre de Josué [2], qui date de l'époque des Rois (Jos 15, 45-47 ; 17, 11 ; 13, 23-28 ; cf. Jg 11, 27 et Nb 21, 25-32). Pour toute la période historique dont nous pouvons avoir connaissance, cette situation prévalut partout où l'organisation urbaine du groupement de défense était parvenue à son plein développement, d'un point de vue politique et économique. Les localités dépendantes avaient alors le statut de localités périèques, c'est-à-dire qu'elles étaient privées de droits politiques. Les clans de seigneurs étaient urbains, ou passaient pour tels. Dans le lieu de naissance de Jérémie, Anathot, il n'était « que des petites gens » qui n'entendaient rien à sa prophétie (Jr 5, 4) ; le prophète se rendit par conséquent à Jérusalem, où étaient les « grands », dans l'espoir de rencontrer davantage de succès. Toute l'influence politique était entre les mains des notables de la capitale. Lorsqu'il arriva que, temporairement, sous Sédécias, le pouvoir ne leur appartînt plus mais fût confié à d'autres, sur ordre de Nabuchodonosor, en particulier aux fonctionnaires, cela passa pour une anomalie : Ésaïe avait brandi une telle menace, car la déchéance continuelle des grands appelait une punition, mais il voyait là un mal terrible pour la communauté

1. Cf. Knudtzon n° 290 : une localité rurale de la région de Jérusalem a fait défection. Le n° 288 mentionne que le vice-roi de Jérusalem avait auparavant une flotte en mer. Quelle mer ? À mon avis, il s'agissait de la mer Rouge, dans le Sud (on mentionne la sécession de Séïr à Édom). Les princes régnant sur Jérusalem tentèrent constamment de mettre la haute main sur les routes caravanières qui conduisaient à la mer Rouge. Le pouvoir de la ville s'étendait donc loin dans le désert.

2. En dehors de Jos 15, 45-47, n'étaient mentionnés comme étant sous la dépendance de villes que des villages (*hatsérim*) et non d'autres villes. Lorsqu'il était question de « filles », il s'agissait certainement de villes dépendantes et non de villages. Sur tous ces points, voir Mayer Sulzberger, « Polity of the Ancient Hebrews », *Jewish Quaterly Review New Series*, 1912-1913, p. 17. Pour les tribus d'éleveurs de l'est du Jourdain (Ruben), on évoquait toujours, de façon caractéristique, « les familles, les villes et les filles ». À l'époque de la rédaction des textes, ce mode d'organisation n'était pas encore pleinement abouti.

[Es 4, 4-8]. Au demeurant, les gens d'Anathot n'étaient considérés ni comme des métèques ni comme un groupe à part mais comme des Israélites qui ne comptaient pas parmi les « grands [1] ». Ce type de domination d'une *polis* de grandes familles sur des localités périèques, dépourvues de droits politiques, mais considérées comme libres, correspondait tout à fait au modèle de la Haute Antiquité.

L'organisation en clans conserva une importance fondamentale, y compris dans les villes. Cependant, alors que, dans les tribus de Bédouins, l'organisation sociale était exclusivement fondée sur les clans, un autre facteur entrait en ligne de compte dans les villes et c'est lui qui finit par prévaloir : l'accès à la propriété foncière comme fondement des droits. Dans l'Antiquité israélite, les clans étaient organisés en « maisons paternelles » (*beth avoth*), des communautés domestiques considérées comme des subdivisions du clan, lequel était lui-même un sous-ensemble de la tribu (*chévet*). Dans la tradition du Livre de Josué, cependant, nous l'avons vu, la tribu se divisait déjà en villes et villages, et non en clans et familles [Jos 7, 16-22]. Par analogie avec d'autres cas, on peut se demander si chaque Israélite faisait partie d'un clan. Les sources le présupposent puisque tous les Israélites libres étaient en mesure de porter les armes. Cependant, une différenciation croissante apparut au sein de ce groupe. Dans la tradition, il arrive occasionnellement (à Gabaon, Jos 10, 2) que

1. À mon sens, c'est là la seule lacune dans les remarquables réflexions d'Eduard Meyer (aussi bien dans *Die Israeliten und ihre Nachbarstämme* que dans *Die Entstehung des Judentums*) : il ne met pas l'accent sur cette distinction que l'on retrouve dans toute la Haute Antiquité et jusque dans la « démocratie ». Dans les États antiques, en particulier les cités-États, tous les propriétaires terriens libres n'étaient *pas* des citoyens actifs ni même des individus dotés des mêmes droits politiques ; ce n'était le cas que pour ceux qui pouvaient pleinement participer à la défense, parce qu'ils en avaient les moyens : en Israël, les *giboré ḥayil*. Dans les cités-États israélites pleinement constituées, il existait certainement aussi des propriétaires terriens israélites libres qui ne faisaient pas partie de cette catégorie et se trouvaient donc exclus de la pleine citoyenneté, comme les périèques grecs et la plèbe romaine.

tous les citoyens d'une ville (*anachim*, ou, dans d'autres passages, *yochevim*, par exemple Jos 9, 3) soient expressément identifiés aux *giborim*, les guerriers (chevaliers). Mais ce n'était pas la règle. Par *giborim*, on entendait en général bien plutôt les *bné ḥayil*, les « fils fortunés », c'est-à-dire les propriétaires de terres héréditaires, par opposition aux « hommes liges » ordinaires (*'am*) ; parmi ces derniers, ceux qui avaient reçu un entraînement militaire furent plus tard appelés (Jos 8, 11 ; 10, 7 ; 2 R 25, 4) les « hommes liges guerriers » (*'am ha-milḥama*). Dans le Livre de Ruth, Boaz est appelé *gibor ḥayil* [1]. Les très grands propriétaires désignés pour payer le tribut assyrien du roi Menahem et contraints à verser un prélèvement obligatoire de cinquante sicles par personne étaient désignés sous le même vocable (2 R 15, 20, le passage le plus

1. Les deux termes « *'am* » et « *giborim* » sont juxtaposés dans un passage corrompu du Cantique de Déborah (Jg 5, 13). Si l'on admet la lecture de Kittel et qu'on lit finalement *ka-giborim*, comme le propose Greßmann, le sens est clair : mais cela suppose que *'am* et *giborim* ne soient pas synonymes, que ces derniers soient des « chevaliers » et les premiers des paysans israélites (voir les versets 11 et 14) qui ont combattu « comme des chevaliers », parce qu'ils n'en sont pas, justement. D'un autre côté, la ville de Méroz (après le verset 23) semble avoir eu l'obligation de venir en aide à l'alliance en livrant des chevaliers (*giborim*), et, fait caractéristique, le chant de victoire maudit cette *ville*, mais non les tribus paysannes qui avaient pourtant rompu l'alliance de la même façon qu'elle. Elles ne méritent pas d'être bannies et détruites par la guerre sainte. Très souvent, comme dans la Genèse (Gn 6) ou dans les listes de paladins de David, *gibor* désigne le héros chevalier. L'expression *'am ha-milḥama*, « peuple guerrier », que l'on trouve dans le Livre de Josué, mais aussi dans les Livres de Rois, est assez neutre. En Jos 10, 7, elle est utilisée *à côté* de « *giboré ḥayil* », alors qu'en Es 3, 2, *gibor* et *'am ha-milḥama* figurent l'un à côté de l'autre, mais ne semblent pas être synonymes. En Es 5, 22, les *giborim* sont appelés *anche ḥayil*. Tous les guerriers ne sont pas des *giborim*, comme on le voit en Jr 5, 16 : il est dit du peuple guerrier étranger venu pour châtier Juda qu'il est composé de *giborim*, c'est-à-dire, dans ce cas, de guerriers entraînés. Le récit de Goliath montre combien l'équipement d'un *gibor* était coûteux à l'époque de la rédaction du Livre de Samuel [1 S 31, 4-5]. Goliath avait besoin de quelqu'un pour porter son bouclier, tout comme Saül [1 S 17].

important, Eduard Meyer l'a bien montré en son temps) et celui-ci s'appliquait, semble-t-il, dans certains cas, à tous les soldats en général. Pourtant, n'importe quel propriétaire d'un bout de terrain n'était pas un « *bné ḥayil* », pas davantage que, en espagnol, un « *hidalgo* » : littéralement, ce mot possède la même signification. Les « *bné ḥayil* » étaient ceux qui, en vertu de leur fortune héritée, disposaient de la pleine *capacité économique d'autoéquipement* : le terme désignait, autrement dit, les clans qui avaient pleinement les moyens économiques de porter les armes et étaient astreints au service militaire, et, par suite, dotés des pleins droits politiques. Partout et en tout temps, ce sont ces lignées qui ont exercé le pouvoir politique lorsque l'acquisition d'un équipement militaire coûteux et l'entraînement personnel jouaient un rôle décisif d'un point de vue militaire [1].

Même lorsque la ville était gouvernée par un prince charismatique héréditaire (*nasi*), comme c'était souvent le cas dans la Haute Antiquité, celui-ci devait partager le pouvoir avec les doyens des clans (*zeqénim*), en tant que *primus inter pares.* Mais aussi avec les chefs de famille de son propre clan (*raché beth avoth*). Le pouvoir de ces derniers pouvait être si grand et, dans le même temps, la prédominance du clan du prince sur tous les autres clans de la ville et leurs doyens si marquée que la ville pouvait donner l'impression d'être aux mains d'une oligarchie composée des chefs de famille du clan du prince ; le cas fut très fréquent dans l'histoire d'Israël. Cependant, dans la réalité, il en allait autrement. Dans les récits de la Genèse, Sichem était dominée par un riche clan, les bné Hamor, dont le chef portait le titre de *nasi* (prince) [Gn 12, 6 ; 33, 18-20] et était appelé « père de Sichem » (Jg 9, 28). Pour les affaires importantes, par exemple

1. Il semble exclu, contrairement à ce qu'affirme Eduard Meyer, que, en Israël, les « 40 000 » (Jg 5, 8) aient été tenus pour des *giboré ḥayil.* Dans le Cantique de Déborah, il est fait mention de *giborim* mais à propos de la ville de Méroz et non des 40 000.

pour l'accueil d'étrangers dans le groupement des citoyens et des propriétaires terriens, ce chef de la ville avait besoin des « hommes liges » (*anachim*) de Sichem. À côté de ce vieux clan de seigneurs, on vit apparaître, après la guerre des Madianites, des concurrents extrêmement puissants, le clan de Gédéon, qui furent ensuite à nouveau refoulés par le clan de Hamor au cours de la révolte contre Abimélekh [Jg 6, 8]. Comme dans la Grèce des premiers temps, les clans avaient souvent une assise interlocale. Il arrivait que l'un d'entre eux s'assurât la suprématie dans plusieurs villes à la fois, notamment dans les petites. Ainsi, à Galaad, le clan de Yaïr exerçait son pouvoir sur tout un groupe de villages de tentes qui, plus tard, furent parfois désignés comme des « villes » [Nb 32,39-42]. De façon générale, le pouvoir réel était aux mains des « anciens » (*zeqénim*). On les retrouvait dans tous les livres de la tradition qui traitaient de la constitution de la ville, notamment dans la loi du Deutéronome : dans ce texte, ils représentaient une autorité permanente qui siégeait « aux portes », c'est-à-dire sur la place du marché située aux portes de la ville [Dt 21, 6 ; 22, 15]. Là, ils rendaient les jugements et géraient l'administration ; c'est la *ziqné-ha-'ir* dont le Livre de Josué présupposait l'existence aussi bien dans des villes cananéennes que dans des villes israélites. Pour la ville de Yizré'el, étaient mentionnés, outre les anciens, des « nobles » (*ḥorim*) [1 R 21, 8]. Ailleurs figuraient, à côté des anciens, les chefs des maisons paternelles (*raché beth avoth*) que l'on retrouvait aussi à l'époque tardive (Esdras) comme représentants des villes, à côté des *zeqénim* et des chefs des villes, désignés sous d'autres vocables, mais qui, manifestement, se confondaient avec ces derniers. Dans le premier cas, un privilège charismatique durable était donc, semble-t-il, accordé à une ou plusieurs familles qui remplissaient les fonctions de magistrats de la ville ; dans le second, celles-ci étaient assurées par les chefs de famille de tous les clans de la ville en mesure de porter les armes. De telles distinctions figuraient déjà dans les traditions plus anciennes. Mais les documents dont nous disposons ne permettent pas de savoir dans quelle mesure les différences de terminologie reflétaient des différences réelles dans l'organisation politique. La possibilité, pour les représentants d'un clan, de se voir reconnaître la position de notables charismatiques dépendait évidemment avant tout de la puissance militaire qui était la sienne et, ce qui allait de pair, de sa richesse. La position de ces clans urbains à assise terrienne correspondait à peu près à celle de l'oligarchie de La Mecque telle que nous l'a fait connaître l'étude de Christiaan Snouck Hurgronje. Les *giboré ḥayil*, les héros guerriers fortunés, étaient l'équivalent des « *adsidui* » romains. La chevalerie philistine se composait elle aussi de guerriers entraînés. Il est dit de Goliath qu'il était « guerrier depuis sa jeunesse » [1 S 17, 33] : cela signifie qu'il avait de la fortune. Dans les tribus de montagne de l'ancien Israël, les détenteurs du pouvoir politique étaient parfois appelés les « porteurs de sceptres », comme les princes homériques [Gn 49, 10].

Ce qui frappe, lorsqu'on compare la situation d'Israël avec celle de l'époque préisraélite et celle de la Mésopotamie, c'est que, en Israël, on ne nommait jamais un seul ancien mais toujours plusieurs. Il n'en allait pas de même à l'époque d'Amarna, où il existait un « roi de la ville », ni à l'époque tardive des Ramessides, pour laquelle les textes babyloniens mentionnaient un « doyen de la localité [1] ». Cet indice confirme l'existence d'un pouvoir des clans aussi sûrement que la pluralité des suffètes et des consuls.

1. Cette opposition n'est pas absolue. Dans le mythe babylonien du déluge, il est question du peuple et des « anciens » d'une ville (traduction empruntée à Hermann Gunkel, *Schöpfung und Chaos in Urzeit und Endzeit : eine religionsgeschichtliche Untersuchung über Gen I und Ap Joh 12*, Göttingen, 1895, p. 224, l. 33) ; d'un autre côté, Hamor est appelé le « père » de Sichem [Gn 34, 6], pour la seule raison, à n'en pas douter, qu'il est pris pour éponyme de la famille. Un ancien était déjà mentionné dans les textes antiques d'Ur : cf. Henri de Genouillac, « Textes juridiques de l'époque d'Ur », *Revue d'assyriologie*, 8, 1911, p. 2.

La situation était tout autre lorsqu'un chef de guerre charismatique parvenait à se ménager, en tant que seigneur de la ville, une position indépendante de l'aristocratie des anciens. Pour ce faire, il enrôlait une suite personnelle ou une garde du corps à sa solde, souvent étrangère et placée en tout cas sous ses seuls ordres, ou bien il recrutait, parmi les membres de sa suite ou encore parmi les esclaves, les affranchis, les sous-classes privées de droits politiques, des sbires qui lui étaient personnellement dévoués (*sarim*). Lorsque tout son pouvoir était fondé sur de telles sources d'autorité, on avait affaire au type de régime que les ennemis des rois associèrent plus tard à la notion de royauté. Le « prince » ancien, légitime en vertu de son charisme héréditaire, était pour eux un homme qui chevauchait un âne. Selon eux, c'était aussi sur ce type de monture, issue de l'époque antérieure à Salomon, que le prince messianique de l'avenir était appelé à revenir un jour. À l'inverse, le « roi » était pour eux un homme qui possédait des chevaux et des chars de guerre, comme Pharaon. Avec son trésor, ses réserves, ses eunuques et surtout sa garde privée, il régnait depuis ses citadelles sur la ville et la campagne asservies, auxquelles il imposait ses intendants ; aux membres de sa suite, à ses officiers et subordonnés, il donnait des fiefs et surtout, à n'en pas douter, des fiefs fortifiés – comme celui que possédaient sans doute les « hommes de la maison de Millo » à Sichem (Jg 9, 6-20) ; il prélevait des corvées et augmentait ainsi la rentabilité de ses propriétés foncières personnelles. Le roi Abimélekh installa l'intendant de son château à Sichem (Jg 9, 26-30) et la vieille autorité charismatique héréditaire des bné Ḥamor dut lui céder la place. La tradition de l'ancien Israël regardait ce type de pouvoir militaire personnel exercé par un individu comme une forme de « tyrannie ». De façon caractéristique, la parabole du buisson d'épines [Jg 9, 8-15] et la malédiction selon laquelle le roi Abimélekh enverrait le feu sur les patriciens de Sichem et les patriciens de Sichem sur le roi Abimélekh, traduisaient l'opposition entre la tyrannie charismatique et le patriciat charismatique héréditaire. En effet, comme Pisistrate à Athènes, le « tyran » s'appuyait sur des « pauvres gens » à sa solde (*réqim*), qui n'étaient que des « bons à rien » (*phoḥazim*, Jg 9, 4) – nous aurons à revenir plus loin sur leur origine sociale. Dans la réalité, cependant, le passage du régime des princes à celui des rois des villes fut tout à fait fluide, bien entendu. En effet, en Israël, durant toute l'Antiquité, le roi le plus puissant ne pouvait à la longue ignorer les grands clans à assise terrienne et leurs anciens. Pour les temps anciens, il était bien rare qu'un « fils de catin », autrement dit un parvenu (Jephté), devînt un chef charismatique [Jg 11, 1] ; il en allait de même pour les fonctionnaires royaux à l'époque des rois. Dans le Royaume du Nord, il est vrai, plusieurs rois ne portaient pas le nom du père ; en d'autres termes, ils n'étaient pas originaires d'un clan de pleine valeur ; Omri, quant à lui, ne portait même pas un nom israélite. Voilà pourquoi le droit sacerdotal de la royauté, exposé dans le Deutéronome, jugeait nécessaire de mettre l'accent sur le critère de la pureté du sang israélite comme condition préalable de l'accès à la dignité de roi [Dt 17, 15]. Partout, cependant, le roi devait compter avec les *giboré ḥayil*, les propriétaires terriens pleinement en mesure de porter les armes, et avec les représentants des notables, les *zeqénim* des grands clans qui, pour les rédacteurs de la tradition politique authentique, y compris dans le Deutéronome (Dt 21 ; 22 ; 25, par opposition aux passages influencés par les théologiens, Dt 16 ; 18 et 17, 8-9), étaient les seuls représentants légitimes du peuple. La configuration des pouvoirs était variable. Dans certains cas, le roi pouvait s'autoriser à réclamer un impôt aux *giboré ḥayil*, comme le fit Ménahem pour le tribut assyrien [2 R 15, 19-20]. D'après les sources, au demeurant [1], les anciens des villes

1. Sur ce point et au sujet des anciens, de façon générale, on consultera la thèse de bonne qualité soutenue à Leipzig par Otto Seesemann, *Die Aeltesten im Alten Testament*, Leipzig, 1891. Le premier à avoir souligné cette opposition à l'intérieur du Deutéronome est A. Filemon

jouèrent un rôle moindre dans la période qui s'étendit entre le règne de Salomon et celui de Josias, par opposition à toutes les autres époques ; il arriva même qu'ils fussent totalement supplantés, en tant que juges, par les prévôts et les fonctionnaires des rois, du moins dans les villes résidences qui étaient, de fait, des forteresses royales. Ils ne conservaient alors leur position ancienne que dans les régions rurales, comme ce fut le cas dans presque toutes les monarchies de l'Asie. Cependant, dès que le pouvoir de la royauté déclinait (à la suite d'une révolution, par exemple, comme sous Jéhu [2 R 9-10]), mais surtout après la chute complète de la royauté, à l'époque postexilique, les anciens des villes ne tardèrent pas à retrouver leurs prérogatives. Un fait était plus déterminant encore : les esclaves des rois et les eunuques, à de très rares exceptions près, ne se voyaient pas attribuer de charges administratives. Des étrangers ou des parvenus issus d'un *Stand* inférieur pouvaient compter parmi les membres de la suite royale, les officiers et les fonctionnaires. Surtout au début de l'ascension d'un nouveau prince. Cependant, les postes importants, en temps normal, étaient dans leur grande majorité aux mains des familles anciennes, indigènes et riches, du moins dans les cités du Royaume de Juda. Seule l'époque de David et de Salomon fit peut-être exception. C'est d'une telle famille, par exemple, qu'était issu Joab, le général en chef de David : c'est parce qu'il fut confronté à ce clan puissant que le roi David, ainsi que le suggère la tradition (2 S 3, 39), ne put châtier le coupable et dut attendre d'être sur son lit de mort pour demander à Salomon de le venger [1 R 2, 5-6]. La haine des familles distinguées de Jérusalem contre le maître du palais Chevna, étranger à leur pays, s'exprimait dans l'oracle d'Ésaïe (Es 22, 11). En temps normal, les rois ne pouvaient gouverner durablement contre la volonté de ces familles. Les « *sarim* » de

---

Puukko, dans l'ouvrage qu'il a consacré à ce texte juridique (p. 237) et dont la référence sera donnée plus loin.

Jérusalem et « de Juda », évoqués par Jérémie, étaient aussi, comme l'indique le contexte, les représentants des plus riches familles du pays (Jr 34, 19).

Sous sa forme pleinement développée, la ville de l'Israël antique, tout comme la ville des premiers temps de la Grèce et du Moyen Âge, était un groupement de clans charismatiques héréditaires, économiquement capables de porter les armes ; de la même façon, en Israël comme ailleurs, ce groupement était instable dans sa composition. À l'époque antérieure à la royauté, certains clans nouveaux furent reconnus comme des clans de plein droit dans les villes (Jg 9, 26), tandis que d'autres en furent exclus ; les vengeances sanglantes et les batailles entre les clans des villes n'étaient manifestement pas rares, et certains d'entre eux nouaient parfois des alliances avec l'extérieur. En Israël comme ailleurs, le clan pouvait accorder, à titre individuel, un droit d'asile aux étrangers, même si celui-ci, à en croire la tradition, était souvent précaire.

D'un point de vue politique, cette situation correspondait à peu près à celle que connurent sans doute la Grèce au temps où les cités étaient aux mains de grandes familles et Rome à l'époque où la *gens* Claudia fut intégrée dans le groupement des citoyens. À ceci près qu'en Israël, la cohésion était plus faible encore. Le *synoikismos* ne fit officiellement son apparition qu'avec la fondation de la ville par Esdras et Néhémie, lorsque fut instauré un partage fixe des liturgies entre les clans qui se soumettaient à l'obligation de s'installer en ville. En revanche, nous ne savons pas comment étaient réparties, à l'époque ancienne, les dépenses de la ville ni celles de l'armée. Par rapport aux groupements politiques de plus grande ampleur, la tribu et l'alliance, la ville était manifestement identifiée à un contingent de conscrits – un multiple de l'unité tactique de cinquante hommes[1] et souvent,

1. « En prendre cinquante » signifiait « recruter une armée », Ex 13, 18 ; Jg 7, 11 ; Jos 1, 14 ; 4, 12.

semble-t-il, d'un millier [1]. Les sources ne donnent aucune information sur les autres relations que les groupements de tribus entretenaient avec les villes [2]. La « tribu » était probablement régie par les clans économiquement capables de porter les armes, qui en étaient les composantes traditionnelles. Les hommes libres plébéiens, en revanche, ne relevaient sans doute que de la localité où ils étaient établis : c'est ce que suggère le traitement auquel, après l'exil, la *plebs* fut officiellement soumise dans le *synoikismos*. Les évolutions de la technique militaire jouèrent certainement un rôle. Dans les groupements urbains philistins et cananéens, en tout cas, le pouvoir militaire et politique exercé par le patriciat sur les alentours et sur leurs habitants était fondé sur la levée des chars de guerre ferrés qui étaient livrés par les clans de chevaliers ; il en allait certainement de même dans les villes israélites.

Ce n'est pas seulement sur le plan politique mais aussi sur le plan économique, comme dans la *polis* de la Grèce ancienne et de l'Italie ancienne, que les clans patriciens d'assise urbaine dominaient les campagnes. Ils vivaient des rentes de leurs propriétés foncières rurales, dont l'intendance était confiée soit à des esclaves ou paysans dépendants, astreints à des corvées ou au versement de tributs, soit à des colons (fermiers qui payaient en nature ou métayers), très souvent recrutés parmi les *esclaves pour dettes*, comme il était d'usage dans l'Antiquité, et ils ne cessaient d'agrandir ces domaines en pratiquant l'usure auprès des paysans libres. On retrouvait donc dans les villes israélites la hiérarchie antique des classes, opposant le patriciat d'assise urbaine, en position de créancier, aux paysans des alentours, en position de débiteurs. À n'en

1. Les armées d'un millier d'hommes étaient identifiées à des lieux. Cf. Jg 6.

2. Sur les *chevatim*, *michpahoth* et *alaphim*, voir Mayer Sulzberger, « The Polity of the Ancient Hebrews », *Jewish Quaterly Review New Series*, 3, 1912-1913, p. 1 sq. Dans cet article, beaucoup de thèses sont contestables.

pas douter, c'était, là encore, des revenus directs ou indirects du commerce que les clans établis dans les villes tiraient, pour une part, les fonds nécessaires pour pratiquer l'usure auprès des habitants des campagnes. En effet, à l'époque historique, aussi loin que nous puissions remonter dans le temps, la Palestine fut toujours un lieu de passage pour le commerce entre l'Égypte, les régions de l'Oronte et de l'Euphrate, la mer Rouge et la Méditerranée. Le rôle joué par les routes caravanières dans l'économie ressortait nettement dans le Cantique de Déborah : le texte soulignait avec insistance que les routes étaient coupées, les voyageurs contraints de s'épuiser sur des sentiers sinueux et que les paysans avaient interrompu le travail des champs. Il voyait là une conséquence du conflit entre le patriciat cananéen et la confédération [Jg 5, 6 ; 5, 11]. Lorsque les villes tentaient de soumettre les régions de montagne, leur objectif était avant tout de s'assurer la mainmise sur ces routes. Les profits liés au commerce caravanier représentaient un enjeu décisif ; à cette époque comme dans toute la Haute Antiquité, ce n'était pas seulement pour accéder aux positions politiques dominantes que les clans puissants cherchaient à s'établir dans les villes. Ils prenaient part au commerce local ou au commerce maritime, sur la côte, ou bien avaient accès, dans les terres, au commerce caravanier, grâce à la *commenda*, notamment, ou à d'autres formes analogues d'avance de capital autorisées par le droit de l'ancienne Babylone, bien connu en Israël. Ils pouvaient également percevoir des droits sur les entrepôts, sur le transport ou l'accompagnement des marchandises, ou bien prélever des dîmes. Nous ne disposons pas d'informations plus précises. Dans tous les cas, ils tiraient de ces revenus une part substantielle des fonds qui leur permettaient d'accumuler les terres et de réduire les paysans en esclavage pour dettes, par le biais de l'usure, mais aussi de réunir leur propre équipement militaire et d'assurer leur entraînement. Dans la *polis* de la Haute Antiquité, c'étaient là des pratiques typiques. Là comme ailleurs, le critère décisif pour ces clans était la maîtrise des techniques militaires les plus développées de l'époque. En Palestine, le patriciat d'assise urbaine était le porteur du combat de chars entre chevaliers, qui se répandit partout sur la terre, de la Chine à l'Irlande, à partir du milieu du deuxième millénaire. Ses coûts économiques ne pouvaient être supportés que par les clans les plus fortunés, seuls à même de les financer sur leurs fonds propres et de s'autoéquiper. Autre caractéristique partagée avec la *polis* des régions méditerranéennes : c'étaient, au premier chef, les paysans disposant des meilleures terres, celles qui pouvaient rapporter des *rentes*, qui étaient exposés aux velléités d'accumulation des patriciens et étaient le moins à même de leur opposer une résistance militaire. En Attique, la fertile Pédia était le siège des seigneuries foncières patriciennes : c'était aussi le cas des plaines de Palestine. En Attique, les *diakrioi* étaient installés sur les terres qui ne rapportaient pas de rentes, les flancs de montagne les plus escarpés et, d'un point de vue militaire, les plus inaccessibles aux chevaliers ; c'était aussi le cas, en Israël, des paysans libres et des clans de bergers que le patriciat des villes tenta, avec des succès variables, d'astreindre à verser des tributs.

4. Les paysans israélites

Les sources n'évoquent jamais ces paysans libres qui, dans les premiers temps d'Israël, vivaient, pour la plus grande partie d'entre eux, semble-t-il, hors de tout groupement urbain ; elles ne nous renseignent pas davantage sur leur organisation sociale et politique. En soi, c'est là un phénomène typique. En raison de l'absence de sources détaillées relatives aux paysans libres, on a cru que, dans la Rome des premiers temps, il n'existait, en dehors des patriciens, que des clients, que la période romaine tardive n'avait connu que des grands propriétaires et des esclaves et qu'il n'y avait eu en Égypte que des fonctionnaires et des travailleurs ou des paysans non libres sur les terres du roi ; pour la même raison, l'idée s'est involontairement imposée que l'on ne rencontrait, à Sparte, que des Spartiates et des ilotes. De même, le silence des sources relègue dans les ténèbres les paysans libres de l'Israël antique ; les textes ne disent à peu près rien, sinon que ces paysans existaient et qu'ils occupaient, à l'origine, une position de pouvoir. Celle-ci est suggérée de façon tout à fait indiscutable dans le Cantique de Déborah, qui chante le combat victorieux, sous la conduite de Déborah et de Baraq, du *Stand* paysan israélite contre l'alliance des villes cananéennes menées par Sisera. Les conditions de vie de ces paysans demeurent néanmoins très obscures.

Leur mode d'organisation politique, en particulier, est rigoureusement inconnu. Nous savons, grâce au Cantique de Déborah, par exemple, que des titres distincts étaient attribués à leurs chefs ; mais cela ne nous dit rien sur la structure interne des groupements politiques. Nous ne sommes pas mieux renseignés sur le mode et le degré de différenciation sociale qui existaient manifestement aussi parmi les paysans de la montagne. Ils avaient semble-t-il déjà adopté la division de l'armée en unités d'un millier d'hommes [1] – comme le suggère le chiffre rond, mentionné dans le Cantique de Déborah, de quarante mille hommes en état de porter les armes en Israël. Mais nous n'en savons pas davantage. Leur situation économique n'est pas mieux connue. On ne trouve pas de

1. Les « armées d'un millier » semblent avoir existé également chez les Édomites et à l'est du Jourdain. Gédéon parle de son « armée de mille hommes » alors que Abimélekh et Saül évoquent leur *michpaḥa* (Eduard Meyer). Mais la tradition de Gédéon a notoirement été beaucoup retravaillée et il est possible que la constitution militaire du royaume charismatique des Édomites ne prouve rien quant à l'organisation primitive caractéristique des nomades et des semi-nomades. Eduard Meyer lui-même met en relation l'armée de mille hommes et le *kleros* (*ḥeleq*), propre aux groupes urbanisés.

trace certaine d'une communauté des terres. On a voulu interpréter certains passages dans ce sens et établir des comparaisons avec la situation actuelle, où les seigneurs fonciers, sans doute d'anciens collecteurs d'impôts, ont entrepris, à l'occasion, un partage des terres dans certaines régions de la Palestine. Mais c'est là une situation politique liée au régime des sultans orientaux : elle ne donne aucune indication sur les paysans des premiers temps d'Israël. Le seul passage important, mais d'interprétation incertaine, parmi ceux qu'on évoque à l'appui d'une telle hypothèse, est celui où il est dit de Jérémie (Jr 37,12) qu'il s'est rendu à la campagne afin de recevoir sa part parmi ses « gens » (*'am*). Le texte doit sans doute être compris de la manière suivante : dans certains cas, les grands clans répartissaient des propriétés foncières, soit pour le partage périodique d'une propriété durablement conservée par le clan à titre collectif, soit pour la redistribution des terres ayant appartenu à un membre du clan mort sans héritier. Quoi qu'il en soit, Jérémie n'était pas un « paysan ». Le passage de Michée (Mi 2,5) qui emploie le mot *ḥével* pour désigner la part revenant aux femmes dans la communauté (Rachel) indique seulement que ces parts n'étaient mesurées au cordeau qu'au moment du lotissement mais ne prouve rien en ce qui concerne d'éventuelles redistributions périodiques des terres. Nous reviendrons plus loin sur la question de savoir si l'« année de sabbat » avait un rapport quelconque avec une pratique ancienne de la communauté des terres, mais disons d'emblée que cette hypothèse est plus que douteuse. Pour le reste, nous ne disposons que d'indications indirectes sur la situation des paysans libres. Dans une très large mesure, l'alliance de l'Israël antique était, spécifiquement, une alliance paysanne : c'est ce que montre le Cantique de Déborah, qui oppose les paysans aux chevaliers de l'alliance des villes cananéennes et célèbre les premiers pour avoir combattu « comme des *giborim* ». Il est tout aussi certain que, dans les temps historiques, l'alliance ne fut jamais *exclusivement* une alliance paysanne. Dans les armées de la royauté tardive, il n'était plus question de « paysans » ; en tout cas, ceux-ci n'étaient plus les porteurs de la défense. Il est vraisemblable que des transformations intervenues dans les domaines de l'économie et de la technique militaire jouèrent le même rôle en Israël que partout ailleurs. En tous lieux, le passage à un équipement plus coûteux exclut du groupe des militaires pleinement en mesure de porter les armes les petits propriétaires fonciers qui, lorsque prévaut le principe d'autoéquipement de l'armée, n'ont pas les moyens économiques d'assurer le leur, d'autant que, en elles-mêmes, leurs capacités économiques à se rendre « indisponibles » pour le travail sont nettement moins grandes que celles des seigneurs fonciers, qui vivent de rentes. Le fait que les *giboré ḥayil* se soient détachés de la masse des guerriers libres, les *'am*, fut certainement tributaire de ce facteur et on peut supposer, à défaut de pouvoir le démontrer dans le détail, que la fraction de population formée, en Israël, par la couche des guerriers économiquement capables de porter les armes et dotés, par suite, des pleins droits politiques se réduisit au fur et à mesure que l'équipement devenait plus dispendieux. Dans les Chroniques, rédigées après l'exil, les *giborim* et les *bné ḥayil* sont parfois identifiés, il est vrai, à l'ensemble des hommes qui « portent le bouclier et l'épée » et « tirent à l'arc [1] », ou même tout simplement aux « archers [2] ». Mais les Chroniques étaient gagnées (d'un point de vue politique) à la cause de la plèbe pieuse et elles interprétaient leur matériau à l'avenant. D'après la tradition ancienne, l'arme portée par les *giborim* était la lance, mais (surtout) ils étaient équipés d'une armure et combattaient semble-t-il sur des chars, par opposition au peuple des paysans, qui allaient à pied. L'équipement de

1. C'était le cas des tribus de l'est du Jourdain qui avaient alors depuis longtemps disparu (1 Ch 5, 18).

2. C'était le cas de la tribu de Benjamin (1 Ch 8, 40).

ces derniers consistait également en un bouclier et une lance, d'après le Cantique de Déborah (Jg 5, 8), quand il ne se réduisait pas à une fronde ; il était en tout cas nettement moins lourd et, surtout, ne comprenait pas d'armure [1]. Dans le Livre des Juges (Jg 20, 35), les guerriers de la tribu de Benjamin, qui était (alors) une tribu paysanne, « portaient l'épée ». Outre les coûts de l'équipement chevaleresque, les guerriers de plein droit devaient pouvoir supporter les frais de leur formation militaire. En Occident, ces circonstances entraînèrent la formation d'un *Stand* séparé. Israël connut finalement une évolution semblable, une fois que les grandes villes cananéennes eurent été intégrées dans la confédération. Dans les sources, il n'est nulle part question, il est vrai, d'une noblesse temporelle à proprement parler, qui aurait constitué un *Stand* à part. Les clans de plein droit étaient placés sur un pied d'égalité : le roi pouvait apparemment épouser n'importe quelle Israélite libre. Pourtant, tous les clans libres n'étaient pas égaux d'un point de vue politique. En effet, il existait naturellement de fortes disparités, liées aux déterminations économiques du statut de soldat, qui était la condition préalable d'obtention de tous les droits politiques, et aux positions privilégiées, d'un point de vue politique et social, conférées à certains clans de princes locaux par leur charisme héréditaire. À l'époque précédant la royauté, on mesurait toujours l'importance d'un clan, selon la tradition, au nombre de ses membres chevauchant des ânes. À l'époque du deuxième Livre des Rois, le recours à l'expression « *'am haarets* », pour désigner les personnages disposant d'un certain poids politique, en dehors des rois, des prêtres et des fonctionnaires, était caractéristique. Parfois, l'expression signifiait simplement « le peuple de tout le pays » et non

1. David n'avait pas l'habitude de porter l'armure, à la différence du chevalier Goliath.

le seul « peuple des campagnes », mais ce n'était manifestement pas le cas dans beaucoup de passages [1]. Les *'am*

---

1. Contrairement à ce qu'affirme Erich Klamroth (*Die jüdischen Exulanten in Babylon*, Leipzig, 1912, Exkurs, p. 99 sq.), je ne peux souscrire à l'idée que *'am ha-arets*, à l'origine, désignait seulement les « autochtones » ou les « sujets », parfois « dans un sens péjoratif », ou, en tout cas, la « plèbe » par *opposition* au roi, à la hiérarchie et à l'aristocratie. Il est vrai que, les prêtres mis à part, le roi (et les princes), les fonctionnaires et les officiers étaient distingués des *'am ha-arets*. C'étaient les « hommes liges », en l'occurrence, les hommes liges des campagnes, qui, à l'origine, portaient les armes. Mais on comptait aussi et surtout parmi eux, semble-t-il, les clans ruraux de plein droit, la « noblesse rurale », donc, si l'on veut. Ce n'étaient pas n'importe quels « paysans » sans chef ; ce sont eux qui s'opposèrent à la construction du Temple de Jérusalem (Es 4, 4) et qui sont mentionnés dans Es 3, 3 comme *'ammé-ha-aratsoth*, les hommes liges des différentes régions. La signification du terme à l'époque préexilique et à l'époque de l'exil n'est pas facile à déterminer avec certitude, étant donné l'imprécision des formules que l'on rencontre dans les sources. Dans un passage semble-t-il ajouté tardivement à la description yahviste de la sortie d'Égypte (Ex 5, 5), l'expression qu'emploie Pharaon est tout simplement : « le peuple » (Israël). Pour le reste, dans les textes anciens, on rencontre le terme *'am ha-arets* dans le deuxième Livre des Rois et, d'autre part, chez Jérémie et Ézéchiel. Ces deux prophètes étaient à l'évidence fortement hostiles aux *'am ha-arets*. Que Jérémie soit un rempart de bronze contre le roi, les fonctionnaires, les prêtres et les *'am ha-arets*, au cas où ceux-ci le combattraient : telle est la recommandation que lui adresse Yahvé lorsqu'il l'appelle à devenir prophète (Jr 1,18). Chez Ézéchiel (Ez 22, 29), le *'am ha-arets* pressure le « pauvre » (*evyon*) et le *ger* ; il est donc présenté comme un homme socialement puissant. En 2 R 25, 19 est mentionné un officier de Sédécias chargé du dressage militaire des *'am ha-arets ;* les Babyloniens en découvrent soixante dans la ville et les emmènent avec eux à Babylone. Juste auparavant, pendant le siège de Jérusalem, il est dit (2 R 25, 3) que le *'am ha-arets* n'avait plus rien à manger – comme la garnison des *Lettres d'Amarna* – et, immédiatement après (2 R 25, 4), que les *'am ha-milḥama* (les guerriers) ont fui la ville. On est tenté de voir dans les *'am ha-arets* les armées de guerriers libres recrutés dans les campagnes et soumis à l'entraînement militaire, par opposition aux guerriers de la maison du roi (qui étaient le plus souvent des mercenaires). Mais cette hypothèse demeure incertaine. Sous Sédécias, cependant, d'après le récit de Jr 34, 19, « tout le *'am ha-arets* » avait pris part, à côté des princes, des fonctionnaires et des prêtres, à la *berith* conclue pour l'affranchissement des esclaves pour dettes : il semble donc y avoir eu en son sein des individus qui tiraient profit de l'esclavage pour dettes, comme le suggère le passage

ha-arets suivaient alors, pour une part d'entre eux (peu importante, semble-t-il), une formation militaire dispensée par un officier spécial du roi : Nabuchodonosor en dénombrait soixante à Jérusalem et les emmena avec lui [2 R 25, 18-19]. Hostiles aux derniers prophètes, ils refusaient la soumission à Babylone prônée par Jérémie ; plus tard encore, ils étaient les ennemis de la communauté d'exilés retournés à Jérusalem. De la même façon, les « *bné ḥayil* » et leurs chefs, les *saré ha-ḥayilim* (2 R 25, 23), s'emportèrent contre le gouverneur de Nabuchodonosor, Guedalya, issu du parti des prophètes, et le tuèrent. Les *'am ha-arets*, qui furent déportés (2 R 25, 19), ne se confondaient pas avec les simples « travailleurs des champs » abandonnés à Jérusalem (2 R 25, 12). Ils comptaient sans doute bien plutôt parmi les membres du parti des *saré ha-ḥayilim*. Lorsque *'am ha-arets* a le sens de « plèbe », ce sens spécifique est précisé par l'ajout d'un autre terme (2 R 24, 14). Le fait que les *'am ha-arets* fussent soumis à une formation militaire pourrait être

d'Ézéchiel*. Tout le *'am ha-arets* acclame le roi Joas (2 R 11, 18), renverse les autels de Ba'al ; c'est encore le *'am ha-arets* qui tue les meurtriers d'Ammon (2 R 21, 24) et, après la mort de Josias, choisit pour roi Yoakhaz (2 R 23, 30). Le règlement des sacrifices prescrit successivement ceux qu'il faut accomplir pour expier les péchés de toute la communauté, d'un prince et, enfin, du *'am ha-arets* (Lv 4, 27). Il est certain qu'une grande imprécision règne dans l'usage de ce terme. Souvent il ne signifie, de fait, que le « peuple ». Mais, à l'origine, *'am ha-arets* n'était en aucun cas le « sujet » ou la plèbe par opposition à l'homme distingué ; ce n'était même pas le « paysan » au sens du « fol ». Chez Jérémie (Jr 5, 4), les paysans ignorants étaient appelés « *dallim* », et chez Ésaïe (Es 2, 9), le paysan était désigné par « *adam* », par opposition au « *ich* », l'homme lige, au sens du guerrier, le *ich ha-milḥama*. Les *'am ha-arets* étaient, au contraire, des Israélites de plein droit, les conscrits des armées anciennes, semble-t-il, essentiellement établis dans les campagnes (mais aucune distinction n'était faite entre eux et les propriétaires terriens installés dans les villes). En théorie, dans les temps anciens et, par la suite encore, ils étaient considérés comme les porteurs de la défense et, par conséquent, des droits politiques. Lorsqu'ils exercèrent des représailles après la révolte contre Ammon, prétendument yahviste, ils défendaient manifestement les intérêts des sanctuaires des campagnes.

interprété d'une autre manière : on pourrait comprendre par là que, à cette époque, le roi recrutait de force des soldats dans la plèbe dépourvue de droits politiques et les soumettait à un dressage militaire, autrement dit que ce nom désignait aussi cette couche plébéienne. Cependant, la participation des *'am ha-arets* à l'acclamation des rois et à des contre-révolutions ne parle pas en faveur d'une telle hypothèse [2 R 21, 14]. Ils représentaient au contraire déjà, pour l'essentiel, ce qu'ils furent après l'exil : une *squirearchy* nationale, dotée d'une branche paysanne ; ils étaient hostiles aux puritains yahvistes de l'époque parce que ces derniers étaient les ennemis des cultes des campagnes.

Cependant, à l'époque préexilique, c'étaient de prime abord les clans établis dans les *villes* qui étaient dotés des pleines qualifications militaires et, par conséquent, du pouvoir politique. Les sources prophétiques évoquent d'une façon si typique les « grands », en les opposant au « peuple », que cette expression désignait sans doute, de fait, un cercle restreint, même s'il n'était pas officiellement fermé. Les registres familiaux de l'époque préexilique, dont l'existence semble suggérée par Jr 33, 24, du moins pour Jérusalem, ne répertoriaient apparemment que les clans appartenant à ce cercle. La fonction de ces recensements, pour les clans temporels, était, à l'évidence, de dénombrer ceux qui étaient astreints au service militaire comme *giborim* : « *ḥayil* », la « fortune », était un synonyme de l'« armée » et des « qualités » (guerrières). Les « grands » de l'époque prophétique étaient donc les clans qui fournissaient des guerriers exercés au maniement des armes et dotés d'une armure et d'un équipement complets ; de la même façon, c'étaient eux qui décidaient de la politique de l'État, parce qu'ils avaient la haute main sur les tribunaux et les ministères. Lorsque les paysans furent de plus en plus exclus de l'armée, le régime des clans entra lui aussi en déclin, semble-t-il. C'est ce qui explique sans doute pourquoi, au moment du *synoikismos* d'Esdras [Esd 7-9], un si grand nombre de personnes ne furent pas désignées en fonction de leur famille mais seulement de leur lieu de naissance : les registres familiaux ne répertoriaient justement que les clans pleinement aptes au service militaire, en termes romains, la *classis.*

L'homme libre n'appartenant pas à ces clans de plein droit est identifié par beaucoup de chercheurs éminents (Eduard Meyer, par exemple) au « *ger* » ou au « *tochav* » des sources : le résident étranger, le métèque [1]. Rien n'est plus invraisemblable. En effet, le paysan israélite de l'armée de Déborah et de la troupe de Saül qui n'était pas doté d'une fortune suffisante pour servir militairement comme chevalier pouvait difficilement occuper la position rituelle particulière qui, dans l'ancien temps, était celle des *gérim* (à défaut de circoncision !). Chaque fois qu'il était question de « petites gens » par opposition aux « grands » (chez les prophètes, Jérémie surtout), il s'agissait justement des frères israélites opprimés par les grands, et ce sont eux qui passaient pour les porteurs de la conduite de vie et de la piété correctes. Pour l'essentiel, le paysan libre israélite qui n'était pas doté des pleins droits militaires occupait bien plutôt la position qui revint, dans toute l'Antiquité, aux *agroikoi*, *perioikoi* et

1. L'usage veut que ces expressions soient ainsi traduites. Eduard Meyer a proposé de traduire *tochav* par client. Mais la notion de client suppose une relation avec un patron individuel et, en ce qui concerne le *tochav*, les sources ne permettent pas d'établir avec certitude l'existence d'une telle relation. Dans les textes juridiques, semble-t-il, le client d'une maison particulière est justement appelé « *ger* » (Ex 23, 12). Abraham est appelé à plusieurs reprises *ger tochav,* mais cela ne signifie pas qu'il ait été le client d'un individu [Gn 23, 4]. Le *tochav* d'un prêtre ne doit pas manger de la nourriture sacrée, pas davantage que son ouvrier (Lv 22, 10) : cette disposition rituelle semblerait aller dans le sens de la notion de « client ». Le *tochav* semble désigner quelqu'un qui ne fait pas partie de la maison, comme le « *sakhir* », le journalier libre par opposition au serviteur, *'eved*, qui est mentionné à côté du *tochav*, c'est-à-dire, ici, l'*inquilin*. En Lv 25, 47, *tochav,* qui figure à côté de *ger*, désigne le métèque libre enrichi. Il ne semble plus possible de déterminer quel était, à l'origine, le sens juridique de chacune de ces deux notions, souvent employées conjointement dans les textes.

plebeii, et dont nous trouvons une description assez nette chez Hésiode. Libre de sa personne, il était privé, de droit ou de fait, de prérogatives politiques effectives, et ne pouvait, en particulier, exercer la fonction de juge. C'est sur une telle privation que se fondait, en effet, pour les patriciens, la possibilité de soumettre le *dêmos* paysan à l'usure, à l'esclavage pour dettes, au détournement du droit et à la violence, comme en témoignent les plaintes qui parcourent toute la littérature de l'Ancien Testament. Cette stratification économique par classes était commune à Israël et aux villes de toute l'Antiquité ancienne. Les esclaves pour dettes, en particulier, étaient un phénomène typique. Dans la tradition, on en trouvait parmi les disciples et mercenaires de tous les chefs charismatiques, de Jephté (Jg 11, 3), Saül (1 S 13, 6 : les Hébreux vendus en esclavage aux Philistins), et surtout David (1 S 22, 2), à Judas Maccabée (1 M 3, 9). Alors qu'il avait constitué le noyau des troupes de la confédération israélite dans la lutte contre le patriciat urbain cananéen armé de ses chars, le paysan libre tendit ainsi toujours davantage, avec l'établissement croissant des grands clans israélites dans les villes et le passage à la technique du combat de chars, à devenir, au sein de son propre peuple, le plébéien.

Le métèque, *ger* ou *tochav*, était en revanche bien différent. Pour connaître sa situation, il faut se référer conjointement à des sources pré- et postexiliques.

5. Les *gérim* et l'éthique des Patriarches

Avant toute chose : la situation des *gérim* était partagée par une grande partie des artisans et marchands. C'était le cas aussi bien dans les villes qu'à l'extérieur, chez les Bédouins du désert. Au sein des groupements tribaux de ces derniers, aucune place de membre ne pouvait leur être accordée, à en juger d'après la situation arabe. Les artisans qui étaient justement les plus importants pour les Bédouins, les forgerons, occupèrent presque toujours chez eux la position d'artisans-hôtes ; ils étaient tenus pour rituellement impurs, ou (le cas le plus fréquent) étaient au moins exclus du *connubium* et généralement aussi de la commensalité. Ils formaient une caste paria qui ne bénéficiait que d'une protection traditionnelle, religieuse le plus souvent. Il en allait de même des bardes et musiciens, tout aussi indispensables pour les Bédouins. Dans la Genèse (Gn 4, 21-22), de la même façon, Caïn est le père tutélaire des forgerons et des musiciens et, en même temps (Gn 4, 17), le premier fondateur des villes. On peut par conséquent supposer que, à l'époque de la constitution de cette généalogie, ces artisans, en Palestine tout comme en Inde, formaient un peuple-hôte et se trouvaient non seulement exclus du groupe des *giborim* mais aussi de la fraternité israélite en général. Il est vrai que, en Palestine, certains artisanats hautement qualifiés étaient regardés comme des arts charismatiques et libéraux. L'esprit de Yahvé s'introduit (Ex 31, 3 sq.) dans Betsalel, le fils d'Uri, le petit-fils de Hur, de la tribu de Juda, un homme pleinement libre, et il lui enseigne à travailler les métaux précieux, la pierre et le bois. Il est épaulé par un assistant lui aussi pleinement libre, originaire de la tribu de Dan. Ils fabriquent des parements pour le culte. Nous nous souvenons de la position rituellement privilégiée qu'occupaient, en Inde, les artisans qui exerçaient ces mêmes arts, les Kammalar. La similitude va plus loin. En Inde du Sud, les Kammalar étaient les artisans des rois ; ils étaient privilégiés et on les faisait venir de l'étranger. D'après la tradition, la tribu de Dan était établie dans la région de Sidon et en 1R 7, 14, il est dit du maître d'œuvre de la construction du Temple de Salomon, Hiram, que cet homme appelé à la cour de Salomon était originaire de Tyr mais né d'une mère de Nephthali et, par conséquent, de sang mêlé. On peut supposer que les métiers importants pour les constructions royales et les besoins militaires étaient généralement organisés comme des artisanats royaux. Dans les Chroniques postexiliques, les tisserands de byssus [1 Ch 4, 21], les potiers [1 Ch 4, 23] et les charpentiers [1 Ch 4, 14 ; 22, 15] étaient présentés comme étrangers à la tribu ; peut-être étaient-ils même identifiés aux artisans royaux de l'époque préexilique, comme nous aurons à l'expliquer dans un autre contexte. Après la destruction de Jérusalem, Nabuchodonosor quitta la ville en emmenant avec lui, outre les familles en mesure de porter les armes, les artisans et, bien entendu, plus particulièrement, les artisans royaux [2 R 24, 14 ; 25, 11]. Au retour de l'exil et lors de la reconstitution de la communauté sous Esdras et Néhémie [Ne 3-4], les orfèvres, les épiciers et les apothicaires furent organisés en guildes séparées des anciens groupements familiaux. Il est vrai que, à cette époque, ils cessèrent d'être considérés comme étrangers à la tribu et furent admis dans le groupement communautaire de confession juive. Cependant, à l'époque du Siracide* et sans doute bien plus tard encore, les artisans étaient considérés comme inaptes à occuper des fonctions politiques, par opposition aux descendants des vieilles familles d'Israël. Ils formaient alors un « *dêmos* » spécifiquement urbain. Pourtant, en ce temps-là, dans la cité-État postexilique, cette couche plébéienne ne regroupait pas seulement des artisans et des marchands. Comme Eduard Meyer l'a montré de façon convaincante, elle comprenait aussi 1) les nombreuses personnes retournées en Israël sous Cyrus qui n'étaient pas repertoriées en fonction de leur *clan*, mais en tant qu'hommes (*anachim*) issus d'une certaine *localité* de la circonscription de Jérusalem, autrement dit en tant que plébéiens installés dans une localité rurale dépendant de la capitale et, de la même façon, 2) plusieurs milliers de personnes qui étaient comptabilisées, sans indication de la localité d'origine, sous la rubrique « fils de la répudiée » (*bné hasenua*) : Michaelis et Eduard Meyer les identifient, à bon droit sans aucun doute, comme des plébéiens de la communauté urbaine de Jérusalem. Les uns et les autres étaient manifestement des Israélites plébéiens non répertoriés dans les anciens registres des familles de *giborim*. Eduard Meyer a formulé cette hypothèse éclairante et fondée : lorsqu'ils acceptèrent de se soumettre à la loi, les membres de cette couche, qu'ils aient été auparavant considérés comme des plébéiens israélites ou comme des métèques (à l'instar de la plupart des artisans), furent dès lors organisés, en fonction des terres qui leur avaient été attribuées, comme un clan désigné par son lieu d'origine ; c'est sous cette étiquette qu'ils furent intégrés dans les nouveaux registres de citoyens. Il est vrai que les anciens registres des familles furent pris comme base du *synoikismos* qui fut le point d'aboutissement de la reconstitution de Jérusalem : les familles établies dans des demeures de la capitale étaient considérées comme une fraction représentative des clans anciens. Par la suite, cependant, ces réminiscences de l'ancien régime des clans disparurent : à l'évidence, les priorités militaires de ce dernier n'avaient plus cours dans la cité-État clientéliste qui, dans un premier temps, poursuivit de tout autres objectifs. La vision officielle des Chroniques postexiliques (1 Ch 9, 2) ne reconnaissait, à côté de l'Israélite pleinement libre, que des *Stände* de naissance privilégiés, pour des raisons cultuelles, positivement (comme les prêtres et les lévites) ou négativement (comme les *nethinim*) ; elle ne mentionnait pas de *Stand* temporel. Même le clan des Davidides, recensé comme encore existant après le retour d'Égypte [Esd 8, 2-3], disparut par la suite : l'arbre généalogique des ancêtres de Jésus dans les Évangiles était une fiction composée pour confirmer les promesses anciennes [Mt 1, 1-17 ; Lc 3, 23-28]. L'organisation par clans, qui, en théorie, existait encore, et l'organisation en liturgies, encore en vigueur dans un premier temps (nous y reviendrons bientôt), furent complètement éclipsées par un critère nouveau : l'appartenance purement personnelle au « *qahal* » ou « *ḥever ha-yehudim* », le groupement confessionnel juif. Cette qualité pouvait être acquise soit en vertu d'une origine juive et d'un respect des obligations rituelles traditionnelles, soit par admission individuelle. En dehors de ces deux catégories, les juifs anciens et les juifs nouveaux, il ne subsistait que quelques rares vestiges des anciennes différences de *Stand* (en particulier sur la question du *connubium* avec les prêtres [Esd 10, 18-19 ; Ne 13, 28-29]). Pour le reste, tous étaient placés sur un pied d'égalité. Seule la position de *Stand* particulière des clans de prêtres fut donc maintenue ; ce point sera traité plus tard séparément. Désormais, tout comme les paysans, qu'ils fussent établis sur leurs terres ou bien sur de petites parcelles, les artisans étaient reconnus comme pleinement juifs s'ils faisaient profession de foi en Yahvé, même s'ils n'avaient toujours pas le droit d'occuper des charges officielles ; cette nouveauté impliquait la constitution d'un « *dêmos* » *urbain*, formant un *Stand* distinct, conformément au modèle typique. Ce *dêmos* n'existait pas avant l'exil : à l'époque, la séparation des *Stände* était régie par le principe selon lequel les tribus étaient rituellement étrangères les unes aux autres. Cependant, même après l'exil, les plébéiens ne furent jamais *constitués* en un véritable « *dêmos* » au sens technique du régime de la *polis* classique de l'Antiquité. Et pas davantage comme un « *popolo* », une « bourgeoisie » au sens du Moyen Âge. On ne vit se former alors, autant que l'on sache, ni une assemblée de tous les citoyens résidant dans la cité, groupés par *dêmoi,* par tribus ou par sections locales du groupement politique chargé d'organiser la défense et les élections, comme dans l'Antiquité, ni, comme au Moyen Âge, une fraternité de confédérés et une représentation des citoyens par corporations [1]. En effet, à cette époque

1. Il est vrai que l'on a cru pouvoir identifier dans les *'am ha-arets* juifs une sorte de parlement des anciens Hébreux. On invoque à l'appui de cette hypothèse l'analogie entre les *'am Tsor*, *'am Tsidon* et *'am Kartachdechoth** sur les monnaies de Tyr, de Sidon et de Carthage (voir Sulzberger et surtout Nahum Slousch, « Representative Government among the Hebrews and Phoenicians », *Jewish Quaterly Review New Series*, 4, 1913, p. 302 sq.) et le fait que les ères historiques étaient décomptées à partir du début du règne des *'am*. Dans ce cas, les *'am* étaient des chefs de famille mais, à n'en pas douter, ils ne représentaient

encore, les conditions politiques nécessaires à une telle évolution n'étaient pas réunies : il manquait l'organisation militaire de l'armée antique des hoplites ou celle de l'armée bourgeoise médiévale, qui fut à l'origine de la puissance politique des plébéiens occidentaux.

De fait, en dépit de la transformation du cadre juridique, la situation sociale et économique après l'exil était en principe restée la même qu'avant. Les riches possesseurs de terres résidaient le plus souvent à Jérusalem et y dépensaient leurs rentes. Il est vrai qu'on trouvait aussi, désormais, des familles puissantes qui n'étaient pas installées à Jérusalem même. Mais leurs membres étaient normalement considérés eux aussi comme les citoyens d'une ville. La famille des Hasmonéens était désignée comme la plus distinguée de la ville de Modîn, même si son mausolée était installé sur une colline surplombant le sentier de la mer (1 M 2, 12, 25-30). Les clans profanes distingués qui n'étaient *pas* établis à Jérusalem étaient en règle générale hostiles à la communauté juive rituellement correcte ; la pieuse famille des Hasmonéens, qui revendiquait une ascendance sacerdotale, représentait justement une exception [1]. Dans les villes, y compris à Jérusalem, les familles économiquement et politiquement puissantes pratiquaient l'usure et les passe-droits, et elles opprimaient tout autant les plébéiens que l'avaient fait les « grands » d'autrefois, cibles des prophètes préexiliques. Les psalmistes, notamment, élevaient de terribles

---

que les clans patriciens des villes. Comme, à Jérusalem, celui des signataires de l'alliance religieuse (Ne 10), leur nombre était apparemment limité. Cela semble suggérer qu'il s'agissait d'un groupement de défense oligarchique comme on en rencontrait également dans les villes grecques avant l'époque de la démocratie.

1. Il est vrai que, d'un point de vue rituel, les héros hasmonéens adoptèrent d'emblée des attitudes relativement incorrectes. À la différence des juifs pieux du peuple qui fuyaient dans le désert (1 M 2, 29) et se laissaient exterminer le jour du sabbat (verset 38), Mattathias et sa suite décidèrent de mener le combat, même ce jour-là (verset 41). Très vite, après la libération, les Hasmonéens furent regardés par les juifs pieux proprement dits comme suspects d'hellénisation.

lamentations et criaient vengeance contre ces riches ou, comme ils les appelaient de manière significative, ces « gras » qui rappelaient en tout point, jusque dans leur nom, le « *popolo grasso* » de l'Italie médiévale. Tout comme ils l'avaient déjà fait auparavant, selon la tradition, autour d'Abimélekh, puis de David, les opprimés se rassemblaient à présent en foule autour de Judas Maccabée, surtout les esclaves pour dettes : ils formaient sa suite et, avec lui, dans toutes les villes de Juda, ils chassaient les impies, ceux que les Psaumes appelaient les « gras » (1 M 3, 8). En d'autres termes, le fondement économique de la division en *Stände* demeurait très stable. La seule nouveauté importante était que, au cours de l'évolution postérieure à l'exil, le *dêmos urbain*, la petite bourgeoisie, se présenta toujours davantage comme le porteur véritable de la piété, comme la « communauté des *Ḥassidim* » ; avec la montée du parti des pharisiens, il joua un rôle de plus en plus décisif, sans pour autant obtenir une reconnaissance officielle de ses droits politiques. Ces deux éléments, le rôle réel joué par le *dêmos* et le fait qu'il fût privé de droits légaux, étaient liés à une spécificité de la cité-État juive tardive sur laquelle nous reviendrons plus loin : son caractère théocratique. Le fondement confessionnel du groupement communautaire explique également que les expressions qui désignaient auparavant le « métèque » aient perdu leur sens ancien et en aient acquis un tout à fait nouveau (celui de « prosélyte »), nous le verrons plus loin, à partir du moment où les artisans-hôtes perdirent leur ancien statut d'étrangers par rapport aux tribus israélites. Mais, pour l'instant, c'est encore le sens ancien, antérieur à l'exil, qui nous intéresse. En effet, malgré la permanence de ce fondement *économique*, la position *juridique* du *dêmos* dans l'époque préexilique varia considérablement.

Avant l'exil, le métèque (*ger*) se distinguait nettement du *nokhri*, totalement étranger au pays. Ce dernier n'avait pas de droits. Le *ger* venait d'une tribu étrangère mais des droits le protégeaient. Les membres d'une tribu étrangère pouvaient obtenir protection de deux manières. Dans le premier cas, le *ger* était le protégé d'un chef de famille individuel. Il se trouvait alors placé sous sa protection purement personnelle, dont pouvait également jouir le *nokhri*, l'étranger proprement dit, un hôte de passage, par exemple. La protection contre d'éventuels abus exercés par les membres de la tribu du protecteur ne dépendait alors que de la puissance de ce dernier. Si celle-ci était défaillante, seule la désapprobation du dieu ou la vengeance des membres de sa tribu pouvaient protéger le *ger* : le destin des hôtes divins de Loth à Sodome [Gn 19] et celui du lévite à Guibéa [Jg 19] en témoignent. Cependant, dans une tribu israélite, le métèque autorisé à séjourner dans une *autre* tribu israélite était considéré comme dépourvu de droits, comme le montre encore l'exemple du lévite dans le récit de l'infamie de Guibéa. Il s'ensuit que, lorsqu'il séjournait dans une autre tribu, fût-elle considérée comme étant de sa proche parenté – ainsi, Benjamin par rapport à Éphraïm –, le membre de plein droit d'une tribu israélite était toujours considéré comme un métèque et non comme un indigène. Il pouvait acheter une maison comme, à Guibéa, l'Éphraïmite du récit, qui était désigné comme le « chef de la maison » [Jg 19, 23]. Nous ne savons pas s'il pouvait également posséder d'autres propriétés foncières et, même si ce n'est pas impossible, ce n'est pas vraisemblable pour l'époque ancienne ; plus tard, en revanche, le fait est rapporté avec certitude au sujet de deux patriarches tenus pour des *gérim*. (La question qui se pose est seulement de savoir quel groupement en décidait, clan, groupement local ou tribu, et quels autres droits étaient associés à l'acquisition d'une propriété foncière [1].) La norme indiquée en

1. Il est bien possible que ces questions aient été considérées comme une affaire interne de chaque village, à supposer qu'il se soit agi de terres agricoles et non de lots distribués à des guerriers, comme il en existait peut-être aussi. Avant de s'installer en Béotie, où le poète devint pourtant un propriétaire terrien – un « périèque », pour employer le terme technique –, la famille d'Hésiode était issue, on le sait, d'une tribu étrangère.

Lv 25, 35, qui datait certainement de l'époque préexilique, stipulait qu'un Israélite « réduit à la pauvreté », c'est-à-dire ayant perdu ses propriétés foncières, devait être considéré comme un *ger* : par suite, l'absence de propriété foncière était en tout cas tenue – de façon tout à fait compréhensible – comme l'une des caractéristiques normales, sinon universelles, du *ger*. Cependant, quelle que fût sa position de ce point de vue, le *ger*, au sens où les sources l'entendaient généralement, était un résident qui *non seulement* bénéficiait d'une protection privée et de la protection religieuse de son droit d'asile, mais était également doté d'un statut juridique défini et protégé par le groupement *politique* en tant que tel. Ce statut de droit était désigné, dans les anciens recueils juridiques, par l'expression « *ger acher bi-ch'arékha* » : « le métèque dans tes murs », c'est-à-dire le métèque relevant de la circonscription juridique de la ville et légalement placé sous sa protection [1]. Par conséquent, le rapport avec le *ger* ne se réduisait pas à un simple rapport de protection, individuel et ponctuel, de son droit d'asile, dont pouvait bénéficier le *nokhri* ; il ne correspondait pas non plus, d'autre part, à un rapport clientéliste, personnel et durable, avec un patron particulier. D'après les sources, le *ger* avait, semble-t-il, le droit d'intenter des procès : on mettait en garde ceux qui étaient tentés de l'opprimer. Peut-être avait-il besoin, cependant, de l'appui d'un patron au tribunal. La réglementation du droit sacré qui stipulait avec insistance que l'Israélite et le *ger* devaient jouir en tout point des mêmes droits signalait, semble-t-il, une innovation : l'assimilation confessionnelle des *gérim* était en cours. Certaines catégories de *gérim* faisaient même partie, nous le verrons, des principaux porteurs du yahvisme. À l'origine, cependant, le statut

1. La position attribuée à la tribu sacerdotale des Lévi (non encore évoquée dans cette étude) dans les « villes de lévites » de la tradition montre très bien comment celle-ci se représentait la situation normale des métèques [Jos 21].

juridique du *ger*, en ce sens-là, pouvait précisément être partagé aussi bien par des non-Israélites que par des Israélites issus d'une autre tribu. En règle générale, le *ger* appartenait plutôt à la première catégorie : dans un premier temps, les prescriptions rituelles des Israélites pleinement libres ne s'appliquaient *pas* aux *gérim* [Dt 14, 21]. Celles-ci valaient certes pour tous les membres d'une maison, mais elles ne concernaient que le cercle de personnes liées par une communauté domestique et le partage de repas cultuels au sein de cette communauté. À l'époque la plus ancienne de rédaction des textes juridiques, le *ger* n'était soumis qu'au respect du sabbat, sans doute pour éviter que son travail n'entrât en concurrence avec celui de l'Israélite [1]. En revanche, selon le droit ancien, la circoncision, pour lui, était facultative (Ex 12, 48), tandis qu'elle était imposée à tous les esclaves à l'époque où cette réglementation fut formulée. Voilà pourquoi ces derniers pouvaient prendre part au repas de Pessah. Bien avant l'exil, cependant, cette situation s'était sans doute déjà considérablement modifiée. En effet, on l'a vu, la législation des prêtres énonça le principe selon lequel Israélites et métèques devaient en toute chose bénéficier des mêmes droits et être soumis aux mêmes obligations rituelles (Lv 17, 10 ; Nb 9, 14 ; 15, 15-16) : cette disposition fut certainement adoptée parce que le nombre des *gérim* circoncis et menant une vie rituellement correcte s'était entre-temps multiplié ; nous verrons plus loin comment et pourquoi. À l'inverse, d'après le droit prédeutéronomique, l'esclave n'était

1. Les justifications invoquées à l'époque de Néhémie pour le respect du sabbat, qui visait avant tout à interrompre les échanges du marché hebdomadaire [Ne 13, 15-22], montrent, à l'évidence, que cette disposition avait été adoptée dans l'intérêt des Israélites (qui cherchaient à se prémunir contre la concurrence impure des non-juifs) et non des étrangers eux-mêmes. Il en allait de même, déjà, pour Amos et Jérémie. À l'époque ancienne où le repos du travail des champs était la seule signification décisive du sabbat, la situation, il est vrai, était peut-être différente.

apparemment pas soumis à l'obligation de repos sabbatique (2 R 4, 22 : le récit est tiré des légendes prophétiques de l'époque de la dynastie de Jéhu).

Les commandements juridiques et moraux des Saintes Écritures présentent généralement le *ger* comme un individu isolé. Ce n'était pourtant pas le cas dans les cités-États pleinement développées, et moins encore à l'époque ancienne, la tradition en témoigne. Toutes les fractions de population ainsi répertoriées comme ne faisant pas partie, politiquement, des tribus israélites, c'est-à-dire comme des *gérim*, étaient censées être organisées en groupements, de la même façon que les Israélites ne jouissant pas des pleins droits politiques (les paysans). Ces derniers étaient réunis en groupement de villages, les *gérim* en groupements locaux, ou bien, à défaut, en clans et tribus. De même, le régime tribal était conservé lorsqu'une tribu israélite était placée sous l'autorité d'un groupement politique étranger. Dans le Cantique de Déborah, il était dit que les Danites servaient sur des navires phéniciens [Jg 5, 17], mais cela ne prouve certes pas le contraire, car il s'agissait là d'individus isolés qui s'étaient fait engager comme mercenaires. En revanche, c'est dans son ensemble que la tribu Issachar était désignée comme « servile » dans la Bénédiction de Jacob [Gn 49, 15]. Les Issacharites étaient donc manifestement intégrés en tant que tels dans une cité-État étrangère à laquelle ils étaient soumis, avec le statut politique de non-libres, tout en conservant leur organisation tribale. De la même façon, la tradition mentionne les Gabaonites cananéens comme un groupe soumis à Israël, astreint à payer des liturgies mais cependant autonome, en vertu d'une alliance conclue avec eux par les chefs de l'armée au moment de l'installation en Palestine [Jos 9]. Ce statut ne se confondait pas avec la position de *Stand* qui, d'après le récit de la reconstitution de Jérusalem sous Esdras et Néhémie, était celle des gardes des portes de la ville, des chanteurs et des serviteurs du Temple (*nethinim*), ainsi que des « esclaves de Salomon » [Esd 2, 41-58]. En effet, il s'agissait là de groupes héréditaires de *juifs*, organisés en clans et soumis aux liturgies, mais non de *gérim*. Deux clans de chanteurs qui portèrent l'art des psaumes, les bné Asaph et les bné Qorah (l'ancêtre de ces derniers avait déjà joué un rôle dans la tradition mosaïque, en se rebellant contre les prêtres [Nb 16]) appartenaient à cette catégorie ; après avoir été des *gérim*, ils étaient devenus des juifs de plein droit. Il en allait autrement des *gérim* de l'ancien Israël. Par opposition aux artistes charismatiques israélites qui construisaient le tabernacle, pleinement libres, désignés d'après leur famille et leur tribu [Ex 31, 1-11], d'une part, et, d'autre part, aux artisans royaux étrangers employés pour la construction du Temple et répertoriés sans indication de clan, nous l'avons vu [1 R 7, 14], les ouvriers du fer et les musiciens étaient considérés, dans la Genèse, comme des clans de tribus à éponyme, *étrangers* à Israël [Gn 4, 21-22]. De la même façon, parmi les artisans royaux qui remplissaient sans doute des fonctions liturgiques, étaient considérés comme des *gérim* au moins les tisserands de byssus [1], les potiers [2] et sans doute aussi les charpentiers [3]. On comptait aussi parmi les *gérim* les bergers, qui seront évoqués plus loin : dans l'arbre généalogique de Gn 4, 20, ils étaient présentés comme les descendants de Caïn à côté des ouvriers

1. 1 Ch 4, 21 : « les maisons où on travaille le byssus ». De façon caractéristique, ils étaient organisés en clans et passaient avec d'autres pour les descendants d'un fils de Juda, sans avoir pour autant d'éponyme. La filiation avec Juda était sans doute une fiction postexilique.

2. 1 Ch 4, 22-23 : Joas et Saraph, qui étaient chefs de familles (*be'alim*) à Moab et « d'après des récits anciens, habitaient Lehem [Bethléem]. Ils étaient potiers et vivaient dans des jardins enclos, pour travailler au service du roi ». Ils avaient donc reçu des fiefs en échange de leurs services.

3. Yoav, le fils de Seraya, est appelé en 1 Ch 4, 14 le « père de la vallée des charpentiers », un quartier de Jérusalem. Les charpentiers étaient donc apparemment installés sur la propriété de Yoav comme des colons. À moins qu'il n'ait fait office de patron (c'est plus vraisemblable), après avoir reçu ce patronage comme prébende royale. Dans le cas des charpentiers, on ne trouve pas trace d'une organisation gentilice.

du fer et des musiciens. Dans la légende du fratricide (Gn 4, 2), Caïn était encore désigné comme un paysan par opposition au berger Abel, puis, une fois banni, il était assimilé à un Bédouin (Gn 4, 12) ; dans cet arbre généalogique, il était manifestement identifié, de façon tout à fait générale, comme le père de toutes les tribus-hôtes typiques d'Israël, tandis que son frère Seth apparaissait comme l'ancêtre de l'Israël sédentaire, qui cultivait la vigne, représenté par Noé [Gn 9, 20]. Dans la tripartition des tribus au temps de Noé [Gn 5, 32], Canaan était considéré comme une tribu non libre, redevable de corvées, non seulement à Sem, l'ancêtre des peuples de seigneurs continentaux, y compris les Hébreux, mais aussi à Japhet, l'ancêtre des peuples côtiers et insulaires du nord et de l'ouest. Cependant, Japhet, de son côté, « habitait dans les huttes de Sem » ; il était donc certainement considéré comme un métèque libre et sans doute comme un marchand. La légende fit sans doute son apparition dans une époque de fort antagonisme contre ce qui restait des Cananéens, tandis que les relations avec les Phéniciens étaient amicales. La tradition fait remonter à Salomon (1 R 9, 20) l'existence d'un tribut généralisé prélevé sur tous les Cananéens encore installés dans les campagnes [1] [Gn 34]. D'après ces textes, il semble avoir existé différentes sortes de *gérim* : les *gérim* libres et les *gérim* assujettis aux corvées, dont nous ignorons, dans le détail, la situation juridique [2]. Cependant, quelle

1. La tradition est sujette à caution. L'indication du verset 22, où il était dit que Salomon n'avait employé les Israélites, dans leur ensemble, par opposition aux Cananéens, que comme soldats, officiers ou fonctionnaires, était tendancieuse et allait dans le sens des intérêts des plébéiens israélites. D'après 1 R 5, 27, où il était dit que les Israélites devaient fournir trente mille ouvriers, les sujets libres étaient eux aussi, à l'évidence, soumis à l'obligation de corvées. Cette précision attestait, au demeurant, que ceux qui ne pouvaient porter les armes et n'avaient pas part à la propriété libre n'étaient définitivement pas tenus pour des Israélites mais pour des *gerim*.

2. D'après 1 Ch 22, 1, David aurait réquisitionné auprès de tous les *gérim* du pays des tailleurs de pierre pour la construction du Temple.

qu'ait été la situation réelle dont toutes ces constructions de la tradition étaient l'expression ou la réminiscence, il demeure en tout cas certain que les *gérim* n'étaient pas comptabilisés parmi les bné Israël astreints aux obligations militaires, ni comme *giborim* ni comme *ha-milḥama*, et qu'ils étaient présentés comme des *tribus étrangères* et *organisés* soit en tribus clientélistes établies sur des terres, soit en tribus-hôtes et en clans-hôtes sans assise foncière. À l'origine, ils étaient séparés rituellement des Israélites et par là même exclus du *connubium* égalitaire, comme l'enseigne le récit de Sichem et Dina.

Grâce à l'exemple de l'Inde, nous connaissons bien le phénomène de la séparation rituelle des tribus-hôtes. À ce type de tribu-hôte, privée d'assise foncière propre, s'ajoutaient en outre les deux exemples de *gérim* les plus importants pour nous et que la tradition nous a le mieux fait connaître : les bergers éleveurs de petit bétail et les prêtres lévitiques. Les uns et les autres partageaient, selon la tradition, la particularité d'être exclus de la propriété foncière et, par suite, du groupement de défense rassemblant ceux qui disposaient des pleins droits politiques. Cependant, les uns et les autres se voyaient reconnaître par la population indigène, comme tous les *gérim*, un statut juridique particulier. Dans les territoires des tribus d'Israël, leur étaient attribués, non des terres agricoles, mais des terrains d'habitation – le plus souvent situés, il est vrai, aux portes des villes – et des droits de pâture pour les bêtes. Pour des raisons qui tiennent à l'histoire des religions, nous aurons justement à examiner de plus près ces deux catégories. Les bergers, parce que la tradition dénombre parmi eux les « Patriarches » et parce qu'ils jouèrent un rôle historique considérable qui marqua la religion prophétique de Yahvé. Les lévites, quant à eux, parce qu'ils furent des porteurs du culte de Yahvé.

Vraisemblablement, c'était l'inverse : les tailleurs de pierre étaient des artisans royaux et des *gérim* pour cette raison même.

L'étendue des territoires assujettis à l'organisation *urbaine* décrite plus haut dépendait de la configuration des puissances politiques et, en particulier, de l'importance des territoires où les Bédouins pouvaient être tenus en bride. Sous l'Empire romain, ce mode d'organisation connut de profondes avancées dans les territoires du désert, avant d'être anéanti à nouveau par l'invasion islamique, du moins en Jordanie orientale qui, à la différence des territoires occidentaux, fut occupée par les Bédouins. Toute l'histoire de la Palestine fut parcourue par des assauts de Bédouins contre les communautés organisées en cités. Dans les *Lettres d'Amarna*, ils étaient représentés par l'idéogramme *Sa Gaz*, dont la prononciation n'a pas encore été élucidée : il signifiait « les guerriers » et désignait, le plus souvent, des ennemis que les vassaux et gouverneurs égyptiens avaient à combattre, ou, dans d'autres cas, des mercenaires au service de vassaux [1]. La correspondance d'Hammourabi décrivait les Sa Gaz comme des nomades situés à la frontière occidentale de la Mésopotamie, où ils étaient placés sous l'autorité d'un intendant royal. Les Sa Gaz qui envahirent la Syrie et le nord de la Palestine brûlaient les villes conquises [2]. Ou bien ils engageaient la population locale à assassiner le vassal égyptien, à faire cause commune avec eux et à « être comme des Sa Gaz [3] ». Dans d'autres cas, ils ne détruisaient pas les villes qu'ils avaient conquises, prenaient la place des anciens vassaux et partisans de l'Égypte, et s'imposaient manifestement comme nouveaux seigneurs régnant sur les campagnes. Dans tous ces cas, reste à se demander si ces Sa Gaz [4] étaient vraiment des Bédouins, c'est-à-dire des éleveurs de chameaux des régions du désert, ou bien une tout autre population.

1. Knudtzon n° 195.
2. Knudtzon n° 185.
3. Knudtzon n° 174.
4. L'appartenance des Ḥabiru aux Sa Gaz ne fait plus de doute depuis les découvertes de Boghaz Koï.

Entre, d'une part, la population sédentaire, composée du patriciat urbain et des paysans installés, libres ou soumis à des corvées, à des prélèvements ou à des fermages, qui cultivaient les céréales, les fruits et la vigne et élevaient des bovins, et, d'autre part, les Bédouins libres, éleveurs de chameaux, on trouvait encore, en position intermédiaire, une couche caractéristique de tous les pays méditerranéens jusqu'à l'époque moderne : les *éleveurs* semi-nomades de petit bétail, c'est-à-dire de *moutons* et de *chèvres*[1]. La forme de vie de cette couche, dans les régions méditerranéennes, est partout déterminée par la nécessité de la *transhumance* sur de longues distances, plus aisée avec le petit bétail qu'avec des bovins : à travers les Abruzzes jusqu'en Apulie, ou bien à travers la moitié de l'Espagne et tout aussi loin en Afrique du Nord et dans les Balkans. Ce qu'on appelle en Espagne la transhumance[2] conditionne deux phénomènes : d'abord une migration collective périodique et, par suite, une communauté possédant une organisation intérieure un peu plus stable que les communautés informelles des Bédouins. En second lieu, dans les rapports avec l'extérieur, la transhumance implique que les relations avec les propriétaires fonciers des territoires concernés soient réglementées. Il faut parvenir à un accord ferme aussi bien sur les droits d'utilisation des chaumes et des jachères que sur l'accès aux voies de circulation, si l'on veut éviter que ces relations souvent déjà émaillées de violences ne conduisent à des conflits durables. En effet, partout, les bergers ont tendance à outrepasser les droits de passage et de pâturage qui leur ont été concédés, à lâcher leurs troupeaux dans les champs avant l'heure ou à les laisser dévaster les parcelles bordant les routes qu'ils empruntent, comme le

1. Sur l'importance des « nomades éleveurs de moutons » pour le culte de Yahvé, voir à présent Bernhard Luther in Eduard Meyer, *Die Israeliten und ihre Nachbarstämme*, *op. cit.*, p. 120.

2. Elle a récemment fait l'objet pour la première fois d'une étude synthétique, due à Rudolf Leonhard (« Die Transhumanz im Mittelmeergebiet », *art. cit.*).

rapporte Jérémie à propos de sa vigne et de son champ (Jr 12, 10)[1]. L'existence et l'importance considérable de cette activité pastorale itinérante sont historiquement attestées pour la Palestine de toutes les époques. De nos jours, on la rencontre aussi chez les éleveurs de chameaux, qui conduisent leurs troupeaux de la Jordanie orientale jusqu'à la Galilée, où ils trouvent des terres de chaume et des champs en jachère. Mais ce n'était pas là la forme typique. Dans la Palestine de la haute Antiquité, les représentants classiques de l'élevage de petit bétail étaient les rékhavites, une communauté qui parcourait presque tout le pays du nord au sud. En effet, ils appartenaient à la tribu des Qénites, qui côtoyait, au sud, les Amalécites du désert méridional avec lesquels il lui arrivait à l'occasion de faire alliance, et qui, selon le Cantique de Déborah, était également établie dans le Nord. À l'époque de Jérémie, la région de pâturage proprement dite des rékhavites était apparemment située dans les montagnes de Juda ; de là, ils faisaient descendre leurs troupeaux, lorsque la guerre menaçait, dans l'enceinte fortifiée de Jérusalem [Jr 35, 11]. Deux siècles et demi auparavant, dans le Royaume du Nord, ils avaient joué un rôle décisif dans la révolution de Jéhu. C'étaient des éleveurs de petit bétail. Comme les Bédouins, ils méprisaient les maisons et la sédentarité, ils dédaignaient l'agriculture et ne buvaient pas de vin (Jr 35). Il s'agissait là, pour eux, d'un commandement divin imposé par le fondateur de leur communauté, le prophète de Yahvé, Yonadav ben Rékhav. D'autres groupements d'éleveurs de petit bétail se déplaçaient aussi loin qu'eux. D'après la tradition, la vieille tribu de Siméon, plus tard disparue, avait, d'une part, négocié pour obtenir des droits de pâturage contractuels dans la région de Sichem et, d'autre part, elle était établie dans les parties méridionales du désert de

1. En Jr 6, 3, les ennemis dont la venue est prophétisée sont comparés à des bergers qui installent leurs tentes et se mettent en quête de pâturage [Jr 12, 10].

Juda. À côté du type pur représenté par les rékhavites, il existait, bien entendu, beaucoup de types intermédiaires. Les bergers itinérants avaient l'habitude de pratiquer certaines formes d'agriculture pour leurs besoins propres, en fonction des surfaces et des lieux disponibles [1]. La frontière qui séparait ces bergers des paysans sédentaires était donc fluide. À ceci près que les bergers ne pouvaient pas devenir réellement propriétaires des terres, étant donné qu'il s'agissait en majorité de pâturages ; le troupeau constituait l'essentiel de leurs biens. La plus grande lenteur de déplacement du petit bétail limitait leur liberté de mouvement par comparaison avec les Bédouins ; par suite, ils étaient exposés aux actes de pillage de ces derniers. Contre eux, ils étaient les alliés naturels des paysans sédentaires de plus en plus souvent menacés par les mêmes périls : une « animosité éternelle » opposait Yahvé et Amaleq [Ex 17, 10]. On disait que Caïn, le Bédouin tatoué, était condamné à une errance éternelle, par opposition au berger Abel. Cependant, à l'occasion, des alliances pouvaient aussi se nouer entre les éleveurs de bétail (les Qénites) et les Bédouins ; la parenté avec les Édomites était fortement ressentie. Bien entendu, la frontière entre les Bédouins et les éleveurs de bétail semi-nomades était particulièrement fluide, et il arrivait que différentes sortes de bétail fussent combinées. C'était le cas chez les Patriarches, mais aussi, par exemple, chez Job, qui possédait des moutons, des ânes, des bœufs et des chameaux, était installé dans une maison et buvait du vin [Jb 1, 3]. Les Qénites, les descendants de Caïn, considéré à l'origine comme un Bédouin du désert, étaient une tribu d'éleveurs de bétail qui, à l'époque historique, passaient pour tout particulièrement pieux, selon la généalogie de la Genèse. À l'époque de Gédéon, les Madianites n'élevaient apparemment pas que des chameaux. Il en allait certainement de même des Édomites

1. Yeroubba'al-Gédéon, le héros de Jordanie orientale, bat du blé (Jg 6, 11).

et sans nul doute aussi déjà, à l'époque de Sésostris, du cheikh chez qui Sinouhé, l'Égyptien en fuite, trouva refuge. La frontière était tout aussi fluide de l'autre côté.

Dans les relations des éleveurs de petit bétail avec la population rurale agricole et même avec la population citadine, les droits de pâturage et de passage étaient normalement établis par contrat : les éleveurs de petit bétail avaient le statut de *gérim.* Dans certains cas, les clans les plus rentables économiquement pouvaient très facilement s'intégrer dans les villes, au terme d'un contrat ou à la suite de conflits violents. Longtemps, d'après la tradition, les Danites n'avaient pas de territoire fixe en Israël (Jg 18,1) : c'étaient des bergers itinérants qui parcouraient le territoire de Juda ; plus tard, ils s'emparèrent de la ville de Lakhich, située jusque-là dans une région sidonite.

Les bergers itinérants étaient cependant soumis à des évolutions déterminées par des facteurs tout à fait généraux. Les époques de paix, d'accroissement de la population et d'accumulation des biens signifiaient toujours une restriction des domaines de pâturage et une utilisation croissante des terres comme terres agricoles ; les bergers étaient alors contraints à une exploitation plus intensive des domaines de pâturage restants. Ces deux phénomènes entraînaient, en règle générale, un cantonnement croissant des bergers dans des zones de pâturage davantage définies et délimitées et, par là même, inévitablement, un rétrécissement de leurs unités sociales. Ces dernières, par suite, étaient instables. L'organisation sociale normale des éleveurs de petit bétail ressemblait à celle des Bédouins : la famille élargie comme communauté économique, le clan comme garant de la sécurité personnelle par le devoir de vengeance du sang, la tribu, c'est-à-dire le groupement de clans, comme porteur de la défense militaire des domaines de pâturage. Ces groupements n'étaient pas nécessairement plus durables chez les éleveurs de petit bétail que chez les Bédouins. Chez les premiers, justement, la constitution d'une tribu n'était semble-t-il dans bien des cas rendue possible que par l'intervention d'un chef charismatique : ce fut vraisemblablement le cas de la tribu de Makhir, disparue plus tard, peut-être aussi de la tribu de Manassé et certainement de la tribu des « Benjaminites », qui étaient toutes originaires des montagnes d'Éphraïm et se diffusèrent dans les régions de pâturage des montagnes de l'est et du sud. En général, cependant, il manquait à ces chefs de tribu une assise de pouvoir stable. Les conditions de vie d'une tribu exclusivement composée d'éleveurs de petit bétail faisaient que celle-ci était davantage menacée de désintégration qu'une communauté de Bédouins, en tout cas que celles qui parvenaient à s'assurer le contrôle d'oasis ou celui de routes caravanières et à garantir, grâce à cette stabilité économique, l'assise institutionnelle de leur chef de tribu. Un exemple illustre bien cette instabilité et le caractère purement charismatique de l'institution du chef de guerre dans les tribus d'éleveurs au sens strict : c'est la représentation traditionnelle de la position de Jephté. À ce héros guerrier de Jordanie orientale, les anciens de la tribu de Galaad n'offrent dans un premier temps, pour la durée de la guerre de libération contre les Ammonites (Jg 11, 6), que la dignité de « *qatsin* », de chef de guerre, l'équivalent du *Herzog* germanique. Il refuse et l'armée (*ha'am*, les « hommes liges ») lui confie alors, à la demande des anciens, la dignité de « *roch* » (chef, prince, général, Jg 11, 11), un titre conservé à vie mais non héréditaire. C'est à cette catégorie qu'appartenaient aussi les nombreux Juges éphémères des premiers temps d'Israël (*chophetim*), qui n'étaient pour une part que des chefs guerriers charismatiques et peut-être aussi, pour une part, des individus ayant reçu une grâce, le charisme de la sagesse de juge. Leur pouvoir restait purement personnel. Yeroubba'al-Gédéon, le héros de Jordanie orientale, qui s'engagea dans la guerre contre les Madianites avec une suite exclusivement composée de volontaires, refusa, d'après la tradition, le pouvoir héréditaire qui lui était offert par « certains en Israël » (Jg 8,

22) et se contenta de recevoir sa part de butin, qu'il utilisa pour une fondation religieuse (celle-ci était, on peut le supposer, une source de revenus pour lui et ses descendants, à cause des pèlerinages). Le plus souvent, les formations politiques stables se rencontraient justement dans les régions intermédiaires, situées entre le désert des Bédouins proprement dit et les pâturages de montagne de l'est et du sud de la Palestine. C'était le cas, à l'époque d'Achab, du royaume des Moabites, dont nous avons conservé des inscriptions, ou encore du royaume des Ammonites dès l'époque de Jephté, mais surtout, avant qu'il ne fût soumis par David, du royaume des Édomites, qui entretenait des relations constantes avec le pays de Juda et fut représenté par une série de dix souverains consécutifs. Le fait que ces rois édomites ne se soient apparemment pas succédé sur un mode héréditaire semble suggérer que la position de souverain revêtait chez eux le caractère d'un charisme purement personnel. Chez les éleveurs de petit bétail, en revanche, les formations purement politiques étaient très instables. La menace des Bédouins ou, à l'inverse, les opportunités d'extension des zones de pâturage offertes par la guerre pouvaient renforcer leur cohésion et les amener à se réunir dans un groupement plus vaste placé sous l'autorité d'un chef de guerre. En revanche, dans les périodes de paix, la tendance d'évolution précédemment décrite entraînait des scissions entre les différents clans et la décadence des tribus. Dans le récit de la bataille de Déborah, l'époux de l'héroïne Yaël était l'un de ces éleveurs : c'était un Qénite qui s'était isolé de sa tribu, un *ger* qui, en vertu d'un contrat à l'amiable, avait installé ses tentes sur un territoire appartenant au roi d'une ville cananéenne [1]. Les tribus anciennes de Siméon et de Lévi étaient

1. Jg 4, 17. Beaucoup admettent l'hypothèse que le deuxième demi-verset est une interpolation, mais il apporterait justement alors un témoignage sur la situation qui régnait à l'époque de sa composition.

déjà « divisées et dispersées » à l'époque de la composition de la Bénédiction de Jacob [Gn 49, 5-7] ; dans la Bénédiction de Moïse, plus tardive encore (Dt 33), Siméon n'était même plus mentionnée, tandis que Lévi était devenue une tribu de prêtres professionnels. Les Chroniques postexiliques (1 Ch 4, 42) évoquaient certaines familles siméonites établies à Séïr parmi les Édomites ; le reste des Siméonites avait reçu « sa part de Juda », c'est-à-dire s'était fondu dans cette tribu. Dans la Bénédiction de Jacob, la tribu de Ruben, autrefois *hêgemôn* de l'Alliance, avait perdu son pouvoir [Gn 49, 3-4] ; on trouvait par suite dans la Bénédiction de Moïse une prière pour qu'elle ne disparût pas tout à fait [Dt 33, 6] ; plus tard, elle s'éteignit. La tribu de Joseph se divisait en différents clans d'éleveurs de bétail : dans le Cantique de Déborah, on rencontrait une tribu disparue par la suite, la tribu de Makhir, et, plus tard, à côté de la tribu d'Éphraïm, la tribu de Manassé, scindée à son tour. La destruction des tribus de Siméon et Lévi était mise en relation avec une trahison et un conflit violent contre les Sichémites. De fait, la perte du cheptel occasionnée par une guerre mais aussi par les épidémies qui le décimaient pouvait entraîner la dissolution brutale d'une tribu d'éleveurs proprement dite ou sa réduction en esclavage auprès de voisins riches. Cependant, à elles seules, les contraintes exercées par la sédentarisation croissante, qui tendait à limiter le pâturage extensif, produisaient des effets semblables. Aussi bien les légendes que la tradition historique reflètent le passage progressif, sous l'effet de cette contrainte, du statut de semi-Bédouins à l'élevage de petit bétail puis à la sédentarité et, enfin, à l'installation dans des villes. Dans la légende, Abraham n'élevait pas seulement des moutons mais aussi des chameaux, et ne buvait pas de vin mais servait du lait aux trois hommes de l'épiphanie divine [Gn 18, 1-15]. En tant que *ger* doté par contrat du droit de pâturage, il se déplaçait entre différents lieux et, selon la légende, ce n'est qu'à la fin de sa vie qu'il fit l'acquisition, après de longues tractations, d'un tombeau héréditaire à Hébron (Gn 23, 17-18). En vertu d'un contrat, Isaac plante sa tente dans la région de Guérar et y creuse des fontaines, mais il doit à plusieurs reprises changer de campement [Gn 26, 12-23]. À la différence du paysan Ésaü, Jacob était essentiellement considéré comme un éleveur vivant dans des tentes ; en sa qualité de *ger*, cependant, il s'installe à Sichem et y achète des terres (Gn 33, 19). C'est semble-t-il par ruse que, à la fin de sa vie, il se fait passer pour un simple éleveur de petit bétail auprès du pharaon, afin de vivre sans se mêler aux Égyptiens, en vertu de la séparation rituelle du *ger*. Il pratiquait l'agriculture et avait besoin de céréales pour se nourrir [Gn 47, 1-12]. Tous les Patriarches étaient censés posséder des bœufs. Enfin, en tant que vizir d'Égypte, Joseph réglementait les impôts fonciers de ce pays [Gn 47, 13-26].

Ces évolutions impliquaient des changements profonds du point de vue de l'organisation politique, mais aussi dans le domaine *militaire*.

Dans la tradition historique, on rencontre, pour chacune des tribus d'Israël, toutes sortes de modalités de passage du statut de semi-Bédouins à celui d'éleveurs de petit bétail semi-nomade, puis au stade intermédiaire d'agriculteurs occasionnels (Isaac : Gn 26, 12), et, enfin, à l'installation dans des villes comme clan de seigneurs ou à la pratique sédentaire de l'agriculture, soit en tant que paysans libres, soit en tant que paysans soumis aux corvées [1]. Dans la géographie politique de la Palestine

1. D'après la tradition (Jg 18, 1), la tribu de Dan fut longtemps privée de territoire fixe dans son pays. Dans le Cantique de Déborah, les Danites se vendirent aux Phéniciens comme galériens. La tradition, à plusieurs reprises, désigne cette tribu comme un simple « clan ». Dans la Bénédiction de Jacob, elle est considérée comme une tribu de voleurs, qui « se glisse comme un serpent sur les routes caravanières et mord les chevaux au talon » [Gn 49, 17] ; dans la Bénédiction de Moïse, elle est un « lion qui bondit dans le pays de Basan » [Dt 33, 22], autrement dit dans le Hauran. À l'époque de la première offensive des Philistins, sans doute, mais en tout cas avant la bataille de Déborah, les Danites n'étaient pas en mesure de défendre leurs lieux de campement, le

« camp de Dan », dans la montagne de Juda, avec les forces militaires dont ils disposaient (six cents hommes selon la tradition). Leurs adversaires étaient vraisemblablement les Philistins, contre lesquels se bat le héros danite Samson. Cependant, les localités en question furent plus tard des possessions de Juda. Ils partirent alors en direction du nord et s'établirent à Lakhich, une ville de montagne sidonite, après l'avoir conquise et décimée. La tribu de Dan ne fut plus, dès lors, qu'une tribu fictive limitée à cette communauté urbaine qui portait son nom. La ville de Dan était considérée comme particulièrement correcte d'un point de vue religieux, ce qui incite à tenir pour vraie la tradition attribuant aux Danites un passé nomade. Elle sous-entendait, en effet, que toutes les anciennes tribus de bergers possédaient un caractère religieusement correct. On a invoqué une deuxième sentence de la Bénédiction de Jacob pour conclure, à juste titre sans doute, que la tribu de Dan avait été un temps privée de son indépendance politique. La Bénédiction de Jacob rapporte expréssement qu'une autre tribu connut les mêmes déboires, conséquence de son passage à la sédentarité : la tribu d'Issachar, qui n'est mentionnée que brièvement dans la Bénédiction de Moïse comme une tribu vivant sous la tente. « Il a vu que le repos était bon / Et le pays agréable. / Il tend l'échine sous le bât, / il est bon pour la corvée d'esclave » [Gn 49, 15] : autrement dit, sans aucun doute, un paysan sédentaire. La tribu d'Issachar séjourna au moins un temps dans la plaine fertile de Yisré'el. Dans la Bénédiction de Jacob, la tribu de Naphtali est désignée comme une « biche en fuite » [Gn 49, 21] : il s'agissait donc certainement d'une tribu de semi-Bédouins (à supposer qu'on n'ait pas affaire à un simple jeu de mots sur le nom). D'après le Cantique de Déborah, cette tribu avait son siège dans les montagnes [Jg 5, 18] ; la Bénédiction de Moïse, en revanche, la désigne comme établie au bord de la mer, en raison d'une bénédiction divine, et comme étant à la tête d'une ville (Mérom) [Dt 33, 23]. La tribu d'Acher, elle aussi installée sur la côte, et dont la richesse, gagnée par la fabrication de l'huile, était proverbiale, semble, à en croire la Bénédiction de Jacob, avoir été assujettie au roi d'une ville phénicienne pour ses besoins de table [Gn 49, 20]. La Bénédiction de Moïse, en revanche, fait l'éloge de ses citadelles (aux verrous de bronze et de fer) et de son armée puissante [Dt 33, 24-25]. La tribu de Zabulon dut sans doute se déplacer, entre l'époque de la composition de la sentence concernée dans la Bénédiction de Jacob et celle du Cantique de Déborah (dans la Bénédiction de Moïse, verset 18, la lecture semble falsifiée). Dans la Bénédiction de Jacob, cette tribu est établie au bord de la mer et « touche à Sidon » [Gn 49, 13], ce qui signifiait sans doute qu'elle était sous la dépendance de cette dernière ; le Cantique de Déborah, en revanche, l'identifie comme une tribu de guerriers de montagne [Jg 5, 14]. Dans la Bénédiction de Jacob, la tribu de Benjamin est une tribu de voleurs : « Benjamin est un loup, il déchire, / le matin il dévore la proie, / Et le soir, il telle que la restitue le Livre de Josué, le phénomène à peu près généralisé de sédentarisation dans des villes semble achevé. Josué lui-même reçoit une ville en fief, pour être dédommagé de ses services (Jos 19, 50) ; de la même façon, toutes les tribus, y compris celles de Juda, sont décrites comme possédant des villes assorties de dépendances villageoises (Jos 15). Tout le pays semble divisé en districts relevant de ces tribus. À l'époque où ce passage fut vraisemblablement composé, cette affirmation n'était certainement valable qu'en théorie. En effet, d'un point de vue politique, à l'époque historique encore, les tribus du Sud, les tribus de Juda, étaient, pour l'essentiel, organisées en clans, à la façon des Bédouins, tandis que les tribus du Nord étaient aussi (et, pour l'administration, surtout) réparties en contingents d'un millier et de cinquante hommes, à la façon des États mésopotamiens. Le choix des contingents d'un millier d'hommes comme unité de conscription pouvait évidemment être étendu aux tribus d'éleveurs. Il était possible d'établir une équivalence entre une tribu particulière ou une partie de tribu et une ou plusieurs armées de mille hommes et de laisser à cette tribu le choix du mode de conscription. Plusieurs options pouvaient alors être choisies. Le Cantique de Déborah désignait les chefs des contingents des tribus sous des appellations très variées, qui renvoyaient certainement à des structures militaires très différentes. Le pouvoir royal aspirait à n'en pas douter à l'unité. De la même manière que, plus tard, « la réunion de cinquante hommes » devint le terme technique désignant, de façon générale, la levée de troupes et la conscription, les chefs suprêmes des armées de mille hommes et de cinquante hommes étaient généralement regardés, dans la tradition, comme revêtus du pouvoir de juridiction dans leur

---

partage le butin » [Gn 49, 27]. Dans la Bénédiction de Moïse, cette tribu s'est sédentarisée et pacifiée [Dt 33, 12]. Plus tard (à l'époque de Mécha et d'Achab), la tribu de Gad semble avoir été une tribu moabite. Elle portait certainement le nom d'un ancien dieu du bonheur et de la bonne fortune.

district de recrutement, y compris en temps de paix. Ce phénomène n'intervint certainement qu'à l'époque de la royauté et, même alors, il ne fut ni systématique ni définitif. Dans les tribus d'éleveurs de Jordanie orientale, organisées sur le mode gentilice, ou encore dans la tribu de Juda, la situation était sans doute différente. Les officiers de l'armée ne semblent pas avoir rempli cette fonction de juridiction, du moins en temps de paix ; elle n'était confiée qu'aux anciens.

L'armée de l'Alliance, divisée en contingents de cinquante et de mille hommes, n'est absolument pas la seule forme d'organisation militaire mentionnée dans les sources, en tout cas pas la plus ancienne. On rencontre également deux autres configurations. Le récit des combats menés en réponse à l'infamie de Guibéa (Jg 21, 21 sq.) – une légende étiologique illustrant le rapt des épouses tel qu'il était visiblement pratiqué par les Benjaminites – suggère que, selon toute vraisemblance, la tribu de Benjamin, une tribu de brigands installée entre les tribus du Nord et celles de Juda, possédait, à l'origine, une organisation strictement non gentilice des groupes de jeunes gens, sur le modèle de la « maison des hommes » : peut-être cette spécificité explique-t-elle justement la position de pouvoir importante qui lui revint un temps, en dépit de l'étroitesse de son territoire. D'un autre côté, on a déjà signalé que les tribus d'éleveurs proprement dites adoptaient à l'égard de la guerre l'attitude que l'on rencontrait typiquement chez les Bédouins : participation sur la base exclusive du volontariat, autrement dit, pur charismatisme. Le Deutéronome considère ce dernier comme proprement classique. Selon la tradition, Gédéon passe en revue ses recrues deux fois : la première fois, les lâches sont autorisés à rentrer chez eux. Ensuite, sont encore exclus tous ceux qui oublient leur dignité de héros et qui, dès que la soif se fait sentir, traversent un gué et se mettent à laper l'eau comme des chiens (Jg 7, 5) [1].

1. Cette signification est pour une part inversée dans la lecture actuelle.

Le premier cas correspond à un paradigme du Deutéronome (Dt 20), « l'idéal nomade » tendancieux que nous examinerons plus loin : doivent rester chez eux non seulement les jeunes mariés et ceux qui viennent d'inaugurer une propriété agricole, ou de commencer à cultiver un champ ou un vignoble, mais aussi tous ceux qui ont peur de partir à la guerre. En effet – tel est l'argument théologique – à elle seule la confiance en Yahvé suffit pour assurer la victoire. Lorsque Judas Maccabée passe ses troupes en revue, on retrouve le même paradigme [1 M 3, 56]. Il n'est pas sûr que ces prescriptions aient été le vestige de représentations magiques anciennes, plutôt que des constructions théologiques, ainsi que Schwally en a formulé l'hypothèse. En revanche, nous rencontrerons plus loin, dans l'« initiation » volontaire des combattants de la foi (nazirs), des modes de constitution religieuse d'une armée qui pouvaient, en effet, se rattacher à de telles conceptions magiques. Cependant, ces usages trouvaient certainement leur origine dans les coutumes des Bédouins.

En pratique, sous cette forme, la guerre n'était menée qu'entre deux chefs et leurs suites. De fait, presque tous les combats de la période des Juges israélites revêtirent ce caractère. Au fond, la levée en masse de l'armée fédérale n'est attestée avec certitude, selon la tradition, que dans trois cas : la guerre de Déborah, l'expédition punitive (certainement légendaire) de la fédération contre la tribu de Benjamin et la guerre de libération de Saül. Ces trois cas relèvent tous du type de la guerre « sainte » que nous évoquerons plus loin. Selon la tradition des prêtres, le roi qui plaît à Dieu, il est vrai, n'est autre que David. Mais la manière dont il conquiert sa position et dont il mène ses premiers combats représente, dans l'histoire d'Israël, le dernier exemple des guerres conduites par un chef charismatique et sa suite, et elle annonce déjà une ère nouvelle.

La tradition relative aux premiers rois illustre aussi l'existence d'une dualité entre paysans et bergers.

Saül est considéré comme un paysan, David comme un berger. Avec Saül, la libération commence par la levée en masse de l'armée nationale ; avec David, par le combat des corps francs. En dépit du caractère tendancieux de la tradition actuelle, on peut cependant encore reconnaître certaines différences dans la structure de la domination de l'un et de l'autre. Saül fondait sa puissance sur son clan personnel et il avait derrière lui l'armée de guerriers de la tribu de Benjamin. Il confia les charges les plus importantes à des Benjaminites. Cependant, on rencontrait aussi parmi ses guerriers des héros issus de tribus étrangères qui faisaient partie de sa suite personnelle. David, quant à lui, s'appuya dans un premier temps (1 S 22, 1 sq.) sur une suite purement personnelle qui, selon la tradition, se composait : 1) de membres de son clan ; 2) d'« opprimés », en l'occurrence surtout d'esclaves pour dettes, autrement dit de catilinaires et 3) de mercenaires crétois et philistins qu'il avait recrutés (Kérétiens et Péléthiens : 1 S 30, 14 et ailleurs [2 S 8, 18]). À ces trois composantes s'en ajoutait désormais une autre, beaucoup plus présente chez David que chez Saül et les Saülides : 4) la suite composée de ses compagnons personnels proprement dits, le cercle de paladins et de chevaliers que la tradition royale connaissait en détail par leur nom et dont elle énumérait les hauts faits. C'étaient d'abord des membres de clans de Juda parfois très puissants (Joab). À côté de ces derniers figuraient aussi, depuis l'arrivée des paladins qui avaient trahi Saül (Abner), des chevaliers non judaïques et parfois aussi non israélites : un nombre conséquent d'« *hetairoi* » purement personnels. La tribu de Juda en tant que telle, encore soumise aux Philistins à l'époque où ces derniers rejetèrent David, ne prit unanimement parti pour ce dernier que plus tard. Le nord du pays ne se rallia à David qu'après l'élimination du clan de Saül et en vertu d'un *contrat* particulier (*berith*) conclu entre lui et les anciens des tribus [2 S 5, 1-5]. Un contrat, autrement dit une alliance, scella ainsi pour la première fois l'unité nationale des douze futures tribus d'Israël, placées sous l'autorité d'un roi national. Ce n'est que par l'effet d'un tel contrat, en d'autres termes, qu'un chef d'armée charismatique devint – du point de vue de la tradition – un monarque légitime, désormais autorisé à lever les troupes : la suite du prince et les troupes mercenaires de ce dernier s'opposaient à l'armée populaire légitime du roi investi de ses fonctions par la *berith*. La royauté de David, d'abord fondée parmi les éleveurs de bétail de Juda, avec l'aide d'une suite personnelle et l'appui des grands clans de Juda, devint dès lors d'emblée, à partir de la prise de Jérusalem, une royauté *urbaine*. Le vieux conflit des tribus de paysans avec le pouvoir urbain resurgit dans les révoltes menées sous les Saülides [2 S 2, 12] puis sous Absalom [2 S 15, 18], Adoniya [1 R 1-2] et Jéroboam [1 R 12], et entraîna finalement l'éclatement du royaume ; par la suite, le Royaume du Nord connut exactement le même destin, avec la fondation de Chomrom (Samarie) sous les Omrides [1 R 16, 24]. La révolte de Jéhu, qui fut un succès, n'y put rien changer. Cependant, à partir de la sécession des tribus du Nord, le Royaume du Sud se confondit quasiment avec l'enceinte de Jérusalem, comme la *polis* théocratique après l'exil.

Ce fut principalement cette évolution politique, conjuguée à la très forte réduction, du moins en valeur relative, du nombre des éleveurs semi-nomades de petit bétail, qui entraîna la décadence de leurs tribus par le rétrécissement des domaines de pâturage. La conséquence la plus importante, de notre point de vue, fut la *démilitarisation* des bergers. Leurs clans divisés étaient désormais à la merci non seulement des paysans sédentaires, mais aussi et surtout du patriciat urbain armé ; ils étaient en position de faiblesse et tout au plus tolérés par les uns et les autres. Sous la forme que nous connaissons, la tradition regardait Abraham comme un métèque privé de droits politiques chez les Hittites d'Hébron et dans les autres villes sur le territoire desquelles il séjournait [Gn 23] ; à Chalem, il était astreint à verser la dîme au prêtre-roi des lieux [Gn 14, 18-20]. Après avoir acheté des terres à Sichem, Jacob résidait devant les portes de la ville, comme tous les *gérim* (Gn 33, 18). À l'époque de la rédaction de ce texte, la majorité des éleveurs de petit bétail qui restaient partageaient certainement, de fait, la même situation. D'après la tradition, les Patriarches étaient des hommes extrêmement riches, comme le fut plus tard Job. Mais, selon toute vraisemblance, ce n'était plus le cas des éleveurs de l'époque tardive. De façon générale, la pauvreté menaçait toujours les éleveurs nomades ; aux dires de Jérémie, en tout cas, les rékhavites n'étaient pas à la tête de grands troupeaux, c'étaient de petites gens, tel Amos, de la tribu de Juda, qui, à Teqo'a, vivait des fruits du sycomore et des produits de son troupeau [Am 1, 1 ; 7, 14]. Il en allait de même dans tout le bassin méditerranéen, exception faite d'une poignée de magnats de l'élevage qui pouvaient dans certains cas, il est vrai, être très riches.

Tout ce qui précède permet surtout de mieux comprendre quelles catégories économiques étaient visées quand – le cas était fréquent – les textes juridiques, les prophètes et les psalmistes évoquaient les « pauvres » (*evyonim*). C'est seulement dans la période postérieure à l'exil que le terme put renvoyer (pour une part du moins) à un *dêmos* urbain : petits commerçants, artisans, ouvriers libres sous contrat. À l'époque préexilique, les « pauvres » désignaient manifestement avant tout les paysans des campagnes soumis aux pratiques d'usure du patriciat. Mais aussi, outre ces derniers, et peut-être plus nettement que cela n'apparaît dans les sources, les éleveurs de petit bétail. Il n'est pas impossible que ce soient ces catégories-là qui aient été visées, à l'origine, par la série de prescriptions d'éthique sociale imposées dans l'intérêt des pauvres qui sont abondamment évoquées dans la casuistique rabbinique, en particulier à l'époque du judaïsme tardif. D'abord le droit de glaner et ce qu'on appela plus tard le « coin des pauvres ». La charité israélite prescrivait de laisser les pauvres glaner les chaumes et de ne pas terminer complètement les récoltes afin de laisser quelques épis pour les nécessiteux. Dans la tradition ancienne conservée par le Deutéronome (Dt 24, 19), il est recommandé de ne pas retourner chercher les gerbes oubliées et de les laisser aux *gérim*, aux veuves et aux orphelins. La version plus tardive (Lv 19, 9 sq.) transforme cette prescription en obligation rituelle, selon la manière typique des prêtres : il faut s'abstenir *volontairement* de terminer les récoltes dans les champs et les vignes et laisser quelque chose, sur un coin de chaque parcelle, pour les *gérim* et les pauvres. Dans sa version ancienne, cette prescription trouvait son origine dans une superstition : les *numina* du champ réclamaient leur part de la récolte ; ce qui restait était à eux. La version favorable aux « pauvres » était manifestement ultérieure : on peut se demander ce que l'on entendait, à l'origine, sous ce terme. Selon le *locus classicus* de cette pratique, le Livre de Ruth, c'est une femme de tribu étrangère, mariée à un Israélite puis devenue veuve, qui a le droit de glaner les champs. À l'origine, le sens de ce passage était certainement le suivant : cette femme travaillait sur le champ du *gibor* Boaz qui était son parent par alliance, mais son travail n'était pas reconnu. Ainsi la notion de « pauvres » semble avoir renvoyé en premier lieu aux colons et aux travailleurs agricoles du patriciat [1]. Mais on peut aussi imaginer que la relation typique de fraternisation avec les propriétaires de petit bétail fut un autre cas typique d'application de ce règlement : ceux-ci ne disposaient pas de propriétés foncières et, étant donné leur statut de métèques, ils étaient contraints de mener leurs troupeaux paître sur les chaumes et de glaner. De la même façon,

1. Sur cette question, voir August von Gall, « Die Entstehung der humanitären Forderungen des Gesetzes », *Zeitschrift für Altertumswissenschaft*, 30, 1910, p. 91 sq., qui insiste exclusivement sur le fait que cette pratique trouvait son origine dans une superstition (ce qui, en soi, est évident). La question qui se pose est plutôt de savoir pourquoi cette fonction, disparue ailleurs dans les pays civilisés, a été conservée en Israël.

en Arabie, où elle est encore largement répandue aujourd'hui, cette prescription profite aux classes dépourvues de propriétés foncières. On peut se demander si une autre prescription d'éthique sociale spécifiquement israélite, qui a fait couler beaucoup d'encre, n'était pas liée à ces mesures de protection des propriétaires de petit bétail : la prescription religieuse de l'année de jachère (« *année de sabbat* ») pour les terres de Palestine. Dans la version actuelle de la réglementation, il est dit que, tous les sept ans, les champs, les vergers et les vignobles doivent être laissés en friche et que les fruits qui ont poussé librement doivent revenir aux pauvres et, le cas échéant, aux bêtes sauvages. Cette prescription figurait déjà, sous cette forme extrême, dans le plus ancien recueil de lois fixant le droit et les mœurs, le « Livre de l'Alliance » (Ex 23, 10-11). Il ne s'agissait pas d'un texte de loi, notons-le bien, et elle n'était pas placée dans la partie du recueil présentant les réglementations juridiques dans un ordre plus ou moins systématique : elle figurait, à l'évidence, parmi les dispositions relevant de la parénèse religieuse. C'était donc une prescription morale et non une obligation légale. Cette institution, cependant, n'a pas seulement eu une réalité théorique dans le judaïsme tardif, mais aussi des conséquences pratiques : en témoignent les nombreuses « réponses » des rabbins interrogés au sujet d'infractions à cet interdit de récolte, mais aussi d'autres sources ; de nos jours, il en a encore été question dans le contexte des tentatives sionistes d'établissement en Palestine [1]. Le recueil le plus tardif, la « loi sacerdotale », formule la fameuse prescription, assortie d'un commentaire détaillé, de la manière suivante (Lv 25, 4-7) : il ne faut pas travailler les terres mais les fruits ayant poussé librement peuvent servir de

1. Les rabbins de Jérusalem se sont prononcés en faveur de la validité de la prescription. Des instances allemandes ont fait de même, si je me souviens bien. En revanche, les rabbins de l'Est ont déclaré, dit-on, que la colonisation du pays agréait à tel point à Dieu que les colons pouvaient être dispensés du respect de la prescription ancienne.

« nourriture » pour le propriétaire, son esclave (*'eved*), ses journaliers (*sakhir*), les métèques (*tochav*) et ses hôtes, mais aussi, ajoute le texte, « le bétail et les animaux sauvages du pays ». L'idée n'est pas tout à fait la même que dans le Livre de l'Alliance : la prescription est faite ici au bénéfice des personnes placées sous la protection personnelle du propriétaire. On pourrait se demander, dans ce cas, si « l'année de sabbat » n'était pas, à l'origine, une année d'exemption de fermage et de corvées consentie aux colons. La manière dont la septième année est évoquée dans le serment de la communauté au retour de l'exil, sous Esdras, irait bien dans ce sens : « Nous voulons renoncer aux revenus de la septième année » (Ne 10, 31). Enfin, le recueil du Deutéronome, qui date de l'époque des Rois et n'a pour l'essentiel guère été retouché, même s'il comprend quelques interpolations, ne mentionne tout simplement *pas* l'année de sabbat des champs – c'est là un point important, étant donné la fonction d'abrégé de l'éthique religieuse qui était spécifiquement attribuée à ce recueil juridique – mais une tout autre institution : l'annulation des dettes tous les sept ans. Par suite, il est tout à fait probable que la prescription de l'année de sabbat dans le Livre de l'Alliance soit une interpolation à partir du Lévitique : il n'est guère vraisemblable que les cultivateurs de l'époque préexilique aient réellement appliqué ces prescriptions. Dans le cas où ces dernières se rattacheraient malgré tout à des coutumes anciennes, on pourrait penser soit à une institution issue du mode de culture intermittent des bergers nomades, autrement dit un vestige des anciennes limitations temporelles de l'appropriation du sol – la communauté des terres en ce sens là –, soit à une prescription inspirée des droits de pâturage que les clans sédentaires accordaient aux bergers nomades sur les terres en friche.

Il est certain, au demeurant, que l'obsession de cohérence des théologiens joua aussi un rôle ; la disposition du Deutéronome relative à la remise des dettes et l'importance croissante accordée, de façon générale, à l'idée de sabbat dans la période de l'exil ne furent pas non plus sans incidence. C'est vraisemblablement à cette époque que, parmi d'autres, cette institution du judaïsme tardif fut définie comme une obligation rituelle par la communauté des exilés de Babylone puis interpolée dans le Livre de l'Alliance. Tout bien considéré, le rôle de la population des bergers nomades dans l'évolution de ces prescriptions demeure problématique.

Les tentatives d'interprétation d'institutions éthiques et sociales de ce type en termes économiques demeurent encore très incertaines. En revanche, il est un facteur plus déterminant pour notre contexte : l'image des éleveurs de petit bétail dans la tradition populaire de l'époque des Rois, qui trouve son expression dans la représentation des Patriarches. Cette conception était liée à certains traits spécifiques du judaïsme et elle entraîna beaucoup de conséquences. La légende des Patriarches attribue à ces derniers une forme particulière de pacifisme[1]. Le Dieu des Patriarches est un Dieu des pacifiques (Gn 13, 14 sq.). Ils mènent une vie de pères de famille isolés et ne sont pas censés former des groupements politiques. Ce sont des métèques tolérés. Leur situation est celle des bergers qui assurent, pour leur famille, l'accès à des domaines de pâturage en concluant des contrats de paix avec la population locale, et, si nécessaire, les partagent pacifiquement entre eux comme Abraham et Loth [Gn 13]. Ils sont dépourvus du moindre trait d'héroïsme personnel. Leur trait caractéristique est un mélange d'humilité et de bonté, de dévouement confiant à Dieu et de roublardise éprouvée, encouragée par ce même Dieu.

1. Sur les légendes des Patriarches, voir à présent (un article en partie dirigé contre Eduard Meyer) Greßmann, « Sage und Geschichte in den Patriarchensagen », *Zeitschrift für die Alttestamentliche Wissenschaft*, 30, 1910, p. 91 sq. L'auteur range la plupart d'entre elles dans la catégorie du « conte », ce qui est certainement excessif, si l'on songe aux lieux de culte anciens auxquels elles se rattachent et dans lesquels elles sont localisées. Cependant, il s'oppose à bon droit à l'idée que les noms seraient *nécessairement* des noms de héros ou de tribus.

Les auteurs du récit imaginent que leur public trouvera normal que les Patriarches, plutôt que de défendre l'honneur de leurs femmes, préfèrent les faire passer pour leurs sœurs et abandonnent ces beautés désirables à leurs protecteurs [1], laissant à Dieu le soin de les délivrer en accablant de fléaux les propriétaires de harems. Ces auteurs tiennent pour éminemment louable que les Patriarches soient prêts à sacrifier leurs propres filles à la place de leurs hôtes pour ne pas contrevenir au droit sacré de l'hospitalité [Gn 19, 8]. L'éthique qui régit leur commerce est sujette à caution. Jacob et son beau-père se livrent pendant des années à un jeu amusant de surenchères, aussi bien dans leur marchandage de femmes désirées que dans leurs tractations autour du bétail que le beau-fils acquiert auprès du beau-père en le servant comme un esclave [Gn 29-31]. Finalement, le patriarche d'Israël échappe en secret à son maître et beau-père en emportant l'idole de la maison, afin que celle-ci ne trahisse pas le chemin qu'il a suivi. Même l'étymologie de son nom est adaptée à ce caractère et il semble que l'expression « ruse de Jacob » ait été proverbiale à l'époque des prophètes [Os 12, 4]. Pour les auteurs de la légende, il semble parfaitement anodin que leur héros, expressément dépeint comme un pâtre pieux, à l'inverse de son frère [2], le paysan [3] et chasseur imprévoyant, marchande à celui-ci son droit d'aînesse en échange d'un peu de nourriture, un jour où le frère rentre à la maison affamé [Gn 25 sq.], le trompe avec l'aide de sa mère, dans le but d'obtenir la bénédiction paternelle, adresse ensuite à Dieu, avant sa

1. À trois reprises : Gn 12, 13 ; 20, 2 ; 26, 7.

2. De même qu'Abel est opposé au paysan Caïn, de même, le doux Jacob, le « berger pieux qui restait dans les tentes », fait contraste avec Ésaü, le rude paysan. Caïn devient un Bédouin ; Ésaü est quant à lui un chasseur impénitent.

3. C'est bien ainsi, en effet, qu'il faut traduire « *ich sadé* » (« l'homme des champs », Gn 25, 27) et non, comme on le voit souvent aujourd'hui : « l'homme qui parcourt la steppe » (ce n'est pas le sens de *sadé*).

confrontation avec son frère, une prière en tout point pitoyable, inspirée par la peur (Gn 32, 10 sq.), et, pour finir, dans le but de se soustraire à la vengeance redoutée, fasse usage de la ruse et accepte un avilissement indigne d'un héros de guerre. Le trait caractéristique de leur héros préféré, Joseph, est une vertu farouche, alliée à une émouvante grandeur d'âme à l'égard de ses frères qui veulent le tuer par jalousie et le vendre en esclavage parce que, en rêve, il s'est vu comme leur chef [Gn 37-50]. Les compétences fiscales de Joseph pour l'exploitation de la misère des sujets du Pharaon le qualifient pour être son vizir, ce qui ne l'empêche pas d'encourager sa famille à ne révéler à son maître que des demi-vérités quant à leur métier. L'éthique de pirate et de marchand des mers de l'habile Ulysse et les lamentations souvent sans fin qu'il adresse à sa protectrice Athéna lorsqu'il est confronté à un danger nous paraissent souvent difficilement compatibles avec la dignité d'un héros. Mais les récits que l'on rapporte à son sujet ne sont pas comparables à ceux que nous venons d'énumérer. Ces derniers sont caractéristiques d'une éthique de peuple paria, et on ne saurait sous-estimer l'influence de celle-ci sur la morale extérieure des juifs à l'époque où ils furent dispersés comme un peuple-hôte international ; conjugués à une obéissance religieuse très marquée, ces traits moraux complètent l'image des dispositions intérieures de cette couche sociale, transfigurées par la tradition. Il s'agissait bien là, en l'occurrence, de l'éthique d'une couche d'éleveurs de petit bétail qui faisaient figure de métèques sans pouvoir au milieu de citoyens en droit de porter les armes.

L'analyse moderne, qui a mis toujours davantage l'accent sur le rôle spécifique de cette couche sociale dans l'histoire religieuse, tend à regarder le caractère pacifiste de ces semi-nomades comme un trait naturel et nécessaire. Mais ce n'était absolument pas le cas [1]. Ce

1. Que l'on ne se méprenne pas sur ce qui suit. Il y a tout lieu, bien entendu, de faire remonter à une époque très ancienne la genèse des récits concernant les différents Patriarches. Beaucoup d'indices sug-

pacifisme fut bien plutôt la conséquence, liée au développement de la sédentarité, de l'éparpillement des éleveurs de petit bétail non armés. Il faisait totalement défaut chaque fois que les éleveurs étaient organisés en groupements politiques puissants. Les Patriarches sont loin d'avoir toujours occupé dans la conscience des Israélites la position qui leur est attribuée dans la version actuelle de la Thora. En tant qu'individus, Abraham et Isaac, en particulier, étaient inconnus de la prophétie ancienne préexilique. Pour Amos, les Patriarches Isaac, Jacob et Joseph étaient des noms de peuples (Am 7, 9-16 ; 3, 13 ; 6, 8 ; 7, 2 ; 5, 6-15). Chez Michée, Abraham apparaît, avec Jacob, pour recevoir les promesses de Yahvé (Mi 7, 20) ; ce n'est que chez Ézéchiel (Ez 33, 24) qu'il est présenté comme le premier propriétaire légitime et populaire des terres de Canaan. Les cercles théologiques de lettrés, le cercle « élohiste », notamment, et l'école deutéronomique, semblent avoir été les premiers à attribuer aux Patriarches l'importance qu'ils ont acquise dans la version actuelle. Par suite, à l'évidence, leur caractère a fortement varié, en lien, justement, avec le déclassement social et la démilitarisation des bergers évoqués plus

---

gèrent qu'ils virent le jour sous le règne des Cheta, dans les steppes situées entre la Syrie et la Mésopotamie, d'une part, et, d'autre part, sous le règne égyptien, dans les steppes du sud de Juda. Il a effectivement existé à toutes les époques des éleveurs placés dans la situation spécifique d'impuissance et de pacifisme que les textes décrivent. Cependant, le point décisif est que le lien entre les Patriarches et les pères fondateurs de l'alliance d'Israël et de Yahvé ne put être établi que tardivement, parce qu'il était tout bonnement incompatible avec les événements supposés avoir marqué l'histoire ancienne – surtout si l'on croit à l'existence d'une « conquête » de Canaan par Israël. Bien des récits des Patriarches reposent sur des présupposés antihistoriques : ainsi, celui où Pharaon fait cadeau d'un chameau à Abraham [Gn 12, 16], puisque le chameau n'était pas encore connu en Égypte à l'époque. Les Patriarches ne purent devenir les pères fondateurs d'Israël tout entier qu'après l'unification du royaume, autrement dit après David. Ce qui semble établi, c'est surtout le caractère à l'origine *local* des légendes des pères, étant donné le rattachement de chacune d'entre elles à un lieu de culte précis.

haut. Dans l'ancien ordre de rang des tribus, qui était fonction de l'ancienneté des pères fondateurs, les premières étaient Ruben, Siméon, Lévi et Juda, autrement dit une série exclusive de tribus essentiellement semi-nomades, mais connues aussi pour être extrêmement belliqueuses et violentes ; les trois premières furent plus tard dispersées, tandis que la tribu de Juda s'organisa en cité-royaume après avoir conquis l'hégémonie par la violence. Ces puissantes tribus d'éleveurs ne partageaient en aucun cas la situation des métèques tolérés. La tradition guerrière les présente comme des seigneurs du pays ; les villes qui dépendaient d'elles étaient considérées comme des cités apparentées placées sous leur protection et étaient astreintes aux liturgies, comme Gabaon, ou avaient l'obligation de leur livrer des soldats, comme Méroz dans le Cantique de Déborah. La légende des Patriarches ne dit pas autre chose : au fur et à mesure que sa richesse s'accroît et que sa clientèle se multiplie, Isaac devient trop puissant pour la ville de Guérar dont il est un métèque (Gn 26, 14-16). Dans la tradition ancienne, Jacob aussi est un héros puissant qui, pendant la nuit, contraint un Dieu à engager avec lui un combat singulier [Gn 32, 23-33]. Il lègue à la tribu la plus en vue les terres qu'il a acquises « avec la flèche et l'arc », selon sa bénédiction à Joseph : il s'agit de Sichem, le futur siège d'Éphraïm. De façon significative, d'après la tradition pacifiste qui a fait l'objet d'une réception plus tardive (Gn 33, 19), Jacob ne se procure pas ces terres par la force mais les achète pacifiquement [1]. Enfin, le chapitre 14 de la Genèse, qui a suscité bien des commentaires [2], présente Abraham comme un héros guerrier qui

1. Il est vrai que la tradition juive tardive (Jean 4, 5) situe dans un village proche de Samarie la « fontaine de Jacob » mentionnée en Gn 48, 22. La version actuelle de la tradition, en tout cas, ne dit mot d'éventuelles réquisitions de terres par Jacob. En d'autres termes, ce trait a été gommé.

2. Ce chapitre très tardif dans sa version actuelle fait la synthèse de réminiscences anciennes pour construire une fable historique. Il me semble cependant tout à fait invraisemblable qu'on ait affaire là, ni plus

part en campagne avec une clientèle de plusieurs centaines d'hommes et qui combat victorieusement l'alliance des rois de Mésopotamie, Hammourabi compris, pour récupérer le butin acquis par ces derniers aux dépens des rois des villes cananéennes. L'opposition entre le sens de l'honneur du guerrier et le pacifisme utilitariste du berger ressort très nettement dans l'antagonisme de vues entre le patriarche pacifique Jacob d'un côté, et ses fils guerriers Siméon et Lévi, de l'autre, au sujet du viol de Dina par Sichem (Gn 34, 30-31). À l'évidence, ce n'est qu'à l'époque tardive que les tendances si différentes dont ces fragments portent la trace furent entièrement éliminées pour laisser la place à un pacifisme accordé à la situation du moment [1]. La tradition pacifiste élaborée ou reçue dans un tel contexte fut la première à regarder Jacob comme pieux parce qu'il ne quittait plus ses tentes, tout comme Abel, le bon berger pacifique, tandis que son meurtrier Caïn était identifié, d'une part, aux paysans sédentaires violents dont Dieu méprisait les sacrifices sans viande, d'autre part, aux Bédouins condamnés à l'errance, et, enfin, aux bâtisseurs de villes : trois adversaires typiques des éleveurs de petit bétail, désormais privés de pouvoir et pris en tenailles entre les précédents [2].

---

ni moins, à un roman d'État fabriqué à Babylone à des fins hautement politiques de type légitimiste (comme l'affirme Peter Asmussen, « Gen 14, ein politisches Flugblatt », *Zeitschrift für die Alttestamentliche Wissenschaft*, 34, 1914). Les Israélites de l'époque de l'exil ne pouvaient certainement pas se livrer à des recherches sur les archives pour statuer sur la forme des noms des rois élamites. La forme du nom Kudur (Kédor) Laomer est authentique.

1. Sur les Patriarches et la question de l'immigration, voir aussi Hermann Weinheimer, « Die Einwanderung der Hebräer und der Israeliten in Kanaan », *Zeitschrift der Deutschen Morgenländischen Gesellschaft*, 66, 1912, p. 365-388. (Toutes les hypothèses de cet article ne me semblent pas acceptables mais ce qui est dit au sujet de la hiérarchie des trois Patriarches, depuis le « nomade » Abraham jusqu'au « paysan » Jacob, me paraît remarquable.)

2. Bernhard Luther (« Die Personalität des Yahvisten », in : Eduard Meyer, *Die Israeliten und ihre Nachbarstämme*, *op. cit.*, p. 105-173) formule l'hypothèse que, dans le but de se conformer à ce que Karl Budde

Cependant, ces deux groupes, les paysans et les bergers, s'opposaient les uns comme les autres au patriciat urbain et aux Bédouins ; c'est ainsi qu'une communauté d'intérêts se noua entre eux face à ces deux populations. Les tablettes d'Amarna, ou encore le Cantique de Déborah, la Bénédiction adressée par Jacob à Éphraïm et la tradition relative à Gédéon, Jephté et Samuel, reflètent chacun à leur façon cette configuration d'intérêts et les conséquences politiques de cette situation étaient encore visibles à l'époque des deux premiers rois.

Il subsistait de fortes différences dans la composition sociale des tribus. Acher et Dan semblent avoir été les premières à s'établir dans des villes, tandis que Éphraïm, Issachar, Zabulon et Nephtali furent sans doute les tribus comprenant la plus forte proportion de paysans sédentaires à proprement parler. Par suite, elles étaient surtout menacées dans leur indépendance économique et politique par le patriciat des villes phéniciennes, philistines et cananéennes ; Issachar s'avoua rapidement vaincue. Les tribus d'éleveurs de Jordanie orientale, en revanche, étaient surtout menacées par les attaques des Bédouins du désert, des Madianites et des Amalécites, dont les offensives les contraignaient à se cacher dans des grottes, comme ce fut le cas à l'époque de Gédéon [Jg 6, 2]. Parmi les tribus de Jordanie orientale, ce fut surtout Éphraïm qui eut un temps à souffrir sous les coups de ces

---

appelle « l'idéal nomade » de l'époque prophétique, le Yahviste a été le premier à transformer intentionnellement en semi-nomades les Patriarches dépeints à l'origine comme des paysans sédentaires. En soi, il n'est certainement pas exclu qu'une telle modification ait été opérée. Cependant, elle est invraisemblable dans la mesure où beaucoup de traits caractéristiques des récits, à commencer par leur éthique, furent manifestement développés par des bergers encore très ingénus. Les méthodes de culture d'Isaac à Guérar sont dépeintes comme « nomadisantes ». Une donnée souvent évoquée, la mention des noms des Patriarches Abraham et Joseph dans des inscriptions égyptiennes, semble quelque peu douteuse : voir Max Müller, *Die Palästinaliste Thutmosis III. Mitteilungen der Vorderasiatischen Gesellschaft*, 12/1, 1907, p. 11 et 23.

« archers » [Gn 49, 23-24]. Les guerres menées par Saül pour la conscription des paysans furent pour la moitié d'entre elles dirigées contre les Bédouins amalécites [1 S 13, 2 ; 14, 47-48]. Ce n'est qu'avec le règne de David et la soumission d'Édom [2 S 8, 13-14], qui permit à David de s'assurer la mainmise sur la route caravanière conduisant à la mer Rouge, que la suprématie des sédentaires sur les tribus du désert put être établie pour longtemps. De façon générale, le patriciat des villes, les paysans et les bergers avaient tous intérêt à cette pacification du désert. Pourtant, les conflits d'intérêts étaient souvent vifs. Entre les paysans et les éleveurs, en premier lieu. Des querelles violentes opposèrent les tribus d'éleveurs israélites situées à l'est du Jourdain et les Éphraïmites. La tradition relate notamment une guerre d'Éphraïm contre Gédéon, qui remporta la victoire (Jg 8, 1 sq.), et signale qu'un compromis fut trouvé pour mettre un terme à ces conflits [Gn 48]. La diffusion vers l'est, au-delà du Jourdain, de branches nouvelles des tribus Makhir et Manassé, la lutte pour l'hégémonie qui opposa Éphraïm à Galaad, d'abord, puis à Manassé, comme le relate la légende de la bénédiction accordée par Jacob à Éphraïm et à Manassé et, de même, la diffusion du « jeune frère » de la tribu de Benjamin en direction du sud, puis le combat d'Éphraïm contre la tribu de voleurs de Benjamin, évoqué dans la légende ultérieure, sont à mettre en relation avec la progression des agriculteurs dans les parties les plus facilement cultivables des montagnes habitées par les éleveurs et, d'autre part, avec les représailles et les razzias menées par les tribus d'éleveurs dans les territoires investis par les paysans. Les combats de Juda contre Benjamin et, de même, longtemps auparavant, déjà, l'extension de la tribu de Juda dans des territoires précédemment occupés par Benjamin et Dan représentaient des avancées de cette tribu d'éleveurs nouvellement apparue aux dépens des tribus israélites anciennes du Nord. Toute la tradition israélite ancienne porte témoignage de cette opposition entre paysans et éleveurs.

L'attitude politique des tribus vis-à-vis de l'extérieur en portait également la marque.

L'ennemi commun contre lequel les paysans déjà sédentaires, en particulier ceux des montagnes, et les bergers semi-nomades, du moins en Jordanie occidentale, avaient à se défendre, était le patriciat armé des villes, des plaines fertiles et de la côte. Les patriciens établis en ville guerroyaient pour obtenir des esclaves, hommes et femmes, des corvées et des impôts, notamment, d'après le Cantique de Déborah, de belles étoffes tissées à la main. Mais aussi, on l'a vu, pour s'assurer le contrôle des routes caravanières. Les paysans libres et les bergers des montagnes voulaient eux aussi s'octroyer la maîtrise de ces voies de circulation et des profits qu'elles engendraient, mais ils cherchaient également à défendre, vis-à-vis du patriciat des villes, leur exemption de corvées et d'impôts ; lorsque c'était possible, ils tentaient de s'emparer des villes, soit pour les détruire, soit pour en devenir les seigneurs. Pour autant que de telles comparaisons puissent avoir un sens, ce conflit n'est pas sans rappeler les combats contre Zurich des vieux cantons suisses établis sur la route du Gothard, les luttes des Samnites contre Rome, ou encore celles des Étoliens contre les alliances de cités grecques et les rois de Macédoine. On peut dire sans grand risque d'erreur qu'il s'agissait là de la lutte du peuple des montagnes contre la plaine. Cet antagonisme lié aux conditions naturelles ne prit fin qu'à l'époque du Royaume de Juda. Auparavant, il traversa toute l'histoire de la Palestine, aussi loin que remontent nos sources. Dès l'époque d'Amarna, les ennemis, les Sa Gaz et Ḥabiru, menaçaient de « descendre des montagnes » pour attaquer les villes des plaines. Au cours des luttes pour la possession de Canaan, telles que les relate la tradition, les villes dotées de chars métalliques demeuraient imprenables pour les Israélites. Tous les héros israélites de l'époque dite des Juges appartenaient à des clans établis dans les campagnes, qui chevauchaient non des chevaux mais des ânes, les montures des altitudes, et dont la richesse et la puissance, nous l'avons vu, étaient mesurées d'après le nombre de représentants du clan montés sur des ânes. La résidence de Saül était encore un village situé dans une vallée et Joab, le chef des armées de David, ne savait que faire des chevaux qu'il capturait et les laissait s'entraver dans leurs rênes [2 S 8, 4]. Cependant, le degré d'hostilité envers les villes n'était pas le même chez les paysans et chez les éleveurs. Ceux qui avaient le plus intérêt à la lutte contre le patriciat des villes étaient les paysans sédentaires, les plus exposés à l'esclavage des corvées. La guerre de Déborah fut d'abord, dans son déroulement, une guerre de paysans. Le peuple des montagnes, qui ne suivait pas d'entraînement et était contraint d'aller à pied, recevait les plus grands éloges dans le Cantique parce que ses soldats avaient combattu et vaincu comme des chevaliers (*giborim*). Restèrent à l'écart de cette guerre, d'une part, les tribus de l'est du Jourdain, Ruben et Giléad, qui étaient des tribus d'éleveurs et non de paysans et n'avaient pas intérêt à ce conflit, et, d'autre part, Meroz, la ville de l'Alliance [Jg 5, 23], mais surtout, de façon caractéristique, la tribu Acher, qui s'était très tôt établie dans des villes côtières, ainsi que la tribu de Dan, elle aussi établie dans des villes, en territoire sidonite. Les paysans de l'Israël du Nord et les bergers des montagnes de Juda, eux aussi, ne décidèrent que tardivement de faire cause commune contre les Philistins [2 S 5, 1-3] ; à l'origine, les seconds étaient restés très à l'écart du combat et loyaux envers ces derniers. Par suite, à la chevalerie des Philistins, la tradition oppose, en la personne de Saül, le paysan benjaminite qui abandonne la charrue pour devenir roi, et, seulement dans un deuxième temps, le favori des textes, David, le berger de Juda, armé de sa seule fronde ; l'un et l'autre sont les représentants typiques des deux catégories d'Israélites [1 S 17 ; 2 S 21, 15-17]. En réalité, David était, à l'origine, le chef d'une suite d'hommes établis dans les montagnes, un catilinaire parmi tant d'autres, et le vassal des Philistins dont il ne secoua le joug que lorsqu'il devint le prince de la cité de Jérusalem : le combat de l'un de ses guerriers héroïques contre Goliath n'intervint qu'une fois que David était déjà roi.

La création d'une monarchie militaire unifiée et la mise en place d'une conscription de chevaliers pratiquant le combat de chars décidèrent ensuite du sort de l'armée des paysans libres et des bergers d'Israël. Le pouvoir benjaminite demeura essentiellement l'hégémonie d'une tribu rurale, bien que, d'après la tradition, Saül se fût constitué une suite personnelle pour une part composée d'étrangers à la tribu. Cependant, pour Saül, l'animal caractéristique était encore l'âne. Les vieilles régions paysannes de l'Israël du Nord ne cessaient de se soulever contre la royauté urbaine de David [2 S 20, 1-22]. Sous Salomon, ensuite, la puissance guerrière royale s'équipa de chevaux et de chars qu'elle faisait venir d'Égypte, pays auquel Salomon était allié par son mariage (à supposer que cette version du texte ne soit pas corrompue [1 R 10, 28-29]). Immédiatement, une opposition se manifesta – nous reviendrons en détail sur ce point – et, jusqu'à l'époque des rabbins, les jugements portés sur Salomon furent extrêmement ambivalents. Après sa mort, les tribus qui n'étaient pas encore urbanisées se soulevèrent contre la royauté citadine, avant d'en venir elles aussi, après un petit nombre de générations, avec la fondation de Chomrom (Samarie), à constituer une autre royauté citadine menacée de façon répétée par des usurpateurs venus des campagnes. Cette cité-royaume posséda, sous la dynastie des Omrides, de nombreux chars de guerre, mentionnés dans la tradition et dans les inscriptions assyriennes. Dès lors, les formations sociales qui avaient jusque-là cohabité, tribus d'éleveurs, tribus de paysans, villes, se fondirent en une seule, la capitale ; les clans de seigneurs qui y résidaient donnaient le ton en matière de politique. À l'époque antérieure à Salomon, en revanche, le noyau proprement dit de l'ancienne Alliance était constitué par les paysans des montagnes toujours plus nombreux, d'un côté, et, de l'autre, par les éleveurs des régions de steppes, dont l'importance relative décrut lentement, et auxquels s'ajoutèrent, çà et là, quelques bourgades dotées d'un marché, quelques localités rurales situées dans les vallées des fleuves de montagne et le long des routes des cols et, enfin, de façon progressivement plus affirmée mais seulement dans un deuxième temps, de puissantes villes fortifiées. L'apport du vaste territoire de Juda sous David entraîna certainement un fort accroissement du nombre des éleveurs, d'une part, et de la population urbaine, d'autre part. D'un point de vue politique et social, cette évolution profita surtout au patriciat, qui s'assura dès lors la suprématie. Pourtant, au sein des couches plébéiennes, la vieille opposition intérieure entre les paysans sédentaires, prédominants dans le Nord, et les éleveurs de petit bétail, majoritaires dans le Sud, n'avait pas disparu ; elle ne fut pas sans conséquences, nous le verrons, pour l'évolution religieuse. De plus en plus, cependant, l'ancienne organisation d'Israël en clans de bergers et de propriétaires fonciers paysans en droit de porter les armes, d'une part, et, d'autre part, en clans-hôtes de « parents » placés sous leur protection, artisans, journaliers et musiciens, fit place à une tout autre configuration : d'un côté, le patriciat des seigneurs fonciers urbains, porteurs de l'éducation chelaveresque des guerriers et, de l'autre, les Israélites endettés ou ayant perdu toutes leurs terres, autrement dit prolétarisés, et les métèques convertis au culte de Yahvé, qui formaient dorénavant – c'était là, classiquement, un point de vue de prêtres – une couche unifiée de « pauvres », par opposition au patriciat. Ce n'était pas une couche unifiée d'un point de vue social ou économique ; elle regroupait tous ceux qui n'appartenaient pas aux clans *en droit de porter les armes.*

Cette composition sociale des Israélites, très complexe, et de surcroît très changeante, mais qui évolua progressivement vers un contrôle des campagnes par le patriciat des villes, trouve une illustration particulière dans les *recueils juridiques* de l'époque préexilique qui ont été conservés.

Davantage que dans la spécificité formelle et le contenu des recueils, c'est à travers certains symptômes et un certain « esprit » que le contexte social est suggéré : des prises de position typiques au sujet des antagonismes sociaux. Ces recueils attestent qu'un facteur exerça une influence déterminante : la Palestine fut d'emblée un pays d'échanges commerciaux actifs, à l'implantation urbaine relativement forte, et très exposé à l'influence des pays de haute culture dont le développement économique était déjà ancien. L'opposition entre les paysans endettés et créanciers des villes fut à l'œuvre dès les premiers temps. Elle ressort déjà dans le recueil ancien, de date inconnue mais certainement antérieur à l'époque de la première royauté, connu sous le nom de « Livre de l'Alliance » (Ex 21, 1 ; 22, 21) – un exposé systématique de nature avant tout juridique, assorti d'annexes à caractère plutôt parénétique, relatives aux usages du commerce [1]. Tout comme les autres textes juridiques conservés, il ne recelait guère d'indications sur le droit des Bédouins. Il n'y était question ni du droit des puits, ni de celui des chameaux, ni de celui des dattiers. Dans le Livre de l'Alliance (Ex 21, 33), les citernes étaient évoquées, mais seulement parce que les bêtes pouvaient y tomber par mégarde. Pourtant, le droit du Livre de l'Alliance n'était pas non plus un droit de semi-nomades ni même de populations se consacrant prioritairement à l'élevage. Il y était souvent question du bétail, un des principaux biens de fortune transmissibles ; mais avant tout des bovins ; les ovins n'étaient évoqués que de manière marginale. Le bœuf qui donnait des coups de corne était tenu pour personnellement responsable de cet

1. À ce sujet, on peut lire le fameux texte de Bruno Baentsch sur le Livre de l'Alliance (*Das Bundesbuch Ex. XX, 22-XXIII, 33. Seine ursprüngliche Gestalt, sein Verhältnis zu den es umgebenden Quellenschriften und seine Stellung in der alttestamentlichen Gesetzgebung,* Halle, 1892) et l'exposé accessible à tout un chacun d'Adalbert Merx dans les *Religionsgeschichtliche Volksbücher* (*Die Bücher Moses und Josua : Eine Einführung für Laien,* Tübingen, 1907).

acte et devait être lapidé [1] : on peut certainement voir dans cette disposition un trait archaïque. À l'évidence, cependant, les bêtes en question étaient la propriété de paysans ; l'objectif était aussi de protéger ces derniers des dommages causés par le bétail d'autrui. Les dégâts causés par celui-ci sur les champs cultivés et dans les vignobles faisaient l'objet d'une réglementation (Ex 22, 5), mais les propriétaires des bêtes incriminées étaient des propriétaires terriens sédentaires et non des semi-nomades. Il n'était pas question de chevaux. Le cheptel était composé de bovins et d'ovins. Le droit se préoccupait presque exclusivement des intérêts des cultivateurs sédentaires des villages et des villes. On trouvait des dispositions relatives aux violations de domicile (Ex 22, 7) et à la responsabilité du maître de maison à l'égard de son locataire (Ex 22, 8). Y compris d'un point de vue formel, ce droit était loin d'être rudimentaire. En effet, le principe du talion, qui prévalait aussi à Babylone et n'était en soi aucunement archaïque, n'était applicable, d'après le Livre de l'Alliance (Ex 21, 22 sq.) [2], qu'aux violences infligées dans une rixe publique, et non, comme on l'affirme souvent par erreur, aux autres blessures physiques, ni aux crimes en général. La vengeance du sang existait déjà, mais elle était assortie d'un système relativement développé de *wergeld* et de pénitences, et se combinait pour une part aussi avec un droit criminel proprement dit, qui distinguait meurtre et coups mortels, avec et sans préméditation. De la même façon, le partage des risques était régi par des dispositions relativement rationnelles. Le droit avait ainsi atteint un stade manifestement beaucoup plus avancé que celui de la loi salique, par exemple. Cette culture était très fortement influencée par Babylone et le droit lui-même s'en ressentait de manière perceptible : le fait n'est pas seulement attesté par

1. On trouve des vestiges d'une conception analogue dans l'*actio de paupere* de la Rome antique.
2. On peut observer des variantes et des écarts caractéristiques dans les recueils juridiques plus tardifs.

les parallèles douteux que l'on peut établir avec le Code d'Hammourabi [1], mais surtout par le développement, dans les deux cas, d'une économie monétaire [2]. À côté du prêt en nature (Ex 22, 14) et de la *commenda* de bétail (Ex 22, 10), existaient le prêt d'argent (Ex 22, 25) et le dépôt d'argent (Ex 22, 7). Le *wergeld* et les pénitences étaient acquittés en argent. Étaient repertoriés les gages, le commerce d'esclaves, en particulier la vente de ses propres enfants (Ex 21, 1 sq.) et sans nul doute aussi de sa propre personne dans les cas d'esclavage pour dettes [3]. L'ordonnance relative aux fêtes (Ex 23, 14 sq.) ajoutée en annexe aux dispositions juridiques proprement dites, qui relevait de la parénèse, était typique d'un peuple de cultivateurs sédentaires. Il n'y était aucunement fait mention de la grande fête des éleveurs de moutons, Pessah, qui fit par la suite l'objet d'une réception universelle, mais seulement de la fête des pains azymes plus tard rattachée à Pessah : en d'autres termes, une fête paysanne. Les autres fêtes étaient également associées au travail des champs et aux récoltes.

---

1. La formulation de la loi du talion (Hammourabi, § 196), les dispositions à prendre lorsqu'une femme enceinte est mise en danger (§ 210), mais surtout le traitement réservé aux bœufs qui donnent des coups de corne sont si semblables dans le Code d'Hammourabi qu'il ne peut s'agir d'un hasard. (Le sort accordé à la concubine choisie pour l'époux par l'épouse sans enfant [§ 145] est le même que dans l'histoire d'Hagar.)

2. Il faut cependant rectifier une idée de Baentsch : dans le Livre de l'Alliance, il n'est pas question de monnaie frappée. À l'évidence, l'argent était pesé. Mais il n'y avait là rien de primitif (contrairement à ce qu'affirme Otto Procksch, dans *Das nordhebräische Sagenbuch* : *Die Elohimquelle,* Leipzig, 1906, p. 229) : outre le fait que la cité de commerce qu'était la Rome antique concluait déjà des contrats commerciaux avec l'outremer longtemps avant de frapper elle-même monnaie, il faut rappeler que, par exemple, une ville commerçante comme Carthage n'admit la monnaie qu'à partir du moment où elle adopta une armée de mercenaires recrutés à l'étranger. Toute l'expansion commerciale des Phéniciens s'opéra en l'absence de monnaie.

3. C'est à ce dernier cas de figure que se réfère le passage Ex 21, 1 sq. : sinon, la règle aurait pu être contournée par une revente de l'esclave.

Le droit des procès, des esclaves et des métèques, quant à lui, était particulièrement caractéristique de l'« esprit » du recueil. Ces parties du code juridique et de ses annexes parénétiques peuvent être comparées avec les lois édictées, sur les mêmes questions, par les aisymnètes grecs et les décemvirs romains pour tempérer les luttes entre le patriciat et la plèbe, mais aussi avec les dispositions adoptées par les souverains mésopotamiens, qui, sous l'influence des prêtres, menaient une politique d'assistance. C'est dans la parénèse que les réglementations étaient les plus strictes. Il était interdit d'accepter des cadeaux (Ex 23, 8) et il ne fallait léser ni les droits du pauvre (*evyon*) au profit de l'homme important (Ex 23, 6) ni le droit en vigueur pour satisfaire les désirs de la foule – ce point était stipulé dès le début (Ex 23, 2). Selon toute apparence, cette dernière disposition présupposait que la plèbe en question (*rabbim*) était composée d'hommes pleinement libres, même s'ils ne détenaient pas de charges publiques. Il ne fallait pas exploiter le métèque (*ger,* Ex 22, 20) ni le traiter injustement (dans les procès, Ex 23, 9). Le sabbat, qui n'aurait pas eu de sens économique pertinent pour de purs éleveurs, était explicitement justifié comme un jour de repos pour les bêtes de trait, les esclaves (« les fils de la servante [1] ») et les métèques (Ex 23, 12). Ces métèques, en l'occurrence, étaient sans doute des colons extérieurs au groupement local, qui travaillaient les champs. Il était déjà question de l'année de sabbat : soit elle était entendue dans son acception actuelle et il s'agissait alors d'une interpolation, soit le terme n'avait pas le sens qu'il acquit par la suite [2]. Cependant, le droit le plus radical était celui des

1. Sur le plan juridique, la formulation est très correcte : le droit est régi du point de vue matrilinéaire.

2. Dans leur acception actuelle, les dispositions relatives à l'année de sabbat, à la différence de celles qui concernent le jour du sabbat, évoquent en termes beaucoup plus abstraits les pauvres de la tribu (dans les sources anciennes, *evyoné'am* : *'am* est l'expression désignant le groupe des hommes aptes à porter les armes [Nb 20, 20 ; 21, 33 ; Jg 5, 14]) auxquels les fruits poussés librement devaient être concédés. Ce

dettes et des esclaves, le second étant immédiatement lié au premier. En effet, l'esclave était avant tout assimilé à l'esclave pour dettes, qu'il se soit vendu lui-même ou qu'il l'ait été par ses parents en proie à la misère (en latin : *in mancipium dare*). Il est vrai que les restrictions imposées à la mise en gage dans la parénèse (interdit de mettre en gage ses vêtements : Ex 22, 26) étaient moins rigoureuses dans le recueil israélite que dans le Code d'Hammourabi (interdit de mettre en gage les bêtes de trait). En revanche, la disposition très lourde de conséquences qui, dans la parénèse, interdisait d'appauvrir un compagnon pauvre de la même tribu en lui prêtant de l'argent à intérêt (*nechekh*) (Ex 22, 24) – elle fut à l'origine, dans le judaïsme, de la distinction entre morale interne et morale externe – était tout à fait étrangère au droit babylonien. Elle trouvait sa source dans l'ancienne éthique de la fraternité du groupement de voisinage, qui imposait l'obligation d'assistance sans intérêt. Étant donné le caractère imprécis et très général de la formulation, il est exclu que cette prescription ait été inspirée par le contexte pratique de la vie juridique. C'était un commandement religieux, qui, dans la partie parénétique, venait compléter des dispositions juridiques placées à la tête de tout le recueil, et particulièrement importantes pour l'orientation de ce dernier. En l'occurrence (Ex 21, 2 sq.) : 1) un esclave hébraïque, un esclave pour dettes, donc, devait être affranchi après six ans de service, à moins qu'il n'ait pris femme dans la domesticité du maître et, de son plein gré, fait le vœu de rester durablement asservi à ce dernier afin de conserver son épouse, ce qui devait alors être attesté par une cérémonie religieuse (perçage de l'oreille devant l'idole domestique). De plus : 2) une esclave pour dettes hébraïque était libérée si son maître ne la prenait pas pour femme et ne la donnait pas non plus pour épouse

caractère abstrait suggère que l'on a affaire à une construction théologique tardive, tout comme l'affirmation doctrinaire selon laquelle, le cas échéant, les fruits sont censés être mangés par des bêtes sauvages.

à son fils ou si son maître la désavantageait, en matière de nourriture, de vêtement ou de commerce sexuel, par rapport à des femmes épousées ultérieurement. Ces prescriptions tout à fait précises étaient, à n'en pas douter, issues du droit pratique ancien. La première disposition mentionnée figurait également dans le Code d'Hammourabi, qui prévoyait même un délai plus court (trois ans) pour le cas où un esclave ne s'était pas vendu lui-même mais avait été vendu par son époux, dans le cas d'une épouse, ou par un père de famille endetté, dans le cas des enfants. Le droit israélite ignorait absolument la vente de l'épouse. Par rapport au droit babylonien, il incluait des dispositions supplémentaires destinées à protéger la personne de l'esclave : les blessures physiques graves occasionnées par le maître justifiaient une demande d'affranchissement (Ex 21, 26-27), l'assassinat faisait encourir une peine criminelle en cas de décès immédiat (Ex 21, 20) ; dans les autres cas, le principe qui prévalait était que le maître n'avait porté atteinte qu'à son propre capital productif et que l'esclave était privé de droits (Ex 21, 21). Dans le Code d'Hammourabi (§ 116), des dispositions étaient prévues pour éviter que le créancier ne fît mourir l'esclave pour dettes – entendu ici, encore une fois, comme le fils ou l'esclave du débiteur – en le soumettant à des privations ou à de mauvais traitements.

Au final, ce recueil juridique porte la marque d'un contexte économique il est vrai beaucoup plus étroit et indigent, dans le cadre de ses petites villes, que celui de la législation de la Babylone ancienne, mais qui n'en différait cependant pas sur le fond. Certes, l'un et l'autre s'opposent sur des points importants. Le berger du code babylonien est au service du roi ou de grands propriétaires de troupeaux (comme Jacob dans la légende de Laban [Gn 29-30]), tandis que celui du Livre de l'Alliance est un paysan. La propriété individuelle des terres est présupposée comme allant de soi (Ex 22, 4) ; pour le reste, au demeurant, aucune indication n'est fournie quant au droit des terres. À Babylone, de façon générale, le paysan est colon, esclave pour dettes, esclave, métayer, et surtout, souvent, fermier d'un grand propriétaire terrien résidant en ville. En Palestine, on trouvait aussi des colons. Mais la loi ne s'intéressait pas à eux : c'étaient des *gérim*. Le propriétaire terrien du Livre de l'Alliance, en revanche, est un agriculteur ou un cultivateur de moyenne importance qui, au lieu de les confier à des intendants comme le fait très souvent le propriétaire foncier babylonien, administre ses terres personnellement avec l'aide de quelques serviteurs, servantes et, le cas échéant, esclaves pour dettes ou colons dépourvus de droits politiques. À la différence de Babylone, il n'est pas question non plus de grands marchands ni de grands financiers pourvoyeurs de fonds. Les marchands étaient certainement regardés soit comme des étrangers, soit comme des métèques ; le texte juridique ne les mentionne pas. Sur le fond, la principale différence entre l'époque du Livre de l'Alliance et celle du Cantique de Déborah était la suivante : les paysans libres étaient devenus des plébéiens, avec le développement d'un patriciat d'assise urbaine. À l'évidence, ce furent justement les antagonismes ainsi éveillés qui suscitèrent le besoin de mettre en place une nouvelle codification. La situation des tribus de Jordanie orientale et celle des tribus du Sud qui, à l'époque du recueil, n'étaient peut-être pas encore dénombrées parmi les tribus d'Israël, n'étaient aucunement prises en considération. Il est tout à fait possible que ces textes juridiques aient vu le jour en terre éphraïmite, à Sichem par exemple. Le recours à l'expression « *nasi* » pour désigner le prince qu'il était interdit de maudire (Ex 22, 27) – le seul élément de parénèse politique – s'accorderait justement à une telle origine, tout comme l'usage du terme « *Élohim* » pour désigner la divinité ; le contexte général, quant à lui, renvoie à peu près à l'époque des débuts de la royauté.

La version révisée du Livre de l'Alliance qui a été reprise dans le « manuel » *deutéronomique*, en particulier Dt 12-26, et qui date du temps où le Royaume de Juda était en réalité déjà quasiment confondu avec la *polis* de Jérusalem et les petites villes et villages politiquement placés sous sa dépendance, présuppose des transformations non négligeables. Nous laisserons ici de côté la question de savoir si ce recueil composé d'au moins deux sections différentes (Dt 12-19 et 20-25) faisait partie, d'emblée, du « *sepher ha-tora* » [2 R 22-23] prétendument mosaïque « découvert » par les prêtres sous Josias (en 621), qui, à la demande de ces derniers, fut imposé par le roi comme ayant force de loi [1]. Reprise et réinterprétation du droit pratique existant, didactisme théologique et utopisme moral se mêlent dans ces recueils juridiques, comme dans la plupart de ceux qui ont été conservés. Néanmoins, la relation avec la réalité du monde environnant est plus sensible dans ce droit vivant que dans les recueils juridiques plus tardifs, composés à l'époque de l'cxil comme de pures œuvres de prêtres. Dans les deux cas, la possession de bétail (bœufs et moutons) jouait un rôle décisif, tandis que ni les chameaux ni les chevaux – n'entraient en considération que les chevaux de guerre du roi – n'étaient mentionnés comme objets d'échanges privés. La richesse était, il est vrai, en tout premier lieu l'abondance de céréales, de vin doux, d'huile, de figues, de grenades, de miel, de bétail (Dt 7, 13 ; 8, 8), mais aussi d'argent et d'or (Dt 8, 13). L'exploitation des mines était présentée comme l'une des richesses du pays (Dt 8, 9). Dans les montagnes de Juda, les puits avaient certes beaucoup d'importance (Dt 6, 11), mais la différence

1. Sur ce point, parmi les études récentes, voir notamment celle de A. F. Puukko, *Das Deuteronomium. Eine literarkritische Untersuchung,* Leipzig, 1910, qui proposait justement d'exclure ces parties. Pour une partie de ces dispositions juridiques, en l'occurrence les passages relatifs au droit royal, très caractéristiques, l'hypothèse me paraît parfaitement invraisemblable, pour des raisons politiques (voir plus loin) ; d'autres parties du texte appartenaient très probablement, selon moi, au *sepher ha-tora* de Josias. Wellhausen (*Die Komposition des Hexateuchs und der historischen Bücher des Alten Testaments*, Berlin, 1899, p. 189 sq.) regardait précisément les chapitres 12 à 26 comme le premier état du Deutéronome.

majeure par rapport à l'Égypte, qui n'était pas sans répercussions sur les rapports avec Dieu, était, que, dans ce dernier pays, on devait ensemencer puis arroser la terre « comme un potager » (Dt 11, 10), alors que, dans les montagnes et prairies de Palestine, c'est la pluie envoyée par Dieu qui donnait les récoltes (Dt 11, 11). La malédiction lancée contre ceux qui ne respectaient pas les limites des champs traduisait la place de plus en plus grande accordée à la propriété foncière (Dt 27, 11 ; voir aussi Dt 19, 14). Le déclin de l'autorité patriarcale du père de famille, mais aussi de la cohésion et de la responsabilité solidaire des clans vis-à-vis de l'extérieur se reflétait, d'une part, dans l'interdit de toucher à la part d'héritage privilégiée du fils aîné (Dt 21, 16) et, d'autre part, dans l'abolition de la responsabilité pénale mutuelle des membres de la famille (Dt 24, 16). Sur ce point, ces textes juridiques étaient relativement modernes ; selon une certaine tradition (sans doute deutéronomique), les règles qu'ils énonçaient étaient déjà en usage sous le règne d'Amatsia (2 R 14, 5). La vengeance par le sang ne disparut pas (Dt 19, 6) mais le droit des procès, y compris le droit des preuves, connut une rationalisation relativement forte, avec, notamment, l'introduction de l'obligation de double témoignage [Dt 19, 15] (dont il reste encore des traces dans le déroulement canonique de nos procès criminels).

Le commandement éthique de fraternité, dont il était question à plusieurs reprises dans des passages plutôt généraux (souvent les plus suspects d'avoir été interpolés) du Livre de l'Alliance et des annexes parénétiques, fut développé et trouva son prolongement dans des dispositifs poussés de protection sociale à l'usage des veuves, des orphelins, des esclaves, des ouvriers, des métèques, des malades ; nous reviendrons plus loin sur ce point, dans un autre contexte. La malédiction prononcée à l'encontre des juges qui acceptaient des cadeaux (Dt 27, 25), les infractions au droit des personnes protégées qui viennent d'être énumérées (Dt 27, 19) et l'interdiction de les soumettre à une quelconque forme d'oppression (Dt 24, 17) s'ajoutaient à la malédiction lancée contre ceux qui guidaient les aveugles dans une mauvaise direction (Dt 27, 18) et à la reprise du commandement ancien imposant de restituer à son prochain les bêtes qu'il avait perdues (Dt 22, 1-3). Il était interdit de prêter sur gages aux veuves (Dt 24, 17) et, dans bien des cas, aux pauvres (Dt 24, 10-12). On ne devait pas porter atteinte à l'esclave (Dt 23, 17) et – une disposition qui allait très loin – il était interdit de renvoyer chez son maître l'ouvrier que celui-ci avait abandonné (Dt 23, 16). Le salaire de l'ouvrier, y compris de l'ouvrier métèque, devait être versé le jour même [Dt 24, 14-15]. Toutes ces mesures attestaient l'importance croissante des journaliers libres. Le sabbat était toujours considéré comme un jour de repos (Dt 5, 14), dans l'intérêt des paysans eux-mêmes. Il y aurait toujours des pauvres dans le peuple, était-il dit (Dt 15, 11). Mais, en vérité, il ne devait pas y avoir de mendiants israélites (Dt 15, 4). C'est sur de tels principes que se fondaient les dispositifs sociaux, presque tous caractérisés par un degré de précision relativement faible, et par conséquent issus de la parénèse religieuse et non du droit en vigueur.

On l'a vu plus haut, le recueil ne disait mot de l'année de jachère pour les champs cultivés : c'est là une preuve qui parle très nettement en faveur de l'hypothèse d'une interpolation tardive dans le Livre de l'Alliance, fondement du Deutéronome. En revanche, il était interdit, dans l'intérêt des veuves, orphelins et métèques, de faire une deuxième récolte dans les champs, les vignobles et les plantations d'oliviers (Dt 24, 19 sq.). Ceux qui avaient faim avaient le droit de manger les fruits des champs et des vignobles d'autrui (Dt 23, 25-26). Ces deux dispositions étaient les vestiges d'un ancien droit de voisinage régissant les rapports entre seigneurs fonciers et corvéables ; elles reflétaient peut-être aussi les relations habituelles entre paysans sédentarisés et éleveurs de petit bétail non sédentarisés.

Ce qui précède atteste déjà que ce droit social était avant tout un droit des prêts sur gages et des dettes, de façon bien plus tranchée encore que dans le Livre de l'Alliance. À la place de l'année de jachère prévue pour les champs cultivés, le Deutéronome présentait un droit des dettes d'une radicalité encore inconnue du précédent. Par-delà la limite temporelle de six ans imposée à l'esclavage pour dettes des débiteurs israélites, déjà fixée dans le Livre de l'Alliance et renforcée à maintes reprises (Dt 15, 12), il stipulait l'obligation de livrer à l'esclave pour dettes, au moment de sa libération, un pourboire en nature, parce que son travail avait rapporté de la « plus-value ». Mais aussi, et surtout, la remise de toutes les dettes des compatriotes – par opposition aux étrangers-« l'année jubilaire » (*chenath chemitta* ou, plus exactement, *chemitta kesaphim*). Nous possédons la preuve que l'année de sabbat (*chemitta qarqa'oth*) fut vraiment respectée dans la pratique, à l'époque israélite tardive ; en revanche, en dépit des mises en garde très insistantes de la loi contre toute tentative pour la contourner et malgré son renforcement au moment où l'alliance de confédérés fut conclue sous Néhémie (Ne 10, 32), un expédient juridique (le *prosbol*) fut trouvé très tôt, et définitivement avec Hillel, pour neutraliser la prescription de l'année jubilaire. Aucune trace n'atteste avec certitude que celle-ci ait jamais été appliquée. C'était un produit de la parénèse et elle demeura une utopie. Cependant, l'obligation d'affranchir les esclaves pour dettes, qui n'était pas stipulée dans la parénèse mais dans la loi, et qui figurait aussi bien dans le Livre de l'Alliance que dans le droit babylonien, ne fut pas non plus respectée, pas même sous Sédécias, bien que, dans la détresse politique de l'époque (Jr 34, 8 sq.), une *berith* solennelle ait été conclue à cette fin (voyant qu'elle n'était pas respectée, Jérémie proféra les pires menaces de malheur). On peut par conséquent se demander quelle fut, dans un premier temps, la portée des dispositions du droit des dettes, en particulier de l'année jubilaire. Il n'est pas impossible que les rédacteurs théologiens aient institutionnalisé ce qui n'était jusque-là qu'une mesure occasionnelle de remise des dettes et l'aient mise en relation avec la notion de sabbat, qui acquit une grande importance à l'époque de l'exil. En effet, concrètement, il s'agissait d'une « *seisachtie* », comme on en rencontrait dans les cités méditerranéennes de l'Antiquité : la mesure adoptée sous Sédécias ne fut pas autre chose. Avec l'accumulation, par le biais du commerce, des biens monétaires chez le patriciat urbain, l'opposition entre ce dernier et la paysannerie qu'il soumettait à l'usure devint l'antagonisme de classe typique. Témoin la promesse fameuse qui, dans le Deutéronome, faisait immédiatement suite au commandement de l'année jubilaire (Dt 15, 6) : « Tu prêteras à beaucoup de peuples et tu n'emprunteras à aucun. » Elle était complétée par une autre formule dont la signification était la même : « Tu domineras des nations nombreuses, mais toi, elles ne te domineront pas. » Selon toute vraisemblance, la présence d'un doublon dans la version actuelle suggère que l'énoncé de l'obligation de remise des dettes tous les sept ans et le passage, lié à celle-ci, qui vient d'être cité, furent interpolés par les théologiens à l'époque de l'exil. La même promesse était en effet reprise en Dt 28, 12, et assortie de la même menace au cas où les fidèles se détourneraient de Yahvé : « L'étranger (*ger*) qui sera au milieu de toi s'élèvera toujours plus au-dessus de toi, et toi, tu tomberas toujours plus bas. C'est lui qui te fera des prêts, et toi, tu n'auras rien à lui prêter. Il sera la tête, et tu seras la queue » (Dt 28, 43-44). Sur le fond, nous retrouverons les mêmes prédictions chez les prophètes. Ces passages manifestement antérieurs à l'exil – ce qui était dit du *ger* en était la preuve – confirmaient en même temps on ne peut plus clairement l'existence de cet antagonisme de classe. La promesse de salut n'annonçait en aucun cas l'avènement du prêt usuraire et du prêt sur gages du Moyen Âge et de l'époque moderne, qui ne furent qu'une caricature de sa réalisation. Non, le sens de cette promesse était tout autre : Israël, établi à Jérusalem, serait le *patriciat* du monde, tandis que les autres peuples attendraient aux portes de la ville, comme des paysans endettés et assujettis politiquement ; c'était là la relation typique entre les citoyens des villes et les campagnes dans la *polis* de toute la Haute Antiquité, dès l'époque sumérienne et akkadienne. À l'époque talmudique encore prévalait une autre configuration pareillement typique de toute l'Antiquité : le paysan endetté devait abandonner à son créancier les terres dont il avait hérité et devenir le *fermier*, ou le colon, de la propriété qui lui avait jadis appartenu. Les frères des tribus israélites, quant à eux, ne devaient pas en arriver là : telle était la finalité du droit social des dettes et de la parénèse correspondante. À l'origine, le *marchand* était toujours un métèque, et il l'était encore souvent à cette époque, comme le suggère la mention du *ger* dans les menaces de malheur du Deutéronome. Cependant, l'urbanisation des Israélites était déjà si avancée que la situation de la classe patricienne était présentée tout naturellement comme une promesse d'avenir [1]. Il fallut attendre le contrat d'Achab avec Ben-Hadad (I R 20, 34) pour que des marchands israélites établis à l'étranger (à Damas) fussent mentionnés pour la première fois. Bien entendu, on en trouvait depuis longtemps dans les villes israélites elles-mêmes. Aujourd'hui encore, le commerce de céréales représente, en Palestine, une source importante d'exploitation usuraire des fellahs.

Le reste du contenu de la loi montre bien que le contexte auquel se référait le Deutéronome était avant tout un contexte urbain : obligation d'installer des balustrades sur les toits, afin d'éviter les chutes (Dt 22, 8), mise en place de cités d'accueil pour les meurtriers (Dt 19, 3), création de tribunaux « aux portes de la ville » (Dt 16, 18), contrôle des poids et mesures (Dt 25, 14-15). Le frère pauvre ne devait pas être soumis à l'usure (Dt 23, 20)

1. Selon la promesse d'Ésaïe, Israël était appelé à devenir une *cité* de justice (Es 1, 26).

mais bénéficier d'un prêt gratuit (Dt 15, 8) : c'était là une composante de l'ancien commandement de secours mutuel, typique de l'éthique de voisinage. Le « frère pauvre » était toujours un homme de la ville (Dt 15, 7), c'est-à-dire un Israélite rattaché à une circonscription de la ville (désormais considérée comme l'unité politique normale), en général un petit paysan.

6. Le droit social dans les recueils juridiques israélites

Les normes juridiques actuelles du Deutéronome datent semble-t-il de l'époque préexilique de la cité-royaume mais furent certainement révisées par des théologiens au cours de l'exil. Il en va sans doute de même de ce qu'on a appelé la « loi de sainteté [1] », à ceci près que le texte fut retravaillé de façon beaucoup plus approfondie par les théologiens en exil. Les prescriptions sociales contenues dans ce recueil et dans la « loi sacerdotale [2] » quant à elle entièrement composée pendant l'exil, à partir de ce qui est aujourd'hui le Lévitique, les Nombres et certaines parties de l'Exode, sont difficiles à dater et la réalité de leur application n'est pas établie. Elles furent l'œuvre de théologiens animés par un souci de cohérence et habités par des réminiscences du passé ;

1. Comme on le sait, c'est Klostermann qui a donné ce titre à la section Lv 17-26. Elle date de l'époque préexilique : la première version ne distinguait pas prêtres et lévites, semble-t-il. Mais elle fut retravaillée après l'exil, comme l'indiquent la mention du grand prêtre (et des obligations de pureté rituelle qui lui étaient spécifiquement imposées) et les allusions répétées à une petite communauté de culte (sur ce point, voir l'étude récente de Puukko, *Das Deuteronomium*, *op. cit.*, p. 49).

2. L'écriture des prêtres présente des similitudes tout à fait manifestes avec celle d'Ézéchiel. Cependant, dans la mesure où elle prend fait et cause pour les Aaronides et non pour les Tsadoqites (voir plus loin), elle est certainement postérieure à la prophétie d'Ézéchiel et plus proche d'Esdras.

ils les destinaient au « peuple sacré de Yahvé », un peuple de « métèques de Yahvé » sur la Terre sainte qui appartenait à Dieu et où, espéraient-ils, il les ramènerait. Outre l'interdit de l'usure et le commandement relatif à l'année de sabbat – qui trouva peut-être là pour la première fois sa formulation actuelle, interpolée ensuite dans le Livre de l'Alliance – ces textes exposaient surtout une nouvelle codification des normes de l'emprisonnement pour dettes. Le prisonnier pour dettes israélite ne devait pas être traité comme un serf mais comme un journalier libre (Lv 25, 39-46) et la disposition du Deutéronome relative au paiement du salaire s'appliquait également à lui (Dt 19, 13). L'Israélite ne pouvait posséder que des serfs païens ou métèques (Lv 25, 44-45) car tous les Israélites étaient les serfs de Dieu (Lv 25, 42). Si un Israélite avait été dans l'obligation de se vendre à un métèque, il devait pouvoir être racheté par son clan ou se racheter lui-même à tout moment (Lv 25, 48). Tous les prisonniers pour dettes israélites devaient être libérés au plus tard tous les sept fois sept ans, « l'année jubilaire ». Au cours de cette année de libération, proclamée au son des trompettes, tous les terrains vendus – vendus par nécessité, s'entend (Lv 25, 25) – devaient être restitués gratuitement à leur ancien propriétaire (Lv 25, 13 sq.), s'ils n'avaient pas encore été rachetés par un frère de clan (Lv 25, 25), selon la procédure constamment autorisée. Il n'était pas permis, en effet, de vendre les terres à titre perpétuel, car elles étaient la propriété de Dieu, tandis que les Israélites n'étaient que des métèques installés dessus : une preuve supplémentaire que le métèque était identifié comme celui qui n'avait pas le droit d'acheter des terres. Seules les maisons construites dans l'enceinte d'une ville fortifiée pouvaient être vendues à perpétuité ; il n'était possible de les racheter que dans un délai d'un an (Lv 25, 29). Une casuistique poussée fixait les annuités qui devaient être décomptées jusqu'à l'année jubilaire.

Il est établi que l'année jubilaire ne fut qu'une construction théologique de l'époque de l'exil, jamais appliquée dans la pratique : les arguments invoqués pour justifier les autres prescriptions laissent supposer qu'il n'en alla pas autrement dans leur cas. On peut cependant se demander si ces réglementations n'entretenaient pas un lien avec le droit vivant de l'époque. Le récit de la libération des esclaves pour dettes sous Sédécias (Jr 34, 8 sq.) et la prophétie d'une « année de grâce de Yahvé » (*chenath ratson*) dans le Trito-Ésaïe (Es 61, 2) suggèrent que la proclamation publique d'une « année de libération » de tous les esclaves pour dettes ne fut pas seulement un événement isolé intervenu sous le règne de Sédécias mais une mesure typique, particulièrement en temps de guerre, sans doute, où l'on avait besoin de tous les hommes capables de porter les armes. La Grèce ancienne connut elle aussi des décrets de ce type. Dans ce cas, cependant, on pourrait aussi voir dans la restitution de la propriété du sol au clan une réminiscence du droit ancien. En effet, et c'est là un fait frappant, il n'était question de l'achat et de la vente des terres et des propriétés que dans cet unique passage des recueils juridiques ; ni le Livre de l'Alliance ni le Deutéronome n'en disaient mot. On peut se demander, par suite, si les ventes de terrain étaient autorisées dans l'ancien Israël, et dans quelles conditions. Dans le droit de Babylone, l'ancien droit de rétractation du clan ne fut abandonné que progressivement. Nous savons par les oracles de Jérémie que, pour la vente des terres héréditaires, il était prescrit, du moins par la coutume, de faire une offre préalable à un membre du clan [Jr 32, 7-14] ; ceux qui y avaient droit se sentaient parfois tenus d'acheter le champ par obligation morale, afin qu'il ne tombât pas aux mains d'étrangers. Dans la tradition, Naboth réplique au roi Achab qui lui propose d'acheter sa vigne : « Que le ciel me préserve de vendre la terre dont j'ai hérité » [I R 21, 3]. Ainsi, à l'époque de la rédaction de ce récit, la vente sans requête préalable auprès du clan était autorisée par la loi – ce que prouvent, au demeurant, les nombreux passages où les prophètes fustigent l'accumulation de terres par les riches – mais désapprouvée par la coutume en ce qui concernait les terres héréditaires. À l'exception du passage du Deutéronome déjà mentionné, la loi sacerdotale était le seul texte juridique qui traitait du droit héréditaire sur les terres. Indirectement, ce facteur joua certainement un rôle dans l'institution ancienne connue sous le nom de lévirat [Dt 25, 5-10]. En effet, le droit et le devoir d'épouser la veuve du frère resté sans descendance afin d'« éveiller sa semence » impliquaient le droit et le devoir de reprendre les propriétés terriennes ; dans le cas où le frère le plus proche refusait de se soumettre à cette obligation, les terres revenaient au prétendant plus éloigné qui acceptait de s'y plier ou plutôt, selon la manière dont on interprète la tradition (Rt 4, 1 sq.), c'était exactement le contraire : celui qui, dans le clan, voulait obtenir les terres d'un défunt mort sans descendance était obligé d'épouser sa veuve. Il ressort de toute la tradition que, au moins à l'époque de la rédaction de la légende des Patriarches, il était d'usage courant que, à l'approche de la mort ou de la vieillesse (comme il est dit dans le Siracide), le père de famille réglât avec une assez grande liberté la répartition de ses biens entre ses enfants et fît semble-t-il valoir ces dispositions en les accompagnant de bénédictions et de malédictions solennelles [Gn 48-49]. L'héritage de terres, bien entendu, ne concernait que les fils, comme dans tous les groupements militaires de l'Antiquité. On l'a dit, le Deutéronome cherchait à protéger le fils aîné pour le cas où le père, sous l'influence d'une favorite, aurait été tenté de lui soustraire sa part d'héritage privilégiée et aurait réservé à ses enfants un traitement injuste, comme dans les récits égyptiens. La loi sacerdotale confirma l'assignation des terres. Elle statuait la possibilité, pour les filles, d'hériter de terres et propriétés à la suite des fils (Nb 27, 8-10) et stipulait, dans ce contexte, que les filles héritières n'avaient le droit de se marier qu'à l'intérieur de la tribu, afin que celle-ci ne fût pas dépossédée de ses terres. Les filles au profit desquelles cette disposition fut adoptée, selon la légende de Moïse, épousaient par conséquent leurs cousins, autrement dit des membres du même clan. Tribus et clans n'étaient pas toujours distinguées nettement et sans doute était-ce le clan plutôt que la tribu qui était ici visé. En effet, nous l'avons vu, le non-membre d'une tribu était apparemment l'équivalent d'un *ger,* du moins d'après le droit ancien, et, par suite, ne pouvait acheter des terres [1].

Au demeurant, en dehors de l'ancien attachement au clan, d'autres enjeux purent intervenir dans l'organisation de la propriété terrienne, et les dispositions qui viennent d'être évoquées furent peut-être les vestiges d'une telle influence [2]. Nous savons que, dans les villes grecques, le « *kleros* » était tenu de respecter à la fois les exigences de sa lignée et les limitations imposées à la vente des terres pour des motifs militaires. Dans la Grèce ancienne, le droit d'héritage des filles était en partie, sinon exclusivement, le produit d'intérêts militaires. Comme Eduard Meyer l'a très justement remarqué, l'expression grecque « *kleros* » était l'équivalent de l'expression israélite désignant ceux qui étaient privés de terres : « *ḥéleq* ». Ce terme avait la connotation de « part du butin » et, donc, une origine militaire [3] ; il ne se référait ni à un quelconque communisme agraire, ni à la lignée. Partout où la puissance de l'armée s'est fondée sur l'autoéquipement des propriétaires terriens libres, la

---

1. D'après Ruth 4, 3, les mères héritaient aussi, à l'époque de la rédaction de cette légende, de leurs fils demeurés sans enfants. Il est vrai que tout ce récit n'est guère précis d'un point de vue juridique.

2. À ma connaissance, Sulzberger (*op. cit.*) est le seul à évoquer un lien de cet ordre. Cependant, selon moi, sa représentation du pouvoir de l'alliance à l'intérieur d'Israël est tout à fait inadéquate : celle-ci n'intervenait que par intermittence et ne possédait même pas d'organe propre.

3. Les dérivés du mot *naḥol*, qui signifiait « hériter », « conserver la propriété de », et le *hiph'il* de ce verbe, « nommer héritier », « partager l'héritage », « donner une propriété », étaient utilisés à propos des terres de Canaan ; « l'héritage » et les « propriétés » étaient appelés *naḥala.*

possession de terres a été corrélée à la conscription. De la même façon, le souhait de conserver le « nom » du clan en Israël, qui jouait un rôle décisif dans le lévirat et les institutions qui lui étaient apparentées, avait certainement aussi des fondements militaires en plus des fondements religieux que nous évoquerons plus loin : le registre familial répertoriant les clans qui avaient les moyens économiques de porter les armes était la base de la conscription. Le Cantique de Déborah semble indiquer que les effectifs escomptés de l'armée fédérale étaient fixés en chiffres ronds, par milliers (40 000) – ce qui correspond au rôle joué plus tard par les armées d'un millier d'hommes, taille normale des contingents. Dans la conscription organisée pour combattre la tribu de Benjamin, les hommes étaient mobilisés par quotas correspondant à des fractions de l'effectif théorique : dans ce cas, par exemple, un homme sur dix (Jg 20, 10). Comme les armées d'un millier d'hommes étaient réparties de façon bien définie parmi les membres de l'Alliance, les tribus censées fournir des soldats au contingent avaient intérêt, non seulement à affirmer leur potentiel militaire, mais aussi à préserver les parcelles des soldats, étant donné la nature militaire du régime de l'Alliance. Ces enjeux militaires furent peut-être en partie à l'origine des différentes institutions dont nous trouvons dans les textes des vestiges parfois rudimentaires et parfois soumis aux réécritures des théologiens, à commencer par l'année de sabbat et les dispositions relatives à la *seisachtie*, pour nous tout à fait inconnues, ou encore le lévirat et le droit d'héritage des filles, la part d'héritage privilégiée revenant à l'aîné (en tant qu'héritier du *kleros*) et les survivances du droit de rachat des biens héréditaires par le clan. C'est ce qui expliquerait, le cas échéant, que, d'après l'histoire d'Abraham (Gn 15, 2-3), le premier des esclaves (et même, en l'occurrence, un esclave acheté, originaire de Damas) ait pris part à l'héritage en l'absence d'héritier biologique : que le *kleros* eût un héritier, peu importait lequel, voilà ce qui était déterminant dans cette conception. Le paysan appauvri, contraint d'abandonner sa propriété foncière parce qu'il était dans la nécessité, perdait la qualité d'Israélite de plein droit et – selon la loi sacerdotale (Lv 25, 35) – devenait l'équivalent d'un *ger*. Ces différentes institutions avaient toutes pour objectif d'éviter qu'un clan ne fût exclu de la couche des familles pleinement en mesure de porter les armes, d'un point de vue économique, pour tomber dans la masse de celles qui étaient incapables d'assumer les coûts de l'équipement (en termes latins, les « *proletarii* », ceux qui viennent après) ou étaient même entièrement dépourvues de propriété (*gérim*). Plus tard, lorsque nous évoquerons le nazirat, nous aurons à revenir sur certaines hypothèses liées à celles-ci. Mais tout ceci reste incertain. Il est difficile de penser, en tout cas, que la situation ait été partout la même. Pour la raison au moins que les dispositions relatives aux guerres de l'Alliance que nous venons d'évoquer, dans le Cantique de Déborah et la littérature historique de l'Israël du Nord, n'induisaient pas à coup sûr la nécessité de telles institutions. Le recrutement du contingent était peut-être l'affaire intérieure de chaque tribu et toutes ne procédaient pas nécessairement de la même manière.

7. La *berith*

L'impression générale que produit la succession de ces recueils juridiques est celle d'une *théologisation* croissante du droit [1]. Avant d'examiner de plus près les origines et la spécificité de ce processus, il nous faut découvrir les formes extérieures que revêtit cette théocratisation de l'ordre social israélite et déterminer par

---

1. De façon très étonnante, un chercheur aussi valable que Procksch a tenté de défendre la thèse exactement contraire, du moins pour ce qui concerne le Deutéronome dans son rapport au Livre de l'Alliance (*Die Elohimquelle*, *op. cit.*, p. 263 sq.)

quelles instances elle fut encouragée. Le nom du recueil juridique le plus ancien : *Sepher ha- berith*, le « Livre de l'Alliance », révélait déjà une des spécificités de cet ordre social israélite. C'est l'important concept de « *berith* » qui nous intéresse ici [1].

Une « alliance de conjurés » réunissant des adversaires de la puissance égyptienne était déjà mentionnée dans les *Lettres d'Amarna* [2]. Le nom de « Ḥabiru », dans les tablettes d'Armarna, désignait les ennemis des gouverneurs égyptiens, et on a voulu l'identifier à « Ivri » (les Hébreux). Récemment, au vu de certaines difficultés linguistiques posées par cette identification, il a plutôt été rapproché de l'expression juive « *ḥaver* » (compagnon), qui désignait, à l'époque postexilique, le juif de plein droit rituellement correct. De même, « *ḥéver* » (compagnie), sur les monnaies des Maccabées [3], se rapportait à la communauté des juifs de plein droit ; dans la tradition ancienne, « *ḥaver* » était parfois employé (voir, par exemple, Jg 20, 11) pour qualifier l'armée fédérale (cf. le même passage, où il était question d'une guerre sainte menée à la suite d'un sacrilège religieux) [4]. L'hypothèse

1. Sur ce point, on consultera un travail qui s'écarte à bien des égards de l'exposé que je vais présenter ici : Richard Kraetzschmar, *Die Bundesvorstellung im Alten Testament in ihrer geschichtlichen Entwickelung untersucht und dargestellt*, Marbourg, 1896 (je n'ai pas eu accès à cet ouvrage en terminant la rédaction de la présente étude). Stade, qui affirme que l'idée de l'alliance ne fit son apparition qu'à une date tardive, veut seulement dire, en fin de compte, que la *berith* de Moïse ne revêtit pas la forme d'une *législation*, en quoi il a certainement raison. Cependant, nous ne cesserons de constater l'importance capitale de l'idée de *berith*.

2. Cf. Knudzon, n° 67.

3. L'inscription qui figure sur les monnaies des princes-prêtres Maccabées est la suivante : « *ha-Kohen ha-gadol we-ḥever ha-Yehudim* » (« Grand prêtre et Confédération des juifs »).

4. La guerre menée contre Benjamin à la suite du sacrilège de Guibéa. Pour le reste, le terme se rencontre notamment chez Ésaïe (Es 47, 9-12) pour désigner les confédérations de magiciens et de voleurs, chez Osée (Os 6, 9) pour la confédération des prêtres, dans les Proverbes (Pr 21, 9 et 25, 24) pour la communauté domestique, et dans les Psaumes (Ps 119) pour le frère en religion. À l'époque, le mot était

que Ḥabiru soit dérivé de ce terme demeure, il est vrai, peu vraisemblable [1].

Le fait que les fraternités les plus variées, placées sous la protection de Dieu, parcourent toute l'histoire d'Israël ne représente pas en soi une spécificité. Dans l'Antiquité, il était d'usage d'entériner toute alliance politique, mais aussi à peu près tous les contrats de droit privé, en prêtant un serment par lequel chacune des parties s'exposait elle-même à la malédiction en cas de rupture de l'alliance. La spécificité d'Israël résidait plutôt, d'abord, dans la place relativement importante accordée à la *berith* religieuse comme fondement réel (ou supposé) des relations juridiques et morales les plus diverses. Mais surtout, Israël même, en tant que communauté politique, était une confédération. C'est la raison pour laquelle, même s'il était membre d'une autre tribu et n'entretenait avec ses interlocuteurs qu'un rapport équivalent à celui du *ger*, un Israélite apostrophait les autres Israélites en les appelant « mes frères » (*aḥim*), un peu comme n'importe quel orateur suisse est tenu, dans les occasions officielles, de s'adresser à ses compatriotes en les appelant « mes confédérés ». De la même façon que David devint un roi légitime par *berith*, selon la tradition officielle [2 S 5, 3], celle-ci rapporte également que sa

---

employé dans un sens à peu près équivalent à celui de l'expression utilisée, dans la tradition ancienne, pour qualifier l'ami, le prochain : « *ré'a* ». De façon caractéristique, le mot était formé sur la racine *ra'a*, « faire paître », ou *ré'a* (Piel), « prendre pour compagnon ». Il trouvait donc certainement son origine dans les communautés de campement des clans de Bédouins ou d'éleveurs.

1. Voir à présent les analyses de Franz Böhl, « Kanaanäer und Hebräer », *Beiträge zur Wissenschaft von Alten Testament*, 9, Leipzig, 1911, p. 85. Par suite, l'identification avec *'Ivrim* semble malgré tout possible et vraisemblable. Dans tous les cas, cependant, la notion de « frère en religion » n'était pas inconnue à l'époque préisraélite, comme en témoigne la lettre d'un Cananéen du XVe siècle qui sera évoquée plus loin. Dans une apostrophe adressée à un coreligionnaire israélite, ce n'était cependant pas l'expression « *ḥaver* » qui était utilisée, semble-t-il, mais toujours « *aḥ* » (frère).

reconnaissance fut négociée entre son petit-fils Rehabeam et les anciens des tribus du Nord à la manière d'un vote de capitulation [1 R 12]. L'intégration de clans d'éleveurs dans une ville cananéenne, ou, à l'inverse, par exemple, le rattachement à Israël des Gabaonites en tant que communauté astreinte à des corvées, ne se firent pas sans un serment de fraternisation appelé *berith* [Jos 9]. C'est une *berith* qui garantissait le statut juridique de tous les *gérim*, y compris des Patriarches [1]. Selon la

---

1. À Beer-Shéva (Gn 21, 31-34), Abraham est *ger* par *berith* : Isaac conclut une alliance par serment avec Abimélekh de Guérar (Gn 26, 28). En dépit de la réciprocité de l'obligation, soulignée au verset 31, Abimélekh apparaît, à cette occasion, comme celui qui « fait » la *berith* [Gn 26, 11], tout comme Yahvé plus tard devant Israël : dans les deux cas, en effet, l'autre partie est plus faible et ses droits sont moindres (Israël est le *ger* de Yahvé !). Il en va de même d'Israël avec Gabaon (Jos 9, 6 sq.). D'après la tradition de Déborah, c'est encore en vertu d'un contrat que l'époux de Yaël campe en qualité de *ger* sur le territoire royal cananéen. C'est au terme d'une *berith* que le roi Achab envoie son tribut à Ben-Hadad (I R 15,19) ; Achab et Ben-Hadad, qu'il a fait prisonnier, concluent une *berith* (I R 20, 34), comme Jonathan et David (I S 18,3 ; 20,8) ou David et Abner (2 S 3,12) ; Yabech en sollicite une auprès de Nahash (I S 11,1). Dans tous ces cas, on a affaire, comme entre Yahvé et Israël, à un « *foedus iniquum* » entre des parties qui ne sont pas sur un pied d'égalité ; à l'inverse, la *berith* entre Jacob et Laban est un « *foedus aequum* » (Gn 31, 44). Le droit des peuples défendu par Tyr (Am 1, 9) est appelé « alliance fraternelle » (*berith aḥim*). Ces exemples montrent cependant à eux seuls que, dans tous les cas, il est parfaitement légitime de traduire *berith* par « alliance ». Kautzsch (*Biblische Theologie des Alten Testaments, op. cit.* p. 60) a tort d'écarter cette signification absolument centrale pour toute la religion israélite ancienne. En 2 S 5,3, David devient roi d'Israël par *berith* avec les anciens, exactement en ce sens-là, de la même façon que Yahvé était devenu Dieu d'Israël auparavant. En traduisant *berith* par διαθήκη et non par συνθήκη, la Septante se conformait aux vues de son temps et non à la conception historique ancienne. La conception de Yahvé qui ressortait de la version sacerdotale (« P ») et qui s'exprimait, par exemple, dans la description de la promesse faite par Dieu à Noé, Abraham et Phinées (Nb 25, 12), présupposait quant à elle une autre définition de la *berith* : Dieu donnait son approbation comme on accorde un privilège, de façon unilatérale, et elle n'était garantie que par des solennités particulières et par des signes extérieurs (Gn 9, 9). (Sur ce point, voir, notamment, le commentaire de la Genèse par Heinrich Holzinger,

tradition, le serment de fraternisation prenait rituellement la forme d'une *communauté de repas* entre les fraternisants (Gn 26, 30 ; voir aussi Jos 9, 14). Le recueil de lois proclamées par Moïse sous le mandat de Dieu (Ex 24, 7) était appelé « Livre de l'Alliance » (*Sepher ha-berith*) et, de la même façon, les prescriptions religieuses qu'il écrivait sur deux tables (Ex 34, 28), sous la dictée de Dieu, étaient appelées les « Paroles de l'Alliance » (*Divré ha-berith*) [1]. De même, le *sepher ha-tora* du Deutéronome, le « Livre de l'Enseignement », ainsi qu'il était d'abord désigné (2 R 22), était appelé « Livre de

---

Genesis. Kurzer Hand-Commentar zum Alten Testament, Bd. 1, Fribourg, 1898, p. 129 sq., mais surtout les études très fouillées de Jean Valeton sur les usages linguistiques, « Das Wort YHWH in den jehovistischen und deuteronomischen Stücken des Hexateuchs, sowie in den verwandten historischen Büchern », *Zeitschrift für die Alttestamentliche Wissenschaft* 12, 1892, p. 224-260.) Dans l'eschatologie, une *berith* pouvait aussi être conclue avec les animaux (Os 2, 20*). En Nb 18,19, on rencontre *berith* au sens de « privilège » ; en Lv 2,13, au sens de « prescription » (« *berith* du sel »). « P » ne désigne jamais la loi du Sinaï comme une *berith*, tandis qu'en J, l'alliance du Horeb et la *berith* conclue sur les champs de Moab sont des *foedera* bilatéraux typiques. Israël (selon Es 24,5) a rompu « l'alliance éternelle » (*berith 'olam*). L'expression « *karath berith* » correspond tout à fait, comme la remarque en a souvent été faite, au « *foedus icere* », ὁρκια τεμνειν, des Romains et des Grecs. Chez Néhémie, l'usage du mot se perd et c'est *amana* (Ne 10,1) qui est employé à la place de *berith*.

1. Aussi bien en ce qui concerne le Livre de l'Alliance que ces Paroles de l'Alliance, on peut se demander de quelle partie des recueils étaient issues les expressions de la tradition la plus ancienne. Le recueil juridique dont il a été question plus haut et qui était désormais intitulé « Livre de l'Alliance » n'était jamais désigné comme tel dans le texte même : le mot « alliance » n'y figurait même pas. À l'inverse, les prescriptions rituelles données en Ex 34 étaient expressément introduites sous le nom de *berith* et l'ambiguïté des promesses qui y étaient formulées était davantage conforme au caractère d'une alliance que les prescriptions univoques (*michpatim*) qui composaient l'essentiel des autres recueils. Les « Paroles de l'Alliance » Ex 34, 28 furent confondues par la suite avec le Décalogue, dans l'ajout vraisemblablement ultérieur intitulé les « Dix Paroles ». À l'origine, cependant, l'expression se référait, semble-t-il, aux prescriptions rituelles immédiatement antérieures qui viennent d'être évoquées (sur toutes ces questions, voir Baentsch, *op. cit.*).

l'Alliance » et son contenu « Paroles de l'Alliance » dans le récit suivant ; il y était dit qu'il avait été adopté comme loi sous Josias (2 R 23, 2). Dans le Livre de Josué était conservée une tradition selon laquelle, une fois la conquête du pays achevée, Josué avait conclu une alliance (*berith*) avec le peuple et en avait retranscrit le contenu dans le « Livre de la Thora de Dieu » [Jos 24]. On ignore de quel recueil juridique il s'agissait. En revanche, la tradition rapporte (Jg 9, 4) que, à Sichem, à l'époque d'Abimélekh, il existait une « maison » du *Ba'al* de l'Alliance (*Ba'al berith*) et que le trésor du temple faisait en même temps office de trésor de la ville [Jg 9, 4]. La tradition du Deutéronome (voir surtout Dt 27, 14 sq. [1]) mentionnait une cérémonie solennelle semble-t-il célébrée pour la première fois au moment de la conquête du pays et, selon une variante ultérieure, avec l'assistance de représentants de six tribus sur le mont Garizim et de six autres sur le mont Ebal (Sichem était située entre les deux). Les (quatre ou cinq) variantes du récit brossaient le tableau suivant : se tournant vers le Garizim ou depuis le Garizim, le prêtre adressait une bénédiction solennelle à ceux qui avaient respecté les commandements sacrés ; puis, se tournant vers l'Ebal ou depuis l'Ebal, il énonçait une malédiction solennelle contre ceux qui les avaient transgressés. Il était mentionné (Dt 27, 2 sq.) que ces commandements étaient tracés sur des pierres passées à la chaux (ce qui prouve que, dans tous les cas, l'écriture cunéiforme n'était plus prédominante ; pour le reste, leur datation demeure problématique). D'autres passages encore se réfèrent à cette cérémonie (Dt 11, 26 sq. ; Jos 8,

---

1. Le chapitre en question du Deutéronome (Dt 27) est au demeurant considéré comme une compilation et une interpolation récentes. Les fortes contradictions que recèle le récit et le fait que les douze tribus soient représentées chacune par un seul homme sont certainement à mettre sur le compte du rédacteur, ainsi que le manque de clarté dû au changement de lieu (on ne sait si la cérémonie à lieu sur l'Ebal ou en bas, dans la vallée, près de Sichem). Sans doute avec raison, le fragment passe pour être d'origine élohiste.

30 sq. ; 2, 1-2). Elle existait déjà certainement à une époque relativement ancienne, sous une forme ou sous une autre, quoi qu'en dise la tradition tardive (deutéronomique) : en effet, les lieux de culte situés dans les montagnes devaient être peu sympathiques à ce rédacteur, d'autant que, selon la tradition, on y trouvait aussi des pierres peintes (un usage condamné par les puritains), les vieux térébinthes des oracles (également suspects), ainsi que les ossements de Joseph (culte funéraire [Jos 24, 25-32]) et qu'y étaient enterrées (selon un rite babylonien, semble-t-il) des images des dieux [Gn 35, 4]. La formule de malédiction traditionnelle (Dt 27, 15 sq.), dite « décalogue sexuel », énumérait douze péchés spécifiques : idôlatrie, malédiction prononcée contre les parents, non respect des limites de propriété, mauvais traitements infligés à un aveugle qu'on a égaré, non respect du droit des métèques, des orphelins et des veuves, péchés sexuels (inceste et bestialité), assassinat (= meurtre commis en secret), corruption du juge. Bien que la datation demeure incertaine, l'hypothèse la plus vraisemblable, étant donné le lien entre cette formule de malédiction et les prescriptions du Livre de l'Alliance, est la suivante : le « Ba'al de l'Alliance » était le dieu fonctionnel qui, sur la base de malédictions semble-t-il répétées à intervalles réguliers, protégeait ces dispositions solennellement adoptées par le peuple [1]. Selon une tradition qui fit, au demeurant,

1. La cérémonie partait, semble-t-il, du bosquet de Mor (ou de l'arbre de Dieu), alors que le Ba'al confédéral avait un temple : mais cette difficulté n'est sans doute pas insurmontable. Le lien avec les cultes célébrés dans les bosquets ou sur les montagnes parle en faveur de l'ancienneté et de l'importance de la cérémonie. À l'époque du Deutéronome, celle-ci ne pouvait être davantage qu'une réminiscence ; il est frappant que sa mention n'ait pas été supprimée par les rédacteurs, pourtant hostiles à tous les cultes de ce type. Peut-être avait-elle changé de signification dans l'intervalle, conformément à l'esprit du Deutéronome. Alors que, à l'origine, il s'agissait sans doute d'une malédiction solennelle adressée aux démons et d'une imploration de la bénédiction divine, il est possible qu'une finalité nouvelle lui ait été attribuée par la suite, en accord avec les conceptions de l'époque : abolition solennelle de l'impératif religieux de responsabilité solidaire du peuple envers les

l'objet de beaucoup de révisions, son culte était censé avoir été introduit à Sichem à la suite d'un conflit et d'un compromis intervenus, pendant la guerre des Madianites, entre Gédéon, allié aux tribus de Jordanie orientale, et Éphraïm (Jg 8, 1-33) ; le Ba'al de l'Alliance était donc certainement le garant de l'une des alliances dont la conclusion permit la reconstitution d'Israël.

8. L'Alliance de Yahvé et ses organes

Désormais, y compris à l'époque historique, l'histoire politique intérieure d'Israël connut une suite ininterrompue de célébrations rituelles de l'Alliance : l'instauration du culte exclusif de Yahvé à Jérusalem, sous Joas [2 R 12, 5-17], puis, plus tard, l'adoption de la loi deutéronomique, sous Josias, firent, selon la tradition, l'objet d'une *berith* [1], et il en alla de même du décret ordonnant, sous Sédécias, l'affranchissement des esclaves pour dettes, conformément à la loi (Jr 34, 8 sq.), puis de la promulgation solennelle de l'ordre de la communauté, sous Néhémie, au cours de laquelle, ainsi que dans toute cérémonie de malédiction, un nombre particulièrement élevé de dispositions furent adoptées, puis, conformément aux pratiques d'authentification devenues usuelles, solennellement approuvées par les chefs des familles réunis en *synoikos* et revêtues de leur sceau. Dans ce contexte, cependant, l'élément décisif, de notre point de vue, était le suivant : par opposition aux *berith* conclues entre des individus ou avec des métèques, les *berith* adoptées par le peuple d'Israël dans son ensemble et pour celui-ci en

---

pécheurs, malédiction solennelle prononcée à l'encontre de ces derniers et transfert de la responsabilité sur eux seuls.

1. En l'occurrence, d'une *berith* « devant » Yahvé et non d'une *berith* « avec » Yahvé [2 R 23, 3]. Ceci s'explique sans difficulté : la fiction voulait que l'une des parties contractantes, le peuple, n'ait fait que renouveler sa soumission à l'alliance ancienne avec le Dieu qui ne l'avait pas respectée.

tant que tel, autrement dit les *berith* les plus anciennes, antérieures à l'exil, validées comme lois, comme dans le cas précédent, ne se réduisaient justement pas à des contrats et à des fraternisations mutuelles placés sous la protection du Dieu qui en était le témoin et qui était censé exercer sa vengeance en cas de parjure ; au contraire, et conformément aux conceptions anciennes, défendues, en particulier, par ceux qu'on appelait les « yahvistes », ces *berith* étaient considérées comme des alliances conclues *avec Dieu lui-même.* Autrement dit, s'il avait à venger une rupture de l'alliance, celui-ci ne défendrait pas seulement les droits que le parti respectueux du contrat avait recommandés à sa protection, mais aussi ses propres droits bafoués par la rupture de ce dernier [1]. Cette conception exerça une influence déterminante sur l'évolution de la religiosité israélite. C'est parce que la fidélité, jurée par serment, qui lui était personnellement due en tant que contractant avait été bafouée que le Dieu des prophètes lançait ses terribles menaces de malheur ; à l'inverse, lui-même se voyait rappeler les promesses faites sous serment à des ancêtres (voir Mi 7, 20, la première occurrence). D'emblée, à en croire la conception tardive influencée par les prêtres de l'exil, la relation des pères fondateurs légendaires d'Israël avec Dieu se concrétisa dans la conclusion d'alliances toujours nouvelles : l'alliance avec Noé, l'alliance avec Abraham, Isaac et Jacob et, enfin, l'alliance du Sinaï. Il est vrai que, dans l'intervalle, la notion de Dieu connut des évolutions et que la représentation anthropomorphique d'un pacte bilatéral s'euphémisa pour faire place à l'idée d'un décret divin qui n'était plus qu'une forme d'approbation ; cependant, en fin de compte, les espoirs d'avenir de Jérémie le portaient à souhaiter que, un jour, Dieu conclurait une nouvelle alliance avec son peuple, dans des conditions plus favorables que celles de l'alliance avec

1. Lorsque, sous Néhémie, le peuple jure fidélité de façon *unilatérale*, on ne parle pas de *berith* mais d'*amana* (Ne 10, 1).

les pères [Jr 31, 31-34]. À quoi tenait, dès lors, la spécificité de la conception israélite ? Sa genèse fut favorisée par certains facteurs politiques généraux, conjugués à un événement particulier de l'histoire de la religion.

L'importance de la notion d'alliance pour Israël tenait, en soi, au fait que l'organisation sociale du pays, à l'origine, se fonda en grande partie sur la relation durable, réglée par contrat, entretenue par des clans de guerriers à assise terrienne avec des *tribus-hôtes* de métèques juridiquement protégés – bergers itinérants, artisans-hôtes, marchands et prêtres. Nous l'avons vu, la configuration sociale et économique était régie par quantité de fraternités de ce type. Cependant, ce fut l'alliance *avec* le Dieu Yahvé lui-même qui joua un rôle fondamental dans la représentation qu'Israël se faisait de lui-même parmi les autres nations : ce facteur tint à d'autres circonstances que nous allons maintenant énumérer.

Nous avons évoqué plus haut le caractère particulièrement instable de tous les groupements politiques chez les Bédouins et les éleveurs de bétail, lié à leurs conditions de vie : ces organisations tribales avaient tendance, tantôt à se diviser en clans, tantôt à former de nouveaux regroupements. Témoin le destin des tribus Ruben, Siméon, Lévi, Makhir, d'un côté, Juda, de l'autre. Or, ces changements incessants contrastaient de façon frappante avec l'extraordinaire stabilité d'un certain type de groupement que l'on rencontrait justement chez les couches non entièrement sédentaires : l'*ordre religieux* ou le groupement de culte comparable à un ordre religieux. Seul ce type de groupement semble avoir constitué, à long terme, une base solide pour les organisations politiques et militaires. Les rékhavites en étaient un exemple : ils se perpétuèrent et influencèrent la politique religieuse durant des siècles, de l'époque de Jéhu à celle de Jérémie. Dans la chronique de Néhémie, un rékhavite était mentionné [Ne 3, 14] et, au Moyen Âge encore, Benjamin de Tudèle prétendait en avoir rencontré dans le désert de Babylone sous la conduite d'un *nasi* ; d'autres voyageurs crurent même avoir repéré leurs traces à La Mecque au XIXe siècle. La tribu strictement yahviste des Qénites, à laquelle les rékhavites appartenaient, était semble-t-il unie par des liens essentiellement religieux. En effet, selon toute vraisemblance, ainsi que Bernhard Stade l'a montré, le « signe de Caïn », c'est-à-dire le tatouage de la tribu qénite, n'était pas seulement une marque tribale mais d'abord et avant tout le signe de l'appartenance à une communauté de culte [1] : on pourrait établir ici une analogie avec les insignes des sectes indiennes*. Sur le même continent, l'exemple le plus extraordinaire d'un groupement qui relevait fondamentalement de la même catégorie était, bien entendu, l'islam, avec ses ordres guerriers. Ceux-ci furent à l'origine de la fondation de nombreux États, notamment les États islamiques, d'une longévité particulière.

N'allons pas croire, cependant, que, dans cette configuration, les conditions de vie des Bédouins et des semi-nomades aient « produit » par elles-mêmes ces ordres, ni que ces derniers aient été le « reflet idéologique » de ces conditions économiques. Là comme ailleurs, la représentation matérialiste de l'histoire est inadéquate. Il faut dire bien plutôt que, compte tenu des conditions de vie des couches en question, *lorsque* ces ordres furent fondés, ce sont eux qui, dans la lutte pour la sélection, avaient, et de loin, les *chances* les plus fortes de survivre aux autres formations politiques plus instables. Cependant, *le fait* qu'ils soient apparus a été tributaire de circonstances et de facteurs très concrets de l'histoire des religions et, bien souvent, de la destinée de certains individus. Une fois que la confrérie religieuse avait apporté la preuve qu'elle pouvait constituer un instrument de pouvoir politique et économique performant, sa diffusion en était évidemment facilitée. Le message de Mahomet, tout comme celui de Yonadav ben Rékhav, ne peuvent pas être

1. Bernhard Stade, « Das Kainszeichen », *Zeitschrift für die Alttestamentliche Wissenschaft*, 14, 1894, p. 250 sq.

« expliqués » comme les produits de conditions démographiques ou économiques, même si celles-ci en déterminèrent fortement le contenu. Ils étaient bien plutôt l'expression d'expériences et de visées personnelles. Cependant, la nature des moyens intellectuels et sociaux qui furent mobilisés et, de surcroît, le *succès* important rencontré par ce type de créations en particulier ne peuvent se comprendre qu'en référence à de telles conditions de vie. Il en allait de même dans l'ancien Israël.

De la même façon que les rékhavites jouèrent un rôle important à cause de la cohésion de leur confrérie religieuse, c'est peut-être la fraternisation conclue à la suite d'une alliance particulière avec Yahvé qui permit à la tribu de Juda de devenir une formation politique puissante. La tribu n'apparut que tardivement dans l'histoire. Le Cantique de Déborah ne la connaissait pas. Les sources la désignaient à l'occasion aussi comme un « clan », selon la manière typique des éleveurs. À l'époque de la Bénédiction de Moïse, elle fut confrontée à des difficultés politiques ; à l'époque de Saül, elle était devenue une tribu dépendante des Philistins. À l'inverse, la Bénédiction de Jacob affirme qu'elle occupait en Israël la position d'« *hêgemôn* » et qu'elle pratiquait la viticulture, tandis que, dans la légende des Patriarches, issue quant à elle de cercles d'éleveurs, Abraham n'offrait pas de vin à ses hôtes célestes bien qu'il résidât à Hébron, dans le Royaume de Juda, ville réputée pour ses crus. Par conséquent, la tribu avait élargi son territoire sous Abraham – même s'il est difficile d'admettre qu'elle ne se soit constituée que par le fait de David, comme l'affirme Guthe – et elle était devenue sédentaire en se mêlant, semble-t-il, à des groupes cananéens. Les clans répertoriés plus tard comme faisant partie de la tribu de Juda dans les recensements et les généalogies officielles étaient certainement d'origine cananéenne, pour une part, et, d'autre part, manifestement, d'origine bédouine : c'était le cas, par exemple, des Qénites alliés un temps à Amaleq. Une partie de la tribu de Siméon s'était intégrée dans la tribu de Juda, une autre parmi les Édomites. La première fois qu'il était fait mention d'un lévite, il était désigné comme un membre de la tribu de Juda [Jg 17, 18] : à l'évidence, la tribu de Lévi se développa donc elle aussi, pour l'essentiel, à partir de Juda. La position particulière qui revint à cette tribu, y compris sous Saül, se perpétua sous une autre forme sous les Davidides. Sous Salomon, son territoire ne faisait pas partie des provinces de l'empire, pour une très large part du moins, mais appartenait à la maison royale. Dans tous les cas, son périmètre définitif ne fut fixé que sous le principat militaire de David, en lien sans doute avec l'adoption du culte exclusif de Yahvé. À lui seul, le rôle important reconnu aux prêtres pour rendre les jugements (ils prenaient les oracles dans les procès), qui constitua, comme le suppose notamment Bernhard Luther, une spécificité de cette tribu, laisse supposer qu'une fraternisation typiquement religieuse fut au fondement de la cohésion tout à fait remarquable qui fut la sienne. Elle se serait alors constituée à partir de composantes d'origines ethniques diverses, unifiées par un culte et des prêtres communs. Cette hypothèse serait d'autant plus vraisemblable si l'on pouvait démontrer que le nom « Yehuda » était dérivé de « Yahvé ».

Pour ce qui concerne enfin la *confédération israélite* elle-même, la tradition rapporte sans équivoque qu'elle constituait une alliance guerrière conclue sous et avec Yahvé en tant que Dieu guerrier de l'alliance. Celui-ci était le garant de cet ordre social et il était à l'origine de la prospérité matérielle des confédérés, notamment parce qu'il faisait tomber la pluie. Voilà ce qu'exprimait le nom « Israël », soit qu'il désignât directement « le peuple du Dieu qui combat », soit que (cette hypothèse n'est guère vraisemblable) le nom fût prononcé, à l'origine, « Yésorel », en référence au Dieu « en qui on place sa confiance ». Dans tous les cas, « Israël » n'était pas le nom d'une tribu mais celui d'un groupement, en l'occurrence d'une association cultuelle[1]. Ce n'est qu'avec la réécriture théologique des légendes de Jacob que le nom « Israël » commença à désigner le héros éponyme : d'où le caractère tout à fait flou de cette personnification.

À présent, nous devons examiner un peu plus précisément la structure de cette alliance.

Son ampleur fut variable. En tant que groupement, Israël existait sans doute déjà en Palestine à l'époque du roi Ménephtah, le prétendu Pharaon de l'Exode : en effet, une inscription connue[2] signalait que les assauts de l'armée du roi avaient décimé ses soldats et ruiné ses possessions. Les mentions qui en étaient faites suggéraient que, à la différence des cités-États de petite et grande taille, Israël n'était pas considéré comme un groupement d'assise urbaine. Dans la guerre de Déborah, le noyau de l'armée qui combattait les chevaliers des cités royales, montés sur des chars, était constitué, nous l'avons vu, de paysans qui allaient à pied et de leurs princes qui partaient au front sur des ânes blancs. Le Cantique de Déborah mentionnait comme membres de l'alliance les tribus des montagnes qui prenaient part à la guerre, Éphraïm et les deux tribus qui en étaient issues, Makhir et Benjamin, à côté de Zabulon, Nepthali et Issachar, mais aussi les tribus sédentaires Asser et Dan, proches de la mer et, enfin, les tribus d'éleveurs Ruben et Galaad, situées à l'est du Jourdain, même si ces dernières avaient refusé de soutenir l'alliance ; le texte réservait une place à part à la cité de Méroz, qui avait rompu l'alliance. Les deux recueils de bénédictions se référaient ensuite à

1. Dans le mythe, Jacob reçoit le nom d'« Israël » après avoir conclu sa *berith* avec Dieu (Gn, 35, 10).

2. Voir Wilhelm Spiegelberg, « Die erste Erwähnung Israels in einem ägyptischen Texte », *Sitzungsberichte der Königlich-Preussischen Akademie der Wissenschaften 1/25*, 1896 et Georg Steindorff, « Israel in einer altägyptischen Inschrift », *Zeitschrift für die Alttestamentliche Wissenschaft,* 16, 1896, p. 330-333.

la série commune des douze tribus : Makhir était remplacée par Manassé, Galaad par Gad, Juda et Siméon étaient venues s'ajouter et, selon que Lévi était incluse dans cet ensemble ou, comme dans la Bénédiction de Moïse, répertoriée à part, en tant que tribu de prêtres, Éphraïm et Manassé étaient mentionnées comme deux tribus distinctes ou rassemblées en une seule appelée « Maison de Joseph ». Il ne fait aucun doute cependant que, à l'époque du Cantique de Déborah, ni Juda, ni Siméon, ni Lévi n'étaient considérées comme des tribus faisant partie de l'alliance. En ce temps-là et par la suite encore, Éphraïm ou Joseph était incontestablement regardée comme le noyau des tribus de l'alliance, ainsi que l'attestaient la place privilégiée occupée par cette tribu dans le Cantique, le fait qu'elle soit issue de la femme préférée de Jacob et que Joseph soit désigné comme le fils (ou Éphraïm comme le petit-fils) préféré de ce dernier. Dans le Cantique de Déborah, la tribu se rappelait ses combats avec les Bédouins et, dans la Bénédiction de Jacob encore, il était question des « archers » qu'elle avait pour adversaires. C'est précisément en référence à cette tribu que, dans la Bénédiction de Moïse, un lien avec l'épiphanie mosaïque du buisson ardent était explicitement établi [Dt 33, 16] ; il était sans nul doute fondé sur une tradition ancienne [Ex 3, 1-3]. Cette même tribu prit certainement part aux événements qui eurent pour conséquence la réception de Yahvé comme Dieu des armées d'Israël. Josué, le chef d'armée qui, dans la tradition, fut le premier à porter un nom yahviste, était un Éphraïmite et il fut enterré sur le territoire de cette tribu. Yahvé, venu de Séïr à Édom, faisait son apparition dans un nuage d'orage et décimait les Cananéens [Jg 5, 4] ; dans le Cantique de Déborah, il était célébré comme le Dieu guerrier de l'alliance placée sous l'hégémonie de la tribu d'Éphraïm. Parmi les lieux de culte dédiés à Yahvé, on trouvait surtout, sur le territoire d'Éphraïm, Sichem et son « Ba'al de l'Alliance ». Le sanctuaire proprement dit était sans doute situé en dehors de la ville qui, selon la tradition, passa longtemps pour cananéenne. À l'évidence, jusqu'à la création de la ville résidence de Chomrom (Samarie), dans l'Israël du Nord, Éphraïm demeura, pour l'essentiel, un groupement de paysans libres établis sur de grandes propriétés dans les montagnes ; leur force armée fut à la base de la puissance d'Israël, si bien que le nom de la tribu désigna plus tard très souvent le Royaume du Nord dans son ensemble. Cependant, une réminiscence ancienne identifiait plutôt comme le noyau de l'alliance les tribus Ruben, Siméon et Lévi, qui occupaient une place privilégiée dans les recueils de bénédictions. Elles descendaient de la sœur aînée, Léa. Juda, en revanche, apparaissait pour la première fois dans les recueils de bénédictions relativement tardifs ; cette tribu ne conquit sa position qu'à partir de David. Pour Abner, le chef d'armée de Saül, les Judéens étaient encore des « têtes de chien » [2 S 3, 8].

Jusqu'à l'époque des Rois, autant qu'on puisse en juger, cette alliance israélite aux composantes variables ne disposa aucunement d'institutions politiques durables. À l'occasion, les tribus se battaient entre elles. À supposer qu'il fût vraiment ancien, le droit religieux des peuples, qui interdisait par exemple l'abattage à la hache des arbres fruitiers, était sans doute inspiré par de tels conflits internes [Dt 20, 19]. Dans le Cantique de Déborah, il arrivait parfois que des membres de l'alliance refusent l'assistance de cette dernière. À l'occasion, mais pas toujours, ceux qui avaient ainsi rompu le serment pouvaient s'attirer des malédictions et une guerre sainte pouvait être déclarée. L'indigénat n'existait pas au niveau de l'alliance, mais seulement au niveau de la tribu. Dans certains cas, cependant, l'alliance pouvait venger les infractions graves au droit des métèques qui protégeait chaque Israélite dans toutes les autres tribus [Jg 19-20]. Mais en temps de paix, l'alliance ne possédait manifestement pas de tribunal unifié, et pas davantage d'instance administrative unifiée. L'unité de l'alliance trouvait son expression dans le fait que, régulièrement, des héros guerriers ou des prophètes guerriers accrédités par Yahvé pouvaient revendiquer une autorité par-delà les frontières de leur propre tribu. On venait les voir de loin pour leur demander de trancher des litiges juridiques ou pour les interroger sur des obligations rituelles et morales. C'est aussi ce qu'on rapporte à propos de Déborah (Jg 4, 5). La version de la tradition qui est la nôtre aujourd'hui a transformé tous les héros guerriers charismatiques de l'ancienne époque de l'alliance en « *chophetim* », les Juges d'Israël, censés s'être succédé sans interruption et avoir joui d'une autorité reconnue dans tout le pays. Dans l'exercice de ses fonctions, leur dernier représentant, Samuel, aurait visité tous les ans Béthel, Gilgal et Mitspa (1 S 7, 15-16) pour « dire le droit » ; lorsque le peuple eut choisi un roi, Samuel prit la décision d'abandonner solennellement ses fonctions après avoir publiquement rendu compte de son activité et invité le peuple à présenter d'éventuelles plaintes contre lui, comme un fonctionnaire des cités romaines ou grecques (1 S 12). La tradition relative à Samuel était sans conteste une construction deutéronomique hostile à la royauté, fondée sur l'opposition paradigmatique entre l'attitude du prince idéal, accommodant envers Yahvé, et celle des rois contemporains. Quel était cependant, sur le fond, le rôle des *chophetim* ? À en croire Stade, la tradition tardive s'était contentée de maquiller après coup les anciens héros guerriers de Yahvé en « Juges » pacifiques ; Klostermann, quant à lui, a subtilement établi un parallèle entre les « Juges » d'Israël et les « diseurs de loi » (*lögsögumadr*) des pays nordiques, d'Islande en particulier : les porteurs de la tradition juridique sous sa forme orale, qui furent les précurseurs de sa fixation par écrit [1]. Il a

1. August Klostermann, *Der Pentateuch : Beiträge zu seinem Verständnis und seiner Entstehungsgeschichte,* Leipzig, 1907. Cette thèse est critiquée en détail par Puukko dans *Das Deuteronomium, op. cit.*, p. 176-202. En formulant une telle hypothèse, Klostermann cherchait à expliquer le caractère particulier du Deutéronome, son aspect littéraire.

ainsi tenté d'expliquer, notamment, la genèse et le caractère spécifiquement littéraire des recueils juridiques préexiliques, issus justement, selon lui, des enseignements juridiques donnés en public par ces « énonciateurs de la loi ». Cette hypothèse, que A. Filemon Puukko, notamment, a soumise à une critique approfondie, recèle à mon sens une part de vérité : la sociologie du droit connaît beaucoup de cas analogues. Partout, le droit se développe d'abord par l'oracle, les sentences du sage, les « réponses » de porteurs de la sagesse juridique qualifiés par leur charisme. Cependant, tous ne se voient pas attribuer la position spécifique conférée à ceux qui disaient la loi dans le monde nordique ; la charge confiée à ces derniers – car il s'agissait bien d'une charge – entretenait un lien étroit avec l'organisation de la communauté pénale germanique. Ceux qu'on appelle les « Juges » dans la version de la tradition aujourd'hui en vigueur présentaient manifestement des profils très variés ; mais ils n'étaient pas les porteurs classiques de la sagesse juridique. Selon la tradition, la juridiction normale était aux mains des *zeqénim* (les anciens). L'ordalie et les oracles des procès réguliers, quant à eux, étaient l'affaire des prêtres ; ces oracles, nous le verrons plus loin, étaient obtenus à une époque plus ancienne par des méthodes purement mécaniques (le tirage au sort). Pour le reste, cependant, la tradition mentionnait, sous des vocables très différents, des notables qui se voyaient traditionnellement reconnaître une autorité au sein de chaque tribu. L'exercice charismatique de la juridiction n'était donc qu'une forme *parmi d'autres* de l'exercice du droit. Les figures de *chophetim* présentées dans la version actuelle du « Livre des Juges » étaient de types très différents. Exception faite de ceux dont le nom seul était mentionné (Yaïr, Ivtsan, Elon, 'Avdon), on trouvait Samson, le héros

---

Selon lui, il s'agissait à l'origine d'un *exposé* public, parénétique, de la loi. La comparaison du récit de la « découverte » du texte avec celle des « lois » de Numa, quant à elle, ne semble guère fructueuse.

qui menait ses combats en solitaire ; Ehud, qui faisait de même, à cette différence près qu'il assassinait l'oppresseur d'Israël ; Othniel, Chamgar, Baraq, Gédéon, Jephté mais aussi Tola, les chefs d'armée victorieux au service d'Israël, ou plutôt, en réalité, de leurs propres tribus et des tribus voisines. Il n'était dit que de certains d'entre eux qu'ils avaient exercé la fonction de Juges d'Israël en temps de paix et cette prérogative n'était mentionnée qu'à titre très général. L'accent était mis bien davantage sur leur rôle de « sauveurs », c'est-à-dire sur le fait qu'ils avaient délivré leurs semblables des terribles misères de la guerre. Lors d'une exécution perpétrée par l'armée de Alliance et présentée comme une « guerre sainte », un prêtre de la famille des Élides (Phinées) était censé rendre les oracles (Jg 20, 28). Eli, quant à lui, était un pur prêtre [1 S 1, 3]. Ses fils étaient également désignés comme des prêtres mais aussi comme les chefs de l'armée qui avait à lutter contre les Philistins [1 S 4, 4]. Ces dernières traditions relatives aux Élides sont extrêmement suspectes et tardives et, quant à la tradition qui concerne Samuel, elle est tout simplement inutilisable : celui-ci est désigné tantôt comme un *navi*, tantôt comme un voyant, ou encore un prédicateur (1S 4, 1), un nazir, un prêtre et, enfin, un chef d'armée. À l'époque où furent rédigées ces descriptions, on ne connaissait visiblement plus très bien la situation réelle de l'époque de l'Alliance. La source la plus fiable, le Cantique de Déborah, fait figurer, à côté de la prophétesse, Baraq, le grand héros guerrier de Naphtali qui conduit l'armée avec toute une série de dignitaires issus des tribus qui ont fait alliance avec lui. Ce n'est qu'à propos de Déborah et de Samuel que la tradition relate expressément qu'ils avaient coutume de « dire le droit », c'est-à-dire de rendre, à la demande, des oracles dans les procès. Il en allait de même de Moïse, selon la version actuelle de l'Hexateuque. La création de normes juridiques « objectives » durablement en vigueur et leur fixation par écrit n'étaient attribuées qu'à Moïse et Josué, ainsi qu'à Samuel, dans un cas certainement légendaire, la reconnaissance des prérogatives royales après l'élection de Saül. Dans tous les cas, il n'y a pas lieu de considérer, par analogie avec le monde nordique et germanique, que les « *chophetim* » étaient chargés en permanence de « dire la loi ». Les « prophètes » du genre de Déborah rendaient des oracles politiques et non des oracles dans les procès et l'activité spécifique des « *chophetim* » charismatiques consistait à prendre des décisions politiques et militaires, et non à proférer des sentences ni à énoncer des maximes de sagesse. Cependant, à l'occasion, on demandait sans doute aux uns comme aux autres, prophètes et héros guerriers éprouvés, d'intervenir dans le règlement de conflits, y compris en temps de paix, et ces héros temporels remplissaient sans doute cette fonction en l'identifiant, là comme ailleurs, à un droit des seigneurs, lorsqu'ils parvenaient à consolider suffisamment leur pouvoir ; tel fut le cas, par exemple, d'Abimélekh. Même les premiers rois n'étaient pas encore regardés, de prime abord, comme les porteurs ou les créateurs du droit mais comme des chefs de guerre. Selon la tradition (2 S 14, 2 sq.), le roi David eut à s'immiscer dans un combat sanglant. C'est à l'évidence Salomon qui, le premier, prit en main de façon systématique l'exercice du droit (I R 3, 16 sq.) : la construction, sous son règne, d'un bâtiment pour un tribunal est évoquée (I R 7,7). Ce fut sans doute cette innovation qui le fit apparaître, aux yeux de la postérité, comme le premier modèle de sagesse dans les jugements. Cependant, dans un premier temps, y compris sous les rois, il n'existait pas d'instance officielle garantissant l'unité du droit ; sous Achab encore, la cour pouvait contourner la loi en influençant les juges [1] [1 R 21], mais le roi n'exerçait pas lui-même la fonction de juge. C'est Jérémie qui, le premier, présenta le roi comme siégeant le matin pour rendre la justice (Jr 21, 12). Néanmoins, le tribunal qui jugea le

1. Michée (Mi 7,3) s'emporte encore parce qu'un juge rend des arrêts conformes à l'arbitraire des princes.

prophète lui-même (Jr 26) était composé de fonctionnaires (*sarim*) et d'anciens (*zeqénim*), assistés d'« hommes liges » (*qehal ha-'am*).

La tradition n'aurait pu revêtir une telle forme si la création du droit avait été l'attribut principal des *chophetim* et de leurs successeurs au pouvoir, c'est-à-dire les rois, et si ces derniers avaient été à l'origine des recueils juridiques tels que nous les connaissons aujourd'hui. Dispersées et ambiguës, les indications que nous avons mentionnées étaient manifestement des interpolations tardives, ajoutées à une époque où l'on déplorait la corruption du présent et opposait à celui-ci le « bon vieux droit » et la figure idéale du prince pacifiste – nous y reviendrons. Les recueils juridiques eux-mêmes auraient présenté un autre visage s'ils avaient été l'œuvre d'une instance régulière de juridiction *officielle*, d'emblée unifiée pour tout Israël. On pourrait alors apporter la preuve qu'ils étaient véritablement appliqués dans la pratique. Or, c'est l'inverse qui est avéré, du moins en ce qui concerne le droit des esclaves pour dettes, soit, en pratique, nous l'avons vu, la part la plus importante de tout le droit social.

En Israël comme partout ailleurs, le droit put se développer à partir de la pratique juridique des tribunaux. Une fois un jugement rendu, il était regardé comme un précédent, dont on ne s'écartait qu'à regret. « *Ḥoq* [1] » semble avoir été l'expression ancienne typique pour désigner les us et coutumes juridiques établis en vertu d'un précédent (Jg, 11, 39). Le chef qui rendait ses jugements conformément à l'usage ainsi établi (et qui était aussi un chef de guerre dans le Cantique de Déborah) était appelé

1. *Ḥoq* (et *ḥuq*) désignent aussi, outre le droit traditionnel et la coutume traditionnelle, la loi naturelle (dans le Livre de Job et chez Jérémie). Dans la langue des prêtres, surtout dans le Lévitique et les Nombres, ce terme signifie l'ordre divin ; il est alors fréquemment associé à des adjectifs qui ont le sens d' « éternel » et « immuable ». Chez Amos (Am 2,4) et Ésaïe (Es 24,5), *ḥoq* et *thora* sont mentionnés ensemble.

« *ḥoqeq* [1] » dans l'ancien Israël. Dans les sources tardives, ce terme avait parfois pour synonymes *thora*, *'eda*, *michpat*. Dans la langue des prêtres, nous le verrons, *thora* désignait toutefois l'*oracle* et l'*enseignement* délivré par les lévites dans la cure des âmes. *'Edah*, nous le constaterons plus loin, était une *ordonnance* de l'assemblée de l'armée, établie par décret. *Michpat*, enfin, signifiait aussi bien le « jugement » que la norme juridique ; c'était, et de loin, le terme le plus spécifiquement juridique. Il semble avoir été plus particulièrement employé, lorsqu'il était question de normes, pour désigner le droit formulé sur un mode rationnel [2], par opposition à *ḥoq*. Les normes du Livre de l'Alliance, soumises à l'influence babylonienne, étaient des *michpatim* mais non des *ḥuqim* [3]. Cependant, ces deux sources juridiques avaient en commun de n'appliquer ou de ne reconnaître que le droit déjà en vigueur, ou censé être en vigueur, ou fictivement en vigueur. Pour la création délibérée de nouvelles normes juridiques, en Israël, seul l'oracle émis oralement (*davar Yahve* ou *davar Élohim*) était pris en compte, dans un premier temps. Chez les théologiens de l'époque tardive, les préceptes d'éthique sociale revêtaient également la forme catégorique d'un commandement (« Tu dois... »). La deuxième forme, propre à Israël, que pouvait adopter la création délibérée d'un nouveau droit était la « *berith* » solennelle, toujours précédée d'une prise d'oracle. Bien entendu, on n'y avait recours que dans les cas exceptionnels, qu'il s'agît d'une mesure ponctuelle, comme l'affranchissement des esclaves sous Sédécias [Jr 34, 8], ou de l'officialisation de normes permanentes,

1. Le *ḥoqeq* rend de faux jugements (*ḥoq*) (Es 10,1).

2. Dans la langue prophétique préexilique, ce sens semble s'être maintenu de façon relativement univoque (Am 6, 12 et à plusieurs reprises dans la suite du texte).

3. À l'occasion, à côté de *michpat* et de *ḥoq*, on trouvait aussi « *michméreth* » (Gn 26,5). Le terme désignait, à l'origine, « la tâche », au sens du travail confié à quelqu'un et de « l'ordre » à respecter ; il s'agissait donc d'une notion bureaucratique.

comme l'entrée en vigueur du recueil de lois du Deutéronome, qui fut marquée, à en croire la tradition, par la conclusion d'une *berith.* Rendu méconnaissable aujourd'hui, du point de vue du contenu, par des interpolations absolument contradictoires, le noyau probablement authentique de ce texte n'était en aucun cas le produit de l'activité d'un législateur public ni même de spécialistes du droit. Il était plutôt, comme le suggère encore la tradition, le résultat du travail, en interne, d'une école spécifique de *théologiens* dont le caractère sera examiné plus loin. On ne peut établir avec certitude combien de *michpatim,* parmi ceux qu'il contient et qui étaient issus de la tradition juridique (chapitre 12 à 26), appartenaient au *compendium* dans sa première version. Dans tous les cas, cependant, ces dispositions furent formulées dans le cadre des cités-États, elles contenaient un grand nombre de théologoumènes et infléchissaient dans un sens nettement théologique les normes juridiques exposées dans le « Livre de l'Alliance ». Cependant, même les *michpatim* du Livre de l'Alliance ne reflétaient que pour une infime minorité d'entre eux le droit commun de l'ancien Israël ; ils n'étaient absolument pas adaptés à une communauté d'éleveurs et n'avaient rien d'un droit spécifiquement paysan mais – si l'on fait abstraction des théologoumènes vraisemblablement interpolés – représentaient un compromis entre divers intérêts, conformément à l'évolution des conflits de classes typiques de l'Antiquité. D'un point de vue formel, la structure était la suivante, comme l'ont montré Baentsch et Holtzinger : un ensemble de *michpatim* ordonnés en un code fort peu systématique (Ex 21, 1-22, 16) était complété par quelques *devarim* isolés, à caractère juridique, moral ou cultuel, présentés dans le désordre. Concrètement, il ne fait aucun doute que les *michpatim* subirent une influence babylonienne qui remontait très loin. La technique et la précision juridique formelle étaient loin d'être absentes des *michpatim* purement profanes, tandis qu'elles étaient pour une part extrêmement lacunaires dans les *devarim*. La rédaction des parties juridiques fut sans doute confiée à des praticiens du droit expérimentés et, puisqu'il ne s'agissait ni du roi ni de ses fonctionnaires, ceux-ci ne pouvaient faire partie que des cercles de *zeqénim*. Ces derniers, qui prirent part à la constitution du droit, formaient un tribunal important de l'Israël du Nord, très fréquenté pour ses enseignements, à l'instar de Sichem, par exemple. Le contenu des normes juridiques proprement dites – par opposition à la parénèse ajoutée en annexe et dans certains passages du texte – n'était pas, en tout cas, le produit de la juridiction des prêtres. Dans le Deutéronome, les prêtres affirmaient prendre part à la juridiction et jouer un rôle d'arbitre dans les cas litigieux, mais on ignore si cette revendication reflétait le droit en vigueur à l'époque préexilique. De façon générale, on peut supposer que, à l'époque des rois, l'importance des anciens oracles pris dans les procès avait au contraire décliné, comme ce fut le cas à Babylone [1]. Les prétentions des prêtres dans le Deutéronome correspondaient à l'état du droit égyptien à l'époque de la suprématie des prêtres d'Amon. La prise en compte, dans le Deutéronome, du caractère plus ou moins agréable à Dieu et plus ou moins admissible des dispositions juridiques présentées comme impératives et l'ajout des *devarim* confirment qu'il s'agissait d'une « œuvre juridique », autrement dit d'une œuvre privée, dépourvue de caractère officiel, mais popularisée à la façon du *Sachsenspiegel* ou du recueil de Manu. Elle fut composée puis complétée après coup sous l'influence de cercles à visée théologique.

À l'époque ancienne de l'Alliance, il n'existait pas, en Israël, en fin de compte, d'organe de juridiction commun

1. La justice civile de l'ancienne Babylone était le prolongement de la justice de temple. Sur ce point et sur le rôle joué par les prêtres dans la Babylone nouvelle, voir Édouard Cuq, « Essai sur l'organisation judiciaire de la Chaldée », *Revue d'assyriologie*, 7, 1910.

doté d'une autorité officielle. Les seuls pouvoirs reconnus, par intermittence et à des degrés divers, étaient celui des héros guerriers charismatiques, l'autorité des oracles qui avaient fait leurs preuves et le prestige des anciens sanctuaires de l'Alliance, où on célébrait le Dieu de la guerre (Silo, notamment). À cela s'ajoutaient peut-être (mais ce n'est pas sûr) quelques actes rituels amphictyoniques périodiques, comme la cérémonie de bénédiction et de malédiction de Sichem, dont il a déjà été question [Dt 27], et la fête annuelle de Yahvé à Silo, souvent évoquée (Jg 21, 19 et 1S 1, 3). D'un point de vue formel, l'Alliance ne s'actualisait que dans les époques de guerre. Il était d'usage, alors, que la *'eda* – nom donné à l'assemblée des armées d'Israël – rendît la justice pour punir ceux qui avaient enfreint le droit de guerre ou les commandements rituels et sociaux de Yahvé. Cette assemblée pouvait également adopter des décrets à caractère général, comme l'indique l'emploi de l'expression *'eda* au sens d'« ordonnance ». Dans les deux cas, comme il est d'usage en pareil cas, la participation de l'armée elle-même consistait à acclamer les propositions du général de guerre que le prince avait choisi parmi les vétérans des différents contingents et qui pouvaient à l'occasion porter le titre d' « anciens d'Israël ». Ces derniers se livraient quant à eux préalablement à une prise d'oracles.

9. Guerre sainte, circoncision, nazirs et *neviim*

Quant au partage du butin, notamment à la part concédée, le cas échéant, aux non-combattants, il était apparemment régi par des principes bien établis (à en croire Nb 31, 27) ; cependant, dans le récit du partage du butin par David (1S 30, 26), ils apparaissaient comme une innovation introduite par ce dernier. Pour les guerres de l'Alliance, le *casus foederis,* le nom du chef de l'armée et l'objectif de la guerre étaient définis sur un mode strictement charismatique et prophétique par des cérémonies de réveil et de prise d'oracles auprès de Yahvé, dieu guerrier de l'Alliance. C'est Yahvé qui était tenu pour le chef proprement dit des armées de l'Alliance. C'est à lui en personne et pas seulement aux confédérés que les parjures refusaient leur soutien et, par suite, comme Yabech, ils tombaient sous le coup d'un châtiment mortel. Les guerres de l'Alliance étaient, par conséquent, des *guerres saintes* [1] ou pouvaient à tout moment le devenir ; dans les temps de danger, en tout cas, elles étaient toujours déclarées telles. La *'eda*, l'armée assemblée, était tout simplement désignée comme la réunion des « hommes de Dieu » (*'am Yahvé* ou *'am ha-Élohim*) dans le Cantique de Déborah (Jg 5, 11) ; il en alla de même au cours de la guerre sainte contre Benjamin (Jg 20). Cette définition entraînait d'abord des conséquences rituelles. À l'époque des Philistins, d'après la tradition de Samuel, on transportait dans les camps de l'armée l'autel portatif utilisé au front, « l'arche de Yahvé », et on prononçait rituellement devant lui une prière conservée dans la tradition des prêtres : on demandait à Dieu de se lever de l'arche, regardée comme son abri ou comme son trône, et de marcher à la tête de l'armée ; après le combat, de la même façon, on le priait d'y retourner. À l'occasion, on note également la présence, dans les camps, de l'éphod qui fit plus tard partie de la tenue des prêtres (1S 14, 3 ; 23, 6-9 ; 30, 7). On cherchait à s'assurer l'appui de Yahvé en ayant recours, avant la bataille, à des malédictions contre les ennemis, des prises d'oracles et des promesses solennelles et, pendant le combat, à des bénédictions magiques. Parmi les méthodes employées à cette fin figuraient aussi, du moins dans les temps de graves périls, les sacrifices humains ; le dernier à en pratiquer fut le roi Manassé [2 R 21, 6]. Cependant, outre

1. Les phénomènes spécifiques qui en découlaient ont été étudiés de manière remarquable par Friedrich Schwally, *Semitische Kriegsaltertümer 1. Der heilige Krieg im alten Israel*, Leipzig, 1901.

les promesses spécifiques précédant le combat, que l'on retrouve dans le monde entier, l'armée devait pratiquer dans les temps de guerre sainte l'*ascèse* qui lui était prescrite : en particulier, le jeûne et l'abstinence sexuelle. La tradition suppose que David et sa suite n'avaient le droit de manger du pain sacré qu'à condition d'avoir respecté l'abstinence sexuelle en période de combat. Lorsque les conséquences de son adultère avec Bethsabée devinrent manifestes, David tenta de faire rentrer du front le mari de cette dernière, Urie, afin qu'il eût des relations sexuelles avec sa femme et que l'on perdît sa propre trace [1 S 11] ; en vain : Urie respecta la discipline militaire et choisit l'abstinence. La rupture de l'ascèse, en particulier du jeûne, par un seul individu menaçait d'attirer sur tous les autres la colère de Yahvé et entraînait, par suite, la mort du contrevenant : seul le sacrifice d'un homme de substitution permit à l'armée de sauver de la mort Jonathan, le fils de Saül.

Une tradition met en relation le commandement universel de *circoncision* et la préparation de l'invasion de Canaan sous Josué. Les Israélites partageaient cette coutume avec les peuples environnants – à l'exception des Philistins venus d'outre-mer – mais surtout avec les Égyptiens, auxquels les Syriens et les Phéniciens, d'après Hérodote, l'avaient empruntée. Ce fut peut-être là l'*unique** composante du rite israélite empruntée à l'Égypte. La signification originelle de cette coutume fait l'objet, on le sait, de controverses sans fin. Peut-être ne possédait-elle pas dès le départ, en Égypte, un caractère universel ; il est possible qu'elle n'ait été pratiquée que pour les personnes de qualité [1] et que, dans ce cas, elle

1. Pourtant, Gunkel a récemment avancé des arguments forts contre Reidzenstein pour défendre la thèse d'une universalité de la circoncision en Égypte (*Archiv für Papirologische Forschung*, 2, 1, p. 13 sq.). L'observation tardive d'Origène selon laquelle les prêtres n'avaient le droit d'enseigner les hiéroglyphes qu'à des circoncis ne peut guère être exploitée. Une remarque de Josué 5, 8 indique bien plutôt que, pour l'auteur, la circoncision concernait l'*armée* : c'est pour échapper au mépris des Égyptiens que Josué l'imposa aux Israélites.

ait été associée soit à l'initiation des jeunes guerriers, soit au noviciat des prêtres. La circoncision des enfants ne fut certainement introduite qu'à une époque plus tardive. Abraham ne circoncit Ismaël qu'à l'âge de treize ans [1] [Gn 17, 23-26]. Dans l'Exode, la légende étiologique de Moïse et Tsippora [Ex 4, 25-26] atteste que la circoncision était également censée écarter les influences démoniaques dans le commerce sexuel. On ignore si le lien souvent établi, dans la tradition rabbinique, avec la promesse d'une descendance nombreuse, était ou non ancien. Dans la période de paix qui fit suite à l'exil, elle n'était pas nécessairement obligatoire pour les prosélytes. Avant l'exil, les *gérim* non astreints à prendre les armes – l'ensemble de la population du pays ne disposant pas d'assise terrienne – n'étaient pas soumis à la circoncision. On peut voir là un argument décisif pour démontrer que celle-ci trouvait son origine dans l'ascèse des guerriers, et c'est là l'hypothèse qui demeure la plus vraisemblable. D'un autre côté, cependant, d'après une disposition qui ne peut être datée avec précision [2], tous les membres de la maisonnée, y compris les esclaves, devaient être circoncis pour participer au repas domestique de Pessah (Ex 12, 48). Les origines de cette coutume restent donc assez nébuleuses. Le non-circoncis (*'arel*) devait rejoindre un Hadès particulier (Ez 31, 18 ; 32, 18) mais on ne peut rien en conclure de certain [3]. Dans tous les cas, l'étranger non circoncis était considéré rituellement comme un barbare, en un sens spécifique, et, tout comme en Égypte, les prépuces des ennemis étaient regardés comme des

1. En Égypte, les monuments suggèrent que la circoncision n'était pas réalisée au cours de l'enfance mais de l'adolescence.

2. La circoncision des esclaves était certainement une innovation, comme l'indique clairement le récit tardif de l'alliance avec Abraham (Gn 17, 12).

3. D'après la légende pacifiste des Patriarches, la circoncision aurait été introduite par un simple commandement de Dieu à Abraham, sans motivation particulière, comme un signe de l'Alliance et un rite devant être pratiqué à l'âge de l'enfance.

trophées, à la façon des scalps indiens [1 S 18, 25-27]. Tout bien considéré, l'hypothèse de loin la plus vraisemblable est que la circoncision était à l'origine liée d'une façon ou d'une autre à l'ascèse des guerriers et à l'initiation des jeunes gens. La question de savoir si cette pratique avait par ailleurs un rapport avec un type quelconque d'orgie phallique en usage dans son pays d'origine demeurera certainement à jamais obscure [1]. En tout cas, là comme ailleurs, les interprétations rationalistes relatives à l'hygiène et toutes leurs variantes encore en circulation sont parfaitement invraisemblables.

À côté des mesures destinées à sanctifier l'armée, un autre enjeu intervenait dans la guerre sainte : le *ḥérem*, le tabou rituel relatif au butin de guerre, qui imposait de consacrer ce dernier au dieu guerrier de l'Alliance. À l'époque postexilique, lorsque Israël se transforma en une communauté confessionnelle pacifiée, il se perpétua sous la forme d'une excommunication des coreligionnaires menant une vie rituellement incorrecte. On rencontrait également en Israël, semble-t-il, les vestiges d'un tabou de type privé. La tabouisation et le sacrifice au Dieu de tout ou partie du butin vivant et mort étaient cependant très universellement répandus, en Égypte, notamment, où le roi faisait massacrer les prisonniers en vertu d'une obligation rituelle. Là comme ailleurs, les ennemis passaient pour des impies : dans les deux cas, on ne trouvait nulle trace de sentiments chevaleresques. Dans les guerres, le *ḥérem* pouvait être plus ou moins

1. La possibilité que Pessah ait été, à l'origine, une orgie de viande des guerriers bédouins est trop incertaine pour être prise en considération dans l'interprétation de la circoncision. Bien entendu, il serait, en soi, tout à fait concevable que la transformation en rite domestique n'ait été que la conséquence de l'éparpillement des tribus d'éleveurs et de la sédentarisation croissante qui ont été décrits plus haut (cf. Eduard Meyer, *Die Israeliten, op. cit.*, p. 38 sq.). Cependant, la coutume consistant à badigeonner de sang les montants des portes et l'interdit de consommer du sang semblent indiquer que l'orgie de viande avait été proscrite dès une époque ancienne, à supposer qu'elle ait jamais existé.

important et les règles relatives au partage du butin attestent que la tabouisation de ce dernier dans son ensemble – hommes, femmes, enfants, bêtes, maisons, équipement – n'était pas systématique. Dans certains cas, les seules victimes immolées étaient les hommes adultes, « tout ce qui pisse au mur », ou encore les seuls princes et notables. En dehors de la guerre sainte, le droit guerrier de l'ancien Israël distinguait, tout comme l'islam, deux catégories d'ennemis : ceux qui se soumettaient de leur plein gré et ceux qui continuaient le combat ; il recommandait de laisser la vie sauve aux premiers (Dt 20, 11). Ce principe fut appliqué aussi bien à l'intérieur qu'à l'extérieur du territoire cananéen. C'est à l'époque d'Élie que fut formulée pour la première fois la théorie, d'influence prophétique, qui stipulait le caractère spécifiquement sacré de la terre promise par Dieu : ce n'est qu'avec elle que fut mise en avant l'exigence absolue de purification de ce territoire, d'où devaient être exclus les adorateurs des idoles (Dt 7, 2-3). Il fallut la théorie de la prophétie de guerre, puis celle de l'exil, et la transformation du judaïsme en une confession, pour que fît son apparition le principe fanatique qui réclamait l'élimination pure et simple des ennemis du pays [1]. Outre le fait que toutes les guerres n'étaient pas considérées, loin s'en faut, comme des guerres saintes, mais seulement les guerres de l'Alliance en tant que telles – et encore, peut-être pas toujours –, l'attitude hostile de Saül à l'égard des exigences que la tradition plaçait dans la bouche de Samuel attestait le caractère relativement tardif de ces conséquences ultimes du *ḥérem* [1 S 15, 10-35]. Ces dernières furent cependant appliquées avec une rigueur sans faille dans la mise en forme de la tradition et ce droit de

1. Il ne faut évidemment pas voir là une contradiction avec l'humanité des dispositions du recueil juridique plus ancien relatives au droit des étrangers : celles-ci, en effet, concernaient le *ger*, et non ceux qui étaient entièrement étrangers au pays. Il s'agissait justement d'éliminer purement et simplement cette catégorie de métèques rituellement séparés.

guerre sanglant, essentiellement théorique, donna naissance à une particularité caractéristique de bien des textes des Saintes Écritures, où des fantaisies d'une cruauté presque voluptueuse sont entrecoupées d'exhortations à faire preuve de douceur envers les faibles et les métèques.

En lien avec l'ascèse générale des guerriers, l'organisation israélite de la guerre connaissait aussi les phénomènes d'*extase guerrière* sous leurs deux formes par ailleurs répandues. La première était l'extase communautaire produite par la danse guerrière et l'orgie guerrière de viande ou d'alcool. On en repère quelques traces dans la tradition, les moins équivoques (*teru'a* 1 S 4, 5) étant le cri de guerre poussé par les Israélites à l'arrivée de l'arche de Yahvé dans le camp (peut-être s'agissait-il plutôt d'une danse guerrière autour de l'arche), que les Philistins trouvaient étrange et inquiétant, et la consommation de viande crue et de sang (contraire, donc, au rituel normal) après les batailles victorieuses (1 S 14, 32). La deuxième était l'extase du héros charismatique individuel. Celle-ci fut répandue de manière très universelle chez les héros du type de Tydée, Cuchulain ou des *amok* et, typiquement, chez les *Berserker* nordiques que l'extase conduisait à se jeter au milieu des ennemis dans l'ivresse d'une soif de sang littéralement enragée et, dans un état de semi-conscience, à abattre tout sur leur passage[1]. Le Samson de la légende était un *Berserker* typique de cette catégorie ; peu importe qu'il fût ou non issu, à l'origine, d'un mythe solaire, comme l'indiquait son nom (*chamach*). Lorsque l'esprit de Yahvé venait sur lui, il déchirait des lions, incendiait des champs, détruisait des maisons, abattait des quantités d'hommes avec les outils qui lui tombaient sous la main, entre autres

1. À Constantinople, on entretenait encore, à une époque tardive, quelques-uns de ces sauvages nordiques, un peu comme on élevait autrefois des éléphants de guerre. On s'accorde désormais le plus souvent à penser que l'extase guerrière, chez les *Berserker*, n'était pas provoquée de façon planifiée par la prise d'un poison.

actes de sauvagerie et de rage guerrière. Dans la tradition, il était, à l'évidence, le représentant d'un type. Entre le héros individuel aux allures de *Berserker* extatique et l'extase communautaire de la danse guerrière, qui ne représentait qu'un phénomène ponctuel, on trouvait, en position intermédiaire, l'entraînement ascétique d'un corps professionnel de guerriers en vue de l'accès à l'extase guerrière. Celle-ci se rencontrait certainement sous une forme rudimentaire chez les « nazirs », les « mis à l'écart [1] », qui étaient, à n'en pas douter, à l'origine, des guerriers extatiques ayant suivi un apprentissage ascétique. Ils ne se coupaient pas les cheveux – c'est le seul élément de la tradition qui soit avéré – et s'abstenaient d'alcool et, à l'origine, de commerce sexuel [2]. Samson aussi était considéré comme un nazir et, dans la légende primitive, c'est la rupture du tabou sexuel à laquelle il s'était laissé entraîner qui causa sa perte. Les nazirs, qui formaient le noyau de l'armée, étaient mentionnés dans la Bénédiction de Moïse adressée à Joseph, certainement ancienne (Dt 33, 16). Au début du Cantique de Déborah, il était question des « longues chevelures » (?) des « hommes liges » (*'am*) qui se vouaient à la guerre (*hithnadev*). Avec l'évolution ultérieure vers le pacifisme, le nazirat devint une ascèse de mortification qui impliquait des vœux, une conduite de vie rituellement exemplaire et, surtout, l'abstention de toute souillure – ce qu'il n'était assurément pas à l'origine : le Samson de la légende mettait la main sur le cadavre du lion et n'en était pas moins considéré comme un nazir. Le rituel traditionnel des nazirs (Nb 6) possédait cependant déjà un caractère ascétique. À l'origine, outre la préparation magique à l'extase, sa finalité n'était autre que la préservation de la plénitude des forces physiques. Le comte

1. Le Talmud indique qu'à l'époque, *neziruth* et *perichut* (d'où les « pharisiens ») étaient confondus.

2. Il ne semble pas certain que le choix de ne pas se couper les cheveux et l'abstinence d'alcool aient représenté deux formes différentes de l'ascèse guerrière, comme on l'admet parfois (Kautzsch).

Baudissin a formulé l'hypothèse que l'exigence ancienne de Yahvé de se voir consacrer tous les enfants premiers-nés, qui fit place, dans les traités juridiques, à un tribut de substitution, renvoyait, à l'origine, à l'obligation faite aux confédérés de consacrer à Yahvé leur fils aîné pour en faire un guerrier de métier nazir – à quoi on pourrait ajouter la prescription de doubler la part d'héritage de l'aîné afin de le rendre économiquement « disponible » [Dt 21, 17]. C'est là une supposition stimulante mais qui ne peut recevoir de preuve certaine : c'est surtout le lien étroit établi entre les nazirs et les « premiers nés » dans la Bénédiction de Moïse adressée à Joseph (Dt 33, 16-17) qui parle en sa faveur. Dans tous les cas, le fait que les nazirs soient mentionnés dans les deux Bénédictions adressées à Joseph suggère que, dans cette tribu, à l'époque de la rédaction de ces textes, les porteurs de la force armée étaient un noyau de soldats de la foi yahvistes, autrement dit une sorte d'ordre guerrier yahviste, si on veut bien me passer l'expression. Il est impossible d'en savoir davantage. De la même façon, nous ne connaissons que très mal les relations que l'ancien nazirat entretenait avec un autre phénomène issu de l'époque de l'ancienne armée de paysans : les *neviim*[1]. Des contacts étroits existaient entre les uns et les autres. D'après la tradition, Samuel fut consacré par ses parents à une sorte de service de Yahvé qui correspondait au nazirat [1 S 1 24-25] ; selon une variante au demeurant suspecte, il était regardé comme un héros de la guerre

1. En ce qui concerne l'étymologie, on évoque en général le mot arabe *naba'* (annoncer) et le *Nabu* babylonien, le scribe et l'annonciateur des décrets du conseil des dieux. (Cf. la signification du mont « Nebo » dont le nom était certainement lié à *Nabu*. C'est sur cette montagne ou dans son voisinage que Moïse aussi bien qu'Élie sont enlevés par Yahvé. Sur les prophéties antérieures à l'époque des prophètes de l'écrit, voir, par comparaison, Ernst Sellin, *Der alttestamentliche Prophetismus*, Leipzig, 1912, p. 197 sq., et Gustav Hölscher, *Die Profeten. Untersuchungen zur Religionsgeschichte Israels*, Leipzig, 1914.) Cf. *infra*, deuxième partie.

contre les Philistins [1 S 7, 2-14]. Par ailleurs, il était également considéré comme un *navi* et comme le chef d'une école de *neviim* [1 S 3, 20]. Dans tous les cas, quelle que soit la manière dont on interprète cette tradition, le nazir, l'homme des extases guerrières, était proche du *navi*, l'homme des extases magiques. Les recoupements entre nazir et *navi* s'accordent parfaitement avec ce que l'on sait par ailleurs des organisations de combattants de la foi.

Les *neviim* n'étaient en aucun cas un phénomène spécifique à Israël ou à la seule Asie antérieure. Si l'existence de formes analogues d'extase n'est attestée ni en Égypte (avant l'époque des Ptolémée) ni en Mésopotamie, mais seulement en Phénicie, la raison en était exclusivement, à n'en pas douter, le discrédit dans lequel étaient tombés les cultes orgiaques et le fait que, dès le début de l'époque des grands royaumes, comme en Chine, la mantique avait évolué vers une réglementation bureaucratique et une prébendalisation. En Égypte, on appelait « prophètes » les simples détenteurs de prébendes de tel ou tel temple. En Israël, en revanche, comme en Phénicie, en Grèce et en Inde, l'extase prophétique demeura un pouvoir vivant, en raison du défaut de bureaucratisation ; en Israël surtout, à l'époque des guerres de libération, elle entretint un lien avec le mouvement nationaliste, par le biais des extases de masse. Les *neviim* israélites ne se distinguaient manifestement pas, pour l'essentiel, des extatiques professionnels, formés dans des écoles, qui ont existé partout ailleurs dans le monde. Leur recrutement s'opérait en fonction de leur charisme personnel et, comme le suggère le traitement condescendant que leur réserva la tradition ultérieure, il était fortement plébéien. Selon toute apparence, les *neviim* se tatouaient le front (I R 20,41), comme les moines mendiants indiens, et ils portaient un costume comportant principalement un manteau d'un genre particulier, qui servait à désigner les disciples ou successeurs du chef d'école (le « père ») lorsque celui-ci le jetait sur leurs épaules, un geste aux effets magiques. Les *neviim* pratiquaient leurs exercices ensemble dans des édifices particuliers, semble-t-il parfois situés dans les montagnes (le Carmel, par exemple) ; cependant, la présence de *neviim* fut également relevée dans d'autres lieux israélites (Guibéa, Rama, Gilgal, Béthel, Jéricho). La tradition ne signalait ni ascèse durable ni célibat (2 R 4,1). Là comme ailleurs, la musique et la danse comptaient parmi les méthodes de production de l'extase. Les *neviim* du Ba'al phénicien, qui s'introduisirent dans l'Israël du Nord sous la dynastie des Omrides, dansaient en boîtant autour de l'autel, jusqu'à s'automutiler dans les moments d'orgie [1 R 18, 20-40] : c'était là un sortilège magique pour faire tomber la pluie. L'automutilation, mais aussi les blessures mutuelles (I R 20, 35 sq.) faisaient partie, avec l'entrée dans des états cataleptiques et les paroles insensées, des pratiques des *neviim* de Yahvé, que nous ne connaissons pas plus précisément dans le détail. L'objectif était l'acquisition de forces magiques. Les miracles racontés par le dernier maître de la corporation, Élisée (2 R 4, 1 sq. ; 4, 8 sq. ; 4, 18 sq. ; 4, 38 sq. ; 4, 42 sq. ; 6, 1 sq. ; 8, 1 sq.), portaient la marque typique de la magie de métier, que l'on retrouve dans les légendes des magiciens indiens et d'autres encore. Et comme tous les magiciens extatiques de ce type, les *neviim* – ces histoires de magie en témoignent, comme celles d'Élie – remplissaient les fonctions d'homme-médecine, ou encore de faiseur de pluie, quand ils n'étaient pas réquisitionnés comme chapelains sur les champs de bataille, voire directement comme combattants de la foi, à l'instar des *naga* indiens et de ceux qui peuvent le plus facilement être comparés à ces derniers, les derviches. Dans l'Israël du Nord, au début des guerres de libération nationale, les *neviim* de Yahvé se présentaient comme des prophètes de guerre, surtout dans les combats de libération contre les Philistins incirconcis, que l'on peut vraiment qualifier, au sens strict, de guerres de religion. À l'évidence, cependant, ce ne fut certainement pas là la première manifestation de la prophétie extatique, présente dans toutes les guerres de libération proprement dites – la première fut la guerre de Déborah. Dans un premier temps, ce type de prophétie n'entretenait aucun rapport avec une forme quelconque de « divination » (à l'époque de Gédéon, l'oracle était établi par pur tirage au sort) ; comme chez Déborah, la « mère d'Israël », elle avait pour but d'en appeler au combat pour la foi, de promettre la victoire et de réaliser, par l'extase, des sortilèges magiques en vue de celle-ci. On ne peut donner la preuve que cette prophétie guerrière extatique individuelle entretenait un lien direct avec la forme ultérieure d'extase enseignée dans les écoles de *neviim* : le Cantique de Déborah et le Livre des Juges ne faisaient pas mention de la seconde.

Cependant, il existait certainement des relations entre l'une et l'autre. En effet, l'extase guerrière ne se limitait aucunement à l'extase individuelle des *Berserker* charismatiques et des prophètes de guerre de la période ancienne, et ne se confondait pas davantage avec l'extase de masse des bandes de derviches pratiquée à la fin de l'époque de l'armée paysanne. On trouve partout des éléments qui relient ces différentes formes d'extase. Non seulement les chefs de guerre charismatiques de l'époque dite des Juges présentaient pour une part considérable d'entre eux, à n'en pas douter, sinon dans leur totalité, le caractère de guerriers extatiques, mais on rapportait expressément ce même fait à propos du premier roi d'Israël. Justement dans un contexte où étaient mentionnées ses relations avec les *neviim.* Selon une tradition dans laquelle ce phénomène était devenu incompréhensible, Saül entrait soi-disant « par hasard » dans une société de *neviim.* Il venait de recevoir l'onction qui lui avait transmis « l'esprit de Yahvé », juste avant son apparition publique comme roi. Il était alors lui-même saisi par l'extase des *neviim* (I Sam. 10). Plus tard encore, lors de son combat contre David, il était à nouveau en proie à l'extase lors d'une visite rendue là encore prétendument « par hasard » aux écoles de *neviim* de Samuel : il se promenait nu, prononçait des paroles insensées et perdait connaissance toute une journée. Dans un accès de rage sacrée envoyé par Yahvé, à la nouvelle des pourparlers de capitulation de Yabech, il taillait en pièces un bœuf et appelait tout Israël au combat de libération, en prononçant une malédiction religieuse contre les déserteurs [1 S 11, 6-7]. Ses accès de colère contre David étaient interprétés par la tradition davidienne comme la marque d'un esprit méchant mais pareillement inspiré par Yahvé [1 S 18, 10]. À l'évidence, Saül était donc un guerrier extatique, comme Mahomet. Tout comme Saül, David séjournait à son tour dans les maisons de *neviim* de Samuel. Il dansait devant l'arche de l'Alliance lorsqu'on l'apportait pour célébrer le triomphe [2 S 6, 15-17]. Les récits ne permettent plus de savoir la forme que revêtit, dans le détail, cette relation avec les *neviim,* mais elle exista.

Comme les extases de Saül, cet acte extatique de David était présenté par la tradition ultérieure en des termes presque défensifs ; elle cherchait à l'excuser. Ce comportement était perçu comme indigne d'un roi. Mikhal, l'épouse de David, disait explicitement qu'un roi ne pouvait se comporter « comme un plébéien » [2 S 6, 22-23]. La sentence « Que va faire Saül parmi les *neviim* ? Quel est leur père [le père des *neviim*] ? [1 S 10, 1-12] » exprimait exactement le même sentiment : le mépris voué à une plèbe indigne. D'un côté, nous le verrons, l'évolution de l'attitude des couches lettrées à l'égard des extatiques anciens, à l'époque royale tardive, contribue à expliquer ce phénomène. D'un autre côté, la position de ces derviches fut affectée par les changements intervenus entre-temps dans la structure de la *royauté,* à partir de l'installation de David dans sa résidence royale, puis, définitivement, à partir de Salomon. Avant son établissement comme roi citadin, David était un prince charismatique au sens ancien, légitimé par ses seuls succès de porteur de l'onction divine. Lorsque les Amalécites s'emparèrent des troupeaux et des femmes de sa suite, il courut le danger d'en être tenu pour responsable et d'être tué sur-le-champ par cette dernière [1 S 30, 1-6]. La situation changea avec la mise en place définitive de la monarchie charismatique héréditaire *d'assise citadine* et avec la transformation du régime militaire qui en résulta. Salomon importa d'Égypte des chevaux et des chars et créa ainsi l'armée de chevaliers. La maison royale comprenait au minimum la garde du roi et une part, sinon la totalité, des combattants sur chars (I R 10,26) qui étaient censés, à l'époque de Salomon, être installés dans des « cités de chars » spécifiques. C'est sans doute à partir de ce moment que, selon la tradition, « l'armée », par exemple l'armée de chars du pharaon, fut simplement appelée le « bien » du roi (*ḥayil*), et le général en chef royal qui était à sa tête le « *sar ha-ḥayalim* ». À l'armée s'ajoutaient les artisans royaux redevables de liturgies et les sujets corvéables employés pour la construction des citadelles, des palais et des temples et pour la culture des terres royales, de plus en plus étendues ; des fonctionnaires royaux dotés de prébendes et de fiefs fonciers qui remplissaient les fonctions d'officiers ainsi que de juges, du moins dans les villes résidences ; un instructeur royal pour l'entraînement de l'armée ; le trésor de la Couronne utilisé comme instrument de pouvoir et comme réserve de gratifications pour les fidèles, le commerce privé du roi sur la mer Rouge pour l'alimenter, les redevances des territoires étrangers conquis, les tributs réguliers en nature des sujets répartis en douze circonscriptions, recueillis dans une tournée mensuelle destinée à l'entretien de la table du roi et, enfin, des corvées de travail sur le mode égyptien. Un harem régulier, des alliances familiales ou non avec les souverains des grandes puissances, en particulier de l'Égypte et de la Phénicie, afin de se donner les moyens d'une politique étrangère, et, par suite, l'importation de cultes étrangers, célébrés dans des chapelles de la cour pour les seules princesses étrangères, ou introduits parmi les cultes du pays : telles furent les conséquences immédiates de l'instauration de la royauté. Celle-ci revêtit les traits typiques des grandes puissances guerrières de l'Orient. Les scribes royaux, le chancelier, le majordome, le maître des rentes et le titre typiquement égyptien d'« ami du roi » (*re'éh ha-mélekh*) firent leur apparition. Les charges temporelles furent confiées à des prêtres ou des fils de prêtres, parce qu'ils savaient écrire (1 R 4,1 sq.). Là comme ailleurs, le pouvoir des prêtres formés dans des écoles fut ainsi renforcé, au détriment des extatiques charismatiques. Cependant, un autre phénomène intervint. Salomon eut recours à tous les moyens qui viennent d'être énumérés pour tenter de transformer en une configuration politique bien organisée la confédération qui avait regroupé de façon plus ou moins lâche des paysans, des clans de bergers et de petits bourgs de montagne. Douze circonscriptions administratives royales réparties géographiquement se substituèrent aux tribus de l'alliance de Yahvé : celles-ci devinrent des *phulai*, comme il en existait dans toutes les cités-États antiques pour la répartition des redevances publiques. Comme dans la plupart des États monarchiques, la plus grande partie de la tribu de seigneurs de Juda fut semble-t-il exemptée d'impôts parce qu'elle appartenait au domaine royal. Pour le reste, la division des circonscriptions suivait le plus souvent les frontières des anciennes tribus. La scission de la tribu de Joseph, qui donna naissance à Éphraïm et aux deux Manassé, fut peut-être une conséquence de cette reconfiguration. La stéréotypisation des 12 tribus d'Israël ne fut sans doute achevée qu'à ce moment-là. Après la fondation de Samarie, la défection répétée des tribus du Nord ne changea absolument rien au fait que les deux royaumes conservèrent cette organisation. Par suite, et surtout avec le poids croissant des armées de combattants sur des chars, les anciens héros extatiques et charismatiques et l'ancienne armée de l'Alliance connurent le déclin. L'armée permanente – gardes du corps royaux et troupes de mercenaires – joua un rôle de plus en plus décisif, aux dépens de l'ancienne levée de soldats paysans. Les anciens *giborim* n'avaient été que la *« classis »* de l'armée fédérale (pour reprendre le terme en usage à Rome). Cependant, au fur et à mesure que l'achat d'un équipement se fit plus dispendieux, ils devinrent des chevaliers, qui éclipsèrent les simples soldats libres. Les entrepôts et arsenaux constituèrent toujours davantage le fondement du pouvoir de l'armée royale, comme il est dit au sujet d'Ézéchias (2 Ch 32, 28). C'est ce qui entraîna la *démilitarisation* des couches paysannes, dont il a déjà été question. Le rapport entre la situation née du développement des villes et celle des anciens confédérés israélites était, en soi, à peu près identique à la relation que l'hégémonie des « Grands Seigneurs de Berne » entretenait avec la première ligue paysanne des anciens cantons suisses. En Israël, cependant, le pouvoir de la royauté imposant des corvées contribuait nettement à forcer le trait. On savait très bien que l'ancienne alliance et son armée ne présentaient pas le même visage social. Les impôts et corvées du roi auxquels, fait nouveau, même les Israélites libres étaient soumis, étaient accueillis avec amertume.

Les anciens avant-postes de la liberté, les *neviim*, furent fortement affectés par les changements ainsi intervenus. Ils avaient été les guides spirituels des anciennes levées de paysans. Miryam, Déborah, ou encore Samuel, selon une tradition plus tardive (et contestée), les anciens héros-*Berserker* et les bandes de derviches étaient, dans l'imaginaire populaire, les porteurs de l'esprit héroïque authentiquement pieux, saisis par « l'esprit » du dieu guerrier de l'Alliance. L'ennemi avait été jusque-là identifié aux chevaliers combattant sur des chars – égyptiens, cananéens et philistins ; Yahvé avait permis à l'armée de paysans de les écraser en éveillant l'extase héroïque et prophétique. À présent, l'armée des rois israélites eux-mêmes était composée de chevaliers qui avaient appris à combattre sur des chars et de mercenaires issus de tribus étrangères ; *neviim* et nazirs n'y avaient plus leur place. L'extase des *neviim* et l'ascèse des nazirs furent ainsi elles aussi *démilitarisées* – ce fut là une caractéristique très importante de l'évolution de la politique intérieure d'Israël, du point de vue de l'histoire religieuse. Nous avons déjà vu que des propos exprimant l'aversion de la société de cour pour la danse extatique de David avaient été placés dans la bouche de Mikhal. Un officier de Jéhu désigne comme un « fou » le *navi* envoyé par Élisée, le chef des *neviim* de Yahvé, pour proposer au général de recevoir l'onction qui ferait de lui un antiroi [2 R 9, 11]. Dans la révolte yahviste de Jéhu, soutenue par les rékhavites, contre la dynastie des Omrides, les *neviim* extatiques placés sous la conduite d'Élisée jouèrent encore un rôle politique. Dans les récits relatifs à ces *neviim* d'Élisée, cependant, les phénomènes d'extase étaient nettement plus tempérés que dans la tradition de Saül et de Samuel : leurs porteurs n'étaient plus des bandes en proie au délire dionysiaque et à la divagation, mais des écoles sédentaires qui éveillaient l'extase par la musique. De façon générale, c'est la dernière fois que ces pratiques d'extase étaient associées à un enjeu politique. Désormais, elles furent mentionnées sur un mode négatif : sous Jéroboam II, le prophète Amos se défendait d'être un *navi* [Am 7, 14]. Il entendait manifestement par là : un professionnel formé à l'extase et susceptible d'en faire *commerce.* Dans d'autres passages, en effet, Amos utilisait le terme de « *navi* » comme un titre honorifique. Les prophètes de l'écrit ne cessaient de dénoncer les mensonges et la corruption des *neviim.* Ces derniers étaient ainsi chaque fois identifiés comme des extatiques *professionnels.*

Les sources font nettement ressortir que l'extase professionnelle des *neviim* n'était qu'en partie orientée vers des objectifs politiques et correspondait, pour le reste, à un simple commerce de magicien. Les *neviim* libres n'exerçaient manifestement pas pour le seul compte de la nation israélite. Dans certains cas, ils pouvaient aussi servir des non-Israélites. Élisée se rendit à Damas et l'ennemi d'Achab, le roi Ben-Hadad, le fit consulter 2 R 8, 7-15]. Il donna aussi à son capitaine, malade de la lèpre, un remède magique qui entraîna la conversion de celui-ci et fit de lui un adorateur de Yahvé. Il prédit au général du roi de Damas, Hazaël, qui fut plus tard l'ennemi juré d'Israël, que son destin était de recevoir la couronne du royaume araméen. De la même façon, à la demande, il se mit au service de son propre roi et remplit la fonction de magicien extatique dans la guerre contre les Moabites. Cependant, il ne disposait pas d'une charge permanente : selon la tradition, il était à la tête d'une communauté de *neviim* libres. En Phénicie, des *neviim* étaient depuis longtemps au service du roi. Le roi Achab avait à son service des *neviim* de Ba'al pour sa femme phénicienne, mais sans doute aussi des *neviim* de Yahvé, puisqu'il donna à ses enfants des noms yahvistes. En Syrie, selon un usage typique, les uns et les autres vivaient de prébendes ; ils mangeaient à la table du roi. À l'évidence, il existait cependant déjà une catégorie de *neviim* qui méprisait *toute* exploitation du charisme extatique à des fins lucratives. Ce point de vue est attribué à Élisée, peut-être à tort : il frappa de la lèpre un disciple qui se faisait payer [2 R 5, 19-27]. Il s'agissait là d'un impératif de l'honneur de *Stand* que nous retrouvons dans les couches intellectuelles d'autres pays, y compris chez les philosophes grecs ; c'est aussi à des conceptions *de ce type* qu'il faut rapporter le refus, par Amos, du titre de *navi*. Étant donné que leur rôle proprement militaire de soldats de la foi avait décliné, avec le développement de la technique du combat de chars, et ne se limitait plus, désormais, pour les premiers, qu'à une fonction d'aumônier magicien sur le front, les *neviim* professionnels du roi, aussi bien que cette couche de *neviim* libres, qui se percevaient comme les gardiens de la pure tradition de Yahvé, se virent contraints désormais de cultiver avant tout l'autre don qui est le propre des extatiques : la *divination* extatique.

La relation de l'extase des *neviim* avec la divination était certainement ancienne, comme en témoigne, notamment, le lien qui unissait le mot *navi* (non hébraïque) et le nom du dieu des oracles de Babylone. Dès l'époque des Ramessides, les rois des cités phéniciennes employaient des extatiques comme prophètes et conformaient leurs actes aux indications de ces derniers, tout comme les rois de Mésopotamie respectaient les oracles des prêtres des temples : c'est ce qu'atteste le récit de voyage du scribe égyptien Wen Amon, envoyé par le prêtre d'Amon, qui se rendit à Byblos vers l'époque du Cantique de Déborah. Un des prophètes du roi, en proie à l'extase, délivra un oracle recommandant au souverain de bien traiter son hôte ; ce qui fut fait. Les anciens princes guerriers charismatiques d'Israël imploraient directement le Dieu de leur accorder un *omen*, ou bien suspendaient leur décision à un certain signe : c'est ce que fit Gédéon par trois fois successivement, selon la tradition [Jg 6, 36-39]. Dans d'autres cas, ils étaient appelés à la guerre par un *navi* extatique : ainsi, notamment, Baraq par Déborah. La tradition historique rapporte que Saül fut le premier à prier personnellement un « voyant » (*roé*) qui était aussi un *navi* (Samuel) de délivrer un oracle et de donner à l'armée une bénédiction magique, tout en envoyant une malédiction aux troupes ennemies. Pour la période antérieure, la légende attribuait les mêmes services à Biléam, un Moabite ou Madianite qui était un *roé* et savait mettre à profit la magie dans le domaine politique ; c'était aussi un extatique, comme en témoignent les indications un peu confuses de Nb 24, 1. La légende affirmait que Biléam avait été mandé par le souverain ennemi et contraint malgré lui par Yahvé à bénir Israël. Cette version correspondait, au demeurant, à des représentations plus tardives de la nature de la vocation prophétique. Les bénédictions prononcées par Biléam en faveur d'Israël et ses menaces de malheur proférées à l'encontre d'Amaleq, Caïn et Édom étaient conformes au modèle typique universel des *prophéties de salut.*

Le contexte historique de ces prophéties étant celui des débuts de la royauté, on est en droit de voir dans les sentences de Biléam le premier témoignage authentique d'une prophétie de salut à destination d'Israël *tout entier.* Les reproches qui lui furent plus tard adressés (Nb 31, 16 ; 25, 1) suggèrent l'existence d'un lien entre la figure de Biléam et la forme d'extase qui était justement typique de l'Israël du Nord. Certaines des bénédictions figurant dans les recueils trouvaient leur origine dans cette sentence de salut. C'était le cas, notamment, de la bénédiction relative à la tribu de Joseph dans la Bénédiction de Jacob (Gn 49, 22 sq.) et, dans une version plus ancienne, dans la Bénédiction de Moïse (Dt 33, 13 sq.). Cependant, elle se distinguait de la sentence de Biléam dans la mesure où elle n'avait manifestement pas pour fin d'exercer une influence magique sur certains événements politiques. Il ne s'agissait pas d'une prophétie de salut mais, probablement, d'un chant de célébration de la belle et fertile terre de la tribu, chanté par des bardes dans les fêtes de celle-ci, et associé à des prières qui appelaient la bénédiction de Yahvé, dans son buisson ardent, sur les valeureux nazirs et les premiers-nés de la tribu. De la même façon, la sentence de Moïse relative à Juda (Dt 33, 7), quoique manifestement plus tardive, appelait la bénédiction sur cette tribu ; opprimée par ses ennemis, elle était cependant désignée pour exercer l'hégémonie sur l'alliance. Les autres sentences de tribus étaient pour une part des chants de célébration de propriétés terriennes ou de l'armée, soit, à l'inverse, des couplets de blâme ou de satire, ou encore, dans le cas de Ruben, Siméon et Lévi, des arguments venant justifier *a posteriori* leur décadence ; mais les unes comme les autres étaient dépourvues de caractère prophétique au sens strict. La sentence relative à Juda dans la Bénédiction de Jacob (Gn 49, 9 sq.) revêtait, en revanche, un caractère différent. Elle faisait l'éloge de la terre de Juda, aux vignes bénies, mais assurait aussi que cette tribu conserverait le sceptre et que le grand héros d'Israël sortirait de ses rangs. Cette sentence était manifestement un produit du déploiement considérable de la puissance de David, et, à n'en pas douter, une *vaticinatio ex eventu.* Elle appartenait à la catégorie de la *divination* de salut, sous la forme d'une prophétie *royale*, et constituait peut-être le plus ancien témoignage de ce type conservé en Israël. Toutes les cours orientales, celle de l'Égypte voisine, notamment, connaissaient ce type de prophétie de salut destinée à la cour, et, à partir de David, elle fut en usage chez les prophètes royaux israélites. Dans la sentence adressée à Juda, le salut était encore attribué à la *tribu* du roi, censée exercer l'hégémonie. Dans les prophéties royales typiques, en revanche, le salut était annoncé pour le roi. Pour lui, il s'agissait avant tout de garantir la perpétuation de sa dynastie : à cette fin, il souhaitait se fonder sur un oracle sans ambiguïté mais capable de produire des effets puissants. Un oracle de ce type était censé avoir été délivré à David par Yahvé en personne : c'est la forme que revêtit la plus ancienne prophétie de salut de la dynastie des Davidides qui nous ait été transmise (2 S 23, 1 sq.). Dans ce cas, le prophète royal plaçait la sentence relative à la dynastie dans la bouche même de son premier roi : la tradition le présentait comme un extatique qui, tout en occupant le trône, était saisi par l'esprit de Yahvé. Une tradition plus tardive, favorable à Salomon et à son temps – la même, certainement, que celle qui cherchait à consolider sa légitimité douteuse en faisant de Nathan, jusque-là désigné comme un « voyant » libre dans la tradition préprophétique, un partisan de la cour impliqué dans les intrigues de cette dernière et dans celles des prêtres après la mort de David –, plaçait au contraire dans la bouche de ce même prophète un oracle de salut identique mais favorable à Salomon : il annonçait la perpétuation éternelle du trône de David, en lien avec la construction du Temple (2 S 7, 8 sq.). Cet oracle, auquel on attribue une grande ancienneté, est peut-être la première prophétie de salut du type tardif qui ait été conservée. En ce qui concerne les rois d'Israël ultérieurs, la tradition rapporte que Achab, notamment, demandait aux *neviim* semble-t-il relativement nombreux qui étaient à son service de rendre des oracles et, activité qui se confondait toujours avec la précédente, de dispenser des promesses de bonheur dotées d'une efficacité magique. Sous la dynastie de Jéhu, strictement yahviste, fut rapporté pour la première fois le cas suivant (2 R 14, 25) : un oracle de Jonas, fils d'Amittaï de Gath, en Galilée, avait *prédit* – très certainement au cours de la difficile guerre contre les Araméens – l'avènement d'un roi qui rétablirait le royaume de David dans ses frontières, et cet oracle se réalisa dans les faits de guerre de Jéroboam II. Celui-ci fut dès lors identifié comme le roi désigné par la prédiction. Dans ce cas, la divination annonçant la venue d'un roi sauveur n'était pas seulement une figure littéraire – comme la sentence de Juda présentée dans la Bénédiction de Jacob – mais un oracle proprement dit. En l'occurrence, il s'agissait, là encore, d'une prophétie de salut royal. Le recours durable à de telles prophéties dans les deux royaumes séparés est attesté de bien d'autres manières, comme en témoignent, de façon suffisamment éloquente, les mots très durs que les prophètes de l'écrit indépendants eurent plus tard à l'encontre des prophètes de mensonge royaux.

Il découle de ce qui précède que la version actuelle de la tradition ne fait plus de distinction entre « *navi* » et « *roé* ». Au contraire, elle affirme expressément, dans certains cas, que le « *roé* » désignait, à l'origine, le « *navi* » ; par là, elle entend le prophète de l'écrit des époques ultérieures [1 S 9, 9]. Pourtant, cette allégation est manifestement fausse. Tout le flou irrémédiablement attaché à des figures comme Biléam, Samuel, Nathan ou encore Élie, dans leur présentation actuelle, ne résulte pas seulement du fait que, là comme ailleurs, dans la réalité, les transitions entre les différents types étaient fluctuantes ; il découle bien plutôt du procédé tendancieux qui a consisté à éliminer et à effacer les anciennes oppositions. Pour savoir ce qu'était, à l'origine, le « *roé* » typique, on peut se reporter au récit concernant l'oracle de salut de Nathan dont il a déjà été question : le *roé* était un homme qui rendait des oracles sur la base de *l'interprétation de rêves*, qui était capable, autrement dit, d'interpréter correctement soit ses propres rêves, soit (comme Joseph dans la tradition de la nouvelle) ceux des autres [Gn 40-41], ou encore d'avoir des visions extralucides dans l'extase apathique – c'était là le point essentiel. Ce qui distinguait le « *roé* » de l'ancien « *navi* », c'était, avant tout, le non-recours aux méthodes de l'ivresse orgiaque, typiques de ce dernier, et par conséquent aussi à l'extase de masse. Le *roé* recevait ses visions dans la solitude et ses clients lui rendaient visite pour l'interroger. On attribuait en général au *roé* des pouvoirs magiques, mais non dans tous les cas – il n'en allait pas ainsi pour Nathan, par exemple. Le « *roé* » doté de pouvoirs magiques était semble-t-il généralement désigné sous le terme d'« homme de Dieu » (*ich ha-Élohim*). La position de Samuel dans la tradition historique s'explique peut-être, à l'origine, par le fait qu'il fut le premier, à l'époque des luttes de libération, à cultiver dans des oracles à visée *politique* les formes de révélation de Yahvé qui furent par la suite admises comme classiques : le rêve et les visions extralucides en état d'« enlèvement ». Nathan et Gad (2 Sm 24, 11), sous David, Ahiya de Silo, sous Salomon et Jéroboam (I R 1-18), Jéhu, le fils de Hanani, sous Bacha, semblaient appartenir à cette catégorie. C'est pourquoi ils furent plus tard confondus avec les *neviim* – les *neviim* libres ou les prophètes royaux. La délivrance d'oracles politiques n'était cependant manifestement ni l'activité première ni, pour longtemps, l'activité principale des « voyants ». D'un autre côté, les oracles officiels des prêtres de Yahvé n'étaient pas fondés sur des rêves ni sur des visions ; c'étaient des oracles par tirage au sort, sur les questions politiques ou judiciaires.

L'extase du *roé* fut aussi, dans un premier temps, un commerce privé. La tradition rapporte que le voyant était interrogé sur toutes sortes de problèmes quotidiens, par exemple au sujet d'une ânesse perdue, et que les oracles qu'il rendait à partir de ses visions étaient dédommagés par des présents (1 S 9, 6-7). Pour la tradition ultérieure, cependant, l'homme de Dieu ou le voyant était surtout celui qui proclamait la volonté du Dieu de l'Alliance en s'adressant aux autorités compétentes, les anciens, le roi ou le héros que le voyant devait encourager à devenir un chef de guerre charismatique. C'est ce que firent déjà Samuel et Nathan. Sur ce point, cependant, la version actuelle, influencée par les prophètes – surtout celle de l'école deutéronomique, qui met en avant la figure de Samuel – substitue manifestement au « voyant » proprement dit de l'ancien temps une figure toute différente. Tous les types de prédictions évoqués jusqu'ici étaient pratiqués sur les territoires des tribus paysannes sédentaires du Nord. Ce n'était pas un hasard, comme nous le verrons plus loin. Les prédictions d'un autre type, qui permettaient à la divinité de faire connaître sa volonté, étaient en usage dans les tribus d'éleveurs, chez les yahvistes – ce n'était pas non plus un hasard. La plus ancienne de ces formes était l'épiphanie. On la rencontrait chez tous les Patriarches : d'abord, selon la tradition historique, dans la légendaire assemblée du peuple aux Bokhim (Jg 2, 1 sq.), mais aussi, en dernier lieu, chez Gédéon. Yahvé lui-même était déjà devenu alors un messager divin. Pour la tradition tardive, seul Moïse avait vu Yahvé en face. Cependant, la configuration était toujours la même : celui qui recevait l'épiphanie *entendait* la *voix* de Yahvé en chair et en os ou celle de son messager ; il ne se contentait pas de recevoir une simple *vision* en rêve [Jr 23, 25-32]. On avait donc affaire ici, répétons-le, à une prophétie d'un autre type [1]. Ses représentants affirmaient

1. La vision et l'audition, bien entendu, n'étaient pas strictement séparées mais associées l'une à l'autre à bien des égards. D'Osée, le premier, on rapportait toujours un seul et même récit : la « parole de Yahvé » (*devar Yahve*) était venue à lui. Amos racontait avoir vu toutes sortes d'images dont Yahvé lui donnait ensuite l'*interprétation* (Am 1, 1 ; 7, 1-4-7 ; 9, 1). À l'occasion, il en allait encore de même chez Jérémie et, à quelques différences près, chez Ézechiel. Ésaïe, en revanche, n'avait pas la vision d'images à interpréter mais voyait *et* entendait ce qu'il devait annoncer ; ou bien il avait la vision de la magnificence de Dieu avant de recevoir ses commandements. Dans tous les cas, cependant,

leur supériorité sur les « rêveurs de rêves » [Dt 13, 2] dont les visions étaient, selon eux, incertaines et incontrôlables. Y compris à l'époque tardive de la prophétie classique, le critère décisif, pour eux, demeurait le même : il fallait avoir fréquenté personnellement Yahvé, avoir pris part à l'« assemblée de conseil » de Dieu et avoir entendu en personne la voix du Seigneur pour que l'oracle fût valable [1 R 22 et Es 6]. Par suite, pour la branche de la tradition influencée par de telles conceptions, les oracles issus de rêves étaient non classiques et trompeurs, et les voyants se contentant d'interpréter des rêves étaient suspects. Plus tard, à l'époque postexilique (Jl 3, 1 ; Dn 2, 1 sq.), et en dépit du combat sans merci que Jérémie, notamment, mena contre elle, l'interprétation des rêves connut un regain de prestige sous l'influence babylonienne et ne put dans tous les cas jamais être entièrement éliminée ; cependant, la constitution d'une *théorie* des prêtres pour l'interprétation des rêves, à la façon des livres de rêves mésopotamiens, n'était pas envisageable. On rencontrait aussi des combinaisons de « vision » et d'« audition » : Amos était appelé « *ḥozé* » par ses adversaires et ses inspirations associaient des « visions » et la perception de la voix de Yahvé qui lui livrait l'interprétation de celles-ci. Cependant, il s'agissait de visions réelles à l'*état éveillé*. Chez Amos, le primat de l'audition était encore déterminant, comme il l'était en général dans ce type de prophétie.

Le tempérament du prophète auditif, dont l'inspiration ne provenait pas d'une vision de rêve reçue dans l'extase apathique mais d'une expérience émotionnelle qui lui faisait entendre des voix, était, bien entendu, nettement plus agité et plus actif que celui du rêveur visionnaire. C'est pour cette raison, semble-t-il, que la désignation de « *navi* » était aussi appliquée à ces oracles.

---

c'est l'audition qui primait. En tant que « voyant », le prophète était appelé *ḥozé* (les dérivés de *ḥasah* signifiaient par suite « vision nocturne »). Pour plus de détails, on se reportera à la deuxième partie.

Ce type marqua la tradition. Depuis, pour cette dernière, l'« homme de Dieu » était avant tout un homme qui annonçait aux détenteurs du pouvoir politique la volonté du Dieu de l'Alliance. Il le faisait soit sur la requête de ces derniers, comme ce fut le cas pour la prophétesse Houlda sous Josias [2 R 22, 11-20] ou pour Jérémie sous Sédécias, soit, de plus en plus fréquemment, *sans y avoir été invité*, que l'oracle fût favorable ou non et même surtout lorsqu'il ne l'était pas. Selon la tradition, Samuel fut le premier prophète doté d'un prestige suffisamment grand pour agir de la sorte. Les conceptions plus tardives attachaient une telle importance à la possibilité que cet esprit prophétique de Yahvé pût s'emparer d'un individu extérieur à l'institution et non repertorié dans les clans de prêtres – une possibilité semble-t-il contestée par les intéressés – qu'elle créa, à cette fin, avec les figures d'Eldad et Medad (Nb 11, 26-27), un paradigme mosaïque spécifique. Avec la figure légendaire d'Élie, ce type atteignit un sommet, tout en s'orientant déjà pour une part vers le type nouveau qui fut plus tard celui du « prophète » (de l'écrit). Celui-ci se distinguait de l'ancien homme de Dieu par le fait que ses oracles s'adressaient, au moins pour une part, au *public* que constituait l'auditoire intéressé par la politique*, et pas seulement au pouvoir constitutionnel – le roi ou les anciens, selon les cas. Selon la tradition tendancieuse des *neviim,* Élie avait entretenu des relations, indirectes du moins, avec l'école de *neviim* d'Élisée – qui avait encore conservé son caractère traditionnel. Mais il n'en était rien : Élie fut la première figure spécifiquement « cléricale » de l'histoire d'Israël. Seule la légende fit ensuite de lui un magicien du type d'Élisée, ainsi que les stratégies – identifiées comme des « prétentions » sans fondement, y compris par la tradition – des épigones des anciens *neviim*, qui entendaient se présenter comme ses successeurs. Au contraire, la figure d'Élie eut semble-t-il précisément ceci de marquant qu'il n'avait recours à aucune autre méthode que la simple invocation de Yahvé dans la prière, par opposition à la magie extatique des *neviim* de Ba'al. Ce n'est pas un hasard si, pour la tradition, nous le verrons, Élisée était un paysan sédentaire, tandis qu'Élie était originaire de Tichbé, au delà du Jourdain, autrement dit de la région des steppes [1 R 17, 1], et menait une vie nomade sur tout le territoire où Yahvé était adoré, jusqu'au Horeb [1 R 19, 1-18]. Élie fut menacé de mort par la reine du Royaume du Nord, alors qu'Élisée, lui, remplit les fonctions de magicien de guerre pour Achab [2 R 6, 8-23]. Élie recevait ses commandements de Yahvé dans la solitude et les annonçait personnellement, en tant que messager de son Dieu, comme la vision yahviste de son temps avait coutume de le prescrire pour les épiphanies des anges de Yahvé. C'est de là qu'il tira son prestige sans équivalent ; le manque d'égards inouï dont il fit preuve envers les détenteurs du pouvoir politique ne fit que le conforter. Historiquement, cependant, son importance tint au fait qu'il fut le premier *prophète de malheur* à peu près identifiable avec certitude et, par là, le précurseur de la série de figures de grande envergure qui commence pour nous, dans l'état actuel des textes dont nous disposons, avec Amos, et se termine avec Ézéchiel. Ils furent les porteurs spirituels de la résistance à la royauté et à toutes les innovations attribuées (à tort ou à raison) à cette dernière, depuis l'introduction fortement décriée des cultes étrangers et cananéens jusqu'à la pression sociale subie par les anciens porteurs de l'armée de conscrits fédérale. Comme pour les rêveurs visionnaires en proie à l'extase apathique, le trait distinctif de ces prophètes de malheur par rapport aux *neviim* pratiquant l'extase orgiaque de masse était, là encore, la *solitude.* Les motifs psychologiques de cette dernière étaient il est vrai tout à fait différents, comme nous l'avons déjà indiqué et comme nous aurons à l'expliquer plus loin. Cependant, d'un point de vue sociologique, la raison première était que la prophétie de malheur ne pouvait être enseignée *professionnellement,* comme la prophétie de salut, que, en second lieu, elle ne pouvait être exploitée *à des fins de profit* : en effet, on ne payait pas pour un *omen* mauvais – comme l'était tout oracle de malheur – et que, enfin, tous les pouvoirs sociaux et toutes les communautés sociales cherchaient à éviter le prophète de malheur, quand ils n'aspiraient pas à l'exclure purement et simplement, parce qu'il corrompait le peuple et menaçait de faire échouer tous les *omina* favorables. Chez les prophètes de malheur, la solitude, tout comme le rejet des profits associés aux oracles[1], élevé pour la première fois au rang de principe, étaient donc le fruit des circonstances et ne procédaient que pour une part d'un choix. Ils eurent cependant pour effet l'apparition, parmi eux, des grands idéologues du yahvisme : ces derniers ne prenaient pas de gants et c'est justement pour cette raison qu'ils parvinrent à exercer l'action puissante qui fut leur marque. Le roi Achab désignait le prophète Élie comme un homme de malheur et un corrupteur du peuple. De fait, y compris d'un point de vue spirituel, il représentait déjà parfaitement le type du prophète tardif. La tradition le présentait comme un homme possédé, au degré ultime de la passion, par l'esprit de colère de Yahvé. Après avoir victorieusement obtenu que le jugement de Dieu condamnât ses concurrents, les prêtres de Ba'al, il se ceignait les reins et courait devant le char du roi depuis le Carmel jusqu'au palais de ce dernier. Cependant, la tradition décrivait également Élie comme le héros de la foi luttant et disputant avec son Dieu, comme Moïse ; Dieu lui faisait l'honneur d'une épiphanie très proche de celle de Moïse. Il était aussi le dernier grand magicien et le seul, parmi ceux que Yahvé avait emportés au ciel, à se voir reconnaître cet honneur par la tradition actuelle ; cette figure occupa l'imagination des

1. Michée (Mi 3,5) tonnait contre les prophètes qui prédisaient le salut contre rétribution et le malheur quand ils étaient mal dédommagés (cependant, il faut toujours garder à l'esprit que les oracles étaient considérés comme des *omina* aux effets magiques). Il vitupérait même, en soi, contre le principe de la rétribution financière des prophètes (Mi 3,11).

croyants jusqu'à une date très tardive, en éveillant chez eux l'attente de son retour. En même temps que ce prophète élevé par la légende à un rang surhumain, on trouvait cependant aussi, dans la tradition, une figure purement historique qui, libérée de tous les traits surnaturels de ce genre, correspondait déjà, sur un point décisif, au type du « prophète » tardif et était également présentée par les rédacteurs de la tradition comme l'un de ses prototypes : Michée, le fils de Yimla, qui, avant le départ de l'armée pour le front, lançait contre des centaines de prophètes de salut placés au service d'Achab une prédiction de malheur qui se réalisait (I R 22, 18 sq.). Aussi bien pour les contemporains d'Élie (I R 22, 20), déjà, que pour ceux de Michée et de Jérémie (Jr 26, 18), le trait caractéristique de cette forme particulière de prophétie semblait être le suivant : elle recelait une *menace de malheur politique*, interprétée en même temps comme un *omen* mauvais, d'un point de vue magique. Cette prophétie représentait un danger politique. Mais il semblait également dangereux de porter la main sur l'annonciateur de malheur saisi par l'esprit de Yahvé. La prophétie de malheur fut dès lors projetée rétrospectivement dans le passé, sur les figures à demi légendaires de « voyants » des temps anciens ; c'est ainsi que Biléam, le Moabite (prétendu), fut transformé en prophète prédisant *contre* leur gré le salut aux Israélites, tout comme Élisée celui d'Hazaël.

La première apparition du « voyant » indépendant, d'orientation politique, qui fut le précurseur de ces « prophètes », fut assez précisément contemporaine de la mise en place de la *royauté* sous David et Salomon et des transformations importantes qui s'ensuivirent, du point de vue de la structure politique, mais aussi de la structure sociale d'Israël. Ce n'était pas un hasard. Ces oracles et critiques souvent extraordinairement acerbes et généralement non sollicités avaient pour objet la construction du Temple, les questions de succession au trône, les péchés personnels du monarque, le culte et les décisions les plus variées, dans le domaine politique comme dans le domaine privé – dans le cas d'Élie, il s'agissait d'abord aussi des injustices *sociales* dont le roi s'était rendu responsable [1 R 21]. Selon la tradition, ces critiques se fondaient une fois pour toutes sur un *unique* critère, qu'elles interprétaient à leur manière : le « bon vieux droit » de l'ancienne Alliance d'Israël. Selon eux, l'État d'Israël s'était transformé en un État de liturgies, il n'était plus qu'une « maison d'esclavage égyptienne », il avait adopté le combat de chars et menait désormais une politique étrangère : c'était là l'origine de tous les maux. Tout l'appareil bureaucratique était une abominable invention égyptienne et même si Yahvé en personne avait donné l'ordre de les exécuter – afin de punir certains péchés – les recensements de la population allaient entraîner une épidémie de peste [2 S 24, 15-17]. Ces vues étaient conformes aux conceptions populaires. Les paysans israélites se souvenaient qu'ils avaient autrefois combattu les chevaliers pour se libérer des corvées. À présent, ils se rendaient compte de la suprématie politique et économique du roi et des patriciens et constataient leur soumission croissante à l'esclavage pour dettes. Les voyants et les prophètes indépendants qui n'étaient pas au service du roi, les héritiers de la catégorie populaire des *neviim* guerriers, qui avaient été démis de leurs fonctions, idéalisaient donc l'époque où Yahvé lui-même marchait à la tête de l'armée de paysans dont il était le chef, et où le prince monté sur un âne ne se fiait ni aux chevaux, ni aux chars, ni aux alliances, mais plaçait exclusivement sa confiance dans le Dieu guerrier de l'Alliance et l'assistance de ce dernier. Telle fut la raison pour laquelle, à l'origine, la religion israélite valorisait beaucoup la « *foi* » dans les promesses de Yahvé. Ce n'est qu'à partir de ce moment que le nom « *Yahvé Tsevaoth* », le Yahvé des troupes de l'armée [1], qui était absent du Pentateuque et

1. Cette notion très débattue est interprétée par Julius Wellhausen et, après lui, par Johannes Hehn (*Die biblische und die babylonische Gottesidee. Die israelitische Gottesauffassung im Lichte der altorienta-*

du Livre des Juges, devint le titre utilisé de façon quasi exclusive par les voyants et plus tard, sur leur exemple, par les prophètes de l'écrit, et surtout (mais pas seulement) par les prophètes de malheur. Les « *Tsevaoth* » étaient d'abord les serviteurs célestes de Yahvé puis, surtout, l'armée des esprits des étoiles (*tsava*) qui, dans le Cantique de Déborah, prenaient déjà part au combat, et, enfin, les anges. Dans la tradition temporelle, cependant, comme Kautzsch le souligne à juste titre, *tsevaoth* désignait toujours l'ancienne armée d'Israël, dans tous les passages (au nombre de 26) où le terme n'était *pas* associé au nom de Dieu. Aux yeux de ces cercles, Yahvé était le Dieu de l'armée et, par suite, cette connotation était à l'évidence présente, au moins pour une part, dans le titre donné à Dieu par les prophètes. On trouvait aussi des termes semblables dans la tradition plus récente, issue d'une époque où la réalité politique était pacifique. Mais il s'agissait là, justement, d'une reconstruction *a posteriori*, idéalisée et tendancieuse, du passé des confédérés d'Israël. La prophétie de malheur yahviste n'avait pas seulement besoin de cette expression parce que la prophétie du bon vieux temps avait été une prophétie de guerre et que Yahvé était le seul roi légitime de l'armée d'Israël (comme il était dit pour la première fois en Es 6, 5 ; voir aussi Es 24, 21). Mais aussi parce que les anciennes promesses du Dieu avaient justement eu d'abord et avant tout pour objet, à côté du salut matériel, le salut guerrier d'Israël, nous le verrons ; la prophétie de malheur ne pouvait et ne voulait les désavouer. À la réinterprétation pacifiste des légendes des Patriarches, qui trouvait son origine dans le cercle des petits éleveurs démilitarisés, et à l'idéalisation du droit social ancien, notamment du droit social des dettes dans l'alliance de

lischen Religionsgeschichte, Leipzig, 1913) sur un mode relativement universaliste : Yahvé est le Seigneur de tous les esprits du monde. Au demeurant, la relation ici entretenue avec les « troupes » *guerrières* est tout à fait manifeste.

Yahvé, auquel les plébéiens démilitarisés étaient attachés, vint ainsi s'ajouter une légende aux accents spécifiques de combat pour la foi : celle des prophètes qui étaient de fait, eux aussi, démilitarisés, et ne luttaient plus aux côtés de Yahvé que dans leur imagination ; ils se présentaient désormais, non plus comme des derviches guerriers, des thérapeutes extatiques ou des faiseurs de pluie, mais comme une couche d'idéologues politiques dotés d'une instruction lettrée. D'après une remarque occasionnelle d'Amos (Am 2, 11 sq.), il semblerait que la bureaucratie royale ait lutté très sciemment contre les nazirs et les *neviim* libres, ces combattants de la foi démocratiques et peu accommodants. En soi, c'est là une hypothèse tout à fait vraisemblable, d'après toutes les analogies que l'on peut faire avec d'autres cas et elle devient plus vraisemblable encore si l'on ajoute que, dans les époques de gouvernements forts, la prophétie était réduite au silence. Cependant, dans les temps de déclin du pouvoir et de menaces extérieures, les vieux souvenirs démocratiques ne tardaient pas à se réveiller. Dans leurs fantaisies utopiques, ceux qui en étaient les porteurs cherchaient d'autant plus à se rassasier d'images sanglantes et à se remémorer les actes guerriers héroïques de Yahvé qu'eux-mêmes s'étaient entre-temps démilitarisés – tout comme on voit, de nos jours, dans tous les pays, la soif guerrière atteindre des sommets chez les couches de littérateurs qui sont le plus éloignés des tranchées et le moins taillés pour faire la guerre. Pour ces lettrés, le mal ne pouvait venir que de la politique de la royauté : c'est elle qui avait entraîné tous les changements intervenus dans l'armée ancienne et dans l'ordre social. Tous s'accordaient à rejeter les transformations politiques et sociales : les bergers rékhavites et les autres bergers placés sous la conduite des prêtres de Yahvé, les paysans, les adorateurs de Yahvé à la piété exemplaire ; tous idéalisaient le bon vieux temps où la foi en Yahvé était pure et où l'Alliance de Yahvé était libre. L'indépendance extérieure et intérieure de ces critiques par rapport au roi était favorisée par le caractère non hiérocratique de la royauté. Le roi israélite n'avait pas la dignité de prêtre. Une évolution dans ce sens sembla s'amorcer, il est vrai, lorsque David se mit à porter l'éphod. Le roi avait certes le pouvoir d'embaucher et de renvoyer les prêtres des sanctuaires qu'il finançait [1] et même de les traiter comme ses fonctionnaires, comme les grands seigneurs fonciers le faisaient dans leurs chapelles (Mikha [Jg 17]). Il pouvait faire des sacrifices comme, à l'origine, n'importe quel israélite. Cependant, il n'était pas qualifié pour rendre des oracles, ni pour accomplir des rites sacrés, ni pour imposer des actes expiatoires. Ces prérogatives étaient réservées aux prophètes et, plus tard, aux lévites instruits, seuls à disposer de la qualification charismatique. Dans la tradition de la religion de Yahvé, le recul relatif de l'importance du sacrifice communautaire, lié à l'absence initiale d'une autorité permanente de l'Alliance et au caractère de la relation que Yahvé entretenait avec la confédération, favorisait l'indépendance des *neviim* libres par rapport au roi (et, de même, plus tard, des maîtres de la Thora) et l'autonomie de leur position de pouvoir hiérocratique.

Par suite, la tradition tardive, qui idéalisait Samuel, en le présentant à la fois comme un *roé*, un *navi* et un représentant du droit ancien, fit de lui le porte-parole d'une mise au point sur le nouveau droit royal qu'elle avait en horreur. Puisque, en dépit de toutes les mises en garde, le peuple avait insisté pour se choisir un roi, Samuel était censé avoir consigné par écrit dans des archives (1 S 10, 25), à la façon d'un décret constitutionnel, conformément à la notion omniprésente de *berith* (1 S 8, 11 sq.), une série de dispositions. Le roi nommerait ceux qui seraient à la tête des mille et cinquante hommes. Il exploiterait les fils des Israélites pour entretenir ses

1. Am 7, 10-13 : le prêtre de Béthel se plaint du prophète auprès du roi Jéroboam en lui reprochant d'avoir semé la révolte dans le lieu de culte, puis il l'exclut « du sanctuaire (*miqdach*) et de la maison (*beth*) du roi ».

chars de guerre, pour forger les armes et construire les chars, il emploierait leurs filles pour préparer des baumes, pour faire la cuisine et le pain (pour les besoins de sa table et ceux de l'armée). Il réclamerait, en guise de fiefs pour ses fonctionnaires, des champs, des vignes et des plantations d'oliviers, des corvées pour les cultures et les récoltes, soumettrait au travail forcé des serviteurs, des bonnes, du bétail et des ânes pour son domaine royal et ses autres besoins, et exigerait enfin une dîme sur le vin, la terre et le petit bétail pour la solde de ses officiers et soldats. Les Israélites libres deviendraient ses « esclaves » (c'est-à-dire des sujets et non plus des confédérés) [1]. C'est pour dénoncer une telle situation que ses détracteurs forgèrent une légende politique tendancieuse et réécrivirent la tradition. Alors que, par exemple, la tradition authentique (2 S 21, 19) n'ignorait pas que Goliath de Gath avait été assassiné par l'un des chevaliers de David, Elhanan de Bethléem, la légende tendancieuse le faisait tuer d'un jet de pierre, à la manière paysanne, par un jeune pâtre inconnu et dépourvu d'armure, David. Des quantités de récits analogues étaient sélectionnés dans la tradition authentique, tandis que d'autres étaient supprimés ou encore inventés de toutes pièces. C'est à la prédilection manifestée par cette tradition pour l'ancienne armée de paysans que nous devons, sans doute, d'avoir conservé le Cantique de Déborah parmi les chants réunis dans les anciens recueils, mais aussi la réécriture légendaire de la conquête de Canaan et des guerres de l'époque des Juges. Surtout, c'est elle qui fut à l'origine de l'idéalisation de l'égalité et de la simplicité fraternelle des confédérés à l'époque du désert, ce que Budde, dans une formule particulièrement heureuse, a appelé l'« idéal nomade ». Cette vision tendancieuse inspirait encore, à l'évidence, la sélection

1. Cf. Os 13, 11 : Yahvé a donné un roi à Israël « dans un accès de colère » (il s'agissait là, au demeurant, des usurpateurs illégitimes de l'Israël du Nord).

opérée parmi les dispositions de droit social (mentionnées plus haut) des anciens recueils juridiques, et l'interpolation semble-t-il assez massive de théologoumènes utopiques.

C'est le même point de vue qui incitait les représentants de l'ancienne tradition à formuler l'exigence suivante : que le roi n'allât pas, pour conserver ses chevaux et ses chars, « renvoyer son peuple dans la maison d'esclavage égyptienne » (Dt 17, 16). Ils dénonçaient l'éclat et la magnificence de la cour et du Temple de Salomon, déploraient la perte de l'ancienne liberté des paysans et regrettaient l'ancien culte sans ornements pratiqué sur un autel à même la terre. Cependant, étant donné les intérêts importants attachés au culte du Temple et à son faste royal, ces revendications n'étaient pas sans susciter de l'hostilité, y compris dans les cercles de yahvistes pieux. Dans les sources, les innovations et bouleversements introduits par Salomon, comme la royauté en général, faisaient l'objet de prises de position contradictoires. Une partie de la tradition se souvenait que, à l'époque où le pays n'avait pas de roi, le désordre et l'arbitraire régnaient et elle excusait tout ce qui passa par la suite pour un sacrilège, d'un point de vue rituellement et moralement correct, en arguant que, en ce temps-là, Israël n'avait pas de roi et que chacun faisait dès lors « ce que bon lui semblait » (Jg 17, 6 ; 21, 25 ; ou encore Jg 18, 1 ; 19, 1). L'autorité puissante qu'exercèrent David mais aussi Salomon, le bâtisseur du Temple, eut naturellement pour effet de favoriser l'idéalisation de ces rois en particulier, au détriment du prince paysan Saül et des souverains des deux royaumes d'Israël. À l'époque des grands succès militaires obtenus dans les guerres de libération et dans les temps immédiatement postérieurs, le prestige de la royauté était justement considérable [1]. Par l'onction, le roi recevait « l'esprit de Yahvé ». Il

1. Sur ce point, voir Karl Budde, *Die Schätzung des Königstums im Alten Testament. Marburgische Akademische Reden 8*, Marbourg, 1903.

n'était encore confronté à aucun pouvoir clérical susceptible de lui opposer en permanence une concurrence efficace. Il sacrifiait personnellement à Dieu en revêtant l'habit de prêtre (c'est ce que fit David, selon la tradition) et il disposait à sa guise des charges de prêtres et du choix des sanctuaires, un peu comme les grands rois de Mésopotamie. C'est ainsi que, pour cette tradition, le roi était regardé comme le « messie », l'« oint » de Yahvé (*ha-machiaḥ*), tout comme le grand prêtre après l'exil. L'onction, qui n'était semble-t-il pas exigée dans le déroulement normal des successions royales, mais intervenait dans la légitimation prophétique des usurpateurs (David, Jéhu puis, sans doute, Saül, selon l'une des trois traditions), et qui était probablement issue d'une coutume ancienne des princes des cités indigènes (Jérusalem peut-être), acquit alors une signification rituelle [1].

Une autre branche de la tradition fut influencée plus tard par le déclin de la puissance du pays et par l'essor du prestige des prophètes. Ce courant se souvenait que, avant qu'Israël ne prît un roi, il avait eu pour souverain le Dieu de l'Alliance en personne, lui seul, sans intermédiaire ; celui-ci n'avait eu besoin ni d'un appareil administratif, ni d'une administration fiscale, ni d'une organisation des corvées, comme les rois des temps nouveaux [1 S 8] ; il avait bien plutôt révélé sa volonté à son peuple par l'intermédiaire des voyants et des héros des temps anciens, et n'avait cessé de porter assistance à celui-ci quand il obéissait à ses commandements.

Davantage encore que dans le Royaume du Sud, soumis à l'influence de Jérusalem, cet état d'esprit

---

1. Néanmoins, l'hypothèse de Schwally, qui fait dériver le mot *nadiv*, le « prince », le « noble », du terme signifiant « se consacrer à la guerre », me semble très douteuse. Là comme ailleurs, le prince *nadiv* était plutôt appelé ainsi, manifestement, parce qu'il « donnait », « distribuait des dons » ; seul l'*hithpael* pourrait avoir la signification de « se consacrer à », comme dans le Cantique de Déborah (Jg 5, 1 ; un autre exemple figure dans un passage différent du Cantique de Déborah [Jg 5, 9], mais cette version du texte est suspecte).

semblait prédominer chez les paysans éphraïmites. Parmi les prophètes, Osée fut le premier à s'en faire l'interprète [Os 5, 1-2 ; 13, 9-11]. Dans le Royaume du Sud, il n'était guère possible de toucher directement au prestige de la dynastie davidique, la seule à s'être imposée durablement sur le trône, et de réclamer l'abolition de la royauté. Par suite, c'étaient les innovations introduites par celle-ci qui étaient attaquées : dans le domaine politique, avant tout, le militarisme, ses chevaux et ses chars, le trésor de la couronne, le harem des princesses étrangères et l'importation de leurs cultes, les favoris du roi investis des charges publiques, les corvées de construction et d'agriculture imposées aux sujets. Le souverain, d'après les exhortations du Deutéronome [Dt 17, 14-20], devait bannir la morgue et les allures de sultan inspirées des grands rois et redevenir un *primus inter pares* charismatique, débarrassé de ces chevaux et ces chars – un juge sage chevauchant son âne et un protecteur des gens simples. Yahvé, le vieux Dieu de l'Alliance, serait avec lui, et il le serait encore pour combattre les ennemis apparemment plus puissants que lui, comme il avait été autrefois aux côtés de l'armée de paysans, si seulement – c'était là la condition de tout le reste – il renonçait à ses prétentions de politique mondiale, qui avaient été à l'origine de toutes ces funestes innovations. Nous verrons que les intérêts de pouvoir des prêtres et l'idéologie des théologiens se rejoignaient dans un tel programme, que la loi deutéronomique tenta effectivement de mettre en application sous Josias, quelques décennies avant la chute de Jérusalem.

En Israël, la royauté n'était pas une royauté patrimoniale d'assistance ; elle était alliée à la puissance des *giborim*. Les représentants de la tradition ancienne se tournèrent par conséquent à la fois contre la première et contre les seconds. Les oracles des prophètes de l'écrit préexiliques portaient très massivement la marque d'un tel courant. Nous présenterons plus loin une synthèse de leur position et de leur importance politique. Ce qui nous intéresse ici, ce sont les griefs qu'ils empruntaient à la critique populaire de la situation sociale et politique. En premier lieu, l'acceptation de cadeaux par les juges, la corruption et le détournement du droit (Am 2, 6 ; Es 1, 23 ; Es 5, 23) « transformaient le droit en venin » (Am 5, 7). Il fallait payer le prix du sang (Am 5, 12), verser le sang d'innocents (Jr 7, 6 ; 22, 3) ; le peuple était outragé (Mi 3, 2-3), le droit trahi au profit des impies et aux dépens des pauvres, des veuves, des orphelins (Es 10, 2) et des justes (Am 5, 12) ; en lieu et place du droit, la violence (Jr 7, 6 ; 22, 3) et les mauvais traitements prévalaient (Es 5, 7), « le champ [était] ajouté au champ et la maison à la maison » (Es 5, 8 ; Mi 2, 1-2) ; les pauvres (Am 8, 4), en particulier les « pauvres à la porte » (Am 5, 12), c'est-à-dire la population rurale dominée par le patriciat des villes, étaient opprimés, ils devaient fournir une grande quantité de grain (Am 5, 11), les femmes et les enfants étaient chassés des fermes (Mi, 2, 9), les nécessiteux subissaient des injustices (Am 4, 1) et – malgré l'interdit du mont de piété – les riches se gobergeaient avec les bénéfices des vêtements qu'ils prenaient en gage (Am 2, 8). Les riches étaient arrogants (Am 6, 4 sq. ; voir aussi Es 3, 16), les *giborim* s'enivraient (Es 5, 22 ; voir aussi 5, 11) et le péché suprême était le goût de l'argent (Am 9, 1 ; et, pour la période postexilique, Ha 2, 9). À l'époque pré-capitaliste – dans l'Antiquité et le Haut Moyen Âge – partout dans le monde mais surtout en Occident, c'étaient là les griefs formulés par les couches plébéiennes contre les fonctionnaires de cour ou les familles de patriciens des villes, selon les cas. Dans l'Antiquité grecque, par exemple, Hésiode s'en fit le porte-parole. En Israël, nous l'avons vu, la royauté entretenait des liens étroits avec les clans riches qui avaient les moyens économiques de porter les armes ; les fonctionnaires du roi étaient le plus souvent issus des rangs des patriciens. Ces antagonismes sociaux typiques s'expriment dans la prophétie avec une grande netteté.

10. La réception du Dieu guerrier de l'Alliance. Son caractère

Partout et toujours, cette tradition hostile à la noblesse des villes et au roi se réclamait de l'ancienne *alliance* que, par l'intermédiaire de Moïse, Yahvé avait conclue avec Israël de préférence à tous les autres peuples ; elle faisait également référence à l'événement historique tout à fait unique qui avait décidé de la conclusion de cette alliance elle aussi unique. De fait, le trait spécifique d'Israël, le fait que l'alliance n'avait pas seulement été conclue avec la garantie du Dieu mais avec le *Dieu lui-même* comme contractant, avait effectivement été, de toute évidence, le produit d'un événement concret : l'ensemble de la tradition israélite s'accordait sur ce point. Yahvé avait libéré Israël des corvées égyptiennes, en éliminant miraculeusement une armée égyptienne sur la mer Rouge : pour tous les prophètes, c'était là le signe avéré de sa puissance et de la fiabilité inconditionnelle de ses promesses, d'une part, et, d'autre part, l'origine de la dette de reconnaissance qu'Israël avait durablement contractée envers lui. En l'occurrence, la particularité de cet épisode fut que ce miracle avait été réalisé par un *Dieu jusque-là étranger* à Israël. Il fut dès lors reçu comme Dieu de l'Alliance, en vertu d'une *berith* solennelle : Moïse instaura le culte de Yahvé. Cependant, cette réception intervint sur la base de promesses réciproques transmises de part et d'autre par un intermédiaire, le prophète Moïse. Les promesses du peuple fondèrent les obligations durables et particulières qu'il entretint à l'égard du Dieu, et les promesses du Dieu offertes en contrepartie firent de lui, pour Israël, un *Dieu de la promesse*, en un sens plus éminent que cela ne fut jamais le cas pour aucun autre Dieu connu de l'histoire universelle. C'était là, de façon tout à fait manifeste, le présupposé d'un concept que l'on ne rencontrait *nulle part* ailleurs dans les pays voisins, mais qui était, en revanche, déjà présent dans le Cantique de Déborah : la notion de « rupture » avec Yahvé, entendue comme un sacrilège spécifiquement pernicieux [1]. Et c'était là, surtout, le fondement intellectuel indispensable de l'importance qui, en Israël, fut reconnue à la prophétie et aux prédictions de salut, comme nulle part ailleurs. Bien entendu, la richesse, une longue vie, une descendance nombreuse et un nom bien considéré furent, de tous temps et partout dans le monde, la promesse que les prêtres et mystagogues faisaient miroiter à l'adorateur de leur Dieu et que les rois demandaient à leurs prophètes de cour. Partout, là encore, le Dieu guerrier de la tribu ou le Dieu du roi était censé être à ses côtés pour combattre les ennemis. Il n'en allait pas autrement en Israël. Une vaste descendance, un peuple innombrable comme le sable au bord de la mer, la victoire sur tous les ennemis, la pluie, de riches récoltes et la sécurité des biens, et que le nom des ancêtres légendaires et celui du peuple béni devinssent eux-mêmes des formules de bénédiction [Gn 12, 1-3] – telles étaient les attentes placées dans le puissant Dieu de l'Alliance que l'on avait adopté. Dans la mesure où la relation avec Yahvé était régie par une *berith*, cependant, ces espérances se développèrent sur une assise extrêmement solide ; elles étaient censées prendre appui sur une promesse explicite, un serment du Dieu. À l'origine, ces promesses n'étaient pas soumises à des conditions particulières, et les plus anciennes formulations qu'elles reçurent dans la tradition ne les faisaient pas non plus dépendre d'une conduite particulière d'Israël, par exemple d'un comportement spécifiquement moral. Elles étaient bien plutôt subordonnées – tout naturellement – à cette seule et unique condition : que Yahvé fût justement le Dieu d'Israël et fût traité en tant que tel ; dans ce cas, il serait aux côtés d'Israël quoi qu'il

1. Hehn fait observer à juste titre que ce *concept*, en tant que tel, ne se retrouve dans aucune autre religion d'Asie antérieure (*Die biblische und die babylonische Gottesidee*, *op. cit.*, p. 272). En effet, il ne peut être expliqué qu'à partir de la relation ancienne de *berith*.

advînt. Tels étaient l'unique enjeu et l'unique préoccupation que les porteurs militaristes de « l'esprit » de Yahvé, les nazirs et *neviim*, les combattants de la foi, avaient en tête et inculquaient à l'armée (dès le Cantique de Débo-rah). C'est ainsi que la représentation de l'« idôlatrie » comme un sacrilège, par ailleurs tout à fait étrangère aux religions antiques, se chargea d'une importance décisive.

C'est son propre serment et, au fond, absolument rien d'autre – selon la version encore radicalisée du Deutéronome (Dt 7, 7) – qui conduisait Yahvé à préférer Israël à toutes les autres nations, et non, par exemple, une valeur moralement supérieure. Cette dernière conception, au demeurant, ne correspondait pas même à la vision populaire. Ce peuple – comme tous les peuples – savait que d'autres ne lui étaient pas égaux en valeur et que Dieu ne pouvait par conséquent manquer de les considérer comme tels. Cette inégalité se fondait, comme partout, sur le fait que ces autres peuples n'avaient pas les mêmes coutumes de vie et faisaient des choses que l'on n'avait « jamais vues en Israël ». Cependant, comme Yahvé était, par le fait de la *berith*, le partenaire contractuel des ordres rituels et sociaux de l'Alliance, la raison pour laquelle les autres peuples étaient à ses yeux de moindre valeur était précisément qu'ils ne connaissaient pas son ordre ou, du moins, ne le respectaient pas. Cette raison négative justifiant la distinction faite par Yahvé était exposée dans le Deutéronome, où elle était associée à la conception évoquée plus haut. Cependant, à cette époque déjà, la vision des porteurs des intérêts religieux allait plus loin. Partout dans le monde, les dieux de l'ordre social protègent ce dernier, punissent ceux qui le transgressent et récompensent ceux qui le respectent. Mais la représentation de la relation avec le Dieu de l'Alliance en termes de *berith* tendit à conforter spécifiquement ce type de croyances, dès lors qu'on fut conduit à s'interroger sur les *raisons* du comportement de Dieu. Cette occasion se présenta avec le recul de la position de pouvoir politique d'Israël. On peut observer que, durant le temps où la puissance de la royauté fut éclatante, le souvenir de Moïse et de l'Alliance et, plus généralement, l'idée même « d'alliance » connurent un déclin, tandis que, plus tard, ils resurgirent avec force peu de temps avant l'exil et durant celui-ci, lorsque fut rédigée la tradition des prêtres : ce fut là la conséquence tout à fait naturelle du déclin du prestige des pouvoirs politiques, qui porta à s'interroger sur les raisons de cette décadence. Dès lors, on mit très fortement l'accent sur le droit ancien de l'alliance et sur l'importance du respect des commandements de Yahvé comme condition d'obtention de sa grâce. Les espérances d'avenir étaient désormais subordonnées à la condition d'une obéissance envers les anciens commandements ; c'est ainsi que, dans ce peuple plus que dans tout autre, la représentation de l'« alliance » conféra leur dynamique spécifique aux visions éthiques de la doctrine des prêtres et de la prophétie. L'idée que la relation religieuse entretenue par Israël avec Yahvé pouvait être caractérisée de façon satisfaisante par la notion d'une « alliance » conclue avec lui avait déjà été explicitement formulée avant que les prophètes de l'écrit ne la reprissent. Les menaces de malheur caractéristiques proférées par les prophètes à l'encontre d'Israël étaient, il est vrai, encore absentes des traditions regardées comme proprement « yahvistes » et « élohistes ». Parmi les grandes promesses de salut adressées expressément à Abraham par Dieu, celle qui lui accordait la souveraineté sur le pays de Canaan (d'après un ajout : de la frontière de l'Égypte jusqu'à l'Euphrate !), et qui était probablement la plus ancienne (Gn 15, 18-21), faisait seulement partie de la version désignée par Wellhausen comme « jéhoviste » et ne datait donc que de l'époque prophétique. Cette promesse aussi revêtait le tour formel d'une *berith* rituelle conclue entre Dieu et le patriarche. Le serment de Dieu était la conséquence de la foi inconditionnelle du patriarche en Dieu, que ce dernier appréciait comme une « marque de justice ». Il s'agissait déjà là, manifestement, d'une version secondaire, parce que très abstraite. Elle correspondait à la mise en forme transmise par les rédacteurs de l'exil (Gn 12, 2 sq.). Néanmoins, l'importance accordée à la notion d'obéissance en tant que telle était très certainement beaucoup plus ancienne. En effet, l'histoire du sacrifice d'Isaac [Gn 22], par exemple, comme paradigme de l'authentique foi *inconditionnelle,* était apparemment issue d'une version préprophétique (« élohiste »), même si le renouvellement explicite du serment de Dieu formulé à cette occasion est considéré comme un ajout tardif. La *formulation* du contenu de la *berith* qui faisait de la promesse la *récompense* de l'obéissance était donc plus tardive, dans les versions que nous possédons. Pourtant, la conception même de la *berith* était déjà si solidement établie, dès le début de l'ère des prophètes de l'écrit, que l'un des premiers d'entre eux, Osée, pouvait concevoir le sens religieux de la relation avec Dieu sur le modèle d'un mariage, et tout manquement aux obligations d'Israël comme un adultère envers Yahvé [Os 1-3]. Rien ne pourrait mieux traduire le caractère d'évidence absolue qui fut durablement reconnu à ce fondement très ancien, jusque dans la période la plus tardive, que la signification attribuée au Cantique des Cantiques : pour une postérité il est vrai déjà fortement marquée par une sensibilité « piétiste » et sentimentale, les chants d'amour parfois extrêmement débridés de ce recueil qui figure dans le canon actuel purent apparaître comme une expression adéquate de la relation de Yahvé avec son peuple. Chez tous les prophètes, d'Osée à Ézéchiel, la « jalousie » (*qina*) de Yahvé à l'égard des autres dieux fut, par suite, une de ses qualités les plus solidement établies [1].

1. Sur ce point, voir Friedrich Küchler, « Der Gedanke des Eifers Jahwes im Alten Testament », *Zeitschrift für die Alttestamentliche Wissenschaft* 28, 1908, p. 42 sq. Il montre également que, à compter de la destruction de Jérusalem, selon Ézéchiel, cette « jalousie » ne se dressa plus contre d'autres dieux et donc contre Israël lorsque celui-ci les servait, mais incita dès lors Yahvé à combattre les ennemis d'Israël.

La réception de Yahvé par l'alliance guerrière israélite fut un fait tardif, lié à l'ordre cultuel mosaïque [1] : ce constat est attesté sans équivoque possible par le plus ancien des deux grands recueils de sources, dit « élohiste » [Ex 3, 14]. Selon la tradition la plus ancienne, également conservée dans la Bénédiction adressée à Éphraïm, une épiphanie inattendue du Dieu, apparu dans les flammes d'un buisson d'épines, dans le désert proche du Horeb, le révéla à Moïse, censé être un pâtre israélite au service des Madianites. Le Dieu, auquel Moïse demanda son nom, répondit évasivement, en faisant un jeu de mots sur l'étymologie, selon la version de la tradition : « Je suis celui qui suis. » Cependant, il prononça également le nom semble-t-il non israélite de « Yahvé [2] ». Le Dieu des Patriarches, avec lequel il fut plus tard identifié, ne portait pas encore le nom de Yahvé dans cette source ancienne, mais seulement le nom de « El », dans différents composés dont le plus apprécié,

1. Budde, notamment, a attiré l'attention sur ce point (« Das nomadische Ideal im Alten Testament », *Preußisches Jahrbuch,* t.85, 1896 et, du même, *Die altisraelitische Religion des Volkes Israel bis zur Verbannung,* Gießen, 1905).

2. L'étymologie du tétragramme JHVH est demeurée aussi contestée que la question de savoir si Yahvé fut formé à partir de Yah (que l'on rencontre dans des noms propres) et de Yahu (ou Yao, le nom que la communauté juive d'Eléphantine utilisait au VIe siècle et qui apparaît aussi dans des noms propres théophores) ou si, à l'inverse, Yahu ou Yah étaient des abréviations de Yahvé. Sur ces questions et sur la vocalisation massorétique, voir, outre la littérature courante, Jakob H. Levy, « The Tetra(?)grammaton », *Jewish Quarterly Review* 15, 1903, p. 97-99. L'hypothèse que le nom soit dérivé du babylonien Ea (cf. A.H. Krone, *ibid.,* p. 559) semble fantasque. De façon générale, il est tout à fait invraisemblable que les noms qui figurent dans les tablettes d'Amarna ou les composés semblables de noms babyloniens aient quelque chose à voir avec Yahvé (voir cependant Karl Marti, « Jahwe und seine Auffassung in der ältesten Zeit », *Theologische Studien und Kritiken,* 81, 1908, p. 321, et Max Müller, *Asien und Europa nach altägyptischen Denkmälern*, *op. cit.*, p. 312-313). Il ne semble pas possible de suivre Hehn (*Die biblische und babylonische Gottesidee, op. cit.*) lorsqu'il identifie ce nom à un théologoumène de Moïse (« Il est présent »), dans la mesure où Yahvé ne fut pas seulement vénéré en Israël.

dans la tradition sacerdotale ultérieure, fut « El Chaddaï » – là encore, un terme qui, étymologiquement, n'était pas israélite. « Moïse », tout comme « Phinées », étaient des noms égyptiens. Selon une certaine tradition, Miryam et Aaron reprochaient à Moïse d'avoir épousé une « kouchite » : réminiscences de querelles anciennes entre les clans de prêtres, qui perpétuaient pourtant le souvenir que, y compris à une date plus tardive, Yahvé et ses prêtres avaient été entièrement ou pour une part considérés comme des étrangers. Dans un temps où la Palestine et le désert du Sinaï étaient sous domination égyptienne, la présence de noms égyptiens ne parlait pas davantage en faveur d'une origine égyptienne du fondateur de l'Alliance et surtout de son Dieu que les noms babyloniens ou grecs portés par certains juifs de la période tardive ne fournissaient une indication sur leurs origines. Toujours est-il que, à l'origine, aucune ascendance israélite n'était attribuée à Moïse (elle ne fut ajoutée que tardivement, en vertu d'une reconstruction fictive), alors que c'était le cas pour Josué. De même, l'origine lévitique du clan de prêtres (les Élides) qui, selon toute vraisemblance, remontait à Moïse, ne fut qu'une reconstruction tardive. Quoi qu'il en soit, il ressort clairement de la tradition ancienne que, au moment de sa réception, Yahvé avait déjà été vénéré hors d'Israël. Selon toute apparence, c'est parmi les tribus de Bédouins et les tribus des oasis installées au sud de la frontière d'Israël qu'il avait fait l'objet d'un culte organisé. Sa résidence avait d'emblée été située dans les montagnes, mais, selon la tradition la plus ancienne, son véritable lieu de culte était l'oasis de Qadech, dans le désert du Sinaï ; la tombe de la prophétesse Miryam y était installée et ce lieu avait aussi été le cadre d'événements semble-t-il décisifs pour la constitution d'Israël. Les « eaux de la discorde » à Qadech, c'est-à-dire la source de cette oasis, où ses prêtres rendaient des oracles pour les procès, étaient le principal lieu où il faisait l'objet d'un culte organisé, et le berceau des lévites. Son prêtre Jéthro [1], que la tradition identifiait comme le beau-père de Moïse et son conseiller, passait pour un Madianite. De la même façon, la figure de Biléam, entouré de légendes obscures, qui prophétisait au nom de Yahvé et fut plus tard assassiné par les Israélites en temps de guerre, était censé être un voyant étranger, mi-moabite, mi-ammonite, mais plus certainement, selon la bonne interprétation, édomite ou madianite. Comment concilier dès lors l'existence de Qadech avec le fait que le Dieu soit installé en permanence sur le Sinaï et que, selon une tradition plus récente, l'Alliance ait été conclue dans ce même lieu ? Cette question reste sans réponse. Les Édomites s'avancèrent rapidement vers la frontière égyptienne et, pour Jérémie et Abdias, Édom passait encore pour être le siège ancien de la sagesse de Yahvé, en particulier la montagne de Séïr, couverte de forêts, la résidence d'Ésaü (Gn 32, 3), le frère aîné de Jacob, où s'établirent également, plus tard, des familles de la tribu de Siméon, qui s'éteignit précocement (1 Ch 4, 41-42). La famille lévitique des Qorahites (Ex 6, 21) avait semble-t-il pour ancêtre Ésaü ; elle était, autrement dit, d'ascendance édomite (Gn 36, 16). Dans le Cantique de Déborah, c'est de Séïr que partait Yahvé quand il se lançait au combat, et c'est encore depuis Séïr, en dépit de l'hostilité amère qui l'opposait alors à Édom, que retentit le cri que nous a transmis le poète du Chant du Veilleur*, ce beau texte de la période de l'exil conservé parmi les oracles d'Ésaïe : « Combien de temps la nuit durera-t-elle encore ? » [Es 21, 11-12] Les Qénites, qui furent plus tard des adorateurs particulièrement fervents de Yahvé, ne faisaient même pas partie, à l'origine, de la tribu de Juda, *a fortiori* d'Israël, qui voyait en Caïn un maudit, aussi bien selon la légende de l'assassinat de son frère que d'après un des proverbes anciens de Biléam. On a formulé l'hypothèse que le Sinaï, plus tard identifié au

1. Jéthro sacrifie pour Yahvé *en qualité de prêtre de ce dernier* ; Aaron et les anciens d'Israël partagent leur table avec lui [Ex 18, 1-12].

Horeb, était peut-être un volcan situé sur la côte nord-ouest de l'Arabie, près de la mer Rouge, à l'est de ce qu'on appelle aujourd'hui la presqu'île du Sinaï ; mais cette affirmation a été accueillie avec beaucoup de scepticisme. Quoi qu'il en soit, même la légende n'a jamais prétendu que le Sinaï faisait partie du territoire d'Israël. Et Qadech pas davantage. Il est tout aussi certain que, pour la tradition ancienne, Yahvé n'était considéré ni comme le Dieu originel d'Israël, ni comme le Dieu du seul Israël, ni comme un Dieu résidant en Israël. Seule la version finale de l'Hexateuque, plus tardive, qui faisait de Yahvé le Dieu universel, considérait comme allant de soi que les Patriarches ne pouvaient avoir vénéré d'autres dieux que lui. Pour la tradition ancienne, selon la légende de Jephté, encore, c'était un Dieu parmi d'autres, à ceci près qu'il était particulièrement puissant et sublime. C'était bien le « Dieu d'Israël » et, pour Jephté, « mon Dieu », comme Kémoch était le dieu du roi des Ammonites, mais il l'était cependant en un sens très particulier. Yahvé – ce fut là une représentation riche de conséquences – était un « Dieu à distance », qui régnait au loin depuis son siège des montagnes, proche des cieux, et qui intervenait parfois en personne dans le cours des événements. Cet « éloignement » lui donna d'emblée une majesté particulière. Selon une tradition ancienne, il est vrai, les anciens avaient mangé à sa table, sur le Sinaï [Nb 12, 6-8]. Cependant, la vision la plus répandue à l'époque tardive était que, parmi tous les hommes, seul Moïse l'avait vu en face (Nb 12, 6 sq. ; Ex 24, 1) et que, après cela, son propre visage avait brillé d'un éclat si surnaturel qu'il avait dû le voiler devant le peuple – une réminiscence, peut-être, des anciens masques de *teraphim* que nous évoquerons plus loin. On pensait, plus précisément (Ex 33, 20), que, à sa demande, Moïse l'avait seulement vu de dos, car quiconque voyait son visage tombait mort.

Ce ne fut ni un Dieu local ni le Dieu d'une tribu, ancien et familier, mais une figure étrangère et pleine de mystères qui consacra la confédération israélite.

La destruction de l'armée égyptienne, à laquelle la tradition rapportait l'immense prestige de ce Dieu [Ex 14], fut manifestement causée par un reflux brutal de la mer Rouge, à l'est de la presqu'île du Sinaï, immédiatement suivi d'un raz-de-marée tout aussi brutal, assez vraisemblablement lié à des phénomènes volcaniques – comme l'indiquait l'apparition, sur la montagne, de colonnes de feu, de nuées et de flammes. On a souvent mis en doute la réalité de cette catastrophe de la mer Rouge, aussi bien que du séjour d'Israël en Égypte. Cependant, à en croire les sources égyptiennes, il n'y avait rien d'inhabituel à ce que des éleveurs de la steppe cherchent protection, en tant que métèques, dans l'Égypte voisine, lorsqu'ils étaient confrontés à la sécheresse ou à des menaces extérieures ; il était alors tout à fait naturel qu'ils fussent, à l'occasion, astreints à des corvées par les rois, et il était également tout à fait normal qu'ils cherchent à s'y soustraire dès que l'occasion s'en présentait. Étant donné que les fortifications frontalières à la construction desquelles les Israélites affirmaient avoir participé furent semble-t-il bâties sous Ramsès II, mais qu'Israël était déjà mentionné, sous le règne de son successeur Menephtah, comme un ennemi établi en Palestine, la chronologie de l'arrivée en Égypte et de la sortie d'Égypte pose particulièrement problème. Elle en pose davantage encore si l'on identifie les « Ḥabiru », qui apparaissaient déjà longtemps auparavant, sous Aménophis III et Aménophis IV, comme des ennemis de Palestine, aux « Ivrim », « ceux de la rive d'en face », c'est-à-dire, sans doute, les populations de Jordanie orientale. Dans la tradition, c'est ainsi que les Israélites et d'autres tribus [1] censées leur être

1. Depuis la découverte de Hugo Winckler au Boghaz Koï (*Mitteilungen der Deutschen Orient-Gesellschaft zu Berlin,* 35, 1907, p. 25), il est désormais avéré, pour la plupart des chercheurs, que les Sa Gaz se confondaient avec les Ḥabiru (voir par exemple Franz Böhl, *Hebräer und Kanaanäer : Untersuchungen zur Vorgeschichte des Volkstums und der Religion Israels auf dem Boden Kanaans,* Leizpig, 1911). Au demeurant, ce n'est certainement pas un hasard si les Ḥabiru attaquaient manifestement depuis le sud-est, alors que les Sa Gaz venaient du nord

apparentées étaient désignés, du point de vue des étrangers, mais, dans la bouche des Israélites eux-mêmes, cette dénomination n'apparaît qu'une fois dans le Livre de l'Alliance [1] et, pour le reste, presque exclusivement dans le contexte de leurs échanges avec des étrangers [2]. La figure d'Abraham, considéré comme un berger nomade et toujours appelé « l'Hébreu », faisait exception. On peut certainement tenir pour assuré que les tribus qui s'unirent plus tard pour former l'alliance israélite pénétrèrent par vagues successives dans les terres de la Jordanie occidentale et que, selon toute vraisemblance, nous l'avons vu, la composition de l'alliance varia et inclut, d'une part, des Cananéens et, d'autre part, d'anciennes tribus de Bédouins. De même, il est tout à fait certain qu'aucune des futures tribus d'Israël ni aucun de leurs ancêtres ne prirent part au séjour en Égypte. Selon la tradition la plus fiable parce que la plus évidente, la tribu de Juda, qui se forma bien plus tard, s'introduisit dans son territoire en venant du sud et non de l'est. De même que les Phéniciens émigrèrent prétendument – mais sans

---

et du nord-est, et si seuls ces derniers étaient mentionnés en Mésopotamie.

1. L'esclave pour dettes y est désigné comme un « serviteur hébraïque » (Ex 21, 2 ; voir aussi le décret de la *seisachtie* de Sédécias dans Jr 34, 9-14 et Dt 15, 12). L'expression était *peut-être* employée ici en souvenir des termes en usage dans les anciens contrats de *seisachtie* conclus par la noblesse urbaine avec les paysans, par opposition aux patriciens non « hébreux », c'est-à-dire, dans ce cas, citadins. La distinction en soi surprenante qui est faite entre les compagnons de tribu réduits en esclavage chez les Philistins, désignés comme des « Hébreux », et « Israël », pourrait s'expliquer de la même manière (1 S 14, 21).

2. 'Ever (selon une version yahviste) était aussi le patriarche des tribus d'Arabie jusqu'au Yémen (Gn 10, 21-24 sq.). Les usages d'Ivri antérieurs à la version des prêtres, à savoir ceux de la Genèse (38 sq.), de l'Exode (Ex 1, 15 sq. ; 2, 6 sq.) et du Livre de Samuel (4, 6 sq. ; 13, 3-19 ; 14, 11 ; 29, 3), se rapportaient toujours à des relations avec les Égyptiens ou les Philistins (sur ce point, voir Böhl, *op. cit.*, p. 67). Il est remarquable que 'Ever et Assur fassent tous deux l'objet d'une prophétie de malheur en Nb 24, 24 (prophétie de Biléam).

doute pas dans la réalité – depuis le golfe Persique et qu'une partie des nomades Sa Gaz se déplacèrent probablement à partir de la frontière de la Mésopotamie, on peut se demander si une partie des Israélites présents derrière la tradition d'Abraham (ou Abram) émigra depuis la steppe mésopotamienne dès une date antérieure, par exemple à l'époque d'Amarna ; mais cette question demeure sans réponse. Cependant, cela ne semble pas impossible. Le nom (Abiram) était courant à Babylone. Il est vrai que la religiosité attribuée à Abraham ne présentait pas de traits babyloniens reconnaissables. La tradition de Kedar Laomer, au demeurant, possédait des spécificités remarquables [Gn 14]. D'autres aspects de la tradition laissent également supposer que le pays fut envahi par vagues successives. Cependant, pour les recueils de bénédictions, et pour la tradition des prêtres, en tout cas, le noyau de l'alliance de l'ancien Israël, tel qu'il était présenté dans le Cantique de Déborah, était l'alliance instituée par Moïse, à des fins de conquête et de renforcement de la région de la Jordanie occidentale, avec le Dieu qui avait accompli le miracle de la mer Rouge. Il n'y a pas lieu de douter de la réalité historique [1]

1. Hormis le fait que l'invention de cette figure justement purement humaine de la tradition est en soi invraisemblable, sa réalité historique n'est rendue que plus probable par bien des traits extrêmement frappants de la tradition. On devine qu'ils représentaient les vestiges mal compris d'anciennes oppositions. Le nom de Moïse (Muchi) se retrouve dans des familles lévitiques (Ex 6, 19 ; Nb 26, 58 et *passim*). Une tradition ancienne mentionnait l'existence d'enfants de Moïse (Ex 2, 22 ; 4, 20) et on faisait dériver de lui la généalogie des prêtres danitiques. Cependant, absolument aucun descendant de Moïse n'était mentionné dans la généalogie établie plus tard par les prêtres. D'après Ex 18, 2 sq., Moïse envoya ses enfants et sa femme auprès de Jéthro, qui les conduisit ensuite dans le désert où ils devaient le rejoindre. En 1 Ch 6, 1 Ch 16, 17, et 1 Ch 3, Guerchom et Éléazar, désignés en Ex 2, 22 comme les enfants de Moïse, étaient identifiés comme les enfants de Lévi ou d'Aaron (c'était déjà le cas d'Éléazar en Nb 26, 1 et *passim*). Afin que Moïse fût dûment reconnu comme un pur lévite, on prétendit que son père Amrâm avait épousé sa propre nièce Yokévèd (Ex 6, 20 sq.). (La confusion des arbres généalogiques des lévites est particulièrement manifeste en Nb 26, 57 si l'on compare avec Nb 26, 58.) On

de la personne de Moïse [1]. Il s'agit seulement de savoir en quoi résida la spécificité de son action.

Historiquement, il semble tout bonnement impossible de déterminer de façon vraiment certaine le cours des événements. L'idée selon laquelle l'objet de la *berith* était constitué par un code de lois (comme le Livre de l'Alliance) ou par un catalogue de commandements éthiques (comme le Décalogue), est une idée tout à fait anhistorique et une conception pragmatique, sans parler de toutes les autres difficultés insurmontables qu'elle soulève. L'adoption des *rites* en vigueur dans les lieux où Yahvé avait jusque-là été vénéré, qui étaient manifestement des rites simples accordés au contexte (culte sans images, éventuellement circoncision, et certainement oracle par tirage au sort) ; certaines ordonnances de fraternité sociale extrêmement simples, adaptées aux besoins d'une armée conquérante de nomades des steppes ; enfin, le prestige de la prophétie de guerre en tant que telle : tels furent vraisemblablement les contenus de l'alliance fraternelle d'Israël, qui ne fut peut-être pas la première du genre. Les raisons en étaient purement concrètes et on peut les comprendre par analogie, y compris avec l'islam. La dureté particulière avec laquelle le Dieu fustigeait les assassinats perpétrés à l'encontre de membres du peuple d'Israël et les trangressions du droit

---

reprochait à Moïse d'avoir épousé une femme kouchite. Les Tsadoqites et les Aaronides avaient justement intérêt à l'absence d'un clan de pur sang lévite remontant à Moïse. Les noms égyptiens comme celui de Moïse se retrouvaient chez leurs principaux concurrents, le clan des Élides (Phinées). Dans toute la tradition historique et chez les prophètes, aussi bien que dans les Chroniques à stylisation prophétique, Moïse ne jouait il est vrai, curieusement, qu'un rôle mineur, ce qui tenait peut-être au fait que, à l'origine, seules les tribus d'Israël du *Nord* (Éphraïm) étaient associées à l'épiphanie du buisson ardent.

1. Sur Moïse, voir Paul Volz, *Mose*, Tübingen, 1907 et Hugo Greßmann, *Mose und seine Zeit*, Göttingen, 1913. Contre l'interprétation qui voit dans Moïse un « homme-médecine », voir Eduard König, « Mose, der Medizinmann », *Zeitschrift des Deutschen Morgenländischen Gesellschaft*, 67, 1913, p. 660 sq.

de l'hospitalité, et, d'autre part, le strict tabou de la rapine, parlent également en faveur de cette hypothèse. Nous pourrons admettre sans grand risque que ce furent là, sans doute, les obligations auxquelles Israël se soumit (officiellement ou dans les faits) en concluant la *berith*. Elles ne contenaient en soi aucun élément qui, historiquement, n'ait pas été présent ailleurs dans une situation semblable. Et Yahvé ? Il était et demeura toujours un Dieu de la *délivrance* et de la *promesse*. Mais le point important était que la délivrance, tout comme la promesse, ne portait pas sur le plan spirituel mais sur des affaires *politiques actuelles*. Ce qu'offrait Yahvé, ce n'était pas de soustraire Israël à un monde divisé et privé de sens, mais de le délivrer du joug égyptien ; ce n'était pas la promesse de biens transcendants, mais celle de régner sur Canaan, qu'il voulait conquérir, et de mener là une existence heureuse. C'est précisément ce naturalisme primitif et inentamé, et cette spécificité rituelle, liée à un état primitif de civilisation, d'un point de vue matériel et social, qui jouèrent un rôle important. Et ils se conjuguèrent justement, dès l'entrée dans le pays, avec les éléments partout diffusés d'une culture rationnelle et intellectuellement différenciée. Il s'agit là d'un phénomène tout à fait universel : la réception d'éléments culturels, de façon générale, produit des configurations absolument neuves et singulières dans les cas précis où ceux-ci ont l'occasion et l'obligation de se mêler à des séries de représentations demeurées, de leur côté, à l'état non sublimé et non encore stéréotypées par un marquage sacerdotal, administratif ou littéraire ; les anciennes configurations rationalisées sont alors contraintes de s'adapter à des conditions entièrement nouvelles et relativement simples.

Les conceptions israélites, qui ne dataient que de l'acte de fondation de Moïse, imposèrent aux éléments culturels orientaux déjà diffusés à Canaan une contrainte de ce type. Mais quelles furent les qualités *spécifiques* qui intervinrent alors ? Autrement dit, en premier lieu : quels furent les traits caractéristiques du Dieu nouvellement introduit, selon la tradition, par Moïse dans l'alliance israélite (quelle qu'en ait été la composition) et les spécificités de la relation que ce Dieu noua avec Israël ?

Dans la tradition ancienne, Yahvé présentait différentes qualités spécifiques. Les traits fortement anthropomorphes [1] qui étaient les siens dans les parties anciennes de la tradition (dites « yahvistes »), notamment celles qui provenaient du Sud, se retrouvent chez les dieux de la Grèce ancienne et chez d'autres divinités des peuples guerriers. En revanche, il est une propriété qu'il ne possédait pas dans tous les cas et ne posséda peut-être pas d'emblée mais qu'il acquit semble-t-il très tôt et qui lui fut ensuite régulièrement associée. Ce trait spécifique, qui ne se rencontre que rarement ailleurs à un tel degré, était le suivant : sa proximité et, dans certains cas, la proximité même des « hommes de Dieu » saisis par son « esprit » (*ruaḥ*) était inquiétante et dangereuse et sa vue, on l'a dit, était mortelle. De façon tout à fait spécifique, dans le cas de Yahvé, la notion de *sacré* se référait, à l'origine, comme tous s'accordent à l'admettre depuis les recherches du comte Baudissin, exclusivement ou essentiellement à cette impossibilité de l'approcher, au péril entraîné par tout contact avec lui et toute vision de sa personne, et à cette mise à l'écart de tous les hommes mais aussi de tous les objets qui n'étaient pas spécialement qualifiés, d'un point de vue rituel, pour supporter sa proximité. Pour une part, à l'évidence, cette qualité importante entretenait un lien avec l'ancien interdit des images associé à son culte, nous le verrons plus loin, mais aussi, au premier chef, avec la nature et la forme de ses manifestations. Il est temps d'évoquer celles-ci. Yahvé ressemblait au dieu indien Indra ; comme lui, il était d'abord et avant tout, du moins pour Israël, un Dieu de

1. Étaient mentionnées, ou bien présupposées, les parties du corps de Yahvé les plus variées : yeux, oreilles, nez, lèvres, main, bras, cœur, bras, souffle.

la guerre. Dans un récit ancien (Ex 15, 3), une variante le désignait comme « un guerrier » (*ich ha-milḥama*). Il était avide de sang, le sang des ennemis, des indisciplinés, des sacrifices. La violence de sa passion ne connaissait pas de limites. Dans son courroux, il consumait ses ennemis par le feu ou bien les engloutissait dans la terre, les jetait à la mer, comme les chars des Égyptiens, d'après le vieux distique du refrain de Miryam, ou bien immobilisait leurs chars : dans la bataille de Déborah, les chars des Cananéens étaient coincés dans la rivière gonflée par les pluies, ce qui permit aux paysans israélites de les massacrer comme certains chevaliers latins furent massacrés en Grèce à l'époque des dernières croisades. Dans les écrits des prophètes encore, le trait saillant était la crainte de ses colères terribles et de sa puissance guerrière. Mais sa grâce, aussi, était grandiose comme sa colère. Car son cœur passionné était versatile. Il regrettait d'avoir fait du bien aux hommes quand ceux-ci ne le lui rendaient guère, et il regrettait ensuite tout autant ses colères démesurées [Os 11, 1-9]. La tradition rabbinique tardive le présentait en train de prier lui-même (!) pour que sa propre mansuétude pût l'emporter sur sa colère [Talmud de Babylone, Berakhot 7 a]. Dans la tempête, il venait personnellement en aide à l'armée [Jg 5, 4-5]. Comme Athéna pour Ulysse, il n'hésitait pas à avoir recours à la ruse et à la tromperie pour aider ses amis. Pourtant, on n'était jamais sûr de ne pas avoir éveillé son courroux par mégarde et sans le savoir, on pouvait être assailli, de façon tout à fait inattendue et immotivée, par un *numen* divin issu du cercle de ses esprits, et menacé d'anéantissement. À l'époque préprophétique, l'« esprit » de Yahvé (*ruaḥ*) n'était ni une potentialité morale ni un habitus religieux durable, mais une force vive, démonique et surhumaine, qui présentait très souvent et avant tout un caractère effrayant. Les héros guerriers charismatiques sauvages des tribus israélites, les *Berserker* comme Samson, les nazirs et les *neviim* extatiques sentaient qu'ils étaient saisis par cette force : elle leur donnait la certitude d'appartenir à la suite de Yahvé. Tous les prophètes et les prophétesses de guerre se présentaient au nom de Yahvé ; même les porteurs d'un autre nom théophore (Ba'al), comme Yeroubba'al, adoptaient un nouveau nom (Gédéon) lorsqu'ils devenaient des princes guerriers.

Comme Indra, Yahvé était typiquement un dieu de la guerre parce qu'il était lui aussi, à l'origine, un dieu des grandes *catastrophes naturelles.* Ses apparitions étaient accompagnées de tremblements de terre (I S 14, 15 ; Es 2, 21 ; Ps 46, 3-4), de phénomènes volcaniques (Gn 19, 24 ; Ex 19, 16 ; Ps 46, 7), de feux souterrains et célestes (Es 30, 27), le vent du désert du sud et du sud-est soufflait (Za 9, 14), des orages éclataient ; comme ceux d'Indra, les éclairs qui fusaient étaient ses flèches, chez les prophètes et les psalmistes encore (Ps 18, 15). En Palestine, on comptait également au nombre des catastrophes naturelles les invasions d'insectes et les nuages de sauterelles apportés par le vent du sud-est. Le Dieu envoyait sur les ennemis de son pays le fléau des sauterelles, il projetait devant lui des nuées de frelons pour semer le trouble chez ses adversaires, et il punissait son propre peuple en le confrontant à des armées de serpents. Pour finir, il avait recours aux épidémies (Os 13, 14). Dieu frappait les Égyptiens de la peste, ainsi que les Philistins et d'autres encore, qui s'étaient emparés de son arche sacrée (I S 5, 6 ; 6, 19). Le bâton surmonté d'un serpent que portaient les prêtres du Temple de Jérusalem [2 R 18, 4 ; Nb 21, 9] entretenait certainement un lien avec cette ancienne conception de Yahvé comme Dieu de la peste. « Maître » de la maladie, il pouvait en effet aussi la repousser et la soigner, comme partout ailleurs dans les cas semblables [Ex 15, 26]. Tous les phénomènes naturels effrayants et fatals étaient donc le domaine de Yahvé : il unissait les traits d'Indra et ceux de Rudra. À côté de son caractère de sauvagerie guerrière et de sauvagerie liée aux mythes naturels, il présentait également des traits plus aimables, dès la tradition ancienne, comme Seigneur de la pluie. Il indiquait à son peuple avec insistance que le rendement des champs, en Israël, ne serait pas obtenu par l'irrigation, comme en Égypte – les récoltes, en d'autres termes, n'étaient que le produit de l'administration bureaucratique du roi terrestre et du travail des paysans –, mais au moyen de la pluie que lui, Yahvé, faisait tomber à sa guise, comme une grâce. Les fortes pluies d'orage qui s'abattaient sur les régions de steppes situées à la limite du désert, notamment, étaient son œuvre. La pluie créait ainsi d'emblée un lien personnel avec chaque individu et ses intérêts économiques ; l'apparition, dans son image, des traits d'un dieu bienveillant de la nature et du ciel, toujours plus accusés par la suite, fut ainsi facilitée. C'est surtout sous l'influence des conceptions des dieux suprêmes du ciel qui avaient cours dans les pays de haute culture du voisinage et en Palestine même que l'image de Yahvé fut sublimée et rationalisée pour devenir celle d'un sage guide des mondes. La croyance en la Providence qui se développa chez les intellectuels israélites joua également un rôle, nous le verrons. Cependant, les traits effrayants du Dieu des catastrophes associés au Yahvé ancien ne disparurent jamais. Ils occupaient une place décisive dans tous les mythologèmes et toutes les images, influencées par la mythologie, dont l'usage donna à la langue des prophètes son incomparable splendeur. Longtemps encore, à l'époque de l'exil et après l'exil encore, les phénomènes naturels régis par Yahvé étaient d'abord les preuves d'une telle puissance et *non* la marque d'un ordre sage. D'un point de vue purement historique, abstraction faite de la parenté universelle entre ces processus naturels et la guerre, la cohérence des qualités de Yahvé retenues jusqu'à l'époque postexilique, celles d'un Dieu des terribles *catastrophes* naturelles, et non de l'*ordre* éternel de la nature, se fondait précisément sur le fait que Yahvé avait fait usage de cette puissance dans les batailles, d'abord contre les Égyptiens, puis contre les Cananéens, dans la bataille de Déborah et encore, par la suite, contre les ennemis d'Israël. La « terreur divine » (*ḥerdath élohim*, 1 S 14, 15), autrement dit la panique soulevée, chez les ennemis, par les phénomènes naturels, notamment les tremblements de terre (*ibid.*) et les orages violents (bataille de Déborah), était attribuée à Yahvé ; c'est une telle panique, liée à une éruption volcanique (chez les Égyptiens [Ex 14]), qui avait conduit à la réception du Dieu. Cela restait dans les mémoires.

Il est un autre facteur, cependant, qui, en pratique, joua un grand rôle : en dépit de ce caractère, Yahvé devint et demeura aussi, du moins pour l'ancien Israël, le *Dieu d'un groupement social.* Il le devint en un sens particulier. Il nous faut admettre qu'il était depuis Moïse le Dieu d'une alliance, l'Alliance israélite, et, conformément à la finalité de cette alliance, il était surtout, pour elle, un Dieu guerrier. Mais il l'était d'une façon très spécifique. Il l'était devenu par un contrat d'alliance. Et ce contrat n'avait pas seulement été conclu entre les membres de l'alliance mais aussi avec lui-même, *parce que* Yahvé n'était pas un Dieu séjournant au milieu du peuple ou déjà connu, mais un Dieu jusque-là étranger, et parce qu'il demeura un « Dieu de loin » [Jr 23, 23]. C'était là un point décisif dans les relations entretenues avec lui. Yahvé était un Dieu élu. Le peuple de l'Alliance l'avait choisi en concluant une *berith* avec lui, tout comme il recruta plus tard son roi par *berith* [Ps 89 ; 132]. Et, à l'inverse, Yahvé avait élu ce peuple parmi tous les autres en vertu de son libre arbitre. Par la suite, il ne cessa de le rappeler au peuple à travers la Thora des prêtres et les oracles prophétiques : c'est par un libre effet de sa grâce qu'il avait élu ce peuple comme son peuple à l'exclusion de tout autre, qu'il lui avait donné des promesses comme à aucun autre et qu'il avait, en échange, accepté ses engagements. Par suite, chaque fois que le peuple de l'alliance concluait, en tant que tel, une *berith*, Dieu en était le partenaire idéel. Chaque transgression d'un principe sacré n'était donc pas seulement une rupture de l'ordre dont il était le garant, comme c'était le cas pour d'autres dieux, mais un manquement aux obligations contractuelles les plus solennelles conclues avec lui. C'est à lui personnellement et pas seulement à l'alliance que refusaient leur obéissance ceux qui tentaient d'échapper à la conscription [Jg 5, 23] : ils n'étaient « pas venus en aide à Yahvé ». L'armée de l'Alliance était appelée armée des « hommes de Dieu » (*'am ha-Élohim*) (Jg 20, 1 sq.).

De la sorte, Yahvé devint non seulement le Dieu guerrier de l'alliance, mais aussi le partenaire contractuel du droit de l'alliance établi par *berith* et, surtout, de l'ordre du droit social. Étant donné que l'alliance en tant que telle était, dans un premier temps, un groupement de tribus dépourvu de toute organisation étatique, les dispositions nouvelles, aussi bien dans le domaine du culte que dans celui du droit, ne pouvaient en principe voir le jour autrement que par le biais d'un accord nouveau (*berith*) conclu sur la base d'un oracle, tout comme l'alliance, à l'origine. Ainsi, toutes ces dispositions reposaient sur le même fondement que l'ancien rapport contractuel qui unissait Yahvé et le peuple. En ce sens, à l'époque antérieure à la royauté, surtout, la « *berith* » était loin de se réduire, du point de vue du droit public, à un contrat purement théorique. Cependant, il n'en allait pas autrement dans la conception religieuse. Chez Jérémie (Jr 2, 5), Yahvé demandait quelle injustice les pères avaient inventée pour le ternir. Mais le prophète exhortait Dieu à ne pas rompre son alliance avec Israël (Jr 14, 21).

En Israël, ce Dieu de l'Alliance considéré comme un partenaire contractuel ne pouvait être identifié au simple dieu fonctionnel de tels ou tels phénomènes naturels ou de telles ou telles institutions sociales. Mais il n'était pas non plus un dieu local au sens où les cités d'Orient en connaissaient en tous lieux. Ce n'était pas seulement le Dieu d'un « pays ». C'était plutôt la communauté des *personnes* composant l'armée de l'alliance israélite qui, dans cette représentation, devait être regardée comme son peuple, lié à lui par une communauté d'alliance. C'était là, à proprement parler, la représentation classique de la tradition. Si, par la suite, le caractère sacré fut transféré sur la propriété politique des terres (la « Terre sainte »), cette conception n'apparut que plus tard, sous l'effet, semble-t-il, de représentations hétérogènes du Dieu, issues, pour une part, du culte de Ba'al et, pour une part, de l'assignation spatiale de Yahvé comme Dieu de la résidence royale. Une telle conception n'était attestée à propos de David, pour la période de la royauté, que dans une tradition de date incertaine [1 S 26, 19] ; en ce qui concerne le Royaume du Nord, elle apparaissait pour la première fois à l'occasion de la conversion de Naamân par Élisée [2 R 5, 15-19].

En tant que garant de l'ordre de l'Alliance, Yahvé protégeait la coutume. Il abhorrait lui aussi ce qui, en Israël, ne s'était « jamais vu ». Conformément à son caractère premier, il n'était pas le garant du droit de l'alliance et des mœurs au sens où l'étaient Varuna ou d'autres dieux du même genre : les gardiens d'un ordre immuable dont le caractère sacré était déjà établi, du droit ou d'une « justice » quantifiable en fonction de critères bien définis. Non, c'est par une *berith* positive conclue avec lui que le droit positif d'Israël avait été créé ; il n'avait pas toujours été là et on pouvait imaginer qu'il fût transformé par une nouvelle révélation et une nouvelle *berith* contractée avec Yahvé. Paul ne fut pas le premier à penser que beaucoup des dispositions imposées par Dieu à son peuple étaient un joug pénible ou une punition [Ga 3, 10] – tout comme, d'après le mythe populaire, Adam avait dû découvrir le labeur du travail et la mort. C'était déjà là, ponctuellement, l'opinion de certains prophètes (Jérémie [Jr 11, 1-5], Ézéchiel [Ez 20, 25]). Le droit n'était ni un Tao ni un *dharma* éternel, mais une disposition positive instaurée par Dieu, qu'il avait à cœur de faire respecter. Il est vrai que, plus tard, le rationalisme éthique de l'école deutéronomique désignait parfois la loi de Dieu comme « éternelle » (Dt 4, 2) et qu'il louait la perfection morale qui avait d'emblée caractérisé les justes ordres de Yahvé (Dt 4, 8), supérieurs à ceux de tous les autres peuples. Cependant, ces modes d'argumentation parénétiques utilisés dans certains cas n'étaient pas articulés avec la position typique qui découlait, logiquement, du fait que le droit était fondé sur une « *berith* ». Les décrets de Dieu étaient entre ses mains et pouvaient, en soi, être modifiés. Yahvé pouvait s'y soumettre par le biais d'une *berith,* mais c'était alors le résultat d'une libre décision de sa volonté. Il ne fut question d'ordres *éternels* qu'à partir de la version des *prêtres ;* encore s'agissait-il, dans la plupart des cas, de normes relatives au culte ou bien au droit des Aaronides, qui ne s'arrogèrent le monopole du culte qu'à l'époque de l'exil ; c'est justement parce que ces normes représentaient des innovations qu'elles furent désignées sous ce terme hyperbolique (*ḥuqath' olam* : Ex 27, 21 ; Lv 3, 17 ; Lv 16, 31 ; Lv 23, 14, 31, 41 ; Dt 12, 1, pour les dispositions relatives au culte ; Lv 7, 36 ; Lv 24, 3 et Nr 18, 23, pour les dispositions relatives au droit des prêtres à l'époque de l'exil ; en Gn 9, 16, « *berith'olam* » désignait les constructions théologiques de l'Alliance de Noé). Le seul ordre temporel qui fût « éternel », la disposition qui voulait qu'Israël et les *gérim* eussent à tout jamais les mêmes droits, était également une innovation introduite par les prêtres à l'époque de l'exil [Nb 15, 15]. Le recours au terme « éternel » est justement un critère pour reconnaître ce type d'inventions. Dans les textes anciens d'Israël, il n'était dit nulle part que tel ordre social présentait *en soi*, à l'exception de tout autre, une validité éternelle et immuable *en vertu* de sa perfection interne et que Yahvé le protégeait pour cette raison même. Lorsque Job lui demandait des comptes sur l'injustice de l'ordre humain, Dieu apparaissait dans son nuage d'orage sans dire un mot [Jb 38, 1] : c'était là un fait très hautement significatif. Yahvé ne défendait pas la sagesse de l'ordre des relations humaines et ne les désignait pas comme un ordre de Dieu, comme cela allait par exemple de soi pour le confucianisme ; il se contentait de mettre en relation sa puissance souveraine et sa grandeur avec les phénomènes naturels. Cette définition spécifique du Dieu, historiquement conditionnée, a entraîné beaucoup de conséquences, jusqu'à l'époque de la genèse de la doctrine du droit naturel dans le christianisme ancien.

La conception de Yahvé ou, plus exactement, la relation particulière que, pour des raisons purement historiques, l'alliance israélite entretenait avec ce Dieu présentait certains traits caractéristiques d'une position qui n'est pas spécifiquement israélite et qui recèle en ce sens une certaine dimension d'universalisme. On a récemment disputé la question de savoir si la vision ancienne de Yahvé était caractérisée par une dominante de monolâtrie (l'adoration exclusive d'un seul Dieu parmi plusieurs), d'hénothéisme (la doctrine qui traite le Dieu présentement invoqué, dans l'instant, comme le seul puissant) ou de monothéisme (l'affirmation de principe de l'existence d'un Dieu unique). Sous cette forme, la question est sans doute mal posée. Non seulement les visions de Dieu évoluaient, mais des visions très différentes pouvaient cœxister à une même époque, selon l'appartenance à tels ou tels cercles sociaux. Pour le guerrier, il était clair que le Dieu invoqué était *son* Dieu et que, par conséquent, le Dieu des ennemis n'était pas le même : c'est ainsi que les dieux Yahvé et Kémoch[1] étaient décrits dans le récit de Jephté du Livre des Juges (Jg 11, 24) et dans celui de la guerre des Moabites (2 R 3, 27). Pour le roi et pour les couches d'assise urbaine, en particulier les prêtres des temples et les patriciens, mais aussi pour les masses des villes, il allait de soi que le Dieu était localisé dans le temple de la ville, que d'autres dieux étaient par conséquent établis ailleurs et que l'existence de ce Dieu était liée à celle de la ville et prendrait fin avec elle, qu'on ne pouvait servir ce Dieu si l'on quittait la ville (ou le pays à laquelle elle appartenait), qu'il fallait alors servir des dieux étrangers (ce que fit David : 1 S 26, 19), et que, à l'inverse, ceux qui venaient d'un pays étranger avaient

1. Il semble que Kémoch ait été un dieu commun à plusieurs tribus.

tout intérêt à servir le Dieu indigène, sans quoi celui-ci pouvait se venger (ce que fit Yahvé avec les colons assyriens de Samarie, 2 R 17, 25-26). C'était là le produit d'une culture d'assise urbaine. Pour l'Israélite d'une ville de temple, Jérusalem surtout, Yahvé était établi dans le temple. Bien entendu, l'arche de Yahvé se prêtait depuis longtemps à une telle assignation spatiale. Dans le rituel traditionnel, les guerriers au combat se représentaient cette arche comme présente dans le sanctuaire du camp. Le point de vue des tribus d'éleveurs semi-nomades, quant à eux, était tout autre. Selon la tradition marquée par leur influence, Dieu accompagnait l'Israélite même en pays étranger (Gn 28, 20). Ils savaient très bien que Yahvé était également vénéré par des tribus non israélites et, par suite, leur légende considérait qu'il en allait naturellement de même non seulement pour Laban (Gn 24, 50 ; 31, 49), qui était après tout un parent, mais aussi pour Abimélekh de Guérar (Gn 20, 4 ; 21, 23). Dans la nouvelle de Joseph (Gn 41, 39), on pouvait même trouver trace de la conception typique, partout dans le monde, des peuples pratiquant le commerce, comme les Grecs et les Romains tardifs : l'identification naïve de certains dieux étrangers avec les leurs. Ce phénomène se rencontrait dans le judaïsme postexilique pour le Dieu de Nabuchodonosor (chez Daniel [Dn 2, 28]) et pour le roi de Perse. De façon générale, cependant, ce genre de représentations était étrangère à l'ancien Israël parce que Yahvé était devenu *son* Dieu par *berith*. Selon la conception originelle, il était pour le moins exclu, par suite, que le Dieu pût être, au même titre que pour Israël, le Dieu protecteur tout à fait personnel de rois étrangers, comme l'étaient par exemple Mardouk et Ahuramazda. Les prophètes professionnels de Yahvé de l'époque ancienne, les *neviim* et les voyants, n'étaient manifestement pas convaincus que leur Dieu était un Dieu unique, ni qu'il résidait exclusivement en Israël. Ils avaient pour une part une clientèle internationale et, dans un passage au moins (1R 17, 9), la tradition relative à Élie supposait que la veuve de Sidon recevait aussi les commandements de Yahvé. Pour le reste, leur Dieu n'était sans doute pas le seul mais c'était certainement le plus fort de tous ; en fin de compte, les autres ne comptaient pour « rien ». Même l'ancienne tradition des guerriers yahvistes pouvait accepter une telle idée (Jos 2, 9). Ce qui comptait surtout, de leur point de vue, c'était la place particulière revenant à Israël en vertu de la *berith*. À leurs yeux, une chose était sûre : même si d'autres peuples vénéraient Yahvé, Israël était placé sous sa protection particulière. Yahvé n'était pas l'ennemi de peuples étrangers ; c'est le fanatisme national des prophètes de salut des rois et le fanatisme confessionnel des prêtres après l'exil qui développèrent pour la première fois une telle conception. Cependant, nous le verrons plus loin, les guerriers yahvistes pensaient que Yahvé ne s'intéressait qu'à Israël, conformément à l'attente placée de tous temps dans n'importe quel dieu local, saint local ou madone locale – à ceci près que la représentation de Yahvé, tout en entraînant les mêmes conséquences, ne partait *pas,* à l'origine, de l'idée d'une implantation locale mais justement d'un universalisme (relatif) et de l'idée qu'une *berith* particulière avait été conclue avec Israël. Ces différentes conceptions coexistaient et, comme il est d'usage, leur caractère logiquement contradictoire n'était pas ressenti. En tout cas, il faut se garder de considérer que la conception « particulariste » est nécessairement la plus ancienne. Dans une certaine mesure et en un certain sens, ce fut plutôt le contraire ; avec Yahvé, il ne pouvait en aller autrement. Dans le discours en vers rythmés que Dieu prononce dans les temps anciens en Ex. 19, 5, Yahvé s'appelle lui-même le « maître de toute la terre » avant de proclamer le contenu de l'alliance qui va être conclue et qui fera d'Israël sa propriété. Cette conception se rencontrait aussi, à l'occasion, dès les temps préprophétiques. On trouve aussi chez d'autres peuples des dieux « universalistes » en ce sens-là. En particulier, les dieux des grands rois des capitales des empires. En Égypte, sous la domination des prêtres de l'époque tardive des Ramessides, Amon revendiquait le pouvoir universel de distribution du salut [1]. Les conseillers et les prophètes de cour des rois israélites proclamaient certainement la même chose au sujet de Yahvé, en souvenir du royaume de David [2]. Historiquement, l'universalisme (relatif) de Yahvé ne reposait cependant pas sur un tel fondement. Mais plutôt sur le fait même de sa réception. Il avait déjà existé en un sens différent des autres dieux et il avait déjà confirmé sa puissance *avant qu'*Israël n'eût commencé à lui offrir des sacrifices. Cela entraînait des conséquences importantes, *du point de vue du culte*. On pouvait penser que les sacrifices lui étaient agréables et qu'ils constituaient par conséquent des moyens appropriés de gagner ses faveurs, mais il était pourtant difficile d'imaginer, en dépit de la représentation par ailleurs si commune, que ce Dieu, dans son existence, était dépendant de la production de tels sacrifices [3] [Ps 50, 13]. Il trônait au loin, dans les hauteurs, et n'avait pas besoin de ces offrandes même s'il les goûtait volontiers. Cependant, un autre élé-

1. Wen Amon (James Henry Breasted, *Ancient Records of Egypt : Historical Documents from the Earliest Times to the Persian Conquest*, vol. IV : The Twentieth to the Twenty-Sixth Dynasties, Chicago, 1906, § 557-591) déclarait au roi de Byblos que les pharaons, auxquels celui-ci reprochait de ne pas lui avoir envoyé de présents d'argenterie, se prenaient pour des dieux, mais n'étaient pas capables de faire la même chose que le dieu Amon, à savoir donner la vie et la santé (telle était justement la raison pour laquelle ils n'envoyaient pas de présents matériels). Ce trait, il est vrai, ne concordait pas avec le style de la cour de l'Ancien Empire. Même le roi de Byblos « appartenait » à Amon et obéir à ce dernier était un gage de salut pour tous.

2. Sur les différences entre Yahvé et les divinités des pays environnants, en particulier de la Mésopotamie, on consultera l'excellent ouvrage de Hehn, *Die biblische und die babylonische Gottesidee*, *op. cit.*

3. En Égypte, au contraire, les dieux *avaient besoin* de la nourriture apportée par les sacrifices des hommes (Friedrich Wilhelm von Bissing, « Versuch einer neuen Erklärung des Ka'i der alten Ägypter », in *Sitzungsberichte der Königlich Bayerischen Akademie des Wissenschaften, Philosophisch-philologische und Historische Klasse*, 5, Munich, 1911), tout comme les âmes des morts.

ment doit être pris en considération : c'est, à l'époque antérieure à la royauté, en temps de paix, *l'absence de toute instance politique ou hiérocratique susceptible de produire des sacrifices* au nom de l'Alliance. Il n'était question de rien de tel et l'existence d'une instance de ce type semblait exclue. Par conséquent, et justement pour les temps anciens, le sacrifice ne put *en aucun cas* acquérir, dans les relations avec Yahvé, la même importance qu'ailleurs. En ce sens, les prophètes avaient plus tard parfaitement raison de souligner, non seulement à propos du séjour au désert mais aussi de l'alliance israélite en général, que, dans les temps anciens, on ne servait pas Dieu en lui apportant des sacrifices. Étant donné que la forme spécifique à chaque fois revêtue par la relation entre Yahvé et le peuple de l'Alliance était la *berith*, l'accomplissement des *commandements* que la *berith* conclue avec lui avait rendus sacrés était tenu pour au moins aussi important, voire davantage, que les sacrifices produits à l'occasion par les individus et, plus tard, par les rois et les prêtres des temples : telle fut la position constamment défendue par une partie des purs fidèles de Yahvé [1]. À l'époque de la royauté tardive, il exista toujours en Israël un parti – auquel appartenaient justement les prophètes de l'écrit les plus virulents, tels Amos [Am 5, 25] et Jérémie [Jr 7, 4] – soucieux de maintenir vivant le souvenir de cette spécificité et de rejeter toute forme de sacrifice comme, en fin de compte, absolument indifférente à Yahvé*. De façon compréhensible, ceux qui tenaient le plus à une telle conception étaient justement ceux qui étaient le moins attachés à des lieux de culte fixe, autrement dit les couches de petits éleveurs. Le respect scrupuleux des rites qui lui étaient spécifiques et, pour le reste, l'obéissance envers ses révélations : voilà, en réalité, ce qu'exigeait le

1. Sur toutes ces relations, on consultera, en particulier, le cycle de conférences de Karl Budde sur la religion de l'ancien Israël : c'est certainement lui qui a observé et souligné avec le plus d'insistance le fait que le caractère *éthique* de la religion d'Israël était conditionné par la nature élective de son Dieu.

puissant prince céleste de la guerre. Cette représentation lourde de conséquences – et tributaire de certaines conditions politiques – demeura constamment vivante en Israël, tout particulièrement chez les gardiens les plus zélés de la tradition ancienne. Même si les *commandements* éthiques que Yahvé avait imposés à l'alliance de guerriers étaient, à l'origine, tout à fait primitifs et barbares (ce qu'on ne peut plus, aujourd'hui, affirmer avec certitude), ce Dieu était malgré tout, en ce sens, inexorablement plus « acharné » que d'autres dieux à faire respecter, très spécifiquement, ces normes rituelles et ces règles de l'éthique sociale du quotidien [Ex 20, 5 ; Dt 4, 24]. Notons-le bien : il ne s'agissait pas là d'un Dieu prônant une éthique éternellement valable, ou qui aurait lui-même été évalué à l'aune de critères éthiques. Pareille représentation ne fit son apparition que très progressivement et fut un produit du rationalisme des intellectuels. Non, ce Dieu-là se comportait comme un roi, il était colérique et passionné quand les obligations qui lui étaient dues en vertu de la *berith* n'étaient pas remplies. Les devoirs en question étaient de ceux que le souverain élu réclame d'un sujet, il s'agissait d'obligations tout à fait positives dont la valeur éthique absolue, de prime abord, n'était pas discutée et n'avait pas à l'être. Le contenu de ces commandements était l'inverse de « ce qui, en Israël, ne s'était jamais vu » et il était positivement établi par la *berith*. Cependant, selon une conception très tôt répandue, le Dieu tenait au moins autant et peut-être même davantage à l'application de ces commandements qu'à l'exécution de sacrifices [1 S 15, 22]. Dans des traditions très anciennes, déjà, on voyait le Dieu entrer dans une grande colère parce que des sacrilèges éthiques et pas seulement rituels avaient été commis. Il était présupposé comme allant de soi que les membres de l'alliance pouvaient être menacés de guerre sainte s'ils se rendaient coupables de graves manquements aux obligations éthiques – le genre de choses qui « ne s'étaient jamais vues en Israël » (Jg 19, 30).

Cependant, la raison qui expliquait l'établissement de l'alliance sur de telles bases, autrement dit l'orientation éthique particulièrement forte du droit de l'alliance dans l'ancien Israël, était la responsabilité solidaire de ses membres, d'un point de vue religieux, pour les sacrilèges commis par tout individu. Comparable aux dispositions du droit international en matière de représailles, ce présupposé extrêmement important et lourd de conséquences revenait à postuler une responsabilité du groupe tout entier pour tout sacrilège individuel toléré en son sein, que ce fût ou non en connaissance de cause. Dans la foi religieuse d'un peuple qui, comme Israël, se situait par rapport à son Dieu comme un *groupement libre de compatriotes,* un tel principe allait de soi. On rencontrait aussi dans les hymnes de Babylone la notion d'une responsabilité solidaire de l'individu pour les péchés commis par ses ancêtres et les membres de sa proche parenté ; en revanche, l'idée d'une responsabilité solidaire de tout le peuple pour tous les individus – le présupposé de toutes les prophéties de malheur – ne put évidemment pas être forgée, d'un point de vue conceptuel, dans cet État purement bureaucratique. Par conséquent, la structure politique joua là encore un rôle décisif. Tout comme les compatriotes les uns pour les autres, les descendants, jusque dans la parenté éloignée, étaient responsables des sacrilèges de leurs ancêtres. Il en allait de même pour la vengeance du sang et il n'y avait là rien de spécifique. Avec l'assouplissement de la vengeance du sang, un changement intervint : la spéculation du Deutéronome regardait les deux formes de responsabilité solidaire pour les fautes d'autrui, celles du compatriote et celle des ancêtres, comme un trait de dureté ; pourtant, il n'était pas question de rompre vraiment avec une telle conception [Dt 24, 16]. Pour Israël, elle découlait de la *berith* conclue avec Dieu.

La définition du Dieu comme Dieu guerrier de l'alliance, acceptée par un acte contractuel spécifique, et comme garant du droit de l'alliance, expliquait encore l'existence d'un autre trait particulier d'une grande portée : ce Dieu était et demeura, en dépit de tout son anthropomorphisme, un Dieu *sans épouse* et, par suite, sans enfants. Même les *bné Élohim* du sixième chapitre de la Genèse n'étaient pas des « *bné Yahvé* » [Gn 6, 4]. Étant donné la spécificité de sa position, il n'était pas question que ce Dieu pût avoir un pendant féminin. Celui-ci lui faisait défaut, tout comme il faisait défaut, par ailleurs, pour des raisons tout à fait semblables, à certains dieux fonctionnels qui garantissaient l'ordre social (Varuna, Apollon) et à certains dieux importés (Dionysos). Dans le cas de Yahvé, cependant, ce facteur contribua certainement, de façon tout à fait essentielle, à le faire apparaître d'emblée, par comparaison avec d'autres figures de dieux, comme un être spécial, éloigné du monde ; mais surtout – nous allons le voir – il entrava la constitution de véritables mythes, qui sont toujours des « théogonies ». Cette spécificité très importante fut sans doute conditionnée elle aussi par la particularité politique de la genèse de son culte dont il a été question plus haut.

Ces formes de suprématie du Dieu de l'Alliance n'impliquaient en aucun cas, nous l'avons vu, que sa reconnaissance fût nécessairement exclusive. Nous avons déjà évoqué les relations entretenues avec les dieux d'autres peuples : Jephté tenait pour toutes naturelles l'existence et la puissance du dieu des Ammonites et plus tard aussi des Moabites, Kémoch. Sous Achab encore, on retrouvait la même conception : le roi des Moabites pouvait, en lui sacrifiant son propre fils, conférer une telle puissance à Kémoch que, dans sa colère contre Israël et son Dieu, celui-ci pourrait remporter la victoire. De fait, cependant – et c'est là ce qui importe ici – l'exclusivité n'était même pas affirmée à l'intérieur d'Israël. Il est vrai que les semi-Bédouins de la steppe ne connaissaient sans doute pas d'autre grand Dieu que le Dieu guerrier de l'Alliance. Cette monolâtrie s'expliquait tout simplement par le fait qu'ils ne *connaissaient pas* la *culture différenciée* d'où sont issus les dieux fonctionnels et que la communauté politique, chez eux, n'était tenue d'assurer à peu près rien sinon la protection armée des zones de pâturage et des expéditions de conquête à l'extérieur. Telle fut peut-être la raison pour laquelle ces tribus semi-nomades, en particulier celles du Sud, se firent d'emblée les porte-parole de « l'exclusivité » de Yahvé et de la monolâtrie. De là, cette conception se transmit ensuite aux représentants professionnels de la fonction d'emblée propre à Yahvé, à savoir les *prophètes de guerre*. Le plus ancien document mettant en cause le culte de « nouveaux dieux » par Israël était le Cantique de Déborah (Jg 5, 8). Toutes les guerres contre les patriciats des villes, cananéennes aussi bien que philistines, furent menées au nom de Yahvé et, dans ces occasions, on peut le comprendre, on faisait valoir chaque fois qu'un des devoirs imposé aux Israélites par l'Alliance était la vénération exclusive du Dieu qui avait promis de leur venir en aide dans la guerre. Dans les guerres de libération, tous les chefs prophétiques et non séculiers – hommes ou femmes – étaient des ennemis de tous les autres dieux, ou le devinrent au cours du conflit. Pour le reste, cependant, il est parfaitement exact que les Israélites sédentaires avaient d'« autres dieux » que Yahvé. En l'occurrence, de façon tout à fait autorisée, dans un premier temps. Qu'il y ait eu d'autres dieux signifiait simplement qu'il existait d'autres cultes non dédiés à Yahvé et il n'est pas jusqu'à la version des Saintes Écritures révisée par les prêtres qui ait pu faire oublier que de tels cultes avaient existé, quand bien même les *numina* importés de l'extérieur auraient été ignorés [1].

---

1. Contre la thèse tout à fait tranchée de Bernardus Eerdmans (*Alttestamentlische Studien*, tome 1 : *Die Komposition der Genesis*, Gießen, 1908), d'après lequel bon nombre de parties de l'Ancien Testament ignorent tout simplement Yahvé et sont spécifiquement polythéistes, voir Carl Steuernagel, « Der Hexateuch », *Theologische Rundschau* 11, 1908, p. 232 sq.

11. Les cultes non yahvistes

La tradition évoque d'abord les cultes familiaux et les sanctuaires domestiques. David s'excusait de ne pas assister à la cérémonie de sacrifices de Saül, en invoquant une fête cultuelle de son propre clan [1 S 20, 6]. Mais il n'en était aucunement question dans les ordonnances de Yahvé relatives aux cultes. Pourtant, ce n'était pas seulement Laban mais tout Israélite de pleine lignée qui, à l'origine, avait chez lui un sanctuaire et une idole domestiques (à en croire les dispositions du Livre de l'Alliance relatives à la cérémonie de l'esclavage à perpétuité [Ex 21, 5-6] et le récit de la fuite de David). L'état des sources ne permet pas de déterminer avec certitude – ce que nous n'avons pas à faire ici – ce qu'étaient en fin de compte ces « *teraphim* » et s'il s'agissait de poupées ou de masques que le chef du clan ou de la famille devait porter dans des cérémonies de mime orgiaque. Cependant, la manière dont on effaça leur mention des versions corrigées prouve qu'ils n'avaient rien à voir avec un « culte domestique de Yahvé » (ce qui aurait été parfaitement invraisemblable). Ce n'était pas non plus le cas, selon toute probabilité, de ces fêtes de clan. Dans le détail, il est vrai, tout demeure incertain.

De la même façon, on s'engage sur un terrain tout à fait problématique lorsqu'on se pose l'importante question de savoir s'il existait, dans l'ancien Israël, un *culte des morts*, quelle forme il pouvait revêtir et dans quelle mesure l'absence totale d'un tel culte par la suite fut liée au recul de l'importance sociale et cultuelle des *clans*.

Les constructions tout à fait ingénieuses d'un Stade et d'un Schwally, qui ont formulé l'hypothèse qu'un culte des ancêtres avait primitivement existé en Israël, n'ont pu résister aux critiques pénétrantes de Grüneisen, notamment. L'âme des morts semble cependant avoir été, à un certain moment, dans la magie de l'ancienne Palestine, un pouvoir très respecté. À l'époque tardive, cependant, la notion d'âme devint très problématique. L'idée que l'« âme » n'était pas nécessairement une était partagée par les Israélites avec beaucoup d'autres, et pouvait aussi être rapprochée de la représentation égyptienne qui attribuait, au roi tout au moins, une pluralité d'âmes. Cependant, la conception unitaire du « *Ka* », qui dominait la spéculation égyptienne depuis une date très ancienne, ne fut pas importée en Israël et ne semble pas y avoir exercé d'influence. La conception ultérieure, qui résultait du mélange de différentes représentations israélites anciennes et, probablement, de certaines autres importées de l'extérieur, distinguait trois plans dans l'homme : 1) le corps (*basar*), 2) l'âme (*néphech*) sise dans le sang [1] et porteuse des affects normaux, de l'« individuation » (comme nous dirions aujourd'hui) et, de façon générale, de toutes les manifestations habituelles de la vie, et 3) l'« esprit », le « souffle de vie » (*ruaḥ*). La *ruaḥ* était une brise divine soufflée par Yahvé sur l'homme, dont la présence était seule capable de transformer en un être vivant le corps en lui-même entièrement privé de force ou doté seulement d'une âme végétative : dans la vision d'Ézéchiel, celui-ci prononçait une formule magique et Yahvé rendait vie, « à partir des quatre vents », aux ossements des morts répandus sur le sol d'Israël. De surcroît et surtout, cependant, la *ruaḥ* était la force divine particulière qui, tels le « *mana* » et l'« *orenda* », trouvait son expression, chez le héros, le prophète ou l'artiste, dans le charisme d'actes supraquotidiens, ou, inversement, la *ruaḥ* correspondait à un état de possession démoniaque qui se manifestait dans des états psychiques graves ou extraquotidiens. Dans les sources, *néphech* et *ruaḥ* n'étaient pas toujours distingués avec netteté. Le dualisme opposant, dans la version tardive des récits de la Genèse (Gn 1), le souffle vivant de Dieu (la « brise » de la divinité) et le chaos sans vie, était semble-t-il issu de représentations phéniciennes, par l'entremise de la

1. Le cœur était le siège de l'entendement, les reins celui des affects.

spéculation des intellectuels ; il fut à l'origine du dualisme *ruaḥ/basar.* Celui-ci s'accordait aux tendances des prêtres, hostiles au culte des morts. En effet, selon la représentation tardive, la *ruaḥ*, substantiellement identique aux vents, retournait au souffle céleste lorsque le mort rendait son dernier soupir, et perdait ainsi toute individualité ; dès lors, il ne pouvait être question d'un royaume des morts rassemblant des âmes individuelles. Cette conception ne correspondait en aucun cas à l'ancienne croyance populaire. La représentation originelle du destin des *néphech* n'était, il est vrai, pas toujours très claire, mais elle allait manifestement dans le sens de leur survie. On trouvait chez Jérémie une occurrence de l'hypothèse qui avait également cours, à l'origine, dans l'ancienne Égypte, selon laquelle l'âme séjournait dans la tombe. En l'occurrence, il s'agissait d'une héroïne (Rachel [Jr 31, 15-16]) et, à n'en pas douter, cette conception trouvait son fondement dans un ancien culte funéraire. Par contre, la représentation d'un « ciel des ancêtres » rassemblant les membres du *clan* n'était semble-t-il pas attestée. À l'époque tardive encore, il existait des tombeaux de clan pour quelques familles distinguées, par exemple pour les Maccabées et, selon la tradition des prêtres, pour les Patriarches [Gn 23]. Seules les tribus sédentaires pouvaient posséder ce genre de tombeaux. L'expression sans doute ancienne « être réuni à ses pères » [Gn 25, 8 ; 35, 29] signifiait plutôt, dans tous les cas, être réuni aux membres du clan enterrés ensemble et non être envoyé dans un ciel des ancêtres, d'autant que cette expression alternait avec une autre, « être réuni à ses gens (*'am*) » [Gn 35, 29], qui renvoyait aussi bien aux membres du clan qu'aux camarades de guerre. Historiquement, l'existence d'un ciel des guerriers n'était pas davantage attestée. Selon la représentation populaire, Yahvé emportait avec lui les héros religieux auxquels il accordait une grâce particulière : ils poursuivaient leur existence dans ses armées célestes, c'est-à-dire (comme dans une certaine conception égyptienne) dans l'armée des étoiles brillantes [Jg 5, 20] ou peut-être aussi dans son conseil céleste. L'interprétation correcte, en revanche, était la suivante : Yahvé les laissait s'éteindre doucement dans ses bras comme Moïse [Dt 34, 5-7]. Les *népheck* de tous les autres individus, quant à elles, vivaient comme des ombres dans l'Hadès, le « *cheol* ». On ne distinguait pas, comme en Égypte, un lieu qui permît d'en sortir et où les porteurs de la grâce pouvaient mener une existence de bienheureux. Aucune chance de renaissance n'était offerte. Les fantômes des morts étaient tous « amollis » (*rephaim*), comme chez les Grecs. Au demeurant, cela ne les empêchait pas d'être dangereux. La lapidation d'un homme ou d'un animal possédé par un esprit malin ou marqué par le *ḥérem* avait pour objectif, à n'en pas douter, de barrer complètement le chemin à son âme de mort sans repos, afin qu'elle ne pût errer. Tandis qu'on développa, en Égypte, à partir de semblables prémisses, la théorie du « *Ka* [1] », la représentation israélite de l'« âme » demeura absolument contradictoire. Plus tard, dans la conception du Deutéronome [Dt 12, 23-25] et des prêtres [Lv 17, 11-14], le strict interdit rituel de l'ingestion de sang était parfois justifié par le fait qu'on n'était pas en droit de manger une âme, fût-ce celle d'un animal : cela attirait le mauvais sort, voire la possession. Cependant, aucune doctrine concernant le destin des âmes animales et humaines ne se développa dans l'ancien Israël. La *néphech* ne vivait dans l'Hadès que comme l'ombre et le reflet du vivant, parce qu'elle n'avait ni sang ni souffle. Là, selon une représentation qui était aussi celle des psalmistes, on n'entendait plus parler des hauts faits de Yahvé, et on n'était plus en mesure de célébrer ce dernier : la mémoire s'était éteinte [Ps 6, 6]. Comme Achille, on désirait être préservé de ce destin aussi longtemps que possible et on ne percevait

1. En Égypte, le *Ka* était la force de vie, autrement dit « l'âme », et c'était en même temps la nourriture dont l'âme avait besoin pour exister. Elle correspondait à la *néphech*, au sens où c'est elle qui se rendait dans le royaume des morts (cf. von Bissing, *op. cit.*).

pas une telle existence comme une forme de « survie dans l'au-delà ». Enfin, il n'était pas question de « sanctions dans l'au-delà », comme dans la conception égyptienne, qui constituait, dans ce pays, le fondement de l'influence exercée par les prêtres sur l'éthique, et qui avait développé, à partir de cultes chtoniens, l'idée d'un tribunal des morts. On rencontrait chez certains prophètes tardifs les prémisses timides de la représentation d'un Tartare à destination des malfrats, mais elles ne furent pas poussées plus loin qu'en Grèce et à Babylone. Le caractère confus de toutes ces représentations trouvait son explication la plus simple dans le fait que *cheol* et *néphech* étaient tous deux des composantes anciennes des croyances militaires et populaires, et que les porteurs du yahvisme les écartèrent pour privilégier, de leur côté, la notion de « *ruaḥ* ». Celle-ci avait certainement été empruntée à la représentation animiste de la renaissance en usage dans l'ascèse des guerriers, avant d'être mise en relation avec le souffle universel de Dieu, le vent de Yahvé [1]. Les yahvistes ne *voulaient* pas entendre parler d'une survie de l'« âme » dans l'au-delà [2]. Ce qui survivait et était appelé à survivre, pour eux, c'était tout autre chose : le *nom* fameux [3] du héros se perpétuait parmi ses camarades et ses descendants [4]. La haute estime dans

1. Pourtant, Yahvé *jure* par sa « *néphech* ».

2. La trichotomie ultérieure serait donc née d'un mélange entre ces deux représentations dichotomiques. Même Kautzsch, qui conteste résolument la trichotomie, est cependant obligé de reconnaître qu'elle a, de fait, existé par la suite.

3. Cf. Friedrich Giesebrecht, *Die alttestamentliche Schätzung des Gottesnamens und ihre religionsgeschichtliche Grundlagen,* Königsberg, 1901.

4. Lorsque Job affirmait avec confiance que « celui qui [devait] venger son sang [était] vivant » [Jb 19, 25-26], il entendait par là que Yahvé rétablirait la bonne renommée de son *nom* entachée par les soupçons de ses amis. Le Trito-Ésaïe (Es 56, 4-5), qui déclarait que les eunuques étaient admis dans la communauté – à l'encontre d'un interdit ancien né de l'hostilité à la royauté et à ses eunuques – leur promettait, s'ils remplissaient les commandements de Dieu, « un destin meilleur pour leur *nom* » que celui qu'auraient pu leur apporter des fils et des filles.

laquelle le nom était tenu était une valeur typique des Bédouins, nous l'avons vu. Elle régnait aussi en Égypte. Comme ce dernier pays, Israël connaissait la conception selon laquelle tous les noms représentent quelque chose d'essentiel pour la personne comme pour la chose, et participent d'une certaine manière de sa réalité. Yahvé éliminera de son « livre » le « nom » de l'homme sacrilège : cela signifie qu'il menace de le détruire à jamais (Ex 32, 32-33 sq.). L'importance du charisme personnel et de la renommée du héros guerrier, associée à la prédominance de l'organisation en clans et au fait que ceux qui étaient distingués portaient le nom de l'ancêtre (éponyme), eut pour effet de renforcer une telle représentation. Le nom d'un homme qui, dans la vie, avait visiblement été béni par Dieu, pouvait devenir une « formule de bénédiction » encore utilisée bien des générations plus tard. L'annonce que son nom connaîtrait une telle destinée était la promesse suprême faite par Dieu à Abraham. En effet, dans l'unique version ancienne (Gn 18, 18 ; 22, 18 ; 26, 4 ; 28, 14) (yahviste) d'une sentence plus tard reformulée (Gn 12, 2-3), le nom d'Abraham était censé être destiné à « devenir une formule de bénédiction » : un jour, à l'avenir, « toutes les familles de la terre se [béniraient] en prononçant son nom ». En soi, cela signifiait seulement qu'Abraham et les siens étaient appelés à mener une vie notoirement bénie. Toute interprétation « messianique » était résolument absente. C'est en raison de cette valeur accordée au nom qu'une descendance nombreuse était désirée, afin que le nom ne disparût pas en Israël (Dt 25, 6-7, 10 ; Rt 4, 5-10 ; 1 S 24, 22 ; 2 S 14, 7). Et non, comme dans d'autres lieux, afin que soient assurés les sacrifices aux ancêtres[1]. Il est vrai que ces derniers

1. En Égypte également, c'était le *nom* qui devait se perpétuer et non la postérité du mort en tant que telle. Chez les possédants, le culte n'incombait pas aux descendants mais à des prêtres des morts pourvus de prébendes. La survie du *nom* conditionnait la survie de l'âme dans l'au-delà. Cette étroite proximité entre la conception israélite de l'importance du nom et la conception égyptienne ne fait que souligner

n'étaient pas absents mais, du moins dans les sources qui nous sont accessibles, rien n'indique que les sacrifices aient joué un rôle particulier pour le destin du mort ou pour celui du sacrifiant lui-même [1]. Ce silence ne s'expliquait pas, du moins à l'origine, contrairement à ce qu'on pourrait croire, par un combat délibéré des prêtres contre le pouvoir des *clans* en place, ancré dans le culte des ancêtres. Pour l'époque tardive, nous le verrons à plusieurs reprises, il ne fait aucun doute que les effets de la religion des prêtres et ceux du pouvoir des clans s'exerçaient dans des sens opposés. Cependant, ce conflit resta dans une large mesure latent et, en tout cas, il ne fut pas à l'origine de la position nettement réticente du yahvisme à l'égard de tout culte des morts. En effet, pouvoir des

---

toute la partialité du rejet, chez les Israélites, des attentes placées dans l'au-delà et du culte des morts.

L'abus du *nom* de Yahvé était puni de la peine (l'aveuglement) que, selon une inscription (conservée au British Museum), Ptah infligeait à ceux qui abusaient de son nom (cf. Adolf Erman, « Denksteine aus der thebanischen Gräberstadt », *Sitzungsberichte der Königlich-Preussischen Akademie der Wissenschaften. Philosophisch-Historische Klasse*, 1911/2, p. 1098 sq.).

1. Eduard Meyer affirme souvent que les sacrifices aux ancêtres ne sont pas faits pour donner du pouvoir aux morts mais présupposent, au contraire, l'impuissance des morts qui ne peuvent exister sans eux ; c'est là une vision trop étroite. De façon générale, il est tout à fait vrai que les dieux aussi bien que les âmes des morts ont *besoin* de sacrifices (comme, chez Homère, les ombres de l'Hadès ont besoin de sang). Pour l'Égypte, cependant, les inscriptions attestent la puissance des morts dès l'époque de l'Ancien Empire. Le mort se vengeait de celui qui nuisait à son salut et il laissait entrevoir à ceux qui lui apportaient prières et sacrifices la possibilité de parler en leur faveur au grand dieu ou de leur procurer une autre bénédiction. De même, tout le culte des ancêtres chinois et surtout les coutumes de deuil, dont la signification a été entièrement oubliée, avaient pour présupposé la puissance de l'âme des morts. Le rapport de pouvoir était donc réciproque : le mort avait besoin des sacrifices mais, comme les dieux, il avait aussi le pouvoir de les récompenser ou de sanctionner leur absence. La seule proposition absolument pertinente est que le « culte des morts » en tant que tel n'est pas une étape universelle de la religion. Ne serait-ce que pour cette raison : il n'y a aucune nécessité à ce que culte des *morts* et culte des *ancêtres* se confondent – comme le montre le cas de l'Égypte.

clans et culte des morts vont souvent de pair, mais pas nécessairement et pas toujours. En Égypte, le culte des morts, pratiqué avec davantage d'intensité que nulle part ailleurs, ne conduisit en aucun cas à la constitution de groupements de clans [1] de nature magique ou cultuelle ; là plus que partout ailleurs, ceux-ci faisaient bien plutôt défaut parce que la bureaucratie patrimoniale de l'État imposant les corvées avait déjà contré le pouvoir des clans avant que le culte des morts n'adopte la forme ultime et prédominante qui fut la sienne. De son côté, l'ancienne organisation israélite en clans, fortement développée, ne donna pas le jour à un véritable culte des ancêtres comme celui de la Chine ou de l'Inde, ni à un culte des morts semblable à celui de l'Égypte. Il est certain que le rôle de prêtre domestique joué par le chef de famille et les cultes des clans auraient facilement pu donner naissance à un culte des morts et des ancêtres, et que, si tel avait été le cas, celui-ci aurait extraordinairement accru le pouvoir et le prestige rituel des clans et opposé, par là, un obstacle sérieux à la diffusion de la pure religion de Yahvé. L'organisation des peuples-hôtes aurait peut-être alors pu conduire à la formation de castes. À ce titre, au demeurant, il ne fut pas sans importance que la religion de Yahvé se soit d'emblée montrée *hostile* à la constitution d'un *culte des morts* ou *des ancêtres* [2]. En effet, les prémisses typiques de l'apparition

1. Dans les inscriptions funéraires, les morts de l'Ancien Empire s'adressaient déjà, pour implorer des prières et des sacrifices, non à leurs descendants mais à tous ceux qui passaient auprès de leur tombe, et ils promettaient à ceux qui se montreraient accommodants d'intercéder en leur faveur. Le service des morts était assuré par des prêtres prébendés et non par les descendants en vertu d'une obligation religieuse.

2. En soi, le rejet du culte des morts égyptien ne résultait en aucun cas de la présence simultanée de tribus étrangères les unes aux autres et de la diversité des conditions de vie. Les Bédouins libyens, qui appartenaient eux aussi à une tribu étrangère, avaient adopté tout le cérémonial des morts des Égyptiens (cf. J.H. Breasted, *Ancient Records of Egypt*, *op. cit.*, t. 4, p. 669, p. 726 sq.). De la même façon que des Libyens, on trouvait aussi très souvent en Égypte, y compris à la cour,

de tels cultes étaient semble-t-il réunies en Israël. On ne peut garantir avec certitude, il est vrai, que le culte de héros tribaux réels ou supposés ait bien existé, mais la mention des tombeaux de certains d'entre eux rend vraisemblable la présence de tels cultes, qui fut ensuite très consciencieusement masquée par la rédaction ultérieure des prêtres. Davantage que la forte valorisation de la piété à l'égard des cadavres dans le Livre de Tobie (apocryphe [Tb 1, 20-21 ; 2, 4-9 ; 12, 12]), peut-être soumise à une influence perse, les sacrifices aux morts et les coutumes de deuil mentionnés dans le Deutéronome (Dt 26, 14) et les vestiges d'oracles des morts qui ont été conservés montrent qu'Israël s'était engagé sur la voie d'un culte des morts. Indépendamment de tous ces vestiges, cependant, ce qui parle en faveur de cette hypothèse est justement le refus catégorique et à l'évidence tout à fait délibéré que la religion de Yahvé opposait au moindre rudiment de culte des morts. Par suite, celui-ci ne put se développer. Cette hostilité, à l'évidence, était un parti pris. La raison décisive n'était pas, par exemple, l'impureté de tout ce qui était mort et de tout ce qui était en relation, même indirecte, avec le tombeau, comme le pain de deuil. « Impur », c'est-à-dire cause de souillure magique, le mort l'était aussi, avec tout ce qui l'entourait, dans les cas où il faisait l'objet d'un culte, en Égypte, par exemple. Mais le fait que le prêtre de Yahvé se vît interdire absolument toute participation à la cérémonie des morts, hormis pour les plus proches parents [Lv 21, 1-4], dépassait les implications de la notion d'impureté. Il en allait de même de l'impureté rituelle absolue de tous les aliments utilisés, ne serait-ce qu'en partie, pour les sacrifices aux morts ou bien consommés dans les banquets de morts : la « confession négative » des péchés que l'individu était tenu de faire lorsqu'il « comparaissait devant Dieu » consistait à dire que ce qui allait être sacrifié

des cheiks bédouins sémites. Et aussi des Syriens portant des noms théophores égyptiens.

présentait, de ce point de vue, un caractère rituellement pur (Dt 26, 14). Et il n'en allait pas autrement de la condamnation des oracles des morts. Elle ne résultait pas, par exemple, comme beaucoup d'autres interdictions des pratiques oraculaires, du fait que celles-ci étaient mensongères ; comme le montre l'exemple de l'évocation de Samuel [1 S 28, 3-25], elles étaient au contraire dénoncées en dépit du fait qu'on les tenait pour efficaces et capables de dévoiler la vérité. La raison était tout autre : elles représentaient une *concurrence* par rapport aux oracles qui étaient aux mains des prêtres de Yahvé et aux cultes qui en étaient issus, avec lesquels elles entraient dangereusement en rivalité. À côté des cultes chtoniens indigènes, c'était manifestement d'abord et avant tout, dans le voisinage immédiat, le culte des morts égyptien qui constituait la cible des attaques contre tout service des morts [1]. Les nombreux scarabées qui ont été trouvés en Palestine faisaient fonction, on le sait, de protection magique pour le défunt quand celui-ci était confronté au juge des morts et ils suggèrent que les formes égyptiennes de culte des morts n'étaient pas inconnues en Israël. Cependant, rien ne prouve plus nettement le profond malaise ressenti par la religion de Yahvé à l'encontre de tout ce qui concernait « l'au-delà » et l'hostilité partout sensible à l'égard de l'ésotérisme égyptien et des mystères chtoniens que le brusque coup d'arrêt apporté, dans tous les textes de l'Ancien Testament, y compris ceux des prophètes, des psalmistes et des auteurs de légendes, à tous les raisonnements qui semblaient aller inévitablement dans ce sens [2]. Pour les prophètes (Es 28,15), une alliance

1. L'interdit explicite de l'automutilation dans les cérémonies des morts (Lv 19, 28) était en réalité dirigé contre l'extase et la magie extatique (cf. *infra*). La technique de l'embaumement était cependant connue en Israël (Gn 50, 2-3).

2. Par exemple, le passage où Ézéchiel a la vision des ossements des morts [Ez 37] : le fait qu'ils puissent reprendre vie par une formule d'incantation est interprété exclusivement comme une preuve de la puissance de Dieu. De même, le *'Eved Yahvé* du Deutéro-Ésaïe se voyait prédire un avenir glorieux [Es 53, 10-11] ; cette figure, qui oscillait entre

politique avec l'Égypte était l'équivalent d'une alliance avec le *cheol*, c'est-à-dire avec les dieux des morts : c'est ce qui explique leur hostilité indéfectible à tout appui en provenance de ce pays, justement.

Au demeurant, on a malgré tout l'impression que la croyance dans la résurrection, qui avait cours dans l'ésotérisme babylonien, où elle était liée à des mythes astraux, et resurgit brusquement dans le Livre de Daniel comme une représentation toute faite, n'était pas inconnue à l'époque préexilique [1] : par la suite, après l'époque des Maccabées, chez les pharisiens, elle devint une croyance populaire. Il est vrai que la religion officielle de Babylone ne soufflait mot de cette croyance, pas davantage que la religion israélite. Pour elle, la mort était un mal inévitable et le lot de tout homme. La plante de la vie, placée sous la garde de démons mauvais, était enfouie dans les profondeurs du monde souterrain, qui, pour la religion babylonienne aussi, n'était qu'un pur royaume des ombres. Et, tout comme dans la religion israélite, seul un petit nombre de mortels était désigné par la grâce des dieux pour avoir accès à une vie bienheureuse. En Israël, cependant, ces questions n'étaient pas seulement ignorées ; on se refusait, semble-t-il, à les aborder. Tout ce qui concernait le royaume des morts et le destin de l'âme n'avait pas sa place dans la religion officielle des prêtres et des prophètes. Jusqu'à l'époque des pharisiens, qui introduisirent des changements dans ce domaine, les représentants de la religion officielle, et tout spécialement les plus grands, refusèrent toujours d'admettre l'idée, familière à la religion égyptienne comme à la religion zoroastrienne, d'une sanction des actes dans l'au-delà. La piété à l'égard des parents vivants était hautement prisée [Ex 20, 12 ; Lv 19, 3 ;

---

personnalité eschatologique et personnification, penchait plutôt du côté de la seconde.

1. Sur cette question, voir Beer dans sa belle étude sur l'Hadès biblique (Georg Beer, « Der biblische Hades », *Theologische Abhandlungen für H. Holtzmann,* Tübingen, 1902, p. 3-29).

Dt 5, 6] et tout manquement à cet égard strictement proscrit [Ex 21, 15 ; Dt 21, 18-21], mais, aussi brillants que fussent les ancêtres, il n'était jamais question d'un destin dans l'au-delà. Pourtant, par ailleurs, les fidèles de Yahvé n'espéraient pas autre chose de leur Dieu que la sanction des actes et leur juste rétribution, et posaient en principe la solidarité du clan et la responsabilité des descendants vis-à-vis des *péchés* des pères [Ex 20, 5-6 ; Dt 5, 9-10]. Plus tard, nous le verrons, les promesses des prophètes incitèrent, par leur tournure spécifique, à écarter l'idée d'une sanction individuelle dans l'au-delà et à privilégier les espoirs collectifs dans l'ici-bas. À l'époque ancienne, cependant, le refus de toute spéculation relative à l'au-delà, tout aussi caractéristique des recueils juridiques que des productions des historiographes, en dépit de la proximité d'une Égypte qui était très bien connue, ne fut certainement pas un hasard. À vrai dire, les cultes orgiaques des *numina* chtoniens de Canaan étaient sans doute la cible la plus proche et la plus immédiate. Les coutumes de deuil proscrites (scarifications, rasage de la tête, etc.) chez les prophètes (Amos [Am 8, 10], Ésaïe [Es 3, 17], Michée [Mi 1, 16]) et dans la Thora (Lv 19, 28 ; Dt 14, 1) ne présentaient effectivement pas de traits spécifiquement égyptiens mais plutôt les traits généralement identifiés comme chtoniens. Ces interdits étaient également motivés (Dt 14, 2) par la relation entretenue avec Yahvé : il s'agissait donc d'interdits *cultuels*. En effet, autant que l'on sache, Yahvé *ne présenta jamais les traits d'un dieu chtonien*. Il résidait toujours dans les montagnes ou dans le Temple mais jamais sous la terre. Le *cheol*, l'Hadès, ne fut jamais désigné comme créé par lui : c'était le seul lieu, parmi tous les lieux de l'univers, dont il n'était pas dit qu'il fût une création de Dieu. Yahvé ne fut jamais le Dieu des morts ni d'un royaume des morts. Les cultes des dieux chtoniens et des dieux des morts présentent en effet partout des spécificités remarquables dont toute trace était absente dans le culte de Yahvé. De la même façon, Yahvé ne fut jamais un dieu de la végétation ni un dieu astral – les divinités dont les cultes inspirent en général les espoirs de résurrection. À n'en pas douter, les prises de position des prêtres de Yahvé et des maîtres de la Thora étaient liées à des motifs *cultuels*. Les représentations de la résurrection associées aux cultes des morts n'étaient certainement pas inconnues en Palestine, mais les prêtres de Yahvé ne s'en préoccupaient pas et persistaient à les ignorer, parce que leurs propres coutumes *rituelles* étaient incompatibles avec les cultes astraux, tout comme avec les cultes chtoniens. Outre cette hostilité extérieure aux prêtres des morts et aux nécromanciens, un autre facteur joua un rôle décisif dans l'attitude des prêtres de Yahvé : ceux-ci redoutaient, s'ils faisaient la moindre concession à une quelconque spéculation relative à l'au-delà, de se voir dépassés ou refoulés par des cultes jouissant d'une immense popularité, tel le culte égyptien d'Osiris, que l'objet de leurs alarmes fût le culte lui-même ou la doctrine ésotérique rattachée à ce dernier, qui avait trait aux mystères de la résurrection. Le rejet de tout culte des morts et des ancêtres était également conforté par le fait que, contrairement à l'Égypte, où celle-ci découlait de la structure de l'ordre social, l'ancien Israël ignorait toute idéalisation de la sagesse des ancêtres, fixée dans des *livres*. Un autre facteur intervint également, à savoir qu'Israël ne connut pas de véritable développement d'une noblesse et, avec elle, d'un culte individuel des ancêtres. En effet, même si l'hostilité des prêtres de Yahvé envers les coutumes de deuil ne portait pas sur un « culte des ancêtres » déjà établi, la mise en relation de l'interdit des mortifications consistant à se lacérer le corps, à l'occasion des deuils, et de l'interdit du *tatouage* (Lv 19, 28), dont les motifs correspondaient certainement aux insignes du clan et de la tribu héritées du fondateur, montre que, dans ses conséquences pratiques, le combat des prêtres visait aussi les clans en tant que tels et leurs prérogatives en matière de culte. De son côté, la lutte des purs adeptes de Yahvé contre la formation de groupements cultuels des clans fit également obstacle à la constitution d'un culte des ancêtres que les groupements de clans auraient tout naturellement abrité. Par la suite, d'ailleurs, les cérémonies de clan disparurent complètement.

12. Le sabbat

En revanche, le culte de Yahvé dut s'accommoder, dans un premier temps, de la perpétuation, dans les régions agricoles de la Palestine, d'un culte des divinités habituelles des cultivateurs, les dieux des astres et les dieux typiques de la végétation. À côté des cultes phéniciens déjà pratiqués ou importés plus tard (notamment ceux de Moloch et d'Astarté), ou encore des divinités mésopotamiennes (Tammuz et Sin, le dieu de la lune) qui ne furent jamais reconnues par les prêtres de Yahvé, la légende de la fille de Jephté semble attester la pérennité de rites annuels de lamentation sur la mort d'une ancienne divinité féminine de la végétation. Cependant, ces dieux étrangers ne jouèrent pas de rôle décisif dans la constitution de la religion de Yahvé et ne présentent donc guère d'intérêt pour nous. En effet, leur influence se fit sentir dans une masse de détails mais non dans les rites qui forgèrent les modèles fondamentaux de la conduite de vie. À une exception près. L'institution extrêmement importante du *sabbat* [1] entretenait manifestement un lien avec le jour de « *chabattu* » en vigueur dans le culte lunaire qui avait également cours à Babylone. Comme l'atteste l'étymologie du mot hébreu qui signifie « jurer », « se placer sous le signe du sept », le caractère sacré du chiffre sept et certainement aussi des

1. Sur le sabbat, voir surtout l'étude très précise de G. Beer, « Einleitung in die Übersetzung des Mischna-Traktats "Schabbath" », in : *Ausgewählte Mischnatraktaten,* édité par P. Fiebig, n° 5, Tübingen, 1910, p. 10 sq. Voir aussi Hehn, *Siebenzahl und Sabbat bei den Babyloniern und im Alten Testament. Leipziger Semitische Studien*, Bd. 2/5, Leipzig, 1907.

« ensembles de sept dieux », bien établi à Babylone, était reconnu en Palestine depuis les temps anciens. Cependant, si le sabbat était respecté à la fois à Babylone et en Israël, ce n'était certainement pas, à proprement parler, par le fait d'un emprunt, mais parce qu'il était issu, dans les deux cas, d'une tradition commune. Les différences se faisaient déjà sentir dans les plus anciennes mentions du sabbat. En Mésopotamie, le jour de *chabattu* était directement associé au cycle de la lune : nouvelle lune, pleine lune et, plus tard, les jours du mois divisibles par 7 et le 7 x 7^{e} jour. En Israël, le respect du 7e jour comme jour férié se perpétua sans considération des phases de la lune, bien que la croyance dans le caractère sacré de la nouvelle lune fût en vigueur depuis des temps reculés [1] et qu'on trouvât également les traces d'une croyance ancienne dans le caractère sacré de la pleine lune. Le nom « sabbat » signifiait peut-être, à l'origine, « jour de la pleine lune », comme Beer en formule l'hypothèse, et ce n'est que plus tard que le terme commença à désigner le « septième jour » (Ex 23, 12 ; 34, 21). Seul l'usage du chiffre sept était commun à Israël et à Babylone ; les fonctions qu'on lui attribuait étaient différentes. En Mésopotamie, de surcroît, dans les temps historiques, le *chabattu* était un jour de pénitence. En Israël, le septième jour fut d'abord, semble-t-il, tout simplement un jour faste où l'on se reposait du travail, où l'on s'occupait d'autre chose que du travail courant, et allait notamment rendre visite aux hommes de Dieu (2 R 4, 23). Comme l'atteste encore la Chronique de Néhémie, surtout (Ne 13,15), c'était aussi le jour où les paysans allaient en ville, au marché et à la kermesse [2]. Il était l'équivalent des

1. Pour les prophètes les plus anciens, les jours de nouvelle lune *et* de sabbat étaient considérés comme les jours fériés de Yahvé.

2. L'idée de Meinhold (mentionnons l'article le plus récent, Johannes Meinhold, « Die Entstehung des Sabbats », *Zeitschrift für die Alttestamentliche Wissenschaft,* 29, 1909, p. 81-112) selon laquelle le sabbat ne devint hebdomadaire que pendant l'exil semble, par suite, inacceptable. C'est justement ceux qui étaient restés en Palestine qui pratiquaient, semble-t-il, le sabbat hebdomadaire fixe, comme jour de marché. Pour

nundinae romains et du jour spécifique de la semaine abrégée à cinq jours qui fut en usage dans beaucoup de pays où on cultivait les légumes. La diatribe du prophète Amos (Am 8, 4-6) contre les vendeurs de céréales qui trouvaient que le sabbat était trop long et dérangeait leurs affaires montre que, dès cette époque, l'interruption du travail était respectée, du moins par les marchands (professionnels et urbains, comme l'indique le contexte). À elle seule, la prise en compte de la concurrence des *gérim* rendit cette mesure nécessaire : dans le cas contraire, ces derniers auraient été favorisés (cf., de façon très analogue, Ne 13, 16 sq.). Selon la légende des prophètes héritée de l'époque de la dynastie de Jéhu (2 R 4, 22), les esclaves et le bétail ne furent, semble-t-il, pas soumis à la règle dès ce temps-là, mais seulement à partir de l'époque deutéronomique. C'est certainement alors que, pour la première fois, un rôle crucial fut attribué à la finalité *caritative*. Ce n'est qu'à l'époque de l'exil, et en raison de l'aspiration des prêtres à imposer des obligations « confessionnelles » absolument insurpassables, qui devaient distinguer Israël de tous les autres peuples, que le rôle du sabbat connut un ultime renforcement et que celui-ci devint, avec la circoncision, le trait spécifique d'Israël ; il se transforma, dès lors, en interdiction absolue et néanmoins strictement rituelle de toute activité proscrite. Qu'un individu fût circoncis ne garantissait pas qu'il agréât vraiment à Dieu : c'est ainsi que le sabbat devint l'un des principaux commandements rituels d'Israël et fut sans cesse renforcé, de façon toujours plus emphatique. Son importance égalait celle de l'interdit du meurtre, de l'idolâtrie et de la consommation de sang. La version du mythe des six jours de la Genèse lui conféra par la suite un arrière-plan cosmique. Dans la conception des prêtres de ce temps, la violation du repos

---

la même raison, je ne peux soustraire à l'hypothèse de Beer selon laquelle le sabbat ne devint hebdomadaire que durant l'exil de Babylone.

du sabbat était un sacrilège appelant la mort (Ex 31, 14 sq.). Cependant, il ne trouva aucunement son origine chez les éleveurs de bétail du désert ou de la steppe – régions où, en pratique, il était inapplicable ou dépourvu d'importance, de même que les phases de la lune n'y comptaient guère – mais dans une région agricole. La question de savoir si l'importance du chiffre sept était liée à un calcul de la position des planètes ou à une division du cycle de la lune en quatre phases fut de plus en plus tranchée en faveur de la seconde hypothèse, à bon droit certainement [1]. Le fait que le jour férié se soit imposé (ou : ait été conservé) en Israël, à la différence de Babylone, s'explique simplement par la prédominance plus forte, en Palestine, des intérêts économiques et des coutumes des paysans, orientés vers le marché local des villes ; à Babylone, c'est le savoir distingué développé par les prêtres dans le domaine de l'astronomie qui fut déterminant. D'un point de vue rituel, les Babyloniens attribuaient une importance capitale à l'exactitude astronomique ; chez les Israélites, en revanche, à l'époque où la coutume du sabbat se fixa, c'était l'intérêt des paysans et des habitants des petites villes à l'existence d'un jour de marché régulier qui fut décisif. En fin de compte, le respect du sabbat s'imposa certainement avec le développement de l'économie de marché : la loi spécifique des cités-États, le Deutéronome, ne mentionnait plus les anciennes fêtes de la lune. Les Israélites n'étaient pas en mesure de respecter par eux-mêmes l'exactitude astronomique : il faut se rappeler que les rabbins de l'époque tardive peinaient encore à calculer correctement beaucoup de données astronomiques en soi très simples.

1. Budde se réfère au demeurant à Amos 5, 26 (les noms assyriens de Saturne). Dans un article récent, König critique l'idée que le culte de la lune (nom du Sinaï, nom des femmes d'Abraham) ait joué un rôle décisif dans la religion de Yahvé (Eduard König, « Der Mondgott bei den Hebräern », *Zeitschrift der Deutschen Morgenländischen Gesellschaft*, 69, 1915, p. 283-288).

Si le rite du sabbat put facilement être affranchi de ses liens avec le culte lunaire et intégré dans la religion de Yahvé au point d'en devenir l'un des principaux commandements rituels, d'autres cultes soulevèrent à la longue des difficultés plus grandes : les cultes paysans que les Israélites de l'Alliance de Yahvé découvrirent et adoptèrent en partie lorsque des tribus indigènes rejoignirent l'Alliance et qu'ils devinrent eux-mêmes sédentaires. De la même façon que, dans les tablettes d'Amarna, les dieux des Ḥabiru portaient le nom d'« *ilani* », les divinités des Cananéens et des Israélites établis dans le nord étaient appelés « *élohim* ». Dans certains cas, ce nom était peut-être entendu comme un pluriel désignant les dieux israélites – l'attribut de ce substantif était souvent au pluriel – alors que, dans la version actuelle, il est incontestablement identifié comme un singulier lorsqu'il est question de la religion israélite. Au demeurant, un passage du Livre de l'Alliance (Ex 22, 8) semble justement faire exception et, de la même manière, les formes grammaticales utilisées lorsque Abraham s'adresse aux trois hommes de l'épiphanie divine [Gn 18, 1-15] laissent supposer que le singulier pouvait également trouver sa source dans une conception polythéiste. L'utilisation du pluriel pour désigner un être suprême, à la fois supérieur et abstrait, trônant au loin dans le ciel, était justement répandue dans la Phénicie voisine mais aussi, semble-t-il, en Palestine[1] ; plus tard, dans les usages de la langue de Babylone, le pluriel

1. Friedrich Baumgärtel (*Elohim außerhalb des Pentateuch. Beiträge zur Wissenschaft vom Alten Testament*, 19, 1914) montre que l'utilisation du terme « *Élohim* » comme nom de Dieu devient moins fréquente au fur et à mesure qu'on passe du Livre des Juges au Livre de Samuel et surtout au Livre des Rois ; il apparaît souvent dans les deuxième et troisième recueils de Psaumes et dans le Livre de l'Ecclésiaste, mais presque jamais chez les prophètes ; selon lui, les expressions semble-t-il proverbiales qui contenaient le mot « *Élohim* » étaient un héritage de l'ancienne langue cananéenne. L'utilisation du terme dans les écrits tardifs trouvait naturellement son explication dans la crainte du tétragramme.

« *ilani* » désignait « la divinité », comme « *élohim* » en Israël. Même s'il est vraisemblable que cette expression trouva malgré tout son origine dans un panthéon, d'une façon ou d'une autre, on peut accorder foi à l'hypothèse de Hehn, selon laquelle les Israélites avaient rencontré dès leur arrivée la désignation de la « divinité » ou du « Dieu suprême » comme un collectif. Pour les adeptes de Yahvé, la suprématie du Dieu de l'Alliance était évidemment établie. Pour eux, c'était un « *élohim* » parce qu'il était par excellence leur « divinité [1] ». Cette désignation trouvait un parallèle dans la conception du dieu céleste suprême en usage à Babylone et dans les régions d'influence babylonienne. La lettre du Cananéen Ahiyam (XVe siècle av. J.-C.) désignait le dieu suprême comme « *bel ilanu* », « seigneur des dieux ». Yahvé put évidemment se confondre très facilement avec de tels dieux célestes suprêmes. Dans des textes relativement tardifs, il était encore appelé « dieu des dieux ». Le souvenir d'un temps où ces dieux étaient autonomes par rapport à lui était encore vivace dans les remarques furieuses d'Ésaïe à l'encontre des *elim*, dans les noms d'une partie d'entre eux et dans l'identification manifestement établie *a posteriori* entre Yahvé et ces derniers. Selon une tradition tardive de la version actuelle, un « dieu suprême », *El 'elyon* – d'après d'autres sources, il s'agissait sans doute d'un nom phénicien pour désigner le dieu céleste qui était à la tête du panthéon – était encore vénéré par le prêtre-roi Melchisédech à l'époque d'Abraham, à Jérusalem (?) ; Abraham employait cette dénomination à propos de Yahvé [2]. La désignation ancienne *El chaddaï,* liée, selon Delitzsch, à *shadu*, la montagne (dans la langue babylo-

1. Cf. Hehn, *op. cit.* (la formulation de Hehn est un peu contournée et, à mon sens, elle n'est pas complètement irréprochable).

2. Des sources tardives, tels le Siracide et certains passages des Psaumes et du Livre de Daniel, évoquaient à nouveau le dieu « suprême » – par égard, sans doute, pour un public de prosélytes (cf. Hehn, *ibid.*).

nienne), possédait le même sens [1]. D'autres êtres célestes étaient présentés, dans la conception plus tardive, comme des messagers et des auxiliaires subordonnés à ce dieu suprême. À l'origine, cependant, eux aussi étaient sans doute des dieux, comme semblaient l'attester le traitement très fluctuant auquel étaient soumises les trois figures de l'épiphanie chez Abraham, dans le bosquet de Mamré, et, de la même façon, l'autodésignation par le pronom « nous » qui apparaissait plusieurs fois dans les décrets divins de la Genèse. « Les enfants des *élohim* », dans les bribes d'un ancien mythe des titans (Gn 6), appréciaient les filles des humains et engendraient avec elles les *nephilim*, les géants (des grandes constellations). C'est d'eux que, dans des temps reculés et oubliés, descendaient les fils d'Anak (Nb 13,13) et les chevaliers (*giborim*) de Canaan contre lesquels les ancêtres des Israélites eurent à se battre et que, selon le récit originel, le dieu du ciel extermina en leur envoyant le déluge. Dans le Cantique de Déborah, nous l'avons vu, l'armée des étoiles formait, dans l'Israël du Nord, le noyau de la suite céleste qui, plus tard, dans les visions prophétiques, entourait encore Yahvé [Es 6, 1-2]. Des *numina* qui ne semblaient pas se confondre avec Yahvé étaient prêts à fondre sur Jacob et c'est avec une de ces divinités que le héros engageait un corps à corps [Gn 32, 23-33]. Il est très peu vraisemblable que la religion de Yahvé ait subi l'influence directe de la religion du soleil d'Akhénaton, notamment parce que la propagande de ce culte, au demeurant peu virulente, fut certainement moins intensive et nettement moins développée en Palestine qu'ailleurs [2]. La désignation abstraite de Dieu par le mot

1. Dans le Livre de Job (Jb 5, 17 ; 8, 5), *El Chaddaï* était traduit par παντοκράτωρ. Dans leur version de la Genèse, les prêtres employaient ce terme afin d'opérer une identification entre les anciens cultes éphraïmites d'*El* et le culte ultérieur de Yahvé.

2. Si le roi (Akhénaton) « avait inscrit à jamais son nom dans le pays (Jérusalem) » (comme il était dit dans les tablettes d'Amarna), cela ne signifiait pas, comme on l'a cru à tort, que le monothéisme solaire avait été adopté en Israël ; il s'agissait d'une domination politique.

« *El*[1] », dans l'Israël du Nord, correspondait, en revanche, à l'usage babylonien ; quant à la vénération du Dieu suprême sur le Garizim et d'autres montagnes, elle rappelait les tentatives des Babyloniens pour se rapprocher le plus possible du Dieu céleste, en le vénérant sur les terrasses de tours immenses.

Presque tous ces dieux d'Asie antérieure possédaient un caractère astral et, en même temps, le plus souvent, végétal. Ils se ressemblaient beaucoup entre eux[2]. Comme partout ailleurs, l'évolution vers un dieu personnel ne s'opéra que progressivement : à l'origine, l'esprit des étoiles n'était pas dissociable de l'étoile elle-même[3]. Les premiers dieux à avoir été d'emblée conçus comme des dieux personnels furent des divinités fonctionnelles de la culture, Nabu, par exemple, le dieu babylonien des

---

1. Greßmann (« Sage und Geschichte in den Patriarchenerzählungen », *op. cit.*) défend l'idée que les « *élim* » étaient les dieux des tribus semi-nomades, par opposition aux « *ba'alim* », les dieux des paysans sédentaires. De fait, beaucoup d'éléments parlent en faveur de cette hypothèse. D'abord, le nom « *Ba'al* » ne figurait dans aucune des histoires des Patriarches, y compris dans la Genèse. Ensuite, c'est un fait que, concrètement, *Ba'al* apparaissait comme le « seigneur » des terres cultivées et qu'il existait à n'en pas douter un lien avec les *Ba'al* des villes côtières, de Phénicie notamment, tandis que *El* renvoyait à l'est, aux régions situées entre la Mésopotamie et la Syrie qu'arpentaient les tribus nomades. En revanche, la désignation des dieux des Ḥabiru comme « *ilani* » semblerait plutôt parler en faveur de l'hypothèse contraire : le nom devait être connu des populations établies sur place. De la même façon, « *el Elyon* » était certainement un dieu appartenant à un peuple civilisé. Dans tous les cas, cependant, cette thèse mérite d'être examinée par les spécialistes, dans la mesure où elle expliquerait l'affirmation du codex sacerdotal selon laquelle les Patriarches vénéraient Dieu avant Moïse (*El Chaddaï*).

2. Luther (« Die Personalität des Yahvisten », in : Eduard Meyer, *Die Israeliten*, *op. cit.*) admet que, à l'époque de David, les cultes de *Ba'al* étaient des cultes de paysans cananéens (de caractère par conséquent orgiaque, à n'en pas douter), que les cultes d'*El* étaient associés à des arbres et à des bosquets et que le culte de Yahvé, à Gabaon (?) et Silo, était le culte d'un dieu guerrier.

3. Voir Hehn, *op. cit.*, qui s'accorde sur ce point avec Édouard Dhorme, *La Religion assyro-babylonienne*, Paris, 1910.

scribes. Cependant, la plupart d'entre eux conservèrent une certaine propension à retourner à l'impersonnel ; les dieux célestes suprêmes (tel Anu à Babylone) étaient justement partout des dieux abstraits, étrangers aux cultes populaires. En tous lieux, on inclinait vers le syncrétisme et tendait à élever le dieu du soleil au rang de dieu suprême, voire de Dieu unique, du point de vue des intellectuels. En Palestine, cependant, même si l'abstraction des *élohim* allait dans ce sens, n'ont été retrouvés que quelques rares vestiges de conceptions de ce genre.

13. *Ba'al* et Yahvé. Les idoles et l'arche

La principale représentation divine qui fût réellement en concurrence avec Yahvé était plutôt d'origine cananéenne, avec de fortes influences phéniciennes, et elle appartenait à un type qui avait déjà subi bien des transformations dans la religion babylonienne, plus développée : le *Ba'al*. À l'origine ou, plus exactement, à l'époque de l'occupation, le fait prédominant était le suivant : un dieu particulier « régnait » sur certaines sphères ou phénomènes de la nature ou de la vie sociale. Cette conception, sous sa forme primitive, a été et demeure répandue chez les peuples naturels de toute la terre ; en Inde, c'était le « seigneur » de la prière et, dans la Chine ancienne, la divinité de la terre. Des choses ou des événements « appartiennent » au *Ba'al* concerné, comme un lopin de terre, du bétail ou un « métier » dont il a le monopole peuvent appartenir à un homme. De là découle surtout l'existence de deux catégories de dieux. D'une part, les dieux fonctionnels : le « *Ba'al-berith* » en était peut-être un exemple, le « Seigneur de l'Alliance », « compétent » pour la conclusion des alliances, qui protégeait celles-ci et exerçait sa vengeance quand elles étaient rompues. Ou bien le *Ba'al zevuv* d'Eqron, le « Seigneur des Mouches », qui répandait la peste [2 R 1, 2]. Ou bien le « Seigneur des Rêves » ou de la Colère, etc. – D'autre part, des dieux auxquels appartiennent les terres qui portent du fruit : les « dieux locaux » en ce sens spécifique. Alors que le Dieu de l'Alliance israélite, Yahvé, était le dieu d'un peuple et d'une communauté de personnes, comme le Bel du peuple des guerriers assyriens, et ressemblait davantage encore au roi d'une armée, le Ba'al d'un lieu, en Palestine, était le seigneur des terres et de toutes les récoltes, à la façon d'un seigneur foncier patrimonial, et on pouvait le comparer au Bel de Babylone, le seigneur de la terre fertile. Nous découvrirons plus loin que cet élément chtonien qui était le propre, sinon de tous les cultes de Ba'al, du moins de ceux qui étaient, en pratique, les plus importants, joua un rôle considérable du point de vue du rituel. C'est aux *Ba'al* que revenaient les premiers fruits de la terre et les premiers nés parmi les bêtes et les hommes qui vivaient de cette terre. Cette prérogative fut transférée par les prêtres sur Yahvé ; à l'origine, elle ne faisait pas partie de ses attributions. Le motif religieux lié à l'obligation précédemment mentionnée de ne pas terminer complètement la récolte (Lv 19, 9 et 23, 22) découlait d'une telle représentation. La légitimation évoquée en était la preuve : « Je suis Yahvé, votre Dieu ». La distinction entre Yahvé et Ba'al reposait, sinon sur l'idée d'un antagonisme absolu, du moins sur celle d'une différence d'orientation : dieu de la communauté de personnes, d'une part, du groupement local, d'autre part, dieu du ciel, d'un côté, dieu de la terre, de l'autre. Le pays de Canaan connaissait certainement, de longue date, ce deuxième type de culte, qui découlait immédiatement de l'urbanisation et de l'existence d'un patriciat de seigneurs fonciers. Chaque ville avait ainsi ses propres dieux locaux. À l'époque d'Amarna, les gouverneurs se plaignaient au roi que les divinités de la ville par la grâce desquelles le Pharaon était devenu le seigneur de la cité avaient quitté les lieux, abandonnant ceux-ci aux mains des ennemis. Les Israélites avaient semble-t-il accolé le nom de Ba'al à un grand nombre de dieux portant des noms particuliers, par exemple Adad, vénéré sous la figure d'un taureau, ou encore Milk ou Melkart, le dieu phénicien importé sous la dynastie des Omrides. Quoi qu'il en soit, le concurrent le plus sérieux de Yahvé, parce que son rôle fonctionnel en faisait une figure très universelle, était le Ba'al local, le propriétaire du « pays », au sens économique et politique. Lorsque des villes s'agrégeaient à Israël, pacifiquement ou sous l'effet de la violence, ces *Ba'al* restaient évidemment la propriété de la ville et de ses sanctuaires. Selon la conception première, cette situation n'était pas censée porter préjudice au grand dieu guerrier de l'Alliance. D'une certaine manière, bien entendu, la position adoptée à l'égard des *Ba'al* dut être régulée au fur et à mesure que le prestige de Yahvé s'accrut. Il pouvait, dans certains cas, se présenter comme le dieu céleste placé à la tête d'un panthéon ; l'écho d'une représentation de ce type semble perceptible dans la dénomination des *élohim.* Il est vrai qu'il courait alors le danger de sombrer dans l'oubli, comme tous les dieux célestes suprêmes du même type, à défaut de disposer de sanctuaires permanents voués aux besoins du quotidien. Les *Ba'al* restaient alors les maîtres des cultes vivants. Dans d'autres cas, il était tout simplement identifié aux *Ba'al,* ou ces derniers étaient mêlés à son culte d'une façon ou d'une autre. Jusqu'à l'époque postexilique, des juifs purent même, en toute innocence, vénérer Yahvé en compagnie de dieux tout à fait étrangers, dans un seul et même temple [1]. Lorsqu'on avait affaire à une fusion de Yahvé et du Ba'al local, c'était plutôt ce dernier, bien entendu, qui, dans les périodes de

1. D'après les papyrus, ce fut le cas à Syène, dans la communauté juive locale qui, à en juger d'après le grand nombre de noms éphraïmites, était issue de l'Israël du Nord (cf. Wilhelm Bacher, « The Origin of the Jewish Colony of Syene (Assuan) », *Jewish Quarterly Review* 19, 1907, p. 441-444). Pour plus de détails, voir Max L. Margolis, « The Elephantine Documents », in : *Jewish Quarterly Review New Series* 3, 1912, p. 419-443, ici p. 435 : les dons offerts en sacrifices étaient partagés entre un dieu, Yahu, et une déesse.

paix et de prospérité, prédominait dans la divinité mixte (ou dans le culte combiné), tandis que Yahvé l'emportait dans les temps de grande détresse guerrière [1]. Le phénomène est effectivement attesté et explique que les prophètes puritains de Yahvé, qui tonnaient plus tard contre Ba'al, aient justement connu des moments difficiles dans les temps de paix et de prospérité, alors que, à l'inverse, toutes les guerres nationales, l'oppression et les menaces de l'étranger profitaient immédiatement à Yahvé, le dieu qui était autrefois intervenu lors de la catastrophe de la mer Rouge. Sur le temps long, cependant, on peut supposer que Yahvé et les *Ba'al* cohabitèrent pacifiquement, avec une très forte prédominance des seconds, sans que celle-ci impliquât une forme d'hostilité à l'égard de Yahvé. Certains héros célébrés dans l'Israël du Nord portaient également des noms composés formés sur « Ba'al » : ainsi, notamment, Yeroubba'al, qui, de façon tout à fait caractéristique, reçut ensuite un nouveau nom (Gédéon) lorsqu'il devint un héros guerrier de Yahvé ; ou encore des fils du roi Saül, pourtant bon yahviste, dont les noms, de manière significative, furent transformés dans la tradition ultérieure.

En raison de l'identification fréquente avec des *Ba'al* locaux ou fonctionnels, le culte de Yahvé reprit également leurs attributs. En particulier les images cultuelles. Selon le témoignage de la tradition et les fouilles archéologiques, il faut considérer que, à l'origine, le culte de l'alliance israélite était très vraisemblablement *aniconique* et qu'il avait été adopté sous cette forme. Il ne s'agissait aucunement là, il est vrai, du résultat d'une quelconque « hauteur » spéculative de l'ancienne représentation du Dieu. Bien au contraire, c'était là la conséquence du

1. Pour les étrangers, c'est Ba'al qui jouait semble-t-il le rôle majeur dans la divinité mixte, étant donné le caractère national de Yahvé, fixé par la *berith.* En Égypte, comme l'a montré Max Müller, Ba'al était reçu comme un dieu guerrier étranger résidant dans les *montagnes* ; en d'autres termes, il présentait des traits qui, de toute évidence, n'étaient pas ceux de Ba'al mais de Yahvé.

caractère primitif des instruments de culte qui, étant donné la nature extrêmement sacrée de l'ancien rituel de guerre de l'alliance, furent stéréotypés particulièrement tôt et de manière définitive. Si le Dieu demeura sans image, c'était tout simplement parce qu'il l'était encore à l'époque de sa réception, en raison de l'état matériel de la culture dans la région où il fut adopté. Pour la même raison, les recueils juridiques les plus anciens prescrivaient l'usage d'un simple autel de terre et de pierres non taillées comme ceux qui étaient en usage dans la région [Ex 20, 24-25]. Le maintien de cet aniconisme, y compris à des époques où la maîtrise artistique était davantage développée, ne fut en rien spécifique au culte de Yahvé. Il est attesté en bien des lieux, par exemple dans beaucoup de cultes de la Grèce et de la Crête archaïques, et on le retrouve également chez les Iraniens, influencés, comme Israël, par Babylone. Le facteur décisif de son maintien dans certains grands sanctuaires fut sans nul doute les formes cultuelles locales issues de traditions anciennes : regardées comme particulièrement sacrées en raison de cette ancienneté même, elles rendirent difficile la réception des icônes, de crainte qu'un changement n'appelât le mauvais sort. Le trait spécifique de l'histoire d'Israël, ou qui, du moins, ne se rencontre sous une forme à peu près analogue que dans l'histoire de l'islam, influencée par Israël, et, pour une part, dans celle du zoroastrisme, fut seulement que l'aniconisme fut davantage pris au sérieux qu'ailleurs. Dans d'autres lieux, la prohibition des images se limitait à quelques sanctuaires ou à certains dieux et, pour le reste, la libre pratique de l'art était autorisée, aussi bien à l'intérieur qu'à l'extérieur de la sphère religieuse. En Israël, Yahvé devint le Dieu unique et, au moment où s'affirmèrent plus nettement les prétentions de ce Dieu à la monolâtrie, les défenseurs du culte sans images ne prônèrent pas seulement l'interdit des images de Yahvé mais aussi le rejet de tous les parements ornés d'images. Ils finirent par radicaliser cette position au point de s'opposer par principe à toute pratique des arts plastiques, comme ce fut le cas dans la formulation définitive du deuxième commandement [Ex 20, 4]. Cette évolution fut d'une très grande portée, dans la mesure où elle entraîna, dans le judaïsme tardif, la répression de la pratique de l'art et du sens artistique. Ce jusqu'au-boutisme théologique tout à fait radical ne fut cependant qu'un produit de l'aspiration des prêtres à imposer des « commandements de séparation » rituelle absolument efficaces. On ne le rencontrait encore en aucune façon dans les sources anciennes : on peut même se demander, à la lecture de ces textes, si le puritanisme yahviste ne proscrivait que la fonte d'effigies, produit de la culture urbaine, ou bien (surtout) la sculpture ou encore toutes les images – les trois « décalogues » [Ex 20, 1-17 ; 34, 14-26 ; Dt 5, 1-18] se contredisent sur ce point. Dans ces sources, l'art des artisans fabriquant les parements était désigné comme un charisme divin. L'interdit ne fut poussé à un tel degré de virulence qu'au cours du combat sans merci que les représentants de l'ancien culte sans images eurent à mener contre les images de Yahvé et les autres parements rituels apparus dans l'aire culturelle cananéenne. La tradition ultérieure fit tout pour dissimuler la nature de ces parements. En particulier, l'éphod jouait un rôle ambigu. Comme pour les *teraphim,* on ne peut déterminer avec certitude la fonction première de cet objet. Certains affirment qu'il possédait un caractère phallique mais il est difficile d'en donner la preuve [1]. Beaucoup de sources suggèrent qu'il s'agissait d'une image, d'autres d'un manteau avec une poche pour les tablettes oraculaires, d'autres encore d'un vêtement. Il est fort possible que le sens du mot « éphod » ait changé, sous l'influence de la conception ultérieure prônant le culte aniconique. S'il s'agissait, à l'origine, d'un parement orné d'une image, il fut sans doute étranger au culte de Yahvé des premiers temps. La

1. Cf. Theodore C. Foote, « The Ephod », *Journal of Biblical Literature* 21, 1902, p. 1-47.

source qui suggère le plus nettement une telle interprétation provient de l'Israël du Nord. On ne résoudra pas ici la question de savoir si le « tabernacle » de Yahvé fut davantage qu'une fiction théorique tardive. De fait, le parement spécifique du culte aniconique de Yahvé, de loin plus important que le précédent, était « *l'arche de Yahvé* » portative.

Cette arche était-elle, à l'origine, une boîte contenant des fétiches, comme l'a supposé Eduard Meyer, notamment, ou bien, d'après l'hypothèse plus vraisemblable défendue par Martin Dibelius [1], un trône céleste dont la forme aurait évoqué celle d'un coffre, et qui aurait été d'origine palestinienne et préisraélite ? Si l'objet était vraiment un coffre, contenait-il, à l'origine, une pierre sacrée, peut-être porteuse de runes, ou bien était-ce plutôt – comme l'admet Schwally, par analogie avec le *maḥmal,* un objet sacré des armées islamiques – un coffre vide dans laquelle un sortilège tenait le Dieu enfermé ? On ne le saura sans doute jamais avec certitude. Quoi qu'il en soit, cependant, Dibelius a montré à partir des sources les plus anciennes (Nb 10, 36-36, en lien avec I S 1, 3 et 4,4 et l'image de Jr 3,16), que, à l'époque des guerres de libération contre les Philistins, il était extrêmement vraisemblable que Yahvé trônait, tout en demeurant invisible, sur un siège décoré de chérubins et que, dans les temps de guerre, on le transportait au camp sur un char dans les moments difficiles. On l'exhortait alors avant le combat, par une incantation rythmée, à se lever pour battre les ennemis ; après la victoire, de même, on lui demandait de retourner à sa place initiale (Nb 10, 35-36). Dans la légende (tardive) de Samuel, Yahvé apparaissait, dans le sanctuaire, à l'intérieur de l'arche ou sur l'arche. C'était peut-être là le produit d'une conception

1. Martin Dibelius, *Die Lade Jahves : eine religionsgeschichtliche Untersuchung,* Göttingen, 1906. Sur le culte aniconique en Crète, voir Georg Karo, « Altkretische Kultstätten », *Archiv für Religionswissenschaft* 7, 1904, p. 117-156.

tardive, datant de l'époque où la sédentarité était devenue complète – même si, en soi, la cœxistence de représentations du dieu incompatibles d'un point de vue logique est un phénomène fréquent. La croyance selon laquelle, en temps de guerre, Yahvé trônait sur l'arche tout en restant invisible ne se confondait pas avec la représentation en usage, par exemple, dans le Cantique de Déborah, qui situait la demeure du Dieu dans les forêts de la montagne de Séïr, d'où il descendait dans une nuée d'orage ; mais peut-être ces deux conceptions n'étaient-elles pas incompatibles. Dans tous les cas, ce n'est certainement pas un hasard si, d'après Hérodote (*Histoires*, VII, 40), les Perses – qui étaient, à l'instar des Israélites, un peuple installé dans les montagnes et voisin de peuples de plaines combattant sur des chars – emportaient eux aussi sur un char leur dieu invisible, Ahuramazda, quand ils partaient en guerre [1]. À l'origine, il s'agissait certainement de faire appel, pour contrer les rois guerriers et les idoles des ennemis, eux aussi installés sur des chars, à un roi céleste combattant sur un char. Reichel a montré que, dans le monde grec, on rencontrait aussi des trônes de dieux vides. Les dieux dont le culte traditionnel était depuis toujours *aniconique* ne pouvaient – en temps normal – être que des dieux *invisibles* et c'est justement cette invisibilité qui leur conférait leur dignité et leur étrangeté spécifiques. Là encore, la forme de culte qui, par le fait d'une pure contingence historique, fut celle du Dieu de l'Alliance, fut le prétexte d'une *spiritualisation* de cette divinité : ce furent justement ces qualités qui non seulement rendirent cette spiritualisation possible mais lui donnèrent surtout une forme de nécessité. Dans la tradition, l'arche était associée à Silo et à son ancien clan de prêtres, les Élides ; en d'autres termes, elle était mise en relation avec l'Israël du Nord.

1. Les dieux suprêmes de Babylone n'étaient pas installés sur leur trône sous forme d'idoles, mais, au contraire, de symboles (ainsi, Anu, Enlil).

De la même façon, elle était très intimement liée à la qualité de dieu guerrier et de seigneur des armées qui était celle de Yahvé (*Tsévaoth*). Au demeurant, le Cantique de Déborah et l'histoire des guerres antérieures à l'époque des Philistins ne la mentionnaient pas et, même en ce temps-là, elle ne connut que des apparitions éphémères, en sorte que l'époque, le motif et le degré de reconnaissance qui furent à l'origine les siens comme parement du culte de Yahvé et comme insigne de guerre demeurent incertains. Elle ne devint « l'Arche de l'Alliance », autrement dit le réceptacle des tables de la Loi, qu'avec la théologie du Deutéronome [Dt 10, 1-5], qui s'abstint donc de reprendre à son compte la conception associant l'arche à Yahvé, selon laquelle le Dieu séjournait à l'intérieur de celle-ci ou sur celle-ci. Dans tous les cas, l'arche vide et la signification qui lui était attribuée furent le symptôme et sans doute aussi le prétexte d'une spiritualisation relative de la conception anthropomorphe de la divinité : ce phénomène fut directement lié à l'absence d'images dans le culte. Naturellement, on ne trouvait dans les forêts de la montagne de Séïr, siège du Dieu de l'Alliance, ni images ni temples ; aucun vestige de ce type n'a été découvert. Les annales d'Ézéchias [2 R 18, 4] relatent qu'un *bâton en forme de serpent,* appelé le « serpent d'airain », compta plus tard parmi les parements du culte jérusalémite que l'on faisait remonter à Moïse – à la différence des prestigieux objets rituels salomoniques – et qui étaient, semble-t-il, réellement anciens, puisqu'on n'en comprenait plus la fonction et qu'on se référait à une légende étiologique pour en donner une interprétation. Dans la tradition, Moïse était aussi traité comme un thérapeute et un faiseur de miracles ; en particulier, il jouait le rôle d'un sauveur qui délivrait de la peste. Ce trait s'accorderait bien à l'usage spécifique que Yahvé faisait des épidémies, qui étaient des armes de combat contre ses ennemis. D'après une hypothèse que la légende étiologique rend plausible mais qu'il est évidemment impossible de vérifier, le bâton en forme de serpent [1] aurait été un emblème des prêtres de Yahvé qui étaient des hommes-médecine et qui disparurent plus tard. – On a ainsi fait le tour des parements yahvistes vraiment anciens.

Lorsque, avec la fusion intime de Yahvé et de Ba'al, le culte des images issu d'un pays de haute civilisation pénétra dans le culte de Yahvé nord-israélite, celui-ci fut représenté comme un taureau, en particulier : l'animal qui était le dieu de la fertilité pour les cultivateurs. On portait au crédit du roi Jéroboam, qui portait un nom yahviste et qui avait à ses côtés un prophète de Yahvé [2], d'avoir érigé, à des fins d'émancipation par rapport à Jérusalem, des effigies de taureaux dorées dans certains lieux de culte de l'Israël du Nord dédiés à Yahvé ; il en avait installé une à Dan, un lieu de culte considéré comme particulièrement correct, tenu par un clan de prêtres censés descendre de Moïse [1 R 12, 25-33]. D'après la tradition, les prophètes omrides de l'Israël du Nord, Élie et Élisée, adversaires acharnés des cultes de Ba'al qui s'étaient développés sous l'influence phénicienne, n'émirent pas la moindre objection contre l'usage de ces effigies de Yahvé, dont l'existence était notoire. Cependant, il ne fait aucun doute que la lutte contre les idoles en tant que telles trouva son origine, y compris au sein du yahvisme, dans la campagne qui s'ouvrit alors contre les cultes importés par les princesses ou introduits par le fait des alliances étrangères [1 R 11, 7-8], qui étaient tous des cultes idolâtres. Cette lutte pouvait s'appuyer sur les lieux de culte déjà existants dans le pays, où Yahvé était adoré en l'absence d'images, tout comme c'était sans doute le cas dans les anciens sanctuaires du désert situés à l'extérieur d'Israël. Les prêtres

1. En Phénicie aussi, le dieu des médecins, Eshmun, possédait un symbole en forme de serpent.

2. La prétendue colère du prophète Ahiya à ce sujet (1 R 14) est une légende tardive. On voit très bien en 1 R 12, 31 la raison réelle de l'hostilité des lévites : des plébéiens avaient été embauchés comme prêtres.

de ces sanctuaires avaient tendance à regarder cette forme de culte comme la seule correcte et ils pouvaient mobiliser à leur profit l'inquiétude croissante qui se développait, avec la multiplication des menaces extérieures, quant à la rectitude du culte de Yahvé et à sa conformité aux pratiques en usage à l'époque des anciennes victoires d'Israël. Dans les temps où l'arche de Yahvé constituait l'objet de culte sacré entre tous, comme à Silo jusqu'au règne de David, il ne pouvait être question que d'un rituel sans images. De même, il n'y a aucune raison de mettre en doute le fait que, à Jérusalem, à partir du transfert de l'arche, le culte fut dans un premier temps entièrement dépourvu d'images. Cependant, la tradition signale que, avant la fondation du sanctuaire de Jérusalem par David, l'arche sacrée demeura longtemps à demi-oubliée dans une demeure privée : les Philistins s'en étaient emparés au cours de la bataille qui les conduisit peut-être à détruire la ville de Silo [1 S 4-6 ; 2 S 6]. Par suite, lorsque David fit le choix de réformer l'usage de cet insigne caractéristique et de l'intégrer dans le culte sans images du Dieu guerrier de l'Alliance qui devint le culte de la cité royale, ce fut là un premier tournant décisif en faveur de la prédominance du culte aniconique de Yahvé. David fut sans doute soutenu dans cette entreprise par l'alliance qu'il avait nouée avec les prêtres élides chassés de Silo pour contrer Saül : celui-ci était certes partisan du yahvisme, mais sous la forme en usage dans l'Israël du Nord, le culte combiné de Yahvé et de Ba'al. La réaction de Saül se solda par un terrible bain de sang chez les prêtres de Silo, ce qui lui valut une hostilité dont la version actuelle de la tradition porte encore la marque. Désormais, le Sud devint le haut lieu des partisans du seul culte sans images. Il est vrai que, en soi, le Temple de Salomon représentait une régression par rapport à ce culte puritain [2 S 7, 2-7]. À ce qu'il semble, il ne portait pas seulement en frontispice une inscription qui suggérait l'existence d'un culte solaire, selon l'usage répandu dans les cultes royaux de beaucoup de dynasties de la terre

[1 R 8, 12-13] – plus tard, un char solaire tiré par des chevaux fut également mentionné [2 R 23, 11] ; il enfreignait aussi l'ancienne prescription recommandant d'honorer Yahvé sur un simple autel de terre, sans pierres taillées [Ex 20, 24-26]. À bien des égards, le commandement plus tardif qui exigeait la proscription absolue des parements de la catégorie des icônes n'était pas respecté. La chute du prêtre élide Evyatar [1 R 2, 26-27] fut certainement liée à ces innovations d'une royauté qui, sur le modèle de l'Égypte et de la Phénicie, institua des corvées. À cette époque, cependant, ces innovations n'étaient pas au centre des préoccupations. La lutte contre ces dernières ne débuta, à proprement parler, que beaucoup plus tard. Alors que les parements les plus divers étaient depuis longtemps devenus suspects, parce qu'ils évoquaient des cultes étrangers, il n'était cependant pas encore question d'une opposition de principe à toutes les images. Celle-ci ne commença à s'affirmer qu'à l'époque d'Osée et connut ses premiers succès sous le règne d'Ézéchias. À l'époque, déjà, elle n'épargnait même pas le bâton en forme de serpent, ce vieux parement qui remontait à Moïse : le roi le détruisit [2 R 18, 4]. À l'inquiétude politique croissante qui portait à prévenir autant que possible le courroux de l'ancien Dieu guerrier de la tradition, vénéré sans images dans les temps passés, s'ajoutait l'apparition d'une conception sublimée du Dieu qui était le propre des cercles intellectuels. Ceux-ci valorisaient justement l'invisibilité de Yahvé et l'absence d'images et ils soulignaient, pour s'en moquer, le contraste entre les œuvres humaines des artisans qui travaillaient pour les cultes idolâtres étrangers et la surhumanité majestueuse du Dieu. Le culte de Ba'al était désormais persécuté parce qu'on voyait en lui la source des abominations qui menaçaient de s'introduire dans le culte de Yahvé. Cependant, la radicalisation du combat contre ce type de cultes était liée, par ailleurs, à des spécificités *internes* très profondes du *culte de Yahvé,* qui se rattachaient directement à l'ancien culte de Ba'al cananéen tout en étant parfaitement étrangères à la religiosité yahviste originelle. Pour comprendre cela, nous devons aller un peu plus loin et nous intéresser dans un premier temps aux porteurs de l'entreprise cultuelle : les *prêtres*.

14. Sacrifices et expiation

Il est attesté qu'Israël, dans les premiers temps, ne possédait pas de *Stand* de prêtres [1] universellement reconnu par l'Alliance et surtout pas de clergé doté d'un monopole des sacrifices offerts au Dieu de l'Alliance au nom de cette dernière. À cette époque, dans les relations entre l'alliance israélite et Yahvé, les sacrifices n'avaient pas encore l'importance qu'ils acquirent par la suite. Avant la royauté, en effet, on l'a vu, il n'existait pas d'instance fédérale compétente pour la pratique régulière des sacrifices en temps de paix. Ce n'est qu'en temps de guerre que l'unité de l'alliance était réalisée et, selon la tradition, le rituel qui permettait de rendre à Yahvé ce qui lui revenait consistait à déclarer tabou tout ou partie du *butin*. Du fait de cette mesure, Dieu avait beaucoup plus fortement intérêt à la victoire d'Israël que ce n'était le cas auparavant avec les sacrifices. De tous temps, bien entendu, des dons furent certainement offerts en sacrifice à Yahvé, comme à n'importe quel autre dieu, afin de gagner sa bienveillance. En temps de guerre, c'est l'alliance qui lui apportait ces présents ; en temps de paix, ils étaient plutôt offerts à titre individuel, dans certaines occasions. Selon la théorie traditionnelle, tout repas, en tout cas tout repas de viande, constituait, en un sens très large, un « repas de sacrifice », dont le Dieu devait avoir sa part, sous forme d'offrandes. Avant la

1. L'ouvrage fondamental est ici celui du comte Baudissin, *Geschichte des altestamentlichen Priestertums*, Leipzig, 1889. Certaines hypothèses, en particulier celle d'une antériorité temporelle du code des prêtres sur le Deutéronome, ont été abandonnées aujourd'hui.

bataille et à d'autres moments où le besoin s'en faisait sentir, les princes et, le cas échéant, les chefs de clan, sacrifiaient également au Dieu. Seule l'aspersion de l'autel avec du sang était, semble-t-il, réservée à Moïse, autrement dit aux prêtres de métier, selon une tradition fiable. Nous ignorons cependant si cette forme de culte [Ex 2, 9, 19-20] était répandue en dehors de Silo et si elle était ancienne. De façon paradigmatique, il est vrai, la théorie sacerdotale ultérieure présentait comme un empiètement sur les prérogatives des prêtres le sacrifice accompli par Saül sans faire appel à Samuel (ce qui revenait à identifier ce dernier comme un prêtre) ; cet acte était censé causer sa perte [1 S 13, 8-14]. Cependant, ce point de vue ne correspondait pas au droit en vigueur, y compris à une date beaucoup plus tardive. Dans le Livre de Samuel, David portait le costume sacerdotal [1 S 30, 6-8] et dispensait des bénédictions. Sous le règne d'Uzia, le conflit qui avait prétendument opposé Saül et Samuel se répéta, à en croire la tradition des Rois révisée par les prêtres [1]. Néanmoins, il est à peu près certain que les princes et les grands seigneurs terriens avaient recours à des prêtres instruits dans le rituel. À l'origine, néanmoins, ils les choisissaient à leur guise. Dans la tradition ancienne plus tard expurgée par l'auteur des Chroniques, David nommait prêtres deux de ses fils [2]. Dans le Livre des Juges, un grand propriétaire terrien du Nord, Mikha, faisait de même, selon une tradition que nous évoquerons un peu plus loin dans un autre contexte. Les sanctuaires financés de cette manière par des princes et des particuliers étaient considérés comme une propriété privée. Ils étaient soumis au droit domestique : les rois de l'Israël du Nord étaient ainsi chez eux dans le sanctuaire fondé par Jéroboam à Béthel (Amos 7,13) ; le prêtre était un

1. Il fallut attendre les Chroniques postexiliques (2 Ch 26, 16 sq.) pour voir le sacrifice d'Uzia qualifié de péché grave.

2. 2 S 8, 18. En 2 S 20, 26, un Yaïrite est mentionné comme chapelain de cour à côté des prêtres Tsadoq et Evyatar. Les Chroniques postexiliques éliminèrent ensuite les fils de David.

fonctionnaire à leur service et il exécutait leurs ordres ; y compris, selon la tradition, lorsqu'il s'agissait, par exemple, de construire des autels à Jérusalem sur un modèle étranger (2 R 16,10). Il n'existait pas d'organisation centralisée des prêtres sacrificateurs, ne serait-ce qu'en raison de la concurrence des lieux de sacrifice ; dans le Royaume du Nord, de façon bien compréhensible, les « églises personnelles » privées n'étaient pas aussi désavantagées par rapport aux sanctuaires fondés par la royauté que dans la cité-État centralisée du Royaume de Juda. Le grand prêtre était appelé « le prêtre » (*ha-kohen*) ; ce n'est que plus tard qu'apparut, à Jérusalem (2 R 25, 18), le titre de « chef des prêtres » (*kohen ha-roch*). L'introduction du titre postexilique de « Grand Prêtre » (*kohen ha-gadol*) est difficile à dater (2 R 22, 4-8 et 23, 4 sont des gloses, et à ce titre sujets à caution ; cf. 2 R 11, 9 sq. où le même grand prêtre Yehoyada [1] porte le titre *ha-kohen*). Dans tous les cas, les prêtres des temples royaux étaient comptés parmi les fonctionnaires du roi (2 S 8,16 sq., 20, 23 sq.) ; ils accompagnaient le roi à la guerre et, à la seule exception de Yehoyada, sous le règne d'Athalie, à l'époque prédeutéronomique, ils ne jouèrent en aucune manière un rôle politique autonome. Ils étaient moins encore considérés comme les chefs d'une « communauté » religieuse. Il n'existait pas de communauté de ce type. Dans les temps anciens, la communauté se confondait avec l'armée, y compris pour les questions religieuses ; plus tard, ce fut la communauté territoriale des Israélites de plein droit. Le tribunal qui jugea Jérémie [Jr 26] était composé des *sarim* royaux et des *zeqénim*, dont le rôle dans la formulation des verdicts reste à préciser. Les *'am* (les hommes liges) remplissaient la fonction d'« assesseurs » de cette assemblée judiciaire (*qahal*) ; les prêtres celle d'accusateurs, mais ils ne siégeaient pas au tribunal. La commu-

1. Cf. H. Strunk, « Das alttestamentliche Oberpriestertum », *Theologische Studien und Kritiken,* 81, 1908, p. 1-26.

nauté était convoquée par le roi (Josias) et non par le grand prêtre (Hilqiya), même lorsqu'il s'agissait d'une *berith* religieuse [2 R 23, 1-3]. On laissera ouverte la question de savoir ce qu'il en était des anciens prêtres-rois de Jérusalem, dont une tradition douteuse, Gn 14, affirme l'existence, et quels intérêts étaient en jeu dans cette reformulation de la tradition. Toujours est-il que, à en croire la tradition ancienne, le prince était légitimé et rituellement qualifié pour sacrifier au profit de son groupe. Mais il existait aussi, de façon tout aussi certaine, des lieux de culte anciens, fréquentés depuis toujours, où les cérémonies particulièrement solennelles étaient célébrées conformément à des règles anciennes, aussi bien pour les princes que pour les personnes privées, par des clans de prêtres indigènes, qualifiés par leur charisme héréditaire. Ce fut le cas, en particulier, du clan des Élides à Silo, un sanctuaire que les prophètes (Jérémie [Jr 7, 12 ; 26, 6]) tenaient pour spécialement ancien et pour strictement yahviste. Sur la pratique des sacrifices dans ces lieux, certainement ancienne, la tradition semble donner les indications suivantes : en vue de l'accomplissement de certains vœux, les clients associaient à des prières individuelles des sacrifices de viande dont le prêtre recevait sa part ; les repas sacrificiels célébrés jusqu'à l'ivresse n'étaient pas rares. Nous nous intéresserons plus loin à la signification des repas sacrificiels, mais nous laisserons de côté l'histoire très complexe du sacrifice en général dans l'ancien Israël [1]. Pour l'instant, tenons-nous-en aux *offrandes* apportées en sacrifice ; en Israël comme partout ailleurs, ces dernières furent d'abord regardées comme un utile complément lorsqu'on invoquait le Dieu en vue d'une faveur. Les plus anciennes ordonnances du culte, conservées dans les appendices du Livre de l'Alliance [Ex 23, 14-19], ne formulaient qu'une prescription générale : l'Israélite devait se présenter trois

1. On trouvera un rapide survol (discutable) de la question chez Bernhard Stade, *Biblische Theologie des Alten Testaments, op. cit.*

fois l'an devant Yahvé et ne pas le faire « les mains vides ». Il n'existe pas d'autres dispositions dont l'ancienneté soit avérée, et nous ne savons quelle importance revint, en pratique, à cette prescription.

Au fur et à mesure que le prestige du dieu guerrier de l'Alliance s'accrut, avec l'expansion d'Israël et, surtout, l'instauration de la royauté, l'importance du sacrifice d'offrandes connut une transformation, d'abord quantitative. Les Davidides et, dans le Nord, Jéroboam instituèrent des sanctuaires royaux où étaient pratiqués des sacrifices réguliers.

Mais le phénomène de loin le plus important fut la transformation de la *signification* du sacrifice d'offrandes qui alla de pair avec la dégradation croissante de la situation politique du pays dans le cours ultérieur de la royauté. Il fallut alors se poser la question de savoir ce qui provoquait cette évolution défavorable de la situation politique et militaire d'Israël. La réponse ne pouvait être que la suivante : le peuple d'Israël était frappé par le courroux divin. La notion israélite de « péché » se rattachait à des faits purement objectifs : les termes anciens étaient le plus souvent dérivés de *ḥata*, « commettre une faute ». C'est une faute, à l'évidence d'abord et avant tout une faute rituelle, qui avait éveillé la colère du Dieu. La crainte des manquements rituels et de leurs conséquences fut, là comme ailleurs, le plus ancien motif poussant à rechercher l'expiation. Cependant, Yahvé était aussi un partenaire contractuel de la *berith* conclue avec Israël, et le droit social ancien, fondé sur la camaraderie et l'entraide fraternelle, était considéré comme une source d'obligations envers lui. Très tôt, immanquablement, la notion de péché devait ainsi être élargie à des commandements « éthiques », du point de vue de leur contenu, en premier lieu à des commandements d'*éthique sociale*. Cet élargissement de la notion de « péché » au domaine de l'éthique sociale, et non plus seulement du rituel, fut inspiré, notamment, par la critique yahviste qui dénonçait les transformations sociales occasionnées par l'urbanisation et qui mettait en cause l'attitude de la royauté. Il en alla de même ailleurs, dans des situations analogues, comme en témoigne, par exemple, l'inscription sumérienne d'Urukagina. Le puissant dieu de la guerre subordonnait l'octroi de ses grâces – cela semblait aller de soi – à l'observance de ses commandements, solennellement acceptés par le biais de la *berith* ; à côté des prescriptions rituelles [1], il attachait une importance particulière au respect de l'ancien droit de l'alliance, dont il était le garant. Dans les cas d'insuccès et de troubles politiques, la question qui occupait toujours davantage les esprits, comme il se doit, était de savoir quel sacrilège de nature *sociale* avait pu éveiller la colère du Dieu et comment il était possible d'apaiser celle-ci. Cependant, à partir du IXe siècle, les troubles graves devinrent une situation chronique dans les deux royaumes. Le sacrifice comme moyen d'*expiation* acquit, dès lors, une importance toujours plus grande et finalement écrasante, les sources l'attestent clairement. Parmi les types sans doute très diversifiés de sacrifices expiatoires pratiqués dans tous les sanctuaires, deux seulement devinrent plus tard canoniques, pour des raisons qui furent à n'en pas douter purement contingentes [2]. Par suite, il devint toujours

1. Il n'est cependant pas sûr qu'il ait existé un *quelconque* rite valable *pour tous* en dehors de la circoncision et des prescriptions relatives aux guerriers (aux nazirs, en particulier).

2. *Ḥattath* et *acham*, qui, dans la version actuelle, sont mêlés de façon tout simplement inextricable, tout en étant considérés comme distincts, étaient mentionnés pour la première fois chez Ézéchiel comme une institution établie et commune à Israël tout entier. Auparavant, il n'en était question ni en 1 S 3, 14 (où étaient mentionnés, comme moyens d'expiation, les sacrifices *sevaḥ* et *minḥa*), ni en Dt 12, où les sacrifices étaient évoqués en détail. Il apparaît ainsi très clairement que ces deux types de sacrifices ne trouvaient pas leur origine dans le culte du *Temple* jérusalémite. À coup sûr, il serait cependant erroné d'en conclure, comme le font certains (Benzinger, notamment), qu'ils ne se développèrent que pendant la période de l'exil ou peu de temps auparavant. Ézéchiel fut sans doute le premier à les désigner comme des sacrifices communs à tout Israël. Cependant, la notion d'*acham* figurait déjà dans la tradition de Samuel (expiation des Philistins). Ces deux types

davantage nécessaire de faire appel, pour déterminer les volontés du Dieu et identifier les manquements à expier, à des prêtres de Yahvé compétents en matière de rituel et de *droit*. La demande en méthodes d'identification des péchés et d'expiation de ces derniers, qui s'accrut avec la rationalisation toujours plus poussée de la vie, en Mésopotamie comme ailleurs, se fit particulièrement pressante sous le poids du destin politique d'Israël. Avec l'importance croissante du sacrifice expiatoire et de l'enseignement des volontés de Yahvé, la demande en porteurs de *savoir* relatif à Yahvé et à ses commandements s'accrut. En effet, ce n'était pas seulement la production du sacrifice en lui-même qui était requise, même s'il était très important qu'il fût exécuté correctement, mais, avant tout, l'examen de la volonté divine et l'identification d'éventuels manquements à cette dernière. Ces investigations concernaient aussi bien les groupements politiques et les groupements locaux que les particuliers en tant que tels. Les questions concernant en propre les groupements politiques portaient avant tout sur les moyens d'obtenir la victoire à la guerre et de faire tomber la pluie en abondance. Ces deux attentes étaient formulées conjointement dans les promesses faites par Yahvé en échange de l'obéissance et d'une conduite droite. À cela s'ajoutait, pour les individus, l'assistance demandée pour répondre à des difficultés personnelles de tous ordres. Dans la tradition, Moïse aussi bien qu'Élie, encore, réalisaient des miracles, à la fois des miracles politiques, surtout pour les victoires à la guerre, la pluie et le ravitaillement [Ex 17, 8-16], et des miracles personnels de guérison [1 R 17, 17-24] ; pour cela, ils cherchaient à s'enquérir de la volonté de Dieu et des infractions qui avaient été commises. Cette activité fut la fonction spécifique des por-

---

de sacrifices faisaient justement partie des « pratiques destinées à la clientèle privée » des lévites, auxquelles le Deutéronome ne s'intéressait guère. D'après les prescriptions de la loi sacerdotale, *ḥattath* était le plus complet des deux.

teurs professionnels du yahvisme et le devint toujours davantage.

Les sources montrent que, dans un premier temps, en Palestine, on fit appel, pour s'enquérir de la volonté de Dieu, à presque toutes les méthodes également connues dans les pays civilisés alentour. Aux yeux de la tradition israélite, cependant, toutes n'étaient pas considérées comme également légitimes. Du point de vue de la stricte religion yahviste, plus tard, les formes tenues pour correctes étaient seulement au nombre de trois : 1. la révélation apportée par Yahvé à un vrai voyant et prophète pleinement habilité à parler en son nom (nous examinerons plus loin la question de savoir à quoi on reconnaissait un « vrai » prophète d'un « faux ») ; 2. dans certains cas : l'oracle par tirage au sort, réalisé par les prêtres oraculaires professionnels à l'aide des tablettes d'oracle (*urim* et *tummim*) et peut-être aussi, à l'origine, des flèches oraculaires ; 3. enfin, la vision en rêve, bien que celle-ci suscitât des réserves croissantes [Gn 28, 10-22 ; 37, 1-11 ; Dn 4, 1-34]. Toutes les autres formes d'exploration de l'avenir, qu'il s'agît d'événements importants pour un procès ou d'autres faits marquants ou, enfin et surtout, de l'expression de la volonté du Dieu, passaient pour répréhensibles, selon un point de vue qui s'imposait toujours davantage ; dans certains cas, elles étaient même considérées comme de la magie, passible de mort, ou, tout bonnement, comme une tromperie. L'ordalie se perpétua jusqu'à l'époque deutéronomique, mais seulement pour un petit nombre de cas, notamment pour mettre à l'épreuve la fidélité conjugale d'une femme [Nb 5, 12-31]. L'oracle par tirage au sort, dont le caractère anciennement sacré se fondait directement, tout comme l'aniconisme du culte de Yahvé, sur sa simplicité adaptée à la steppe non civilisée, se maintint jusqu'à la fin de l'époque préexilique, mais son importance décrut au profit de la consultation de voyants, prophètes et autres porteurs de savoir. La tradition exilique prétend qu'il disparut en raison de la perte des tablettes de tirage au sort. De la même façon, les oracles des morts et les autres formes de divination n'avaient évidemment pas disparu, en dépit de l'interdit qui les frappait. Mais ils avaient manifestement perdu de leur importance. En soi, le recours croissant à des voyants, des prophètes et des spécialistes du rituel et le déclin aussi bien des oracles par tirage au sort que des autres formes de prise de décision irrationnelles découlaient très logiquement de la complexité croissante des questions posées : il était de moins en moins possible d'y répondre simplement par « oui » ou par « non », ni par un simple tirage au sort. Pour le yahvisme des origines, une autre raison s'ajoutait à celle-ci, qui tenait à la nature particulière de la relation entretenue avec Yahvé : lorsque celui-ci était en colère et refusait son aide à la nation ou à un particulier, la faute en revenait à un *non-respect de la* berith conclue avec lui. Tel était le constat qui inspirait l'interrogation formulée par les instances officielles aussi bien que par les simples particuliers : *quel commandement de Yahvé* avait été transgressé ? À cette question, les méthodes de divination irrationnelles ne pouvaient apporter de réponse : seule la connaissance des commandements eux-mêmes, assortie d'un examen de conscience, était en mesure de le faire. C'est ainsi que l'idée de la « *berith* », très vivante dans les cercles de purs yahvistes, orienta les interrogations relatives à la volonté de Dieu sur la voie d'un questionnement au moins relativement *rationnel* et de méthodes rationnelles pour y apporter une réponse. La parénèse des prêtres, soumise à l'influence des couches d'intellectuels, condamna par suite avec beaucoup de vigueur les devins, les oracles qui observaient les oiseaux, ceux qui calculaient les dates appropriées, ceux qui interprétaient les signes et ceux qui invoquaient les morts, en dénonçant ces méthodes comme des manières spécifiquement païennes d'interroger le Dieu [1]. Les prophètes de l'écrit et les cercles strictement yahvistes qui étaient proches de ces derniers se

1. Dt 18, 10, 11-14 ; Lv 19, 31 ; 26 ; 28 ; Nb 23, 23.

mirent ensuite, nous le verrons, à dénoncer le manque de fiabilité des divinations fondées sur les rêves, ce qui s'expliquait, d'un côté, par la qualification professionnelle spécifique de ces prophètes, et, de l'autre, par la conception qu'ils se faisaient de la spécificité de Yahvé et de ses objectifs. Bien entendu, le combat mené avant leur époque contre les formes irrationnelles de divination et de magie ne l'avait pas seulement été pour les motifs de rationalité déjà évoqués, mais aussi, tout simplement, pour des raisons historiques contingentes, à savoir l'issue de la lutte concurrentielle qui avait opposé les différentes catégories de prêtres et de devins, et, d'autre part, le degré de perfectionnement technique de l'art oraculaire chez les porteurs de la forme qui l'avait emporté. Partout, en Chine, en Inde et dans les anciennes cités-États sumériennes, nous rencontrons le « magicien », concurrent taxé d'hérétique et d'illégitime par des prêtres dont la légitimité était souvent née de conjonctures tout à fait contingentes ; cette mise au ban frappait aussi ses pratiques. En soi, l'oracle par tirage au sort n'était certainement pas plus rationnel que l'inspection des foies chez les Babyloniens ; mais il n'offrait pas, comme ce dernier, un terrain propice aux spéculations cosmologiques. Ce n'était pas non plus un hasard si les méthodes d'examen de la volonté divine déjà mentionnées avaient été reçues par opposition à d'autres : elles furent privilégiées en raison du rejet de toutes les pratiques liées aux cultes chtoniens et des formes d'extase qui leur étaient attachées [1]. Nous reviendrons bientôt sur cet aspect du conflit qui nous occupe.

Quels étaient désormais les porteurs de l'interrogation de Yahvé ?

Nous avons déjà évoqué le rôle un peu fluctuant des anciens « voyants ». Ils disparurent totalement par la suite. Cependant, comme le yahvisme ancien de l'alliance

1. La remarque formulée en Lv 20, 6 montre que le rejet de la magie *extatique* (voir plus bas) joua également un rôle.

guerrière avait connu à la fois les guerriers extatiques, les prophètes de guerre émotionnels et l'interrogation des voyants extatiques apathiques, sans mettre en place un culte officiel de la confédération, les prêtres furent dans l'impossibilité – ce fut là un fait important – de revendiquer à leur profit le monopole de l'art oraculaire. Même s'ils le firent de très mauvaise grâce, ils furent contraints de concéder que certains individus extérieurs à leurs cercles pouvaient également posséder le don prophétique, et que c'était même là un cas fréquent. La tension demeura cependant, du moins pour tous les prophètes qui, à la différence des prêtres des cités royales, n'étaient pas au service du roi. Du point de vue des cercles sceptiques à l'égard de la royauté, le « sacrifice » en tant que tel était discrédité parce qu'il était organisé comme un culte royal. Les prêtres devaient se contenter d'éliminer toutes les pratiques cultuelles qui, organisées sur un mode proprement corporatiste, entraient directement en concurrence avec les leurs. Ils cherchaient à s'assurer le monopole de l'exercice régulier du culte de Yahvé et de toutes les pratiques qui lui étaient attachées. Mais eux-mêmes, qui étaient-ils ?

Nous ne pouvons dire avec certitude à quoi ressemblaient les prêtres qui officiaient dans les sanctuaires de l'ancien temps. Les Élides, le clan ancien des prêtres de Silo, furent déplacés par David à Jérusalem [1 S 22, 20-23 ; 2 S 8, 17] puis dégradés par Salomon [1 R 2, 27]. Celui qui devint le chef des prêtres de Jérusalem était un homme auquel seule la tradition ultérieure reconnut un arbre généalogique correct, de son point de vue [1 Ch 5, 27-41], mais qui, dans l'ancienne tradition, ne portait même pas un patronyme israélite : Tsadoq [2 S 8, 17]. Les rois décidaient aussi bien de l'attribution des charges de prêtres que de l'importance de leurs émoluements, et ils revendiquèrent également, dans un premier temps, le droit de sacrifier eux-mêmes. Sous Joas encore, le roi décréta une réforme des prébendes attribuées aux prêtres jérusalémites, sous le contrôle de l'État [2 R 12, 4-6]. Tout cela ne changea officiellement qu'avec la réforme deutéronomique, promulguée dans les derniers temps du Royaume de Juda. À cette époque, le clergé de Jérusalem se sentait assez puissant pour étendre à l'ensemble du territoire d'Israël les dîmes et autres redevances réclamées par Yahvé, qui avaient été jusqu'alors le privilège de certains sanctuaires, sur un territoire limité, celui de Jérusalem, en particulier – à en croire la tradition de Melchisédech. Dans le même temps, nous le verrons, les prêtres réclamèrent que leur propre monopole sur le culte fût considérablement renforcé. À n'en pas douter, ces changements intervinrent parce que les prêtres avaient beaucoup gagné en prestige. Le groupe de prêtres de Yahvé que le code deutéronomique considérait depuis toujours comme seul légitime était désigné, dans cet ouvrage, comme le groupe des « *prêtres lévitiques* » [Dt 18, 1-8 ; 2 R 23, 5].

15. Les lévites et la Thora

Le nom Lévi ne dérive pas d'une étymologie hébraïque [1]. Il est possible que les lévites aient également officié hors d'Israël, au service du dieu de la tribu de Mina, Wadd [2]. Nous ne savons pas de quand date véritablement l'expansion de ces prêtres instruits [3]. La seule certitude, semble-t-il, c'est qu'ils étaient rarement originaires de

1. Cf. Hermann Schneider, « Die Entwicklung der Jahwereligion und der Mosessegen in Israel und Juda » (in : *Zwei Aufsätze zur Religionsgeschichte Vorderasiens. Leipziger Semitische Studien* 5/1, Leipzig, 1909) croit pouvoir faire dériver « Lévi » du « serpent » ; il se réfère aussi à la marche d'Adoniyas jusqu'à la pierre aux serpents et au nom d'un ancêtre de David.

2. Voir Eduard Meyer, *Die Israeliten und ihre Nachbarstämme*, *op. cit.*, p. 88-89, et la référence à l'inscription citée par David Heinrich von Müller, *Epigraphische Denkmäler aus Arabien*, Vienne, 1888, p. 42.

3. La Bénédiction de Jacob ne mentionnait pas de prêtres lévites. Ils étaient évoqués pour la première fois dans la Bénédiction de Moïse, en tant que prêtres et maîtres de la Thora (cf. Eduard Meyer, *ibid.*, p. 82 sq.).

l'Israël du Nord, qu'ils se répandirent dans cette région par l'émigration individuelle et que la dynastie de Jéroboam, en tout cas, et d'autres peut-être par la suite, ne les reconnaissaient pas comme les seuls prêtres yahvistes légitimes. Tous les signes indiquent qu'ils étaient originaires du Sud, de la steppe bordant le désert, de l'oasis de Qadech et de Séïr. Selon une tradition relativement ancienne [Ex 32, 25-29], les lévites furent dans un premier temps la suite toute personnelle de Moïse [1] : il les convoqua pour combattre les adversaires récalcitrants et ceux qui refusaient de lui obéir, et ils assirent son autorité en provoquant un bain de sang dans sa plus proche parenté. Selon l'interprétation éclairante d'Eduard Meyer, cette tradition, mais aussi la Bénédiction de Moïse, suggéraient qu'ils n'étaient pas connus comme une caste héréditaire, du moins par cette branche de la tradition : au contraire, à en croire la Bénédiction de Moïse, il fallait renier père et frère pour être lévite [Dt 33, 8-10]. D'après ces textes, ils constituaient donc un corps professionnel instruit. Le fait qu'ils aient plus tard été organisés sur le mode gentilice, comme une tribu qualifiée par un charisme héréditaire, ne prouve rien contre un tel constat : cette évolution se rencontre en tous temps, en Israël comme ailleurs. Au demeurant, d'autres parties de la tradition faisaient état de l'existence d'une « tribu de Lévi [2] » qui était armée et n'était pas une tribu de prêtres ; il s'agissait d'une alliée politique des tribus d'Israël, des tribus de Siméon et de Juda, notamment. La Bénédiction de Jacob ne désignait pas spécifiquement cette tribu comme un *Stand* de prêtres et ne mentionnait même pas l'existence de prêtres lévites. Les sources relataient bien plutôt la violence des menées militaires qu'elle

1. Dans la Bénédiction de Moïse (Dt 33,8), les lévites étaient désignés comme *Ich Ḥasidekha,* les « hommes du fidèle », c'est-à-dire de Moïse.

2. Il en allait peut-être de même de l'inscription datant de l'époque des Ramessides où « *Lui-el* » était, semble-t-il, mentionné comme nom de tribu.

conduisit aux côtés de la tribu de Siméon. La Bénédiction de Jacob prédisait que Lévi serait dispersée en raison d'un sacrilège : les membres de la tribu tueraient des hommes et « tailleraient en pièces le taureau » [Gn 49, 6]. Ils devraient être dispersés « parmi Jacob » et « parmi Israël », comme Siméon. Selon la tradition sacerdotale ultérieure, Moïse était un membre de la tribu Lévi. Pour la tradition ancienne, qui fit plus tard l'objet d'une révision tendancieuse, il passait pour le patriarche ou du moins l'archégète des clans de la tribu Lévi qui étaient ou devinrent les « lévites » au sens *rituel.* À l'époque de la Bénédiction de Jacob, en effet, il devait nécessairement exister des membres d'une tribu Lévi qui n'étaient pas des « lévites » au sens que ce terme revêtit par la suite. Il faut donc choisir entre deux hypothèses. Soit une tribu Lévi aurait été dispersée à la suite de catastrophes politiques ou de transformations économiques et ses membres se seraient alors tournés, en totalité ou en partie, vers l'activité de sacrifice à Yahvé et d'oracles de Yahvé, devenant des prêtres de Yahvé[1]. Soit, au contraire, les « lévites » auraient été, à l'origine, un *Stand* professionnel interethnique répandu dans le Sud, légitimé par un critère d'instruction personnelle puis de charisme héréditaire, et les clans laïques qui en seraient issus, une fois l'instruction et la tradition rituelle abandonnées, auraient été regardés ou se seraient réellement constitués comme une « tribu » et auraient fait alliance avec Siméon, avant de disparaître plus tard comme cette dernière. Chez les brahmanes indiens, comme chez les lévites, un conflit oppose la qualification charismatique personnelle, associée à l'appartenance à un *Stand* professionnel, et la qualification charismatique héréditaire, conférée par l'appartenance à un *Stand* de naissance. En Inde non plus, loin s'en faut, tout ceux qui sont

1. Eduard Meyer (*Die Israeliten, op. cit.*) tient pour assuré que la « tribu de Lévi était installée à Meriva » (les « eaux des procès ») et représentait donc une sorte de lignée de pandits à l'indienne.

brahmanes par leur *Stand* de naissance ne sont pas nécessairement qualifiés pour jouir des privilèges des brahmanes : le sacrifice, l'enseignement des Veda, les prébendes. Ne le sont que ceux qui ont mené la vie rituellement prescrite et ont reçu l'initiation au terme d'un apprentissage effectif. En Inde encore, il existe des villages entiers peuplés de brahmanes qui les ont reçus en fief mais ont, pour une part d'entre eux, abandonné complètement ou presque délaissé l'enseignement des Veda. Il est donc possible que les lévites aient connu un conflit analogue. La façon qu'a le Deutéronome de combiner les termes « lévites » et « prêtres » pourrait faire penser que, même à cette époque, il existait des descendants de lévites qui n'étaient pas « prêtres » (ou ne pouvaient l'être) parce qu'ils n'étaient ni instruits ni rituellement purs, et n'étaient donc pas qualifiés pour les pratiques cultuelles. En pratique, cette hypothèse ne peut guère être écartée. On pourrait penser alors que le fait que ces « lévites laïcs » aient vécu dispersés et n'aient pas été intégrés dans l'une des autres tribus fournit à la tradition le prétexte de les impliquer, avec la tribu de Siméon, dans le sacrilège de Sichem.

À l'époque deutéronomique, les prêtres lévitiques étaient organisés en clans sur le mode charismatique héréditaire et ils formaient un *Stand* séparé, qui revendiquait le monopole de certaines formes d'oracle, de l'enseignement sacerdotal et des charges de prêtres. Ils y parvinrent, du moins dans le Sud. Dans le Nord, les prêtres lévitiques n'étaient mentionnés qu'à deux reprises dans le Livre des Juges (chapitre 17 et suivants pour Dan et Éphraïm) ; à l'époque de la rédaction de cette partie dont la datation est incertaine, les lévites formaient encore, semble-t-il, un *Stand* professionnel et non un *Stand* de naissance. Ils étaient devenus un *Stand* de naissance, en revanche, dans le récit du désert et de la conquête, influencé par la tradition des prêtres, et dans le Deutéronome. Cette tradition identifiait purement et simplement les lévites comme les prêtres de Yahvé, en vertu de leur naissance et de leur instruction. Cependant, les lévites possédaient, dans certains cas, des biens privés, y compris des biens immobiliers et des propriétés terriennes de toutes sortes. Leur était reconnu le monopole de l'exécution des sacrifices, à condition qu'ils fussent effectués en présence d'un prêtre [Dt 18, 6-8], ainsi que le droit exclusif de pratiquer les oracles par tirage au sort [Dt 33, 8 ; Jg 17, 5 ; 18, 5] et de délivrer les enseignements ; enfin, ils se voyaient concéder les redevances et casuels acquittés pour ces fonctions [Dt 18, 3-4], et, dans la théorie de la rédaction actuelle du Deutéronome, la dîme de tous les revenus de la terre [Dt 14, 22-23].

Selon la tradition ancienne, les lévites étaient, d'un point de vue juridique, des *gérim* [1]. Ils représentaient même le type le plus abouti de la « tribu-hôte » au sein de la communauté israélite. Tel est exactement le statut qu'ils conservent dans la version actuelle des textes. Dans le récit du sacrilège de Guibéa figurait un lévite qui était un métèque des Éphraïmites. Il vivait de casuels, à n'en pas douter. Les lévites ne faisaient pas partie du groupement des propriétaires terriens autorisés à porter les armes. Ils n'étaient pas soumis au service militaire (Nb 1, 49 ; 2, 33) et leurs services étaient considérés comme une liturgie de métèques pour le compte de la communauté politique, ainsi que le suggérait la désignation *'avoda.* Leur statut juridique fut fixé de plus en plus nettement et leur organisation interne en maisons paternelles (Ex 6, 25 ; Nb 3, 14 sq.) correspondait aussi bien à celle des tribus-hôtes indiennes qu'à celle des tribus israélites de l'époque. La disposition qui, dans une certaine branche de la tradition (Nb 35, 2 sq.), précisait que les lévites étaient astreints à s'installer dans certaines cités n'était pas nécessairement une fiction ; peut-être trouvait-elle son origine dans le fait que, dans beaucoup de villes, les lévites tiraient leurs revenus de l'octroi de

1. Tout comme n'importe quel Israélite sur le territoire d'une autre tribu israélite que la sienne.

terrains immobiliers et de pâturages, en plus de la part des rentrées fiscales qui, dans certains cas, leur revenait ; on observait un traitement similaire pour des princes (Josué [Jos 19, 49-50]) et bien des analogies avec l'Inde. D'après une autre tradition il est vrai encore davantage sujette à caution (Lv 25, 32 sq.), où il était question des terres des lévites, ces dernières étaient absolument inaliénables – sans doute parce qu'elles étaient associées à des charges liturgiques – et même les maisons ne pouvaient être vendues à leur gré, comme c'était le cas pour les autres Israélites [1]. On peut partir du principe, en tout cas, que leur mode de rétribution variait fortement selon les localités [2].

Sur certains points, l'analogie avec les brahmanes va encore plus loin. Le statut de tribu-hôte des lévites et son caractère strictement réglementé ne furent pas leur seule forme de relation avec Israël, et sans doute pas la première. La tradition rapporte, on l'a dit, que les princes et seigneurs fonciers employaient comme prêtres, dans leurs chapelles domestiques (leurs « églises particulières », au sens de Ulrich Stutz), soit des hommes de petite naissance, comme les textes le déploraient dans le cas de Jéroboam (1 R 12, 31), soit leurs propres fils ou des membres de leur famille. Une tradition danitique ancienne relate que ce fut le cas d'un seigneur foncier de l'Israël du Nord, Mikha, qui prit pour prêtres des membres de sa famille [Jg 17-18]. On rapporte également que le même Mikha se mit plus tard en relation avec un lévite venu de Juda, lui confia la charge de son sanctuaire et en fit son « père » (ce qui correspondait au gourou indien), mais que, pour finir, les Danites en train d'émigrer vers le nord firent halte dans le sanctuaire, emmenèrent avec eux l'effigie et le lévite, et confièrent à ce

1. Leur bétail était appelé « bétail de Yahvé » (Nb 3, 41, 45).

2. Comme tous les *gérim*, ils habitaient dans les « faubourgs » (*migrachim*, Jos 14, 4). Ils ne possédaient pas de terres agricoles ; à Hébron, par exemple, Kaleb gardait celles-ci pour lui.

dernier, « jusqu'à ce jour », la charge héréditaire de prêtre du temple de la ville nouvelle qu'ils fondèrent dans le territoire de Sidon. Ce récit rappelle exactement la façon dont les brahmanes se répandirent en Inde. De la même façon, on peut établir un parallèle entre les lévites chapelains de cour qui apparurent à une date plus tardive et les *purohita* brahmaniques. On voit clairement ici quels motifs contribuèrent à l'expansion des lévites : à l'évidence, la supériorité de leur instruction rituelle en vue des sacrifices, mais aussi, et surtout, de la « cure des âmes », c'est-à-dire de la délivrance de conseils pour disposer favorablement Yahvé et détourner sa colère. Princes et seigneurs fonciers ne les embauchaient pas seulement pour répondre à leurs besoins personnels de conseils de ce type, mais certainement aussi en raison de leur prestige de maîtres des sanctuaires et des revenus que la réputation d'un sanctuaire administré par un prêtre instruit rapportaient à son propriétaire : nous avons vu que Gédéon utilisa sa part de butin pour faire construire une chapelle contenant une statue. Par ailleurs, les lévites pouvaient gagner librement leur vie. C'est ainsi qu'ils se répandirent progressivement et purent s'assurer, à l'époque deutéronomique, un monopole généralement reconnu au sein du royaume de Juda. Selon le Deutéronome, on trouvait dans chaque localité un lévite aspirant à vivre de la pratique des sacrifices [Dt 14, 28-29]. Cette expansion ne fut pas sans rencontrer des résistances : en témoignait l'anathème lancé, dans la Bénédiction de Moïse, à l'encontre de ceux qui les « haïssaient » (Dt 33, 11). Dans la version de la tradition revue par les prêtres [Nb 16 ; Dt 11, 6] était mentionnée la révolte contre la suprématie du pouvoir des prêtres menée par les Qorahites, plus tard désignés comme des lévites dégradés, avec le soutien de descendants de la tribu de Ruben : il existait donc, en Israël, une couche puissante qui avait le souvenir que, à l'origine, cette prédominance des prêtres n'existait pas, et moins encore un monopole des sacrifices et des oracles. En ce temps-là,

Yahvé révélait sa volonté par l'intermédiaire de prophètes et de voyants. Tel était précisément, semble-t-il, le point de vue défendu par la tribu qui exerçait son hégémonie sur l'alliance dans les temps anciens, la tribu de Ruben, venue des steppes. On peut se demander si sa dispersion ne fut pas due à l'absence d'une couche de prêtres dotée d'une organisation fixe, dont la présence fit au contraire la force de la tribu de Juda. L'instruction des lévites qui rendaient les oracles et, surtout, le soutien de plus en plus massif que leur apporta la royauté firent taire ces attaques. Pour l'époque qui précéda la chute de l'Israël du Nord, la question de savoir quel pouvoir les lévites et leurs oracles avaient acquis dans la lutte pour la suprématie demeure cependant tout à fait ouverte.

16. Le développement du clergé et l'accès de Jérusalem au monopole du culte

D'un point de vue rituel, les lévites semblent s'être d'emblée distingués des « laïcs », de la même façon que les brahmanes, par le respect de certaines prescriptions de pureté. Nous ne nous intéresserons ici qu'à l'une d'entre elles, l'interdit particulièrement strict qui proscrivait de toucher des morts et tous les objets en rapport avec le culte funéraire : le clergé lévite était manifestement le principal porteur de l'antagonisme contre le culte des morts de l'Égypte voisine. La Bénédiction de Moïse (Dt 33, 8 sq.) nous renseigne clairement sur les fonctions spécifiques des lévites à l'époque où ils étaient universellement reconnus. Elle ne mentionne pas du tout leurs compétences thérapeutiques, bien que Moïse lui-même ait été censé pratiquer la magie de guérison, nous l'avons vu, et que le caducée ait peut-être été le vestige d'une ancienne magie thérapeutique [Nb 21, 4-9 ; 2 R 18, 4]. Plus tard encore, le diagnostic de la lèpre incombait aux prêtres [Lv 13, 1-59]. Pour le reste, cependant, il n'était nulle part question de guérison par des lévites et les lépreux étaient généralement considérés comme rituellement impurs lorsqu'ils comparaissaient devant eux. (Nous ignorons tout de l'art de la médecine dans l'ancien Israël. Le fait que le Siracide recommande le recours aux médecins et aux médicaments reflète la situation de l'époque hellénistique [Si 38, 1-15]). Nous pouvons donc supposer que les lévites, à l'époque historique, n'étaient plus chargés de pratiquer des thérapies magiques à proprement parler. Le malade faisait seulement partie de leur « cure d'âmes », dont il sera question plus loin. Ils n'avaient semble-t-il pas recours à des méthodes thérapeutiques irrationnelles. La Bénédiction de Moïse (Dt 33, 8) évoque en premier lieu le souvenir de l'oracle par tirage au sort réalisé dans les « eaux de la discorde » de Qadech (la source utilisée pour les oracles de procès), puis l'obligation d'enseigner *michpatim* et Thora, enfin, et seulement dans cet ordre : l'encens et l'holocauste. Moïse (selon Dt 33, 8) dut lutter pour obtenir l'oracle de Yahvé : il s'agissait de l'oracle des procès. La loi deutéronomique, favorable aux lévites, exhortait à « porter devant Yahvé » les affaires de procès, et la tradition décrivait Moïse occupé toute la journée à régler des litiges, lorsqu'il n'était pas magicien, dans certains cas particuliers ; sur le conseil de Jéthro, il finit par confier ces affaires aux *sarim* de l'époque royale, censés lui être subordonnés [Dt 17, 8-9]. Une tradition tardive proposait encore que les tribunaux fussent composés à la fois de laïcs et de prêtres (Dt 17, 8 ; 19, 17). Ces indications témoignaient de l'existence d'une tension, également présente ailleurs, entre la juridiction temporelle et la juridiction hiérocratique. À Babylone, la génération antérieure à Hammourabi avait exclu les prêtres des tribunaux au profit des laïcs et avait confiné les premiers dans l'exécution purement technique des oracles au cours de procès instruits par des juges laïcs [Ex 18, 13-26 ; Dt 1, 9-18]. Le Code d'Hammourabi mentionnait cette disposition pour le cas d'une femme accusée de sorcellerie et d'adultère. En Israël, le recours à l'oracle dans les procès était limité aux cas d'adultère [Nb 5, 12-31]. Des juges laïcs, choisis parmi les anciens ou les fonctionnaires royaux, étaient seuls habilités à trancher dans les procès, du moins dans l'Israël du Nord. Dans le Sud, on l'a vu plus haut, les prêtres jouaient semble-t-il un rôle plus décisif dans les procès, à en juger d'après l'importance accordée à Qadech et aux oracles de procès dans la Bénédiction de Moïse. On l'a dit, il est impossible d'apporter la preuve que les prêtres remplissaient réellement les fonctions ordinaires de juges. Mais ils jouaient un rôle d'arbitres et de preneurs d'oracles : les différentes parties et les juges devaient leur poser des questions. En soi, il est facile d'expliquer pourquoi ils avaient davantage de pouvoir dans le Sud. Les groupements politiques des tribus semi-nomades ne tiraient généralement leur stabilité que de leur statut de groupements religieux : seuls les oracles des prêtres possédaient un pouvoir véritablement contraignant à un niveau supraindividuel – à la différence du pouvoir du cheikh, lié à son prestige personnel. Les « *michpatim* » du Livre de l'Alliance, issus de l'Israël du Nord, connus pour leur formulation abstraite et hypothétique des faits (« Si… »), étaient, nous l'avons vu, les vestiges d'une jurisprudence laïque influencée par des modèles babyloniens. Ce n'est que dans certains cas que les commandements purement profanes revêtaient la forme de « *devarim* » : « Tu dois » ou « Tu ne dois pas ». Cette forme était donc associée, sinon de manière exclusive, du moins de façon nettement prédominante, aux commandements et interdits à caractère rituel ou éthico-religieux qui n'avaient pas été formulés par des juristes profanes mais étaient sans doute issus d'oracles de prophètes ou bien de commandements tirés du code sacerdotal. Nous reviendrons plus loin sur la constitution de ces derniers, autrement dit sur les prescriptions qui n'étaient pas énoncées par les prophètes mais par les prêtres. En tout état de cause, les lévites jouèrent un rôle dans ce domaine : la Bénédiction de Moïse leur attribuait l'obligation d'instruire le peuple aussi bien dans les droits (*michpatim*) que dans les « *thoroth* ». Les *michpatim* profanes (de *chathat* : « juger ») possédaient une importance religieuse, du point de vue yahviste, parce qu'ils étaient considérés comme des dispositions de la *berith* conclue avec Yahvé. Les lévites étaient chargés (Dt 33, 10-11) d'enseigner les *ḥuqim*, les traditions (rituelles).

En principe, le maître lévitique n'était compétent que pour les commandements rituels de conduite de vie. Cependant, la séparation entre « *jus* » et « *fas* » fut encore moins respectée, en Israël, que dans d'autres types d'ordres sociaux influencés par les prêtres. Parmi les tâches pratiques des lévites, à l'époque de la Bénédiction de Moïse, l'oracle par tirage au sort était justement utilisé dans les conflits juridiques (comme le suggérait la mention de Meriva). Une fois que la Thora fut devenue le support de l'instruction religieuse rationnelle, la distinction devint pour la première fois très fluctuante. En effet, selon la Thora, c'était aux lévites de décider ce qui devait être regardé comme une composante de l'ordre ancien de l'alliance garanti par Yahvé. À l'origine, cependant, « *thora* » ne signifiait pas « loi », comme l'indiquent encore parfois les traductions, mais « enseignement ». Il est vrai que cette notion se rattachait également à l'ancien oracle lévitique par tirage au sort [1]. Dans les sources, elle se rapportait désormais, en règle générale, à l'ensemble des prescriptions que les prêtres avaient à enseigner. Dans la Bénédiction de Moïse, qui distinguait *thora* et *michpat*, elle désignait plus particulièrement, cependant, les commandements rituels et éthiques, mais surtout les commandements d'éthique sociale. Elle ne renvoyait *pas,* en tout cas, aux commandements juridiques du Dieu de l'Alliance. Le verset 10 de la Bénédiction de Moïse relatif à la Thora, un peu boiteux (il ne venait qu'après le verset 9 et était séparé du verset 8,

1. Le mot « *thora* » était dérivé de « tirer au sort » (cf. Eduard Meyer, *Die Israeliten, op. cit.*, p. 95 sq.).

auquel il aurait dû être rattaché) était peut-être une interpolation tardive ; mais il indiquait cependant clairement (si on le rapprochait du verset 8 et de toute la tradition) quelles furent les bases de l'expansion et du pouvoir des lévites : les réponses apportées aux questionnements de leur « clientèle » qui ne concernaient pas les procès. D'emblée, là encore, la délivrance d'oracles fut leur forme d'action spécifique. On aurait pu imaginer, cependant, qu'il ne fût pas nécessaire de posséder une instruction rituelle pour exécuter un tirage au sort purement mécanique pour les besoins des personnes privées ; de fait, les récits de Gédéon et de Jonathan montraient que des non-lévites pratiquaient aussi les *omina* et les oracles par les flèches, dans le but d'identifier la volonté de Yahvé et d'établir des constats factuels [Jg 6, 36-40 ; 1 S 20, 20-22]. Le critère décisif était le caractère rituellement correct de la procédure d'interrogation de Yahvé. Les instances administratives, judiciaires et politiques, en particulier, attachaient une importance inconditionnelle à cette correction rituelle lorsqu'elles avaient des questions à poser, et ce fut là la raison pour laquelle elles restèrent durablement attachées aux oracles par tirage au sort délivrés par les lévites. En ce qui concernait leur clientèle privée, cependant, cette forme primitive, tout en jouissant d'une reconnaissance officielle et d'un grand prestige (y compris à l'époque d'Esdras, alors qu'elle avait depuis longtemps été abandonnée [Es 2, 63]), ne put à la longue satisfaire les besoins. Les conditions sociales se complexifiaient et, avec elles, la nature des questions posées aux lévites. Nous avons vu que, dans la tradition qui datait de l'époque de la floraison des sanctuaires à Dan (Jg, 17), le seigneur foncier Mikha avait pris pour « père » un lévite immigré, censé être un descendant de Moïse ; il lui avait confié, en d'autres termes, outre le culte de l'effigie du Dieu, la mission de lui délivrer des enseignements sur ses propres devoirs envers Yahvé, en tant que fondateur du sanctuaire (la fonction qui revenait, en Inde, au directeur de conscience brahmanique).

Nous avons déjà évoqué, également, l'importance sans cesse croissante des sacrifices *ḥattath* et *acham*, à côté des anciens sacrifices d'offrandes (ou sacrifices en vue de l'obtention d'une faveur). Ce renforcement des besoins d'expiation des péchés alla de pair avec un recul des oracles mécaniques par tirage au sort. Désormais, c'était la délivrance de réponses rationnelles à des questions posées qui était privilégiée. Tout naturellement, ces enseignements de plus en plus rationnels furent associés à la délivrance d'oracles *à des personnes privées.* Il n'existait pas de frontière tranchée entre ces pratiques, la prophétie et le culte des prêtres. Il est vrai que Jérémie établissait une distinction nette entre la Thora, affaire des prêtres, et le *davar* de Dieu, affaire des prophètes [Jr 30, 1-2]. Mais la notion de « *thora* » (équivalente, en ce sens, à celle de « *davar Yahvé* ») pouvait également avoir la signification « d'oracle », comme on le voit chez Ésaïe (Es 1, 10 et 1, 16-20). Le terme est utilisé une fois chez lui pour désigner le rouleau de parchemin scellé contenant les oracles transmis par le prophète à ses disciples (Es 8, 16). Chez Jérémie également (Jr 2, 8), le nom de « maîtres de la Thora » (*Tophsé ha-Tora,* ceux qui « s'occupent de la Thora ») désignait *à la fois* les prêtres et les *kohanim*, qui étaient sans doute les prêtres du Temple de Jérusalem.

Dans tous les cas, cependant, les lévites n'acquirent pas leur prestige grâce à la formation qu'ils avaient reçue en vue de célébrer les sacrifices pour la *communauté* mais grâce à leur *connaissance* purement rationnelle des commandements de Yahvé ainsi que des moyens rituels de réparer les manquements envers ces derniers – par le *ḥattath*, l'*acham*, le jeûne et autres méthodes –, de prévenir ainsi les événements funestes qui auraient pu en résulter et de mettre un terme à ceux qui étaient déjà survenus. Ces questions, il est vrai, intéressaient aussi le roi et la communauté. Mais avant tout la clientèle privée. Lorsque Israël fut confronté à des difficultés politiques croissantes, cette demande ne fit que se renforcer. Répondre à ce besoin, en instruisant les clients : *tel* fut désormais l'usage exclusif que les lévites firent de la « Thora ». Elle était enseignée contre rétribution (Mi 3, 11). Les lévites recueillaient la confession des péchés (Nb 5, 6) puis « réconciliaient » le pécheur avec Yahvé (Lv 4, 20-31 ; 5, 10 ; 7, 7) : c'était là le premier des services qu'ils offraient à leur clientèle privée. Le recul des anciens prophètes de guerre associés aux armées paysannes, ainsi que des *neviim* pratiquant l'extase irrationnelle, coïncida avec cet essor de l'influence des lévites. Leur impact fut relativement *rationnel, parce qu'ils délivraient un enseignement* – aussi primitifs qu'aient pu être, dans un premier temps, les contenus de celui-ci.

La Thora lévitique fut également orientée sur la voie d'une méthode *rationnelle* par la spécificité technique de sa méthode oraculaire. À côté de l'examen des entrailles, de l'observation du vol des oiseaux ou d'autres comportements animaux, mais surtout par rapport à toute forme de mantique extatique, le procédé primitif consistant à répondre à des questions concrètes par « oui » ou par « non » réduisait au minimum la part d'ésotérisme et d'irrationalité émotionnelle ou mystique. Il ne fournissait pas matière à l'élaboration de théorèmes comme ceux que nous rencontrons dans la littérature babylonienne des *omina.* Il induisait un tout autre effet : afin que les faits et la volonté concrète du Dieu pussent être élucidés par simple tirage au sort, la *question* devait être bien posée. C'était là l'essentiel. Le lévite devait acquérir une méthode rationnelle permettant de formuler les problèmes qui étaient soumis au Dieu de telle sorte qu'ils reçoivent une réponse par « oui » ou par « non ». Il fallut cependant admettre qu'un nombre croissant de questions ne pouvaient être résolues directement par tirage au sort ni recevoir une réponse par « oui » ou par « non ». Avant de les présenter devant Dieu, il fallait régler des questions préliminaires compliquées et, dans de très nombreux cas, une fois qu'elles étaient résolues, l'investigation oraculaire par tirage au sort n'était plus nécessaire. Lorsque l'interrogation avait permis de déterminer les péchés incriminés, un certain type de pénitence, fixé par la tradition, était appliqué. Ce n'est que dans les cas où on avait des doutes sur l'*identité* du pécheur qu'on avait recours à l'oracle par tirage au sort : le récit d'Akhan en fournissait une illustration paradigmatique [Jos 7]. Pour les besoins des personnes privées, en revanche, l'oracle par tirage au sort perdit inévitablement de son importance au profit d'une casuistique rationnelle des péchés. Pour finir, le rationalisme théologique du Deutéronome (Dt 18, 9-15) jeta fondamentalement le discrédit sur le tirage au sort ; du moins n'en était-il plus fait mention. Pour les cas où il avait jusque-là été jugé indispensable – et où les traditions des maîtres de la Thora n'avaient pas de réponse – il ne restait plus qu'à consulter les prophètes.

Le prestige de la Thora lévitique connut des hauts et des bas. Il fut reconnu dès l'époque de l'ancienne alliance, à supposer qu'on puisse se fier aux récits qui s'y rapportent, s'accrut inévitablement lorsque les tribus de Juda, venues du Sud, firent leur entrée dans le groupement, puis déclina à nouveau lorsque les deux royaumes se séparèrent ; il connut un regain de vigueur lorsque le pouvoir des souverains du Royaume du Nord décrut, et devint de plus en plus grand dans le Royaume du Sud. En Égypte, semble-t-il, le sacrifice expiatoire n'était pas connu. Les magiciens occupaient dans ce pays la place remplie par les lévites en Israël. C'est surtout le culte des morts pratiqué par les prêtres d'Osiris, le plus populaire de tous, qui fournit apparemment l'occasion et le prétexte d'une instruction rationnelle des fidèles quant à leurs obligations morales, du moins à l'époque tardive. En revanche, l'expiation du péché par le sacrifice se rencontrait en Mésopotamie, surtout dans les cas de maladies, qui passaient pour la conséquence d'une colère divine. Le pécheur devait réciter, sous la direction du prêtre, les vieux psaumes de pénitence (pour une part prébabyloniens), afin de se laver de l'impureté rituelle (*mamitu* en assyrien). Cependant, le caractère de cette méthode était là encore magique, comme en Égypte : il n'était ni éthique ni parénétique. L'oracle par tirage au sort, qu'Ézéchiel mentionnait, il est vrai, à propos de Babylone (Ez 21, 26), mais qui ne comptait plus depuis longtemps parmi les techniques des prêtres, semble-t-il, n'avait pas été remplacé par une Thora rationnelle ; comme en témoigne le corpus absolument colossal de textes qui ont été conservés [1], on avait plutôt entrepris de réunir et systématiser les *omina*, et de forger une doctrine spécialisée, à l'usage des prêtres, pour leur interprétation. Nous examinerons plus loin les raisons de ces différences importantes dans l'évolution des deux pays.

Les lévites, dans leur mouvement d'expansion, s'adaptaient aux situations qu'ils rencontraient. Comme le montre l'exemple de Mikha, les lévites anciens acceptaient sans réserve le culte des idoles pratiqué dans le Royaume du Nord ; peut-être faisaient-ils partie de ceux qui regardaient justement ces idoles comme des idoles de Yahvé. Lorsque débuta la querelle de l'iconoclasme, cependant, les nouvelles générations, étant donné les origines méridionales traditionnellement attribuées aux lévites, firent certainement pencher la balance du côté des adversaires des images. Une partie des lévites qui, plus tard, nous allons le voir, ne purent accéder à des charges de prêtres ou furent dégradés en serviteurs des temples, étaient vraisemblablement issus de clans de lévites idolâtres. On peut voir, là encore, une analogie entre cette évolution et celle du brahmanisme en Inde.

Comme pour les brahmanes, la source proprement dite du prestige des prêtres lévitiques résidait dans la « connaissance » des prescriptions règlementaires de Yahvé. À ceci près que cette fois – étant donné l'importance beaucoup moins grande accordée au culte, pour des raisons politiques, sa moins grande ancienneté et l'absence d'un livre sacré de même caractère que les

1. Cf. Arthur Ungnad, *Die Deutung der Zukunft bei den Babyloniern und Assyrern,* Leipzig, 1909.

Veda – il s'agissait d'une connaissance des *commandements* rituels et éthiques positifs et des manières de disposer favorablement le Dieu en les exécutant, ou bien d'apaiser la colère déclenchée chez lui lorsqu'ils n'avaient pas été respectés. En Israël, tout se passait comme s'il n'y avait eu, en Inde, que des *gṛhyasūtra*, des *dharmaśāstra* et un très petit nombre de commandements rituels simples. Telle était la grande différence entre lévites et brahmanes. À quoi s'ajoutait l'absence d'un ésotérisme au sens indien. La vague venue du Sud qui envahit progressivement le pays n'apporta ni un savoir magique, ni un savoir mystagogique, ni un savoir lettré, ni un savoir secret, astrologique, thérapeutique ou autre. La mystagogie ne put se développer que dans le cadre des extases des *neviim* : ce fut en effet le cas, les miracles d'Élisée en témoignent. Les « hommes de Dieu », objet d'une crainte timide et d'une pieuse vénération, n'étaient pas seulement regardés comme des dispensateurs d'aides magiques, mais aussi comme des intercesseurs auprès de Yahvé, qui obtenaient le pardon des péchés ; ce constat est massivement attesté par la tradition, à commencer par Gn 20, 7. Cependant, ce phénomène n'entraîna pas, comme en Inde, le développement d'une adoration anthropolâtrique de sauveurs vivants. La Thora lévitique empêcha une telle évolution. Ces hommes du Sud et leurs alliés rékhavites et autres s'en tenaient à un principe : le bon vieux droit de la confédération formée avec Yahvé avait été fixé par une *berith* conclue entre Yahvé et l'armée israélite, après avoir été proclamé par Moïse, et toute violation de ces dispositions ne pouvait qu'éveiller la colère de Yahvé. Les lévites conjuguaient, selon le Deutéronome, une pratique des sacrifices empreinte de simplicité et de sérieux, la promulgation d'un ensemble de commandements rituels encore simples, à cette époque, et un *enseignement rationnel* de la morale privée et de l'éthique sociale.

Comme les brahmanes, les lévites s'approprièrent beaucoup d'anciennes charges locales de prêtres. D'un autre côté, il ne fait aucun doute que les clans sacerdotaux menèrent des luttes sans merci dans chaque sanctuaire. Les prêtres qui prenaient part à des cultes réprouvés étaient déclassés [1]. La relation que les lévites émigrés du Sud entretenaient, à l'origine, avec les clans de prêtres célébrant les anciens cultes locaux est problématique. À Silo, le vieux clan sacerdotal des Élides, qui, selon toute vraisemblance, remontait à Moïse, comme en témoignait la présence en son sein d'un nom égyptien (Phinées [1 S 1-3]), fut, il est vrai, identifié plus tard à un clan de lévites [Ex 6, 25]. Il en alla de même du clan de prêtres danites [Jg 18, 30]. À l'origine, cependant, les Élides n'étaient pas des lévites, et la relation que ces derniers entretenaient initialement avec les deux grands clans sacerdotaux qui jouèrent un rôle décisif à l'époque deutéronomique et au début de l'exil, pour l'un, et à l'époque postexilique, pour l'autre, les Tsadoqites et les Aaronides, demeure tout à fait obscure. Les arbres généalogiques lévitiques qui furent plus tard attribués à l'un et à l'autre étaient évidemment falsifiés [Ex 6, 20 ; 1 Ch 5, 29 ; 5, 34]. Depuis Salomon, les Tsadoqites étaient le plus grand clan de prêtres royaux jérusalémites. Le Deutéronome les désignait comme des lévites ; on peut donc supposer qu'ils avaient déjà, à cette époque, jugé prudent de fusionner avec ces derniers – une preuve que le prestige des lévites, en ce temps-là, était bien établi et tenu pour ancien. En revanche, la position qu'occupaient, à l'origine, les Aaronides et la figure d'Aaron lui-même demeure très problématique [2]. Dans les plus anciens récits prédeutéronomiques (Ex 24, 1-9 ; 18,12), Aaron était regardé, semble-t-il, comme le plus fameux des anciens d'Israël, mais non comme un prêtre. C'était le cas, en revanche, dans les versions plus tardives, celles de

1. Ce fut le cas des « chanteurs » et « *nethinim* » de l'époque postexilique, qui, à l'origine, pratiquaient apparemment des cultes orgiaques.
2. Sur Aaron, cf. Gustav Westphal, « Aaron und die Aaroniden », *Zeitschrift für die Alttestamentliche Wissenschaft,* t.26, 1906, p. 201-230.

la période de l'exil, notamment. Il connut une ascension irrésistible : il devint d'abord le porte-parole de Moïse, bien qu'il eût des difficultés à s'exprimer, puis le frère de la prophétesse Miryam, puis le frère de Moïse lui-même et, pour finir, son frère aîné. Enfin, dans la version la plus tardive, il recevait parfois directement des révélations sur ses droits et ceux de son clan (Lv 10, 8 ; Nb 18, 8, 20 [1]). Les Tsadoqites étaient, quant à eux, considérés comme un groupe du clan des Aaronides. Moïse se vit confisquer avec un aplomb stupéfiant, au profit d'Aaron, la descendance qui lui était attribuée dans la tradition ancienne, et dont faisaient partie, outre le clan sacerdotal des Élides, celle qui appartenait à la tribu de Dan [Jg 18, 30]. Étant donné que la version yahviste ignorait semble-t-il entièrement Aaron et que ce dernier était associé au culte du taureau [Ex 32], on en a conclu qu'il était originaire de l'Israël du Nord. Dans la version aaronide de la légende d'Abraham (Gn 17), Abraham se représentait Dieu comme « El Chaddaï » : il est possible que les Aaronides aient été, à l'origine, un clan de prêtres de El. C'est ce qui expliquerait que, durant l'exil, ils aient tenu à établir expressément l'identité de leur Dieu avec Yahvé, qui fut alors élevé au rang de Dieu unique de l'univers. Une mention faite dans le dernier verset du Livre de Josué [Jos 24, 33] pourrait laisser supposer des relations avec Benjamin, le fils chéri, si fortement favorisé dans la rédaction tardive de la légende de Jacob [Gn 35, 16-20]. Mais tout cela demeure incertain.

Les luttes sans merci que menèrent entre eux les clans sacerdotaux se traduisirent, dans la tradition, non seulement par les nombreuses retouches apportées au texte, mais aussi par les malédictions qu'ils s'adressèrent les uns aux autres. Après la chute des Élides, sous Salomon, les menaces de malheur proférées à l'encontre de ce clan

1. Schneider (*op. cit.*) voudrait établir un lien entre les Aaronides et l'arche de l'Alliance, ce qui paraît évident. Mais ils n'étaient nulle part rattachés à Silo, comme il le prétend.

dans le Livre de Samuel faisaient pendant à la bénédiction dithyrambique, sans doute ancienne, adressée à Phinées [Nb 25, 10-13], l'ancêtre du clan sacerdotal des Élides de Silo [1 S 2, 30-36]. Les adversaires de l'autorité des prêtres, comme les Qorahites, étaient avalés par la terre [Nb 16] ; plus tard, ils furent considérés comme des clans de chanteurs dégradés [1 Ch 6, 7]. Non seulement les prêtres yahvistes aux idées puritaines, mais, plus particulièrement, les prêtres qui avaient intérêt à la préservation des sanctuaires anciens du Nord manifestèrent une résistance très vive – dont témoignaient les traces d'une réécriture de la tradition – à l'encontre de la construction du Temple de Salomon et de la prédominance dès lors accordée à ce sanctuaire. Ces conflits entre prêtres et ordres du culte jouèrent certainement un rôle dans la chute du Royaume du Nord, comme l'attestèrent les mesures prises par Jéroboam en faveur de Dan et de Béthel, et, surtout, la manière dont le roi les justifia [1 R 12, 26-33]. Le signe le plus évident de la dureté de ce conflit fut que, dans les légendes de propagande des uns et des autres, même les pères fondateurs du culte de Yahvé n'étaient pas épargnés. La légende des prêtres aaronides suggérait qu'Aaron et la prophétesse Miryam formulaient des reproches graves à l'encontre de Moïse lui-même, notamment à cause de son mariage mixte [Nb 12]. La tradition n'ignorait pas que, s'il n'avait pu marcher vers la Terre promise, c'était là la conséquence de ses péchés. À l'inverse, dans la légende de Moïse, Miryam était punie : elle était frappée par la lèpre. La position d'Aaron lui-même, surtout, était tout à fait fluctuante ; on lui reprochait surtout, entre autres errements, d'avoir pris part au culte du taureau – un crime puni de mort à l'époque de la rédaction finale de cette tradition – sans qu'il fît pour autant l'objet d'une condamnation particulière.

Ces luttes entre clans sacerdotaux ne purent que s'aviver lorsque le clergé jérusalémite (à l'époque : tsadoqite) tira toutes les conséquences de l'élimination politique du Royaume du Nord et formula une revendication tout à fait inouïe du point de vue de la bonne vieille tradition : désormais, *seule Jérusalem* devait posséder un temple et Jérusalem devait être le *seul* lieu de sacrifice pleinement légitime du point de vue rituel [Dt 12] ; il fallait cesser d'adorer Yahvé, comme par le passé, sur les hauteurs, sous les arbres et dans les anciens sanctuaires ruraux et provinciaux, Béthel, Dan, Sichem, etc. [2 R 23, 4-20]. Cette revendication, il est vrai, n'était pas entièrement nouvelle, mais elle ne fut sans doute énoncée qu'après la chute du Royaume du Nord. Dans les temps difficiles de la guerre contre Sennacherib, Ézéchias s'était, semble-t-il, déjà préparé à la satisfaire [2 R 18, 4]. Cependant, à l'époque, la résistance de ceux qui avaient un intérêt matériel et idéel à la préservation des lieux de culte ruraux, les paysans et les seigneurs fonciers, était certainement trop forte. Sous Manassé, qui, en tant que vassal de l'Assyrie, avait quant à lui introduit à Jérusalem le culte astral mésopotamien, il n'en fut plus question. Son successeur Ammon, qui partageait ses idées, fut écarté par une révolte militaire, peut-être à l'instigation du parti yahviste, comme, en leur temps, les Omrides dans le Royaume du Nord. L'ampleur des résistances suscitées par la revendication des prêtres fut attestée, à l'époque, par l'écrasement de la révolution : il fut l'œuvre des représentants des intérêts des sanctuaires ruraux, qui adoptèrent alors pour la première fois le nom d'un parti si souvent repris par la suite, « *'am ha-arets* », « les gens de la terre ». Cependant, les prêtres alliés aux clans de la noblesse distinguée, qui soutenait les partis yahvistes, parvinrent à exercer une influence sur Josias, qui était encore mineur. Lorsque se forma la grande coalition contre le royaume assyrien qui devait causer la perte de Josias, la revendication fut à nouveau formulée. Cette exigence était au cœur du recueil de lois *deutéronomique*, produit lettré de la couche d'intellectuels groupés autour des prêtres jérusalémites. Le texte fut « découvert » dans ses murs par des fonctionnaires du Temple [2 R 22].

L'espoir utopique d'obtenir, en obéissant aux commandements contenus dans le texte ainsi mis au jour, censé représenter l'authentique *sepher ha-tora* mosaïque ancienne, l'aide de Yahvé pour se défendre contre le pharaon Necho, qui marchait sur la Palestine, fut manifestement ce qui poussa le roi Josias à conclure une *berith* officielle pour imposer cette loi au peuple, à détruire les sanctuaires anciens et à les rendre rituellement impurs en y introduisant des ossements de morts (621 av. J.-C.). La défaite et la mort du roi à la bataille de Megiddo réduisirent à néant tous ces espoirs et portèrent un coup terrible au parti lévitique de Yahvé. L'ambition d'imposer le Deutéronome à la place de tous les autres recueils juridiques fut ainsi, dans un premier temps, abandonnée. Elle fut cependant conservée comme une revendication idéale du clergé jérusalémite, le seul à être alors doté d'une organisation fixe. Finement, les rédacteurs du Deutéronome établirent un lien entre leurs revendications de monopole et d'autres exigences très populaires, quoique favorables à leur position de pouvoir. À commencer par les récriminations anciennes contre la royauté de corvées instituée par Salomon. On n'avait jamais oublié que la dynastie de David, dotée elle aussi d'un très grand prestige, avait accédé au trône par une *berith* conclue entre les anciens, ni que l'ancien chef d'Israël avait été un prince charismatique populaire chevauchant un âne, qui ne possédait ni chars de guerre, ni trésor, ni harem, n'imposait ni corvées ni impôt et n'avait pas de prétentions politiques universelles. Tel était le régime qu'il s'agissait de restaurer. L'ancien oracle sacerdotal par tirage au sort dirait si les rois étaient dignes de leur fonction, et les rois devraient obéir à l'ancienne loi mosaïque deutéronomique, qu'ils étaient censés lire tous les jours. D'autres récits semblables relatant comment Saül avait été fait roi par Samuel furent interpolés dans les traditions anciennes [1 S 9, 15], et la légende de la victoire du petit berger David sur Goliath [1 S 17] prit la place de la tradition authentique. Dans la révision du Livre des Rois, chacun d'entre eux fut censuré, en fonction de la position qu'il avait adoptée à l'égard de l'idolâtrie et des cultes célébrés dans les hauteurs. Pour des raisons analogues, l'ancien droit social du Livre de l'Alliance fut modifié dans le nouveau recueil. Comme le suzerain babylonien de Sédécias avait intérêt à l'affaiblissement de la puissance royale, il est tout à fait possible que les revendications des prêtres aient vraiment été prises au sérieux pendant un temps, sous le règne de ce prince.

À côté des autres recueils de légendes et traditions qui n'avaient été que partiellement et incomplètement unifiés, le compendium deutéronomique fut adopté à l'époque de l'exil comme seule théologie entièrement achevée. L'exigence de la loi deutéronomique qui, en pratique, fut la plus lourde de conséquences, fut, d'emblée, celle qui était relative au monopole du culte reconnu à Jérusalem et à ses prêtres. Ce fut celle qui entraîna les difficultés les plus considérables. Sans parler de la résistance liée aux intérêts des laïcs non jérusalémites, qu'allaient devenir, désormais, les lévites et les autres prêtres qui avaient jusque-là officié dans les autres lieux de culte ? La loi deutéronomique, à laquelle furent ajoutées plus tard beaucoup d'interpolations, contenait à ce sujet deux dispositions contradictoires, dans la version dont nous disposons. D'une part, l'exhortation adressée à tous les Israélites de ne pas laisser les « lévites dans leurs murs » sans les nourrir [Dt 14, 27-29] : les lévites, privés du droit de célébration du culte, et ne partageant avec les prêtres que le droit « d'enseigner » la loi, devaient donc devenir des rentiers. D'autre part, la disposition selon laquelle ces prêtres devaient émigrer à Jérusalem et pourraient, là-bas, prendre part au culte [Dt 18, 6-8] – une prescription qui ne fut pas introduite dans la loi par les prêtres eux-mêmes et dont les prêtres jérusalémites n'autorisèrent pas l'application lorsqu'elle fut adoptée [2 R 23, 9]. Vint alors l'exil, qui entraîna le départ de tous les clans sacerdotaux. Tous les prêtres furent contraints, dans leur intérêt, à la tolérance mutuelle. Ézéchiel avait encore défendu le monopole des Tsadoqites jérusalémites et, conformément à la théorie deutéronomique, établi une distinction entre ces derniers et les « lévites », définis comme des prêtres de second rang, privés du droit de sacrifice [Ez 40, 46]. Cependant, il lui fut manifestement impossible d'imposer le monopole des Tsadoqites. Le compromis finalement conclu à l'époque des Perses, dont le contenu fut sans doute en partie déterminé par l'importance respective de chaque clan à la cour, fut, semble-t-il, mis au point par le prêtre Esdras, un érudit de l'écrit : il désigna les Tsadoqites comme une partie des Aaronides, donna à ces derniers la qualification nécessaire pour pratiquer le culte de sacrifices dans l'unique sanctuaire de Jérusalem, et dégrada tous les membres des autres clans reconnus comme lévitiques au rang de fonctionnaires subalternes du culte, subordonnés aux premiers et affectés à des tâches diverses ; d'autres devinrent « esclaves » liturgiques « du Temple » (*nethinim*), chanteurs ou portiers. Cette réglementation fut à l'origine de la tripartition de la hiérocratie entre prêtres, lévites et *nethinim*, puis, après la disparition de ces derniers, de la partition entre prêtres et lévites que l'on retrouvait encore dans les Évangiles. Le moyen de la faire accepter fut d'imposer l'ordre des conditions matérielles : la dîme fut prélevée universellement sur toutes les terres sacrées [Ne 10, 38-40] et le produit de ces taxes, ainsi que d'autres qui ne nous intéressent pas ici, fut partagé entre les représentants hiérocratiques des intérêts concernés. Le contexte particulier de la communauté en exil, d'une part, et, d'autre part, les relations politiques qu'elle entretenait avec la cour des Perses, décisives pour l'adoption de ces nouvelles réglementations, nous le verrons plus loin, expliquent que les conflits anciens aient trouvé une telle issue. Celle-ci fut ensuite légitimée par toutes sortes d'interpolations dans les anciens codes et traditions, et par la reformulation des dispositions de ce qu'on appela le « code sacerdotal », solennellement imposé par Esdras à la communauté réunie en *synoikos*. Nous ne nous intéresserons pas davantage ici aux détails de cette réglementation extérieure. Revenons bien plutôt une fois encore à l'époque préexilique pour examiner les conséquences intérieures et les moteurs de cette évolution spécifique.

La monopolisation du culte dans la seule ville de Jérusalem entraîna, dans un premier temps, une conséquence très importante : les abattages domestiques de bétail et les repas de viande, qui avaient jusque-là été considérés comme des « sacrifices » et des « repas de sacrifice », du moins en théorie, entrèrent dans le domaine profane [Dt 12, 15]. Ils perdirent tout caractère sacrificiel, dès lors que les sacrifices ne pouvaient plus être réalisés qu'à Jérusalem. Il n'en subsista plus rien, à cette réserve près, dont la signification fut d'abord problématique : ceux qui étaient astreints à des redevances et n'habitaient pas trop loin de Jérusalem devaient consommer leur offrande dans la ville sainte, comme un repas sacrificiel – les autres étaient autorisés à offrir de l'argent à la place [Dt 12, 17-18]. Après le rejet du culte des morts, ce retour des repas privés dans le domaine profane fut le coup fatal porté par le yahvisme aux prétentions des *clans* à remplir une fonction sacrée : dès lors, il n'y eut plus de repas cultuels placés sous la direction du chef de *clan*. Depuis longtemps déjà, le repas de Pessah n'était plus un repas de clan mais une fête de famille domestique. Le déclin rapide de l'importance des clans à l'époque postexilique fut lié à cette évolution. La disposition qui produisit un tel effet n'avait certainement pas été délibérément dirigée contre les clans : elle ne fut qu'un effet secondaire de la monopolisation des cultes. Les nouvelles règles de la consommation d'offrandes étaient d'ailleurs souples. Lentement mais sûrement, dès l'époque préexilique, les repas cultuels en tant que tels avaient été dépouillés de leur signification ancienne. Nous devons à présent examiner cette signification *ancienne* et la manière dont elle se transforma, en lien étroit avec la progression des lévites. On a affaire ici à des spécificités très profondes de la religion puritaine de Yahvé, qu'il est nécessaire de prendre en compte pour expliquer les prises de position de ses représentants à l'égard des autres cultes.

17. La lutte du yahvisme contre les cultes orgiaques

C'est à Eduard Meyer que revient le mérite d'avoir attiré notre attention, à propos de la « *berith* » israélienne, sur une opposition caractéristique entre le rite du grand sanctuaire d'Israël du Nord, Sichem, et, d'autre part, celui de Jérusalem. À Sichem, selon le Livre de Josué [Jos 24], l'Alliance revêtait le caractère d'un repas cultuel, autrement dit d'une communauté de repas ou « *koinonia* » avec Dieu. C'est ce que relatait un vieux récit de l'Israël du Nord relatif à l'Alliance du Sinaï [Ex 24, 9-11] : soixante-dix anciens étaient reçus à la table de Yahvé, et ce dernier, à son tour, prenait part au repas de sacrifice des compagnons du culte. Le rite célébré à Juda était bien différent, selon la tradition ; il était décrit dans tous ses détails à propos de la *berith* conclue sous Sédécias [Jr 34, 8-22], et la légende de la *berith* conclue par Dieu avec Abraham impliquait une cérémonie du même type [Gn 15]. La bête sacrifiée était taillée en pièces et tous ceux qui s'engageaient à respecter l'alliance, roi, prêtres et, selon les cas, anciens du clan ou hommes liges (*'am*), prenaient place parmi les morceaux de sa dépouille. Dans une légende, Yahvé accomplissait ce rite de nuit. Dans ce cas, le sacrement de *koinonia* avec Dieu n'était pas célébré. L'obligation de tailler en pièces un animal sacrificiel se retrouvait dans une autre cérémonie. Le héros ou prophète qui voulait appeler Israël à la guerre sainte contre les peuples étrangers ou les confédérés sacrilèges dépeçait un animal et faisait porter des morceaux de viande aux quatre coins du pays. Il exhortait ainsi à prêter main-forte à l'armée de Yahvé. Cette pratique n'était signalée que deux fois, mais justement pour des tribus du Nord, Éphraïm et Benjamin [Jg 19, 29 ; 1 S 11, 7]. Si ce type de sacrifice entretenait un lien avec la forme de *berith* qui avait cours dans le Royaume de Juda, ce qui semble acquis, il n'était sans doute effectivement pas inconnu dans le Nord. Il faudrait alors supposer que la *koinonia* en usage dans la population sédentaire de Sichem était l'ancienne forme cananéenne d'entrée en relation avec le Dieu *pacifique*, alors que l'autre forme, propre à Yahvé comme dieu guerrier de l'Alliance, était, à l'origine, celle de la *fraternisation* guerrière à laquelle avaient recours les paysans moins sédentarisés et les bergers des montagnes. La vraisemblance parle beaucoup en faveur de cette hypothèse, notamment parce que la mise en pièces de l'animal sacrificiel peut être regardée comme un vestige rituel de l'orgie ancienne dans laquelle on dépeçait la bête du sacrifice – un mouton chez les Bédouins africains. Cette coutume était surtout en usage chez les peuples des montagnes et des steppes ; chez les zoroastriens, elle ne fut semble-t-il éliminée que par Zarathoustra, sous l'influence, peut-être, de la culture mésopotamienne. On ne risque guère de se tromper en formulant l'hypothèse que, dans les tribus de Juda également, elle fut supprimée au terme d'une lutte systématique contre les orgies de viande qui avaient eu cours dans un premier temps, de la même façon, par exemple, que dans le culte de Dionysos. Peut-être l'*interdiction* rituelle ultérieure de *consommer du sang* [Gn 9, 4 ; Lv 3, 17 ; Dt 12, 16-25] fut-elle une étape de ce processus ; la motivation invoquée plus tard, à savoir qu'il ne fallait pas « manger l'âme de l'animal » [Dt 12, 23], portait encore la marque de l'ancienne signification animiste du rite. À l'origine, nous l'avons vu, cet interdit ne s'appliquait sans doute *pas* aux armées en temps de guerre. On pourrait alors penser que l'évolution fut la suivante : la consommation de sang qui, à l'origine, n'avait été proscrite qu'en temps normal, en dehors des orgies de viande réservées au dieu de la guerre, fut plus tard purement et simplement interdite, sous l'influence du processus de démilitarisation que nous connaissons, et de l'élimination des orgies. Cette hypothèse demeure cependant incertaine. Dans la tradition, on trouvait enfin une troisième manière de conclure une *berith* : le rite consistant à asperger la communauté de Yahvé, ainsi que l'autel, avec le sang du sacrifice (Ex 24, 6-8). Ce rite supposait l'intervention d'un prêtre, seul habilité à l'accomplir. Il en était fait mention dans le très vieux récit du repas pris en commun par Yahvé et les anciens : la communauté de repas était, dans ce cas, la *conséquence* de la *berith* qui avait été conclue et *non* l'acte de fondation d'une *koinonia* religieuse. Par suite, cette coutume était peut-être ancienne et, cette fois, originaire du Sud. Mais encore une fois, rien n'est sûr. Nous retiendrons seulement ici que les tribus du Sud, à l'époque historique, ne connaissaient pas de cérémonie instaurant une *koinonia* sacramentelle avec Dieu. Nous touchons là un point important, qui conditionna de manière décisive l'antagonisme entre le pur yahvisme du Sud et la fusion, dans l'Israël du Nord, entre les cultes de Ba'al et les cultes agricoles apparentés. La différence en soi plutôt formelle entre les types de *berith* était une manifestation extérieure de cette opposition.

Comme la plupart des cultes agricoles anciens, les cultes de Ba'al étaient et demeurèrent jusqu'à la fin des cultes *orgiaques*, en particulier des orgies d'*alcool* et des orgies *sexuelles*. L'accouplement rituel pratiqué aux champs comme un rituel magique et homéopathique de fertilité, l'orgie d'alcool et l'orgie orchestique, ainsi que la promiscuité sexuelle qui s'y rattachaient inévitablement, plus tard euphémisés dans le repas de sacrifice, la danse chantée et la prostitution des hiérodules, furent, à n'en pas douter, des composantes originelles des cultes agricoles israélites : le fait était avéré. Il en subsistait manifestement des vestiges. La « danse autour du Veau d'or » contre laquelle s'éleva Moïse, selon la tradition, la « dépravation » que fustigeaient les prophètes, les danses cultuelles en cercle dont les traces étaient partout visibles, l'existence des hiérodules (Qadech), expressément mentionnée dans les recueils juridiques [Lv 19, 29 ; Dt 23, 18], dans les légendes (Tamar [Gn 38, 6-30]) et chez les prophètes [Os 4, 14], attestaient que, dans l'ancien temps, les joyeux cultes de Ba'al avaient présenté un caractère d'orgie sexuelle. Celui-ci était explicitement signalé dans les sources. La compagne féminine de Ba'al, Ba'alat, ne faisait pas davantage défaut que chez les divinités indiennes de la fertilité. Elle se confondait avec Astarté et cette dernière était elle-même identifiée à Istar, la divinité babylonienne associée à la sphère sexuelle. L'orgie sexuelle issue des cultes de Ba'al ne fut pas abandonnée avec les cultes de Yahvé quand ceux-ci fusionnèrent. La présence de hiérodules était attestée, y compris au Temple de Jérusalem [Dt 23, 18-19 ; 1 R 14, 24 ; 15, 12].

Ce caractère d'orgie, alcoolique et surtout *sexuelle,* propre aux cultes de Ba'al et à la religiosité qui subit leur influence, fut combattu avec vigueur par les tenants du pur yahvisme. Le combat des rékhavites contre le vin n'était pas simplement une façon de rester fidèle à de vieilles coutumes de la steppe ; c'était, avant tout, une lutte contre les orgies d'alcool de la population sédentaire. Mais surtout, la position adoptée par le rituel yahviste et par l'éthique yahviste à l'égard de la vie sexuelle témoignait de la profondeur de cet antagonisme. Servir les Ba'al signifiait, une fois pour toutes, leur « donner son corps ». Toute la réglementation de la sphère sexuelle fut durablement marquée, dans son caractère, par la lutte contre cette forme de culte orgiaque. L'interdit religieux de profaner le mariage d'autrui, sous peine de commettre un sacrilège passible de la peine capitale, se retrouvait, certes, dans toutes les religions soumises à une réglementation prophétique ou sacerdotale ; il n'était d'une rigueur particulière que par le châtiment prévu [Ex 20, 14 ; Lv 20, 10 ; Dt 5, 18]. La conception du mariage comme un moyen de donner naissance à des enfants et de garantir la position économique de la mère ne contenait bien entendu rien de spécifiquement israélite, elle fut répandue dans le monde entier. De la même façon, le naturalisme déclaré qui caractérisait la conception de l'acte sexuel en Israël n'était aucunement propre à ce pays. Les règles d'abstinence associées au culte et à l'ascèse des guerriers [1 S 21, 6 ; 2 S 11, 11], les tabous et prescriptions relatives à l'impureté des menstrues [Lv 15, 19-30 ; 18, 19], etc., furent également répandues dans beaucoup de lieux, sous des formes très diverses, en raison de l'identification de la sphère sexuelle à un domaine spécifiquement régi par les *démons*. Cette vision fut partout à l'œuvre chez les porteurs des cultes et religiosités rationnelles, par réaction, justement, contre les cultes d'orgies sexuelles. En revanche, le rituel israélite et les légendes israélites – à supposer qu'ils aient subi une influence spécifiquement yahviste – insistèrent à tel point sur ces interdits qu'on peut voir là un cas limite tout à fait radical. Cette particularité ne s'explique que par l'existence d'une propagande hostile au culte de Ba'al et à ses orgies, tout comme le rejet de toutes les spéculations relatives à l'au-delà peut sans doute être rapporté à la propagande contre le culte des morts égyptien. Dans le domaine de la sexualité, cette campagne contre l'impudeur orgiaque, dont les Cananéens, méprisés et maudits, étaient censés être les porteurs [Lv 18, 3], se manifesta surtout dans l'horreur absolue inspirée par la nudité [Ex 20, 26]. Le simple fait de se dénuder ou le simple fait de jeter un regard de désir sur un parent (Lv 20, 19) était identifié à un inceste et à un crime passible de mort. Dans la Genèse, le père fondateur des Cananéens était désigné comme le premier coupable de ces actes impudiques, censés avoir causé la malédiction de ce peuple et sa réduction à un éternel esclavage [Gn 9, 21-27]. Corrélativement (Lv 18), tout inceste, tout contact avec le harem du père, mais aussi toute autre relation sexuelle non autorisée étaient désignés par l'image d'un corps mis à nu. Dans le rituel ancien, il était rigoureusement proscrit de construire des marches au pied d'un autel (Ex 20,26), afin d'éviter tout dévoilement dans la proximité du siège idéel de Yahvé. La toute première chose qui était dite des premiers hommes, c'est qu'ils étaient « nus » : c'était là le signe de leur capacité à distinguer le « bien » du « mal », éveillée dès qu'ils avaient goûté à l'arbre de la connaissance [Gn 3, 7]. La même conception et le même biais se retrouvaient dans toutes les réglementations et casuistiques relatives à ces questions. Le péché d'Onan était un objet d'opprobre [Gn 38, 9]. Selon la tradition actuelle, au demeurant, il constituait un crime parce qu'il représentait un manquement au devoir d'assurer une descendance à son frère. À l'origine, cependant, ce rejet explicite était certainement conditionné par l'hostilité des yahvistes envers certaines orgies de Moloch (Lv 20,2), dans lesquelles la semence masculine était sacrifiée en offrande. Toutes les formes de commerce sexuel réprouvé, parce que orgiaque, incestueux ou antinaturel, tombaient – au premier chef, même si elle ne s'appliquait pas exclusivement à eux – sous le coup de l'accusation typiquement yahviste de « folie » (Gn 34, 7 ; Dt 22, 21) et, dans la langue de la tradition la plus tardive [Jb 42, 8], y compris celle des Évangiles, ce terme était l'accusation la plus grave qui pût être portée contre un Israélite. Toutes les réglementations spécifiquement israélites de la sexualité, que nous n'examinerons pas ici dans le détail, ne revêtaient donc pas un caractère éthique mais *rituel*. L'éthique matérielle de la sexualité, dans l'ancien Israël, n'était pas plus rigoureuse que d'autres réglementations édictées par les prêtres. Dans le Décalogue, l'adultère revenait à profaner le couple d'un étranger, non à trahir le sien [Ex 20, 14 ; Dt 5, 18]. Ce n'est qu'à la période postexilique tardive que les relations sexuelles de l'homme hors-mariage commencèrent à faire l'objet d'une condamnation et – tout comme chez les confucéens et dans la sagesse égyptienne des proverbes, de Ptahotep, par exemple – elles ne le furent dans un premier temps que du point de vue de l'art de bien vivre.

Dans l'ancienne langue d'Israël, il n'existait pas de terme pour désigner la « pudeur », au sens moral du terme. Ce n'est que sous l'influence perse, nous le verrons, que la réglementation fut développée, et elle ne le fut, dans un premier temps, que dans les écrits non canoniques (Tobie [Tb 8, 4-9]). Selon la conception israélite ancienne, en revanche, la séduction d'une jeune fille sans qu'un contrat eût préalablement été conclu avec son clan pouvait certes appeler la vengeance de ce dernier, comme le montrait l'exemple de Dina [Gn 34] ; mais, en guise de pénitence, les recueils juridiques ne prescrivaient que le mariage, c'est-à-dire l'acquisition de la jeune fille par l'acquittement du prix de la fiancée [Ex 22, 15-16 ; Dt 22, 28-29], de la même façon que les lois anglo-saxonnes assimilent ce cas à une variété particulière de dommage matériel. L'aversion contre tout ce qui était considéré comme une impudeur sexuelle n'était pas davantage imputable à une « pureté des mœurs » particulière, comme celle qui était attribuée aux Bédouins. Jérémie reprochait justement aux Arabes du désert (Jr 3, 2) de pratiquer « la prostitution dans la rue », c'est-à-dire – l'attitude de Tamar en était une illustration – dans les lieux où les péripatéticiennes avaient l'habitude de séjourner, et, parmi elles, les hiérodules des temples, condamnées par les prophètes comme tous les autres vestiges d'orgie sexuelle. Néanmoins, d'un point de vue rituel, l'*orgie* sexuelle homéopathique était étrangère aux Bédouins ; c'était une composante des cultes agricoles.

Le caractère spécifiquement rituel et non essentiellement éthique de toute cette casuistique sexuelle, encore pour une bonne part préservé par la suite, lui conféra une tonalité spécifique ; elle ne se rencontrait qu'en Israël. Cette originalité ne tenait pas au contenu mais à l'intensité et à l'ampleur de la propagande. La naïveté naturaliste qui caractérisait, à l'origine, l'approche et l'explication de la sexualité en tant que telle, et la terreur strictement rituelle qu'inspirait le fait de dénuder le corps, n'avaient absolument rien de commun avec le sentiment particulier de la dignité que nous associons habituellement aux réactions de pudeur, marquées chez nous par les conventions féodales ou bourgeoises. Pour notre sentiment moderne de la pudeur, influencé par les représentations féodales, bourgeoises et chrétiennes, la pudeur israélite pourrait facilement passer pour la caricature d'une pudeur authentique, au sens où nous l'entendons communément. La source de cette spécificité résidait cependant, d'un point de vue historique, dans l'hostilité vivace manifestée par les prêtres à l'encontre des cultes orgiaques des cultivateurs de l'Israël du Nord. On retrouve le même phénomène dans l'islam, dont la prévention contre la nudité a fait, dans toutes les régions où il s'est diffusé, un porteur du développement de l'industrie textile ou, en tout cas, d'un marché pour cette dernière.

Le refus de l'orgie et de l'extase orgiaque fut également déterminant pour expliquer la position adoptée, dans le Sud, à l'égard des virtuoses extatiques issus de ces deux formes de culte. Les anciens extatiques de masse, les *neviim*, étaient incontestablement, dans leur majorité, un produit de l'Israël du Nord, issus des cultes de Ba'al, pour une part phéniciens et pour une part cananéens. Zacharie admettait encore comme une évidence que les faux prophètes étaient cultivateurs (Za 13,5) ; les automutilations qu'ils prétendaient s'infliger étaient, disait-il, la trace des ongles des prostituées qui les avaient griffés. Dans le monde entier, les extatiques charismatiques qui servent les cultes de masse orgiaques se regroupent en corporations ou en écoles. Les écoles de *neviim* d'Élisée et, déjà, celles des époques antérieures correspondaient à ce modèle général. Les cultes orgiaques dont les pratiques extatiques des *neviim* étaient issues étaient surtout, nous l'avons vu, des orgies de fertilité homéopathiques. Les nomades et semi-nomades ne connaissaient rien de tel. Lorsque ces derniers pratiquaient vraiment l'orgie de viande, celle-ci était une composante des pratiques extatiques des guerriers. Aux temps les plus anciens, il est vrai, Israël, et surtout l'Israël du Nord, connaissaient l'ascèse des guerriers nazirs et l'extase guerrière des *Berserker*. De la même façon, nous l'avons vu, les *neviim*, les anciens extatiques de masse, étaient aussi, au moins pour une part d'entre eux, des prophètes guerriers. Trois constats s'imposent. D'abord, l'*abstinence* d'alcool était justement prescrite aux guerriers extatiques nazirs, contrairement à ce qui se passait dans les cultes orgiaques de Ba'al. Ensuite, la prophétie guerrière classique de l'époque de Déborah, à la différence de celle des *neviim*, était une prophétie *individuelle*. Enfin, le Cantique de Déborah évoquait, de façon significative, « d'autres dieux » auxquels Israël s'était donné. Il ne pouvait s'agir que de dieux locaux, autrement dit des *Ba'al*. Des siècles plus tard, une autre prophétie individuelle, celle d'Élie, fustigeait encore les « autres dieux » et l'extase orgiaque de masse [1 R 18]. Le prophète que Jéhu emmenait sur son char était un rékhavite, autrement dit un adversaire des orgies d'alcool [2 R 10, 15-16]. Chaque fois, ces luttes contre l'orgie étaient principalement le fait d'hommes originaires du Sud ou issus de groupements d'éleveurs. Élie, le prophète individuel typique, l'adversaire le plus acharné des cultes extatiques de Ba'al, était originaire de Galaad ; c'était une figure typique de nomade. Élisée, l'extatique de masse, était un paysan, à en croire la tradition. Le premier prophète qui s'éleva à nouveau, beaucoup plus tard, contre les pratiques cultuelles du Nord, Amos, était un berger de Teqo'a. Qu'en conclure ? Les *neviim*, les extatiques de masse et les formes irrationnelles et émotionnelles de la magie étaient venus du Nord et avaient subi l'influence des cultes orgiaques et extatiques cananéens ; le Sud, qui ne connaissait pas les cultes orgiaques de cultivateurs, fournit de son côté la Thora lévitique rationnelle et la prophétie missionnaire éthique rationnelle. Pour ces dernières, Yahvé avait en horreur les actes d'impudeur ; le culte et le sacrifice en général n'étaient rien, aux yeux de l'ancien Dieu de l'Alliance, par comparaison avec le respect de ses vieux commandements. Cet antagonisme fut donc latent, à ce qu'il semble, tout au long de l'histoire israélite, dès l'installation dans le pays. Il revêtit des formes aiguës lorsque s'accentua le caractère *rationnel* du monde de pensée des deux puissances hostiles à l'orgie : les lévites et les prophètes de malheur. Ce développement de la rationalité fut, au moins pour une part, la conséquence du développement de la culture intellectuelle lettrée en tant que telle. Nous devons donc examiner les fondements élémentaires de ces formes de religiosité fondamentalement différentes, engagées dans un conflit tantôt latent, tantôt ouvert, et analyser l'écho qu'elles rencontrèrent chez les *lettrés* de l'ancien Israël.

18. Les intellectuels israélites et les cultures voisines

La production littéraire d'Israël avant l'exil était semble-t-il aussi riche et variée que n'importe quelle littérature du monde. Elle comprenait des chansons d'amour, tantôt ardemment sensuelles, à la façon guerrière, tantôt fortement suggestives, à la manière de la cour, tantôt d'une grâce champêtre, comme celles qui étaient récitées dans la joyeuse cour du roi de Tirtsa et certainement déjà auparavant ; elles se transformèrent plus tard jusqu'à l'époque de l'influence persane et furent rassemblées dans le Cantique des Cantiques. Nous avons également conservé quelques chants de célébration royale, extrêmement grandiloquents, notamment dans les Psaumes. Dans ce recueil et ailleurs, on trouve également une série d'hymnes religieux ; ils célébraient le pouvoir du grand Dieu céleste dans la nature, à la manière babylonienne, avec un art inégalé. Sans doute exista-t-il des bardes profanes aussi bien que religieux, à l'époque des Rois du moins ; ils formaient peut-être une couche supérieure à celle des porteurs de la poésie purement populaire. Il s'agissait, en effet, d'une poésie expressément conçue comme un art. Le Cantique de Déborah, ce poème de circonstance si réussi, qui était à la fois un chant de victoire religieux et un poème politique satirique dirigé contre les vieux adversaires des villes et contre les membres de l'Alliance qui manquaient à leurs devoirs, atteste que ce genre était même beaucoup plus ancien. L'écriture alphabétique, qui, tout en n'étant attestée que sur la pierre moabite de Mécha (IXe siècle), d'après les documents dont nous disposons, remontait au moins à la fin du deuxième millénaire – époque de l'importation du papyrus à Byblos, signalée dans la relation de voyage de Wen Amon – fut, et de loin, la plus facile à apprendre de toutes les techniques de communication en usage à l'époque. Elle fut certainement inventée pour servir les intérêts d'affaires des marchands et donc, sans doute, en Phénicie. Cette écriture, en Israël, facilita considérablement la constitution d'une littérature spécialement destinée à la *lecture*, ainsi que la diffusion de l'écriture et de la lecture. Dans un premier temps, il est vrai, au profit des chancelleries royales. La dignité de *mazkir* (que l'on traduit le plus souvent par « chancelier », mais qui signifiait aussi, il ne faut pas l'oublier, « rédacteur des annales de l'empire » et « mémorialiste » du roi) et la présence de *sopherim* à la cour de David et dans celles des deux royaumes attestaient que l'administration utilisait l'écriture au moins depuis David, peut-être même depuis Saül, comme le suggérait une liste conservée dans les textes (1 S 14, 49 sq.). L'État de corvées de Salomon avait besoin d'un *Stand* de fonctionnaires maîtrisant l'écriture ; il n'était pas rare, semble-t-il, qu'ils fussent recrutés parmi les prêtres, mais aussi dans les clans profanes cultivés. Les histoires des Rois, plus tard révisées en fonction de considérations pragmatiques, faisaient sans cesse référence à des annales royales officielles. Sans doute existait-il également des annales du Temple de Jérusalem. En outre, il faut admettre, avec Rudolph Kittel, que les premières rédactions des histoires de la royauté de David furent composées par un auteur qui avait effectivement accès aux archives royales mais relatait déjà les événements de façon autonome, en fonction de ses propres vues.

Le ton très libre de la tradition par rapport à la royauté en général, qui fut, malgré tout, à certaines périodes, une royauté puissante, tint pour une part au fait que les grands clans d'Israël en mesure de porter les armes avaient conservé, nous l'avons vu, un pouvoir important, alors que ce n'était pas le cas dans la plupart des autres États monarchiques de l'Orient. D'autre part, cette liberté de ton tenait au prestige des groupes qui étaient les porteurs de l'« esprit » de Yahvé, les voyants et les professionnels yahvistes de l'enseignement des commandements. Dans leurs idées, ils manifestaient leur indépendance face à la royauté et étaient très critiques à son égard, mais celle-ci ne pouvait les ignorer, étant donné le prestige de l'ancien dieu guerrier de l'Alliance.

Les récits de miracles insérés dans les Livres des Rois étaient issus des cercles de *neviim* du Nord, organisés en écoles. Cependant, une partie des histoires d'Élie et, de la même façon, la première version, certainement antérieure au Deutéronome, des récits des voyants des temps anciens, de Samuel, notamment, attestaient l'existence de cercles entièrement soustraits non seulement à l'influence de la cour mais aussi à celle des prophètes organisés en écoles. D'autres cercles encore entretenaient des relations avec la cour, mais aussi avec le yahvisme critique à l'égard de la royauté, et soutenaient systématiquement ce dernier. Il ne pouvait s'agir que de laïcs pieux fortunés et influents sur le plan politique. À l'époque de Jérémie, certains clans distingués, dont étaient issus beaucoup de fonctionnaires de la cour, protégèrent, des générations durant, les grands prophètes de Yahvé, impitoyablement critiques à l'égard de la cour et des prêtres. Il ne pouvait en aller autrement dès lors que le prestige de la royauté chancela, sous l'effet de déconvenues extérieures. Ce sont ces cercles de laïcs indépendants et les stricts fidèles de Yahvé placés sous leur protection qui entreprirent, très tôt, de collecter les anciennes traditions encore disponibles concernant l'époque antérieure à la royauté. Les recueils de chants anciens dont le titre était parfois mentionné, le Livre des Guerres de Yahvé ou le Livre des Braves, avaient certainement été composés dès l'époque des premiers rois [Nb 21, 14 ; 2 S 1, 18]. Ce furent sans doute des laïcs qui s'intéressèrent aux poèmes populaires, qui pouvaient servir les intérêts du yahvisme et n'étaient *pas* purement militaristes. Les légendes, contes, paraboles et proverbes de l'ancien temps avaient certainement été conservés, dans un premier temps, par un *Stand* populaire de bardes et de conteurs itinérants, comme on en trouve, partout sur la terre, chez les populations paysannes et semi-nomades. La tradition ancienne n'évoquait au demeurant qu'un unique peuple-hôte de musiciens, les descendants de Yuval [Gn 4, 21]. Les conteurs, en revanche, ne manquaient pas : les légendes des Patriarches un peu anciennes donnent l'impression d'avoir été composées par eux. En revanche, l'histoire de Joseph, par exemple, sous la forme développée que nous connaissons, présentait déjà le caractère d'une « nouvelle » édifiante composée avec art par un poète cultivé pour des yahvistes cultivés : c'était l'œuvre d'un artiste. Entre les cercles de laïcs indépendants, lettrés et cultivés mais également intéressés par la politique et la politique religieuse et, d'autre part, les porteurs de la poésie populaire des proverbes et des légendes, il existait donc des médiations et, surtout, des relations directes. Le caractère de certaines productions du genre du « *machal* » (la parabole) en portait également témoignage. Un *machal* comme la parabole du buisson d'épines insérée dans l'histoire d'Abimélekh [Jg 9, 7-15], ou encore la parabole de l'agneau du pauvre, placée dans la bouche de Nathan [2 S 12, 1-6], ne le cédaient en rien, en matière d'imagination plastique, aux paraboles les mieux réussies des Évangiles. De ce point de vue, elles se distinguaient fortement du *machal* rabbinique typique plus tardif[1], qui était

1. Paul Fiebig (*Altjüdische Gleichnisse und die Gleichnisse Jesu*, Tübingen, 1904) a réuni des exemples de ce type.

presque toujours le produit d'une pensée livresque et ne possédait, par suite, de force plastique immédiate que dans le grotesque [1]. La différence était à peu près la même qu'entre les paraboles de Jésus et celles de Paul qui, on le sait, n'était pas toujours heureux dans le choix de ses métaphores (surtout lorsqu'il risquait une parabole agricole [2]*).

À l'époque de Jérémie, on rencontre pour la première fois la trace de la pratique de lettrés consistant à délivrer des conseils pratiques et utilitaires pour les problèmes du quotidien (Jr 18, 18) ; plus tard, elle trouva un prolongement dans les productions littéraires des maîtres de la *ḥokhma* (la sagesse). Cependant, ce type de lien entretenu par les lettrés avec les intérêts plébéiens céda pour une large part la place, à l'époque préexilique, aux préoccupations politiques alors prédominantes, aux questions religieuses – indissociables des précédentes – et aux enjeux d'une politique sociale à base religieuse. Les deux paraboles précédemment citées en étaient une illustration. Elles étaient manifestement loin de représenter les produits naïfs d'une pure création artistique et flattaient les tendances yahvistes hostiles à la royauté. La poésie populaire et la littérature préexiliques, qui, à en juger d'après les citations et les bribes de textes que nous possédons, étaient tout à fait riches et variées, furent ainsi retravaillées dans une certaine perspective politico-religieuse. La sélection des textes qui ont été conservés et le choix de la forme qui est encore la leur dans le canon actuel furent le résultat d'un travail intellectuel extrêmement pénétrant réalisé par les couches lettrées qui défendaient les intérêts yahvistes. Pour une part, il ne fut accompli qu'à l'époque de l'exil, mais il était déjà

1. Il existait une exception : beaucoup de *machal* issus, justement, de l'époque ancienne des Tannaïtes palestiniens, notamment certains de ceux qui figuraient dans le traité de *Pirqé 'aboth.* Au demeurant, le jugement porté ici n'a de valeur que relative.

2. Dans l'Épitre aux Romains 11, 17, Paul commet une erreur complète dans la parabole de la greffe !

effectué, pour l'essentiel, à l'époque préexilique, voire, pour une part, avant l'apparition des prophètes de l'écrit. Si cette réécriture nous apparaît à bien des égards insatisfaisante d'un point de vue littéraire, comme Goethe le soulignait déjà*, elle fut cependant très significative, si l'on songe aux difficultés qui lui furent attachées. Entre les différentes productions littéraires de l'époque préexilique, tout comme entre ceux qui en étaient les porteurs, il existait de fortes divergences dans les options et les manières de voir. En premier lieu, un antagonisme irréconciliable opposait les produits de la prophétie de salut royale, les bardes nationaux et l'historiographie nationale, et, d'autre part, les couches de fidèles de Yahvé refoulés par la royauté. Il régnait dans les vestiges de l'ancienne poésie érotique réunis dans le « Cantique des Cantiques » et, de la même façon, dans les rares psaumes royaux anciens qui aient été conservés une atmosphère qu'on ne retrouvait aucunement dans les productions littéraires des intellectuels yahvistes. Bien entendu, ce contraste entre la religiosité royale, partout où celle-ci pouvait s'exprimer sans fard, et la piété populaire, était tout aussi profond dans les pays voisins. Dans sa prière à Osiris, Ramsès IV demandait au dieu, en échange de ses offrandes, de manger à sa faim, de boire jusqu'à l'ivresse, d'avoir la santé, une longue vie, la joie au cœur, de connaître le plaisir des sens, de transmettre à ses descendants un pouvoir qui ne prendrait jamais fin, de se réjouir chaque jour et de voir le Nil en crue. De même, tous les rois de Babylone, jusqu'à Nabuchodonosor, priaient en formulant l'espoir de profiter de la vie et de connaître un règne long et heureux. À n'en pas douter, il n'en allait pas autrement en Israël. Si la tradition actuelle plaçait dans la bouche de Salomon la pieuse prière que nous évoquions plus haut, celle-ci pouvait être comparée aux inscriptions également pleines de piété qu'on attribuait à Nabuchodonosor et à d'autres grands rois [1 R 3, 1-15] : dans un cas comme dans l'autre, elles étaient l'œuvre des prêtres. L'incroyable forfanterie des grands rois égyptiens mais aussi mésopotamiens fut certainement partagée par les rois d'Israël à l'époque de leur puissance ; dans un cas comme dans l'autre, elle était en contradiction manifeste avec le besoin qu'avaient les plébéiens d'un intercesseur compatissant et d'une aide dans la détresse et, d'autre part, avec le courroux particulièrement vif éprouvé par Yahvé devant l'*hybris* des humains.

Yahvé ne fut *jamais* le dieu d'une *dynastie,* comme Assur, Mardouk ou Nabu, mais, de tous temps, le Dieu des confédérés israélites. Au demeurant, chaque dynastie fit sien le culte de ce Dieu et les rois prirent à leur service des bardes et des prophètes de salut yahvistes. À côté des traditions yahvistes, il fallait compter également avec les légendes étiologiques les plus variées issues des cultes des dieux et héros indigènes, et avec de nombreux mythes et représentations importés d'Égypte et de Mésopotamie, soit directement, soit par la Phénicie, ou partagés depuis toujours avec ces pays ; il était impensable de les éliminer purement et simplement. La tâche de synthèse était ardue. Cependant, les produits de la culture intellectuelle proprement dite jouèrent sans doute aussi un rôle important en Palestine. On peut se demander quels rapports ils entretenaient avec ceux des aires culturelles avoisinantes.

La souveraineté nominale de l'*Égypte* se perpétua quasiment jusqu'à la fin de l'époque des Juges. D'après les *Lettres d'Amarna*, au demeurant, les pharaons ne portaient pas atteinte à la spécificité religieuse du pays et, après Ramsès II, ils exercèrent rarement un pouvoir politique effectif. Cependant, des échanges intellectuels restaient possibles, comme dans l'ancien temps. À l'époque de Sésostris, les seigneurs semi-Bédouins des territoires situés à l'est de Byblos connaissaient la renommée d'un sage égyptien qui était alors en vie ; le narrateur de l'histoire de Sinouhé présupposait en tout cas cette possibilité. Alors que le pouvoir des Ramessides était en complète décadence (vers 1100), le roi de la cité de Byblos ignorait tout de l'Égyptien Amon et de la puissance de ce dernier, décrite par son envoyé Wen

Amon [1]. En revanche, ses prophètes de cour semblaient en connaître l'existence : c'est ce qui explique, peut-être, que l'un d'entre eux ait rendu un oracle favorable à cet ambassadeur. Du fait des échanges par caravanes, cependant, la Palestine du Sud était bien informée sur l'Égypte. Non seulement Salomon emprunta aux Égyptiens la technique des chars de guerre [1 R 9, 19 ; 10, 26] et, semble-t-il aussi, pour une part, le plan des temples (le « saint des saints [2] »), mais la nouvelle de Joseph attestait surtout une connaissance précise de la situation de l'Égypte et suggérait en outre (à tort ou à raison) des relations avec les prêtres du temple d'Héliopolis, la capitale des sages égyptiens. Le roi de Byblos concédait à Wen Amon que toutes les doctrines et les arts de l'Égypte avaient été importés en Phénicie [3]. L'une des traditions relatives à Moïse décrivait également celui-ci comme le porteur de la sagesse égyptienne*. Selon la tradition de Josué, la circoncision serait venue directement d'Égypte, sans passer par la Phénicie. Beaucoup de détails qui ne nous intéressent pas ici ou que nous évoquerons plus loin portaient également la trace de cette influence. Le roi Ménephtah évoquait des guerres menées par son armée contre Israël, en Palestine. Cependant, les relations entretenues par l'Égypte et Israël étaient loin d'être systématiquement hostiles : plus tard, les Égyptiens furent expressément admis à entrer dans la communauté israélite, à côté de la tribu apparentée des Édomites, même si la tradition présupposait, à tort sans doute, que les Patriarches avaient été tenus pour « impurs » en Égypte parce qu'ils élevaient du bétail [4]. Les fouilles entreprises

1. Le récit de voyage de Wen Amon est désormais facilement accessible dans les *Breasted's Records IV, op. cit.*, p. 563 sq.

2. En Égypte aussi, le saint des saints était plongé dans l'obscurité et seul le roi était admis à y pénétrer, comme le fut plus tard, en Israël, le grand prêtre porteur de l'onction.

3. Cf. *Breasted's Records IV, op. cit.*, p. 579.

4. Selon Hérodote*, l'étrangeté que les Grecs présentaient, d'un point de vue rituel, aux yeux des Égyptiens, tenait au fait qu'ils mangeaient de la viande de bœuf et que, par suite, il était impossible, pour

en Palestine ont mis au jour, nous l'avons vu, des masses de scarabées, « aussi caractéristiques de l'Égypte que la croix l'est de la chrétienté » (Adolf Erman).

Au vu de tout cela, l'un des faits les plus remarquables est que, dans toute la tradition, cette souveraineté de l'Égypte n'était absolument jamais mentionnée et que les traits spécifiquement égyptiens étaient à peu près absents, justement, dans les fondements anciens de la religiosité israélite, alors qu'ils se manifestèrent éventuellement plus tard dans certains cas, comme nous le verrons. Eduard Meyer a cru pouvoir expliquer ce silence par le seul facteur de la jeunesse de la tradition israélite. Celle-ci présentait, pour le reste, des traits de grande ancienneté : par exemple, les relations interrompues par la suite avec la Mésopotamie. Le silence relatif à la souveraineté politique de l'Égypte s'expliquait certainement par le fait que, à l'époque d'Amarna, le pouvoir du pharaon n'était pas concrètement visible, du point de vue des Ḥabiru et des Sa Gaz, puisqu'ils n'avaient affaire qu'à ses princes vassaux. À quelques razzias près, il en fut vraiment ainsi par la suite. Pour le reste, la distance à l'égard de la culture égyptienne découlait exclusivement, et cette explication est suffisante, du *rejet* tout à fait délibéré de cette dernière chez les porteurs du yahvisme. Ce rejet visait d'abord l'État égyptien dispensateur de corvées, dont les traits caractéristiques étaient justement haïs par les couches démilitarisées, qui reprochaient à la royauté d'Israël de s'en être inspirés [Jg 8, 11-17]. Il visait également la part la plus caractéristique de la piété égyptienne : le culte des morts. À côté de l'ancrage radical de l'ancien dieu guerrier de l'Alliance dans l'ici-bas, et de son orientation purement intramondaine, le facteur décisif était, nous l'avons vu, le suivant : bien qu'il eût présenté simultanément différents visages à différentes

les Égyptiens, de les embrasser ou d'utiliser leurs ustensiles alimentaires.Telle aurait été, davantage que la qualité d'éleveurs en soi, l'origine de la représentation à l'œuvre en Gn 43, 32.

époques, Yahvé n'avait jamais été un dieu chtonien, mais s'était au contraire toujours opposé avec la dernière vigueur aux divinités de ce type et à la forme spécifique que revêtaient leurs cultes. À cela s'ajoutait le fait que les étrangers ne pouvaient apprendre à déchiffrer l'écriture sacrée des Égyptiens ni suivre la même formation que leurs prêtres. Les maîtres de sagesse égyptiens (Ptahotep) recommandaient il est vrai l'instruction du peuple, comme le Deutéronome [Dt 4, 9 ; 6, 6-7], mais la doctrine secrète des prêtres proprement dite en était expressément exclue. Les maîtres israélites ignoraient tout de cette dernière et ne cherchaient vraisemblablement pas à la connaître. Il en allait de même du côté égyptien. Les ennemis vaincus devaient rendre les honneurs aux dieux vainqueurs égyptiens, comme partout ailleurs. Mais cela ne suffisait pas à en faire des Égyptiens. D'après les inscriptions, on trouvait des temples dédiés aux dieux égyptiens en Syrie et, sous les Ramessides, des temples dédiés aux dieux syriens en Égypte. Cependant, cela ne changeait rien aux rapports de fond, conditionnés par la culture des scribes égyptiens et ses spécificités sociales. Seuls certains individus pouvaient, à titre personnel, être initiés à l'éducation et à la sagesse égyptiennes, ce qui impliquait un renoncement complet à leur autonomie intellectuelle. Pour la masse du peuple, un rattachement à cette culture aurait de surcroît impliqué une acceptation de la bureaucratie des scribes, qui était haïe. Le culte égyptien des animaux, que les prêtres n'avaient systématisé, en Égypte, qu'à une époque relativement tardive, dans l'intérêt d'une domination de la hiérocratie sur les masses, était rejeté par la religiosité yahviste comme une abomination particulièrement indigne, à en croire l'unique mention dont il faisait l'objet chez Ézéchiel (Ez 8, 10). Il ne correspondait en rien aux relations que les éleveurs libres entretenaient avec leurs bêtes et s'avérait également tout à fait étranger au caractère traditionnel de Yahvé. Cet rejet de *tous* les traits décisifs de la culture égyptienne prouvait en tout cas une chose : nous devons présupposer comme un fait historique, attesté par la tradition, la présence de porteurs *intellectuels,* autonomes et conscients, de la religion de Yahvé en Palestine et dans les oasis d'Édom et de Midyan. En effet, tandis que les Bédouins aussi bien libyens qu'asiatiques entretenaient de constants échanges avec l'Égypte, et que la Palestine fut longtemps placée sous la tutelle directe de celle-ci, les premiers adoptèrent certains traits de la religion égyptienne [1], mais non les seconds, du moins pas ceux qui, parmi les seconds, étaient des adorateurs de Yahvé. La doctrine des prêtres proprement dite et, surtout, la théologie spéculative des Égyptiens, développée dès le troisième millénaire – qui était, à l'origine, une spéculation on ne peut plus naturaliste, avant de devenir plus tard panthéiste [2] – restèrent absolument étrangères aux yahvistes, y compris aux lévites. En revanche, nous rencontrerons les traces de parentés évidentes dans la piété et l'éthique religieuse *populaires.*

Plus complexes furent les relations avec la culture intellectuelle mésopotamienne. À l'origine, à l'époque d'Amarna, l'écriture cunéiforme, la langue diplomatique et la langue d'affaires de Babylone dominaient toute l'Asie antérieure et étaient comprises par les Égyptiens cultivés. La représentation des esprits des étoiles et de leur action sur les événements terrestres était également présente en Israël, comme l'enseignait le Cantique de Déborah. Même le dieu des scribes Nabu, semble-t-il, possédait un sanctuaire, et bon nombre de détails de toute nature suggèrent des proximités intellectuelles anciennes et la réception mutuelle de ces deux cultures. En particulier, elles avaient en commun les poids et mesures, y compris les poids des monnaies, mais aussi le droit et une part importante des mythes cosmogoniques. Ces relations étroites semblèrent se distendre, il est vrai,

1. Y compris le culte des morts, nous l'avons vu.
2. Cf. Adolf Erman, « Denksteine aus der thebanischen Gräberstadt », *op. cit.*, p. 1109.

avec l'affirmation de la suprématie commerciale des Phéniciens, dès l'époque homérique. Les vieux peuples méditerranéens voués au commerce maritime, à la piraterie et au combat mercenaire, mentionnés dans les inscriptions égyptiennes, connurent alors un déclin, au moins relatif, au profit des Phéniciens et de leur mainmise sur la mer : de grandes migrations jouèrent également un rôle. À la même époque, en Palestine, l'écriture alphabétique phénicienne l'emporta sur l'écriture cunéiforme, et l'importance de la langue babylonienne déclina lentement au profit de l'araméen. Hugo Winckler constate au demeurant que, au IXe siècle encore, et jusqu'au VIIe, la langue de Babylone était bien connue en Syrie. Ce n'est qu'à l'époque des Perses que l'araméen devint la langue diplomatique universelle de l'Asie antérieure. Babylone passa alors au second plan, pour une longue période. Des artisans royaux phéniciens travaillèrent à la construction du Temple de Salomon. Des marchands d'esclaves phéniciens accompagnaient les armées israélites pour faire le commerce des prisonniers. Les cultes des *Ba'al* phéniciens, de Moloch et d'Astarté pénétrèrent en Israël. De l'avis des spécialistes, les cosmogonies qui avaient cours en Palestine présentaient essentiellement des traits phéniciens. Certaines tribus israélites passèrent sous la domination phénicienne, d'autres envoyaient de la main-d'œuvre dans les ports de Phénicie. Des *neviim* royaux à la manière phénicienne séjournaient dans l'Israël du Nord.

Les cultes phéniciens ne furent éliminés qu'avec Élie et la révolution de Jéhu. Les anciens *neviim* extatiques furent condamnés par les puritains. Les sacrifices humains des Phéniciens et les sacrifices gnostiques à Moloch, ainsi que leur onanisme raffiné, étaient proscrits par le Deutéronome [Dt 12, 31 ; 18, 10] et la loi de sainteté [Lv 18, 21 ; 20, 2-5].

Avec la renaissance des grandes puissances mésopotamiennes, l'influence de ces cultes s'accrut à nouveau. Durant un temps, les grands rois devenus vassaux de la

Mésopotamie (Manassé, notamment) adorèrent à Jérusalem l'armée céleste babylonienne, autrement dit les astres. Dans les récits les plus répandus relatifs au paradis et au déluge, la Mésopotamie était présentée de longue date comme le centre du monde, et ce fut à nouveau le cas à cette époque ; les grands temples à terrasses de ce pays étaient connus pour être une tentative de se rapprocher du dieu céleste. Nous n'entrerons pas ici davantage dans les détails. Une chose est certaine : il n'y eut *pas* de réception de la sagesse des prêtres. Le recours à la langue sacrée babylonienne (sumérienne), dans un grand nombre de textes, excluait toute possibilité d'emprunt direct par les prêtres israélites. Rien ne prouve d'ailleurs qu'on ait jamais cherché, en Palestine, à utiliser la littérature sacrée babylonienne à des fins cultuelles. Ce n'est que beaucoup plus tard, à l'époque de la rédaction des Psaumes, que les échos de quelques hymnes babyloniens se firent entendre. Mais surtout : non seulement la religiosité yahviste s'abstint de tout emprunt aux fondements cultuels et théologiques qui, dans la religion phénicienne aussi bien que babylonienne, étaient décisifs pour l'organisation de la religion, mais elle les *rejeta* de façon tout à fait délibérée. En particulier, il n'y eut pas de réception du culte astral babylonien, ni de l'astrologie, autrement dit des piliers de ce qu'on a appelé récemment la « vision du monde babylonienne » (Alfred Jeremias). En Palestine, la doctrine secrète proprement dite des prêtres babyloniens, relative au macrocosme et au microcosme, n'était sans doute pas davantage connue ni comprise que celle des Égyptiens, même si les spéculations et les jeux sur les nombres sacrés et les périodes du monde ne sont aucunement absentes, dans le détail, de la version actuelle de la tradition. Ce ne fut peut-être là, au demeurant, que la conséquence d'une révision à l'époque exilique et postexilique.

Une théorie fondamentale, celle du déterminisme astrologique, fut à l'évidence parfaitement comprise et très délibérément rejetée pour la même raison. À quoi pouvaient donc servir la Thora lévitique ou les oracles des prophètes, si le destin de l'individu était écrit dans les astres ? Ce déterminisme, qui ne laissait plus guère la place qu'à une pratique de la gnose dans des conventicules voués à une quête de la délivrance, était purement et simplement inconciliable avec les intérêts du judaïsme en matière de cure des âmes, mais aussi avec ses intérêts de pouvoir. Ces doctrines furent donc condamnées ; elles heurtaient la notion yahviste de Dieu, massivement politique [Dt 4, 19-20]. Ésaïe, déjà (Es 24, 23), ainsi que Jérémie (Jr 10, 2), qui entretenait vraisemblablement une relation de proximité particulière avec les prêtres babyloniens, assuraient Israël que le pouvoir des astres s'effacerait devant la puissance de Yahvé. À l'époque de l'exil, à Babylone même, le Deutéro-Ésaïe ne se contentait pas de railler les magiciens babyloniens (Es 47, 13) ; il brocardait aussi et surtout leur science astronomique et leur astrologie. À l'époque postexilique et rabbinique encore, un principe prévalait : pas de planètes en Israël. Ce n'était pas que l'influence des astres sur le cours des événements de la terre fût mise en doute. Même les prophètes ne la niaient pas. Pas davantage que les prêtres ne contestaient la réalité des oracles des morts ni des représentations de l'au-delà associées à ces derniers. Dans le temps de l'exil, des astrologues babyloniens furent parfois consultés ; plus tard encore, on mentionna qu'un rabbin exerçait en privé la profession d'astrologue. Les croyances astrologiques en elles-mêmes ont existé partout sur la terre, de la Chine à Rome et à l'Occident moderne. En Israël aussi, on croyait aux astres. Mais le point décisif était le suivant : de la même manière que, en Chine, dans les dernières décennies encore, une requête du président de l'académie de Han-lin faisait valoir auprès des impératrices en exercice que le destin du pays n'était pas régi par la constellation des astres mais par la *vertu* (confucéenne) du souverain ; de la même façon que, en Inde, le destin et même l'horoscope étaient déterminés par le *karman*, de même, en Israël, les esprits des astres n'étaient *pas* les maîtres des destinées humaines. À l'époque rabbinique, cette idée trouvait son expression dans une croyance caractéristique exposée dans le Talmud : tous les autres peuples étaient asservis à l'*heimarménè* astrologique, mais non Israël, parce que Dieu l'avait élu. À l'époque préexilique, les esprits des astres étaient les *tsava* et, comme tous les *tsavaoth*, ils étaient au service du Dieu d'Israël. *Lui* seul dirigeait toutes les destinées : c'était là l'essentiel. Par suite, il n'était pas question d'emprunter ce qui constituait le fondement même de la culture babylonienne. À l'époque de l'exil, les juifs occupaient à Babylone toutes les positions possibles, parfois très en vue, à une seule exception près, tout à fait caractéristique : ils n'étaient jamais scribes. Cela ne tenait aucunement à des raisons linguistiques : les Israélites avaient appris la langue populaire araméenne et l'appropriation de la langue officielle de Babylone n'aurait pas présenté de difficulté pour eux. La tradition plus tardive rapportait également que les juifs occupaient des positions influentes, se voyaient confier toutes sortes de charges à la cour ou devenaient les eunuques des rois de Babylone et de leurs descendants, les rois de Perse [Est 2, 5 ; Dn 1, 3-6]. La proscription du métier de scribe procédait donc d'un tout autre motif, probablement cultuel : l'impossibilité de s'approprier la culture babylonienne, transmise par les prêtres, sans trahir les commandements religieux yahvistes. La religiosité israélite était il est vrai apparentée à celle de Babylone, ou encore à la religiosité phénicienne officielle, par opposition à la religiosité égyptienne, sur un point important : l'ignorance de l'au-delà et des spéculations afférentes. Cependant, les conceptions de Dieu spécifiquement babyloniennes, le syncrétisme, le panthéon divin, l'hénothéisme ou l'absorption des autres figures de divinités par un Dieu regardé comme le Dieu suprême, qui n'étaient que les « formes et manifestations » du précédent, la position toujours prédominante du dieu du soleil demeuraient aussi étrangères à la représentation israélite de Dieu que les conceptions égyptiennes, différentes mais à bien des égards comparables dans leur résultat. Lorsque des tendances monothéistes se firent jour à Babylone, elles étaient pour l'essentiel solaires, ou encore favorisées par une dynastie politique, mais le plus souvent les deux à la fois, comme, en Égypte, dans la réforme d'Akhénaton. Yahvé, lui, n'était ni un dieu du soleil ni un dieu dynastique, mais le dieu d'une alliance de confédérés. La tendance qui incitait souvent les Babyloniens, sur la base des cultes chtoniens et des cultes de la végétation, à regarder les dieux de la fécondité et de la vie, commune aux hommes, aux plantes et aux animaux, comme des divinités capables d'apporter une aide dans la détresse – Istar, notamment, était tenue pour une intermédiaire pleine de miséricorde –, ne pouvait elle aussi que rester étrangère au yahvisme. Yahvé était le seul sauveur. Nergal, qui, à l'origine, était, comme Yahvé, le dieu de certains fléaux terribles destinés à punir le peuple, en particulier des épidémies, ne pouvait s'accorder avec ce dernier parce qu'il était aussi un dieu du royaume des morts. L'adoration d'Adad fut pratiquée à Canaan, la présence de noms de famille théophores l'attestait. Il présentait une affinité avec Yahvé en tant que dieu de l'orage et de la guerre, mais ne joua semble-t-il aucun rôle dans la genèse de la conception de celui-ci. Il existait, en Israël, une couche cultivée analogue à celle des prêtres babyloniens, mais on ne trouvait pas, à Babylone, de couche cultivée analogue à celle des maîtres de la Thora israélites. Le rejet des découvertes les plus magistrales de la science astrale babylonienne, qui ne se démentit jamais, même si, dans le détail, les réminiscences étaient nombreuses, apporta une preuve tangible de la grande *autonomie* de la culture intellectuelle de la Palestine par rapport à celle des pays voisins.

Nous devons donc nous garder absolument de nous représenter la Palestine comme un pays où, à quelque époque historique que ce fût, les couches indigènes cultivées auraient fait défaut, et où n'auraient régné qu'une magie barbare et des représentations religieuses tout à fait primitives. Dans une lettre datant sans doute du XVᵉ siècle, un Cananéen s'adressait à un prince pour appeler sur lui la grâce du Dieu suprême, car il était pour lui un « frère » qui portait « l'amour » dans son cœur : en d'autres termes, sans doute, un adepte de la même foi. L'auteur de la lettre ajoutait, dans un style presque missionnaire, que le succès du roi dépendrait de la grâce de celui qui était « au-dessus de sa tête » et « au-dessus des villes ». De telles conceptions étaient certainement étrangères aux bergers et aux paysans de l'armée israélite. Pourtant, tout semble indiquer qu'elles n'avaient pas entièrement disparu des villes de quelque importance. Israël n'aurait pu rejeter aussi efficacement les conceptions religieuses de pays de grande culture, dont l'influence était manifeste dans tous les autres domaines, ni forger ses conceptions propres, clairement distinctes des précédentes, sans une couche cultivée capable d'accueillir en toute indépendance et de soumettre à un travail rationnel les oracles anciens et les promesses en usage dans les pays environnants. Ce ne put être le fait ni des *neviim* extatiques, dont la tradition scolaire ne produisait que des récits de miracles à la manière des histoires d'Élisée, ni des cercles de cour, qui méprisaient les précédents, ni, enfin, des bergers, des paysans et de leurs prophètes de guerre. Contrairement à ce qu'affirment certains auteurs [1], au demeurant, il n'y aucunement lieu de se représenter le peuple des campagnes d'Israël comme particulièrement « stupide ». En tous lieux, le paysan ne devient « stupide » que lorsqu'il est pris dans le mécanisme d'un grand État bureaucratique ou liturgique, étranger à ses façons de voir, ou livré à l'asservissement par des seigneurs fonciers, comme ce fut le cas en Égypte, en Mésopotamie, dans les États grecs ou dans la Rome tardive. Le plébéien israélite de l'époque préexilique était

1. Voir Klamroth, par exemple (*Die jüdischen Exulanten in Babylon, op. cit.*).

un confédéré libre, qui portait les armes et combattit victorieusement les chevaliers des régions de culture alentour : ce fut d'abord là une réalité, avant de devenir plus tard un souvenir et un motif d'orgueil. Jamais, certes, il n'aurait pu forger seul les conceptions rationnelles des écrits de l'Ancien Testament. Il fallut que d'autres le fissent pour lui. Mais pour la plupart d'entre eux, ces plébéiens étaient capables de les comprendre. L'un des secrets du développement du yahvisme résidait justement dans l'interaction entre une couche d'intellectuels enthousiastes et ce public formé de couches qui, avec l'introduction de la royauté, avaient été démilitarisées et socialement déclassées. Il est rare que les centres de culture rationnelle aient donné naissance à des conceptions religieuses nouvelles. Ce n'est ni à Babylone, ni à Athènes, ni à Alexandrie, ni à Rome, ni à Paris, ni à Londres, ni à Cologne, ni à Hambourg, ni à Vienne, mais dans la Jérusalem de l'époque préexilique, dans la Galilée de l'époque du judaïsme tardif, dans la province africaine de la Rome tardive, à Assise, à Wittenberg, à Zurich, à Genève et dans les régions périphériques des aires culturelles hollandaises, basses-allemandes ou anglaises, comme la Frise et la Nouvelle-Angleterre, que furent conçues pour la première fois des prophéties rationnelles ou de nouvelles visions réformatrices. Bien entendu, elles n'auraient pu voir le jour sans l'influence et les effets exercés par la culture rationnelle d'un pays voisin. Cela tient, en tous lieux, à un seul et unique motif : dans le domaine religieux, pour que des conceptions nouvelles puissent voir le jour, les hommes doivent en être au point où, avant de désapprendre à le faire par la suite, ils appréhendent les événements du monde en *se posant des questions.* L'occasion en est donnée à ceux qui vivent à l'écart des grands centres de culture lorsque l'influence de ces derniers commence à les affecter ou à les menacer dans leurs intérêts vitaux. Une fois que l'homme a pris l'habitude de vivre au sein de territoires saturés de culture et se trouve pris dans les rêts de leurs techniques, il ne pose plus de questions au monde qui l'entoure – pas davantage, par exemple, que l'enfant habitué à emprunter chaque jour le tramway électrique*, à qui il ne viendrait pas à l'idée de se demander comment ce véhicule se met en mouvement. La capacité à *s'étonner* du cours du monde est la condition de possibilité d'une interrogation quant à son sens. Les expériences que les Israélites partagèrent avant l'exil et qui leur fournirent l'occasion de se poser des questions de ce type étaient les grandes guerres de libération, la mise en place de la royauté, la constitution d'un État dispensateur de corvées et d'une culture d'assise urbaine, la menace représentée par les grandes puissances, mais, surtout, l'effondrement du Royaume du Nord et le fait que le Royaume du Sud, dernier vestige d'une splendeur dont on se souvenait encore, s'apprêtait au vu et au su de tous à connaître le même destin. Puis l'exil. Le déclassement social et la démilitarisation des porteurs de l'ancienne armée de Yahvé furent à l'origine de la légende historique du yahvisme. Mais c'est seulement la menace d'un effondrement du royaume qui inspira les questions vraiment importantes de la théodicée.

Pour l'essentiel, c'est au cours de cette deuxième période que fut réalisé le travail intellectuel qui donna le jour aux deux grandes versions de l'Hexateuque qui furent plus tard fondues en une seule. Elles furent l'œuvre de deux groupes d'auteurs religieux généralement désignés aujourd'hui d'après le nom qu'ils donnaient à Dieu : les « yahvistes » et les « élohistes » [1]. Ces compilateurs et

1. Depuis De Wette, des générations de chercheurs ont travaillé à délimiter ce qui, dans le matériau de l'Hexateuque, était issu de l'un et l'autre recueil, et à identifier les interpolations ultérieures (celles du Deutéronome, des prêtres et d'autres encore). Les principaux résultats font l'objet d'un consensus chez la grande majorité des chercheurs, même si des points de détail restent à éclaircir. Cependant, les tentatives pour distinguer sans cesse de nouvelles strates dans les grands recueils ont eu pour effet, en retour, d'inciter à remettre en cause à nouveau, en vain semble-t-il, les acquis que l'on tenait pour assurés.

auteurs n'étaient apparemment pas ceux qui révisèrent les premiers les traditions purement historiques et les légendes des Livres des Juges et des Rois. En effet, toutes les tentatives pour repérer une distinction entre deux écoles dans ces textes-là semblent s'être soldées par un échec. Le degré de culture des deux compilateurs ou écoles de compilateurs fut certainement très grand : ils introduisirent beaucoup d'étymologies de noms et de récits étiologiques d'une subtilité manifeste, qui n'étaient presque jamais d'origine populaire. L'école deutéronomique de Jérusalem appartenait à cette dernière période ; c'est au cours de l'exil et de la période ultérieure que les prêtres proprement dits introduisirent des compléments et réécritures dans le récit des époques antérieures, même s'ils commencèrent à le faire à l'époque préexilique.

Le recueil yahviste et le recueil élohiste [1] n'étaient pas encore placés sous le signe du difficile problème de la théodicée, qui devait être formulé sous l'effet du déclin de l'État national. Leur monothéisme était un monothéisme « naïf ». De la même façon, ils ne connaissaient pas encore la lutte qui opposa plus tard le pouvoir des prêtres en plein essor et le mouvement prophétique, indifférent aux cultes sacrificiels. Ils ignoraient tout, de surcroît, de l'aversion appelée à se développer par la suite à l'encontre des vieux sanctuaires ruraux, des ornements du culte et des images. En revanche, ces deux recueils, dont le premier remontait à l'époque de Salomon et le second au VIIIe siècle au moins, étaient influencés par

---

1. Sur la relation entre les deux, voir, à présent, la très belle étude de Procksch, *Die Elohimquelle* (traduction et commentaire), *op. cit*. Procksch formule l'hypothèse qu'Élie exerça une certaine influence sur la rédaction et voit là (p. 197) une explication subtile de l'usage du nom d'Élohim (qui aurait été employé dans l'intention de souligner cette valeur spécifique). Sur la question, importante mais indécidable pour le non-spécialiste, de savoir si le récit présentait à l'origine un caractère rythmique, voir Eduard Sievers, *Metrische Studien. Studien zur hebraïschen Metrik (Abhandlungen der Philologisch-Historischen Classe der Königlich-Sächsischen Gesellschaft der Wissenschaften)*, t. 1 et 2, Leipzig, 1901 et 1904 ; Procksch discute ces thèses p. 210 sq.

les problématiques sociales apparues avec la royauté. Les légendes des Patriarches représentaient une part importante du texte – le recueil élohiste débutait même avec elles- et l'un comme l'autre relataient ensuite dans le détail la sortie d'Égypte et la conquête de Canaan sous Moïse et Josué, en énumérant les commandements cultuels, moraux et juridiques que Yahvé avait alors imposés au peuple juif. En ce qui concerne la datation des matériaux, on peut supposer, comme pour les recueils de bénédictions, que les plus anciens étaient consignés tantôt dans un recueil, tantôt dans l'autre. Il n'est pas du tout certain que, à l'origine, le Livre de l'Alliance et le Décalogue éthique aient fait partie du recueil élohiste, et le Décalogue cultuel du recueil yahviste ; en pratique, au demeurant, il n'est pas nécessaire de trancher cette question pour caractériser l'un et l'autre. Le mode de narration choisi donnait à ces textes la valeur d'un paradigme éthique, et telle était bien l'intention des auteurs de ces deux recueils, même s'ils ne parvinrent pas toujours à éliminer les composantes souvent tout à fait immorales des légendes anciennes. Pour l'époque qui s'ouvrit avec Abraham, les deux recueils utilisaient à peu près le même matériau. Il serait trompeur de reconstruire un antagonisme « idéologique » censé les opposer. L'un et l'autre idéalisaient, conformément aux attentes de leur public, l'époque de la naissance du peuple juif. De la même façon, on ne saurait prétendre que l'un ait été plus « populaire » que l'autre ; ils le furent tour à tour. C'est aux vieux Patriarches légendaires du *peuple* et non, par exemple, à un roi, ni à un ancêtre du roi, que tous deux attribuaient les promesses alors populaires – selon lesquelles Israël deviendrait un grand peuple, dont les amis seraient bénis et les ennemis maudits, et dont le nom serait, à l'avenir, honoré par tous les peuples de la terre [Gn 12, 1-3]. Ce n'était certainement pas un hasard. Peut-être cette conception, qui revenait à identifier les anciens héros de la légende avec les Patriarches d'Israël, fut-elle une invention de ces auteurs. Les promesses qu'ils leur attribuaient étaient encore, chez eux, des manifestations inconditionnelles de l'amitié vouée par Dieu à Israël envers et contre tout ; aucun acte n'avait à être accompli en contrepartie. Cette vision était nettement en contradiction avec la vision prophétique ultérieure, tout comme les prophéties de salut des *neviim* royaux. Nulle part, dans la littérature politique, hymnique et prophétique, ni, bien entendu, dans les rédactions ultérieures des prêtres, qui tentaient autant que possible de substituer à Moïse le prêtre Aaron, l'idéalisation de Moïse ne joua un si grand rôle que dans les deux recueils. Le Cantique de Déborah et le recueil de Bénédictions ajouté plus tard au Deutéronome attestaient que le prestige de Moïse était évident et ancien, et ne se réduisait pas à une construction *a posteriori.* Les compilateurs prolongèrent donc des traditions populaires anciennes qui n'étaient aucunement favorables à la royauté. Chacune des deux écoles le fit de manière un peu différente. Pour l'une comme pour l'autre, les Patriarches étaient des bergers pacifiques [Gn 24]. Cependant, le recueil élohiste soulignait plus fortement leur statut de *gérim,* avec lesquels la population sédentaire avait fraternisé par *berith* ; le récit yahviste, fortement influencé par les lévites, semble-t-il, exprimait déjà, de son côté, une aversion à l'égard des mariages mixtes avec les Cananéens (voir l'histoire de la recherche d'une épouse pour Isaac). L'idée que le travail agricole était le produit d'une malédiction divine était surtout exprimée dans le recueil yahviste [Gn 3, 17-19]. Pour celui-ci, le paradis était un jardin irrigué et planté d'arbres fruitiers, comme une oasis des steppes. Le recueil élohiste, qui reprenait la Bénédiction de Moïse, semblait suggérer que la tribu de Joseph avait des prétentions à la dignité royale, tandis que, dans le recueil yahviste, la Bénédiction de Jacob désignait Juda, et non Ruben ni Joseph, comme la tribu porteuse de la promesse [Gn 48, 8-12]. Ces traits spécifiques et d'autres semblables accréditent l'hypothèse formulée par des chercheurs de renom, à savoir que la rédaction élohiste aurait davantage subi l'influence du Nord et la rédaction yahviste celle du Sud, tandis que, en matière d'ancienneté, ce serait tantôt l'une, tantôt l'autre qui l'emporterait, le recueil yahviste pouvant cependant, en gros, être regardé comme le plus ancien. Le compilateur élohiste tendait à identifier Abraham et tous les héros religieux comme des *neviim*, et les héros de la tribu de Joseph comme des nazirs : signe que, pour l'essentiel, le recueil trouvait son origine dans le Nord. Un autre indice allait dans le même sens : la rédaction élohiste fournissait une explication étiologique de l'intervention des anciens en Israël [Nb 11, 14-17], alors que, dans la rédaction yahviste, la juridiction était due à Moïse [Ex 18, 13-26], autrement dit aux prêtres lévitiques, comme ce fut probablement le cas dans le Sud, à bien des égards. On peut facilement déceler des influences puritaines dans la version yahviste. Si le serpent jouait un rôle aussi éminent dans le récit yahviste du péché originel, nous devons nous souvenir que, selon le récit de l'Exode, les magiciens égyptiens possédaient des bâtons analogues au caducée de Moïse conservé dans le Temple de Jérusalem et que, dans la version élohiste de la fuite dans le désert, ce bâton de Moïse en forme de serpent était associé à des thérapies magiques [Nb 21, 5-9]. Par suite, à supposer qu'il ait existé à une certaine époque, comme certains en formulent l'hypothèse, un culte du serpent et des « hommes-médecine » lévites, le rejet catégorique dont ils firent l'objet dans la tradition puritaine yahviste, qui conduisit à la destruction de l'idole sous Ézéchias, s'exprima peut-être dans le fait suivant : ce furent justement le serpent et sa sagesse en soi indiscutée qui furent présentées comme l'origine du mal. Il ne semble pas possible d'établir avec certitude que la qualité souvent attribuée au serpent, celle d'un animal divin établi dans le royaume des morts, joua également un rôle, comme on l'admet parfois.

La différence de provenance entre les deux recueils se traduisait également, semble-t-il, dans les caractéristiques de la conception du Dieu. Les deux recueils partaient du principe indubitable que Dieu pouvait être défini comme un Dieu personnel régissant, par ses interventions, les destinées des hommes dans le monde, mais allié avec Israël par *berith* et par serment, depuis Moïse, et garantissant les dispositions de ces contrats. Ce point ne prêtait pas à discussion. Le Yahvé de Moïse et des anciens prophètes guerriers n'avait jamais été le monstre totalement primitif qu'on a parfois voulu faire de lui, afin de faire croire à une évolution linéaire. D'un autre côté, le Dieu ne pouvait se réduire à une puissance universelle impersonnelle, comme on en connaissait en Chine et en Inde. Dans les deux compilations, il présentait certains traits universalistes, pour les raisons expliquées plus haut. Mais des traits chaque fois différents. La conception yahviste le décrivait sur un mode anthropomorphe, très drastique parfois, la remarque en a souvent été faite. Rien à voir, dans ce cas, avec les constructions grandioses mais abstraites des prêtres de l'exil, qui décrivaient comment l'esprit de Yahvé, incubant au-dessus du chaos, avait fait surgir la lumière en prononçant une formule magique, puis comment, jour après jour, sur son simple commandement, une chose après l'autre était née à partir du néant (Gn 1). Yahvé faisait d'abord jaillir l'eau sur la terre jusque-là aride et sèche, donnait forme à l'homme à partir de la terre, lui prêtait vie au contact de son souffle, puis faisait naître les plantes et les animaux. Il les présentait à l'homme et laissait à ce dernier ce qui, selon les conceptions de ce temps et des pays environnants (l'Égypte), constituait la tâche la plus importante : le soin de les nommer. Dans un premier temps, il ne parvenait pas à offrir à l'homme une société qui lui agréât ; puis il créait la femme à partir d'une de ses côtes, et l'homme reconnaissait immédiatement en elle un être de la même nature. Dans la fraîcheur du soir, Dieu se promenait dans son jardin d'Éden comme un cheikh dans une oasis. Il y établissait l'homme. Mais lorsque celui-ci transgressait l'interdit et portait la main à l'arbre, Dieu le convoquait en audience particulière et, pour le punir, le chassait du jardin en prononçant contre lui une malédiction. L'homme s'était caché, et Dieu était d'abord contraint de le chercher, de l'appeler. De la même façon, il devait d'abord se rendre à Babylone pour voir de ses yeux la tour géante qui y avait été construite [Gn 11, 5]. Lorsqu'il avait quelque chose à ordonner ou à promettre à un homme, Dieu lui apparaissait en personne. Il laissait Moïse voir son visage – il n'en allait plus ainsi dans la tradition tardive – et partageait un banquet avec les anciens d'Israël sur le Sinaï [Ex 24, 9-11]. C'était donc un Dieu des épiphanies, en chair et en os, dont les actions obéissaient à des motivations absolument humaines, mais qui avait créé toute la terre et affirmé sa puissance jusqu'à Babylone, le centre du monde.

L'anthropomorphisme de ce Dieu d'incarnations était difficilement acceptable pour la conception élohiste qui, en dépit de son caractère populaire, demeurait encore pour une large part soumise aux influences culturelles anciennes, plus vivaces dans le Nord. Du point de vue élohiste, le Dieu d'Israël était le Dieu céleste suprême, et il ne se promenait pas sur terre parmi les hommes. Dans la version actuelle, ce récit des origines est complètement laissé de côté ; elle débute par les légendes des Patriarches. Nous ne savons pas s'il en fut ainsi d'emblée ou si une révision ultérieure écarta des conceptions élohistes devenues incompatibles avec les représentations plus tardives du Dieu. Quoi qu'il en soit, la version élohiste préférait énoncer les commandements et promesses du Dieu que se référer à un rêve, un appel céleste ou, enfin, un message de l'envoyé (*malakh*) ou ange de Dieu. Dans certains cas (Gn 16, 7), les yahvistes faisaient de même. Le messager de Dieu était une figure ancienne. Dans le Cantique de Déborah, issu de l'Israël du Nord, il apparaissait lorsque la ville de Méroz était frappée de malédiction [Jg 5, 23]. Le compilateur élohiste, lui, transformait cependant toutes les théophanies de la tradition en apparitions de figures intermédiaires de ce type. C'était là, à l'évidence, un théologoumène. Dans les rédactions ultérieures des recueils, on rencontrait également d'autres figures, issues peut-être de représentations anciennes. Ainsi, la « majesté » impersonnelle du Dieu (*kavod*). Elle avait notamment pour fonction de réconcilier la représentation en usage chez les populations sédentaires, urbaines surtout, qui localisait le Dieu dans un lieu de culte, le Temple, en particulier, et la conception d'un grand Dieu lointain, le Dieu du ciel. Ce n'était pas le Dieu lui-même mais sa *kavod* qui se manifestait dans le sanctuaire sous la forme d'un nuage rayonnant (Ex 40, 34 sq.). Ou bien une autre puissance impersonnelle, le « visage » (*panim*), la « parole » (*davar*), l'« esprit » (*ruaḥ*), et souvent, à la manière égyptienne, le « nom » (*chem*) de Dieu. Nous ne nous intéresserons pas ici aux origines de ces théologoumènes, difficiles à identifier, et ne reviendrons en détail que sur le dernier.

Ces tendances à la spiritualisation s'accordaient bien avec les vieilles légendes des Patriarches, dans la mesure où celles-ci, comme tous les récits populaires non encore révisés par les théologiens, mettaient en scène l'action des hommes et non celle de Dieu, à la différence du récit des origines yahviste. Il fallut conserver, il est vrai, certaines épiphanies particulièrement anciennes, parce que d'origine polythéiste. Mais le Dieu des Patriarches devint, pour l'essentiel, un Dieu aux traits mystérieux, que l'on ne pouvait reconnaître qu'indirectement, dans toutes sortes de décrets du destin. Ce Dieu possédait assez souvent un caractère édifiant, touchant parfois, comme il est d'usage, de façon générale, dans les nouvelles religieuses à teneur artistique ; c'est dans l'histoire de Joseph et le récit du sacrifice d'Isaac que cette tendance était la plus perceptible. Cette forme de pragmatisme fut à l'origine du rationalisme qui aboutit lui-même à la croyance dans la Providence. D'un autre côté, ces théologoumènes tendaient également à faire intervenir des puissances divines impersonnelles : des représentations qui entretenaient justement, là comme ailleurs, une affinité interne avec les extases, orgies et phénomènes de possession par le Dieu qui avaient cours dans l'Israël du Nord.

Par la suite, cependant, cette propagande théologique fut délibérément abandonnée. Le seul théologoumène conservé de manière durable fut celui du messager divin, qui œuvrait à accroître la majesté du Dieu et s'écartait des théophanies trop grossièrement anthropomorphes ; avant l'exil, les autres ne connurent qu'un développement rudimentaire. Cela tint manifestement à une raison purement pratique. La Thora lévitique des prêtres, les conseils délivrés à ceux qui étaient poursuivis par l'infortune, par la colère de Dieu, en d'autres termes, avaient pris de l'importance, et les yahvistes puritains du Sud avaient engagé une lutte contre les pratiques, en usage dans le Nord, de communion orgiaque avec Dieu et de possession par Dieu. L'intérêt à promouvoir un enseignement rationnel des intentions et des commandements de Dieu, des péchés cultuels et moraux, surtout, et la volonté d'en prévenir les conséquences s'étaient affirmés et ce besoin de théodicée ne put que se renforcer au fur et à mesure que la situation politique du peuple devint plus critique. Or, le Dieu de la rédaction yahviste, ce Dieu massif, incarné, qui avait autrefois négocié en personne avec les hommes, était nettement mieux à même de satisfaire ces besoins plébéiens que le Dieu sublimé de l'école élohiste. Les décrets divins devaient être motivés de manière intelligible et on avait besoin de se référer, le cas échéant, à des paroles prononcées par le Dieu en personne. Les prophètes préexiliques ne recevaient pas les commandements et les oracles par l'intermédiaire de messagers, mais directement, même s'ils étaient par ailleurs très fortement soumis à l'influence des conceptions élohistes : cela tenait au fait que la prophétie était apparue pour la première fois dans l'Israël du Nord, ce qui avait entraîné des conséquences durables. Par suite, il n'était pas rare que, dans la compilation des anciens recueils aujourd'hui désignée comme « jéhoviste » (Wellhausen), l'ancien

Dieu des Pères et de l'Alliance fît à nouveau personnellement son apparition. Désormais, conformément au besoin rationnel des intellectuels, ce Dieu parlait (Gn 13, 14 sq.) ou argumentait avec ses prophètes. Dans d'autres cas, les réflexions qu'il se faisait en son for intérieur étaient retranscrites à la lettre (Gn 18, 17 sq.). Témoin, dans la version yahviste ancienne, les réflexions de Yahvé lorsqu'il décidait de punir les coupables du péché originel, ou de détruire la tour en terrasses de Babel. Cependant, le type de motivations avait changé. Selon la représentation primitive encore à l'œuvre dans la version yahviste, comme dans tous les mythes anciens, les décrets de Yahvé étaient mus par des intérêts égoïstes, notamment sa jalousie devant l'*hybris* qui le menaçait : les hommes ne cessaient de gagner en sagesse et en puissance. Dans les rédactions ultérieures, en revanche, les motivations principales étaient la bienveillance et l'assistance apportée aux hommes. Dans la rédaction finale du récit de la fuite au désert, par exemple, Dieu évaluait les différentes attitudes susceptibles d'être adoptées par les Israélites, qu'il ne croyait guère capables de constance, selon les voies qu'il pourrait leur faire emprunter ; en fin de compte, il ne prenait sa décision qu'en fonction de leurs intérêts [Ex 13, 17-19]. Dans tous les cas, fait caractéristique, on s'interrogeait sur les motivations du Dieu en considérant qu'elles étaient *intelligibles* d'un point de vue purement humain ; c'était là le principe qui présidait à leur mise en forme.

Pour le reste, il est clair que l'aspiration intellectualiste à une sublimation de la conception du Dieu entrait en conflit avec les intérêts pratiques de la *cure des âmes.* Les légendes anciennes expliquaient ingénûment que Yahvé pouvait « regretter » ses décisions et ses actes [Ex 32, 14]. Assez rapidement, le rationalisme des auteurs les porta à douter que ce fût là une attitude digne de la majesté d'un grand Dieu. On fit dire à Biléam que Dieu ne se rétractait pas « comme les hommes » et ce principe fut ensuite fréquemment réaffirmé (Nb 23,19 ; 1 S 15, 29). Les besoins pratiques de la parénèse lévitique contrariaient cependant l'aboutissement de ces tendances à la sublimation. Si Dieu avait pris sa décision et qu'elle était définitivement arrêtée, la prière, l'examen de conscience et la pénitence étaient inutiles. Il était à craindre que les maîtres de la Thora fussent tentés de tirer alors des conséquences tout aussi fatalistes, et tout aussi contraires aux intérêts de la cure des âmes, que celles du déterminisme astrologique des destins, qu'ils fustigeaient. Dans la version ultérieure de l'histoire de Moïse, par suite, un prophète était toujours là pour adoucir la colère de Yahvé en intercédant auprès de lui [Ex 32, 32 ; 34, 8-9 ; Nb 14, 13-19]. Yahvé changeait d'avis, soit parce qu'il était touché par cette supplique, soit parce qu'il éprouvait des regrets et des repentirs. Il en allait de même de David dans la tradition de Nathan [2 S 12, 13-14] et d'Achab dans la tradition d'Élie [1 R 21, 27-29] : ils faisaient pénitence et Yahvé les entendait. Ce Dieu anthropomorphe et, par suite, susceptible d'être compris, était mieux adapté, et c'est toujours le cas aujourd'hui, aux nécessités pratiques de la cure des âmes de masse. Le compendium deutéronomique trouva un expédient, en affirmant que Yahvé faisait dépendre à l'avance son attitude de l'action des hommes : « Voyez, vous avez aujourd'hui devant vous la bénédiction et la malédiction » – à vous de choisir [Dt 11, 26 ; 30, 15-20].

De la même façon et pour des raisons analogues, les positions adoptées sur d'autres questions, en particulier le problème ultime, celui de la théodicée, restèrent ambiguës. Le fondement ancien de la relation de Yahvé avec son peuple était la *berith.* Yahvé avait promis de traiter ce peuple comme le sien, mais ce serment semblait sans cesse remis en cause par les malheurs qui menaçaient de survenir ou survenaient effectivement, dans le domaine politique. Dans la version yahviste de la légende du Déluge, reprise à une date relativement tardive, une explication était trouvée : les actions des hommes étaient à jamais « perverties dès la jeunesse » [Gn 8, 21]. Leurs infortunes n'étaient que trop méritées. Cependant, malgré tout, Yahvé ne pouvait renoncer à l'odeur délicieuse du sacrifice ; justement parce que les hommes ne pouvaient s'abstenir de commettre le mal, il décidait de renoncer, à l'avenir, à engloutir l'univers entier dans un déluge (Gn 8, 21) – un écho de la fin de la légende babylonienne du Déluge, nous le verrons plus loin. Ce jugement pessimiste sur les hommes était certainement inspiré par les pratiques de confession des maîtres de la Thora du Sud. Il n'était pas universellement admis ; en Israël, l'homme était tenu pour un être faible, mais non pour une créature corrompue de manière constitutive. (Seule la prophétie de malheur de la dernière période pencha à nouveau dans ce sens.) Dire que nul n'était innocent devant Yahvé était une formule beaucoup plus adéquate (Ex 34, 7) et cet argument, à l'évidence, était mieux adapté aux besoins pratiques de la cure des âmes, confrontée à des innocents qui souffraient. Au demeurant, le problème des malheurs spécifiquement subis par Israël alors qu'il était le peuple de Dieu n'était pas pour autant résolu. La parade toute trouvée consistait, bien entendu, à rappeler que Yahvé avait subordonné ses anciennes promesses à une condition, le respect par le peuple d'Israël de ses commandements rituels et éthiques, et qu'Israël ne les avait pas respectés. De fait, toutes les promesses anciennes furent peu à peu reformulées dans un style nouveau : ce qui était à l'origine la parole donnée de Yahvé, inconditionnelle, devint un accord soumis à condition, conclu sous réserve de bonne conduite. Ce changement correspondait certainement, lui aussi, aux besoins pratiques d'une théodicée rationnelle et répondait surtout, nous le verrons, à une thèse fondamentale de la prophétie. Au demeurant, des difficultés surgirent. La représentation ancienne de la responsabilité solidaire de la communauté pour les actes de chacun de ses membres et des descendants pour les actes de leurs ancêtres, face à la vengeance du sang ou à l'ennemi politique, allait à l'origine de soi dans une libre confédération et, en pratique, s'avérait également très facile à appliquer [1]. Pourtant, il était à craindre qu'une question fût posée : à quoi bon, pour l'individu, satisfaire les commandements de Yahvé, si, en dépit de son innocence, les actes des autres causaient son malheur ? Pour les péchés des vivants, une solution était de consacrer les pécheurs à Dieu par le *ḥerem* et de les lapider. On appliquait cette méthode de la même façon qu'on absolvait un sacrilège ancien commis contre une communauté de métèques en livrant les auteurs du sacrilège ou leur famille ; sous David, ce fut le cas, dit-on, de la famille de Saül livrée aux Gabaonites [2 S 21, 1-9]. À Sichem, du moins à une époque relativement tardive, la cérémonie de malédiction et de bénédiction [Dt 27-28] avait certainement pour fin, de la même manière, de décharger la communauté de sa responsabilité en rejetant la malédiction sur la personne des pécheurs. La peine de mort prononcée à l'encontre d'un meurtrier était expressément conçue comme un moyen de laver le pays de la responsabilité collective d'une faute envers Yahvé [Dt 21, 21] ; pour les cas où le meurtrier ne pouvait être retrouvé, on célébrait des cérémonies expiatoires particulières [Dt 21, 1-9]. Cependant, il n'était pas possible d'appliquer cette méthode pour les péchés des ancêtres. L'amère maxime populaire citée par Ézéchiel s'appliquait alors : « Les pères ont mangé du raisin vert et ce sont les fils qui ont mal aux dents » [Ez 18, 2 ; Jr 31, 29]. Là encore, on risquait d'en tirer des conséquences fatalistes, contraires aux intérêts de la cure des âmes. Ce fut manifestement la raison pour laquelle, on l'a dit, l'école deutéronomique décida, sous l'influence des maîtres de la Thora lévitiques, de rejeter complètement l'idée de la responsabilité des descendants à l'égard des pères, aussi bien dans la pratique du droit

1. Sur le développement de cette conception, voir notamment Max Löhr, *Sozialismus und Individualismus im Alten Testament*, Gießen, 1906. Ce texte est de très bonne qualité, mis à part, peut-être, le titre qui induit un peu en erreur.

[Dt 24, 16] que dans le domaine moral [Jr 31, 29-30]. Cependant, la difficulté était la suivante : dans l'intérêt de la théodicée, on ne pouvait malgré tout pas faire l'économie de l'idée d'une expiation des péchés des ancêtres, puisqu'elle ne pouvait intervenir dans l'au-delà et que, l'expérience en faisait foi, l'individu n'était justement pas puni ou récompensé à proportion de ses péchés et de ses bonnes actions. C'était surtout la théodicée politique qui rendait ce présupposé indispensable, notamment après l'expérience malheureuse de la bataille de Megiddo [2 R 23, 29-30]. Les prophètes ne cessèrent de travailler à partir de cette idée de la responsabilité solidaire pour la communauté et de la responsabilité des descendants vis-à-vis de leurs pères [Am 2, 4 ; Os 9, 10-12 ; 11, 1-4]. Elle ne fut par conséquent jamais abandonnée de manière définitive. Dans la version des prêtres (Nb 14, 18), l'assurance de la grâce et de la miséricorde de Dieu voisinait encore immédiatement avec l'annonce de sa vengeance jusqu'à la troisième ou quatrième génération. Cette ambiguïté reflétait l'opposition entre les besoins pragmatiques de la prophétie politique, d'une part, et, de l'autre, les intérêts des prêtres chargés de la cure des âmes et le rationalisme de la couche cultivée. Tous s'accordaient cependant à admettre une même conclusion : Dieu devait être un Dieu de la *juste sanction.* Cette qualité fut notamment soulignée avec la plus grande insistance par l'école deutéronomique.

Les commandements de Dieu ainsi que les pénitences exigées en cas de manquements à ces derniers furent toujours davantage sublimés dans le sens d'une éthique de la disposition d'esprit. L'essentiel, pour le souverain céleste, n'était pas les modalités extérieures de l'action mais l'obéissance inconditionnée et la confiance absolue dans les promesses de Yahvé, même si celle-ci ne laissaient pas de soulever des interrogations. On rencontrait déjà cette idée dans le récit yahviste qui relatait comment Abraham avait été appelé à émigrer à Canaan [Gn 12, 1-3] et comment il avait reçu la promesse d'avoir un fils

[Gn 18, 10-15] : Abraham avait fait preuve d'une obéissance aveugle et sa confiance aveugle dans la promesse de Yahvé lui avait été « comptée comme justice » (Gn 15, 6). Ce n'est pas un hasard si cette notion fit pour la première fois son apparition dans une des légendes des Patriarches. En effet, les semi-nomades pacifistes étaient l'un des soutiens du parti opposé au culte de sacrifices institué par les rois et leurs prêtres ; le Dieu de l'ancienne Alliance, faisaient-ils valoir, n'avait pas plaisir à recevoir des sacrifices, mais *seulement* à ce qu'on obéît à ses commandements, et, surtout, la *communauté en tant que telle était sacrée* et n'avait donc pas besoin de prêtres. Cette hostilité à l'encontre du clergé pouvait bien entendu se réclamer des anciennes ascèse et extase des guerriers et des temps anciens où il n'existait pas de prêtres fonctionnarisés et moins encore de clergé héréditaire. Enfin, il est tout à fait vraisemblable que l'ordre des rékhavites, si apprécié de Jérémie, l'adversaire des prêtres de Jérusalem, était l'un des porteurs de cette position. Elle pouvait également trouver un écho favorable auprès de tous les lévites qui n'étaient pas employés dans des sanctuaires et ne vivaient que de l'exercice de la cure des âmes et de l'enseignement de la Thora. Elle allait de pair avec une autre idée qui avait certainement cours dans les mêmes cercles d'intellectuels et que les rédacteurs de la tradition placèrent dans la bouche des anciens voyants (Nathan en premier lieu [2 S 12, 13]) : Yahvé ne tirait pas de prime abord satisfaction des sacrifices offerts par le pécheur en guise de pénitence, ni des autres actes du même genre, mais de l'état d'esprit de contrition en tant que tel. Il est vrai qu'une autre partie des lévites, ceux qui appartenaient à l'école deutéronomique, notamment, étaient trop étroitement tributaires des intérêts du culte et du sacrifice pour être en mesure de tirer de telles conclusions. La version yahviste, globalement plutôt soumise aux influences méridionales et lévitiques, reprit justement les commandements purement cultuels (ce qu'on appelait le Décalogue cultuel [Ex 34, 10-26]). Cependant, cette idée même demeura vivace, dans la prophétie surtout, aussi longtemps que les prêtres furent alliés à la royauté. Jusque dans la rédaction plus tardive, ils ne purent l'éliminer complètement. Dans les récits de Moïse, le jugement prononcé par Yahvé à l'encontre des lévites qorahites incriminait précisément cette croyance hérétique dans le caractère sacré de la communauté et dans la possibilité de se passer des prêtres [Nb 16] ; mais ces derniers ne purent empêcher qu'elle se perpétuât de manière extrêmement tenace dans les transcriptions écrites des oracles des plus puissantes figures prophétiques.

Cette éthique de la disposition d'esprit prônant l'obéissance et la confiance en Dieu revêtit une tournure spécifiquement *plébéienne* dans la parénèse des maîtres de la Thora et la manière dont celle-ci réinterpréta une représentation mythologique ancienne : celle du Dieu jaloux et de sa haine pour l'*hybris* des hommes. Quand les sages égyptiens louaient l'obéissance, le silence et l'absence de prétentions comme des vertus agréables aux dieux, ils le faisaient à des fins de subordination bureaucratique. En Israël, cette position s'accordait au caractère plébéien de la clientèle. La fierté et l'orgueil, la vanité de pouvoir compter sur ses propres forces, les qualités incarnées par les rois et leurs héros guerriers, étaient honnies du Dieu de ces plébéiens que les maîtres de la Thora et les cercles dont étaient issus les prophètes s'employaient à conseiller et à soutenir par la cure des âmes. Ils représentaient même le sacrilège par excellence. Yahvé n'aimait pas l'érotisme (à en croire Amos [Am 2, 7]) ni les joyeuses beuveries des *giborim* (selon Ésaïe [Es 5, 22]). Pour le prophète Sophonie (So 3, 12), seul le peuple pauvre avait vraiment confiance en Dieu et le laissait disposer de toute chose ; voilà pourquoi lui seul, le jour venu, échapperait à la chute. L'antipathie de Yahvé à l'égard des grands semblait confirmée par les revers de cette caste orgueilleuse face à l'ennemi extérieur, alors qu'il n'en allait pas ainsi du temps de l'ancienne armée de paysans. La confiance en Yahvé et lui seul, humble et inconditionnelle, pouvait, le cas échéant, inciter le Dieu de l'ancienne alliance à être à nouveau pleinement aux côtés de son peuple, comme avant. Il s'agissait là, nous l'avons dit et répété, d'un motif fondamental de l'éthique politique utopique des prophètes et du Deutéronome, qui, sur ce point, fut influencé par ces derniers. Nous aurons à revenir sur cette question particulière. Mais pour l'instant, nous nous contenterons de rappeler certains facteurs qui expliquent les spécificités formelles du rapport de l'homme avec Dieu en Israël. Notamment l'accent si fortement mis sur cette éthique rationnelle de la disposition d'esprit.

19. Magie et éthique

C'est surtout le fait que l'importance reconnue habituellement à la magie *fit défaut* en Israël, ou plutôt – car celle-ci, pas davantage qu'ailleurs, ne disparut jamais vraiment des pratiques des masses – la lutte systématiquement menée contre elle par les maîtres de la Thora qui fut décisive pour le destin de celle-ci, dans le cadre de la piété vétérotestamentaire. Il existait, en Israël, des magiciens de toute espèce. Mais les cercles yahvistes qui donnaient le ton, en particulier les lévites, n'étaient pas des magiciens : c'étaient des porteurs de *savoir.* Il en allait de même, nous l'avons vu, des brahmanes. Mais le savoir, en Israël, était fondamentalement différent du savoir brahmanique. Lorsque, dans le récit yahviste du Paradis, le serpent conseillait à la femme de manger les fruits de l'arbre de la connaissance, il assurait aux hommes qu'ils allaient « ouvrir les yeux et être comme Dieu lui-même ». Et ce n'était même pas un mensonge. En effet, une fois que Yahvé avait maudit l'homme et le serpent, il ajoutait : « L'homme est devenu comme nous », c'est-à-dire comme un Dieu – par le *savoir* – et il le chassait du jardin « afin qu'il ne prît pas aussi les fruits de l'arbre de vie, les mangeât et devînt immortel ». C'était donc la possession de deux choses, l'immortalité et le *savoir,* qui transformait l'homme en Dieu. Mais quel savoir ? Dans les deux passages mentionnés, c'était la connaissance « du bien et du mal ». Tel était le savoir qui, selon la représentation de cet auteur préprophétique, rendait l'homme l'égal de Dieu. Mais il n'était pas évident de comprendre qu'il s'agissait là d'un savoir éthique rationnel et non d'un savoir purement rituel ou ésotérique. En Égypte aussi, le plébéien privé de la culture écrite des prêtres était désigné comme un homme qui ne savait pas « où était le bien et où était le mal ». Dans le récit du Paradis, c'était la condamnation de la nudité, dictée par des motifs purement rituels, et non un savoir éthique rationnel, que l'homme découvrait en mangeant les fruits de l'arbre de la connaissance. Michée, déjà, à l'époque d'Ézéchias, répétait qu'il avait été dit à l'homme, à tout homme, en d'autres termes, « ce qu'était le bien : le respect des commandements de Dieu, l'exercice de l'amour et l'humilité devant Dieu » (Mi 6, 8). On n'avait donc pas affaire à un savoir ésotérique, ni même à un savoir purement rituel, mais à une forme d'éthique et de charité faisant l'objet d'un enseignement rigoureusement exotérique. Ce type d'enseignement était précisément le propre de la Thora lévitique et nous avons vu que, d'emblée, quant à la relation particulière entretenue avec Yahvé comme partenaire personnel de la *berith* conclue avec la confédération, l'accent avait fortement été mis sur le « respect de ses commandements ». D'où l'importance capitale de l'obéissance et de l'éthique par rapport aux commandements cultuels qui, étant donné la structure de l'alliance, faisaient pour ainsi dire défaut, immanquablement, et aux commandements purement rituels, dont on peut supposer qu'ils se limitaient, à l'époque ancienne, à un petit nombre de règles simples. Compte tenu de la responsabilité solidaire de la communauté devant Yahvé pour les fautes de tous les individus qui la composaient, cette problématique éthique revêtait une importance considérable pour chacun d'entre eux [1]. Cependant, elle représentait surtout un enjeu pour les intellectuels préoccupés par le destin du pays. De là, cette représentation de la nature du savoir divin gagna, peu à peu, les cercles plébéiens yahvistes de plus en plus démilitarisés et tous les cercles d'intellectuels attachés au bon vieux droit. Elle prit ensuite toujours davantage d'importance. Dans l'ancien temps, le charisme divin n'était connu que comme extase guerrière et comme prophétie de guerre. L'une et l'autre avaient disparu. La tendance à présenter Moïse comme un magicien, dont les sortilèges pouvaient décider de la victoire, à l'exemple de ceux des brahmanes de cour indiens, se perpétua, ainsi qu'en témoignent certains aspects de la tradition [Ex 7-11]. Mais il n'existait plus de magiciens de ce type. Depuis Moïse, Yahvé n'avait plus fait naître de prophète auquel il fût apparu en face à face. Les temps avaient changé. Les oracles de guerre d'Élisée furent, dans la tradition, les derniers échos de ce type de prophétie politique *magique*. En vertu de la nature des fonctions très importantes qu'ils remplissaient dans la société, les lévites, seuls porteurs pérennes et permanents de la foi en Yahvé, avaient le sentiment d'être les porteurs de la connaissance des péchés qui attiraient le malheur, et des moyens de les racheter. Si le nom *yid'oni* (Lv 20, 27 ; 2 R 23, 24), qui désignait les esprits oraculaires habitant certains magiciens, signifiait vraiment le « petit » savoir, ce serait là une illustration supplémentaire de la fierté des représentants du yahvisme quant à leur propre savoir, et de leur hostilité spécifique à la magie. Les prophètes de l'écrit israélites pouvaient, à l'occasion, conseiller des rois, tout comme les prophètes de cour et les magiciens. Cependant, ils le faisaient toujours dans le sens de la Thora lévitique : obéissance à Yahvé et confiance absolue en

1. On trouvera notamment chez Hehn (*op. cit.*, p. 348) des indications sur l'importance du caractère « démocratique » d'Israël (c'est le terme qu'il utilise) pour la spécificité de l'éthique israélite.

lui. Aucun d'entre eux ne chercha à aider son pays en pratiquant des sortilèges magiques.

Au demeurant, les cercles purement yahvistes connurent eux-mêmes en tous temps des amorces de développement d'une contrainte magique du Dieu, jusqu'à une date peut-être assez tardive de l'époque préexilique. À côté d'autres traces plus anecdotiques, une croyance allait de toute évidence dans ce sens : la reconnaissance, universellement répandue, de la force magique du *nom* de Dieu ; si l'on connaissait son nom et savait comment l'appeler, celui-ci serait contraint d'obéir. Lorsqu'il faisait son apparition dans le buisson ardent, ce n'est pas sans raison que Yahvé refusait dans un premier temps de prononcer son nom [Ex 3, 2-4] ; il en allait de même du *numen* avec lequel luttait Jacob [Gn 32, 25-30]. Lorsque, plus tard, Moïse demandait à Dieu la faveur de le voir en face, celui-ci l'invitait à prononcer son nom [Ex 33, 18-23]. C'est bien parce qu'un pouvoir de contrainte était attaché au nom. Cette représentation largement répandue, nous l'avons vu, était notamment en vigueur en Égypte. Le nom de Yahvé était aussi le symbole de sa puissance, comme le nom de Pharaon pour ce dernier. De la même façon que le roi, dans les *Lettres d'Amarna*, avait « placé son nom sur Jérusalem », le nom de Yahvé était « invoqué » sur Israël (Dt 28, 10 ; Jr 14, 9), sur Jérusalem (Jr 25, 29) ou sur un prophète (Jr 15, 16), il « habitait » à Jérusalem, où « une maison avait été construite pour lui », il « venait de loin » (Js 30, 27), il « était proche » (Ps 75, 2) et Yahvé agissait par son intermédiaire (Ps 54, 3) en faveur de tous ceux qui « aimaient son nom » (Ps 5, 12 ; 69, 37 ; 119, 132). Pour une part, il s'agissait là du *theologoumenon* déjà évoqué, qui offrait un substitut à la représentation d'une présence personnelle et anthropomorphe de Yahvé. D'autre part, cependant, cette conception de la nature du nom était prédominante en Égypte et ce n'est certainement pas un hasard si presque tous les passages caractéristiques de ce type étaient deutéronomiques et dataient, en d'autres termes, de l'époque où il était possible d'observer la plus grande parenté avec les formes de piété égyptiennes. Le caractère spécifiquement sacré reconnu au nom de Dieu en Égypte, où Isis dérobait son pouvoir à Râ en découvrant son nom secret et où Ptah vengeait « l'abus » qui avait été fait de son nom, se renforça également en Israël où, à l'origine, le tabou par ailleurs largement répandu du nom de Dieu n'avait pas cours. D'après la conception ultérieure, toute tentative pour contraindre le Dieu de majesté en prononçant son nom était un grave sacrilège, qui appelait sa vengeance. L'ingénuité dans l'usage du nom qui caractérisait encore l'époque prophétique fit place à cette appréhension spécifique, dont les premières amorces se manifestèrent dès l'époque ancienne. Dans le Décalogue, l'interdit de faire un mauvais usage du nom, qui remontait à une époque inconnue, visait à n'en pas douter les tentatives pour exercer une contrainte magique sur le Dieu [Ex 20, 7 ; Dt 5, 11]. Ce rejet se fondait, là encore, sur un antagonisme explicite vis-à-vis de l'Égypte et, sans doute, plus particulièrement, du culte des morts. En Égypte, en effet, l'importance du nom de Dieu n'était nulle part aussi centrale que dans le 125e chapitre du Livre des Morts, où il était dit que le bon usage du nom de Dieu décidait du destin de l'âme. À chaque porte de l'Hadès, le dieu concerné exigeait que le mort connût son nom pour le laisser entrer. Il est difficile d'imaginer que de tels échos et le rejet virulent dont cette conception faisait l'objet aient été fortuits.

En pratique, la condamnation de la magie signifia surtout qu'elle ne fut pas *systématisée* par les prêtres à des fins de domestication des masses, comme elle le fut ailleurs. À Babylone, la systématisation de la magie s'opéra sous la pression du besoin de *théodicée* ; elle procédait donc d'une origine rationnelle. Le fait de savoir, d'expérience, que des hommes souffrent sans même avoir commis de faute, ne semblait compatible avec la confiance dans les dieux qu'à condition d'attribuer l'origine du mal à des démons et à des esprits mauvais, et non aux dieux : la théodicée s'orienta ainsi sur la voie d'un semi-dualisme latent [1]. Il ne pouvait être question, en Israël, de tirer les mêmes conclusions. Même le mal, sous toutes ses formes, venait de Yahvé : ce fut déjà là une des thèses fondamentales du premier prophète (Amos). La magie comme défense contre les démons ne put se développer en Israël, où le mal était regardé comme une punition du Dieu puissant ou le fait de son arbitraire : ce furent plutôt la Thora des prêtres, purement *éthique*, et la confession des péchés, instrument de pouvoir proprement dit des prêtres lévitiques, qui se développèrent. Ce facteur entraîna des conséquences pour toute l'évolution religieuse d'Israël. En premier lieu, la place occupée par la « magie » dans les religions asiatiques était remplie, chez les Israélites, par le « miracle ». Le magicien, le sauveur, le dieu de l'Asie pratiquaient des « sortilèges » ; le Dieu d'Israël, lui, accomplissait des « miracles » lorsqu'on l'invoquait et l'implorait en ce sens. Nous avons déjà évoqué plus haut cette opposition de fond. Le miracle était une forme plus rationnelle que le sortilège. Le monde de l'Indien demeura un jardin enchanté régi par l'irrationnel. En Israël, les miracles des récits d'Élisée représentaient l'amorce d'une évolution de ce type ; ils ne le cédaient en rien, en matière d'irrationnalité, aux sorcelleries de l'Asie. Ce mode de représentation aurait très facilement pu prendre le dessus. Là encore, à l'évidence, la lutte contre toute *orgie extatique* eut pour effet que, dans les légendes yahvistes anciennes, par exemple dans les récits des Patriarches, mais aussi dans la tradition de Moïse et de Samuel, et, de façon générale, dans les écrits de l'Ancien Testament plus que dans tout autre livre sacré, ce n'est *pas* la magie qui prédomina, mais le miracle, né d'une intention et de réactions intelligibles et compréhensibles du Dieu. De plus,

1. Julian Morgenstern a formulé quelques hypothèses sur la croyance aux démons comme produit d'un besoin de théodicée (J. Morgenstern, *The Doctrine of Sin in the Babylonian Religion,* Berlin, 1905).

dans beaucoup de textes anciens et surtout dans les légendes des Patriarches, il était fait du miracle un usage assez parcimonieux. C'est avant tout cette absence de magie qui orienta toutes les interrogations relatives aux causes des événements, des destins et du sort, sur la voie de la croyance dans la *Providence* : l'idée qu'un Dieu régissait l'univers et, surtout, les destins de son peuple, de manière mystérieuse et pourtant, en dernière instance, intelligible. « Vous pensiez faire le mal, mais Dieu l'a transformé en bien », déclarait, dans une formule marquante, le héros de la légende de Joseph, dans la version raffinée des élohistes [Gn 50, 20]. Dans ce cas, la volonté de Dieu l'emportait sur les tentatives des hommes pour s'y soustraire, de même que, dans les récits indiens, le « destin » triomphait de tous les stratagèmes inventés pour le déjouer. Cependant, à la différence de l'Inde, ce destin n'était pas régi, en Israël, par le *karman* mais par une Providence rationnelle qui était celle du Dieu personnel.

Ce Dieu des intellectuels dont, en dépit de ses colères passionnées, les actes étaient en fin de compte rationnels et planifiés, possédait deux traits spécifiques. C'était d'abord, nous l'avons noté, un Dieu de *plébéiens*. Ce terme ne doit pas prêter à malentendu. Sous cette forme, Yahvé n'était pas le Dieu de la « piété populaire » et il ne répondait en aucune manière aux besoins des « masses ». Dans la conception qui finit par l'emporter, il était bien plutôt le Dieu qu'une couche de prophètes (prophètes de guerre et, plus tard, prophètes de la Thora) et de maîtres de la Thora voulait *octroyer* au peuple. Non sans rencontrer, dans bien des cas, des résistances. En effet, les besoins premiers des masses vont partout dans le sens du secours dans la détresse, par la magie ou les sauveurs, et il n'en allait pas autrement en Israël. Les idéaux et les idéalistes de la piété yahviste n'étaient pas davantage issus de cercles de « pauvres ». Avant l'exil, l'Israélite conjuguant la piété à une bonne situation économique était le héros non seulement de toute la tradition authentique des Rois, mais aussi des fragments des traditions anciennes issues de l'époque des Juges. Pour la légende pieuse également, les Patriarches étaient extrêmement riches [Gn 13, 2]. Selon les promesses anciennes, la richesse était censée être, là comme ailleurs, le salaire de la piété. Les porteurs du savoir yahviste dotés d'une culture lettrée appartenaient, dans la plupart des cas, selon toute vraisemblance, à des clans distingués. Cependant, comme on le voit au début de l'époque prophétique (Amos), c'était loin d'être toujours le cas. Mais surtout, les cercles auprès desquels les lettrés espéraient *promouvoir* une *piété* puritaine authentique, hostile à l'orgie, à l'idolâtrie et à la magie, et la promurent effectivement avec succès, étaient dans une très large mesure des couches plébéiennes, au moins au sens où ils n'avaient point part à la possession du pouvoir *politique* et n'étaient pas les porteurs de l'État militaire, de l'État de corvées des rois, ni de la puissance sociale du patriciat. La tradition portait nettement la marque de cet état de fait. On ne rencontrait nulle part de vestiges d'un héroïsme de la noblesse, hormis dans quelques récits des Rois. C'étaient presque toujours le paysan ou le berger pieux et pacifique qui étaient idéalisés ; le mode d'exposition et de réflexion était adapté à l'horizon de ces derniers. Il n'était pas question, bien entendu, de briguer les faveurs de la masse par la démagogie. Dans la parénèse lévitique, à l'exemple de l'Égypte, le juge n'était pas davantage incité à aménager le droit au profit du plus grand nombre qu'au bénéfice de l'élite ; le malheur de Saül était imputé, entre autres, au fait qu'il s'était plié aux demandes insensées du peuple [Ex 23, 1-3 ; Dt 1, 17]. Bien plus : c'est la connaissance des commandements de Yahvé qui décidait de la valeur et de l'autorité de l'individu. Cependant, le souvenir de l'armée paysanne et « l'idéal nomade » dont les rékhavites fournissaient le modèle représentaient la norme absolue, y compris pour la couche cultivée. La seule manière d'assurer le destin de l'État et du peuple était de respecter les commandements du ciel : telle était la conviction fondamentale des yahvistes radicaux, tout comme, en Chine, des confucéens. Chez ces derniers, cependant, les vertus prédominantes étaient celles d'une couche de prébendiers lettrés distingués, dotés d'une culture esthétique, alors que, dans le premier cas, les vertus idéalisées étaient celles des plébéiens israélites des villes ou des campagnes. La parénèse lévitique prit toujours davantage en compte la sphère de représentations de cette couche, qui formait sa clientèle. Le trait remarquable, en l'occurrence, était que des couches plébéiennes fussent devenues les porteurs d'une éthique religieuse *rationnelle*. Ce fut le cas en Israël, mais nulle part ailleurs.

Le deuxième point là encore extrêmement important fut que Yahvé demeura un Dieu de l'*histoire*, plus particulièrement de l'histoire politico-militaire. Par là, il se distinguait de tous les dieux asiatiques ; cette spécificité trouvait son fondement dans les premières relations qu'il avait nouées avec Israël. Pour ses adorateurs les plus fidèles, Yahvé resta toujours le dieu de guerre de l'Alliance de confédérés. Libre à lui d'être, par ailleurs, un dieu de la pluie ; la spéculation d'Israël du Nord pouvait l'élever au rang de roi du ciel ; mais, pour la piété authentiquement yahviste, notamment pour la piété prophétique, il demeura le Dieu des destins politiques. Ce n'était donc pas un Dieu avec lequel on pouvait rechercher l'union mystique par la contemplation. C'était un seigneur suprahumain et pourtant personnel, accessible à l'entendement, un Dieu auquel il fallait obéir. Il avait livré ses commandements positifs ; il s'agissait de les respecter. Comme avec un grand roi, on pouvait chercher à comprendre ses intentions de salut, les raisons de son courroux et les conditions de sa grâce. Mais on ne pouvait aller plus loin. À partir de tels présupposés, le développement d'une spéculation sur le « *sens* » du monde, à la manière indienne, était entièrement exclu. Chez les Égyptiens et chez les Babyloniens également, pour des raisons différentes chaque fois, ce type de spéculation était cantonné dans des bornes très étroites. Dans l'ancien Israël, elle ne put tout simplement pas voir le jour.

20. Mythologèmes et eschatologies

Si, d'un côté, la rationalisation de l'image du monde demeura confinée dans un cadre étroit et put justement s'imposer pour cette raison même, la spécificité de Yahvé, d'un autre côté, imposa des limites à sa *mythologisation.* La figure de Yahvé était porteuse de mythologèmes, comme celle de n'importe quel dieu. Chez les prophètes et les psalmistes, les images les plus grandioses de ses actes et de ses épiphanies étaient issues, cela ne fait aucun doute, d'un fonds de mythes très anciens et très répandus. Largement diffusées à Babylone et certainement aussi à Canaan dans la période préisraélite, les représentations du dragon primitif, des monstres et des géants que devait combattre le Dieu au moment de la création du monde se perpétuaient, en Israël, en dehors de la cosmogonie forgée par les prêtres, dans des figures comme celles du Léviathan, de Béhémoth et de Rahav ; on les retrouvait également, au sein même de la cosmogonie, dans l'évocation du chaos des eaux primordiales, qui portaient le même nom que le dragon primitif de Babylone (Tehom : Tiamat). L'évocation du jardin de Dieu à Éden, arrosé d'eau, la désignation du premier homme comme un cultivateur, la référence aux grands fleuves du monde et à une montagne arménienne, dans la version actuelle du récit des commencements, attestaient que tous ces mythes n'étaient pas nés dans la steppe ni dans les montagnes de Palestine. La figure de patriarche qui cultivait le jardin de Dieu s'accordait mal avec les rudiments de gigantomachie du sixième chapitre de la Genèse. L'image du souffle de Dieu incubant au-dessus des eaux, dont la réception s'effectua dans la version des prêtres la plus tardive, appartenait quant à elle à une autre série de représentations. Dans la cosmogonie yahviste ancienne, Yahvé ne créait pas le monde « à partir du néant ». Pourtant, dans tous les cas, il était seul à créer ce qui naissait sur la terre. Cette conception, à laquelle Martin Peisker a donné le nom tout à fait adéquat de « monothéisme naïf[1] », n'avait rien de commun avec la vision d'un Dieu unique et universel. On retrouve dans presque toutes les cosmogonies, en effet, un Dieu qui crée le monde et éclipse les autres de ce point de vue. Le trait caractéristique, dans ce cas, était qu'on avait affaire à un simple récit en prose, alors que la légende babylonienne des origines était composée en vers. De la même façon, les images mythologiques des prophètes et, surtout, celles des prêtres, revêtirent au fil du temps une forme de plus en plus abstraite et de moins en moins plastique : conséquence typique de la révision des représentations mythiques par le rationalisme théologique. Le produit final, le récit de la création présenté dans le premier chapitre de la Genèse, d'une majesté inégalée, mais entièrement dépourvu de force plastique, était, typiquement, une œuvre de prêtres, née dans le temps de l'exil et délibérément construite à l'encontre du modèle babylonien. Toutes les images fantasmatiques de la légende babylonienne initiale, en particulier le partage du dragon en deux, avaient été évacués, et celui-ci avait été dépouillé de sa forme personnelle pour se fondre dans les eaux primordiales. La Création survenait sur un simple « mot » de Dieu, qui faisait poindre la lumière et partageait les eaux ; de la même façon, c'est sa parole qui touchait les hommes lorsqu'elle était enseignée par ses précepteurs. Ce n'est qu'à cette époque, sans doute, que les vestiges de théogonie et de gigantomachie furent presque entièrement éliminés du récit ancien qui avait été

1. Cf. Martin Peisker, *Die Beziehungen der Nichtisraeliten zu Jahve nach der Anschauung der altisraelitischen Quellenschriften*, Gießen, 1907.

conservé en l'état à côté du reste. Telle était, dans le yahvisme, la limite de la tolérance à l'égard des mythes. Yahvé admettait bien tel ou tel mythologème, mais, à la longue, il ne souffrait pas ce qui était, à proprement parler, le couronnement de tous les grands systèmes mythiques : la théogonie. En Israël, où Yahvé avait été adopté comme un Dieu extérieur, le terrain n'était pas favorable pour les mythes théogoniques, pour la raison au moins que Yahvé demeura un Dieu sans épouse, honoré en l'absence d'images, qui ne connaissait – c'est là, normalement, la source de tous les systèmes mythiques – ni les cultes d'orgie ni les mimes magiques de contrainte des démons, n'était pas susceptible d'inspirer l'imagination artistique ou littéraire, et n'admettait pas l'ivresse dans son culte sacrificiel, dont le rôle n'était que secondaire dans les relations entretenues avec lui.

À côté de ces traits personnels, en effet, sa position de garant de l'ordre juridico-social allait à l'encontre des mythologies divines en vigueur à Canaan comme dans toute l'Asie antérieure. Yahvé se distinguait également, par là, des grands dieux universels des pays de haute culture. Le champ d'action de ces derniers, y compris du dieu solaire Akhénaton, était, d'abord, la nature. Les destins politiques étaient garantis par le dieu local de la résidence royale, l'ordre social par un ou plusieurs dieux fonctionnels ; le grand dieu céleste ne jouait, dans ce domaine, qu'un rôle secondaire. Yahvé aussi était un dieu de la nature, et il l'était même dès l'origine, incontestablement. Mais c'était le dieu de certaines *catastrophes* naturelles que la parénèse lévitique interprétait comme des expressions de sa colère lorsqu'on lui avait désobéi. Ce lien établi entre l'attitude de Dieu et l'obéissance plus ou moins grande de chaque individu ne fit que se renforcer, en Israël, au fur et à mesure que la Thora prit davantage d'importance. Tous les mythologèmes naturels furent alors subordonnés à une orientation objectivement rationnelle de l'action divine. La réception, inévitable chez la couche cultivée israélite, de mythes cosmologiques universalistes, et leur intégration dans la représentation de Yahvé, ne purent qu'entraîner des conséquences importantes pour la tournure revêtue par ces derniers : ils furent réinterprétés dans un sens *éthique.* La réception des mythes n'exerça, cependant, qu'une influence très limitée sur la conception du Dieu et la sotériologie ; plus limitée, en tout cas, que celle qu'on aurait pu attendre.

La signification tout à fait secondaire, pour la religiosité yahviste, des mythes cosmogoniques et anthropogoniques n'était nulle part aussi manifeste que dans l'absence de presque toute allusion au mythe du « péché originel » du premier couple humain, si fondamental pour nos représentations modernes. Dans toute la littérature de l'Ancien Testament, cet épisode ne revêtit pas la moindre importance, du point de vue sotériologique, et aucun rôle décisif ne lui fut attribué pour expliquer l'attitude de Yahvé envers Israël ou les hommes en général. Il n'était évoqué que par quelques allusions isolées, qui remplissaient seulement une fonction paradigmatique (Os 6, 7). La chute d'Adam ne devint un élément fondamental pour la doctrine sacrée que dans certaines spéculations du christianisme ancien, sur la base de représentations qui, étrangères à la religiosité israélite des origines, tiraient manifestement leur origine de la gnose orientale. La chute d'Adam et Ève était un mythe étiologique destiné à rendre compte de la mort, de la nécessité de peiner dans le labeur et d'enfanter dans la douleur, et, enfin, de l'hostilité au serpent – plus tard : à tous les animaux [Gn 3, 14-19]. Mais sa signification n'allait pas plus loin. Plus tard, les rabbins regardèrent l'adoration du Veau d'or comme un sacrilège incomparablement plus grave que la désobéissance d'Adam, parce qu'une *berith* avait été rompue dans le premier cas, mais non dans le second. Cette distinction respectait tout à fait le fondement ancien de la position de Yahvé à l'égard d'Israël, tel que nous le connaissons : le mythe ne le remettait pas en cause. Il est vrai qu'Osée regardait déjà (Os 6, 7) le sacrilège d'Adam comme la rupture d'une « *berith* ». Mais cette conception ne fut pas déterminante pour la religiosité israélite dans son ensemble. En revanche, la spécificité de Yahvé entraîna des changements considérables dans l'acception du mythe. Dans un exercice d'écriture pour les scribes présenté dans les tablettes d'Amarna, déjà, le mythe babylonien du premier homme, Adapa, relatait comment celui-ci avait perdu l'immortalité parce qu'il avait suivi le mauvais conseil d'un autre dieu, et avait en outre été d'emblée traité comme « impur » et, par suite, disqualifié pour le ciel d'Anu ; la conception israélite, elle, tira de ce mythe un paradigme extrêmement marquant qui insistait sur les conséquences de la désobéissance.

Cette orientation fut, à n'en pas douter, le produit de la Thora lévitique, dont la réception ne fut définitive que dans la rédaction finale du récit de la création. Chez Ézéchiel (Ez 28, 13 sq.), en effet, et dans le Livre de Job (Jb 15, 7), on trouvait encore la trace d'une tout autre conception : le premier homme était une figure pleine de sagesse et de beauté, vivant comme un chérubin immaculé dans le jardin divin orné de pierres précieuses (à la manière babylonienne), sur la montagne miraculeuse de Dieu, également mentionnée dans les Psaumes, conformément à la nature de Yahvé, qui était un dieu des montagnes ; cet homme, cependant, commettait l'*hybris*, endossait le poids de la faute et était déchu par Yahvé. Ce premier homme n'était en aucun cas le « fou pur » du mythe yahviste du Paradis. Ézéchiel décrivit deux fois Noé, Job et Daniel comme trois hommes sages et pieux de l'ancien temps (Ez 14, 14-20) et affirma même que Daniel était omniscient (Ez 28, 3) : l'idéalisation de la sagesse suprahumaine des Patriarches, caractéristique de toute tradition de prêtres, était manifestement en train de se développer. Elle fut plus tard réactualisée sous une tout autre forme par les maîtres de la *ḥokhma,* après l'exil. Elle demeura cependant étrangère aux maîtres de la Thora proprement dits. Le modèle babylonien de la légende du Déluge, le mythe dont, à en croire les spécialistes, la réception fut la plus tardive, était à même de satisfaire le besoin d'éthique, dans la mesure où un lien pouvait être établi avec un motif au moins effleuré dans les légendes des Patriarches. Les dieux reprochaient à Enlil, qui avait déclenché le déluge, d'avoir voulu éliminer tous les hommes sans distinction, qu'ils eussent ou non péché : le Noé babylonien ne devait qu'à un conseil secret d'Ea d'avoir la vie sauve. Dans la réception de cette légende du Déluge, la modification caractéristique était la suivante : Yahvé décidait de ne pas envoyer le déluge une seconde fois, parce que les aspirations de *tous* les hommes étaient corrompues dès la naissance ; il tenait justement à la survie et au destin des hommes pour eux-mêmes. Ce n'est pas la moralité exceptionnellement « sublime » qui a été attribuée aux Israélites qui expliquait ces modifications caractéristiques. L'éthique israélite ancienne était crue et simple. C'est un autre facteur qui fut décisif : en raison de la spécificité historiquement conditionnée de Yahvé et de sa relation avec Israël, la cure des âmes proposée aux couches plébéiennes revêtit un caractère éthique et non magique, et les mythes ne présentaient, de ce point de vue, qu'un intérêt paradigmatique. La cure des âmes avait besoin, pour remplir ses objectifs, de miracles divins rationnellement fondés, de preuves de la puissance de Dieu, de ses châtiments et de ses récompenses, et non d'histoires de sortilèges et de héros.

Une conception liée aux mythes cosmogoniques qui fut riche de conséquences pour l'évolution ultérieure fut la représentation du *paradis* perdu en raison d'une faute morale et celle de l'état de *paix* et d'innocence qui y régnait. La forme extérieure du paradis connut semble-t-il des transformations. À l'époque de l'exil, la conception de la « montagne de Dieu » (Ez 28, 11 sq. ; 31, 8-9-16 ; 36, 35) avait à l'évidence pour fin d'affranchir Yahvé de sa localisation à Jérusalem et de conforter sa position de dieu universel. Les maîtres de la Thora reprirent la conception yahviste ancienne. À ce jour, l'existence, à

Babylone, d'un mythe du paradis à proprement parler n'a pu être démontrée, même s'il était fait mention d'un parc divin enchanté planté d'arbres en pierres précieuses, ainsi que d'un canal creusé par des dieux. Usener a établi que les mythes relatifs à un moment originel de rapports pacifiques avec les animaux étaient relativement répandus et qu'ils existaient aussi à Babylone (épopée de Gilgamesh [1]). Comme dans la Genèse, c'est semble-t-il par la faute de la femme que cet état originel avait été perdu. Le mythe du jardin pacifique planté et arrosé par Dieu, dont l'homme, condamné à peiner au labeur de la terre et à se battre contre des serpents, était chassé, fit très vraisemblablement son apparition dans un pays comme la Mésopotamie ; on ne saurait dire quelle était son ancienneté à Canaan. Que ce mythe eût trouvé son origine dans un pays où l'on cultivait des jardins était également suggéré par une représentation que l'on devinait en arrière-plan : à l'origine, aussi longtemps qu'ils furent en paix avec les animaux, les hommes étaient végétariens. On rencontre également quelques allusions allant dans ce sens dans l'épopée de Gilgamesh. Aucune religion susceptible d'avoir influencé la religion israélite ne connut, cependant, à ce qu'il semble, l'idée d'un état d'innocence antérieur au savoir [2]. De plus, l'interprétation particulière du non-savoir comme ignorance de l'interdit pesant sur la « nudité » portait, à l'évidence, la marque de la spécificité rituelle du yahvisme. L'importance centrale accordée à la notion de *berith* impliquait l'idée, propre à Israël, que les relations pacifiques des premiers hommes avec les animaux avaient été fondées sur une *berith* de Yahvé avec

1. Hermann Usener, *Die Sintfluthsagen (Religionsgeschichtliche Untersuchungen, Bd.3)*, Bonn, 1899, p. 210 sq.

2. Dans le mythe babylonien du premier homme, Adapa n'était en rien dans un état d'innocence : c'était au contraire un homme impur, dont l'arrivée dans le ciel d'Anu posait problème (voir le verset 57 de la traduction présentée par Gunkel, *op. cit.*). Pour le reste, nous l'avons déjà observé, les premiers hommes étaient le plus souvent les porteurs d'une haute sagesse prêtée par Dieu.

eux, que Yahvé pourrait à nouveau, à l'avenir, conclure une *berith* de ce type, et qu'il ne manquerait pas de le faire. Cette idée se rencontrait déjà chez les premiers prophètes (Os 2, 18 ; Es 11, 1). Le point décisif, dans cette représentation, était précisément celui-ci : même si le moment primitif de félicité et de paix était perdu, il était encore éventuellement possible de le retrouver, à l'avenir, en adoptant la conduite adéquate. Il ne fait apparemment aucun doute que cette représentation *eschatologique* travaillée par les prophètes était déjà répandue avant eux. Cette époque à venir serait un nouvel Éden (Es 51, 3), la paix régnerait parmi les hommes, les épées seraient transformées en charrues (Es 2, 4), l'arc, le glaive et la guerre disparaîtraient du pays (Os 2, 18), la terre produirait du grain, du moût et de l'huile en quantité, par la grâce du ciel (Os 2, 22). C'étaient là les espérances de salut de paysans non militarisés, spécifiquement *pacifistes.*

Ces attentes de paix n'étaient pas l'unique forme revêtue par les espérances eschatologiques qui remontaient aux temps préprophétiques ; elles coexistaient avec des espérances d'un autre type, conformément à la variété des configurations d'intérêts socialement conditionnés. Les *guerriers* avaient quant à eux d'autres espoirs d'avenir. Les premiers prophètes, déjà (Amos), évoquaient l'attente d'un « Jour de Yahvé » (*yom Yahvé*) qui, selon la représentation jusque-là répandue, serait un jour extrêmement salutaire pour Israël. Quel était le sens de ce terme à l'origine ? Yahvé était un dieu de la guerre et, par suite, le « Jour de Yahvé » attendu était un jour de bataille victorieuse, comme l'avait été autrefois le « *yom Midyan* » (Es 9, 3), le jour de la victoire de Gédéon. Les anciens oracles par tirage au sort révélaient aux héros de guerre, Gédéon et bien d'autres, le jour et l'heure précis où Yahvé livrerait les ennemis « aux mains d'Israël » [Jg 3, 28 ; 7, 9-10] : de là découlait sans doute cette façon de voir. Les méthodes de l'ancien dieu des catastrophes étaient connues : « l'effroi divin » causé par les tremblements de terre ou les chocs climatiques. Le Jour de Yahvé était donc un jour de terreur (*yom mehuma*, Es 22, 5) ; cependant, aux yeux des guerriers, cette terreur affecterait, bien entendu, les ennemis d'Israël mais non Israël lui-même (Am 5, 18-20). Une autre conception, plus pacifiste, regardait, semble-t-il, le Jour de Yahvé comme celui d'un joyeux banquet sacrificiel (So 1, 7) où Yahvé offrirait l'hospitalité aux siens.

Ces espérances d'avenir, plus ou moins pacifistes ou plus ou moins guerrières, selon les cas, s'associaient aux promesses de la prophétie de salut *royale*. Hugo Greßmann, notamment[1], a fait observer que, dans les cours des grands rois voisins, il existait un « style de cour » assez bien défini pour ces prophéties. Chaque roi était célébré pour avoir ouvert une ère bénie : le barde prophète de salut assurait que les malades seraient guéris, les affamés rassasiés, les gens nus vêtus, les prisonniers amnistiés (Assurbanipal) et les pauvres reconnus dans leurs droits (une mention fréquente dans les inscriptions royales babyloniennes ; en Israël, voir le Psaume 72). Le roi lui-même (ainsi David par Yahvé, 2 S 6, 21) avait été choisi par Dieu (à Babylone, par Mardouk), qui avait fait de lui son prêtre (Ps 110), l'avait adopté (tel le roi d'Israël dans le Psaume 2, 7), voire engendré (*ibid.*). Le roi avait à faire la preuve de sa qualité royale, autrement dit de son charisme, en apportant le salut attendu par le peuple (c'était le cas en Chine et dans tous les pays où prédominaient les conceptions purement charismatiques). Pour que son ascendance divine fût attestée, on disait du roi que son père ou même sa mère étaient inconnus, qu'il était né en secret, ou bien dans les montagnes, et qu'il était le fils d'un dieu. C'était déjà le cas en Mésopotamie dans la période ancienne, pour Gudea

1. Voir son remarquable essai *Der Ursprung der israelitisch-jüdischen Eschatologie, op. cit*. Pour une critique de ces thèses, voir Sellin, *Der alttestamentliche Prophetismus, op. cit.*, p. 105 sq.

le Sumérien, pour Sargon, le fondateur de la puissance babylonienne, puis, à l'époque tardive de l'Assyrie, pour Assurnasirpal. Les usurpateurs, notamment, avaient recours à ce moyen de légitimation, mais ils n'étaient pas les seuls. Cette représentation était, semble-t-il, également connue en Israël : Ésaïe s'y référait lorsqu'il opposait à Ahaz, le roi sans foi, l'Emmanuel, le roi de salut peut-être déjà né, qui présentait exactement ces caractéristiques. Selon que l'on avait affaire à une couche plutôt militaire ou plutôt pacifiste, le roi de salut était un monarque monté sur des chevaux et des chars (Jr 17, 25 ; 22, 4), un prince chevauchant un âne, à la façon du héros charismatique de l'ancien Israël, à l'époque de l'Alliance (Za 9, 9 sq.), ou un prince de la paix, comme l'Emmanuel d'Ésaïe. Dans le Royaume de Juda, ce souverain « oint » (*ḥa-machiaḥ*, c'est-à-dire simplement « le roi ») était censé être issu de la tribu de David, donc de Bethléem ; on attendait de lui qu'il fût un « sauveur » (*machiaḥ*) ; c'est bien ainsi que Jéroboam II fut perçu en son temps [2 R 14, 27]. En Israël, la spécificité de ces espérances tenait à des motifs politiques. Alors que, dans les pays de grande culture, la position puissante de la royauté, depuis des temps immémoriaux, incitait à associer de prime abord les espérances sotériologiques à un roi vivant [1], et que les attentes de salut « messianiques » faisaient figure d'exception – comme sous Bocchoris –, la situation était différente en Israël. Il est vrai que, même en Égypte, avec le renforcement de la position des prêtres, le roi (par exemple celui de la XXIe dynastie) n'était plus qu'un seigneur reconnu et légitimé par Amon, et non, comme c'était le cas auparavant, du moins d'après la conception officielle du Royaume ancien, un dieu vivant lui-même ; il en alla constamment de même en Mésopotamie, à l'époque historique. En Israël, en revanche,

1. Le pharaon (Ramsès II) intercédait pour obtenir la pluie (y compris pour le pays des Hittites !) : voir *Breasted's Records,* t. II : *The Eighteenth Dynasty,* Chicago, 1906, p. 426.

surtout dans le Royaume du Nord, constamment confronté à des révoltes militaires et à des usurpations, les espérances associées à la royauté comme porteuse de salut furent manifestement évincées par d'autres attentes. Pour Osée, il n'était tout simplement pas de roi légitime – ce qui correspondait à la situation de son temps. Pour le reste, la prophétie de salut royale officielle et les prédictions d'avenir étaient concurrencées par l'espoir que Yahvé lui-même prît en main le gouvernement, éliminât les dieux étrangers (Es 10, 3-4) et donnât au monde une forme nouvelle [1], ou bien qu'il envoyât un faiseur de miracles suprahumain pour faire tout cela à sa place. Celui-ci anéantirait tous les envahisseurs étrangers, et, en Israël même, il tuerait les méchants. La relation particulière que Yahvé entretenait avec son peuple en vertu de la *berith* fit que, en Israël comme nulle part ailleurs, les espérances eschatologiques se cristallisèrent dans cette attente à tournure spécifiquement *éthique*. Cette conception ne se rencontrait pas ailleurs et une des raisons pour lesquelles elle ne put se développer en d'autres lieux fut, en dehors d'Israël, l'emprise de la magie comme méthode de salut universelle. La venue du Jour de Yahvé apporterait aussi le malheur aux pécheurs du peuple d'Israël. Seuls quelques-uns, un « reste [2] » (*cheérith*), survivraient à sa colère. Amos, le premier, avait déjà recours à cette notion de « reste », fondamentale pour tous les

1. Que Yahvé *devînt* un jour le Seigneur du monde, et non qu'il le fût déjà – comme le prétend Schön, *op. cit.* : telle était la vieille espérance que l'on trouvait déjà dans le Cantique de la mer Rouge (Ex 15). Ce n'était pas non plus un « tribunal » de Yahvé qui était attendu, comme l'affirme Sellin, mais l'apaisement de sa colère. L'idée d'un « tribunal de l'univers » proprement dit n'était jamais développée, du moins pas vraiment, et lorsqu'elle était suggérée, c'est Yahvé qui – en tant que partenaire de la *berith* – était en procès avec les habitants du pays : il était alors partie et non juge (c'était le cas chez Osée et dans le Deutéronome).

2. Sur cette conception, voir Herbert Dittmann, « Der heilige Rest im Alten Testament », *Theologische Studien und Kritiken,* 86, 1913, p. 603-618.

prophètes ; elle correspondait déjà chez lui à une conception bien définie [Am 5, 15* ; Es 7, 3 ; 10, 21]. Ésaïe donna pour nom à un de ses fils Chear-yachuv (« le reste converti »). Bien entendu, un reste moralement qualifié – les mythologies eschatologiques de la nature issues des pays alentour étaient réinterprétées dans le sens d'une *éthique*. De ces deux représentations possibles de la personne du héros eschatologique, celle qui prédominait dans les cercles yahvistes était généralement la première : Yahvé viendrait régler ses comptes lui-même avec ses ennemis. La seconde, selon laquelle un héros eschatologique agirait en son nom, débouchait sur la prophétie de salut royale – c'était le plus souvent le cas à Jérusalem, où cette espérance était portée par les descendants de David – ou donnait naissance à des mythologèmes ésotériques. Le sauveur devenait alors une figure supraterrestre. Il se levait comme une « étoile », selon l'oracle de Biléam (Nb 24, 17). C'était un « père pour l'éternité » (dans la variante commune d'Es 9, 5, il est vrai sujette à caution). Son origine remontait aux temps immémoriaux du passé (Mi 5, 1). Ces allusions obscures, qui, au temps de l'exil, trouvèrent leur prolongement dans le « Serviteur de Dieu » du Deutéro-Ésaïe, n'étaient jamais éclaircies plus avant. D'après les documents actuellement disponibles sur les pays voisins d'Israël, des conceptions directement analogues ne se retrouvaient pas ailleurs. La thèse d'une influence iranienne est extrêmement sujette à caution ; de plus, Yima et les autres figures de la religion iranienne ancienne qui ont été invoquées n'étaient pas des porteurs de salut eschatologique. Sachant que le passage décisif (Mi 5, 1) présentait le clan de David comme porteur de l'espérance de salut et que, en Israël, la représentation d'une assomption des grands héros de Dieu dans le ciel de Yahvé n'était pas absente (Énoch [Gn 5, 1-24], Élie [2 R 2, 11-12]), le texte suggérait certainement le retour de David. La spécificité de l'attente israélite tint à l'intensité avec laquelle on *projeta* dans l'avenir le paradis ou le roi sauveur ; à partir du passé, pour le premier ;

à partir du présent, pour le second. Ce trait se rencontra ailleurs qu'en Israël. Mais nulle part ailleurs, l'attente ne devint aussi centrale dans la religiosité et ne fut portée à une telle ferveur, qui, semble-t-il, ne cessa de croître. Cette conception eut pour présupposés l'ancienne *berith* conclue par Yahvé avec Israël, la promesse qu'il avait donnée et la critique d'un présent misérable ; mais seule la ferveur de la prophétie fit d'Israël, à ce degré unique, un peuple de « l'attente » et de « l'espérance » (Gn 49, 18).

L'idée, enfin, que la catastrophe attendue dans l'avenir apporterait à la fois le salut et le malheur, en l'occurrence d'abord le salut puis le malheur, était également présente, en tout cas esquissée, dans la religion égyptienne. Bien qu'on n'en ait pas la preuve (jusqu'ici) [1], il est d'usage de

1. Les prophéties de malheur et de salut sont commentées par Jakob Krall (« Vom König Bokchoris », in : *Festgaben zu Ehren Max Büdinger*, Innsbruck, 1898, p. 1-11 : sous le règne de Bocchoris, devant un dénommé Psenchor, un agneau parlant prophétisait, avant de mourir, qu'un malheur venu du nord-est s'abattrait sur l'Égypte, et serait suivi d'une période de bonheur), par Carl Wessely (« Neue griechische Zauberpapyri », in : *Denkschriften der Kaiserlichen Akademie der Wissenschaften in Wien, Philosophisch-historische Klasse, Bd.17,* Vienne, 1893, p. 1-96) et, enfin, par Ulrich Wilcken, qui a apporté des compléments et des conclusions (Ulrich Wilcken, « Zur ägyptischen Prophetie », *Hermes. Zeitschrift für classische Philologie,* 40, 1905, p. 544-560 ; la « prophétie du potier », un malheur venu de l'est et la destruction – semble-t-il – d'Alexandrie, d'après un modèle ancien peut-être). Eduard Meyer a formulé l'hypothèse, à partir d'un papyrus commenté par Hans Lange, que la prophétie annonçant la venue d'un roi de salut était également attestée en ce qui concerne l'Égypte (E. Meyer, « Die Mosesagen und die Lewiten », in : *Sitzungsberichte der Akademie der Wissenschaften,* 31, 1905, p. 640-652). Au demeurant, la nouvelle édition de Gardiner montre que, dans ce cas, tout comme dans celui du papyrus Golénischeff, qui avait été interprété dans le même sens, cette hypothèse est fausse : dans un cas, c'est à un Dieu qu'il est fait allusion, et, dans l'autre, à un roi vivant. La prophétie à Mykérinos, mentionnée par Hérodote*, et la prophétie d'Aménophis, mentionnée par Manetho (cf. Eduard Meyer, *ibid.*, p. 651) n'ont pas été suffisamment authentifiées. Tout ceci ne prouve qu'une chose : l'Égypte connaissait elle aussi des prophéties de malheur et des prophéties de salut. Il n'en résulte aucune certitude précise en ce qui concerne l'hypothèse d'un emprunt,

considérer cette conception comme un schéma typique des attentes d'avenir, dont l'emprunt aurait constitué le trait caractéristique du message prophétique. De fait, dans une part non négligeable de la prophétie préexilique, ce modèle était prédominant, mais il ne saurait en aucun cas en épuiser la spécificité. À supposer que ce « schéma » ait véritablement existé en tant que tel, il trouvait certainement son origine dans le culte spécifique des dieux chtoniens et de certains dieux astraux : il fallait d'abord que la nuit et l'hiver s'installent pour que les divinités du soleil et de la végétation puissent à nouveau déployer leur vigueur. Nous ignorons, au demeurant, si les représentations des *souffrances* subies par le Dieu ou le héros avant son accession au pouvoir, issues des mythes des dieux des étoiles et de la végétation, et répandues partout dans le monde, y compris dans le voisinage d'Israël, étaient également une composante des conceptions israélites populaires. Le récit de la jeunesse de Moïse attestait qu'Israël connaissait notamment les mythes d'enfance généralement rattachés aux précédents. La prophétie préexilique eut recours à ces conceptions populaires en les réinterprétant à sa manière. Les prêtres et, de façon générale, les intellectuels théologiens, en revanche, eurent tendance à les rejeter et à valoriser davantage les promesses plus pragmatiques qui avaient trait à l'aisance matérielle, à une descendance nombreuse et respectée et à un grand nom qui serait plus tard invoqué comme une bénédiction. Peut-être proscrivaient-ils l'eschatologie populaire en raison de ses liens avec les cultes étrangers, cultes des astres, cultes chtoniens et culte des morts. Lorsqu'une promesse annonçait la venue d'une personnalité, il ne s'agissait pas d'un roi mais d'un prophète comme *Moïse* (Dt 18, 15-19). L'espoir que Yahvé lui-même reprît en main, à l'avenir, le pouvoir qu'il exerçait avant l'instauration de la royauté – selon

---

par la prophétie israélite, d'un « schéma » bien établi existant en Égypte. Voir la deuxième partie.

la légende de Samuel, formulée pour la première fois à l'époque prophétique [1 S 8, 7-9 ; 12, 12-13], n'apparut qu'à l'époque de l'exil, où le titre de Sauveur fut appliqué à Yahvé (dans le Deutéro-Ésaïe).

21. L'éthique préexilique dans ses relations avec celle des cultures voisines

Nous aurons à évoquer dans une section séparée la manière dont ces attentes d'avenir furent valorisées par la prophétie. Auparavant, il nous reste à analyser la marque laissée dans le judaïsme par la rivale de cette dernière : la *doctrine de la Thora* préexilique. Ce ne fut pas la prophétie qui forgea le contenu *matériel* de l'éthique juive, même si les conceptions prophétiques jouèrent un rôle très important dans *l'imposition* de celle-ci. La prophétie présupposait bien plutôt que le *contenu* des commandements était connu, et nulle part, chez les prophètes, on ne trouvait une formulation un tant soit peu complète des exigences morales de Yahvé. Celles-ci avaient, en effet, été forgées par une tout autre source : la *Thora lévitique.* Le résultat de ce travail fut réuni dans les ensembles que nous avons coutume de considérer aujourd'hui comme les créations les plus significatives de l'éthique israélite : les « *Décalogues* » (ou plutôt *le* Décalogue, le Décalogue « éthique »[1] [Ex 20, 2 sq. ; Dt 5, 6 sq.] et les deux dodécalogues [Ex. 34, 14 sq. et Dt 27, 28 sq.]). On a constamment tenté de démontrer que ces recueils étaient particulièrement anciens, voire d'origine mosaïque. Un argument souvent évoqué est que la version la plus « simple » devait nécessairement être première dans une « évolution ». Dans ce domaine, cette proposition n'est pas toujours vraie. Le caractère relativement récent de l'imposition du Décalogue « éthique »

1. Sur le Décalogue, voir Jan Carl Matthes, « Der Dekalog », *Zeitschrift für die Alttestamentliche Wissenschaft,* 29, 1909, p. 81-112.

comme norme commune, en particulier (Ex 20, 2-17 ; Dt 5, 6-18), se trahissait dans l'énoncé de l'interdit des images gravées, qui ne correspondait pas aux usages en vigueur chez les Israélites de l'ancien temps. Autre indice, le Décalogue évoquait la « maison » du prochain et des comptes rendus de tribunal, ce qui présupposait la sédentarisation et l'existence de procédures judiciaires avec audition de témoins. Une autre indication était fournie par l'énoncé d'une préoccupation particulièrement vive à l'époque préexilique : la crainte d'une mauvaise utilisation du nom de Dieu. Enfin, un dernier indice était donné dans la version abstraite du dixième commandement : « Tu ne convoiteras pas », même si cette phrase ne fut réinterprétée que tardivement dans le sens d'une éthique de la disposition d'esprit, alors qu'elle délivrait, à l'origine, un message plus massif (« manipuler frauduleusement »). L'interdit universel de « tuer » était en contradiction avec le droit de vengeance du sang. D'un autre côté, le Décalogue éthique était loin de présenter l'intégralité des prescriptions caractéristiques qui étaient justement fondamentales pour Israël : il n'y était fait mention ni de la circoncision ni des interdits rituels relatifs à la nourriture. Hormis la référence insistante au sabbat, le Décalogue éthique pouvait à la rigueur se confondre avec une éthique interconfessionnelle formulée par des intellectuels : de fait, il constitua un repère constant pour la morale du christianisme, notamment. Ce n'était le cas ni des formules de malédiction de la cérémonie de Sichem (Dt 27, 14-26), habituellement désignées sous le nom de « Décalogue sexuel », ni de l'unique recueil de commandements conservé dans une version yahviste, les prescriptions de l'Ex 34, 14-26 (dites « Décalogue du culte »), désignées dans le texte comme les « paroles de l'Alliance » (*divré ha-berith*). Dans le premier Décalogue, au sujet des règles de protection sociale, les *gérim* caractéristiques d'Israël étaient mentionnés, à côté des veuves et des orphelins. Dans le dernier, par contre, à côté de la prescription de monolâtrie (interdit d'adorer un autre « El ») et de l'interdit de fondre des statues, l'interdit de prendre part aux sacrifices cananéens et, de façon générale, de conclure une quelconque « *berith* » avec les Cananéens était formulé avec beaucoup d'insistance ; venaient ensuite les prescriptions relatives au sabbat et aux fêtes, les trois pèlerinages annuels au sanctuaire, l'offrande des premiers-nés à Yahvé – le tout formulé en termes assez généraux – et, enfin, trois règles rituelles alimentaires très spécialisées et sans doute très anciennes, dont une relative à Pessah. Étant donné que ce Décalogue « du culte » mentionnait aussi bien les fêtes agricoles que Pessah, que des cas de *berith* conclues avec des Cananéens furent répertoriés au moins jusqu'à Salomon et que, d'un autre côté, le *connubium* avec eux (qui n'était pas nécessairement interdit dans ce Décalogue [1]) fut considéré très tôt comme suspect par les éleveurs yahvistes, comme le suggérait la légende de la recherche d'une épouse pour Isaac [Gn 24], la composition sous sa forme actuelle ne fut sans doute pas extrêmement ancienne. Il en allait de même du « Décalogue sexuel » : celui-ci présupposait que la fabrication de gravures ou la fonte de statues, réprouvées par Yahvé, n'étaient plus pratiquées qu'« en cachette » – ce qui n'était pas le cas jusqu'à la fin de l'époque de la royauté, y compris à Juda. Le caractère à n'en pas douter (relativement) récent du contenu actuel n'excluait cependant pas l'existence, en Israël, de recueils de commandements anciens formulés comme des décalogues. À elles seules, néanmoins, les différences entre les décalogues actuels, qui avaient tous en commun les prescriptions les plus manifestement récentes (interdit des images), rendaient problématique l'hypothèse d'un modèle originel. Par

1. Il était seulement présenté comme *dangereux* pour la fidélité envers Yahvé. Au demeurant, cette version semble suggérer que le *connubium sur un pied d'égalité* n'existait que dans les cas où une *berith* avait été conclue, ce qui correspondrait à la règle observée ailleurs, par exemple à Rome, et s'accorderait par ailleurs avec les présupposés de l'histoire de Dina [Gn 34].

analogie avec l'Inde, on peut considérer, dans tous les cas, que ces ensembles parénétiques à visée de catéchèse (comme le Décalogue Ex 20) n'étaient jamais le point de départ d'une évolution mais plutôt les produits relativement tardifs d'un projet pédagogique. On ne trouvait pas dans la littérature préexilique, prophétique surtout, de signe attestant *avec certitude* qu'une quelconque dignité et importance particulières aient été attribuées aux Décalogues, ni qu'ils aient été considérés comme connus de tous [1]. Le Décalogue « éthique » était peut-

1. Si l'on compare la morale du Décalogue éthique, en particulier, avec celle des prophètes préexiliques, on est frappé de voir que ceux-ci ne faisaient nulle part allusion à la dignité particulière de ce recueil, comme on aurait pu s'y attendre si le Décalogue avait déjà été valorisé par rapport à d'autres codes en raison du prestige de son origine, associée à Moïse. Au premier abord, les prophètes de l'époque préexilique ne songeaient nullement à entourer de précautions l'usage du nom de Yahvé. On pourrait considérer, il est vrai, que c'était là le privilège auquel leur qualité de prophètes leur donnait droit. Mais, dans d'autres cas encore, les listes de vertus et de péchés dressées par les prophètes n'avaient pas grand-chose à voir avec celles du Décalogue. Si l'on met de côté les prescriptions spécifiques de la parénèse sociopolitique, sur lesquelles les prophètes, nous le verrons plus loin, insistaient très fortement mais qui n'avaient pas leur place dans le Décalogue, il faut reconnaître que la lutte contre les « autres dieux » et contre les images était le domaine privilégié de la prophétie. On trouvait pour la première fois des échos de la formulation du « premier commandement » du Décalogue chez Osée (Os 12, 10 ; 13, 4). Pour le reste, cependant, Amos fustigeait comme péchés capitaux l'avarice (Am 9, 1), le marchandage des céréales (pendant le sabbat, Am 8, 5), le trucage des balances (Am 8, 5), le fait de tromper un pauvre (Am 8, 6) et la fornication (Am 2, 7 : le père et le fils couchant avec la même prostituée). La condamnation des premiers vices était manifestement inspirée par l'éthique sociale prophétique, et celle du dernier par l'hostilité d'Amos à l'encontre de l'institution des hiérodules. Pas un seul des vices particulièrement mis en avant par les prophètes n'entretenait une relation caractéristique avec l'éthique du Décalogue. Osée énumérait comme des péchés répandus le blasphème, le mensonge, le crime, le vol, l'adultère (Os 4,2). C'étaient les péchés du Décalogue. Outre l'évocation du sabbat et de la piété à l'égard des parents, il manquait le dixième commandement ; de plus, on le sait, dans le Décalogue, le « mensonge » n'était proscrit que devant un tribunal. Néanmoins, il s'agissait là, avant Jérémie, du catalogue prophétique de péchés qui se rapprochait le plus

être déjà connu, à l'époque d'Osée, dans l'Israël du Nord.

---

de celui du Décalogue. Si Osée avait effectivement connaissance du Décalogue – nous n'en avons pas la preuve –, on aurait peut-être là un élément suggérant que ce prophète était originaire de l'Israël du Nord. Chez lui, la connaissance de ces commandements de Dieu était appelée connaissance (*da'ath*) d'« Élohim ». Au demeurant, tout ceci est sujet à caution. Michée mentionnait la falsification des poids et mesures et les acquisitions malhonnêtes (Mi 6, 10-12), ce qui ne traduisait pas de lien particulier avec le Décalogue. Dans les oracles authentiques d'Ésaïe et chez Sophonie, on ne trouvait pas de liste de péchés en rapport avec le Décalogue. En fait de vices personnels, Ésaïe évoquait l'ivrognerie, tout à fait absente du Décalogue (Es 5, 11) ; tous les autres passages contenaient, pour l'essentiel, des récriminations à l'encontre des agissements malhonnêtes de la bonne société. Peut-être pourrait-on relever chez Michée une allusion au dixième commandement (Mi 2, 2), mais, chez les prophètes, l'accumulation de champs par les usuriers était, de façon générale, une des cibles de la critique éthique et sociale des riches. C'est chez Jérémie que l'on retrouvait pour la première fois la plupart des péchés du Décalogue : la rapine et le vol, le crime, le parjure (Jr 7, 9), l'adultère (Jr 5, 8), le fait de tromper un ami (Jr 9, 4), la rupture du sabbat (Jr 17, 22), autrement dit, en somme, tous les péchés du Décalogue en dehors de l'invocation abusive du nom de Dieu et du dixième commandement. Cependant, on ne pouvait relever ni chez lui ni chez d'autres prophètes la moindre allusion au caractère particulièrement sacré du Décalogue, ni à ses formules si caractéristiques, ni même seulement à l'existence d'un tel recueil. À moins qu'on ne veuille deviner chez Michée (Mi 6, 8), bien qu'elle reste de l'ordre de la généralité, une insistance à prôner le respect des *michpatim*, et qu'on y voie une référence au Décalogue ; mais cette hypothèse n'est pas satisfaisante, ne serait-ce que d'un point de vue formel, parce que les Décalogues étaient des *devarim* et non des *michpatim*. En revanche, on rencontrait, chez Jérémie, notamment, une forme de sublimation et de systématisation du comportement éthique dans son ensemble, orientée dans le sens d'une éthique de la disposition d'esprit, qui allait beaucoup plus loin que dans le Décalogue. Nous reviendrons plus loin sur ce point. Chez Michée s'exprimaient déjà des exigences éthiques relatives à la disposition d'esprit que le Décalogue ne connaissait absolument pas : outre « l'humilité » devant Dieu, l'exercice de « l'amour » était préconisé (Mi 6, 8). En fin de compte, la prophétie ignorait tout du Décalogue « mosaïque » et peut-être même d'un quelconque décalogue. Tout ceci semble confirmer l'hypothèse, défendue ici, que le Décalogue éthique possédait un caractère relativement tardif et une finalité purement pédagogique. D'un autre côté, on ne saurait aller jusqu'à dater de l'époque postexilique non seulement (cela va de soi) le Décalogue sexuel et le Décalogue cultuel, mais aussi le Décalogue éthique.

Mais rien n'est sûr. Dans tous les cas, le prétendu privilège reconnu aux trois Décalogues, qui est regardé comme une évidence dans toutes les études que nous avons évoquées, est une hypothèse totalement infondée. Cela valait également, à l'évidence, pour le Décalogue « cultuel » et le Décalogue « sexuel ». Le recueil, en Lv 18, de commandements relatifs à la sexualité, l'énumération, en Lv 19, de principes cultuels, éthiques, rituels et caritatifs, le recueil le plus complet de tous, qui incluait aussi les commandements de notre « Décalogue éthique », enfin, le recueil exposé en Lv 20, qui contenait des prescriptions relatives au rituel et à l'éthique sexuelle, étaient tout simplement mis sur le même plan que le Décalogue « cultuel » et le Décalogue « sexuel », cela sautait aux yeux ; Lv 19, au moins, s'inspirait d'un recueil dont rien ne dit qu'il fût plus récent qu'aucun des Décalogues, à en juger d'après son contenu premier, même si celui-ci fut ensuite révisé. La question de l'ancienneté, cependant, est inséparable de celle-ci : quelle était, selon toute vraisemblance, *l'origine* de ces recueils ?

Des chercheurs de premier plan ont cru pouvoir identifier dans les Décalogues les fragments d'anciennes « liturgies » cultuelles. Cependant, les analogies vont résolument à l'encontre d'une telle hypothèse. Nous avons conservé des catalogues de péchés égyptiens et babyloniens, qui ont souvent été rapprochés des recueils israélites. D'où étaient-ils issus ? *Non* du culte mais de la « *cure des âmes* » pratiquée par les magiciens et les prêtres. Celui qui était persécuté par la maladie ou le malheur demandait conseil au prêtre pour savoir comment apaiser la colère de Dieu : il était alors interrogé sur les péchés qu'il avait éventuellement commis. C'est à cette fin que, dès une date certainement très ancienne, les prêtres développèrent des catalogues tout faits. Un catalogue de péchés conservé à Babylone correspondait manifestement à un tel modèle et, à n'en pas douter, le catalogue de péchés du Livre des Morts égyptien avait la même origine : il énumérait les péchés au sujet desquels le mort serait interrogé par les quarante-deux juges de l'Hadès.

La Thora des lévites, nous l'avons vu, s'orientait précisément dans cette direction. La confession des péchés et, le cas échéant, la restitution au propriétaire lésé des biens acquis de façon malhonnête, avec une indemnité de 20 %, étaient expressément prescrites par la législation des prêtres (Nb 5, 6-7), fondée certainement sur un usage ancien. Les prescriptions lévitiques relatives aux sacrifices pour faute et aux sacrifices expiatoires révélaient à quelle occasion la « confession » du sacrifiant était recueillie : il s'agissait d'un sacrifice *privé* et non d'un acte cultuel. Cette pratique lévitique prit toujours davantage d'importance, au fur et à mesure que les menaces extérieures se renforcèrent et, avec elles, le sentiment de culpabilité généralisé. D'après le Deutéronome (Dt 26, 13 sq.), l'Israélite était tenu de faire tous les trois ans une déclaration au moment de sacrifier la dîme aux lévites, *gérim,* veuves et orphelins ; il devait promettre qu'il avait pris soin des produits livrés en sacrifice, qu'il n'avait transgressé aucun des commandements de Yahvé et, surtout, qu'il n'avait pas mangé de la nourriture livrée en sacrifice alors qu'il était en état d'impureté ou de deuil : la déclaration égyptienne de pureté à l'égard des péchés revêtait exactement la même forme. Au demeurant, il suffisait de renverser ces catalogues de péchés conçus en vue des interrogatoires pour obtenir des listes de prescriptions positives et de commandements divins semblables, notamment, aux décalogues. C'était *là* l'origine de ces derniers, et celle de tous les recueils du même type. Ils n'étaient pas issus du culte commun, auquel les individus frappés par le malheur *n'avaient absolument pas le droit de prendre part*, parce qu'ils étaient persécutés par le courroux divin ; ils trouvaient bien plutôt leur origine dans les pratiques de confession proposées par les lévites à ceux qui étaient « accablés par le malheur et l'infortune ». C'est à de tels « clients » que le lévite ne cessait de songer dans sa pratique : *d'où* la prédilection de la Thora pour ces couches opprimées et la colère manifestée à l'égard des « arrogants » qui n'étaient pas disposés à « s'humilier » devant Dieu, c'est-à-dire devant le lévite (et pas davantage à dédommager ce dernier pour les avoir réconciliés avec Yahvé).

Indirectement, il est vrai, la communauté avait elle aussi un intérêt à la confession des péchés. La raison en était la *responsabilité* solidaire. L'ordre de « se présenter devant Yahvé » que le Décalogue du culte adressait à tous les Israélites avait peut-être pour but de rendre possible un interrogatoire *préventif* sur les péchés que le prévenu était tenté de commettre, afin de le préserver, ainsi que la communauté, de la colère de Yahvé. Dans tous les cas, cependant, la position de pouvoir des prêtres devait être confortée. La cérémonie de Sichem [Dt 27-28] vouait aux gémonies, au nom de la communauté, ceux qui avaient commis un péché (non encore expié conformément aux indications du lévite !), afin que le groupe ne pâtît pas de la colère de Yahvé : ce furent probablement les maîtres de la Thora lévitique qui, les premiers, introduisirent *a posteriori* cet objectif et l'anathème des péchés lui-même dans un rite sans doute simplement prévu, à l'origine, pour la malédiction des démons. La mission d'instruction du peuple dans la Thora, revendiquée par les prêtres lévitiques comme un devoir et un droit, avait la même fin : garder la communauté pure de péchés, afin de la préserver de la colère du Dieu. La prescription du Deutéronome qui recommandait de lire la Thora en public tous les sept ans était aussi récente que la promulgation d'une « année jubilaire », à laquelle elle était liée (Dt 31, 11-12) ; la preuve en était que les *gérim* devaient eux aussi assister à cette lecture. L'intérêt de la *communauté* à l'existence d'une confession des péchés et à l'établissement de catalogues de péchés se renforcèrent au fur et à mesure que les signes de la colère divine se multiplièrent.

Les écarts entre les différents recueils et la juxtaposition insolite, dans la version actuelle, de « sacrifices pour faute » et de « sacrifices expiatoires » (*ḥattath* et *acham*), alors qu'ils avaient au fond la même finalité, s'expliquent par l'absence d'une organisation unifiée, par le fait que les lévites exerçaient notoirement leurs fonctions dans beaucoup de localités et par l'existence, jusqu'à la victoire de Jérusalem, de nombreux sanctuaires où les lévites pratiquaient des sacrifices. (Un vieux centre de sagesse lévitique où l'on se rendait pour soumettre des interrogations était mentionné en 2 S 20, 28.)

Quoi qu'il en soit, on peut cependant dire que les trois « Décalogues » n'occupaient pas une place à part, différente de celle des autres recueils. L'importance particulière qu'on leur a accordée jusqu'ici, y compris dans les études scientifiques, tient sans doute à la fois à la légende tardive selon laquelle « l'arche de Yahvé » aurait abrité deux tablettes de pierre sur lesquelles étaient gravés les commandements, et à l'espoir de pouvoir ainsi distinguer ce qui, dans le *contenu* de ces commandements, pouvait être rapporté à *Moïse*. Cet espoir est sans doute parfaitement vain. La réception de Yahvé comme Dieu de l'Alliance et celle de l'oracle lévitique sont les deux phénomènes qui pouvaient à bon droit être rattachés à Moïse. Ce n'est pas rien : de la spécificité du Dieu de l'Alliance et de celle des lévites découla par la suite tout le reste – sous l'effet de certaines chaînes de causalité historiques. Mais il faut renoncer à imaginer, dans l'espoir de les associer à Moïse, que les Décalogues aient joué un rôle particulier. Si, dans la *berith* mosaïque, le contenu de certains commandements allait au-delà de celui des obligations purement *rituelles* découlant de la réception de Yahvé, il ne pouvait s'agir que de prescriptions visant le maintien de la paix au sein de l'armée, par delà les vengeances pour le sang versé, et, *peut-être*, de mesures de protection « sociopolitiques » pour les clans aptes à porter les armes qui s'étaient appauvris. Quant au contenu de l'éthique, en revanche, les sources montrent que, dans l'ancien Israël comme partout ailleurs, les *mœurs existantes* furent dans un premier temps le critère ultime de la « moralité ». Il n'était jamais fait référence à des « commandements ». Ce qui passait pour répréhensible (*nevala*), en Israël, c'était le « jamais vu ». Il fallut attendre la Thora lévitique pour que soient formulés et catalogués, pour les besoins de la confession des péchés, des commandements particuliers. Parmi les autres recueils du même genre, le Décalogue « *éthique* » (Ex 20) occupait au demeurant une place à part, à peu près sans équivalent. Mais non parce qu'il était « mosaïque ». Il ne l'était en rien. Il représentait plutôt une tentative pour offrir un *enseignement* sommaire à l'usage des *jeunes,* qu'il était prescrit d'instruire dans les volontés de Dieu (Ex 13, 8-14 et *passim*), tout comme les décalogues indiens furent utilisés pour l'instruction des laïcs (ainsi que des novices). La puissance, la force plastique et la précision de ses énoncés, et non le caractère particulièrement sublime ou élevé de ses exigences morales (au demeurant tout à fait modestes), expliquaient le rôle joué par le Décalogue. Cependant, ses spécificités majeures, notamment la rupture du lien avec les prescriptions rituelles, d'une part, sociales et politiques, d'autre part, furent certainement associées au type de public auquel il s'adressait : ni des autorités politiques, ni des membres d'une couche cultivée qu'il aurait cherché à instruire, mais les enfants d'un large *Stand* moyen, bourgeois et paysan, le « peuple ». Voilà pourquoi le Décalogue contenait uniquement les commandements que toutes les classes d'âge devaient observer dans la vie quotidienne, et pas davantage. Les « dix commandements » servent aussi chez nous, pour l'essentiel, à dispenser une instruction élémentaire à la jeunesse et surtout au *peuple.* Ni le culte communautaire ni, le cas échéant, le culte du Temple, ne furent à la source des nombreux « *devarim* » et recueils de Thora ; ceux-ci étaient issus de la pratique lévitique de la cure des âmes et de *l'activité d'enseignement* pour laquelle avait été aménagé, dans l'exil de Babylone, une « maison d'instruction ». Cette dernière préfigura, historiquement, la *synagogue,* qui, à l'origine, n'avait absolument rien à voir avec le culte.

De la même façon que les brahmanes furent voués, dans un premier temps, aux pratiques rituelles et magiques de la cure des âmes individuelle, les maîtres de la Thora lévitiques ne remplirent pas d'emblée de fonctions dans le culte communautaire ; ils prirent d'abord en charge les fonctions rituelles et éthiques de la cure des âmes, pour une clientèle essentiellement individuelle (qui comprenait aussi le prince) ; c'est ainsi qu'ils accédèrent à une position de pouvoir et acquirent l'importance qui fut la leur du point de vue de l'histoire culturelle. Leur participation au culte n'intervint peut-être que dans un second temps ; dans tous les cas, elle ne fut pas déterminante pour eux. C'est justement l'absence d'une centralisation du culte et d'une structure administrative pour le culte de l'ancienne Alliance de Yahvé qui conféra un poids important aux lévites, aussi bien qu'aux anciens prophètes et voyants. Les prêtres du culte proprement dits, y compris à l'époque royale, devaient compter avec eux, car les lévites recevaient le puissant soutien de larges cercles de laïcs qui étaient les tenants de la tradition juridique. Il s'agissait plus précisément, semble-t-il, de clans distingués, dont les membres étaient au service du roi et penchaient par là même, à la différence des clans d'anciens *zeqénim*, du côté d'une approche rationnelle du droit, sur le modèle de la parénèse lévitique, tout en prenant part, avec les cercles lévitiques et yahvistes, d'une part, les *zeqénim,* d'autre part, à l'opposition interne contre les rois qui aspiraient à devenir des sultans. La prophétesse Houlda était l'épouse d'un de ces fonctionnaires royaux [Dt 16, 18]. La même influence était clairement perceptible dans un recueil deutéronomique qui présentait les « *chophetim* », les juges laïcs d'un autre type que les *zeqénim*, comme les porteurs de la jurisprudence, à côté des lévites, tandis que la tradition ancienne regardait les *zeqénim* comme les représentants véritablement légitimes du peuple.

C'est d'abord en pratiquant les oracles par tirage au sort, puis la cure des âmes et, corrélativement, l'enseignement rationnel de la Thora, que les lévites accédèrent à la position de pouvoir qui fut la leur. Au fur et à mesure qu'ils prirent de l'importance et que les laïcs partageant les intérêts yahvistes eurent de plus en plus à tenir compte de leurs vues, il ne fut plus possible de maintenir une stricte distinction entre « *jus* » et « *fas* ». Le rôle autrefois accordé aux « *devarim* » de Yahvé pour toutes les décisions importantes, qui n'avait jamais été oublié, renforça encore l'influence qu'ils exerçaient sur la pensée juridique. La théologisation du droit, d'une part, la rationalisation de l'éthique religieuse, d'autre part, furent la conséquence de cette collaboration entre des laïcs pieux yahvistes et des prêtres menant une réflexion éthique. Le produit majeur de cette collaboration, conçu sous l'influence prédominante des prêtres de Jérusalem, après l'effondrement du Royaume du Nord, fut le *Deutéronome.* Nous avons déjà constaté qu'il 1. exposait une version des *michpatim* ; 2. constituait un manuel des exigences yahvistes en matière de limitation du pouvoir du roi, dirigées contre l'État de corvées de Salomon et la « politique étrangère » ; et 3. exposait les prétentions des prêtres de Jérusalem au monopole du culte. À ces revendications s'ajoutait 4. la revendication de monopole de la Thora. L'Israélite (Dt 17, 10) devait conformer ses actes à ce qui était enseigné à Jérusalem, dans le lieu de culte désigné par Yahvé. Les prêtres du culte en tant que tels ne sont généralement pas les porteurs de la doctrine éthique rationnelle et sont plutôt orientés dans un sens purement ritualiste. Il en fut ainsi à l'époque du second Temple. Le grand « Beth Din » qui siégeait dans la « salle des pierres taillées » du Temple de Jérusalem – dont Adolph Büchler a révélé la place et l'importance dans ses magnifiques travaux – était alors l'instance centrale habilitée à trancher toutes les questions rituelles relatives à la conduite de vie et, en même temps, à se prononcer sur les questions de « *fas* », à la demande des tribunaux temporels. Il n'est pas prouvé qu'une instance de ce type, dotée d'une organisation officielle, reconnue et unifiée, ait existé à Jérusalem à l'époque préexilique. Quoi qu'il en soit, cette disposition permettait au clergé de la capitale, le plus lettré du pays, de revendiquer auprès des tribunaux, des maîtres de la Thora et des personnes privées la compétence d'interprétation juste de la volonté de Yahvé.

Le Deutéronome se voulait un manuel de l'enseignement lévitique, le « *Sepher ha-Tora* » censé avoir force de loi. Nous examinerons plus loin le rapport qu'il entretenait avec le message des prophètes. Pour l'instant, ce qui nous intéresse est l'influence exercée sur son contenu par la parénèse lévitique et la rationalisation théologique. Nous ne saurions résoudre ici un problème qui ne pourra être tranché que par des orientalistes spécialisés, la question de savoir si, comme le suppose Puukko, contre Wellhausen, le manuel adopté sous Josias ne comprenait, à l'origine, que des parties parénétiques et des règlementations relatives au monopole du culte (et certainement aussi de la Thora) et à la situation qui en résultait, tandis que les autres parties n'auraient été fondues avec les premières que plus tard, à savoir non seulement les parties immédiatement prophétiques, qui dataient à l'évidence de l'exil, voire de la période postexilique, mais aussi les *michpatim* et le droit royal. Dans tous les cas, aussi bien le droit royal que les *michpatim* révisés étaient issus d'un même cercle de théologiens, ou de cercles proches, et ils partageaient les mêmes tendances. Les parties proprement parénétiques du Deutéronome furent l'œuvre d'un rédacteur unique, sans doute un maître de la Thora issu du cercle des prêtres du Temple de Jérusalem. Cependant, le mode de « découverte » du texte [2 R 22] et l'identité des personnes mentionnées à cette occasion permettent de conclure que cette invention fut préparée avec soin et organisée par un parti qui possédait déjà une vision unifiée.

« Écoute Israël, Yahvé est notre Dieu, Yahvé seul » – la phrase sur laquelle débute, de nos jours, la prière juive du matin, était le point de départ de la parénèse [Dt 6, 4]. C'était un Dieu jaloux (Dt 6, 15), mais il était fidèle (Dt 7, 9), il avait juré (Dt 7, 12) de respecter l'Alliance avec Israël, qu'il avait élu (Dt 7, 6), et il la perpétuait à travers mille générations ; il aimait son peuple (Dt 7, 8) et, s'il le laissait endurer la souffrance et la détresse, il le faisait pour mettre à l'épreuve la vérité de ses dispositions (Dt 8, 2, 3). En effet, il subordonnait son amour et sa grâce au respect de ses commandements (Dt 7, 13) ; dans le cas contraire, il punirait le pécheur en personne, sans différer le châtiment (sur les générations suivantes, Dt, 7, 10). Mais surtout, il honnissait l'orgueil et l'assurance (Dt 8, 14), en particulier la confiance que les hommes plaçaient dans leurs propres forces (Dt 8, 17), ce qui pouvait facilement advenir quand Israël s'enrichissait (Dt 8, 12-13). Il n'aimait pas davantage l'infatuation (Dt 9, 4) ; car il n'avait pas élu ni préféré Israël en raison de ses vertus. Israël n'avait pas de vertus, c'était le dernier de tous les peuples (Dt 7, 7-8) – cette déclaration revenait à dénoncer toute manifestation de fierté nationale, héroïque et guerrière. Yahvé avait élu Israël à cause des vices des autres peuples (Dt 9, 5-6). Il fallait sans doute entendre par là, en particulier, les orgies sexuelles (Dt 23, 18) et les autres « coutumes locales » de Canaan (Dt 12, 30). On ne devait pas respecter ces coutumes locales, ni croire qu'elles étaient imposées comme une obligation envers les dieux du pays : seuls les commandements de Yahvé avaient à être respectés. Toutes les formes de magie et d'interprétation des signes (Dt 18, 10-11), tous les sacrifices humains (Dt 18, 10) mais aussi toutes les alliances (Dt 7, 2) et le *connubium* (Dt 7, 3) avec les Cananéens étaient strictement proscrits, en raison du risque de trahison de l'alliance : les ennemis avaient une fois pour toutes succombé au *ḥérem.* Il fallait lapider et tuer, de sa main, tous ceux qui incitaient à trahir Yahvé (Dt 13, 7), dût-il s'agir d'un prophète (Dt 13, 6), de son propre frère ou de son fils. Quant aux relations avec Yahvé : l'homme pieux devait le craindre, le vénérer, ne jurer que par son nom (Dt 6, 13), mais surtout *l'aimer* (Dt 7, 9) et avoir une confiance absolue dans ses promesses : Yahvé était capable de tenir ses engagements envers Israël, y compris vis-à-vis de peuples beaucoup plus puissants (Dt 7, 17-18). Le miracle de la manne dans le désert avait montré que l'homme ne vivait pas seulement de pain, mais de tout ce qui avait été créé par Dieu (Dt 8, 3). La puissance de Dieu était si grande qu'elle touchait au gigantisme, au monothéisme : lui seul était le Dieu du ciel et de la terre, à l'exception de tout autre (Dt 4, 39) ; le ciel, la terre et tout le reste lui appartenaient (Dt 10, 14), lui seul était Dieu, et nul autre que lui (Dt 4, 35), comme il était dit dans les appendices composés peut-être seulement au cours de l'exil. Cependant, Dieu ne déploierait ce pouvoir prodigieux au bénéfice d'Israël que si celui-ci lui obéissait et respectait ses commandements. Alors – ces composantes de promesses et malédictions, dont le texte fut fortement enrichi plus tard, à l'époque de l'exil, figuraient sans doute dans la version première –, l'aisance matérielle se manifesterait de toutes parts, Yahvé jetterait à bas tous les ennemis tentés de s'approcher, il ordonnerait à la pluie de tomber et ferait d'Israël le créancier des autres nations, autrement dit un pays de patriciens. Si Israël refusait, Yahvé adopterait l'attitude exactement l'inverse.

Beaucoup de controverses – le plus souvent stériles, parce que dictées par le seul souci de faire l'apologie de telle ou telle confession – ont porté sur la question de savoir si la « crainte » avait été, en Israël, *à la différence* d'autres religions [1], le motif déterminant de l'action

1. Voir, pour la période préexilique, un essai qui, dans son genre, est de bonne qualité : Hermann Schultz, « Die Beweggründe zum sittlichen Handeln in dem vorchristlichen Israel », *Theologische Studien und Kritiken,* 63, 1890, p. 7-59.

morale. L'observation réaliste enseigne que ce motif a joué un rôle déterminant pour les religions de masse – par opposition aux religions de virtuoses – *partout* dans le monde (à côté d'un motif qualitativement analogue, l'espoir d'une récompense dans l'ici-bas ou l'au-delà). Les lévites qui enseignaient la Thora géraient la domestication des masses par la méthode de l'expiation des péchés ; l'Église occidentale fit de même en prescrivant des pénitences plutôt qu'en prêchant l'amour. L'apologie de l'amour de Dieu et de l'amour du prochain dans l'Église chrétienne trouvaient leur pendant exact dans des doctrines israélites (rabbiniques surtout) qui ne les prenaient pas moins au sérieux. Une seule chose est certaine : le caractère *ritualiste* d'une religiosité conditionne évidemment, lorsqu'il est prédominant, l'importance accordée, dans la coloration de la relation religieuse, à des manquements purement *formels,* qui ne constituent plus un enjeu dans la représentation moderne d'une éthique de la disposition d'esprit. Il est certain, en outre, que l'évolution de l'éthique préexilique fut très fortement marquée par le poids des peurs, on est presque tenté de dire des « psychoses de guerre » suscitées par les terribles guerres de pillage des grands royaumes conquérants [1]. Nous reviendrons plus loin sur ce point. La conviction que le salut ne pouvait être obtenu que par un miracle de Dieu et non par la force des hommes était, dans les cercles deutéronomiques, la tonalité fondamentale.

Les règles utopiques régissant la guerre dans le Deutéronome [Dt 20] et sa définition du droit royal [Dt 17, 14-20] s'accordaient au mieux avec ces positions de principe. En Égypte également, il était dit dans le poème du Pentaur qu'Amon seul obtenait la victoire, et non un million de soldats. Cependant, cet article de foi n'orientait pas l'action. Même en Égypte, le pouvoir des prêtres

1. Cependant, on ne rencontre jamais en Israël ni dans le judaïsme une angoisse de commettre le péché comparable, par exemple, à celle qui étreignait Alphonse de Liguori ou de nombreux piétistes*.

s'exerçait dans le sens des exigences formulées par les prêtres de Jérusalem. En Israël, cependant, ces traits produisirent des *effets* beaucoup plus profonds. Ils se fondaient tous sur le prestige de Yahvé qui, seul, sans l'intervention d'Israël, pouvait tout régler au mieux et ne manquait pas de le faire pour peu qu'on lui fît confiance. Ce prestige de Yahvé, qui rappelait la foi en Amon, mais était poussé beaucoup plus avant, fut manifestement lié au fait que, sous le règne d'Ézéchias, contre toute attente, conformément à la promesse d'Ésaïe, Jérusalem assiégée par Sennachérib fut délivrée [2 R 19]. Les promesses de salut et les menaces de malheur se conformaient en partie aux schémas de la prophétie de salut et de la prophétie de malheur. Mais en partie seulement : la promesse relative aux futures créances d'Israël [Dt 15, 6] était spécifiquement bourgeoise et jérusalémite. La stricte monolâtrie était une exigence yahviste déjà ancienne à l'époque ; elle représentait le corrélat intérieur du monopole extérieur des prêtres jérusalémites. Ce qui constituait déjà, sur le fond, une stricte fermeture confessionnelle vis-à-vis de l'extérieur répondait, pour une part, aux intérêts des prêtres, d'autre part, au type de piété d'une couche intellectuelle bourgeoise et urbaine, mais soumise à l'autorité hiérocratique des maîtres de la Thora. La fermeture vis-à-vis des « étrangers » (*nokhri*) avait pour corrélat, à l'intérieur, la reconnaissance d'une égalité, du point de vue de la religion et de l'éthique sociale, entre les *gérim* pieux et rituellement corrects et les Israélites. C'était là le produit de la démilitarisation des plébéiens : à la même époque, Jérémie présentait les rékhavites, autrement dit des *gérim* typiques, comme les porteurs d'une conduite exemplairement agréable à Dieu. Le caractère « plébéien » ne tenait pas seulement à la manifestation d'une indifférence complète à l'égard de tous les besoins politiques et militaires réels, ni à l'absence de toute mentalité héroïque, mais à la nature de la relation à Dieu dans son ensemble, placée sous le signe d'une éthique de l'état d'esprit : humilité, obéissance, abandon plein de confiance – d'où l'interdit de « tenter Dieu », c'est-à-dire de lui demander des miracles comme signes de sa puissance (Dt 6, 16 : l'exemple donné était celui de Massa, voir Ex 17, 2-7) – et, surtout, un « amour » de Dieu aux accents piétistes. Cette tonalité fondamentale n'avait jusque-là été attestée que chez Osée (ou ne pouvait en tout cas être datée avec précision que chez ce dernier). Elle était caractérisée par des dispositions de piété et une sublimation de l'abandon intérieur à Dieu dans le sens d'une éthique de l'état d'esprit, qui, dans la parénèse, confinait parfois au pathos mais excluait cependant toute passion radicale et toute possession par le Dieu. Conséquence de ce qui vient d'être dit, ce manuel était marqué de façon tout à fait décisive par les grands prophètes, dans ses présupposés fondamentaux, sans être pour autant leur œuvre. Nous pourrons aisément le constater plus loin. En revanche, les exégètes admettent – ce qui est en soi vraisemblable – que le rédacteur du Deutéronome connaissait notamment les recueils yahvistes et élohistes et avait fait usage, à l'occasion, de ces derniers.

Chronologiquement, l'achèvement du Deutéronome intervint certainement dans une période assez proche de celle où furent compilées (dans la version que Wellhausen appelle « jéhoviste ») les rédactions yahvistes et élohistes des vieilles légendes des Patriarches et des traditions lévitiques relatives à Moïse. Ces versions – modifiées plus tard par les prêtres, qui introduisirent des compléments, des interpolations et parfois des modifications – comprenaient beaucoup d'ajouts évoquant directement la forme de religiosité du Deutéronome ; la principale innovation du « Jéhoviste » consista à réintroduire ou à compléter les grandes promesses adressées aux Patriarches. Tout comme le Deutéronome, ce texte se détournait de la royauté : il promettait le salut non au roi, mais au peuple pieux (par l'intermédiaire des paroles adressées aux Patriarches de la légende). Il prolongeait ainsi les anciennes formules de bénédiction attribuées à Biléam, qui dataient de l'époque antérieure à la royauté de corvées de Salomon. Ce furent certainement des cercles de laïcs pieux intéressés par la théologie, associés à des lévites, qui furent à l'origine de ces deux textes, à cette différence près que l'intervention directe des prêtres fut beaucoup plus importante dans le cas du Deutéronome, parce qu'il s'agissait d'un ouvrage parénétique répondant aux intérêts sacerdotaux, bien qu'il fût fondé sur la Thora des lévites.

D'un point de vue religieux, la spécificité de la parénèse du Deutéronome était la suivante : elle mettait fortement l'accent sur l'idée de sanction et sur la croyance dans la Providence, présentait la relation de Dieu avec les hommes, et celle des hommes avec Dieu, sous un jour édifiant, mièvre, caritatif et souvent misérabiliste, et conférait un caractère résolument plébéien à toute la piété, faite d'humble dévotion. Les mêmes traits marquaient, de façon très perceptible, la piété populaire égyptienne du « Nouvel Empire » ; ils se rattachaient à des sources issues de l'Ancien Empire. D'après les doctrines de sagesse de Ptahotep, déjà, Dieu aimait pardessus tout l'obéissance. Les pierres gravées par des artisans de l'époque des Ramessides ajoutaient qu'il était « incorruptible », qu'il manifestait sa puissance aux petits comme aux grands, mais qu'Amon était surtout à l'écoute des pauvres quand ils criaient vers lui, qu'il venait de loin – comme Yahvé – pour leur porter secours, porté par « l'air doux » du nord, attendu, en Égypte, comme l'était, en Palestine, la « douce brise tranquille » venue de l'ouest ; il fallait espérer en lui et l'aimer, et sa colère s'évanouirait en moins d'une journée. Comme dans la Thora israélite, l'homme n'était pas corrompu par un péché originel, mais il était naturellement insensé, il ne connaissait pas « le bien et le mal ». La prière et les vœux – les mêmes méthodes qu'en Israël – disposaient Dieu à la grâce, mais surtout la rectitude de la conduite. En effet, l'idée d'une sanction des actes acquit manifestement de l'importance dans la piété du Nouvel Empire et, là comme ailleurs, la maladie était la forme usuelle de châtiment divin. On le voit : cette piété toute personnelle était semblable, dans son essence, à celle qui, partout dans le monde, est répandue dans les classes plébéiennes. En Inde, elle donna naissance à une religiosité du sauveur. En Égypte, on espérait que le pharaon intercéderait pour l'obtention du salut ; mais on attendait surtout de lui le salut politique ou la pluie : les biens de salut que, en tous lieux, le groupement politique s'emploie à obtenir. Le bien-être personnel de l'individu était également censé dépendre, il est vrai, du charisme du pharaon. Cependant, la bureaucratie s'interposait entre lui et les masses. La religiosité personnelle des pharaons obéissait à la morale typique, purement matérielle, du *do ut des* : elle n'entretenait aucun lien avec la piété plébéienne dont il a été question plus haut. Elle voisinait directement avec la magie grossière des prêtres auxquels s'adressaient ceux qui avaient besoin d'un secours dans la détresse. Les prêtres égyptiens, fiers de leur théologie ésotérique, ne se souciaient pas de l'instruction morale des masses ; de surcroît, leurs intérêts matériels les incitaient à privilégier un commerce beaucoup plus lucratif, la vente de rouleaux du Livre des Morts et de scarabées. Il existait donc en Égypte une piété plébéienne tout à fait analogue à celle de l'Israël préexilique et, étant donné les relations directes entretenues en permanence par les deux pays, il n'est aucunement invraisemblable qu'Israël ait subi, dans ce domaine, des influences égyptiennes, même s'il est évidemment impossible d'en apporter la preuve. Cependant, cette religion ne fit jamais l'objet d'une rationalisation systématique, qu'elle fût de nature prophétique ou cléricale. Il en alla entièrement de même à Babylone. Les vieux psaumes de contrition, datant de l'époque de la bourgeoisie urbaine mésopotamienne, qui sont connus par la bibliothèque d'Assurbanipal et par d'autres sources, étaient tout à fait proches, dans leur tonalité et leur contenu, de la piété des psaumes israélites ; on ne peut s'empêcher de songer, parfois, à une influence directe. La piété de Nabuchodonosor et des premiers rois de Perse était également proche de la piété israélite et les prophètes de leur temps le savaient, eux qui désignaient ces souverains, non sans raison, comme les « Serviteurs » de Dieu [Jr 25, 9 ; 27, 6 ; Es 44, 28 ; 45, 1]. Cependant, ce qui faisait défaut, là encore, c'était la rationalisation systématique dans le sens d'une éthique quotidienne à l'usage des masses. Si la doctrine rationnelle de la Thora faisait également défaut, ce n'était pas le cas de la prophétie en général ; mais ce qu'on ne retrouvait pas, c'était la forme spécifiquement israélite de la prophétie. Son absence et le fait qu'elle n'ait existé qu'en Israël tenait à des circonstances purement politiques (cf. *infra*).

Si les maîtres de la Thora furent ainsi au cœur de l'évolution de l'éthique religieuse, il suffira d'un bref examen de leurs revendications *matérielles* pour se demander une fois encore s'ils empruntèrent ailleurs le *contenu* de leurs doctrines éthiques et quel rapport ce dernier entretenait, de façon générale, avec l'éthique politique d'autres civilisations.

Pour rendre compte du contenu spécifique de l'éthique de l'ancien Israël, tel qu'il s'exprimait dans les Décalogues mais bien entendu aussi, et parfois même plus clairement, dans les autres *devarim* éthiques, il est plus intéressant, au fond, de le comparer avec la liste de péchés égyptienne présentée dans le 125e chapitre du Livre des Morts [1] que de relever les parallèles qui existent avec les registres de péchés babyloniens [2] : ces rapprochements sont nombreux, mais, de façon générale, ils ne sont

1. Nous citons d'après la traduction de Pierret (*Le Livre des Morts*, Paris, 1882). L'introduction est désignée par « E », la conclusion par « S » et les deux moitiés du 125e chapitre, qui contiennent chacune 21 professions de foi, par « A » et « B ».

2. Parmi les listes de péchés babyloniennes, celle qu'a éditée Heinrich Zimmern (*Beiträge zur Kenntnis der Babylonischen Religion. Assyriologische Bibliothek, Bd.12,* Leipzig, 1901) et qui est citée par Sellin (*Der alttestamentliche Prophetismus, op. cit.*, p. 225) était la plus en affinité avec l'éthique du Décalogue. Le mépris des parents et l'offense faite à la sœur aînée, l'adultère, le crime, l'intrusion dans le domicile

guère instructifs du strict point de vue de l'éthique, et ne permettent pas, en tout cas, de constater autre chose que des évidences admises par tous. La liste du Livre des Morts était déjà achevée avant la constitution de l'alliance israélite et elle reflétait certainement les exigences que les prêtres formulaient dans les entretiens où ils interrogeaient leurs clients sur leurs péchés. Les différences par rapport aux prescriptions du Décalogue éthique étaient parfois considérables dans le détail ; d'un autre côté, cependant, les échos étaient nombreux. L'interdit de « l'abus » du nom de Dieu, dans le Décalogue, correspondait, dans le Livre des Morts, à l'engagement de ne jamais « évoquer » un dieu, c'est-à-dire de le contraindre par la magie (B 30). Par rapport au commandement de « ne pas avoir d'autres dieux » (à l'origine : « ne pas *sacrifier* à d'autres dieux »), la prescription égyptienne de ne pas mépriser Dieu en son cœur (B 34) prêtait davantage attention à l'état d'esprit,

---

d'autrui, le vol des vêtements d'autrui étaient les péchés les plus voisins de ceux du Décalogue. Le non-respect des frontières, l'emprisonnement ou la non-libération des prisonniers (coupables, bien entendu), les paroles sans suite et les obscénités de langage, le mensonge et l'absence de sincérité faisaient partie des fautes qui n'étaient pas condamnées par le Décalogue mais par la parénèse lévitique, tandis que la responsabilité d'une querelle entre parents et enfants ou entre frères et sœurs et l'injustice qui consistait à « donner en petit mais à refuser en grand » ne trouvaient pas de parallèle direct. Des fautes purement rituelles étaient ainsi placées sur le même plan, comme dans le Décalogue « cultuel » et « sexuel » d'Israël. On ne constate pas, pour le reste, autant qu'on puisse en juger à ce jour, de parallèles marquants. En particulier, l'accent mis sur « l'amour du prochain » était, semble-t-il, absent dans la parénèse babylonienne (par opposition à la parénèse égyptienne et lévitique) : peut-être était-ce là une conséquence du développement beaucoup plus avancé de la vie d'affaires et du commerce dans la grande ville de Babylone. De la même façon, on ne trouvait pas (par opposition à l'Égypte, là encore) de sublimation allant dans le sens d'une éthique de l'état d'esprit, telle la condamnation de « l'envie » dans le dixième commandement. En Égypte, l'importance plus grande accordée à « l'état d'esprit » tenait peut-être en premier lieu à la signification particulière attribuée au « cœur » dans le jugement des morts, comme porteur de la connaissance de ses propres péchés.

conformément à la tournure plus fortement panthéiste de la piété égyptienne. Le commandement du Deutéronome qui enjoignait d'*aimer* Dieu ne se retrouvait pas, sous cette forme générale, dans les catalogues égyptiens, du moins à l'état explicite. En revanche, Ptahotep savait déjà que Dieu aimait *l'obéissance* (Papyrus Prisse). (Cette obéissance et le « silence » possédaient, dans ce contexte, de fortes connotations politiques.) La règle égyptienne de loyauté des sujets (B 22, 27 et chapitre 17, l. 3.48, chapitre 140) faisait entièrement défaut dans le Décalogue éthique et ne trouvait son pendant, hors de ce dernier, que dans une exigence limitée, l'interdit de « maudire le prince de son propre peuple » (Ex 22, 27 ; voir aussi 2 S 16, 9 et Es 8, 21) [1]. La piété à l'égard des parents prônée dans le Décalogue et, de la même façon, le devoir d'obéissance envers eux, renforcé par le Deutéronome qui l'assortissait d'une menace de lapidation (Dt 21, 18-21), tout comme les nombreuses dispositions destinées, dans la littérature juridique babylonienne, à rappeler aux enfants leurs devoirs de piété, se rapportaient certainement aux vieux parents, en particulier à ceux qui avaient besoin d'une pension ; cette préoccupation était également formulée dans le Siracide (Si 3, 1-16). Ce commandement de piété envers les parents, formulé dans le Décalogue et dans le Deutéronome, et les menaces de graves châtiments souvent énoncées dans les sources babyloniennes à l'encontre des fils qui manquaient de respect envers leur père ou leur mère, ne trouvaient leur

1. En revanche, du moins pour la tradition deutéronomique (1 S 24 ; 1 S 26, 9 ; 1 S 31, 4 ; 2 S 1, 14), l'assassinat du roi, y compris d'un roi déjà déchu par Yahvé, était considéré comme un grave sacrilège, en raison de la signification magique de l'*onction* – il s'agissait là, à l'évidence, de prendre clairement position contre les usurpations et bains de sang du Royaume du Nord, qui furent également condamnés avec virulence par Osée, bien que Jéhu ait précisément été, avec l'aide et à l'instigation du parti yahviste, l'auteur du premier massacre de ce genre (Os 1, 4).

pendant, dans le Livre des Morts (B 27), que dans l'interdit de commettre un acte répréhensible à l'encontre de son père. Pour le reste, l'éthique des prêtres et des scribes égyptiens mettait continuellement l'accent sur les honneurs dus à l'âge, aux enseignements des parents et de la tradition, de la même façon que, en Israël, il était prescrit de « se mettre debout en présence d'une tête chenue » (Lv 19, 32). À l'interdit de tuer, dans le Décalogue, correspondait, dans le Livre des Morts, l'assurance de n'avoir ni tué ni incité au meurtre (E 7, A 18). L'interdit de faire subir des « vexations » aux pauvres et aux *gérim* (Ex 23, 9) avait pour pendant, dans le catalogue égyptien, l'interdit de commettre des actes de violence (A 14) et de causer des dommages (A 20). Bon nombre d'inscriptions funéraires de monarques et de fonctionnaires égyptiens faisaient valoir que le défunt n'opprimait pas les pauvres. Dans le Décalogue, l'interdit de l'adultère [Ex 20, 14 ; Dt 5, 18], la condamnation de l'inceste [Lv 18, 6-18], y compris sous la forme d'un simple regard de désir jeté sur un parent et l'interdit de l'onanisme [Gn 38, 6-10] trouvaient une analogie dans l'interdit de toutes les formes de concupiscence (adultère, prostitution, onanisme, A 25-26, B 15-16). L'interdit de voler et le dixième commandement du Décalogue éthique [Ex 20, 15 ; Dt 5, 19] trouvaient leur pendant, dans le Livre des Morts, dans l'interdit de voler (A 17) et de s'approprier d'une quelconque façon le bien d'autrui (A 23). L'interdit de porter un faux témoignage [Ex 20, 16 ; Dt 5, 20] n'allait pas aussi loin que l'interdit de toute forme de mensonge (E 7, A 22) et d'illoyauté (A 30) formulé dans le Livre des Morts. Le détournement d'un canal (E 10) trouvait un pendant dans la malédiction qui pesait, en Israël, sur ceux qui franchissaient une frontière [Dt 27, 17] ; l'interdit de fausser les balances (E 9) figurait également dans la parénèse lévitique [Lv 19, 36]. L'assurance de n'avoir pas fait de mal à autrui, énoncée dès le début du catalogue égyptien, et, ce qui allait plus loin encore, celle de « n'avoir causé de tourment à personne » (A 16), de n'avoir « fait pleurer personne » (A 24) et de n'avoir « fait peur » à personne (B 18) trouvaient un parallèle, en Israël, dans la prescription générale et plus formelle de ne pas commettre d'injustice envers autrui (Lv 19, 13) ; celle-ci demeurait en deçà du code égyptien, en matière de sublimation caritative. En Israël, on le sait, le commandement universel « d'amour du prochain » se confondait avec l'interdit d'exercer sa vengeance contre un compatriote ; ces dispositions figuraient également dans le Livre des Morts (A 27). En revanche, on ne rencontrait pas dans le catalogue égyptien de prescriptions positives telles que l'obligation de prendre soin du bétail d'autrui qui s'était perdu (Dt 22, 1-4) – un seul passage faisait l'éloge de l'aide apportée à l'homme égaré pour qu'il retrouvât son chemin – et le commandement de restituer à « l'ennemi » le bétail qu'il avait perdu (Ex 23, 4-5) n'était nulle part énoncé en Égypte. Dans le fameux « Entretien du chat et du chacal », c'était bien plutôt le fait de rendre le mal par le bien qui était critiqué. D'un autre côté, on ne rencontrait évidemment nulle part dans le Décalogue ni, de façon générale, dans l'éthique de l'ancien Israël, les règles de bons usages des scribes égyptiens, qui relevaient du bon goût mais aussi d'une éthique très sublimée. Par exemple, un interdit en vigueur dans l'éthique des scribes égyptiens (Ptahotep) proscrivait d'humilier l'adversaire en manifestant sa supériorité dans la dispute ; des interdits reproduits dans le Livre des Morts portaient sur le fait de ne pas tenir sa langue, d'exagérer, de se mettre en colère et de devenir violent, de porter des jugements prématurés, de se vanter, de rester sourd à la vérité (B 25-29, A 34, 33, B 18-23, 21-19). Ce type de prescriptions n'apparut que dans le judaïsme postexilique, lorsque les porteurs de la doctrine juive devinrent eux-mêmes des *sopherim* et des rabbins savants.

Dans le domaine de l'éthique économique à proprement parler, la morale égyptienne se distinguait par une très forte valorisation du devoir de fidélité au métier et de la ponctualité dans le travail : c'était là la conséquence toute naturelle de l'orientation de l'économie vers un semi-socialisme d'État, fondé sur une organisation liturgique du travail et un encadrement bureaucratique de ce dernier. Des traits analogues, quoique moins accusés, se retrouvaient également à Babylone, où, semble-t-il, il fut un temps de règle d'imposer aux princes eux-mêmes l'apprentissage manuel et pratique des travaux de construction. Cette particularité traduisait l'importance primordiale accordée aux édifices royaux. En Égypte, les artisans d'art affichèrent dès l'époque de l'Ancien Empire une forte fierté professionnelle ; de même, en Israël, Yahvé prêtait son esprit aux artisans d'art qui façonnaient les ornements des temples de Moïse [Ex 35, 30-33]. Le caractère très fluctuant de la richesse en Égypte, l'ascension très fréquente de plébéiens dans les rangs de la bureaucratie (dans le Nouvel Empire), sonnèrent très tôt le déclin de l'idée que la noblesse terrienne occupant les charges publiques se faisait de la grandeur ; Ptahotep, déjà, faisait l'éloge de l'activité économique comme seul moyen de préserver la richesse. Cependant, le caractère bureaucratique du groupement politique et le strict traditionalisme de la religion limitèrent la portée de cette conception. Le sentiment de *Stand* de la classe des scribes, qui s'exprimait, à l'époque des Ramessides, dans une raillerie mordante de tous les autres métiers, aussi bien militaires qu'économiques, les incitait à mépriser toute activité non lettrée comme inculte et misérable. Alors que la distinction entre liberté et non-liberté personnelle n'était pas très nette, la frontière entre lettrés et non-lettrés était, en revanche, fortement marquée. La personne de qualité (*sar*) se définissait exclusivement par son éducation. La subordination hiérarchique absolue de la bureaucratie était déterminante pour l'idéal de vie. « *Ma* », le « loyalisme », qui signifiait tout à la fois « l'adresse », la « probité » et la « fidélité au devoir » – un pendant un peu modifié de la grande vertu de la bureaucratie chinoise, le « *li* » – représentait le comble de l'excellence. L'imitation du supérieur, l'adoption inconditionnée de ses vues, le strict respect de l'ordre de rang, jusque dans le plan des tombes à la nécropole, étaient les obligations incombant au sujet loyal. « S'incliner toute sa vie » : tel était, disait-on, le destin de l'homme. Par suite, la conception du métier demeurait rigoureusement traditionaliste. Il était interdit d'employer un travailleur à d'autres tâches que celles de son métier habituel. La grève que menèrent, les documents l'attestent, les travailleurs de la nécropole de Thèbes, n'était pas inspirée par des revendications sociales mais par le seul souci de garantir le versement du salaire *habituel,* le « pain quotidien » au sens du « Notre Père » chrétien.

En Israël, avant le Siracide, la fidélité au travail ne faisait pas l'objet d'une valorisation éthique aussi poussée qu'en Égypte. L'organisation bureaucratique était justement absente et la notion de « *ma* » n'avait pas sa place, surtout pas dans l'éthique religieuse, qui fustigeait l'État bureaucratique dispensateur de corvées et l'appelait la « maison d'esclavage égyptienne ». Nulle part, l'activité économique n'était définie comme une vertu. Bien au contraire : la cupidité était le pire des vices. C'était bien là le signe que le pieux fidèle avait pour ennemis les patriciens des villes. Dans un cas comme dans l'autre, toute forme d'« ascèse intramondaine » faisait entièrement défaut. Lorsque, en Égypte, on mettait en garde contre les femmes parce qu'un bref instant de plaisir pouvait se payer par de grands malheurs, c'était là une règle de sagesse comme on en trouvait dans l'éthique confucianiste ; elle possédait des parallèles dans la littérature juive postexilique. Pour le reste, cependant, en Égypte et en Mésopotamie, le plaisir de la vie, tempéré par la sagesse, demeurait en fin de compte l'objet des plus hautes aspirations. L'état d'esprit israélite, fortement influencé par le destin politique du pays, se distinguait surtout par l'accent mis sur la crainte des péchés et sur la pénitence, qui se fit toujours plus insistant. Il n'était pas aussi fort ailleurs, à Babylone notamment. Le degré de sublimation dans le sens d'une éthique de l'état d'esprit était comparable à celui de l'éthique égyptienne ; de façon générale, du moins dans la pratique de masse, l'éthique israélite atteignait un degré de raffinement plus grand que la conception du péché à Babylone, sans cesse contredite, dans la vie pratique, par le recours à la magie [1].

En dépit de tous les échos qui, dans le détail, les rapprochaient, il était un point sur lequel l'éthique israélite s'opposait à l'éthique égyptienne et, de la même façon, à l'éthique mésopotamienne : le degré relativement élevé de systématisation rationnelle. La simple existence du Décalogue éthique et d'autres recueils analogues pouvait être regardée comme un critère de systématicité, de ce point de vue, alors que celle-ci faisait absolument défaut dans les registres de péchés d'Égypte et de Babylone. Dans ces deux aires culturelles, en outre, au vu des sources dont nous disposons, rien ne rappelait, de près ni de loin, la parénèse éthico-religieuse du Deutéronome et son caractère systématique. Pour autant que l'on sache, il n'existait d'éthique à fondement religieux, synthétisée et unifiée, comparable à celle de l'Israël préexilique, ni chez les Égyptiens, même s'ils possédaient des manuels de sagesse et le texte ésotérique du Livre des Morts, ni chez les Babyloniens, qui disposaient pourtant de recueils d'hymnes et de formules magiques dont certaines parties étaient consacrées à la morale. En Israël, cette éthique fut le produit de la Thora des lévites, élaborée sur plusieurs générations et, nous aurons à le montrer plus loin, de la prophétie. La prophétie influença moins le contenu – qu'elle admit bien plutôt comme un donné – que son unification systématique : elle chercha à infléchir l'ensemble de la vie du peuple et celle de tous les indivi-

1. Sur la conception du péché et son évolution dans la religiosité de Babylone, voir Anastasius Schollmeyer, *Sumerisch-babylonische Hymnen und Gebete an Samas*, Paderborn, 1912, et J. Morgenstern, « The Doctrine of Sin in the Babylonian Religion », *art. cit.*, p. 3.

dus dans le sens d'un respect des commandements positifs de Yahvé. Elle élimina, en outre, le primat du rituel sur l'éthique. La Thora lévitique, de son côté, influença plutôt le contenu des commandements éthiques. Par leur action conjuguée, l'une et l'autre donnèrent à l'éthique son caractère tout à la fois plébéien et rationnellement systématique.

Il nous faut, à présent, examiner un peu plus en détail une composante caractéristique de l'éthique de l'ancien Israël, qu'elle partageait avec d'autres formes d'éthique. Les prescriptions morales évoquées plus haut étaient marquées par l'orientation *caritative* très accusée qui est le propre de la version actuelle de la Thora. Allaient surtout dans ce sens les nombreuses dispositions en faveur des pauvres, des métèques, des veuves et des orphelins que l'on trouvait déjà dans les recueils anciens, mais surtout dans le Deutéronome, dont le Dieu était un juge incorruptible qui ne regardait pas la personne mais « créait un droit » pour ces catégories faibles (Dt 10, 18). Dans la parénèse, les dispositions du droit officiel relatives à l'esclavage pour dettes furent complétées, nous l'avons vu, par des règles importantes concernant le paiement des salaires, la remise des dettes, la limitation des gages et le système caritatif en général. « Ouvrir la main aux pauvres » (Dt 15, 11), venir en aide au malheureux, au nécessiteux, à celui qui avait été dévalisé (Jr 22, 16), à l'opprimé (Es 1, 17), telles étaient les formulations les plus générales de ces obligations, au nombre desquelles on pouvait encore compter les dispositions relatives au droit de glaner et à l'année de jachère. Les sources portent témoignage de l'importance croissante qui échut à ces composantes de la parénèse, au fur et à mesure que l'influence de la hiérocratie sur l'éthique israélite se renforça, alors que cette dernière, à l'origine, ne donnait certainement pas dans le sentimentalisme. Comment expliquer cette évolution ?

Les deux régions classiques de développement de la charité furent l'Inde, d'une part, et, d'autre part, l'Égypte. En Inde, elle fut surtout portée par le jaïnisme et le bouddhisme. De façon générale, elle fut encouragée par le sentiment d'une unité de tout le vivant, fortement renforcée par la croyance dans le *saṃsāra*. Nous avons vu que la charité indienne, telle qu'elle trouva aussi son expression dans les décalogues des bouddhistes, revêtit très rapidement un tour formel et presque exclusivement rituel. En Égypte, la charité fut très fortement conditionnée par la structure bureaucratique de l'État et de l'économie. Les rois de l'« Ancien » et du « Nouvel » Empire et les princes féodaux du « Moyen » Empire étaient des seigneurs dispensateurs de corvées et, en tant que tels, ils avaient intérêt à épargner la force de travail des hommes et des animaux, qu'ils protégeaient contre la brutalité et la malveillance des fonctionnaires. Dans les sources égyptiennes, il apparaît clairement que ce facteur joua un rôle important dans la mise en place de mesures de protection des pauvres [1]. Dès l'Ancien Empire, d'après les inscriptions, les fonctionnaires responsables devant le roi pour la situation économique et démographique du pays, qui étaient exposés aux récriminations des sujets, autorisées en tous temps et semble-t-il directement adressées au souverain, s'enorgueillissaient d'avoir aidé ceux qui étaient en proie à la famine, de n'avoir dérobé de champs à personne, de n'avoir pas exploité les subordonnés d'autres fonctionnaires, de n'avoir jamais réglé les conflits de façon malhonnête, de n'avoir enlevé ni violé la fille de personne, de n'avoir pas usurpé une propriété, de n'avoir pas opprimé les veuves ; ou encore : d'avoir nourri ceux qui avaient faim, habillé ceux qui étaient nus, fait traverser le fleuve à ceux qui n'avaient pas de barque, et rempli de bétail les étables de leurs subordonnés [2]. Il

---

1. Voir, par exemple, *Breasted's Records*, t. III : *The Nineteenth Dynasty*, Chicago, 1906, p. 51 : l'interdit de faire mourir un pauvre qui devait des services de corvée au roi (XIXe dynastie).

2. Cf. *Breasted's Records*, t. I : *The First to the Seventeenth Dynasties*, Chicago, 1906, p. 239, 240, 281, 328 sq., 459, 523 (il s'agit dans tous les cas d'exemples issus de l'Ancien Empire, à compter de la Ire dynastie).

s'agissait, chaque fois, de la population du district administratif dont le pharaon avait confié la responsabilité au fonctionnaire. De façon tout à fait générale, les fonctionnaires affirmaient n'avoir « jamais fait de mal à personne » et avoir fait « ce qui agréait à tous ». Le soupçon de vénalité des juges et la condamnation de cette illégalité étaient presque aussi répandus chez les auteurs religieux et les moralistes égyptiens que chez les prophètes israélites. La crainte du roi, finalement très lointain – comme le tsar en Russie –, était renforcée par celle d'être condamné par une autre instance : les dieux. Un monarque de l'époque de la cinquième dynastie déclarait « qu'il n'avait lésé personne » puisque personne « n'était allé se plaindre au dieu de la ville ». La malédiction prononcée par un pauvre était redoutée, directement, par crainte d'une intervention du dieu, et, indirectement, en raison du péril qu'elle faisait peser sur la bonne renommée auprès de la postérité, si importante dans la vision des Égyptiens. La croyance dans l'efficacité magique d'une malédiction liée à une injustice réelle était, semble-t-il, universellement répandue en Asie antérieure : cet « instrument de pouvoir démocratique » était aussi à la disposition des plus humbles et des plus pauvres. Par suite, les fonctionnaires égyptiens ne manquaient pas de souligner que le peuple les « aimait » parce qu'ils se conformaient à ses attentes. Bien entendu, l'idée d'imaginer une quelconque responsabilité des grands vis-à-vis du peuple était si possible davantage étrangère encore à la conception égyptienne qu'à celle des Israélites. Cependant, un homme était « l'égal d'un Dieu » si ses ouvriers lui faisaient confiance. Inversement, celui qui se comportait avec eux « comme un crocodile » était frappé de malédiction. L'éthique distinguée des scribes de Ptahotep insistait, par suite, sur le fait que l'exercice de la charité était récompensé par la possession d'une charge permanente (à l'origine, cette faveur était accordée par Pharaon, puis par Dieu). Les stèles funéraires des petites gens (artisans), aux XIIIe et XIIe siècles, montrent que ceux-ci se consolaient en espérant qu'Amon entendrait la voix du « pauvre en proie à la peine » (par opposition au grand homme « arrogant », le guerrier, le fonctionnaire). En effet, Dieu guidait et protégeait toutes ses créatures, même les poissons et les oiseaux [1].

Les rois se comportaient exactement comme les fonctionnaires. Non seulement en Égypte, mais aussi dans tous les pays qui faisaient partie de l'aire culturelle de l'Asie antérieure. À côté de toutes sortes de sacrilèges par lesquels ils avaient enfreint la propriété divine et l'ordre de l'État, c'étaient les traitements implacables infligés à des individus économiquement faibles qui, selon Urukagina, avaient attiré sur ses prédécesseurs la colère de Dieu et légitimé sa propre usurpation. Dans le cas de cette cité-royaume, il fallait entendre par là, comme en Israël, les difficultés entraînées par le passage à l'économie monétaire : l'endettement et la réduction en esclavage. Nous l'avons vu à propos d'Abimélekh : les usurpateurs gouvernaient partout avec le *dêmos* contre les grands clans. En Égypte et, plus tard, dans les grands royaumes de Mésopotamie, la légende habituelle de l'État providence patrimonial et bureaucratique avait marqué de son empreinte la charité royale et son formalisme. Ramsès IV se vantait de n'avoir pas lésé le pauvre ni l'orphelin et de n'avoir confisqué les biens héréditaires de personne. Nabuchodonosor en faisait autant. Selon Cyrus, c'était parce que Nabunâ-id avait fait peser une charge trop forte sur le peuple babylonien que la colère de Dieu s'était abattue sur ce souverain et, d'après l'inscription de Behistum, Darius se situait tout à fait dans une ligne de politique royale de providence et de protection des faibles. Celle-ci était donc un trait

1. On trouve des documents relatifs à la piété populaire égyptienne de l'époque des Ramessides chez Adolf Erman, « Denksteine aus der thebanischen Gräberstadt », *op. cit.*, p. 1086 sq. Sur le développement, dans le Nouvel Empire, de la croyance en la sanction des actes, voir Balthasar Poertner, *Die ägyptischen Totenstelen als Zeugen des sozialen und religiösen Lebens ihrer Zeit,* Paderborn, 1911.

commun à tous les États patrimoniaux de l'Orient, et, plus généralement, à la plupart des monarchies de ce type. Dans le voisinage immédiat d'Israël, et certainement sous l'influence de l'Égypte, une inscription royale phénicienne (la plus ancienne inscription phénicienne connue à ce jour) présentait exactement les mêmes caractéristiques [1]. C'est peut-être là que les scribes des rois d'Israël empruntèrent ces maximes qui avaient fini par se figer partout en formules, mais n'étaient cependant pas nécessairement dépourvues d'effet.

En Égypte, cette éthique caritative issue de la politique de l'État providence patrimonial et de sa projection dans un royaume céleste universel fut d'abord développée, à partir de modèles très anciens, par les petits princes patrimoniaux et les seigneurs féodaux du Moyen Empire. Plus tard, elle fut systématisée selon les orientations de la politique sociale hiérocratique par les scribes, les prêtres et des moralistes influencés par les précédents. Au premier rang de toutes les garanties plus spécifiques que, dans le 125e chapitre du Livre des Morts, le défunt était tenu de livrer dans la « salle de la vérité », figurait la déclaration suivante : il devait jurer de n'avoir pas contraint quelqu'un à travailler davantage que ce qui était fixé (E 5). Cette disposition trouvait manifestement son origine dans l'administration d'un État dispensateur de corvées. Venaient ensuite les garanties suivantes : ne pas avoir causé la peur, la pauvreté, la souffrance, le malheur, la faim ni le deuil d'autrui, ne pas être à l'origine des mauvais traitements infligés à un esclave par son maître (E 6), ne pas avoir privé un nourrisson de lait, ne pas avoir maltraité le bétail (E 9) et ne pas avoir causé de tort à un malade (B 26). À la fin de toute cette profession de foi, on trouvait la déclaration suivante : il fallait pro-

1. Sur l'inscription de Kalumus, voir Enno Littmann, « Die Inschriften des Königs Kalumu », in : *Sitzungsberichte der Königlich-Preussischen Akademie der Wissenschaften, Jahrgang 1911, Halbband 2, Heft 45,* Berlin, 1911, p. 976-985.

mettre de s'être lié à Dieu en exerçant la « charité » (*mer*), « d'avoir donné du pain à ceux qui avaient faim, de l'eau à ceux qui avaient soif, des vêtements à ceux qui étaient nus et une barque à ceux qui en avaient besoin ». En lien avec l'interdit éthique déjà mentionné qui proscrivait de faire souffrir autrui, de faire peur à quelqu'un et, de façon générale, de faire du mal aux autres, et avec la prescription de faire du bien même à ses ennemis, qui figurait dans l'éthique égyptienne mais dont l'authenticité a été contestée, ces commandements représentaient, du strict point de vue du contenu, une préfiguration déjà très avancée de la charité des Évangiles chrétiens.

La charité de l'ancien Israël fut sans doute influencée, dans son développement, par l'Égypte, que ce fût directement ou par l'intermédiaire de la Phénicie. Surtout à l'époque deutéronomique. Dès l'époque prédeutéronomique (Gn 16, 5-7 ; 21, 14 ; 1 S 24, 13), cependant, la conviction était déjà établie que Yahvé protégeait les faibles en tant que tels (la femme par rapport à l'homme, la concubine par rapport à l'épouse, le fils mis à la porte). Cette idée se rencontrait aussi bien chez le yahviste que chez l'élohiste et, d'un point de vue religieux, elle avait le même fondement qu'en Égypte : le pauvre et l'opprimé « criaient vers Yahvé » (Dt 24, 15) et celui-ci, le roi du ciel, pourrait exercer sa vengeance contre l'oppresseur. La conception devenue dominante dans l'éthique israélite de l'exil, selon laquelle endurer l'oppression était la meilleure attitude à adopter, parce que c'était aussi celle qui attirerait le plus sûrement la vengeance de Dieu [Dt 32, 31-35 ; Ps 94], trouvait son fondement, à cette époque, dans l'impuissance sociale des classes opprimées, même si elle renvoyait aussi à la représentation ancienne du bon renom comme source de bénédiction pour les descendants. Par un effet inverse de celui d'une malédiction, la bénédiction du pauvre traité conformément aux commandements de charité était « comptée comme justice » par Yahvé (Dt 24, 13). La parénèse des lévites, la formule de malédiction de

Sichem, influencée par eux, les *devarim* ajoutés en annexe au Livre de l'Alliance, puis le Deutéronome et la législation des prêtres développèrent la charité dans un sens toujours plus systématique. Cependant, en dépit de nombreuses ressemblances qui sautent aux yeux et ne furent certainement pas le fruit du hasard, la charité israélite se signalait surtout, de façon générale, par le caractère très modéré de ses exigences matérielles. Peut-être fut-elle d'abord promue, à partir de l'exemple étranger, par des rois pieux qui défendaient une éthique de l'État providence ; mais ses porteurs n'étaient pas une bureaucratie patrimoniale influencée par les prêtres : c'était une communauté de clans libres de paysans et de bergers influencés par les prêtres. Bien entendu, il existait aussi en Israël des fonctionnaires royaux qui opprimaient la population, à la façon égyptienne. C'était même le cas du roi en personne – ce qui, en Égypte, était officiellement impossible. Yahvé réagissait alors, selon la version paradigmatique des prêtres, en faisant advenir les malheurs annoncés par les prophètes. Cependant, le mal contre lequel il fallait lutter n'était pas l'oppression exercée par une bureaucratie mais celle qui émanait d'un patriciat urbain, et la situation était beaucoup plus simple. Dans l'éthique préexilique, la sublimation de la charité dans le sens d'une éthique de l'état d'esprit n'allait pas toujours aussi loin qu'en Égypte ; inversement, les prescriptions particulières étaient davantage adaptées au caractère de la communauté domestique patriarcale et des relations de voisinage que les abstractions des scribes égyptiens. Ce n'est qu'à l'époque de la Thora, une époque pacifiste et urbaine, juste avant et pendant l'exil, que les abstractions de la loi de sainteté firent leur apparition. Par exemple, l'interdit d'exprimer ouvertement la haine et le désir de vengeance à l'encontre du « prochain », c'est-à-dire des enfants de son propre peuple (y compris le *ger,* d'après Lv 19, 18), et l'obligation de les garder dans son cœur. De là découlait le principe : « Tu aimeras ton prochain comme toi-même » (Lv 19, 18). Cette condamnation du désir de vengeance pouvait apparaître comme une riposte de la parénèse lévitique contre les promesses de beaucoup de prophètes qui encourageaient fortement la soif de vengeance (politique). Si l'on songe à la déclaration qui la complétait et la renforçait, « Car je suis le Seigneur », la prescription d'aimer son prochain à condition qu'il fît partie du même peuple constituait, au demeurant, une variante de la règle souvent répétée : s'en remettre à Dieu, qui avait compétence en ce domaine (Dt 32, 35), et qui, on était en droit de l'espérer, exécuterait la vengeance de façon d'autant plus radicale. Cette exigence de confier la vengeance à Dieu ne possédait donc pas, à proprement parler, de signification éthique ; elle était manifestement née de la sphère de sentiments de couches plébéiennes frappées d'impuissance politique. L'histoire de David et Nabal (1 S 25, 24-29) remplissait une fonction paradigmatique, de ce point de vue : pour avoir été exercée par Yahvé, la vengeance n'en était que plus implacable. Pour les maîtres de la Thora, le fait de confier la vengeance à Dieu était le corrélat, dans la sphère de l'éthique, de l'interdit de la vengeance du sang dans le domaine du droit, et le commandement positif d'« amour » du prochain une application au coreligionnaire des principes de l'ancienne fraternité des clans. Ce n'est qu'avec l'interprétation rabbinique qu'il fut retraduit dans la prescription positive de ne pas haïr le prochain, y compris en son for intérieur, et de ne pas le persécuter en éprouvant un désir de vengeance ; en pratique, cependant, ce commandement ne parvint pas à s'imposer de façon entièrement satisfaisante dans la sphère des sentiments subjectifs [1].

1. R. Hanina, que Büchler (*Der galiläische 'Am-ha'Ares des zweiten Jahrhunderts : Beiträge zur innern Geschichte des palästinischen Judentums in den ersten zwei Jahrhunderten,* Vienne, 1906) présente comme un modèle de moralité juive, dans sa polémique contre des chercheurs protestants, mourut enveloppé dans un rouleau de la Thora pour être parfaitement sûr que Dieu exercerait sa *vengeance* contre ceux qui l'avaient persécuté.

À côté de la protection des pauvres, la charité israélite – comme, à l'occasion, la charité égyptienne – se préoccupait de la protection de ceux qui étaient frappés de maladies et surtout d'infirmités. Il ne fallait ni les maudire, ni placer un obstacle sur le chemin d'un aveugle, ni l'égarer (Lv 19,14). La charité égyptienne, qui, pour le reste, ne s'intéressait guère aux infirmes, prescrivait également de montrer le chemin à ceux qui étaient perdus et de ne causer aucun tort aux malades. La prophétie de salut des grands rois attribuait généralement au souverain en place le pouvoir d'écarter les infirmités, les maladies et autres misères. C'est ainsi que le roi faisait la preuve de son charisme. Le proverbe de David proprement dit (2 S 5, 8), lors de la prise de Jérusalem, était associé à la même représentation et attribuait au souverain en exercice, doté de la qualification charismatique, le pouvoir de faire des miracles. Dans la Thora lévitique, cependant, le motif invoqué pour la protection des infirmes était qu'ils faisaient partie de leurs pénitents les plus éminents ; on faisait trop souvent l'expérience de leur piété pour continuer à prendre au pied de la lettre la vieille croyance magique selon laquelle les malades étaient personnellement honnis de Dieu en raison d'un sacrilège. Le malade pouvait avoir à souffrir pour les péchés de ses ancêtres et, dans le cas des sourds et des aveugles, l'idée qu'ils étaient soumis à un pouvoir divin mystérieux pouvait facilement être assortie de la croyance selon laquelle eux-mêmes possédaient des forces qui faisaient défaut aux autres, comme en témoigne la valorisation largement répandue dont les aveugles font l'objet. Dans tous les cas, leur porter atteinte revenait à éveiller la colère de Dieu.

Pour finir, on trouvait dans le Deutéronome une série de dispositions relatives à la protection des animaux, par exemple celle qui visait à la protection de la mère de petits oiseaux (Dt 22, 6-7) et le célèbre interdit de museler le bœuf qui foulait le blé (Dt 25, 4) – alors que, dans les plantations romaines, les esclaves attachés à la meule portaient une muselière. À cela s'ajoutait l'extension au bétail de la journée de repos du sabbat, ainsi que la désignation de l'année de sabbat comme une année où les animaux pouvaient se nourrir librement. Les sources israélites ne permettent pas de savoir si ces théologoumènes n'avaient été formulés que corrélativement au commandement d'amour du prochain, ou s'ils étaient liés à la croyance, répandue dans toute l'Asie antérieure, selon laquelle, au Paradis, la paix avait autrefois régné entre l'homme et l'animal [Es 11, 6-9], et à l'espoir qu'elle régnât à nouveau un jour, ou encore, par exemple, à un quelconque végétarisme rituel ancien, issu peut-être de cultes agricoles locaux. L'âne parlant de Biléam n'était qu'un animal de la fable populaire, comme on en rencontrait aussi ailleurs (ainsi, en Égypte, sous Bocchoris, l'agneau prophétique). En Égypte, l'interdit de maltraiter le bétail fut certainement inspiré, à l'origine, par l'intérêt du roi à préserver sa force de travail. De façon caractéristique, Ramsès II promit aux chevaux qui l'avaient sauvé de la bataille de Qadech que désormais, ils seraient nourris au palais en sa présence, tout comme il promit à ses ouvriers de payer correctement leur salaire ; cette dernière disposition était, typiquement, un prolongement de la relation entretenue par un cavalier ou un maître d'écurie avec ses animaux. Le culte populaire des animaux, systématisé par les prêtres, et la possibilité que les âmes des morts s'incarnent dans des figures animales n'étaient certainement pas à l'origine de ces dispositions favorables aux animaux, mais, bien entendu, ces conceptions encouragèrent la charité à l'égard des bêtes. En Israël, le repos de sabbat prévu pour le bétail comme pour les esclaves ne fut que le produit de l'époque royale tardive, et peut-être de l'époque deutéronomique : il n'était pas mentionné dans la légende de 2 R 4, 23. Il est possible que, dans son orientation générale en tout cas, l'attention portée aux animaux ait été le produit d'une influence égyptienne.

En fin de compte, non seulement il n'est pas exclu que, à la fin de la période préexilique, l'éthique et la charité israélite aient été influencées, à bien des égards, par l'exemple des grandes civilisations voisines, mais il est même tout à fait vraisemblable qu'elles aient subi l'influence de l'Égypte, soit directement, soit par l'intermédiaire de la Phénicie. Il est vrai que les traits majeurs de ce type de charité se retrouvent, sans avoir été empruntés ailleurs, partout où les prêtres ont un intérêt suffisamment puissant à réunir une clientèle d'infirmes ou de malheureux, et partout où cet intérêt conditionne une rationalisation de l'assistance apportée aux faibles en tant que tels. Au demeurant, la Thora israélite sut réinterpréter à sa façon les commandements, même dans les cas où les influences étaient patentes.

Un facteur beaucoup plus important que toutes les variations de détail, cependant, fut le fait fondamental qui a déjà été souligné : l'absence, en Israël, de substituts magiques au respect des commandements. En Égypte, par exemple, la doctrine des prêtres avait beau édicter des commandements éthiques ou caritatifs : quel poids pouvait-elle leur donner, quel qu'en fût le contenu, alors qu'il existait des moyens magiques très simples pour autoriser le mort à *dissimuler* ses péchés devant le juge des morts, à l'instant décisif ? Dans le Livre des Morts (chapitre 30, L 1), la supplique adressée à son propre cœur pour qu'il ne témoignât pas contre le mort fut plus tard renforcée par le don d'un scarabée sacré qui donnait au cœur le pouvoir de résister aux pouvoirs magiques des juges des morts et de taire les péchés. Il était donc possible d'abuser les dieux. À Babylone, la situation était un peu plus contrastée. Mais là aussi, à l'époque néo-babylonienne, la magie de tout type était l'instrument populaire spécifique pour agir sur les puissances invisibles. Avec la rationalisation croissante de la culture, le sentiment du péché se développa, il est vrai, en Mésopotamie, notamment dans la population bourgeoise pacifiste. Cependant, même une fois que, dans la religion populaire, les esprits mauvais eurent pris la place des grands dieux comme instigateurs du mal, les psaumes de contrition sumériens et ceux de l'ancienne Babylone, aux accents puissants, furent encore utilisés comme de pures formules magiques, sans égard, souvent, pour le contenu. Dans le yahvisme ancien, en revanche, ce type de magie faisait défaut et, ne serait-ce que pour cette raison, l'impact effectif des commandements éthiques était nécessairement beaucoup plus grand, une fois qu'ils étaient admis comme obligatoires. Cela tenait non seulement à une approche différente du problème de la théodicée, mais aussi à un facteur que nous avons déjà eu l'occasion de mentionner à maintes reprises : en Israël, c'est-à-dire dans le groupement des membres libres du peuple israélite, solidairement responsables, en vertu de la *berith*, pour le respect des commandements du Dieu de l'Alliance, tous les individus avaient à craindre la vengeance de ce dernier s'ils toléraient en leur sein des manquements à ces commandements. L'exclusion du pécheur non réconcilié avec Dieu, la mise au ban et la lapidation étaient, par suite, les moyens employés pour réagir contre le péché. L'application de la peine de mort sans possibilité de grâce était une obligation pour certains péchés graves, parce c'était là le seul moyen de libérer du péché la communauté en tant que telle. Dans les monarchies bureaucratiques et, surtout, dans les pays où officiaient des magiciens de métier, ce motif était entièrement absent. Par analogie, les premiers chrétiens et les puritains avaient la responsabilité de tenir à l'écart de la table du Seigneur tous ceux qui étaient notoirement réprouvés, alors qu'il n'en allait pas de même chez les catholiques, les anglicans ni les luthériens. Le renforcement constant de cet intérêt ne put que conforter la tournure spécifiquement éthique de la Thora lévitique. La position des lévites, quant à elle, était liée à la relation qu'ils entretenaient avec leur clientèle privée. La fondation de la *berith* ancienne par Moïse et la reprise de la fonction oraculaire avaient marqué une première étape. En ce sens, c'est à bon droit que Moïse est considéré comme étant à l'origine de cette évolution importante dans le sens d'une éthique. D'un autre côté, cependant, la religiosité israélite n'aurait pu développer un modèle capable de résister, tout au long de l'histoire, à toutes les attaques venues de l'extérieur, sans le rôle joué par un phénomène tout à fait unique et lourd de conséquences, qui a déjà été évoqué à de multiples reprises : la *prophétie.* C'est vers elle que nous allons à présent nous tourner.

II.

LA CONSTITUTION DU PEUPLE PARIA JUIF

Après que la politique de conquête des grands États eut connu un moment de répit, qui autorisa la constitution de l'alliance israélite, les grands rois de Mésopotamie, à partir du IXe siècle, puis, puis tard, l'Égypte, reprirent leur politique d'expansion. La Syrie devint alors le théâtre d'actions guerrières inédites jusque-là. Des menées guerrières aussi meurtrières que celles des rois assyriens, en particulier, n'avaient encore jamais existé à une telle échelle. Les inscriptions cunéiformes sont baignées de sang. Le roi relatait, sur un ton froidement protocolaire, qu'il avait recouvert de peaux humaines les murailles des villes qu'il avait conquises. Les textes israélites de l'époque qui ont été conservés, mais surtout les oracles de la prophétie classique, typiquement marqués par cet obscurcissement croissant de l'horizon politique, traduisaient les peurs insensées éveillées par ces conquérants impitoyables.

1. La prophétie préexilique. Son orientation politique

Les *prophètes préexiliques* [1], d'Amos à Jérémie et Ézéchiel, étaient avant tout, du point de vue d'un observateur extérieur de l'époque, des *démagogues politiques* et, à l'occasion, des pamphlétaires [2]. Ce constat peut, il est vrai, prêter à bien des malentendus. Cependant, si on le comprend comme il doit l'être, il est un élément de connaissance indispensable. Il signifie d'abord que ces

---

1. Parmi les travaux récents, citons surtout un ouvrage aux nombreuses qualités, même si beaucoup de ses vues sont discutables dans le détail : Gustav Hölscher, *Die Profeten*, *op. cit.*, qui retrace toute la genèse des prophètes, en tenant compte des données de la psychologie moderne. Pour chaque prophète en particulier, on se reportera aux commentaires modernes.

Au sujet des états extatiques des prophètes, on peut citer l'étude comme toujours magnifique de Hermann Gunkel, « Die geheimen Erfahrungen der Propheten Israels. Eine religionspsychologische Studie », in : Friedrich Daab/Hans Wegener (éds), *Das Suchen der Zeit. Blätter deutscher Zukunft,* t. 1, Gießen, 1903, p. 121-153, dont un extrait figure dans *Die Schriften des Alten Testaments* : *In Auswahl neu übersetzt und für die Gegenwart erklärt,* I/1, Göttingen, 1911 ; Gunkel présente des traductions et, parfois, d'excellents commentaires de textes de H. Schmidt (Amos et Osée dans le volume II/1), à côté d'une analyse de la spécificité littéraire des textes qui constitue une très bonne introduction. Parmi les autres ouvrages, on mentionnera : Friedrich Giesebrecht, *Die Berufsbegabung der Alttestamentlichen Propheten,* Göttingen, 1897 ; Carl Heinrich Cornill, *Der israelitische Prophetismus,* Strasbourg, 1894 ; Ernst Sellin, *Der alttestamentliche Prophetismus, op. cit.* D'autres références seront données dans les sections concernées. Sur l'« *ethos* » des prophètes de l'Ancien Testament, on trouvera beaucoup de constats pertinents chez Ernst Troeltsch, « Das Ethos der hebräischen Propheten », *Logos. Internationale Zeitschrift für Philosophie der Kultur,* 6, 1916/1917, p. 1-28. Dans cet article, le caractère utopique de la « politique » est, à juste titre, davantage souligné qu'il ne l'est en général. – Nous renonçons à proposer ici une analyse détaillée de la bibliographie.

2. Citons, par exemple, le pamphlet d'Ésaïe contre Chevna (Es 22, 15 sq.), avec son post-scriptum hostile à Eliaqim, dont il était fait l'éloge dans la première version. Un autre exemple est la malédiction que Jérémie adressa, par écrit, à Chema'ya [Jr 29, 31-32].

prophètes étaient des hommes de l'*oral*. Ce n'est qu'avec l'exil qu'apparurent des prophètes qui écrivaient des textes. En l'occurrence, les prophètes préexiliques parlaient en public et s'adressaient à un auditoire. Il faut également entendre par là qu'ils ne seraient pas apparus sans la politique étrangère des grandes puissances qui menaçaient leur patrie – la plupart de leurs oracles les plus marquants ne parlaient pas d'autre chose – et n'auraient pas davantage pu exister au sein de ces grandes puissances elles-mêmes. La raison en était, justement, que la « démagogie » était impossible chez ces dernières. Certes, les grands rois assyriens, babyloniens et perses, comme tous les souverains de l'Antiquité et même d'Israël, avaient recours à des oracles pour prendre leurs décisions politiques ou pour fixer la date ou les modalités de telle ou telle mesure. Le roi de Babylone, par exemple, interrogeait les prêtres oraculaires avant de nommer un haut fonctionnaire, pour savoir si ce dernier était qualifié. Mais c'était là une affaire interne à la cour. Le prophète politique n'allait pas dans la rue et ne s'adressait pas au peuple. Les conditions politiques n'étaient pas réunies pour cela, et le prophète n'aurait pas été autorisé à parler en public. Certains signes indiquent qu'il était expressément interdit de prophétiser en public, ce qui correspondait au régime des États bureaucratiques. Cette interdiction s'appliquait, en particulier, aux juifs en exil : les sources suggèrent que la répression pouvait être sévère. Ni l'Asie antérieure ni l'Égypte ne semblent avoir connu la prophétie politique au sens de l'époque classique, du moins d'après l'état actuel de nos connaissances. Il n'en fut pas de même en Israël et, surtout, dans la cité-État de Jérusalem.

La prophétie politique ancienne de l'époque de l'alliance s'adressait à l'ensemble des confédérés. Elle représentait un phénomène ponctuel. La confédération israélite ne disposait pas d'un sanctuaire fixe pour les oracles, comme Dodone ou Delphes. L'oracle par tirage au sort pratiqué par les prêtres, la seule forme d'interrogation du Dieu considérée comme classique, était archaïque dans sa technique. Avec la mise en place du pouvoir royal, la libre prophétie de guerre disparut, et les oracles de l'alliance cédèrent le pas aux prophètes de cour. Ce n'est qu'avec le renforcement des menaces extérieures pesant sur le pays et sur le pouvoir royal que la prophétie libre se développa à nouveau. Selon la tradition, Élie s'était publiquement opposé au roi et à ses prophètes ; mais il avait dû fuir le pays [1 R 19, 1-4]. Il en était allé de même d'Amos, sous Jéroboam II [Am 7, 10-17]. Sous les gouvernements forts ou confortés par l'appui d'une grande puissance, par exemple à Juda, sous Manassé, la prophétie restait encore muette, ou plutôt, elle était réduite au silence, même après l'apparition d'Ésaïe. Avec le déclin du prestige des rois et les menaces croissantes pesant sur le pays, elle reprit de l'importance. En même temps, son champ d'action se déplaça de plus en plus vers Jérusalem. Parmi les premiers prophètes, Amos était lié au sanctuaire de Béthel, Osée au Royaume du Nord. Pour Ésaïe, déjà, cependant, les pâturages étaient pareils au désert (Es 5, 17 ; 17, 9) : c'était un pur Jérusalémite. Son lieu de prédilection était, semble-t-il, la cour publique du Temple. À Jérémie, enfin, Yahvé donnait cet ordre : « Va dans les *rues* de Jérusalem et parle *en public* » [Jr 11, 6]*. Dans les temps de détresse, il arrivait qu'un roi, tel Sédécias, envoyât en secret un émissaire au prophète pour recueillir la parole de Dieu [Jr 37, 17]. En règle générale, cependant, le prophète se présentait en public devant le roi et sa famille, il s'adressait à eux en personne dans la rue ou par le biais d'un message énoncé en public [Es 7, 3-4] ou – exceptionnellement – dicté à un disciple [1] avant d'être diffusé [Jr 36, 1-10]. Dans certains cas, des anciens ou des délégations d'anciens demandaient un oracle au prophète, qui le leur accordait

1. Le cas se présentait parfois : un oracle d'Ésaïe était scellé par ses disciples (Es 8, 16) ; Jérémie rédigeait un oracle de malédiction contre Babel (Jr 51, 59 sq.).

(y compris Jérémie : Jr 21, 2 sq. ; 37, 3 ; 38, 14 ; 42, 1 sq.). Cependant, il était beaucoup plus fréquent que, sous l'influence d'une inspiration spontanée, le prophète prît lui-même l'initiative de parler en public sur le marché ou de s'adresser aux anciens aux portes de la ville. En effet, il interprétait aussi le destin d'individus. En règle générale, cependant, il s'agissait d'individus jouant un rôle politique important. Le prophète s'intéressait bien davantage au destin de l'État et du peuple. Toujours sous la forme d'invectives chargées d'émotion contre ceux qui détenaient le pouvoir. Le « démagogue » fit là sa première apparition sous une forme historiquement attestée, à peu près à l'époque où les chants homériques forgeaient la figure de Thersite. Dans la *polis* de la Grèce archaïque, cependant, l'assemblée des notables, à laquelle le peuple était tout au plus admis à assister et à participer par l'acclamation, se déroulait de la manière suivante, comme il était décrit pour Ithaque* : les discours et réponses se succédaient selon un ordre bien établi et ceux qui demandaient la parole attendaient que le sceptre leur fût tendu. Le démagogue de l'époque de Périclès, quant à lui, était un politique temporel, qui orientait le *dêmos* par son influence personnelle, et prenait la parole dans l'*ekklesia* souveraine ordonnée par l'État. À l'époque homérique, il arrivait que le voyant fût interrogé au cours de l'assemblée des chevaliers*. Plus tard, cette coutume tomba en désuétude. Des figures comme celle de Tyrtée et la démagogie guerrière d'un poète comme Solon appelant à la conquête de Salamine étaient certainement les plus proches de la libre prophétie politique ancienne de la confédération israélite. Cependant, la figure de Tyrtée n'était pas apparue avec le développement de l'armée disciplinée des hoplites de Sparte, et, en dépit de sa grande piété, Solon était un politique purement temporel doté d'un esprit intimement « rationaliste », lumineux et clair, qui unissait à la connaissance des incertitudes du sort des hommes une croyance assurée dans la valeur de son peuple ; il avait un tempérament de prédicateur aux mœurs tout à la fois distinguées et pieuses. La religiosité et la prophétie orphiques étaient beaucoup plus proches de la prophétie israélite. La tyrannie alliée au peuple, en particulier celle des Pisistratides, chercha à nouer des liens avec ces théologiens plébéiens. Les Perses menèrent, à l'occasion, la même politique, à l'époque où ils tentèrent d'asservir les autres peuples. Au VIe et au début du Ve siècle, les « chresmologues », des oracles itinérants, et toutes sortes de mystagogues qui prédisaient l'avenir parcouraient la Grèce et étaient consultés, contre rétribution, aussi bien par des personnes privées que par des hommes politiques, des exilés, notamment. En revanche, il n'était question nulle part d'une démagogie religieuse semblable à celle des prophètes d'Israël, qui serait intervenue dans la politique des États grecs. Pythagore et sa secte, dont l'influence politique était tout à fait considérable, jouaient le rôle de directeurs de l'âme de la noblesse urbaine de l'Italie du sud, mais non de prophètes de rue. Les maîtres de sagesse distingués, à la manière de Thalès, ne se contentaient pas d'annoncer les éclipses de soleil et de prodiguer des règles de bonne conduite ; ils intervenaient tous dans la politique de leur cité, parfois à des postes-clés. Cependant, la qualité d'extatiques leur faisait défaut. Il en allait de même de Platon et de l'Académie, dont l'éthique politique – en fin de compte utopique – fut d'une grande influence sur l'évolution du destin (et la chute) du royaume de Syracuse. La prophétie politique extatique, quant à elle, resta organisée sur un mode hiérocratique, dans des sanctuaires oraculaires officiels, où les questions tout aussi officielles des citoyens recevaient une réponse élégamment composée en vers. L'ordre militaire strict des villes portait à rejeter la prophétie émotionnelle libre.

À l'inverse, à Jérusalem, c'était une démagogie purement religieuse qui prédominait ; dans une atmosphère lourde et opaque, les oracles laissaient entrevoir, comme des éclairs, les sombres destins à venir, et toute discussion ordonnée était bannie. D'un point de vue formel, le prophète officiait à titre purement privé. Pour cette raison même, cependant, cette figure n'était aucunement indifférente aux pouvoirs politiques officiels.

C'étaient des citoyens distingués, au service du roi, qui apportaient à ce dernier et à son conseil les oracles réunis par Jérémie : chacune de ces prédictions était un événement politique important [Jr 21, 1-2 ; 37, 3]. La raison n'en était pas seulement que les oracles influençaient l'opinion de la foule. Ils pouvaient aussi influencer le cours des événements de façon tout à fait directe, par la magie d'une formule, d'un *omen* bon ou mauvais. Les détenteurs du pouvoir, selon les cas, regardaient ces puissants démagogues d'un œil anxieux, courroucé ou indifférent. Ils cherchaient parfois à les faire entrer à leur service, ou faisaient comme le roi Yoyaqim, qui, assis dans sa galerie d'hiver, jetait au feu, feuille après feuille, avec une négligence affichée, les oracles de malheur que lui lisaient ses fonctionnaires de cour [Jr 36, 11-26] ; parfois encore, ils combattaient les prophètes. Lorsque les régimes étaient forts, la prophétie était interdite ; ce fut le cas sous Jéroboam II, les plaintes d'Amos en témoignaient [Am 5, 10 ; 7, 10-17]. Lorsque ce prophète annonçait que la colère de Dieu allait frapper Israël parce qu'on cherchait à réprimer la prophétie [Am 7, 16-17], il faisait à peu près la même chose qu'un démagogue moderne revendiquant la liberté de la presse. De fait, les déclarations des prophètes ne se limitaient pas à des déclarations orales. Jérémie avait recours à la lettre ouverte. Des amis et disciples du prophète pouvaient également transcrire ses propos et ils prenaient alors la forme d'un tract politique. Plus tard, parfois même dès cette époque (chez Jérémie, là encore), ces tracts étaient réunis en un recueil et révisés : il s'agissait là de la plus ancienne forme connue de littérature politique pamphlétaire en prise directe avec l'actualité.

La forme et la tonalité des prophéties préexiliques étaient conformes à ce caractère et à ce contexte général.

La visée première était une action démagogique immédiate, le plus souvent en face à face. Michée présentait les adversaires des prophètes en train de tenir un discours [Mi 2, 4-6]. Ils étaient attaqués de façon tout à fait personnelle et cloués au pilori ; il était très souvent question de conflits où l'on en venait aux mains [Jr 20, 1-2 ; 38, 4-6]. En matière de malédictions, menaces, invectives personnelles, désespoir, colère et soif de vengeance, les diatribes et tracts oraculaires de Jérémie, notamment, n'avaient rien à envier aux luttes de partis d'Athènes ou de Florence, caractérisées par l'absence de mesure et la passion la plus effrénée. Dans une lettre aux exilés de Babylone, Jérémie accusait les antiprophètes de mener une vie dissolue (Jr 29, 23). Par une malédiction, il prédisait la mort de l'antiprophète Hananya. Lorsque, en dépit de tous les sacrilèges commis, Yahvé ne mettait pas à exécution les menaces qu'il avait proférées à l'encontre de son peuple par la bouche de Jérémie, celui-ci entrait dans une terrible colère et exigeait de Yahvé que celui-ci, face aux quolibets des ennemis, fît advenir le jour de malheur annoncé (Jr 17, 18), le vengeât de ses persécuteurs (Jr 15, 15) et laissât impunie la faute commise à son encontre par ses adversaires (Jr 18, 23), autrement dit leur réservât pour l'avenir une vengeance plus terrible encore. Souvent, Jérémie semblait prendre un certain plaisir à dépeindre les malheurs épouvantables qu'il prédisait à son propre peuple et qui ne manqueraient pas d'arriver. D'un autre côté, cependant – c'était là une différence par rapport aux démagogues de parti d'Athènes et de Florence – il ne manifestait pas le moindre sentiment de triomphe lorsque ses prédictions s'avéraient justes, comme ce fut le cas après la bataille de Megiddo puis lors de la catastrophe de Jérusalem, annoncée des décennies durant. Il n'éprouvait pas non plus, comme auparavant, un sourd désespoir. Il se prenait plutôt, malgré le poids de sa tristesse, à espérer dans la miséricorde de Dieu et dans des temps meilleurs. En dépit de la colère effrénée que lui inspirait l'absence de réaction de son auditoire, il écoutait l'exhortation qui lui était adressée par la voix de Yahvé : il ne devait pas, en prononçant des mots ignobles, abuser de son droit à faire parler Yahvé par sa bouche ; il lui fallait prononcer des paroles nobles ; Yahvé lui permettrait alors de gagner le cœur des hommes (Jr 15, 19). La passion ardente du prophète explosait, et tous les abîmes du cœur humain s'ouvraient en lui sans être bridés par aucune convention, ni celle des prêtres, ni celle d'un *Stand* ; ils n'étaient pas davantage tempérés par quelque discipline personnelle que ce fût, ascétique ni contemplative. En dépit de ces travers bien humains dont les titans de la malédiction sacrée n'étaient à l'évidence pas exempts, ce n'était cependant pas leur propre personne mais la *cause* de Yahvé, le Dieu passionné, qui était souveraine dans toutes ces folles colères.

La réaction des personnes concernées était à la mesure de la violence de l'attaque. De nombreux versets, ceux de Jérémie, notamment, qui rappellent parfois les produits du délire de persécution, décrivaient comment les adversaires du prophète maugréaient, riaient, menaçaient ce dernier ou le traitaient par le mépris. C'était bien le cas dans la réalité. En pleine rue, ses adversaires attaquaient le prophète, l'insultaient et le frappaient au visage. Le roi Yoyaqim se fit livrer le prophète de malheur Uriyahu, venu d'Égypte, et le fit exécuter [Jr 26, 20-23] ; si Jérémie, plusieurs fois jeté en prison et menacé de mort, en réchappa, ce fut surtout en raison de la terreur éveillée par ses pouvoirs magiques. Dans tous les cas, cependant, la vie et l'honneur des prophètes étaient menacés et le parti adverse guettait le moment où il pourrait les anéantir, par la violence, la ruse et le sarcasme, la contre-magie ou la contre-prophétie. Mais surtout par la contre-prophétie. Après que Jérémie fut resté huit jours avec un joug sur les épaules, afin de donner une image saisissante du caractère inéluctable de la soumission à Nabuchodonosor, il fut attaqué par Hananya, qui l'empoigna devant tout le monde et brisa le joug, décidé à détruire le mauvais *omen* [Jr 27-28]. Jérémie fut d'abord choqué et s'enfuit, mais il réapparut ensuite avec un joug de fer, appelant son adversaire, sur un ton sarcastique, à montrer de quoi il était capable, et prédisant à ce dernier une mort prochaine [Jr 28, 12-14]. Les prophètes étaient pris dans un tourbillon de querelles partisanes et de conflits d'intérêts. Au premier chef ceux qui concernaient la politique étrangère. Il ne pouvait en être autrement. Il en allait de l'existence ou de l'inexistence de l'État national face à deux grandes puissances, l'Assyrie, d'un côté, l'Égypte, de l'autre. Il fallait prendre parti et tous ceux qui exerçaient une action publique devaient choisir leur camp, de la même façon que Jésus eut à répondre à la question de savoir s'il était juste de payer le cens aux Romains. Parfois malgré eux, l'action des prophètes servait, de fait, les intérêts de l'une ou l'autre des coteries dont la lutte faisait rage en politique intérieure, et qui étaient en même temps les porteurs de certaines options de politique extérieure ; par suite, ils apparaissaient comme affiliés à un parti ou à un autre. Après la deuxième chute de Jérusalem, Nabuchodonosor, dans son attitude à l'égard de Jérémie, tint compte du fait que le prophète avait prôné la fidélité vassalique à son roi. Si le clan de Saphan soutint pendant plusieurs générations les prophètes [1] et le mouvement deutéronomique, des intérêts partisans relatifs à la politique extérieure y furent certainement pour quelque chose. Cependant, ce serait une grave erreur de croire que, chez les prophètes eux-mêmes, les enjeux politiques partisans, le parti pris en faveur de l'Assyrie, pour Ésaïe, de Babylone, pour Jérémie, déterminèrent le contenu des oracles par lesquels ils exhortèrent à ne pas former d'alliance contre ces grandes puissances. Sous Sennachérib, le même Ésaïe [2], qui avait

1. Cf. Jr 26, 24 ; 29, 3 ; 36, 11 ; 40, 5.

2. Sur les positions politiques d'Ésaïe, voir surtout Friedrich Küchler, *Die Stellung des Propheten Jesaja zur Politik seiner Zeit,* Tübingen, 1906. On trouvera également des remarques à ce sujet chez Otto Procksch, *Geschichtsbetrachtung und Geschichtsüberlieferung bei den vorexilischen Propheten,* Leipzig, 1902.

auparavant regardé Assur comme l'outil de Yahvé, s'en prit à la pusillanimité du roi et des grands et critiqua sans ménagement le grand roi et la capitulation [Es 18, 1-6 ; 37, 6]. De la même façon que, au départ, il avait quasiment salué les Assyriens comme les exécutants d'une punition bien méritée, il maudit plus tard cette dynastie et ce peuple impies, arrogants, d'une cruauté inhumaine, qui n'aspiraient qu'à la puissance et à la destruction, et prédit leur déclin. Celui-ci fut ensuite salué avec joie par les prophètes lorsqu'il intervint effectivement. Jérémie ne cessa de prôner la soumission à la puissance de Nabuchodonosor, jusqu'à adopter une attitude que nous qualifierions aujourd'hui de haute trahison : quel autre nom donner, en effet, à l'épisode où, face à l'invasion ennemie, il promit la grâce et la vie sauve à ceux qui désertaient et se rendaient, et le malheur aux autres (Jr 21, 9) ? Le même Jérémie, qui désignait encore Nabuchodonosor, dans son dernier oracle (donné depuis l'Égypte), comme le « Serviteur de Dieu » (Jr 43, 10), et auquel le représentant du roi, après la prise de Jérusalem, offrait des présents en l'invitant à Babylone [Jr 39, 13-14], confiait pourtant au maréchal du roi Sédécias, pour le retour à Babylone, une feuille portant une malédiction prophétique à l'adresse de cette ville. Il lui ordonnait de la lire tout haut une fois arrivé là-bas, puis de la jeter dans l'Euphrate (Jr 51, 59 sq.) afin de vouer à sa perte, par cet acte magique, cette cité honnie. Tous ces exemples montrent que, d'un point de vue objectif, les prophètes, de par leur mode d'action, étaient des démagogues et des publicistes politiques, surtout pour la politique étrangère, mais que, d'un point de vue subjectif, ce n'étaient pas des hommes de parti. De façon générale, les intérêts politiques n'étaient pas ceux qui leur importaient le plus. Jamais la prophétie ne laissa entrevoir un « État idéal » (à l'exception de la construction hiérocratique imaginée par Ézéchiel pendant l'exil [Ez 40-48]) ; jamais elle ne fit l'expérience, tentée par les aisymnètes philosophiques et surtout par l'Académie, de conseiller les puissants pour les aider à traduire dans la réalité des idéaux politiques orientés dans le sens d'une éthique sociale. L'État et ses affaires n'intéressaient pas les prophètes pour eux-mêmes. Leur problématique n'était pas celle des Grecs, qui se demandaient comment faire de bons citoyens. Elle était de part en part religieuse, nous le verrons, et visait l'accomplissement des commandements de Yahvé. Cela ne signifie pas, bien au contraire, que ces prophètes – ce fut du moins le cas de Jérémie – n'étaient pas capables d'apprécier les configurations de pouvoir réelles de leur temps avec davantage de clairvoyance que les prophètes de salut. Mais pour eux, l'enjeu décisif résidait ailleurs. Ces configurations de pouvoir réelles n'étaient que le produit de la volonté de Yahvé. Il avait le pouvoir de les modifier. Lorsque Ésaïe exhortait à résister aux attaques de Sennachérib, il allait à l'encontre de toute vraisemblance en matière de *Realpolitik* [Es 30, 27-31] ; on a prétendu, sérieusement, qu'il avait été informé – avant le roi lui-même ! – des circonstances qui avaient contraint Sennachérib à se retirer : cette vision rationaliste, de fait, n'est pas sans rappeler les tentatives d'explication du miracle des noces de Cana par l'emploi de liqueurs que Jésus aurait apportées en cachette.

Les relations de connivence que beaucoup de panbabyloniens assez perspicaces supputèrent entre les prophètes de Yahvé et les partis de politique intérieure des grands empires, en particulier la Mésopotamie – un « parti des prêtres et des bourgeois » –, ne sont pas une hypothèse crédible. Bien entendu, il ne fait aucun doute que les relations politiques extérieures, y compris les appartenances partisanes, avaient presque toujours des répercussions religieuses à l'intérieur de chaque pays. Les partisans de l'Égypte pratiquaient les cultes égyptiens, ceux de l'Assyrie, de Babylone et de la Phénicie les cultes de ces contrées et, dans les cas d'alliance politique, l'obligation d'adorer les dieux concernés était une condition presque absolue dont un grand roi, aussi tolérant fût-il, était tenu d'exiger l'acceptation, en signe d'obéissance politique. En outre, les sources indiquent suffisamment que, par exemple, aussi bien après la première qu'après la deuxième prise de Jérusalem et l'éviction du parti favorable à l'Égypte, Nabuchodonosor fut enclin à utiliser l'influence des adorateurs de Yahvé pour conforter sa propre puissance [2 R 25-26 ; Jr 40, 1-12], comme le firent plus tard Cyrus et Darius. La politique de Necho après la bataille de Megiddo emprunta semble-t-il des voies semblables, même s'il ne parvint pas à gagner les faveurs des prophètes au profit de l'Égypte [1]. Gouverner avec l'aide des prêtres autochtones : le premier pas allant dans ce sens fut certainement franchi par les Assyriens, en rupture avec les méthodes de l'Assyrie ancienne, lorsqu'ils se montrèrent prévenants à l'égard des besoins religieux de Samarie, après la destruction du Royaume (2 R 17, 27 sq.). Avec ce tournant politico-religieux des grands États, les craintes inspirées aux prophètes par la domination étrangère tendirent à s'affaiblir et il est évident que ce facteur influença leurs prises de position, en particulier celles de Jérémie. Cependant, l'importance d'un tel facteur causal, pour tous les prophètes, fut manifestement sans commune mesure avec la portée que les considérations « politico-religieuses » avaient pu avoir dans l'attitude des oracles grecs et surtout de l'Apollon de Delphes vis-à-vis des Perses. Là encore, la conviction que le destin était du côté des Perses, à partir de l'ascension miraculeuse de Cyrus et de Darius, fut le ressort fondamental de l'attitude des oracles. Mais la dévotion hypocrite manifestée par le roi et Mardonios et les riches présents qu'ils apportèrent confortèrent ces façons de voir de façon tout à fait substantielle, tout comme l'attente légitime de voir les Perses, en cas de victoire, organiser, avec l'aide des prêtres, la domestication des populations désarmées. Ces considérations matérielles étaient totalement absentes chez les prophètes. Jérémie

1. Le fait qu'un nom théophore (un nom yahviste) ait été donné au roi choisi parle en faveur de cette hypothèse [2 R 23, 34].

déclina l'invitation qui lui avait été faite de venir à Babylone, et un fossé séparait son appréciation pertinente des rapports de pouvoir et la croyance de certains panbabyloniens qui affirment l'existence d'un parti international rassemblant, d'un côté, les prêtres et les citoyens, et, de l'autre, la noblesse militaire. Cette hypothèse n'est absolument pas crédible, et nous verrons que les positions adoptées à l'égard des alliances extérieures en général et, en particulier, l'aversion très constante des prophètes pour l'alliance égyptienne furent motivées par des raisons purement religieuses.

Pas davantage que pour la politique extérieure, les prises de position des prophètes en matière de politique intérieure, aussi tranchées soient-elles, n'étaient dictées *au premier chef* par des enjeux politiques ou sociaux.

Les origines de *Stand* des prophètes variaient. Rien ne permet d'affirmer qu'ils aient principalement été issus de couches prolétaires, ni même seulement négativement privilégiées [1] ou dépourvues de culture. Il est certain que leurs prises de position en matière d'éthique sociale n'étaient pas déterminées par leurs origines personnelles. En effet, les positions en ce domaine étaient très cohérentes, en dépit de la variété des origines sociales. En matière d'éthique sociale, les prophètes défendaient avec passion les commandements de charité de la parénèse lévitique, favorables aux petites gens, et adressaient leurs malédictions furieuses de préférence aux riches et aux grands. Parmi les prophètes anciens, Ésaïe fut l'un de ceux qui attaquèrent ces derniers avec le plus de virulence [Es 1, 21-28 ; 3, 16-24] ; or, il était issu d'un clan distingué [Es 1, 1], entretenait des liens d'amitié étroite avec des prêtres distingués, fréquentait le roi dont il était le conseiller et le médecin [2 R 19-20] et, à n'en pas douter, était en son temps une des personnalités de la ville les

1. C'est ce qu'on a prétendu au sujet d'Amos (c'est le cas de Winckler, par exemple). Ce point de vue est critiqué à bon droit par Küchler, *op. cit.*

plus en vue. Sophonie était un descendant de David et l'arrière-petit-fils d'Ézéchias [So 1, 1], Ézéchiel un prêtre jérusalémite de bonne famille [Ez 1, 3]. Ces prophètes étaient donc des jérusalémites fortunés. Michée et Jérémie étaient issus d'une petite ville, pour le premier [Mi 1, 1], d'un village, pour le second [Jr 1, 1]. Jérémie appartenait à un clan de prêtres de campagne qui s'était établi sur des terres, et faisait peut-être partie de l'ancienne maison des Élides [1]. Il rachetait des terres à des parents ruinés [Jr 32, 1-15]. Seul Amos était un petit éleveur : il prétendait être un berger et avoir vécu des fruits du sycomore (la nourriture des pauvres) ; il était originaire d'une petite ville de Juda, tout en ayant, à l'évidence, une instruction soignée : c'était justement lui qui connaissait, par exemple, le mythe babylonien de Tiamat [Am, 1, 1 ; 7, 4]. Ésaïe, en dépit de toutes les imprécations qu'il lançait contre les grands, annonçait que la pire de toutes les malédictions serait le règne du *dêmos* inculte et sans éducation [Es 3, 1-6] ; de même, Jérémie, en dépit de ses origines malgré tout plus démocratiques et de la tonalité plus radicale encore de ses attaques contre les sacrilèges de la cour et des grands, tonnait tout aussi fortement contre les ministres plébéiens de Sédécias [Jr 37, 1-2]. Pour lui aussi, il allait de soi que les petites gens n'entendaient rien aux obligations religieuses. On était en droit d'exiger, en revanche, qu'elles fussent satisfaites par les grands, et c'était la raison pour laquelle il valait la peine de maudire ces derniers [Jr 5, 4-7]. Il est possible qu'un facteur personnel ait joué un rôle dans l'hostilité particulièrement vive que ce prophète manifestait à l'égard des prêtres jérusalémites : il descendait peut-être du prêtre Evyatar, autrefois banni par Salomon à Anathot au

1. La façon dont il mentionnait à plusieurs reprises Silo comme le lieu par excellence de la pure dévotion à Yahvé et comparait la destruction de Jérusalem avec la mise à sac de Silo, qui remontait à plusieurs siècles et avait sans doute été à peu près oubliée, parle en faveur de cette hypothèse, même si rien ne permet d'en apporter la preuve [Jr 7, 12].

profit de Tsadoq. Mais ce motif personnel contribua tout au plus à radicaliser une opposition qui s'expliquait d'abord par des raisons objectives. Dans tous les cas, les prophètes n'étaient pas les porteurs d'idéaux « démocratiques ». Le peuple, à leurs yeux, avait besoin d'être dirigé, et c'étaient les qualités des dirigeants qui faisaient tout (Es 1, 26 ; Jr 5, 5). Les prophètes ne défendaient pas un quelconque « droit naturel » religieux et moins encore le droit des masses opprimées par les grands à faire la révolution ou à se faire justice elles-mêmes. Une telle revendication leur serait apparue, à n'en pas douter, comme le comble de l'impiété. Ils désavouèrent leurs précurseurs plus violents qu'eux : Osée n'eut pas de malédictions assez dures pour rejeter la révolution de Jéhu, œuvre de l'école d'Élisée et des rékhavites, et il prédit la vengeance de Yahvé [Os 1, 4]. Les prophètes n'étaient pas les promoteurs de programmes de politique sociale – à une exception près, caractéristique, celle d'Ézéchiel et de son idéal de l'État futur, une construction théologique des temps de l'exil. En matière d'éthique sociale, les revendications positives qu'ils présupposèrent, davantage qu'ils ne les formulèrent eux-mêmes, étaient issues de la parénèse lévitique, dont l'existence et la connaissance étaient tenues par tous comme allant de soi. Les prophètes n'étaient donc pas les porteurs d'idéaux sociaux démocratiques ; ce fut la situation politique, l'existence d'une forte opposition sociopolitique à la royauté de corvées et aux *giborim*, qui donnèrent une telle résonance à leur message, dont les motivations étaient d'abord religieuses. Elles infléchirent également le contenu de leur monde de représentations. Cependant, il fallut pour cela la médiation de couches d'*intellectuels* qui cultivaient le souvenir des traditions anciennes de l'époque présalomonique et étaient socialement proches des prophètes.

2. Spécificités psychologiques et sociologiques des prophètes de l'écrit

Du point de vue du *Stand*, les prophètes s'accordaient sur un principe important : le caractère *désintéressé* de leur pratique des oracles. C'est là un critère qui les distinguait des prophètes royaux, maudits par eux comme une source de corruption pour le pays, et de tous les anciens voyants ou interprètes de rêves, dont les services étaient payants, et qu'ils méprisaient et honnissaient [Mi 3, 1-12]. L'absolue indépendance d'esprit des prophètes était moins la conséquence que l'une des causes majeures de leur pratique. Ils annonçaient principalement des malheurs et nul ne pouvait savoir si, en les interrogeant, il ne recevrait pas une prédiction néfaste, et donc un mauvais présage, comme l'avait fait le roi Sédécias [Jr 37, 17-21]. On ne donnait pas d'argent à un prophète de ce genre, et on ne souhaitait pas avoir affaire à lui. Par suite, c'est le plus souvent sans y avoir été conviés et de leur propre chef, et rarement sur demande, que ces prophètes livraient à leur auditoire leurs oracles, généralement épouvantables. Cependant, en tant que principe de *Stand,* cette obligation de désintéressement correspondait à un principe justement en usage dans les couches d'intellectuels distingués. Du point de vue de la sociologie religieuse, la reprise ultérieure de cette règle par les couches intellectuelles plébéiennes des rabbins, puis par les apôtres chrétiens, représente une exception importante.

De même, la « communauté » des prophètes, pour autant qu'on puisse faire usage de ce terme (nous y reviendrons), ne se recrutait en aucun cas exclusivement ni même principalement dans le *dêmos.* Au contraire : si les prophètes bénéficiaient d'un soutien personnel, ils le trouvaient bien plutôt dans les cercles pieux de certaines maisons distinguées de Jérusalem, qui les patronaient, parfois de génération en génération. Pour Jérémie, ce fut la même famille que celle qui prit part à la « découverte » du Deutéronome. C'est parmi les *zeqénim*, gardiens des traditions de piété et surtout de la tradition de respect pour la prophétie, qu'ils rencontrèrent d'emblée un soutien. Ce fut le cas de Jérémie lors de son grand procès, ainsi que d'Ézéchiel, qui fut consulté par les anciens durant l'exil [Jr 26, 7-19 ; Ez 14, 1 ; 20, 1]. Mais les prophètes ne rencontrèrent pas de soutien parmi les *paysans.* Tous dénonçaient, il est vrai, l'esclavage pour dettes, la mise en gage des vêtements et le non-respect des règles de charité favorables aux petites gens. Dans sa dernière espérance d'avenir, Jérémie voyait dans les paysans et les bergers les porteurs de la piété [Jr 32, 42-44 ; 33, 12-13]. Cependant, il était le seul dans ce cas. Les paysans ne faisaient d'ailleurs pas davantage partie de ses adeptes que la *squirearchy* des campagnes ; au contraire, les *'am ha-arets* furent des adversaires toujours plus déterminés des prophètes, y compris de Jérémie, combattu par son propre clan. En effet, les prophètes, en stricts yahvistes, dénonçaient les orgies pratiquées dans les cultes agricoles des campagnes et les sanctuaires les plus fortement impliqués en ce sens, autrement dit les sanctuaires ruraux, et surtout les sanctuaires du culte de Ba'al, auxquels la population des campagnes était attachée pour des raisons à la fois économiques et idéales.

Les prophètes ne trouvèrent jamais de soutien auprès du *roi.* Ils étaient les porteurs de la tradition yahviste, qui combattait la royauté, et accusait celle-ci de faire des concessions aux cultes étrangers, pour des nécessités de *Realpolitik,* de s'adonner à la boisson, et d'avoir introduit les innovations de l'État de corvées de Salomon. Salomon ne jouait pas le moindre rôle chez aucun prophète. Lorsqu'un roi était mentionné, c'était David qui apparaissait comme un souverain pieux. Les rois du Royaume du Nord étaient considérés par Osée comme illégitimes : ces usurpateurs avaient accédé au trône sans l'accord de Yahvé. Amos mentionnait les nazirs et les *neviim* parmi les institutions de Yahvé [Am 2, 11-12], mais non le roi. Aucun prophète ne contesta, il est vrai, la légitimité de la dynastie de David. Cependant, le respect de celle-ci, sous sa forme actuelle, était soumis à condition. La prophétie de l'Emmanuel, chez Ésaïe, annonçait la venue d'un usurpateur envoyé par Dieu [Es 7, 14-16], bien que le même prophète présentât le plus souvent l'époque de David comme le sommet de l'histoire nationale. Mais surtout, les attaques contre la conduite du souverain en place se firent toujours plus violentes. Les accès de folle colère et de mépris de Jérémie furent un phénomène un peu à part. Il brocardait Yoyaqim, qui serait mis en terre comme un âne (Jr 22, 19), et la reine mère, semble-t-il impliquée dans le culte d'Astarté : ses jupes étaient relevées par-dessus son visage, afin que chacun pût voir son opprobre [Jr 13, 18-22] ! Ésaïe, déjà, pleurait sur le pays dont le roi était « un enfant mené par des femmes » [Es 3, 12], et, plus tard, il s'en prit personnellement, de façon virulente, au souverain devenu adulte. D'Élie, la tradition prophétique a délibérément choisi de conserver, justement, le souvenir des conflits avec Achab. Les rois rendaient la pareille aux prophètes [Es 20]. Ils ne les protégeaient que dans les périodes d'incertitude ; lorsqu'ils se sentaient sûrs d'eux, ils ordonnaient des persécutions sanglantes, tel Manassé. La colère des prophètes contre les rois était provoquée non seulement par le recours, pour des raisons politiques, à des cultes étrangers ou non corrects, mais surtout par la politique étrangère, qui était impie en tant que telle, dans ses méthodes et dans ses présupposés. En particulier : l'alliance avec l'Égypte. Bien que des prophètes de Yahvé en fuite, comme Uriyahu, eussent trouvé refuge en Égypte, et bien que, de plus, le pouvoir égyptien eût certainement été de loin le plus tolérant et le moins préoccupé de propagande religieuse, les prophètes se déchaînaient justement tout spécialement contre cette alliance. La raison en était, selon Ésaïe (Es 28, 18), que « l'alliance avec le *cheol* », c'est-à-dire avec les dieux chtoniens du royaume des morts, leur faisait horreur [1]. On le voit : de ce point de vue, ils se situaient tout à fait dans la tradition des prêtres, et leur attitude politique obéissait, y compris sur ces questions particulières, à des motivations religieuses et non à des considérations de *Realpolitik*. Tout comme ils tonnaient contre le roi, les prophètes s'en prenaient également aux grands : surtout aux *sarim* et *giborim*. Ils vouaient aux gémonies, non seulement l'injustice de leurs tribunaux, mais surtout leur vie impie et leur ivrognerie. Cependant, à l'évidence, le conflit ne trouvait pas sa source dans tel ou tel vice particulier. Le roi et les cercles politico-militaires ne pouvaient suivre les avertissements et conseils des prophètes, d'orientation purement utopique. Les États grecs des VIe et Ve siècles consultaient régulièrement les oracles, mais, en fin de compte – même si la teneur de ces derniers étaient justement *politique* –, ils ne suivaient *pas* leurs indications dans les moments où de grandes décisions devaient être prises, par exemple à propos de la guerre contre les Perses. D'un point de vue politique, les rois de Juda ne pouvaient pas davantage se conformer à ces oracles. De plus, le sentiment que la chevalerie avait de sa propre dignité, et le fait que, là comme ailleurs, les croyances prophétiques lui étaient étrangères, ne pouvait que la porter à rejeter comme absolument déshonorants les conseils donnés par Jérémie à propos de Babylone. En soi, elle n'avait que mépris pour ces extatiques qui hurlaient dans les rues. D'un autre côté, il est évident que, en tant que telle, l'opposition populaire aux guerriers distingués et au patriciat de l'époque royale, nourrie par les couches d'intellectuels, ne fut pas sans effet sur l'attitude des prophètes. La concupiscence, c'est-à-dire le prêt à usure aux pauvres, était le plus distingué de tous les vices.

---

1. On a dit que, dans un autre passage, Osiris était mentionné parmi les dieux censés détruire Yahvé ; mais c'est là une conjecture de Bernhard Duhm (*Das Buch Jesaja. Göttinger Handkommentar zum Alten Testament, 3. Abteilung, Band 1,* Göttingen, 1914).

Ces prophètes ne s'intéressaient pas à l'armée royale. Le règne de l'avenir, pour eux, serait un règne de paix. Cependant, ce n'était en aucun cas des pacifistes ni des partisans d'un « petit Israël ». Amos prédisait que Juda règnerait sur Édom et sur les peuples « sur lesquels le nom de Yahvé avait été invoqué » (Am 9, 12). Les vieilles espérances populaires d'hégémonie universelle renaissaient toujours. L'idée de plus en plus répandue, cependant, était que les ambitions politiques d'Israël se réaliseraient par le fait d'un miracle de Dieu, comme celui de la mer Rouge autrefois, et non par le fait de la puissance militaire d'Israël. Et moins encore par le fait d'alliances politiques. Celles-ci étaient la cible permanente des attaques des prophètes. La raison de cette hostilité était, là encore, religieuse. Le péril représenté par les cultes étrangers n'était pas seul en cause. Avant tout, Israël avait conclu une *berith* avec Yahvé, et rien ne devait la concurrencer, surtout pas la confiance placée dans un appui humain : c'était là une impiété et un manque de foi qui éveillaient la colère de Yahvé. Si Yahvé avait décidé que le peuple devait se soumettre à Nabuchodonosor, il fallait, selon la vision de Jérémie, se conformer à ce décret. Les alliances destinées à protéger Israël contre les grands rois étaient sacrilèges si ces derniers étaient appelés à exécuter la volonté de Yahvé. Si tel n'était pas le cas et si Dieu était disposé à venir en aide à Israël, il lui viendrait en aide tout seul, enseignait Ésaïe qui, pour cette raison, fut certainement le premier à dénoncer inlassablement toutes les alliances en préparation, sans en excepter une seule. On le voit : toutes les attitudes adoptées en matière de politique extérieure comme de politique intérieure obéissaient à des motivations purement religieuses et non à des considérations de *Realpolitik*. Enfin, une autre relation était conditionnée par la religion : la relation avec les *prêtres*.

Avant Ézéchiel, il n'était pas de prophète qui désignât les prêtres avec un *a priori* positif. On l'a dit, Amos ne reconnaissait comme outils de Dieu que les nazirs et les *neviim*, et ne mentionnait pas les prêtres. À elle seule, la simple existence de cette forme de prophétie libre, dans le temps de son essor, fut un symptôme évident de la faiblesse du pouvoir sacerdotal. Si la position de ce dernier avait été la même qu'en Égypte ou seulement qu'à Babylone ou à Jérusalem après l'exil, il aurait certainement étouffé la prophétie libre, sa concurrente la plus dangereuse. Ce ne fut pas possible, en raison de l'absence, à l'origine, à l'époque de l'alliance, d'un lieu de culte central et d'un lieu de sacrifice officiel, et en raison du prestige inentamé des anciens prophètes et voyants royaux, puis d'Élie et de l'école d'Élisée. De puissants clans de laïcs pieux soutenaient les prophètes, et, par suite, les prêtres étaient contraints de les épargner, si virulents que fussent leurs conflits. Mais il est vrai qu'ils n'étaient pas toujours opposés les uns aux autres. Ésaïe était étroitement lié à des prêtres de Jérusalem, Ézéchiel était tout à fait favorable au clergé. D'un autre côté, cependant, les conflits personnels les plus exacerbés pouvaient opposer les prophètes et les prêtres du culte : ce fut d'abord le cas d'Amos, à Béthel [Am 7, 10-17], puis de Jérémie, à Jérusalem [Jr 20, 1-6]. Le procès de ce dernier (Jr 26) fut presque un prélude à l'événement qui se produisit six cents ans plus tard dans le même lieu ; de fait, l'existence d'une tradition relatant ce qui s'était passé ne fut peut-être pas sans incidence. Jérémie fut condamné à mort parce qu'il avait prédit que le Temple connaîtrait le même destin que le sanctuaire de Silo, autrefois détruit par les Philistins. Il fut traîné devant le tribunal des fonctionnaires et des anciens, et les prêtres et prophètes de salut jouèrent le rôle d'accusateurs. Cependant, la différence des époques fit que le dénouement ne fut pas le même dans les deux cas : à la demande des anciens, Jérémie fut acquitté malgré l'accusation des prêtres, au motif qu'il existait un précédent, celui de Michée, qui avait énoncé des prédictions semblables sous Ézéchias [1]. De ce

1. Ce n'était plus vraiment le cas dans la version actuelle du Livre de Michée (Mi 3, 12).

récit, il ressortait en tout cas que les prédictions relatives au Temple étaient rares. En fin de compte, surtout, les oracles de ce genre ne remettaient pas en cause sa légitimité. Jérémie eut tôt fait de se consoler de la perte de l'arche sacrée, sous Nabuchodonosor, et de consoler les autres, ensuite [Jr 3, 16-17]. Cependant, la prédiction regardait la chute du Temple comme un malheur, et celui-ci ne pouvait être envisagé que comme le châtiment d'une conversion insuffisante. De fait, pas un prophète ne lutta à proprement parler contre le Temple. Amos, qui désignait les sacrifices pratiqués à Béthel et Gilgal comme un « sacrilège » (Am 4, 4 ; 5, 5), ne visait sans doute par là que les pratiques de culte agricoles honnies de tous les représentants de la piété des bergers. Le peuple ne devait pas assister à de tels sacrifices mais « chercher Yahvé » (*ibid.*) et Amos désignait Sion comme le siège de Yahvé [Am 1, 2], tout comme Osée voyait en Juda le seul lieu qui ne fût pas souillé et pouvait accueillir Yahvé [Os 4, 15]. La confiance exprimée par Ésaïe, à travers ses oracles tardifs, dans le caractère imprenable de Jérusalem, se fondait sans aucun doute sur le Temple. Dans sa jeunesse, il avait eu une vision du Temple et avait vu l'État et la cour célestes [Es 6, 1-13]. Malgré son oracle de malheur [Mi 3, 9-12], Sion demeurait pour Michée, à l'avenir, le lieu de la pure Thora et de la prophétie de Yahvé [Mi 4, 1-5]. Si les prophètes s'en prenaient au culte du Temple, c'était en raison de son impureté, en particulier de la présence des hiérodules qui souillaient leurs abords. Le prophète Osée, encore, s'épuisait à combattre les cultes de Ba'al, et ce combat fut ensuite une constante de la prophétie préexilique. Au demeurant, les prophètes ne s'enflammaient jamais *pour* défendre le culte correct des prêtres. Au départ, Jérémie salua le Deutéronome, autrement dit la centralisation du culte dans le Temple de Jérusalem (Jr 11, 3) mais, par la suite, il le désigna comme un produit de la « plume mensongère des scribes » (Jr 8, 8), parce que ses auteurs protégeaient le faux culte divin (Jr 8, 5) et rejetaient la parole du prophète (Jr 8, 9). Un autre passage expliquait ce qu'il entendait par là (Jr 7, 4-11 sq.) : le Temple en soi était inutile et connaîtrait le sort de Silo si la question décisive, la transformation de la conduite de vie, n'était pas résolue. À côté de telle ou telle injustice, du point de vue de l'éthique sociale, c'était surtout la confiance dans les « paroles vaines et mensongères » (des prêtres de Sion) qui était mise en cause (Jr 7, 8). Ce dernier point était justement le plus décisif : l'insoumission des prêtres, justement, aux commandements de Dieu que le prophète annonçait sous son inspiration directe. Il fustigeait également leur corruption personnelle. Typiquement, dans les cas où le prêtre qui enseigne est personnellement indigne, le charismatique personnel ne reconnaît pas le charisme de fonction comme une qualification pour l'enseignement. Pour les prophètes qui ne prenaient pas part au culte, l'enseignement de la parole de Dieu (*davar*) telle qu'ils l'entendaient était la seule fonction importante d'un point de vue religieux ; dans l'activité des prêtres, ils ne s'intéressaient donc qu'à l'enseignement (*thora*) et non au culte (Jr 8, 6 ; 18, 18), même à Jérusalem (Mi 4, 2). De la même façon, bien entendu, leurs seules exigences envers le peuple étaient l'obéissance à l'égard des *devarim* et de la Thora, et non les sacrifices. Pas davantage les commandements *rituels* qui acquirent plus tard, au cours de l'exil, une importance si décisive : le sabbat et la circoncision. Chez Amos, déjà – un berger ! –, Yahvé était las du sabbat de ce peuple désobéissant [1] [Am 8, 5] et Jérémie opposait à la circoncision externe la « circoncision du cœur » (Jr 9, 24 sq.), la seule qui comptât [Jr 4, 4]. Ce qui ressortait, chaque fois, n'était pas un rejet des rites mais une forte dévalorisation de ces derniers. Les prophètes acceptaient, dans ce domaine aussi, les conceptions des intellectuels inspirées de la Thora : Yahvé était un Dieu de la juste *sanction* éthique des actes

1. Tout le monde s'accorde à penser, à juste titre, que le passage Jr 17, 19 sq. n'est pas de Jérémie.

– c'était là le postulat admis – et, selon eux, le bonheur de l'individu (dans l'ici-bas) – dont il était question en Es 3, 10 – était aussi bien le « fruit de ses œuvres » que celui du peuple : chez les prophètes anciens tout au moins, ce parti pris massif en faveur de la justice des œuvres s'opposait au ritualisme tout aussi massif des prêtres. L'opposition au sacrifice valorisé par les prêtres, en particulier, se radicalisa, chez Amos et Jérémie notamment, jusqu'à une dévalorisation complète. Les sacrifices n'étaient pas ordonnés par Yahvé, ils étaient donc inutiles (Jr 6, 20 ; 7, 21). Dans le désert, on ne faisait pas de sacrifices, arguait déjà Amos (Am 5, 25). Si le peuple était désobéissant, s'il avait les mains couvertes de sang, Dieu avait en horreur tous ses sacrifices et ses jeûnes, enseignait aussi Ésaïe (Es 1, 11 sq.). Ces prises de position n'impliquaient pas un rejet pur et simple du culte et des sacrifices : l'attitude d'Ésaïe à l'égard des prêtres et la vision qu'il avait du Temple permettent de l'affirmer avec certitude. Il en allait certainement de même pour les autres prophètes. L'attitude adoptée, dans les oracles, à l'égard des sacrifices oscillait entre la froideur et l'hostilité. Toutes ces conceptions prophétiques portaient fortement la marque de « l'idéal nomade » : l'idéalisation, par la tradition lettrée, du passé antérieur à la royauté. Le berger Amos lui-même, qui prédisait que Juda serait riche en vignes (Am 9, 13), n'était pas davantage un rékhavite que Jérémie, le seul prophète qui entra personnellement en contact avec cet ordre et décrivait la piété de celui-ci comme un modèle pour Israël [Jr 35], même s'il acheta des terres dans son grand âge [Jr 32]. Cependant, par comparaison avec le présent, ce temps de faste et, par suite, d'orgueil et de désobéissance à Yahvé, les prophètes regardaient eux aussi l'époque du désert comme l'époque de la vraie piété. À la fin des temps, Israël redeviendrait un désert et une steppe, et le roi de la délivrance et ceux qui resteraient goûteraient les mets de la steppe : le miel et la crème.

On a souvent décrit l'attitude des prophètes, de façon générale, comme « hostile à la culture ». Il ne faut pas entendre par là qu'ils étaient personnellement « incultes ». Bien au contraire, la prophétie n'aurait pu voir le jour sans la caisse de résonance que représenta pour elle la scène politique mondiale de son temps, sans un contexte très large de raffinement culturel et sans la présence d'une forte couche lettrée, même si, d'un autre côté, pour les raisons politiques qui ont été évoquées, elle ne put faire son apparition que dans le cadre d'un petit État, un peu comme Zwingli dans son canton suisse. Tous les prophètes savaient écrire et, de façon générale, ils avaient, à l'évidence, une très bonne connaissance des spécificités de la culture égyptienne et de la culture mésopotamienne, de la science des astres, notamment, comme le suggérait l'usage des nombres sacrés, le 70, par exemple, chez Jérémie, qui n'avait rien d'approximatif. Dans tous les cas, la tradition ne signalait rien qui pût permettre de conclure à une quelconque forme de fuite du monde ni de rejet de la culture, au sens indien. Outre la Thora, les prophètes connaissaient aussi la *ḥokhma* ou *'etsa* (Jr 18, 18) des maîtres de l'art de vivre (*ḥakhamim*). D'un autre côté, cependant, leur niveau d'instruction était sans doute plus proche de celui des orphiques et des prophètes populaires de la Grèce que de celui des sages distingués du type de Thalès. Ils regardaient d'un œil tout à fait étranger non seulement toutes les valeurs esthétiques et toutes les valeurs de conduite de vie distinguée, mais aussi toute sagesse profane. Cette attitude fut au demeurant encouragée par la tradition d'antichrématisme et d'hostilité à la cour, aux fonctionnaires, aux *giborim* et aux prêtres qui était celle des laïcs de leur entourage, à la piété puritaine. Intérieurement, elle fut cependant conditionnée, d'un point de vue purement religieux, par la manière dont ils assimilèrent un certain *vécu.* C'est le point que nous devons aborder à présent.

D'un point de vue psychologique, les prophètes de l'époque préexilique furent dans leur grande majorité

– selon leur propre témoignage en tout cas : Osée, Ésaïe, Jérémie, Ézéchiel –, sinon pour la totalité d'entre eux, des extatiques, même s'ils le furent à des degrés très différents et dans des sens très différents. On peut le présumer avec certitude et sans se montrer excessivement imprudent. Lorsque nous disposons de témoignages à ce sujet, leur conduite de vie personnelle paraît hors normes. Sur l'ordre de Yahvé, Jérémie demeura célibataire, en raison de l'imminence du malheur [Jr 16, 2]. Là encore sur ordre de Yahvé, Osée épousa semble-t-il une prostituée, peut-être même plusieurs [Os 1-3]. Sur ordre de Yahvé (Es 8, 3), Ésaïe fréquenta une prophétesse et donna à son enfant le nom auparavant prescrit pour lui. Les noms symboliques étranges qui étaient donnés aux enfants des prophètes jouaient un rôle important [Os 1, 4-9 ; 2, 25 ; Es 7, 3 ; 30, 7]. Les états pathologiques et les actes pathologiques les plus divers accompagnaient l'extase ou la précédaient. Il ne fait pas de doute que, à l'origine, ces états passaient pour la meilleure garantie du charisme prophétique et qu'il faut donc présupposer leur existence, éventuellement sous une forme atténuée, même lorsque la tradition demeure muette à ce sujet. Une partie des prophètes les décrivaient explicitement. La main de Yahvé « pesait lourd » sur eux [Es 6, 8 ; Jr 1, 6-7 ; 20, 7-10 ; Am 7, 14-15]. L'esprit « s'emparait » d'eux. Ézéchiel (Ez 6, 11 ; 21, 19) frappait dans ses mains, se battait les flancs et trépignait. Jérémie (Jr 23, 9) devenait comme ivre et tremblait de tous ses membres. Le visage des prophètes se faisait grimaçant lorsque l'esprit venait sur eux, ils avaient le souffle court, il leur arrivait de s'effondrer, en état d'hébétude, ils perdaient parfois la vue et la parole, ils se tordaient, en proie à des convulsions (Es 21). Après une vision, Ézéchiel resta paralysé sept jours durant (Ez 3, 15). Les prophètes accomplissaient des actes étranges, censés posséder une valeur d'*omen*. Pour mimer un siège, Ézéchiel construisit un camp miniature, à la manière d'un enfant, avec des briques et une poêle [Ez 4, 1-7]. Jérémie cassa une cruche en public, enterra une ceinture et la déterra à nouveau en état de décomposition, se promena avec un joug sur les épaules [Jr 19, 1-5 ; 13, 1-11 ; 27-28] ; d'autres prophètes se promenaient avec des cornes de fer [1 R 22-11], ou allaient nus, comme Ésaïe le fit durant un temps assez long [Es 20, 1-6]. D'autres encore, comme Zacharie, se scarifiaient [Za 13, 6] ; d'autres avaient l'idée de manger des nourritures répugnantes, comme Ézéchiel [Ez 4, 12]. Ils annonçaient leur message en poussant des cris (*qaro*) devant tout le monde, en prononçant parfois des paroles incompréhensibles, et en proférant des malédictions, des menaces, des bénédictions ; beaucoup avaient l'écume aux lèvres (*hittihp*, « baver » = prophétiser), murmuraient ou bégayaient. Des hallucinations visuelles et auditives, mais aussi toutes sortes de sensations anormales au niveau du goût ou des autres sens étaient rapportées (Es 3, 2). Ils avaient l'impression de voler (Ez 8, 3 et *passim*) et de planer dans les airs, ils avaient la vision d'événements qui se déroulaient dans un lieu éloigné, tel Ézéchiel à Babylone à l'heure de la chute de Jérusalem, ou qui n'avaient lieu que beaucoup plus tard, comme Jérémie anticipant le destin de Sédécias (Jr 38, 22). Ils mangeaient des nourritures étranges [Jr 23, 15]. Mais surtout, ils entendaient des bruits (Ez 3, 12 sq. ; Jr 4, 19), des voix (Es 40, 3 sq.), isolées ou en dialogue, et, très souvent, ils entendaient des paroles et des ordres qui leur étaient adressés. Ils percevaient une lumière d'un éclat hallucinatoire et, au milieu, des figures suprahumaines, comme la majesté du ciel (Es 6 ; Am 9, 1). Ou bien ils avaient la vision d'objets *réels*, n'importe lesquels : une corbeille de fruits, un fil à plomb ; et soudain, le plus souvent en entendant une voix, ils comprenaient que ces objets signifiaient de puissants arrêts du destin scellés par Yahvé (c'était le cas d'Amos, notamment [Am 7, 1 ; 8, 1]). Ou bien ils passaient, comme Ézéchiel, par des états d'auto-hypnose. Ils se mettaient à agir et à parler sous contrainte. Jérémie se sentait divisé et pensait que son moi était double. Il implorait son Dieu de le dispenser de parler [Jr 1, 6]. Il ne voulait pas parler, mais il y était contraint, il devait dire ce qui lui avait été inspiré et qui ne venait pas de lui, et il ressentait cette obligation de parler comme un destin atroce (Jr 17, 16). S'il s'abstenait de parler, il endurait des souffrances épouvantables, il était saisi par une chaleur terrible et ne pouvait supporter la charge qui pesait sur lui sans s'en débarrasser. Pour lui, ceux qui ne connaissaient pas cet état et ne parlaient pas sous l'effet d'une telle contrainte mais « selon leur cœur » n'étaient tout simplement pas des prophètes. Jusqu'ici, dans le voisinage d'Israël, on n'a trouvé trace d'une prophétie oraculaire extatique de ce genre ni en Égypte ni en Mésopotamie, ni dans l'Arabie préislamique, mais seulement en Phénicie (où il existait, comme en Israël, une prophétie royale) et, sous le strict contrôle des prêtres seuls autorisés à l'interpréter, dans les sanctuaires oraculaires de la Grèce. On ne rencontrait cependant nulle part ailleurs qu'en Israël, à en croire les sources, la démagogie libre d'extatiques visionnaires tels que les prophètes israélites. La raison n'en était certainement pas que ces états prophétiques n'existaient pas ailleurs. Mais plutôt que, dans les empires bureaucratiques comme chez les Romains, la police religieuse serait intervenue ; chez les Grecs, à l'époque historique, les états de ce genre n'étaient plus considérés comme des états sacrés, mais comme des maladies indignes ; seuls les oracles traditionnels, règlementés par les prêtres, étaient universellement reconnus. En Égypte, la prophétie extatique ne fit son apparition qu'à l'époque de Ptolémée ; en Arabie, au temps de Mahomet.

À supposer que cela soit possible – les tentatives qui ont été entreprises jusqu'ici, notamment au sujet d'Ézéchiel, se sont pas convaincantes – ce n'est pas le lieu de proposer ici un classement et une interprétation de ces états prophétiques et de leurs différences parfois caractéristiques, d'un point de vue physiologique, psychologique et, le cas échéant, pathologique. Cela ne présenterait pas un intérêt décisif, pour nous tout au moins. En Israël, comme dans toute l'Antiquité, les états psychopathiques étaient tenus pour sacrés. À l'époque rabbinique, le contact avec les fous était encore tabou. Le fonctionnaire chargé par le roi de surveiller les prophètes (Jr 29, 24 sq.) était appelé « surveillant des fous et des prophètes » et, de la même façon, la tradition relate que l'officier Jéhu, déjà, à la vue du disciple du prophète qui était venu lui proposer l'onction du roi, aurait demandé ce que voulait ce fou [2 R 9, 11]. Au demeurant, ce n'est pas ce trait qui nous intéresse ici, mais tout autre chose. D'abord, le caractère *émotionnel* de l'extase prophétique en tant que telle, qui la distinguait de toutes les formes indiennes de l'extase apathique. Nous avons déjà vu auparavant (partie I) que le caractère essentiellement auditif de la prophétie classique, par opposition à l'extase apathique des anciens « voyants », de nature principalement visuelle, avait d'abord été conditionné, d'un point de vue purement historique, par l'opposition entre la représentation du Sud, yahviste, des modes de révélation de Yahvé, et celle du Nord. La « voix » de Dieu faite corps se substituait à l'ancienne épiphanie du corps que le Nord, avec sa façon différente de se représenter le Dieu, rejetait d'un point de vue théorique : elle ne correspondait pas aux qualités psychiques de la piété du Nord, qui avait sublimé l'orgie en extase apathique. La reconnaissance du caractère auditif de la révélation, retenu de plus en plus exclusivement comme seul critère garantissant l'authenticité de celle-ci, était liée au fait que l'actualité politique mettait de plus en plus les auditeurs en émoi, ce qui s'accordait avec le caractère émotionnel de la prophétie. Une autre spécificité importante était liée au fait que les prophètes eux-mêmes *interprétaient,* en leur attribuant un certain sens, leurs états extra quotidiens, leurs visions, les paroles qu'ils prononçaient sous contrainte et les actes qu'ils accomplissaient dans cet état. Or, cette interprétation allait toujours dans le même sens, en dépit des différences psychologiques profondes qui les séparaient. Le fait même de formuler une interprétation, en dépit de l'évidence qu'il a aujourd'hui pour nous, n'allait aucunement de soi ; en effet, il présupposait que l'état extatique n'était *pas* identifié en soi à une forme de possession personnelle du salut, ni à rien d'autre, et qu'un sens tout différent lui était attribué : le sens d'une « mission ». Ce constat est plus manifeste encore si l'on songe au consensus qui régnait sur ce point. Examinons cette question un peu plus en détail.

Une partie seulement des prophètes s'exprimaient directement *pendant* l'extase (Es 21, 17 ; Jr 4, 19 sq.). La plupart se mettaient à parler *à partir* de ce qu'ils avaient vécu en état d'extase : c'est par « Yahvé m'a *dit* » que débutaient généralement les oracles. Il existait beaucoup de degrés. D'un côté, Ézéchiel, qui, tout en étant un extatique authentique, semble-t-il atteint d'une grave pathologie, tirait fréquemment de ses visions des traités entiers. À l'opposé, la brièveté des nombreux épigrammes des prophètes préexiliques, qui étaient directement lancés au visage de leur destinataire alors que le prophète était au comble de l'affect et même, semble-t-il, en proie à l'extase. En général, c'étaient ces cris lancés par le prophète qui atteignaient le plus haut degré d'actualité extatique : ils étaient proférés sans que celui-ci eût été interrogé [1], sous le seul effet de l'inspiration de Yahvé, dans des moments où le pays était particulièrement en danger, ou sous l'effet spécialement bouleversant d'un péché. À ce modèle s'opposaient les cas, relativement rares chez les prophètes classiques, où l'extatique avait préalablement été interrogé. La réponse était, semble-t-il, rarement donnée d'emblée. Le prophète se mettait en prière et méditait sur le cas concerné, comme Mahomet ; Jérémie pria ainsi dix jours avant d'entrer dans une crise extatique (Jr 42). Ce qu'il voyait ou entendait n'était cependant pas livré immédiatement, en général, à l'auditoire qui attendait une réponse. En effet, la révélation

1. Chez Ézéchiel (8,1), l'extase se manifeste au demeurant une fois en présence d'un ancien venu le consulter.

était souvent obscure et ambiguë. Le prophète se mettait à prier et méditait sur son sens. Il ne prenait la parole que lorsqu'il avait trouvé une interprétation. Son discours consistait alors à répéter celui de Dieu – Yahvé parlait directement à la première personne – ou bien à relater ce qu'avait dit ce dernier. Le discours humain prédominait chez Ésaïe et Michée, le discours de Dieu chez Amos, Osée, Jérémie et Ézéchiel. Enfin, les prophètes tenaient pour parfaitement naturelle l'interprétation des événements, y compris des événements de leur propre vie quotidienne, comme des signes importants donnés par Yahvé (voir, en particulier, Jr 32).

S'il fallait retenir un seul trait typique des prises de parole des prophètes préexiliques, de façon tout à fait générale, ce serait le fait qu'elles s'effectuaient sous l'effet d'une immense *émotion*, ou, comme on l'a dit une fois d'Ésaïe (Es 5, 1), sous la forme d'un chant. Bien sûr, un certain nombre de vers étaient peut-être délibérément maintenus obscurs, comme le fameux oracle livré par l'Apollon de Delphes à propos de Crésus*, et, à l'inverse, on rencontrait parfois des interprétations rationnelles, comme chez Ézéchiel. Mais ce n'étaient pas là les cas les plus fréquents. En outre, on a souvent cru constater, sans doute avec raison, que les textes prophétiques respectaient délibérément certaines règles de style. (Mentionnons, par exemple, parmi celles qui ont été relevées : la coutume de ne pas nommer l'individu en cause, sauf pour le maudire.) Mais cela ne modifiait en rien le caractère émotionnel et actuel de la prophétie. Si les prophètes entendaient la voix de Dieu en personne, c'était là l'illustration de deux phénomènes : d'une part, le prophète se sentait absolument « empli de Dieu » et, d'autre part, la majesté de Yahvé, sous sa forme traditionnelle, excluait que le Dieu « entrât » véritablement dans sa créature ; par suite, on choisissait l'expression la plus approchante [1]. Dans tous

1. Sellin (*Der alttestamentliche Prophetismus, op. cit.*, p. 227) attire à juste titre l'attention sur le fait que la *manière* dont le prophète recueillait la parole de Dieu n'était généralement pas précisée. L'essen-

les cas, cependant : dans leur perfection formelle et leur tonalité tempérée, les oracles grecs que nous connaissons, toujours livrés à la demande, n'atteignent pas, loin s'en faut, la puissance d'émotion qui émane des versets prophétiques spontanés d'Amos, Nahum, Ésaïe, Sophonie et Jérémie. Même si les textes qui ont été conservés sont parfois fragmentaires, le pouvoir du rythme, puissant en soi, est encore surpassé par la force ardente des images visuelles, toujours concrètes, évidentes, condensées, frappantes, définitives, souvent grandioses et infiniment terrifiantes ; elles font partie de ce que la littérature universelle a produit de plus magnifique dans ce domaine, et ne perdent de leur force plastique que dans les visions d'avenir, fantastiques mais indéfinies, qui étaient censées, à partir d'une image vague, figurer les hauts faits que le Dieu invisible avait personnellement accomplis en faveur d'Israël. D'où pouvait donc provenir une telle émotion, si, dans bien des cas tout au moins, l'excitation pathologique de l'extase proprement dite était passée et calmée ? C'est bien qu'elle n'était *pas* le produit du pathos de ces états psychopathiques en tant que tels, mais naissait, chez le prophète, de la certitude foudroyante d'avoir réussi à saisir le *sens* de ce qu'il avait vécu. Disons le plus clairement : le prophète, justement, n'avait pas eu des visions, fait des rêves ou entendu des voix mystérieuses comme n'importe quel extatique pathologique, mais il avait acquis la certitude, confirmée par la voix de Dieu en personne, de comprendre *la signification* que Yahvé attribuait à ces rêves éveillés, à ces visions ou à cette excitation extatique et qu'il lui ordonnait d'exprimer dans un langage intelligible. Le pathos extraordinaire de cette parole était dans bien des cas, pour ainsi dire, une excitation postextatique à caractère à nouveau semi-extatique, née de la certitude d'avoir vraiment pris part en personne – c'étaient les termes des

---

tiel était justement l'*interprétation* de ses intentions qui, pour les prophètes, devait être évidente et, à ce titre, réussie.

prophètes – au « conseil de Dieu » [1 R 22 ; Es 6], d'être son porte-parole, de dire ce qu'il leur avait dit ou ce qu'il avait en quelque sorte dit à travers eux. Le prophète typique se trouvait, semble-t-il, dans un état permanent de tension et de méditation sourde, dans lequel même les choses les plus insignifiantes du quotidien étaient susceptibles de devenir des énigmes angoissantes, parce qu'elles pouvaient avoir une signification. Il n'était pas nécessaire d'avoir une vision extatique pour éprouver cette tension. Quand elle se *dénouait* – elle se dénouait lorsque surgissait, en un éclair, l'*interprétation,* c'est-à-dire quand le prophète entendait la voix de Dieu – le prophète pouvait prendre la parole. Dans ce cas, la pythie et les poètes-prêtres interprètes ne se distinguaient plus : le prophète israélite les réunissait dans sa personne. *Voilà* ce qui expliquait le pathos extraordinaire de cette prophétie. À cela s'ajoutaient deux autres facteurs importants.

D'abord, l'accès des prophètes à l'état extatique n'était lié ni à l'emploi des narcotiques traditionnels des *neviim* – comme l'était, en revanche, par exemple, l'extase de la pythie – ni à l'effet extérieur produit par la présence d'une foule, autrement dit d'une communauté extatique. On ne trouvait rien de tel chez les prophètes classiques de nos Écritures. Ils ne recherchaient pas l'extase. Elle venait. En outre, il n'était dit d'aucun d'entre eux qu'il avait été reçu dans une guilde de prophètes par l'imposition des mains ni par une quelconque cérémonie, ni qu'il appartenait à une communauté, de quelque nature qu'elle fût. Chaque fois, la vocation lui était bien plutôt inspirée directement par Yahvé ; les prophètes classiques relataient justement comment ils avaient reçu la révélation, visuelle ou auditive, de cette vocation [Es 6 ; Ez 1-3 ; Jr 1]. Aucun d'entre eux n'avait recours à des drogues ; au contraire, ils ne manquaient pas une occasion de fustiger ces dernières, qu'ils associaient aux cultes idolâtres. Il n'était dit nulle part non plus que les prophètes préexiliques jeûnaient pour atteindre l'extase – la tradition rapportait en revanche que Moïse avait eu une fois recours à ce moyen (Ex 34, 28). L'extase émotionnelle ne revêtait donc pas chez ces prophètes la forme qu'elle adopta plus tard au sein des communautés chrétiennes primitives (et de leurs éventuels antécédents) : c'est là le point qui nous importe. À l'époque des apôtres, en règle générale et selon le modèle reconnu comme typique par les communautés, l'esprit ne descendait pas sur un individu isolé mais sur l'*assemblée* des croyants ou bien sur l'un de ses participants. C'est au sein de ces paroisses, et non dans la solitude d'une cellule, que se développèrent la glossolalie et les autres « dons de l'esprit », y compris la prophétie de l'époque. Dans tous les cas, du moins en règle générale, ces phénomènes étaient la conséquence d'un effet de masse ou, plus exactement, de la présence collective d'une foule, et, en temps normal du moins, cette présence collective était absolument nécessaire [1]. Toute la valorisation religieuse de la *communauté* comme porteuse de l'esprit, dans le christianisme primitif, qui joua un rôle crucial du point de vue de l'histoire culturelle, se fondait justement sur ce motif : c'est la présence collective des frères qui donnait accès, de manière privilégiée, aux états sacrés. Il en allait tout autrement chez les prophètes anciens. C'est dans la solitude que l'esprit prophétique venait sur eux. Et il n'était pas rare qu'il les poussât à rechercher la solitude, dans la nature ou dans le désert, comme ce fut le cas pour Jean et pour Jésus. Si sa mission incitait le prophète à sortir dans la rue et à se mêler à la foule, ce n'était là, encore une fois, que la conséquence de la manière dont il *interprétait* son expérience. Notons-le bien : ces apparitions en public n'étaient pas motivées par le fait que le prophète aurait été incapable d'éprouver ces états sacrés sans les effets d'une suggestion de masse.

1. La « glossolalie », mais aussi la « prophétie » (qui était alors une prophétie relative à l'actualité). Il en allait de même chez les baptistes et les quakers des XVIe et XVIIe siècles, et c'est dans les églises noires américaines qu'on peut le mieux observer ce phénomène aujourd'hui (il touche aussi la bourgeoisie noire, comme j'ai pu le constater lors d'un séjour à Washington).

À la différence des premiers chrétiens, les prophètes ne se définissaient pas comme les membres d'une communauté pneumatique par laquelle ils auraient été portés. Au contraire. Ils se savaient incompris et honnis de la masse de leurs auditeurs, ils n'étaient pas portés ni protégés par des compagnons en affinité avec eux, comme l'étaient les apôtres dans les communautés chrétiennes anciennes. Par suite, les prophètes ne désignaient jamais leurs auditeurs ni ceux auxquels ils s'adressaient comme leurs « frères », alors que les apôtres chrétiens le faisaient constamment. Leur état d'esprit, bien souvent empreint de dureté et d'amertume, surtout dans la prophétie préexilique – ou bien, comme chez Osée, de douceur et de mélancolie, était marqué par tout le pathos de la solitude intérieure. Leur ivresse solitaire et leur tourment tout aussi solitaire n'étaient pas partagés par des nuées d'extatiques mais par un ou un petit nombre d'élèves fidèles (Es 8, 16). C'étaient souvent ces disciples, semble-t-il, qui notaient leurs visions, ou gravaient à la plume l'interprétation dictée par le prophète, comme Baruch, le fils de Neriya, le fit pour Jérémie [Jr 36, 4 ; 45, 1]. Dans certains cas, ils collectaient les visions afin de les transmettre à ceux qu'elles concernaient. Cependant, lorsque le prophète préexilique se présentait devant la foule et commençait à parler, il avait généralement le sentiment d'avoir en face de lui des êtres que le démon incitait au mal : les orgies de Ba'al, l'idolâtrie, le péché social ou moral ou la pire folie politique, à savoir la résistance contre les décrets de Yahvé. Il avait, en tout cas, l'impression de voir en face de lui des ennemis mortels ou des êtres que son Dieu avait frappés de terribles malheurs. Son propre clan le haïssait (Jr 11, 19-21 ; 12, 6) et Jérémie lança une malédiction contre son village natal (Jr 11, 22-23). Le prophète de malheur avait affronté ses visions dans un combat solitaire, et il retournait dans la solitude de sa maison, suscitant l'effroi et la crainte, jamais l'amour ; souvent, il était honni, raillé, menacé, couvert de crachats et frappé au visage. Les états sacrés de ces prophètes étaient, en ce sens-là, absolument endogènes [1] et perçus comme tels aussi bien par eux-mêmes que par leurs auditeurs, qui ne les confondaient pas avec les produits d'un effet de masse émotionnel et actuel : ce n'était pas un effet produit de l'extérieur mais un état personnel provoqué par Dieu qui conférait au prophète l'habitus extatique. À l'époque prophétique, justement, la valorisation traditionnelle de l'extase comme un état sacré en soi connut un déclin manifeste et constant. La prophétie et la contre-prophétie s'opposaient dans la rue, légitimées l'une comme l'autre par l'extase, se lançant l'une à l'autre des imprécations. Où était la vérité de Yahvé ? ne pouvait-on manquer de se demander. La réponse était que l'extase en tant que telle n'était *pas* le critère permettant de reconnaître l'authenticité d'un prophète. Dans les faits, celle-ci perdit de l'importance, du moins dans le message délivré. Il n'en était question que dans des cas exceptionnels et elle n'était qu'un moyen en vue d'une fin : les états émotionnels auxquels le prophète avait accès par son intermédiaire. En tant que telle, l'extase ne comptait pas – contrairement à ce qui se passait en Inde. Elle ne garantissait pas l'authenticité de la prophétie. Seule la perception de la *voix de Yahvé en personne,* le Dieu invisible, garantissait au prophète qu'il était l'outil de Dieu. D'où l'importance exceptionnelle qui était conférée à celle-ci. C'est d'elle que le prophète se réclamait, et non des états sacrés qu'il traversait. Les prophètes ne réunissaient donc pas autour d'eux une communauté où auraient été pratiquées des extases de masse, ni des extases provoquées par un effet de masse ni, sous une forme ou sous une autre, l'éveil extatique comme voie de salut. Rien de tel en ce qui concernait la prophétie de Yahvé. Son mode de révélation contredisait

1. Bien entendu, il faut toujours faire cette réserve : toutes les oppositions comprennent des stades intermédiaires. En l'occurrence, on rencontrait aussi ces états endogènes chez les chrétiens. Les individus étaient alors principalement utilisés comme un « foyer de contagion » psychique.

ce modèle. À la différence de la possession du *pneuma* dans les sources chrétiennes primitives, l'accès à un état d'extase, l'existence d'un tel état, ou encore la capacité à entendre la voix de Dieu n'étaient jamais présentés comme une condition de révélation pour le public auquel s'adressait le prophète, comme c'était le cas pour lui. Le charisme prophétique était bien plutôt la lourde charge du prophète et de personne d'autre, et elle était souvent ressentie comme une torture. Son but n'était jamais de faire descendre l'esprit sur les auditeurs, comme dans la prophétie du christianisme ancien. Au contraire : le charisme prophétique était le privilège du prophète. C'était un libre don de grâce divin qui ne présupposait aucune qualification personnelle. Dans les récits relatifs à l'extase qui avait décidé de leur vocation, cette première extase qui avait fait du prophète un prophète, celle-ci n'était jamais présentée comme le fruit de l'ascèse, de la contemplation ni, par exemple, d'un effort moral, de pratiques de pénitence ou d'autres actes méritants. Au contraire, elle était toujours, sans exception, conformément au caractère endogène de l'état extatique, un événement soudain et immotivé. Yahvé appelait Amos à quitter son troupeau. Un ange de Yahvé s'approchait avec un charbon ardent ; Yahvé lui-même posait son doigt sur la bouche d'Ésaïe et de Jérémie et, de cette façon, les consacrait [Es 6, 6-7 ; Jr 1, 9]. Parfois, comme Jérémie, ils rejetaient avec effroi les devoirs associés pour eux à ce charisme ; ou bien, comme Ésaïe, ils proposaient avec joie leurs services au Dieu en quête d'un prophète. À la différence des prophètes indiens, mais aussi des prophètes grecs du type de Pythagore et des orphiques, ou encore des puritains rékhavites, les prophètes israélites n'avaient pas le projet de s'engager dans une voie de salut supposant d'aller au-delà de la morale quotidienne, en matière de rituel ou d'ascèse. Rien de tel. On voit ici la formidable portée de la notion de *berith*, qui impliquait une définition claire des exigences de Yahvé vis-à-vis de son peuple, en lien avec la Thora lévitique : celle-ci les avait énumérées sous une forme valable pour tous. La Thora, en effet, n'était pas le produit des aspirations de salut personnelles d'une couche de lettrés distingués, mais des pratiques de confession et de pénitence proposées dans la *cure des âmes* : si l'on ne tient pas compte de ce facteur, on ne peut rien comprendre à toute cette évolution. Cet aspect trouvait également son expression dans le mode de qualification des prophètes. L'extase en tant que telle n'était plus le critère de légitimité, nous l'avons vu. Le seul point qui importait était d'avoir entendu la voix de Yahvé. Mais comment les auditeurs pouvaient-ils avoir la garantie que le prophète avait vraiment entendu la voix de Yahvé, ainsi qu'il le prétendait ? Les réponses à cette question étaient tributaires de facteurs historiques, mais aussi religieux et éthiques. C'est pour des raisons historiques et à cause des malheurs naturellement associés à Yahvé que Jérémie désignait comme un critère de validité l'antagonisme vis-à-vis de la prophétie de salut royale (Jr 23, 29). Cela s'expliquait par les luttes sociales visant la royauté de corvées et les *giborim.* Le prophète authentique ne proclamait pas le salut pour cette élite corrompue. Les raisons éthiques étaient la soumission aux commandements de Yahvé, connus de tous (Jr 23, 22) : seul le prophète qui exhortait le peuple à la moralité et punissait les péchés (par des menaces de malheur) n'était pas un prophète de mensonge. Les commandements de Yahvé étaient connus de tous grâce à la Thora. Celle-ci était le présupposé de toute prophétie – un présupposé il est vrai rarement mentionné explicitement, parce qu'il allait parfaitement de soi.

Les maîtres de sagesse grecs du VIe siècle proclamaient eux aussi la validité inconditionnelle d'une loi morale qui, concrètement, était très semblable à celle des prophètes – de la même façon que, nous l'avons vu, l'éthique sociale qui régissait les législations des aisymnètes grecs était proche, de par son contenu, de celle du Livre de l'Alliance. Cependant, la différence était que, en Grèce, comme en Inde, les messagers de salut et les prophètes proprement religieux subordonnaient celui-ci à certaines conditions *particulières* de nature rituelle ou ascétique et étaient, de façon générale, des porteurs de « *salut* », un salut dans *l'au-delà*. Tout à l'opposé, les prophètes israélites annonçaient *l'absence de salut*, en l'occurrence, le malheur dans l'*ici-bas*, en raison des péchés commis à l'encontre de la loi de leur Dieu, valable *universellement* pour tous les Israélites. Dans la mesure où le respect de cette morale quotidienne passait pour l'obligation particulière incombant à Israël, en vertu de la *berith*, tout le pathos puissant des menaces et des promesses eschatologiques visait à imposer ces commandements simples auxquels chacun était tenu d'obéir et auxquels, selon le point de vue des prophètes, les non-Israélites obéiraient eux aussi à la fin des temps. Le grand paradoxe historique était donc que l'éthique quotidienne officielle qui fut plus tard celle de l'Occident chrétien, dont le contenu ne se distinguait guère de celui des doctrines et des pratiques de vie quotidiennes en vigueur dans la Grèce ancienne et dans la Grèce hellénistique, sinon sur les questions de sexualité, faisait l'objet, en Israël, d'une obligation morale *particulière* imposée au peuple élu par son Dieu, le plus puissant de tous, et renforcée par des primes utopiques et des châtiments. C'est l'*action* moralement juste, en l'occurrence, l'action conforme à la morale *quotidienne* qui était décisive pour le type particulier de salut promis à Israël. Aussi trivial et aussi évident que cela puisse paraître – *c'était là et nulle part ailleurs* que résidait le fondement du message religieux, en vertu de conditions très particulières.

Leur vocation autorisait les prophètes à revendiquer des qualités spécifiques. L'expression « esprit (*ruaḥ*) de Yahvé » était d'usage relativement rare et un seul des prophètes préexiliques (Os 9, 10 ; Es 30, 1 ; Mi 3, 8) y avait recours pour désigner leur propriété intérieure spécifique, même si, à l'occasion (Os 9, 7), un prophète de l'écrit pouvait être qualifié d'« homme de l'esprit » (*ich ha-ruaḥ*). Ce n'est qu'à partir d'Ézéchiel, puis du Deutéro-Ésaïe et des prophètes postexiliques que l'expression devint fréquente. Ce fut, semble-t-il, l'antagonisme à l'égard des *neviim* professionnels qui incita les prophètes anciens à ne pas l'utiliser, ou seulement dans de rares cas. Mais aussi le fait que la « *ruaḥ* », dans la langue, désignait surtout les états irrationnels et extatiques ponctuels, alors que les prophètes plaçaient leur dignité spécifique dans la possession constante de l'*intelligence* consciente, claire et communicable des intentions de Yahvé. Ce n'est qu'à partir d'Ézéchiel que la *ruaḥ* redevint une force divine mystérieuse qu'il était tout aussi sacrilège de mépriser que dans les Évangiles, et ce n'est qu'à partir de l'exil (Deutéro-Ésaïe Es 40, 13 ; 42, 1 ; 48, 16) que « l'esprit » devint une grandeur transcendante et finalement cosmique (Gn 1, 2), que le Trito-Ésaïe fut le premier à appeler « l'esprit saint » (Es 59, 21 ; 63, 14). Cependant, si le charisme prophétique impliquait avant tout la capacité à comprendre *rationnellement* Yahvé, il impliquait également des qualités toutes différentes, de nature irrationnelle. En premier lieu : des forces magiques. Ésaïe, seul parmi tous les prophètes de l'écrit à avoir apporté une assistance médicale au roi Ézéchias malade [2 R 19, 2-4 ; 20, 7], exhortait le roi Ahaz, confronté à une situation politique difficile, à exiger de lui qu'il accréditât son oracle politique par un miracle ; le roi se dérobait et lorsque Ésaïe lui répondait en prononçant les fameuses paroles relatives à la « jeune femme » déjà enceinte de l'Emmanuel, le prince du salut [Es 7, 14-16], il ne s'agissait pas seulement, le contexte l'indiquait, d'une prédiction mais de l'annonce d'un décret pris par Yahvé à cause de l'incrédulité du roi, et qui allait apporter le salut promis. La parole des prophètes avait le pouvoir de tuer (Os 6, 5 ; Jr 28, 16). Jérémie confia à un messager une formule de malédiction destinée à Babel qui, lorsqu'il la lirait puis la jetterait dans l'Euphrate, provoquerait le malheur annoncé [Jr 51, 60-64]. À chaque fois, ce n'était pas n'importe quelle manipulation de magie sympathique ou tout autre sortilège qui provoquait le miracle, mais un simple *mot* (prononcé ou écrit). Surtout, ce pouvoir magique, si déterminant pour expliquer l'assurance de Jésus, était complètement minimisé dans les témoignages personnels des prophètes. Ils ne l'invoquaient jamais comme une preuve de leur légitimation par Dieu et ne le revendiquaient pas vraiment à titre personnel. Certes, Jérémie savait que Yahvé l'avait placé au-dessus de tous les peuples (Jr 1, 10) afin de les conduire à leur perte ou de leur tendre la « coupe de colère » (Jr 25, 15 sq.). Cependant, cette assurance basculait chaque fois dans la conscience de n'être rien d'autre que l'outil de Yahvé. Ce n'était pas la volonté des prophètes, mais les décisions que Yahvé leur avait fait connaître par sa voix en personne, par sa « parole » (Jr 23, 29), qui permettraient aux prédictions de se réaliser. Les prophètes ne revendiquaient pour eux-mêmes que la connaissance de ces décrets, des pouvoirs miraculeux de Yahvé et de leurs effets. « Car le Seigneur, l'Eternel, ne fait rien », assurait Amos, « sans avoir révélé son secret à ses serviteurs les prophètes » [Am 3, 7] : c'est *là* qu'ils puisaient leur assurance. Dans une certaine mesure, les prophètes prétendaient aussi pouvoir influencer les décisions de Yahvé. Chez Amos, le prophète se présentait parfois comme un intercesseur [Am 7, 1], ainsi que la tradition le disait de Moïse et d'Abraham [Ex 32, 31-34 ; Dt 9, 18-21 ; Gn 18, 16-33]. Mais Yahvé ne se laissait pas toujours fléchir. Il lui arrivait de refuser de modifier ses décrets, « même quand Moïse ou Samuel plaidaient auprès de lui » [Jr 15, 1]. De surcroît, les prophètes n'envisageaient jamais ne serait-ce que la possibilité de contraindre Yahvé par la magie. Vis-à-vis de ce Dieu terrible, il y aurait eu là un sacrilège mortel. De son propre aveu, le prophète ne devenait jamais un sauveur ni un virtuose religieux exemplaire. Jamais il n'entendait faire l'objet d'une adoration hagiolâtrique. Jamais il ne se prévalait de l'absence de péché. Les exigences morales qu'il se fixait n'étaient pas différentes de celles qui valaient pour tout un chacun. Il est vrai que, outre le fait de ne pas exhorter le peuple à la morale et de ne pas proférer des menaces de malheur, le critère retenu pour confondre les prophètes de mensonge était leur conversion insuffisante et leur désobéissance à l'égard des commandements de Dieu : un critère de qualification qui joua continuellement un rôle très important et qui eut des conséquences décisives pour le caractère de la religiosité. Cependant, Jérémie, par exemple, ne prétendait en aucun cas être moralement infaillible. Si, à la demande de Sédécias, il s'abstint de dire la vérité aux partisans de l'Égypte, afin de couvrir le roi [Jr 38, 27], cet acte était conforme à l'éthique des Patriarches – et, par ailleurs, au fait que Yahvé lui-même utilisait à son profit « l'esprit de mensonge » : l'obligation de dire la vérité, dans l'éthique israélite ancienne (y compris dans le Décalogue), tout comme dans l'éthique homérique, n'était pas aussi absolue qu'en Inde et moins rigoureuse que dans le Siracide, par exemple [Si 20, 28 ; 25, 3-4]. Cependant, quoi qu'il en soit, on voit ici que, tout en revendiquant une foi inconditionnelle, le prophète établissait une distinction entre sa fonction et son attitude personnelle. La Thora pouvait difficilement approuver les terribles explosions de haine et de colère que bien des prophètes connaissaient à l'encontre de leurs adversaires. Yahvé rappelait, à l'occasion, que l'effet produit par ses paroles dans le cœur du peuple était subordonné à une condition : le prophète était tenu de « prononcer des paroles nobles », qui pussent agréer à Dieu [Jr 1, 4-10]. Mais pour le reste, Jérémie se savait « impur » et faible. Pas un prophète ne se jugeait lui-même en possession d'un bien de salut qui lui fût propre ; ils n'étaient jamais que les instruments de la révélation des commandements de Dieu. Le prophète n'était jamais qu'un outil au service de la mission qui lui était confiée. Nulle part ailleurs, le type de la « prophétie de mission » n'a été développé sous une forme aussi pure. Pas même dans les communautés chrétiennes primitives.

Aucun des prophètes ne faisait partie d'une « association » ésotérique, comme ce fut plus tard le cas des rédacteurs de l'Apocalypse. Et pas un des prophètes ne songea à fonder une « communauté ». Aucune condition n'était réunie pour cela, en particulier la création d'une nouvelle communauté de *culte,* tel le culte de Kyrios Christos, et, étant donné le cercle de représentations qui était celui des prophètes, ces conditions ne pouvaient pas être réunies ; c'était là une différence décisive, d'un point de vue sociologique, par rapport à la prophétie du christianisme ancien. Les prophètes étaient au cœur d'une communauté politique populaire et s'intéressaient aux destinées de celle-ci. Et cet intérêt était purement éthique, il n'était *pas cultuel,* contrairement à celui des missionnaires chrétiens, avant tout préoccupés d'apporter la communion comme instrument de médiation du salut. Sur ce point, le christianisme ancien présentait, de fait, une spécificité qui trouvait son origine dans les communautés de culte à mystères de l'Antiquité tardive, et qui était totalement étrangère aux prophètes. Cela tenait, une fois encore, à la nature particulière des relations entretenues par les Israélites avec le Dieu au nom duquel les prophètes prenaient la parole, et au sens du message qu'ils proclamaient. Ces deux éléments, cependant, étaient justement liés au monde de représentations religieuses qui avait été préparé par les intellectuels israélites, notamment par la Thora lévitique. Ils ne proclamaient, autant que l'on sache, ni une nouvelle conception du Dieu, ni de nouvelles voies de salut, ni même de nouveaux commandements, ou, du moins, ne voulaient pas en proclamer. Ils présupposaient à la fois que leur Dieu était connu de tous et qu'on avait fait « connaître à l'homme ce qui est bien » (Mi 6, 8). En l'occurrence : il lui avait été dit de respecter les commandements de Dieu que la Thora avait révélés. Ésaïe appelait sa propre révélation la « Thora de Dieu » (Es 30, 9). Ce n'est qu'au non-respect de ces commandements déjà connus que les prophètes faisaient constamment référence.

3. Éthique et théodicée des prophètes

De la même façon, les problèmes qui étaient au centre de leur message étaient en rapport avec le contexte dans lequel ils évoluaient. La *peur de la guerre* ressentie par le peuple aviva les interrogations sur les motifs du courroux divin, les moyens de disposer Dieu à la bienveillance, et les espérances d'avenir de la nation en général. La population était travaillée par la panique, la colère et la soif de vengeance à l'égard des ennemis, la peur de la mort, des mutilations, de la dévastation, de l'exil (chez Amos, déjà [Am 5, 27]), de l'esclavage, et par la question de savoir s'il valait mieux la résistance, la soumission ou l'alliance avec l'Égypte, Assur ou Babel, et ces préoccupations rejaillissaient en retour sur la prophétie. Cet émoi collectif influençait le monde de représentations le plus intime des prophètes, même s'ils étaient mus par une nécessité intérieure lorsqu'ils allaient au-devant de la foule.

À la question du pourquoi du malheur, la réponse était celle-ci : c'était là la volonté de Yahvé, le Dieu d'Israël. Aussi simple que cette assertion puisse paraître, elle n'allait aucunement de soi. En effet, même si la conception du Dieu avait déjà adopté beaucoup de traits universalistes, du moins dans la représentation des intellectuels, la vision populaire aurait spontanément privilégié d'autres hypothèses : les dieux étrangers, à cette époque, étaient les plus forts, pour une raison ou pour une autre, ou bien Yahvé ne voulait pas aider son pays. La révélation prophétique allait au-delà de cette dernière hypothèse et affirmait que Dieu apportait délibérément le malheur à son peuple. « Arriverait-il un malheur dans une ville,/Sans que l'Éternel en soit l'auteur ? » se demandait Amos (Am 3, 6). À la question de savoir si de tels décrets divins avaient une origine actuelle, comme le présupposaient la plupart des oracles, ou si le sort néfaste avait été préparé par Yahvé « depuis les jours de l'ancien temps », comme l'affirmait Ésaïe (Es 37, 26), différentes réponses étaient apportées en fonction des circonstances, et surtout en fonction du fait que le monde de représentations israélite était dominé tantôt par le Dieu de l'Alliance en colère, tantôt par le sublime monarque universel. Dans un cas comme dans l'autre, cependant, la vision d'Amos, terrible du point de vue des conceptions populaires, avait été forgée à partir des fondements historiques spécifiques du yahvisme. Le facteur décisif était celui-ci : Yahvé avait toujours été avant tout un Dieu des catastrophes naturelles, capable d'envoyer la peste et d'effroyables malheurs de toutes sortes à ceux qui suscitaient sa colère, et il l'avait fait souvent, comme Amos le rappelait avec un luxe de détails (Am 5, 6 sq.). Il n'avait cessé, en particulier, d'envoyer des désastres de guerre à ses ennemis ; il avait sauvé Israël, mais il ne l'avait fait qu'après lui avoir longtemps imposé d'endurer de tels malheurs. Telle était la raison, et *la seule,* pour laquelle les prophètes étaient devenus des *politiques* : le malheur politique, et lui seul, était désormais imminent, et il entrait justement dans la sphère d'action proprement dite d'Ésaïe. L'importance du malheur politique ne cessa de croître dans les prédictions de malheur, alors qu'il avait d'abord été secondaire par rapport à l'attente de catastrophes naturelles et cosmiques. C'est à Yahvé et non à un autre Dieu que le malheur devait être imputé. Cependant, Yahvé était aussi le Dieu qui avait élu Israël, seule parmi toutes les nations de la terre. « Je vous ai choisis vous seuls parmi toutes les familles de la terre ;/C'est pourquoi je vous châtierai pour toutes vos iniquités », lui faisait dire Amos de façon délibérément paradoxale (Am 3, 2). Israël seul avait conclu une *berith* avec lui, et Osée, qui fut peut-être le premier à fixer l'opposition entre le peuple de Dieu et les « peuples impurs » (Os 9, 1 sq.), comparait la rupture de la *berith* à un adultère. Dieu avait fait certaines promesses à ses ancêtres et il avait prêté serment. Il avait tenu ces promesses et apporté des bénédictions infinies à ce peuple en temps de guerre comme en temps de paix. Les prophètes l'exhortaient à ne pas rompre l'alliance et, de son côté, il demandait (Jr 2, 5) quel acte injuste – c'est-à-dire contraire à l'alliance – les Patriarches d'Israël pouvaient bien lui reprocher. Cependant, l'accomplissement des promesses était subordonné à la condition non seulement que les Israélites respectent le contrat, soient fidèles à Yahvé seul comme à leur Dieu unique et ne se tournent pas vers d'autres cultes, mais, aussi et surtout, aux dires de la plupart des prophètes (Amos, Michée, Jérémie, mais aussi Ésaïe), qu'ils respectent les commandements que Yahvé leur avait imposés. En premier lieu, ceux qu'il n'avait imposés qu'à eux seuls. En effet, selon Amos, il existait des injustices que Yahvé, en tant que monarque universel, punissait chez d'autres peuples, notamment chez les peuples voisins d'Israël. Par exemple, le non-respect d'une sorte de droit des peuples religieux qui était reconnu parmi les peuples palestiniens (Am 1, 3 sq.). Mais avant tout, bien entendu, le non-respect des droits d'Israël : la mise à sac barbare de Galaad par les Damascènes, le rapt et la vente de prisonniers aux Édomites par Gaza et Tyr, la cruauté impitoyable des Édomites en guerre, le fait que les Ammonites avaient « éventré des femmes enceintes ». Il n'y avait là rien d'original. Cependant, Yahvé vengeait aussi les injustices commises par des peuples tiers à l'encontre de peuples tiers : ainsi, le fait que des Moabites avaient fait brûler la dépouille d'un roi édomite. Sans doute faut-il voir là le signe que les peuples palestiniens formaient une communauté culturelle, censée trouver son origine dans une parenté de tribus. Mais peut-être des motifs liés au droit des peuples entraient-ils également en jeu. On reprochait aux Édomites l'injustice commise parce qu'elle était en rupture avec la relation « fraternelle » qu'ils entretenaient avec Israël ; Tyr était même accusé d'avoir trahi une « alliance fraternelle », autrement dit, probablement, un accord passé sous serment pour fixer les dispositions relatives au sort des prisonniers et au droit des peuples en guerre ; il est possible que des accords de ce type aient été conclus avec des peuples voisins et que la vengeance de Yahvé ait trouvé sa raison d'être dans l'existence de telles conventions. Le tournant vers l'éthique pure s'opéra au moment où la conception du Dieu fut universalisée. Au sujet des grands rois de Mésopotamie, Ésaïe affirmait que le motif de la colère de Yahvé était, en soi, la cruauté sans mesure dont ils faisaient preuve en temps de guerre. Mais aussi l'*hybris* de ces monarques universels, qui devait, fatalement, éveiller la jalousie de Yahvé [Es 10, 5-19].

Par contre, Israël était puni pour *toutes* ses fautes, expliquait Amos. Il s'attirait surtout le courroux de Yahvé lorsqu'il ne respectait pas la « justice », autrement dit les institutions sociales qui lui étaient propres. En l'occurrence, pour la plupart des prophètes, les commandements de fraternité développés par la parénèse lévitique sur la base des anciens recueils juridiques. De façon caractéristique, Amos énumérait à la fois le fait d'avoir conduit les nazirs à transgresser leurs obligations rituelles et la répression des *neviim*, d'une part, et, d'autre part, le non-respect des commandements du Livre de l'Alliance relatifs au traitement des Israélites prisonniers pour dettes et à la mise en gage des vêtements (Am 2, 6 sq.) : en d'autres termes, des composantes de l'ancien code de la guerre et de l'ancienne constitution sociale dont Yahvé était le garant à l'époque de la confédération. La position spécifique de Yahvé à l'égard d'Israël, en tant que partenaire du contrat avec les confédérés, était ici particulièrement manifeste. Les oracles d'autres prophètes mentionnaient, en premier lieu, outre les péchés personnels grossiers (pour l'essentiel, ceux du Décalogue), l'absence de fraternité sous toutes ses formes, et surtout, conformément à l'éthique de charité de toute l'Asie antérieure et de l'Égypte, l'oppression des pauvres par le biais de la justice pénale et de l'usure. À chaque fois, ces exposés des motifs de la colère de Yahvé portaient la marque d'une culture intellectuelle approfondie, comme les paradoxes voulus que l'on rencontrait chez Amos. La référence à une éthique sociale censée motiver les châtiments divins n'était pas une spécificité d'Israël. La bureaucratie patrimoniale des grands royaumes avait partout développé, dans le voisinage d'Israël, l'idéal patriarcal et caritatif de « l'État providence ». La croyance s'était partout répandue que la malédiction du *pauvre* contre l'oppresseur était particulièrement funeste. On la rencontrait aussi en Israël, où elle avait sans doute été introduite par l'intermédiaire des Phéniciens. Des rois du pays des deux fleuves accusaient par écrit leurs adversaires vaincus de s'être rendus coupables d'injustices sociales à l'égard des sujets (c'était déjà le cas d'Urukagina, et, par la suite, de Cyrus). Dans les sources chinoises, surtout, il est tout à fait fréquent de rencontrer, à l'occasion des changements de dynastie ou de la conquête d'un État par un autre souverain, l'accusation que les sujets ont subi des traitements non conformes aux règlements et que les conduites de vie ne sont pas correctes. Dans tous les cas de ce genre, l'invocation d'un tel argument est le produit de l'influence exercée sur des États bureaucratiques par des couches d'intellectuels, de type sacerdotal ou ritualiste. La particularité d'Israël tint seulement, dans un premier temps, au fait que ces exigences caritatives adressées aux couches dominantes et surtout aux fonctionnaires royaux furent acceptées par ces derniers, alors qu'elles ne l'étaient partout ailleurs qu'avec le développement d'un appareil bureaucratique national et de la couche cultivée qui va de pair [1]. Cette évolution vers une bureaucratie patrimoniale fut justement *rejetée* par les intellectuels israélites pieux au profit de l'idéal ancien du prince local. De plus, la motivation

1. En effet, les commandements de charité de la Thora n'étaient évidemment *pas* davantage qu'ailleurs une forme sublimée de l'éthique de voisinage des paysans, fort éloignée d'un tel sentimentalisme, comme toute éthique de paysans. Ils étaient le produit de l'idéologie de la royauté de l'Asie antérieure et de l'Égypte et de ses lettrés, prêtres, scribes, etc.

invoquée était les menaces de malheur proférées par des prophètes : le souverain était personnellement menacé de sanctions, mais aussi le peuple qui, en vertu de la *berith*, était solidairement responsable pour les péchés des rois et des grands. C'était là un trait lié, précisément, à la spécificité de la constitution politique et religieuse d'Israël.

Pour le reste aussi, on rencontrait chez les prophètes une élaboration intellectuelle de la juridiction et de la doctrine de sagesse israélites. Outre leurs propres oracles, les sources autorisées en matière de morale, les « *divré Yahvé* », étaient, pour les prophètes, le « *ḥoq* », la coutume ancienne, attestée par les oracles juridiques des *ḥoqeqim* [Es 10, 1] (nous l'avons vu), la « *thora* », la doctrine lévitique rationnelle (Am 2, 4 ; Es 24, 5), et, enfin, le « *michpat* », le droit établi dans la jurisprudence (Es 16, 5) et les dispositions des *sarim* et *zeqénim*. En dépit de leur antagonisme parfois vif à l'encontre des juges, en particulier les *sarim*, les *ḥoqeqim* et même les maîtres de la Thora, qui ne faisaient que porter les mots à leur bouche et les prononçaient en vain, la validité de ces normes n'était pas mise en doute et même la *ḥokhma*, la doctrine des maîtres de sagesse, n'était pas rejetée dans son principe. Au demeurant, les positions variaient. Pas un prophète, nous l'avons vu, ne prétendait révéler de nouveaux commandements, comme Jésus pouvait le faire ostensiblement : « Il est écrit, mais je vous le dis. » Les prophètes condamnaient comme un péché la falsification de la vraie volonté de Yahvé, depuis longtemps révélée, et les « faux commandements » édictés par les *ḥoqeqim* aux dépens des pauvres (Es 10, 1 sq.), tout comme ils ne cessaient de stigmatiser les jugements injustes des juges corrompus. À l'occasion, il est vrai, la souveraineté du prophète admis au conseil de Dieu le conduisait à rejeter complètement la valeur de la *ḥokhma* et celle des commandements (*mitswoth*) que les maîtres n'énonçaient que « de la bouche et des lèvres » (Es 29, 13-14). Mais ce scepticisme personnellement ressenti à l'égard des maîtres, encore renforcé chez Jérémie [Jr 8, 9], ne changeait rien au fait que, sur le fond, les commandements positifs de la Thora lévitique et ceux des prophètes étaient identiques.

L'importance de la Thora pour la prophétie ne s'arrêtait cependant pas là : celle-ci ne livrait pas seulement le contenu matériel des commandements. L'idée fondamentale des prophètes, à savoir que Yahvé imposait de terribles malheurs en réponse à des manquements éthiques, en particulier des manquements en matière d'éthique sociale, trouvait son origine, en effet, dans les pratiques de confession et de pénitence des lévites, développées à travers la morale rationnelle de la parénèse. Même la transposition, à l'échelle du peuple tout entier, de la représentation de la vengeance de Dieu à l'encontre d'individus ayant péché et fauté fut antérieure à la prophétie, quelle qu'ait été l'ancienneté du rituel expiatoire dont il est question dans la version actuelle des textes, célébré par des prêtres pour toute une communauté [Lv 16]. En effet, cette idée importante découlait du fait que la représentation d'Israël comme un groupement de libres compatriotes collectivement responsables en vertu de la *berith* n'avait jamais été abandonnée. Les oracles d'Amos présupposaient une telle théodicée du malheur. Cependant, comme toute théodicée, celle-ci ne fut d'abord que le bien spirituel de couches d'intellectuels. Le fait nouveau était probablement qu'elle fût proclamée publiquement par un visionnaire comme Amos, avec cette puissance inouïe, comme le motif d'un malheur actuel et *imminent* ; c'est la forte impression ainsi produite qui explique que les oracles de ce prophète, le premier de tous, aient été conservés. Mais aussi, bien entendu, le fait que le malheur prédit en un temps de prospérité politique et économique, sous le règne de Jéroboam II, se soit effectivement réalisé. On a observé plus haut que la position de la prophétie classique avait été conditionnée par le déclin de la puissance d'Israël et les menaces croissantes pesant sur les deux royaumes, mais il ne faut pas se méprendre sur ce point. Ce n'est pas l'apparition de prophètes de malheur en tant que telle qui fut ainsi provoquée. Élie s'était déjà manifesté comme un prophète de malheur qui attaquait le roi, et il avait peut-être déjà existé, avant Amos, des prophéties de malheur dirigées contre le peuple. Les visions de malheur des prophètes furent, en soi, conditionnées par des facteurs « endogènes ». Il suffit de jeter un coup d'œil sur leurs écrits pour savoir qu'on avait affaire à des personnalités dont le tempérament dur, amer et passionnément sombre s'était forgé tout seul, sans lien avec la situation du moment. Ils voyaient des malheurs de toutes parts, même quand le monde était en apparence dans le plein soleil du bonheur. Chez Amos, Assur n'était pas désigné par son nom : il était appelé « l'ennemi » et l'exil prédit aurait lieu « au-delà de Damas ». La raison invoquée par le prophète pour expliquer que le malheur viendrait précisément de là était le culte de divinités mésopotamiennes (Am 5, 27). Ce n'était pas l'état du monde mais la corruption régnant autour d'eux qui expliquait les sombres pressentiments des prophètes ; ils réapparaissaient d'ailleurs chez Ésaïe justement après le retrait de Sennachérib, alors qu'il avait auparavant toute confiance en la victoire (Es 22, 14). Les malheurs qui survenaient dans la réalité semblaient plutôt représenter une délivrance pour les prophètes : la corruption qu'ils observaient autour d'eux pourrait ainsi enfin être expiée et, par conséquent, rachetée. Bien entendu, il n'est pas du tout certain qu'on puisse parler d'un « type de personnalité » spécifique chez les prophètes, au sens d'une prédisposition manifeste pour l'état émotionnel que nous avons décrit. En effet, même fragmentaires, les vestiges d'oracles qui ont été conservés laissent entrevoir la variété profonde de leurs tempéraments : la passion tumultueuse, ardente et entière d'Amos, la douceur et la chaleur aimante et séduisante d'Osée, l'élan bien trempé, distingué et sûr de lui et l'enthousiasme puissant et profond d'Ésaïe, l'âme tendre de Jérémie, gravement atteinte par des états émotionnels dépressifs et des idées fixes, mais tendue vers un héroïsme désespéré sous l'effet de sa vocation irrésistible, l'intellectualisme d'Ézéchiel, porté à l'excitation extatique, mais intérieurement froid – on peut saisir toutes ces oppositions, mais elles ne changent rien au caractère de la prophétie de malheur. Un fait surtout en apporte la preuve : avec la destruction définitive du Temple, la prophétie de malheur ne tarda pas à *disparaître,* pour faire place aux consolations et aux prédictions de salut. Les prédictions de malheur étaient donc le produit d'une profonde aversion pour les abominations de ceux qui se détournaient de Yahvé et de ses commandements, d'une angoisse terrible devant les conséquences de tels actes, d'une foi inébranlable dans les promesses de Yahvé et de la conviction désespérée que le peuple les avait gâchées ou était sur le point de le faire. Le degré d'imminence du malheur redouté était évalué diversement, y compris par un seul et même prophète de malheur. Tantôt, comme chez Amos et Jérémie, notamment, et parfois aussi chez le jeune Ésaïe, tout espoir semblait vain. Tantôt il était possible, probable, certain même qu'Israël pourrait être sauvé ou bien – c'était l'affirmation la plus fréquente – des temps meilleurs viendraient après le malheur. Aucun prophète ne souleva d'objection durable et absolue à l'encontre de cette espérance. Ils ne pouvaient d'ailleurs envisager de le faire, à moins de renoncer à produire un quelconque effet sur leurs auditeurs. En dépit du caractère endogène de l'extase prophétique, les prophètes n'étaient pas purement et simplement indifférents à l'effet qu'ils produisaient. Ils avaient le sentiment d'être des « gardiens » et des « surveillants » au service de Yahvé [Jr 6, 27 ; Ez 3, 17]. Pour Jérémie, le prophète authentique était celui qui fustigeait les péchés de son peuple *et* annonçait le malheur – les deux actes étant liés [Jr 28, 7-9]. Pourtant, le malheur ne pouvait être absolu et définitif ; il devait être causé par le péché. Sur ce point, l'attitude des prophètes, Esaie déjà, mais surtout Jérémie, varia. Lorsqu'ils voulaient faire preuve de pédagogie, ils disaient que Yahvé était un Dieu qui pouvait revenir sur ses décisions. Lorsqu'ils parlaient sous l'effet immédiat de la confrontation avec le péché, tout leur apparaissait vain et sans espoir. Les considérations pratiques des maîtres de la Thora, liées à la cure des âmes et à sa pédagogie, étaient un enjeu important, comme en témoignait le récit paradigmatique de Jonas, manifestement issu de cercles d'intellectuels. Il offrait le contrepoint d'une vision qui affleurait chez Ésaïe, selon laquelle les destins de malheur étaient le produit de la prédestination. Le propos véritable de l'histoire de Jonas était d'écarter l'idée que les malheurs annoncés par les prophètes étaient inéluctables et de conforter, au contraire, l'idée que Yahvé pouvait revenir sur ses décisions. De telles considérations, qui constituaient évidemment un enjeu pour les maîtres de la Thora, engagés dans la cure des âmes, et, davantage encore, pour les prêtres rédacteurs, ne furent certainement pas explicitement développées par les extatiques, tout occupés à leurs visions. D'un autre côté, on ne saurait affirmer pour autant que les promesses de salut ne furent introduites dans la bouche des prophètes qu'à partir de la rédaction des prêtres. En effet, on peut clairement déceler une intention pédagogique chez les prophètes : une fois chez Amos (Am 5, 15), plusieurs fois chez Osée, plus fréquemment encore chez Ésaïe et, en dépit de son pessimisme, de façon tout à fait appuyée et fondamentale chez Jérémie (Jr 7, 23). L'hypothèse des interpolations est également contredite par la présence de catégories bien précises, relatives au salut, que l'on rencontrait déjà chez les premiers prophètes (Amos [Am 9, 8]), comme la notion de « reste » des fidèles qui se convertissaient à temps. L'espoir traditionnel de la parénèse et l'idée proprement prophétique qui revenait sans cesse, selon laquelle le malheur ne pouvait impliquer que Yahvé mît un terme à ses projets avec Israël, suggéraient toujours de nouvelles possibilités de salut, aussi indéfinies soient-elles et même si elles étaient réservées au « reste converti » ; l'intention pédagogique jouait un rôle toujours plus grand, même si, dans le détail, le sentiment oppressant d'aller au-devant d'un sombre destin était prédominant. Dans tous les cas, on ne saurait prétendre que les prises de position des prophètes trouvaient leur origine dans une propension psychique caractérisée à « l'hypocondrie politique ».

Si la prophétie de malheur fut fortement influencée par les dispositions psychiques des prophètes, conditionnées par leurs dispositions personnelles et par des impressions produites par l'actualité, il n'en demeure pas moins que le destin historique d'Israël explique seul la place qui revint à ces révélations dans l'évolution de la religion israélite. Pas seulement au sens où la tradition, comme il se doit, conserva plus particulièrement les oracles prophétiques qui s'étaient réalisés, semblaient s'être réalisés ou dont on pouvait encore attendre la réalisation. Le prestige de plus en plus inébranlable de la prophétie en général se fonda sur un petit nombre de cas qui eurent un retentissement énorme pour les contemporains et qui donnèrent raison aux prophètes de façon inattendue. Ce fut le cas, en premier lieu, des oracles d'Amos relatifs au Royaume du Nord, qui était alors puissant. Puis des oracles de malheur d'Osée concernant la dynastie de Jéhu, ainsi que Samarie. Puis des oracles de malheur d'Ésaïe relatifs à Jérusalem et au siège de Sennachérib. Au mépris de toute vraisemblance, Ésaïe exhortait à persévérer, avec une assurance de somnambule. Et même si le succès final fut sans doute une soumission du roi non avouée comme telle, il semble assuré que le siège de Jérusalem ne s'acheva pas sur une capitulation : Sennachérib lui-même ne le prétendit pas, dans le rapport qu'il rédigea à ce sujet. Mais reçurent aussi et surtout confirmation, avec la prise de Jérusalem et sa destruction, les terribles oracles du jeune Ésaïe, de Michée, et, en premier lieu, de Jérémie et Ézéchiel. Enfin, le retour d'exil avait lui aussi été prédit. Dès lors, l'autorité de la prophétie, qui avait momentanément pâti de la profonde déception causée par la bataille de Megiddo, devint inébranlable.

On oublia complètement qu'une grande majorité des oracles, y compris ceux qui étaient repris dans le recueil que nous avons conservé, ne s'étaient pas réalisés. La prophétie, à l'inverse, tira profit du fait que le caractère non irrévocable des décisions de Yahvé avait d'emblée été souligné avec beaucoup d'insistance, dès Amos : les partisans de la prophétie pouvaient s'abriter derrière cet argument, et les pratiques de pénitence des lévites partaient du même présupposé, puisque le pardon des péchés garantissait que la menace de malheur serait écartée. Voilà pourquoi, chez les prophètes, Yahvé ne cessa d'être regardé comme un Dieu de grâce et de pardon, alors même et d'autant plus qu'il demeura chez eux un Dieu de colère et de vengeance, qui, dans le détail, se montrait absolument intraitable dans ses colères. Du point de vue des prophètes, c'est parce que Yahvé était un Dieu de grâce et de pardon qu'il se distinguait de tous les autres dieux. Un trait de douceur traverse les prophéties de grâce que l'on peut lire chez Osée et Jérémie, mais aussi beaucoup d'oracles d'Ésaïe. Yahvé cherchait à gagner la fidélité d'Israël comme un amoureux celle de sa bien-aimée.

De façon générale, cependant, même lorsque cette dimension de grâce était soulignée, Yahvé était représenté par les prophètes sous des traits incomparablement plus majestueux que dans les œuvres littéraires issues des cercles des maîtres de la Thora, dont le Deutéronome était le modèle. Un Dieu qui avait à sa disposition les grands rois du monde comme instruments de châtiment des péchés d'Israël et agissait avec eux à sa guise ne pouvait qu'atteindre un degré d'universalité et de sublime que ne connaissaient ni le Dieu de l'ancienne alliance d'Israël ni le Dieu bourgeois des lévites, dispensateur de grâces. En se référant de façon semble-t-il tout à fait délibérée à l'époque héroïque ancienne, les prophètes avaient tous une préférence pour le nom « Yahvé Tsevaoth », le nom du Dieu de guerre de l'alliance. À présent, cependant, il présentait aussi les traits d'un très grand Dieu du ciel et de l'univers. La cour des grands rois, qui jouait pour Israël un rôle analogue à celui du roi de Perse pour les Grecs dans la *Cyropédie* de Xénophon, bien qu'il fût l'ennemi du pays, représentait le modèle de la cour de l'État céleste, dans laquelle l'ancien prince de la guerre n'était plus entouré de sa suite, les « fils des dieux », mais d'une nuée d'esprits célestes prêts à le servir, dont même la tenue était inspirée de modèles babyloniens et égyptiens. Sept esprits correspondant aux sept planètes entouraient son trône, et l'un d'entre eux portait la plume et un vêtement de lin, comme le dieu des scribes. Ses espions, montés sur des chevaux aux couleurs des quatre dieux du vent babyloniens, parcouraient le monde et lui transmettaient des rapports [Za 1, 8-11 ; 6, 2-8]. Dans une lumière surnaturelle, le roi du ciel faisait son entrée, sur un char entouré de chérubins qui ressemblaient apparemment à des figures sacrées de Babylone [Ez 1, 4-28]. Il arrivait malgré tout encore qu'il convoquât les esprits de la nature pour témoigner, comme dans un procès, contre Israël qui avait rompu son contrat. En règle générale, cependant, il était le seigneur souverain de l'ensemble du monde des créatures [Am 5, 8-9]. La douceur et la grâce dont il pouvait faire preuve à l'occasion ne l'empêchaient pas de présenter des traits parfaitement immoraux, comme les rois de l'ici-bas. Comme les rois patrimoniaux de l'Inde missionnaient leurs *agents provocateurs*, il envoyait son « esprit de mensonge » pour aveugler ses ennemis [1 R 22, 23]. Parfois, ses prophètes mêmes avaient peur de lui. Ésaïe décrivait comme « barbare » le décret de Yahvé à l'encontre d'Assur, alors qu'il regardait auparavant lui-même cette nation comme un instrument de ses desseins. Ézéchiel, qui ne s'offusquait en rien des projets de Yahvé lorsque celui-ci voulait éliminer les ennemis d'Israël dont il avait lui-même souhaité la venue, croyait cependant que Yahvé avait autrefois proclamé des lois pour corrompre son propre peuple (Ez 20, 25). La tradition rapportait sans y voir un fait problématique que Yahvé avait volontairement donné de mauvais conseils à des rois israélites indisciplinés. Seul Osée s'offusquait qu'on pût attribuer à Dieu des traits de ce genre, et il faisait dire à Yahvé – à supposer que la variante du texte discutée entre Wellhausen et d'autres soit juste – qu'il n'agissait pas « sous l'effet de son ardente colère », parce qu'il était « saint » et n'était pas « un corrupteur » (Os 11, 9). Les paroles claires et distinctes du prophète avaient été rejetées et ignorées par Israël : cet échec avait convaincu Ésaïe lui-même que Yahvé ne voulait pas qu'il en fût autrement, qu'il rendait purement et simplement le peuple sourd afin de causer sa perte. Ce fut là l'origine d'une représentation qui joua également un rôle important dans la révélation du Nouveau Testament et, plus tard, dans le calvinisme. Ces traits de passion et d'ancrage dans une actualité éloignaient beaucoup Yahvé du dieu universel des Grecs, tel que le décrivait Xénophane, par exemple. Au final, il resta un Dieu terrible. Souvent, l'ultime objectif de ses actes ne semblait être que de magnifier sa propre majesté en face de toutes les créatures. C'était précisément là un trait commun avec les monarques universels de la terre. D'où le fait que son image était changeante. Le même prophète voyait chez lui tantôt la pureté sacrée et suprahumaine, tantôt le vieux dieu de la guerre, au cœur versatile. Même s'il conservait des traits hautement anthropomorphes, les prophètes, et justement ceux qui éprouvaient les impressions les plus fortes, n'osaient plus, contrairement aux anciens auteurs yahvistes, donner à leurs visions de la splendeur céleste des traits trop nettement concrets, du moins lorsqu'il était spécifiquement question du Dieu de tout temps invisible. Ce qu'ils voyaient était « comme un trône » [Ez 10, 1] mais ce n'était pas un trône réel ; Ésaïe ne voyait que les plis du manteau royal, mais non Dieu lui-même [Es 6, 1].

Le séjour de Yahvé pouvait donc revêtir des significations aussi variées que la nature de ce Dieu. Qu'il eût créé le ciel et la terre et choisi la place des constellations, comme le disait déjà Amos [Am 9, 5-6], ne changeait rien au fait que, selon le même prophète, on l'entendait « rugir depuis Sion » [Am 1-2]. Chez Ésaïe, la vision de la magnificence divine était associée à une vision du Temple [Es 6]. Cette localisation aurait pu mettre en danger le prestige de Yahvé lorsque le Temple fut détruit. D'innombrables sanctuaires étaient dévastés par les conquérants, leurs idoles emportées, sans que les dieux en question pussent se défendre. Yahvé était-il appelé à connaître un sort semblable ? Les prophètes hésitaient. Dans beaucoup de ses oracles tardifs, après le retrait de Sennachérib, Ésaïe était absolument convaincu que, contrairement à ce qu'il avait affirmé dans ses mises en garde anciennes, Jérusalem, le siège de Yahvé, ne pourrait jamais tomber. Mais après que Amos et Osée eurent prédit la chute du Royaume du Nord et affirmé que Yahvé lui-même la visait, la chute de Jérusalem fut regardée, à partir de Michée et surtout de Jérémie, de la même façon que dans les premiers oracles d'Ésaïe, comme un destin décrété dans le conseil de Dieu ; lorsqu'elle finirait par advenir, elle ne changerait rien au prestige de Dieu et le rendrait même plus grand. Les dieux des grands rois vainqueurs ne pouvaient être à l'origine de cette catastrophe. Ils étaient souillés par les horreurs de la prostitution et du culte des idoles, ou même par le misérable culte des animaux, comme les Égyptiens. Les dieux des autres peuples n'étaient donc tout au plus que des démons et ne comptaient pour « rien » en face de Yahvé. À partir d'Osée, on commença à condamner et à railler le culte des idoles et, de façon de plus en plus conséquente, les intellectuels justifièrent ce rejet en arguant que l'idole était une œuvre humaine, donc dépourvue de signification religieuse, et ne pouvait en aucun cas, par suite, être le siège d'un Dieu. Le Deutéro-Ésaïe ne prétendit jamais, pas même au temps de l'exil, que les autres dieux n'existaient pas. Mais, en pratique, la théodicée du malheur exposée par les prophètes éleva Yahvé au rang de seul Dieu responsable du cours du monde. Les points particulièrement importants étaient les suivants :

d'abord, Yahvé conservait les traits anciens du Dieu terrible des catastrophes. En second lieu, la théodicée du malheur s'appuyait sur la pratique de la confession des péchés inaugurée par la Thora lévitique. Enfin, en lien avec les deux facteurs précédents, la notion de *berith* était réinterprétée par Amos dans le sens où Dieu lui-même devenait l'instigateur de tous les malheurs. En effet, la conséquence de tout ce qui précède était que, dans la conception prophétique, les maux n'étaient jamais infligés aux individus et à Israël par de quelconques démons qui auraient existé *à côté* de Yahvé et auraient été en quelque manière indépendants de lui ou hostiles à son égard : Dieu seul déterminait le cours du monde dans chacun de ses détails. Ce monisme, nous l'avons vu, était le présupposé majeur de toute la prophétie. La croyance aux démons, populaire dans le monde entier, ne fut introduite dans le judaïsme, du moins dans la religiosité des intellectuels, qu'à l'époque postexilique tardive, et elle ne prit toute son ampleur que sous les influences dualistes de la Perse. La croyance babylonienne aux démons n'était certainement pas inconnue des prophètes. Mais elle ne jouait pas davantage un rôle dans leurs conceptions que les doctrines astrologiques, mythologiques et ésotériques des pays avoisinants. Yahvé avait été le Dieu d'un groupement politique, l'ancienne confédération, et l'était resté pour la vision puritaine ; il conserva ainsi, d'un autre côté, en dépit de tous les traits d'universalisme cosmique et historique adoptés par la suite, un caractère impossible à effacer : c'était un Dieu de l'*action* et non un Dieu de l'*ordre* éternel.

Même le vécu immédiat des prophètes était marqué par les qualités qui, selon eux, définissaient en propre le Dieu. Leur imagination ne cessait de tourner autour de l'image d'un roi céleste effrayant et majestueux. Cela valait d'abord pour leurs expériences visuelles. La fonction visionnaire, on peut le voir, n'était pas la même chez tous les prophètes. Elle était très développée chez le prophète le plus ancien, Amos, qui était par suite appelé

« homme à visions » (*ḥozé*). Mais elle n'était pas absente non plus chez les autres prophètes, notamment Ésaïe et Ézéchiel. Les prophètes n'avaient pas seulement la vision de la magnificence céleste. Leur clairvoyance leur permettait de voir à distance une armée en marche en train de franchir un col [Es 13, 4] ou d'apprendre depuis Babylone la mort d'un homme au Temple de Jérusalem, et le nom du défunt [Ez 11, 1-13]. Dans d'autres cas, le prophète était tiré par les cheveux et emporté de Babylone à Jérusalem par un être de lumière et de feu [Ez 8, 3]. Chaque fois, cependant, il s'agissait de l'intervention directe d'un souverain divin, et le prophète en avait conscience. Lorsque le prophète voyait un rameau d'amandier ou une corbeille de fruits [Am 8, 1-3], cette vision signifiait quelque chose et Dieu lui avait donné forme pour en faire un symbole. C'était parfois dans des rêves mais surtout dans des rêves éveillés que ces visions assaillaient le prophète. Cependant, ces expériences visuelles, nous l'avons observé dans un autre contexte, étaient beaucoup moins décisives, pour les prophètes, que les expériences auditives, tout à fait caractéristiques. Soit le prophète entendait une voix qui s'adressait à lui, lui donnait l'ordre et la mission de dire quelque chose, parfois aussi de faire quelque chose ; soit, l'exemple de Jérémie nous l'a montré, une voix parlait à travers lui, qu'il le voulût ou non. Nous l'avons déjà souligné : ce primat des expériences auditives sur les visions n'était pas contingent. Il était d'abord lié au caractère traditionnellement invisible de Dieu : on ne pouvait en aucun cas dire quelque chose de lui ni de son apparence. Cependant, c'était aussi là la conséquence d'un autre facteur : les prophètes ne pouvaient prendre conscience que d'une seule manière d'être entrés en relation avec Dieu. On ne rencontrait nulle part chez eux l'expérience mystique consistant à faire le vide, à s'abstraire de tout le sensible et de toute forme, comme dans l'extase apathique de l'Inde, et nulle part non plus la tranquille et bienheureuse euphorie de la possession du Dieu ; il était rarement question d'états de dévotion fervente et jamais du sentiment typiquement mystique de fraternité, de miséricorde et de compassion envers toutes les créatures. Le Dieu des prophètes vivait, régnait, parlait et agissait dans un monde de guerres impitoyables et l'époque dans laquelle ils avaient conscience de vivre était profondément malheureuse. Mais surtout : beaucoup de prophètes étaient eux-mêmes malheureux au plus profond d'eux-mêmes. Ils ne l'étaient pas tous et ne l'étaient pas toujours, mais ils l'étaient souvent, justement, dans les instants de plus grande proximité avec Dieu. Parmi les prophètes préexiliques, Osée se sentait comblé lorsqu'il était saisi par l'esprit de Yahvé ; la conscience d'être mis dans le secret des plans de Yahvé confortait la fierté et l'assurance d'Amos [Am 7, 14-15]. Ésaïe aspirait à la prophétie comme à un honneur [Es 6, 8]. Cependant, étant donné le caractère souvent effrayant des révélations du Dieu et la brutalité de ses décisions, il arrivait qu'Amos regardât la prophétie comme une lourde tâche. C'est surtout Jérémie qui tenait ses fonctions de prophète pour un fardeau insupportable [Jr 1, 6]. De toutes les façons, la proximité de Yahvé n'était jamais vécue comme une fusion bienheureuse dans le divin, mais bien davantage comme un devoir et une obligation, une exigence tumultueuse, qui, souvent, bousculait le prophète. Jérémie avait l'impression d'être violé par Yahvé comme une jeune fille par un homme ou comme un lutteur qui n'avait pas le dessus [Jr 20, 7-18]. Ce fait important, du point de vue de l'histoire de la religion, qui représentait une différence fondamentale par rapport à toute prophétie indienne et chinoise, n'était que pour une part le produit de déterminations psychiques ; il résultait aussi de l'interprétation que le prophétisme juif était contraint de donner de ces expériences. Cette contrainte résultait du type de croyances dans lesquelles il était pris et qui déterminait la *sélection* des états susceptibles d'être considérés comme authentiquement prophétiques : c'était là l'*a priori* inébranlable de toutes les expériences des prophètes. La puissance sans équivalent mais aussi la limite intérieure indépassable de cette prophétie trouvaient là leur fondement. En raison de cet *a priori*, les prophètes ne pouvaient être des « mystiques ». Leur Dieu était absolument *intelligible* d'un point de vue humain – jusqu'au Deutéro-Ésaïe – et il ne pouvait en être autrement. En effet, c'était un *souverain*, et l'objectif était de savoir comment obtenir sa grâce.

Ni les prophètes ni leur public (pour autant que l'on sache) ne soulevèrent ni même n'abordèrent une seule fois la question de savoir si le monde et la vie, en particulier, avaient un « sens » et si des raisons pouvaient justifier leur caractère passager, inachevé, leur poids de douleur et de culpabilité, et leurs contradictions, alors que cette interrogation, en Inde, donna une impulsion décisive à toute la connaissance religieuse. Corrélativement, ce n'était jamais et nulle part le besoin de sauver son âme, de la délivrer, de lui faire connaître l'accomplissement, face à un monde imparfait, qui poussait le prophète ou son public vers Dieu. Jamais, enfin, le prophète ne se sentait divinisé par son expérience, uni au divin, libéré des tourments et de l'absurdité de l'existence comme l'était le délivré indien, qui trouvait là, à proprement parler, le sens de son expérience religieuse. Jamais le prophète n'avait conscience d'être arraché à la souffrance ni à la servitude du péché. Jamais il ne pouvait connaître l'*unio mystica* ni le calme plat intérieur qui régnait dans l'âme de l'*arhat* bouddhique. Rien de tout cela chez les prophètes. Enfin, il ne pouvait aucunement être question d'une gnose métaphysique ni d'une interprétation du monde de ce type. En effet, l'être de Yahvé ne contenait rien de suprasensible, au sens où le suprasensible se situe au-delà de la compréhension et de l'intellection. Les motivations de Yahvé n'étaient pas soustraites à l'entendement humain. Au contraire, la tâche du prophète, comme du maître de la Thora, était justement de comprendre les décisions de Yahvé à partir des motifs qui les justifiaient. Yahvé était même prêt à défendre la légitimité de sa cause devant le tribunal du monde. Ésaïe présentait de façon extrêmement simple et, semble-t-il, définitive la manière dont Yahvé gouvernait le monde, dans une parabole empruntée à l'économie agricole (Es 28, 23-29) ; c'était une théodicée aussi suffisante et complète que les paraboles de Jésus, tout à fait comparables, qui partaient de prémisses rigoureusement semblables. Ce caractère rationnel caractérisait les événements du monde en tant que tels, puisqu'ils n'étaient déterminés ni par un hasard aveugle ni par des forces magiques, mais par des raisons compréhensibles ; il caractérisait aussi bien la prophétie elle-même, dont les oracles étaient intelligibles par tout un chacun, à la différence de l'ésotérisme gnostique. Il fut considéré par les juifs, y compris plus tard, comme la spécificité de leurs prophètes. Il ne pouvait être question de motifs fondamentalement « insondables », même si l'horizon de Yahvé ne pouvait, bien entendu, être comparé avec celui des créatures. C'est cette nature fondamentalement compréhensible des décrets divins qui rendait vaine toute question relative à un sens caché du monde, de la même façon que la personnalité majestueuse du souverain Yahvé excluait que l'on pût envisager la relation religieuse entretenue avec lui comme une communauté mystique. Les prophètes de Yahvé authentiques et les créatures en général ne pouvaient oser prétendre à l'autodivinisation, ni même à quelque chose d'approchant. Le prophète ne pouvait jamais conclure intérieurement de paix durable avec Dieu : la nature de Yahvé excluait cette possibilité. Le prophète pouvait seulement décharger sa tension intérieure. Il était contraint de projeter dans l'avenir les aspects positifs et euphoriques de son état émotionnel : la promesse. C'est en fonction de tels critères que s'opérait la sélection des tempéraments prophétiques. Rien ne permet d'affirmer que des états mystiques apathiques de type indien n'auraient pu, en soi, être éprouvés sur le sol de la Palestine. On ne peut même dire avec certitude que certains prophètes, tel Osée, d'autres encore peut-être, ne connurent pas d'états de ce type. Cependant, de la même façon que les extases émotionnelles de type israélite auraient probablement évolué, en Inde, vers une ascèse de mortification passionnée, que leurs porteurs seraient passés pour des barbares ou qu'ils n'auraient rencontré aucun écho en se présentant, non comme des saints, mais comme des démagogues, il en allait à l'inverse des états d'extase apathique en Israël. La religion de Yahvé ne les regardait pas comme une forme de possession du salut religieux et, par suite, leurs méthodes ne faisaient pas l'objet, comme en Inde, d'une inculcation scolaire. Enfin, les conséquences anomiques des états de possession extatique par le Dieu étaient rejetées avec virulence. Pour Jérémie, tous ceux qui méprisaient la loi de Yahvé et n'aspiraient pas à conduire le peuple vers lui étaient des prophètes de mensonge.

La possession mystique d'une forme extramondaine de divin était ainsi rejetée, au profit de l'agir actif au service d'un Dieu supramondain, mais fondamentalement compréhensible ; de la même façon, la spéculation sur les fondements de l'être de l'univers était dévalorisée par rapport au simple respect des commandements divins positifs. Le besoin d'une quelconque théodicée ne se faisait pas sentir, ou bien, lorsque se posait malgré tout le problème qui, en Inde, ne cessait d'alimenter les réflexions, il était résolu par les moyens les plus simples qu'on pût imaginer. À l'exception d'Ézéchiel, la pensée des prophètes préexiliques ne remontait pas au-delà de la sortie d'Égypte. Non seulement les Patriarches ne jouaient qu'un rôle mineur et très modeste – alors que ce n'était pas le cas dans le Deutéronome – mais « le premier homme » d'Ézéchiel (Ez 28, 17) correspondait à une toute autre version du mythe d'Adam que celle qui fut reçue par la suite. La légende du Veau d'or n'était manifestement pas connue d'Osée : chez lui, c'est le sacrilège commis avec le Ba'al-Peor qui jouait un rôle analogue. La colère de Yahvé était toujours rapportée au seul motif de l'alliance conclue avec Israël, en tant que groupement dont les membres étaient solidairement responsables les uns vis-à-vis des autres, y compris pour les actes commis par les ancêtres, et elle n'était pas mise en relation avec le caractère héréditaire du péché humain, ni même, par exemple, avec Adam et le péché originel. L'homme apparaissait comme parfaitement capable d'exécuter les commandements de Yahvé, même s'il était rare qu'il les respectât vraiment de manière durable, raison pour laquelle il avait sans cesse besoin de la miséricorde divine. De même, pour les prophètes, l'enjeu n'était pas, au premier chef, la question de la qualification morale des *individus* mais des conséquences que pourraient avoir, et ne manqueraient pas d'avoir, pour le peuple *dans son ensemble,* les actes contraires à la volonté de Dieu commis par les représentants attitrés du peuple, princes, prêtres, prophètes, anciens et patriciens et, en second lieu seulement, par tous les autres membres du peuple. C'est Ézéchiel qui, le premier, se demanda expressément pourquoi les justes devaient souffrir avec les méchants et quelle compensation leur serait donnée (Ez 14 et 18). Chez Jérémie, la perspective que chacun ait à expier ses propres méfaits n'était évoquée que pour le règne de l'avenir ; en ce temps-là, on ne pourrait plus dire : « Les pères ont mangé du raisin vert et ce sont les fils qui ont mal aux dents » (Jr 31, 29 [cf. Ez 18, 2]). Le Deutéronome, nous l'avons vu, était en rupture avec le principe de responsabilité solidaire. C'est un trait caractéristique de la prophétie, orientée de part en part vers les destins du peuple *dans son ensemble,* et non vers ceux de l'individu, que, sur ce point, elle soit restée plus conservatrice. Au demeurant, il était d'emblée attendu – chez Amos, déjà – que, au jour du salut final, le « reste » des fidèles pieux fût épargné par le malheur et prît part au salut. La question de la théodicée était elle aussi résolue de cette façon, ou plutôt, elle n'était pas résolue : au jour du malheur, Yahvé épargnerait les justes, récompenserait ceux qui n'avaient pas pratiqué l'usure, avaient restitué les biens mis en gage et exercé la bienfaisance, et tous ceux qui se seraient convertis à temps auraient la vie sauve [Ez 18]. Cependant, une poignée d'individus, aussi pieux soient-ils, ne suffisait pas à sauver le peuple pécheur (Ez 14, 18). Le seul espoir était que, une fois passé le temps de la vengeance, Dieu accorderait des temps meilleurs au « reste de Jacob », ceux qui lui seraient restés fidèles. D'ici là, cependant, la prophétie considérait qu'il en allait des relations avec Yahvé comme de la vengeance du sang, des conflits et de la guerre : l'individu devait assumer les actes que les membres de sa tribu ou de son clan, ou bien ses ancêtres, avaient laissés inexpiés. Les manquements à l'égard des obligations de l'alliance s'étaient multipliés et il était facile de démontrer qu'on commettait encore des fautes de ce genre. Par suite, le Dieu était toujours dans son bon droit et il n'y avait pas lieu de poser le problème de la théodicée. Enfin, il n'était aucunement question de placer des attentes dans l'au-delà. L'idée que l'événement eschatologique était un « jugement » était suggérée, mais elle n'était développée nulle part [1] : la « colère » du Dieu constituait une motivation suffisante. Pour tous les prophètes préexiliques comme pour les Babyloniens, le royaume des ombres de l'Hadès était le séjour inévitable de tous les morts que Yahvé n'avait pas emportés avec lui, à la différence de certains grands héros. La mort en tant que telle était considérée comme un mal, la mort prématurée, violente et inattendue comme un signe de la colère divine. Chez Ésaïe (Es 5, 14), le gouffre du *cheol* était ouvert et lorsque Osée (Os 13, 14) évoquait les manières d'échapper au *cheol,* il ne s'agissait pas d'échapper à un « enfer » mais simplement à la mort physique. De ce point de vue, l'horizon prophétique demeura entièrement centré sur l'ici-bas, comme celui de la religion officielle babylonienne, tout à l'inverse des mystères grecs et de la religion orphique, dans lesquels les promesses d'au-delà jouaient un grand rôle. Ils se préoccupaient, en effet, du salut

1. Cf. Sellin, *Der alttestamentliche Prophetismus, op. cit.*, p. 125.

individuel, tandis que la prophétie israélite, quoique rattachée à la cure des âmes lévitique, ne s'intéressait qu'au destin du peuple pris comme un tout : c'était bien là le signe qu'elle avait toujours conservé son orientation politique. Elle ne se souciait pas davantage des mythes, babyloniens ou autres, relatifs au voyage vers l'Hadès. Ils n'avaient rien à voir avec le destin à venir de la communauté des fidèles et ne s'accordaient donc pas avec la foi en Yahvé. Ce n'est que dans un poème du temps de l'exil, faussement attribué à Ésaïe, que l'on trouve trace de distinctions quant au destin des morts dans l'Hadès, sous l'influence, certainement, de conceptions babyloniennes tardives. Au demeurant, même dans ce contexte, l'Hadès n'avait aucunement perdu son caractère homérique : tous, y compris les grands rois, étaient des ombres privées de force, et la seule particularité était que certains grands criminels se voyaient infliger des châtiments spécifiques (Es 14, 9 sq., 19 sq.). Les commandements de Yahvé étaient absolument concrets et positifs et ne concernaient que l'ici-bas, et ses promesses anciennes étaient tout aussi concrètes et focalisées sur l'ici-bas. On concédait seulement que, dans la réalité, des problèmes relatifs à des actes intramondains concrets puissent se présenter et exiger une réponse. Toute autre problématique était écartée. Pour mesurer la portée de ce facteur, il faut se représenter clairement l'immense économie de forces psychiques qui en résultait. De même que l'abstention de toute réflexion métaphysique, remplacée par un psautier sur la table de nuit, fut, chez Bismarck, l'une des conditions d'un rapport à l'action qui n'était pas encombré par des philosophèmes, le même effet fut produit, pour les juifs et les communautés religieuses qui subirent leur influence, par ces barrières empêchant de méditer sur le sens du cosmos, qui ne furent jamais vraiment abolies. C'est l'action conforme aux commandements de Dieu et non la connaissance du sens du monde qui fondait la piété.

Une éthique ne tire pas sa singularité de la spécificité de ses commandements – l'éthique quotidienne israélite n'était pas sans rapport avec celle d'autres peuples – mais de *l'état d'esprit* religieux central qui la sous-tend. La prophétie israélite contribua très fortement à influencer la forme que revêtit ce dernier dans le judaïsme ancien.

L'exigence religieuse décisive formulée par les prophètes ne fut pas le respect de telle ou telle prescription, bien que celui-ci fût très important, que le prophète authentique se considérât comme un gardien des mœurs et que, chez Ésaïe encore, le parti pris le plus massif en faveur de la justice par les œuvres pût à l'occasion prédominer. Ce fut l'exigence de *foi. Et non d'amour* à un degré analogue. Chez Osée, d'orientation nord-israélite, l'amour était le rapport religieux fondamental unissant Dieu et son peuple (Os 3, 1) et, chez d'autres prophètes encore, notamment chez Jérémie (Jr 2, 1 sq.), la relation d'amour que Yahvé entretenait avec Israël comme avec une jeune épousée était décrite avec un lyrisme évocateur. Cependant, ce n'était pas le cas le plus fréquent et, surtout, la communauté d'amour *avec* Dieu n'était jamais identifiée comme l'état spécifiquement sacré. Nous en connaissons déjà la raison.

L'exigence de foi, quant à elle, fut sans doute promue pour la première fois avec cette extrême insistance par les prophètes, en l'occurrence par Ésaïe (Es 7, 9). Elle s'accordait avec la spécificité de l'inspiration prophétique et de son interprétation. C'était la voix de Dieu que les prophètes entendaient, et, dans un premier temps, elle n'exigeait d'eux et, à travers eux, du peuple, rien d'autre que la foi. Le prophète devait réclamer qu'on lui accordât foi et cette foi devait avoir pour objet les révélations que son Dieu l'avait chargé de transmettre. La foi que les prophètes juifs exigeaient ne correspondait donc pas à l'attitude intérieure que Luther et les réformateurs entendaient sous ce nom. La foi signifiait seulement, en réalité, la confiance inconditionnelle dans le fait que rien n'était impossible à Yahvé, que ses paroles étaient sérieuses et que, en dépit de toutes les apparences, elles se réaliseraient. Les plus grands prophètes, en particulier Ésaïe et Ézéchiel, firent précisément de cette conviction le fondement de leurs prises de position. L'obéissance et surtout l'*humilité* étaient les vertus qui en résultaient et Yahvé accordait une importance particulière à l'une et à l'autre, mais surtout à l'humilité, c'est-à-dire la faculté de proscrire non seulement l'*hybris* au sens grec, mais, en fin de compte, toute confiance dans ses propres capacités et toute autocélébration. Cette représentation fut riche de conséquences pour l'évolution ultérieure de la piété juive. La crainte d'éveiller la jalousie des dieux en jouissant d'un bonheur trop grand et de s'attirer leur vengeance en manifestant fierté et assurance, cette vieille conception de sagesse qui avait traversé toute l'époque homérique puis, par la suite encore, l'époque de Solon et d'Hérodote, demeurait, *en Grèce*, limitée dans ses effets : il ne s'agissait que d'une vision sage et sans fard du destin des hommes. Le devoir d'« humilité » au sens où l'entendaient les prophètes aurait heurté la dignité héroïque, et la croyance proprement dite en la Providence, qui exigeait de ne rendre les honneurs qu'à Dieu et de se plier à ses décrets avec soumission, ne pouvait s'imposer que dans le voisinage de monarchies universelles, et non dans des États libres. Chez les prophètes, cependant, cette note devint absolument prédominante. Les grands rois connaissaient l'échec et leurs royaumes s'effondraient parce qu'ils s'étaient attribué l'honneur de la victoire au lieu de reconnaître qu'ils la devaient à Yahvé. Et les grands d'Israël ne se comportaient pas autrement, à leurs risques et périls. En revanche, Yahvé était avec ceux qui manifestaient de l'humilité et une obéissance absolue à son égard, eux n'avaient rien à craindre. C'était là, de surcroît, le fondement de la politique prophétique. Les prophètes étaient des démagogues, mais tout sauf des stratèges de la *Realpolitik* ou des hommes de parti. Nous en revenons ainsi à ce que nous disions au début.

Les prises de position politiques des prophètes obéissaient à des motivations purement religieuses, liées à la relation de Yahvé avec Israël ; d'un point de vue politique, cependant, elles présentaient un caractère typiquement utopique. Yahvé seul dirigeait le cours des choses en fonction de ses intentions. Et, compte tenu de l'attitude de son peuple, ses intentions étaient, pour le proche avenir, menaçantes et terribles. Les grands rois et leur armée, nous l'avons vu, étaient l'outil de Yahvé. En ce sens, leur action était voulue par Dieu et Ésaïe désignait comme « barbare », chez Yahvé, la volonté de détruire ceux qu'il avait lui-même appelés. Pour Jérémie, Nabuchodonosor était le « Serviteur de Dieu » et, dans le Livre de Daniel, qui datait de l'époque postexilique tardive, il était décrit, en raison de cette appellation, comme converti au culte de Yahvé [Dn 4, 34 ; 5, 18].

La nature de ces conceptions et, surtout, de leur réception dans la piété israélite fait une nouvelle fois ressortir la position spécifique d'Israël. L'Apollon de Delphes livra lui aussi un oracle de malheur pour son propre peuple, dans une situation tout à fait semblable, à la veille de l'attaque des Perses : il lui conseilla de fuir aux confins de la terre. Mais c'était là un effet du destin et non la conséquence d'une faute religieuse. Au demeurant, la représentation selon laquelle un Dieu en colère pouvait appeler le malheur sur son propre peuple, et surtout le malheur par la guerre, était largement répandue dans toute l'Antiquité ; on la rencontrait, notamment, dans la poésie grecque des premiers temps. Même la représentation beaucoup plus spécifique qui voulait qu'un Dieu universel, afin de punir la faute de son peuple, appelât les ennemis sur la cité et fût ainsi tout près de causer sa perte, ou la causât pour de bon, n'était pas l'apanage exclusif de la prophétie israélite. On la rencontrait chez Platon, dans le fragment du *Critias* et dans le *Timée** – des écrits qui furent certainement composés sous l'effet, terrible, produit par l'effondrement du pouvoir d'Athènes au lendemain de la bataille d'Aigospotamoi. Là aussi, c'étaient les mêmes vices qui étaient censés avoir provoqué la réaction divine : le chrématisme et l'*hybris*. Cependant, ces constructions théologiques d'un chef d'école philosophique restèrent dépourvues du moindre effet du point de vue de l'histoire religieuse. Les ruelles de Jérusalem et le bosquet de l'Académie étaient des lieux très différents pour proclamer ce message, et, pour le penseur distingué, le pédagogue politique de la jeunesse cultivée d'Athènes et – à l'occasion – des tyrans ou réformateurs de Syracuse, la démagogie débridée des prophètes était tout à fait exotique ; l'*ekklesia* athénienne, bien ordonnée, avec son ordre rationnel de délibérations, avait beau tolérer la *déisidaimonie* et l'excitation émotionnelle, elle n'était tout de même pas le lieu idoine pour pratiquer les oracles extatiques. Mais ce qui faisait entièrement défaut, surtout, c'était la conception spécifiquement israélite de la nature de Yahvé comme Dieu des catastrophes, ainsi que de la *berith* particulière conclue par le peuple avec Dieu, qui, seule, conféra à toutes ces conceptions leur résonance pathétique : tel était le châtiment qu'Israël avait encouru pour avoir rompu le contrat qui le liait à ce Dieu terrible. Par suite, si déterminant que pût être, dans l'Antiquité grecque, le rôle des oracles et des *omina* dans les prises de décision politiques, il ne fut pas à l'origine du développement d'une théodicée prophétique semblable à celle que les prophètes de l'écrit placèrent d'emblée au fondement de leur interprétation de l'histoire des malheurs d'Israël. Il est vrai que la vision du malheur n'était pas la conséquence de ce mode d'interprétation. Jérémie demandait à Yahvé de lui confirmer qu'il n'avait pas appelé sur Juda le jour du malheur [Jr 17, 14-18], mais l'avait seulement annoncé, bien malgré lui, comme Dieu lui avait ordonné de le faire ; de la même façon, nous l'avons vu, Ésaïe se révoltait intérieurement contre certaines menaces de malheur proférées à l'encontre d'Assur. Cependant, une fois que le malheur fut advenu pour Israël, son interprétation suivit les voies tracées par les conceptions des intellectuels israélites, notamment par les maîtres de la Thora, à partir de la représentation ancienne de la *berith*.

Israël avait à obéir aux commandements de la parénèse. Quant aux autres peuples, Yahvé sévissait contre eux lorsque sa majesté était attaquée de façon insolente. Les fameuses malédictions proférées par Ésaïe à l'encontre de l'Assyrie n'étaient pas justifiées par un autre motif : au vu de l'attitude de ces rois, le prophète jugeait impossible que Yahvé la tolérât longtemps. Les considérations de *Realpolitik* n'étaient donc pas en jeu dans le changement apparent de position du prophète à l'égard de l'Assyrie. Au sujet de Jérusalem, le point de vue d'Ésaïe varia également pour des raisons purement religieuses. La ville corrompue lui semblait dans un premier temps promise à la chute. La piété de Sédécias et sa foi en Yahvé, cependant, convainquirent Ésaïe que Jérusalem ne tomberait jamais. Bien que ce point de vue eût été conforté par le retrait de Sennachérib, l'impression que le sacrilège se cessait de se perpétuer provoqua chez lui un nouvel accès de pessimisme : jamais ces fautes ne pourraient être pardonnées. De la même façon, chez les autres prophètes, c'était toujours l'attitude religieuse des couches dominantes qui était décisive. On a parfois l'impression que chacun d'entre eux, ou presque, désespérait entièrement du salut. Ce fut certainement le cas d'Amos, Ésaïe et Jérémie, durant un temps. En fin de compte, cependant, aucun ne s'en tint là. – Cependant, tout comme leur politique, leurs *attentes d'avenir* étaient également utopiques : cet arrière-plan, chez les prophètes, prédominait sur tout et assurait la cohérence interne de leur univers mental.

4. L'eschatologie et les prophètes

L'imagination des prophètes était saturée de la représentation de guerres futures et, parfois, de catastrophes cosmiques. Cependant, ou, plutôt, pour cette raison même, tous rêvaient d'un règne de paix à venir. Chez Osée, déjà, puis chez Ésaïe et Sophonie, ce règne de l'avenir revêtait les traits du paradis tel qu'on le concevait habituellement à Babylone et dans l'Asie antérieure. On a prétendu, à tort, que la théorie astronomique de Babylone était déjà préfigurée chez les prophètes, avec la révolution périodique de l'univers, liée à la précession des équinoxes [1]. Avec les espérances d'avenir, les représentations d'un état originel, qui n'entretenaient pas nécessairement un lien avec les précédentes, mais étaient répandues presque partout dans le monde et se retrouvaient encore, dans l'Antiquité, dans la quatrième églogue de Virgile, sous la forme typique d'un retour de l'âge d'or après l'âge de fer, furent adaptées aux présupposés spécifiques de la relation de Yahvé avec Israël. Le Dieu allait conclure une nouvelle *berith* avec Israël mais aussi avec ses ennemis et même avec les animaux sauvages. Par suite, les espoirs pacifistes ne cessaient de renaître, en alternance avec les attentes de vengeance contre les ennemis. Emmanuel, l'enfant-roi miraculeux et eschatologique, qui se nourrissait de miel et de crème, était, chez Ésaïe, un prince de la paix qui régnait jusqu'aux confins de la terre. Aucun prophète n'osa promettre que la mort disparaîtrait un jour. Chacun, cependant, devait « faire son temps » (Trito-Ésaïe : Es 65, 20). À côté de telles conceptions, au demeurant, manifestement préparées par l'importation, dans les spéculations

1. Le « grand » Jour de Yahvé, chez Sophonie (So 1, 14), pouvait éventuellement rappeler les grands jours universels. Mais on voit tout de suite qu'il s'agissait d'autre chose. Avant l'exil, seules des connaissances très générales touchant à ces questions étaient arrivées jusqu'en Israël.

des intellectuels, de mythes populaires de l'état originel, les attentes d'avenir massives des citadins et des paysans s'exprimaient également. En premier lieu : la prospérité extérieure dans tous les domaines. Mais aussi : la vengeance contre les ennemis. Lorsque celle-ci serait accomplie, c'en serait fait des chevaux, des chars et de tout l'appareil de la royauté, de son faste et des palais de ses fonctionnaires ; ils disparaîtraient et un prince de salut semblable aux anciens princes locaux entrerait dans Jérusalem, monté sur un âne. L'appareil militaire n'aurait alors plus d'utilité et on forgerait des charrues avec les épées.

Quel rapport cette époque de salut, imaginée sous des traits tantôt bourgeois, tantôt paradisiaques, entretenait-elle avec les menaces de malheur proclamées par tous les prophètes préexiliques ? On a souvent cru pouvoir reconnaître un « schéma » unifié, un type de prédiction constant : un malheur terrible suivi d'un salut illimité, et on a pensé que ce modèle avait été emprunté à l'Égypte. L'existence d'un tel schéma unifié, pour l'Égypte, ne semble pas garantie par les exemples qui ont été invoqués jusqu'ici – au fond, on n'en compte que deux. On considère par ailleurs comme un fait établi l'influence des cultes de la végétation et des cultes astraux, en effet répandus en Palestine, avec leurs mythologèmes et toutes leurs péripérities (voir, en particulier, Es 24, 4 sq.). De façon générale, il était admis que la nuit ou l'hiver devaient être menés à leur terme pour permettre le retour du soleil et du printemps. Ce principe pouvait, à l'évidence, frapper l'imagination par-delà l'aire géographique où ces cultes étaient pratiqués, même s'il n'est pas certain que les prophètes aient subi une telle influence. En effet, ce prétendu schéma n'était pas toujours présent dans la prophétie. Chez les prophètes anciens, en particulier, les oracles de ce type n'étaient pas la règle. Chez Amos, il n'existait qu'un exemple de péripétie (Am 9, 14). Pour le reste, on ne rencontrait chez lui que l'espoir que le reste converti survivrait par la grâce de Dieu et que seuls les pécheurs mourraient (Am 5, 15 ; 9, 8-10) – c'était là une éventualité, non une certitude. Pour le reste, la plupart de ses oracles ne contenaient que des menaces de malheur. Chez Osée, le Royaume du Nord et celui de Juda ne semblaient pas appelés à connaître le même destin. Chez Ésaïe, certains oracles de malheur n'étaient pas associés à une prédiction de salut, et la prédiction de salut de l'enfant Emmanuel n'était pas formulée dans le contexte d'un oracle de malheur. Chez lui, la péripétie proprement dite, le passage du malheur au salut, se rencontrait principalement dans un oracle particulier : celui où Jérusalem s'abîmait dans l'Hadès avant d'être sauvée (Es 21, 4 sq.). Ce modèle rappelait, au demeurant, des mythologèmes du culte. Presque tous les prophètes se référaient cependant à une alternative qui s'écartait complètement de ce schéma et qui était caractéristique du Deutéronome : le salut *ou bien* le malheur, selon la conduite du peuple (Am 5, 4-6 ; Es 1, 19-20, pour la période prédeutéronomique ; Jr 7 et 18, Ez 18, pour la période postdeutéronomique). La seule certitude valable dans tous les cas est qu'aucun prophète ne proclamait exclusivement des oracles de malheur. Dans certains cas, une prédiction de salut était associée à la menace de malheur ; cette péripétie interviendrait une fois la colère de Yahvé calmée, afin de récompenser la piété du « reste converti ». Dans beaucoup d'oracles, en outre, le malheur était tenu pour absolument inévitable et se produisait quoi qu'il advînt, comme un destin depuis longtemps arrêté. Enfin, en passant en revue tous les oracles d'un prophète, on peut avoir l'impression que l'un et l'autre, le malheur et le salut, et, bien entendu, le premier surtout, étaient inéluctables. L'impossibilité d'écarter le malheur apparaissait déjà comme la conséquence des péchés des ancêtres, qui avaient rompu l'alliance sans raison (Jr 2, 5). Cependant, la plupart des prophètes ne s'en tenaient pas davantage à cette représentation fataliste que les maîtres de la Thora. La voie du renversement et du détournement du malheur demeurait ouverte, même si elle ne pouvait être empruntée que par un « reste ». On ne peut même pas observer d'unité, au sens d'un schéma unique, chez un seul et même prophète, si l'on compare ses oracles entre eux. Les prédictions variaient bien plutôt en fonction des péchés commis et de la situation extérieure. La prophétie ne connaissait ni la *moïra* ni l'*heimarménè* grecques, elle ne connaissait que Yahvé, dont les décrets variaient en fonction de l'attitude des hommes. Pour l'essentiel, deux représentations seulement se retrouvaient partout. En premier lieu, celle du « jour fameux ». Le « Jour de Yahvé », que l'espérance populaire se représentait comme un jour d'effroi et de malheur, en particulier de malheur à la guerre, pour les ennemis, mais comme un jour de lumière pour Israël, serait aussi un jour de malheur pour le peuple d'Israël, du moins pour les pécheurs qui en faisaient partie. La manière dont Amos proclamait cette révélation suggère que cette conception importante était, de fait, sa propre invention. Il est vrai que, par la suite encore, on continua de regarder le « Jour de Yahvé » comme un jour de salut pour Israël. Mais l'idée que, dans le même temps ou préalablement, un grave malheur surviendrait pour châtier les péchés, demeura omniprésente dans la prophétie. En second lieu, la conception du « reste » qui aurait accès au salut. On la rencontrait déjà chez Amos mais elle fut clairement développée chez Ésaïe, à qui elle inspira le choix du nom de son fils. Étant donné que ces deux représentations, une fois réunies, donnaient le schéma « malheur pour le peuple (ou pour les pécheurs), salut pour le reste », la péripétie faisant passer du malheur au salut ou une combinaison des deux représentaient effectivement le type autour duquel la promesse prophétique ne cessait de graviter. Cela ne tenait pas à l'emprunt d'un schéma mais, tout simplement, à la logique des choses, dès lors qu'il était admis que le « Jour de Yahvé » serait (ou, du moins, serait aussi) un jour de malheur. En effet, une menace de malheur déconnectée de tout espoir aurait été dépourvue de toute portée pédagogique : le type de la péripétie ne put que s'imposer, du moins dans la sélection opérée par les rédacteurs des textes. Il n'y a cependant pas lieu de penser, de façon générale, que les prophètes obéissaient de prime abord à des finalités pédagogiques lorsqu'ils proclamaient leurs menaces de malheur. Ils proclamaient ce qu'ils avaient vu et entendu. Ils n'étaient pas des « prédicateurs de pénitence » au sens que ce terme revêtit à l'époque des Évangiles et au Moyen Âge. Bien entendu, ils ne manquaient pas d'en appeler à la pénitence et à la conversion. La condamnation des péchés, selon Jérémie, faisait même partie des caractéristiques du prophète authentique [Jr 23, 9-10] : ce critère important permettait de distinguer les prophètes de tous les mystagogues. Osée fut d'emblée celui qui mit le plus de passion à le défendre [Os 6, 5 ; 9, 7-8 ; 12, 10-12], et on le rencontrait également chez Jérémie (Jr 7). Cependant, en règle générale, le contenu immédiat des grandes visions et révélations auditives était simplement le suivant : elles exposaient les décrets de malheur et de salut *déjà arrêtés* par Yahvé et, le cas échéant, les raisons pour lesquelles il imposait au peuple, durement, sans détour et sans mise en garde préalable, de se plier à sa volonté, à cause des fautes qui étaient les siennes ou celles de ses ancêtres [1]. Les discours et exhortations parénétiques de condamnation et de pénitence prononcés par les prophètes eux-mêmes, en revanche, n'étaient généralement pas présentés comme des *divré Yahvé* mais comme des prises de position personnelles des prophètes auxquels Dieu avait confié cette mission. Dans tous les cas, le schéma « malheur puis salut » était dans la logique des choses, et on peut très bien imaginer qu'il se soit imposé sans présupposer le moindre emprunt.

1. Chez Amos (à l'exception d'un passage [Am 5, 14-15]) et, une fois, chez Osée (Os 5,4), le malheur apparaissait comme inéluctable ; le contenu de la vision allait manifestement dans ce sens. Il en était de même chez Ésaïe, à plusieurs reprises, et, de façon tout à fait prédominante, chez Jérémie.

Le caractère extraordinairement passionné des attaques et menaces prophétiques, ainsi que des mises en garde qui, le plus souvent, se situaient à un degré élevé de généralité, contrastaient avec le style de la Thora, plutôt édifiant dans le Deutéronome, plutôt vif dans la parénèse ancienne, mais toujours pragmatique et concret, dans son énumération des commandements. Cette opposition n'était pas seulement conditionnée par des différences de tempérament. C'était bien plutôt, au contraire, le caractère plein de tempérament des prophéties qui était conditionné par l'*actualité* de leurs attentes d'avenir. Il était rare que le malheur ou le salut escomptés fussent renvoyés à un avenir lointain. Le plus souvent, ils pouvaient survenir à tout instant. En règle générale, cependant, ils étaient absolument imminents, selon toute vraisemblance ou de façon certaine. Chez Ésaïe, la jeune femme appelée à donner naissance à l'enfant-roi eschatologique était déjà enceinte [Es 7, 14]. Toute expédition militaire des souverains de Mésopotamie, mais aussi les événements tels que l'invasion des Scythes, pouvaient signifier ou annoncer l'arrivée de « l'ennemi venu du nord » – sans doute une figure de la mythologie populaire – qui, aux dires de Jérémie, notamment, apporterait la chute [Jr 1, 13-19 ; 4, 13-18] ; les crises terribles que connaissaient les États en lutte ne cessaient de raviver cette attente. Ce caractère actuel de l'espérance finale était absolument décisif pour la signification éthique pratique de la prophétie. Les attentes et les espérances eschatologiques étaient semble-t-il populaires et partout répandues. Mais leur caractère vague et indéfini ne possédait, comme toujours en pareil cas, aucune incidence sur les comportements pratiques. Les conteurs, le comédien masqué, dans les jeux cultuels, et, tout au plus, l'intellectuel gnostique, dans son conventicule ésotérique, étaient capables d'obtenir des effets étroitement limités dans le temps ou qui ne touchaient qu'un nombre restreint de personnes. En aucun cas, ces attentes ne produisaient un effet immédiat ou actuel, ni ne remettaient en cause la conduite de vie dans son ensemble. Les prophètes de salut royaux ou les chresmologues itinérants – comme chez les Grecs – éveillaient, eux, des attentes concernant l'actualité. Mais elles ne touchaient, à un degré ou à un autre, dans le premier cas, que des cercles étroits de la cour et, dans le second, des personnes privées. En Israël, en revanche, étant donné la structure et le contexte du pays, tout le monde se souvenait encore cent ans plus tard d'un oracle de malheur comme celui de Michée, du moins dans les cercles des anciens – le procès capital de Jérémie en était l'illustration [Jr 26, 10-19] – et toute la population était en émoi lorsqu'un prophète proférait des menaces qui frappaient les esprits. Le malheur prédit était absolument actuel, il concernait l'existence de tout un chacun : chaque individu était contraint de se demander comment il pourrait être évité. En arrière-plan, la prophétie était légitimée par les confirmations qu'avaient reçues, de façon frappante, certains oracles de malheur qu'on n'avait pas oubliés, et elle s'appuyait également sur la vieille et solide opposition représentée par les adversaires de la royauté. Nulle part ailleurs, une attente aussi *actuelle* ne fut formulée en public et sans ménagement par des démagogues, tout en étant mise en relation avec la représentation traditionnelle ancienne de la *berith* conclue par Yahvé avec Israël.

Pour les cercles des vrais fidèles de Yahvé, cette actualité des attentes eschatologiques fut évidemment décisive. Nous savons l'effet puissant produit par de telles attentes au Moyen Âge, à l'époque de la Réforme ou encore dans les premières communautés chrétiennes. En Israël également, elles eurent, à l'évidence, un grand retentissement sur la conduite de vie de ces cercles. Elles seules expliquent, en fin de compte, l'*indifférence au monde* des prophètes et leurs tendances utopistes. S'ils déconseillaient de conclure une alliance, s'ils ne cessaient de fustiger les vaines menées de ce monde et son orgueil, si Jérémie demeura célibataire [Jr 16, 2], la raison en était la même que celle qui poussa Jésus à dire « Rendez à

César ce qui est à César » et Paul à exhorter chacun à demeurer dans son métier, le célibataire à rester célibataire et l'homme marié à rester marié, mais en faisant comme s'il n'avait pas d'épouse. Toutes ces préoccupations ne concernaient que le présent et étaient absolument indifférentes, car la fin était toute proche. Comme dans les premières communautés chrétiennes, cette actualité de l'attente eschatologique influença fortement l'attitude intérieure des prophètes et de leur public ; c'est également elle qui conféra à leurs révélations un impact sur l'auditoire. Et bien que le jour du salut fût régulièrement ajourné, tous les nouveaux prophètes ressuscitaient la même croyance passionnée – même si elle se limitait à des cercles plus étroits avant l'exil –, et ils le firent un millénaire durant, jusqu'à la chute de Bar Kokhba. Ce fut justement l'irréalité des oracles qui produisit un effet ; ce fut elle qui imprégna profondément leur marque dans la religion et qui fonda leur impact sur la vie. Eux seuls apportaient à la vie ce qui la rendait supportable : l'espoir. En particulier, le renoncement complet à toutes les espérances placées dans l'au-delà et à toute forme de théodicée véritable – malgré une spéculation permanente sur les raisons du malheur et le postulat d'une juste compensation – pouvait plus facilement être toléré à une époque où chacun était censé vivre de son vivant l'événement eschatologique. Ces hommes, les plus passionnés qu'ait connus Israël, vivaient dans une atmosphère d'attente perpétuelle. Ils escomptaient que le salut surviendrait immédiatement après le déclenchement du malheur. Rien n'en témoignait plus éloquemment que l'attitude de Jérémie à l'heure où la chute de la ville était imminente : il acheta un champ [Jr 32, 6-44], parce que les temps nouveaux n'allaient pas tarder à venir, et encouragea ceux qui s'exilaient à tracer des signes sur leur route pour retrouver leur chemin au retour [Jr 31, 21].

Le salut attendu fut quant à lui progressivement sublimé. Les espérances eschatologiques qui coexistaient

– d'un côté, le chiliasme et l'attente d'un règne des fins paradisiaque, au sens cosmique, chez Osée et Ésaïe, de l'autre, les espérances du Deutéronome, massivement matérielles et bourgeoises, selon lesquelles Israël deviendrait le peuple des patriciens jérusalémites, tandis que les autres peuples seraient ses paysans, astreints à l'esclavage pour dettes et au cens [Dt 15, 3] – eurent tendance à s'effacer, pour ne resurgir qu'à l'époque postexilique, les premières chez Joël [Jl 4, 2], les secondes chez le Trito-Ésaïe (Es 61, 5-6). À côté de l'attente politique d'une victoire militaire et d'une suprématie extérieure d'Israël sur les autres peuples, telle qu'on la rencontrait chez Michée, notamment (Mi 4, 13), et à côté des vieilles promesses paysannes qui faisaient miroiter de riches récoltes et l'aisance extérieure (chez Amos [Am 9, 11-15]), les prophètes pouvaient exprimer des espoirs d'avenir pacifistes et beaucoup plus idéalistes : un royaume de paix dont la forteresse du Temple serait le centre (Ésaïe [Es 2, 2-5]), le siège unique de la Thora, de la sagesse et de la doctrine pour tous les peuples (Michée [Mi 4, 1-5]). L'espoir, déjà présent chez Osée (Os 2, 21), que Yahvé conclurait un jour une nouvelle *berith* avec Israël et lui donnerait « la grâce, la miséricorde et la connaissance », se renforça chez Jérémie (Jr 31, 33-34) et Ézéchiel (Ez 36) dans le sens d'une éthique de l'état d'esprit : Yahvé conclurait avec son peuple une *berith* plus clémente que ne l'était l'ancienne alliance, il effacerait la dureté et la rigueur de ses lois. Il les délivrerait de leur cœur de pierre et leur donnerait un cœur de chair et de sang, il les animerait d'un esprit nouveau et, à cause de lui, ils feraient d'eux-mêmes le bien. « Je place en eux ma loi, je l'écris dans leur cœur. » Alors, ils n'auraient plus besoin de « s'enseigner mutuellement », car ils connaîtraient Yahvé [Jr 31, 33-34]. Aussi longtemps que se perpétuerait l'ordre du cosmos, ils ne cesseraient pas d'être son peuple. Il était ici suggéré, discrètement, que l'existence même du péché posait peut-être un problème de théodicée. Mais l'ensemble représentait une sublimation éthique de grande ampleur des espérances développées dans un poème attribué (de façon discutable il est vrai) à Amos (Am 9, 11). L'idée de cette « nouvelle alliance » qui ne serait fondée que sur de pures dispositions d'esprit fut importante, par la suite, pour l'évolution du christianisme. Le péché dont Yahvé, on l'espérait, délivrerait les siens, était fortement intériorisé : il était désormais appréhendé comme une disposition d'esprit générale qui portait à l'hostilité envers Dieu. Chez Jérémie, seule comptait la circoncision « du cœur » et non telle ou telle caractéristique extérieure [Jr 4, 4]. Cette position n'est pas sans rappeler certains principes évangéliques bien connus. Ce qui était visé n'était plus seulement une utopie sociale mais une utopie purement religieuse. Chez Jérémie, les espérances extérieures qui se forgèrent conjointement à cette intériorisation et à cette sublimation des attentes d'avenir étaient extrêmement modestes. Tandis que le Deutéronome laissait entrevoir une cité-État et un statut de patriciens pour les fidèles, et que, pour le reste, lorsqu'elle évoquait ces espérances, la prophétie désignait au moins les juifs comme le peuple des seigneurs spirituels de la terre, les maîtres et chefs des autres peuples, Jérémie renonçait même à une telle affirmation. Chez lui, Sion n'était mentionné qu'une fois comme siège du culte de Yahvé (Jr 31, 6). Lui aussi connaissait l'idéal du peuple de seigneurs, sous sa forme sublimée. Mais il devint plus sobre avec le temps. Ceux que Yahvé bénirait à l'avenir seraient des bergers et des paysans pieux (Jr 31, 24), et il se contentait de prédire qu'un jour, on pourrait à nouveau récolter et semer en Israël. Les grandes attentes eschatologiques de souveraineté universelle menaçaient d'être éclipsées par l'espoir d'un « petit coin de bonheur » : on était alors en plein dans une époque de misère, d'invasions et de dévastations et, à la fin de sa vie, la prophétie de Jérémie s'acheva dans le renoncement. Il recommandait d'accepter le destin voulu par Yahvé, de ne pas fuir le pays, d'obéir au roi de Babylone puis à son représentant, et il mettait en garde contre la fuite en Égypte. Alors que, dans un premier temps, il avait attendu le retour des exilés dans un délai rapide, il les exhortait plus tard à s'établir dans ce nouveau lieu de séjour. Après le meurtre de Guedalya et son propre exil forcé en Égypte [Jr 41, 1-3 ; 43, 4-7], il était manifestement arrivé au terme de ses espoirs, comme en témoignait le testament bouleversant, profondément résigné, qu'il adressa à son fidèle disciple Baruch : « Vois, j'apporte le malheur sur toute chair, murmure Yahvé, et à toi, je te donne ta vie pour butin, partout où tu iras » [Jr 45, 5]. Selon la tradition juive tardive, Jérémie fut lapidé en Égypte.

Cette attitude résolument pessimiste et en tout point résignée ne pouvait évidemment fournir une base favorable au maintien de la communauté dans les conditions de l'exil. Ne serait-ce que parce qu'il avait donné aux exilés le conseil de s'installer à Babel, Jérémie entra dans un conflit violent avec le contre-prophète Chema'ya, comme en témoignait une correspondance virulente envoyée à Babylone [Jr 29, 24-32]. C'est surtout l'actualité de l'espérance de retour qui, par opposition à Jérémie, fut préservée par Ézéchiel, le plus remarquable des prophètes entraînés dans l'exil.

De fait, cet espoir était absolument nécessaire pour maintenir la cohésion de la communauté. Les espérances finales qui furent décisives pour expliquer l'*action* puissante des prophètes n'étaient évidemment pas les formes sublimées, mais les formes massives qui se perpétuèrent chez chacun d'entre eux à côté de ces dernières. Les représentations eschatologiques qui ne laissaient pas entrevoir comme *actuel* l'avènement du Jugement dernier et de la résurrection produisaient généralement, l'expérience l'a montré, un effet aussi peu marqué que les espérances de salut purement terrestre qui étaient renvoyées à un avenir lointain. Le point décisif était bien que le « Jour de Yahvé » était annoncé comme un événement que chacun pouvait espérer ou redouter de connaître de son vivant, et que des bouleversements tout à fait massifs étaient censés intervenir dans l'*ici-bas*.

Si les espérances d'avenir revêtaient différentes formes, il en allait de même de la représentation de la personnalité qui apporterait le salut. Chez Amos, cette figure était tout simplement absente, et l'accent était mis sur le « reste » du peuple qu'il fallait sauver. Chez d'autres prophètes, en revanche, les attentes de salut étaient saturées de mentions d'un libérateur à l'image de ceux qu'on rencontrait dans la tradition, les vieux héros de l'Alliance, les *chophetim*, les « sauveurs », associés aux représentations eschatologiques des pays voisins. Il est vrai que, au final, ces sauveurs ne pouvaient offrir ce dont on avait besoin. En effet, parmi les formes que pouvait prendre la venue de ce libérateur, la représentation prophétique ne pouvait retenir ni l'incarnation, ni l'engendrement physique par un Dieu, ni l'apothéose proprement dite, étant donné que toutes étaient incompatibles avec ce qui faisait traditionnellement la spécificité de Yahvé. L'idée que le rôle du sauveur pourrait être joué par un roi étranger (Cyrus) est une représentation qui n'apparut qu'à l'époque de l'exil (Deutéro-Ésaïe). La figure de sauveur, en Israël, devait être mise en relation avec le « Jour de Yahvé », autrement dit avec un événement eschatologique tout à fait concret, dont la nature, nous l'avons vu, était le produit de la spécificité traditionnelle du Dieu des catastrophes. Or, ni les religions civilisées ni les cultes des pays environnants (ni, d'ailleurs, la religion iranienne) ne connaissaient de figure « eschatologique » de roi sauveur, en ce sens particulier. On pouvait évidemment trouver dans ces religions et ces cultes des spéculations au sujet d'un sauveur préexistant, qui présentait le caractère d'un astre (Bénédiction de Biléam, Nb 24, 17) ou d'un premier homme (la formulation la plus claire est certainement Jb 15, 7 sq., mais on en rencontre sans doute des échos en Es 9, 5, Mi 5, 1 et Ez 28, 17). Cependant, même si de telles légendes cultuelles ou spéculations d'intellectuels trouvaient, à l'occasion, un écho dans certaines allusions mystérieuses des prophètes, aucun d'entre eux ne résolut de se placer sur le terrain de représentations de ce genre, qui conduisaient nécessairement à un ésotérisme des mystères, ne serait-ce que par crainte de porter ombrage à la majesté du seul Yahvé. Cette figure de sauveur devait évidemment conserver le caractère d'une créature. Ainsi, on se contentait d'espérer la venue d'un Barberousse, une légende qui n'était pas répandue dans les pays voisins, pour autant que l'on sache, mais qui pouvait très facilement être déduite de la prophétie annonçant la venue d'un roi de salut : en Israël, ce fut le retour de David. Dans d'autres cas, on prédisait qu'un nouveau roi sauveur israélite ferait son apparition, soit un rejeton de la tribu de David, soit un enfant prodige présentant les caractéristiques d'un engendrement surnaturel, à savoir, en particulier, l'absence de père, comme il était d'usage en Mésopotamie, surtout chez les rois vivants (les usurpateurs, notamment). Toutes ces options se rencontraient : la première chez presque tous les prophètes, la seconde chez Ésaïe, notamment, avec la prédiction de la venue de l'Emmanuel, le fils de la « jeune femme ». La légitimité de la dynastie de David ne fut remise en cause par aucun prophète, pas même ceux du Royaume du Nord, Amos et Osée. Pour Amos, Sion était le siège de Yahvé ; pour Osée, Juda était resté pur des péchés d'Israël, en particulier de la honte des usurpateurs. Osée ne semblait pas croire à une chute de Juda. Chez Ésaïe également, semble-t-il, à l'origine, le « reste » se confondait avec Juda. Pour Michée, le roi de salut était originaire de la patrie du clan de David, Béthel Ephrath [Mi 5, 1-3]. Chez Ésaïe, au demeurant, l'invocation de la figure de l'enfant de salut Emmanuel impliquait sans doute un désaveu de la famille royale impie [1] ; chez Jérémie et Ézéchiel, les

1. Curieusement, Hölscher (*op. cit.*, p. 229, note 1) est lui aussi d'avis que l'Emmanuel était sans doute, non une figure eschatologique, mais une personne réelle et connue (éventuellement, la propre femme et le propre fils d'Ésaïe !), parce que, dans tous les autres cas, les signes

espérances placées dans la vieille dynastie royale étaient presque réduites à néant. Chez Ézéchiel, à côté de la dynastie de David, l'espoir reposait sur quelqu'un auquel Yahvé aurait « conféré son droit » (Ez 21, 32). Cependant, les promesses des prophètes n'étaient hostiles à la royauté qu'au sens de l'opposition populaire, soutenue par les intellectuels : le prince du salut n'était pas explicitement un roi guerrier qui accomplirait la vengeance d'Israël contre ses ennemis, même si cette représentation affleurait ici ou là. En règle générale, c'était Yahvé lui-même qui accomplissait le châtiment. La figure du sauveur revêtait les traits d'un prophète ou d'un maître et cette identification avait été préparée, dès l'époque pré-exilique, par l'importance accordée à la Thora qui, à la fin des temps, serait ce que Sion aurait à offrir au monde, et par la prédiction du Deutéronome selon laquelle Yahvé donnerait à Israël « un prophète tel que Moïse » [Dt 18, 15-18]. À partir d'Osée (Os 12, 11), la prophétie identifia ce dernier comme l'archégète du prophète ; il en alla de même de Samuel, à partir de Jérémie (Jr 15, 1) et du Deutéronome. L'un et l'autre étaient prédisposés à ce rôle de sauveurs, pour l'essentiel, par leur caractère purement religieux : par opposition aux souverains et aux chefs d'armée, ils conseillaient et exhortaient, mais n'étaient pas des meneurs du peuple. À ces deux figures s'ajoutait évidemment celle d'Élie, entouré de légendes ; on savait surtout qu'il s'était opposé au roi en tant que prophète de malheur, au sens tardif du terme. Cependant, étant donné la représentation traditionnelle du « Jour de Yahvé » comme une catastrophe politique et naturelle, il était difficile de promouvoir une figure purement spirituelle à la place du roi sauveur populaire. La conception proprement eschatologique d'un sauveur

miraculeux « ne prouvaient rien ». Mais il ne s'agissait pas de « prouver » quelque chose ; la conséquence de l'incrédulité d'Achab était une prédiction visionnaire, mais regardée comme une attente *actuelle*, sa chute au profit de l'enfant de salut.

maître spirituel n'apparut, par suite, qu'à l'époque de l'exil, et ce n'est qu'à l'époque tardive que l'espoir du retour d'Élie [Ml 3, 23-24], le magicien hostile au roi, acquit la popularité qu'on lui connaît grâce au Nouveau Testament [Mt 11, 13-14 ; 16, 14 ; 17, 1-13]. Chez les prophètes, la spéculation sur la nature de cette figure eschatologique ne joua manifestement qu'un rôle mineur. L'essentiel, pour eux, résidait dans les *bouleversements* violents qui n'allaient pas tarder à survenir, par le fait d'un *acte* prodigieux de *Yahvé* en personne : par là, ils se distinguaient du Deutéronome, qui, sur le mode parénétique de la prédication morale, multipliait les promesses de bénédiction et de malédiction. Dans ces bouleversements, en fin de compte, l'action des hommes ne jouerait qu'un rôle négligeable : on se représentait celle-ci de différentes façons. Le *miracle absolu* était la pierre angulaire de toute attente prophétique ; sans miracle, elle aurait perdu le pathos qui lui était propre. Chez un même prophète préexilique, le plus souvent, cette figure du Messie n'était pas clairement dessinée ; en tout cas, elle ne revêtait pas des traits constants. De même, l'importance accordée à ce type de prédictions variait selon les prophètes, pour se réduire à presque rien chez Jérémie qui, à nouveau, à l'exemple d'Amos, fit porter tout l'accent sur le « reste converti » du peuple et n'énonça qu'une seule prédiction « messianique » à proprement parler. Il en allait de même chez son contemporain Ézéchiel. Le prestige de la dynastie de David était profondément entamé. Nous sommes déjà sur la voie de la transformation de fond qui fit du « peuple d'Israël » la communauté des « juifs ». Chez Osée, Juda apparut comme le porteur des promesses dès la chute du Royaume du Nord, et ce fut de plus en plus le cas chez les prophètes plus tardifs, même si l'espoir d'une réunification du peuple entier à la fin des temps n'était pas abandonné.

Avant d'étudier cette évolution vers le judaïsme, une question reste à examiner brièvement : quelle fut l'influence des prophètes préexiliques sur le développement de l'éthique, par rapport aux autres forces s'exerçant dans le même sens ? Nous avons vu que les prophètes empruntèrent le contenu de tous les commandements à la Thora des lévites. La représentation de la *berith* de Yahvé avec Israël et les traits essentiels de leur conception spécifique du Dieu existaient également avant eux. Il avait déjà existé avant eux des couches sociales qui, comme eux, s'étaient opposées à la royauté et à la culture matérielle et esthétique des couches distinguées. De même, selon toute vraisemblance, l'attitude sceptique à l'égard des sacrifices avait toujours existé, et pas seulement dans les cercles rékhavites. La question qui se pose est la suivante : faut-il attribuer aux prophètes seuls ou regarder comme les produits de la culture intellectuelle préprophétique, d'une part, le *pragma* puissant du malheur et du salut planifiés par Dieu, qui fut le pilier de l'éthique, et, d'autre part, la sublimation, dans le sens d'une éthique de la disposition d'esprit, des péchés et des comportements agréables à Dieu ? La vraisemblance suggère que le développement de ces conceptions fut le produit commun du travail des prophètes, de la rationalisation progressive de la Thora lévitique et de la pensée de cercles pieux de laïcs cultivés. La proximité toujours plus grande qui s'établit entre le registre de péchés des prophètes et les commandements du Décalogue parle en faveur de cette hypothèse. Les prophètes eux-mêmes étaient des hommes cultivés, selon les critères de leur temps, et ils entretenaient des relations amicales, même si elles n'étaient pas toujours exemptes de tensions, avec les cercles qui furent à l'origine de l'école deutéronomique. La casuistique éthique systématique était le propre des maîtres de la Thora, tandis que les inspirations prophétiques mettaient l'accent sur la capacité à guider les fidèles, à leur transmettre des mots d'ordre tout en allant dans le sens d'une sublimation et d'une cristallisation dans une éthique de la disposition d'esprit.

Il suffit de comparer le mode de présentation et d'exposition du Deutéronome, moralisant et bourgeois, avec les oracles d'Ésaïe, pour écarter l'idée (que certains ont défendue sérieusement) selon laquelle celui-ci aurait été l'auteur de ce texte parénétique et l'aurait transmis à ses disciples « sous son sceau ». C'est tout simplement impensable. L'alternative « bénédiction ou malédiction, selon la conduite adoptée » correspondait à la pédagogie populaire de la doctrine de la Thora, étrangère aux visions d'un malheur à venir, que l'on rencontrait précisément chez ce prophète et chez ceux qui lui succédèrent. Le critère décisif, dans cette opposition, était l'extraordinaire *actualité* des terribles attentes formulées par les prophètes, entièrement focalisés sur des catastrophes *politiques,* tandis que les prédications morales du Deutéronome expliquaient sur un ton édifiant, à destination de la bourgeoisie, que les péchés et la piété de leur client, l'individu, seraient individuellement sanctionnés et, d'autre part, décrivaient les espoirs et les craintes, assez terre à terre, qu'ils pouvaient avoir pour l'avenir. Pourtant, bien entendu, le Deutéronome n'aurait pu exister sans la prophétie. En effet, cet ouvrage exprimait justement l'espoir placé dans les *prophètes* de l'avenir [Dt 18, 15-18]. Les règles naïves que le Deutéronome édictait au sujet des guerres [Dt 20] étaient de nature purement utopique et tout à fait dans la manière prophétique, et seul l'emprunt de la conception prophétique de la *foi* comme expérience immédiate pouvait en expliquer la présence. Dans ce texte, cependant, tout était transposé dans le quotidien et dans la sphère de la piété individuelle. De la même façon, pour autant qu'on puisse la regarder comme préexilique, la version actuelle de la tradition et de la Thora – dont nous ne pouvons retracer ici la genèse – était influencée par la prophétie, même si elle l'était dans une mesure très variable et que ses auteurs, cela ne fait aucun doute, n'étaient pas des auteurs prophétiques. Mais surtout : sans le prestige immense de ces démagogues connus et redoutés du peuple tout entier, la conception qui présentait Yahvé comme le Dieu de l'univers détruisant puis rebâtissant Jérusalem n'aurait pu imposer son autorité : elle était éloignée aussi bien de toute vision purement populaire que de toute vision purement sacerdotale et cultuelle de la relation d'Israël avec son Dieu. Il est absolument impossible d'imaginer que, sans l'expérience bouleversante de la réalisation des prophéties de malheur qui avaient été exposées tout à fait publiquement et étaient encore présentes dans les mémoires un siècle plus tard (Jr 26, 18), la croyance du peuple ait pu non seulement ne pas disparaître, face à un destin politique terrible, mais être définitivement fixée pour la première fois, en vertu d'un paradoxe historique unique et tout à fait inouï. Toute la construction interne de « l'Ancien Testament » n'aurait pu voir le jour si elle n'avait été orientée par les oracles des prophètes ; parce que le livre sacré des juifs devint aussi un livre sacré pour les chrétiens, et que toute l'interprétation de la mission du Nazaréen fut avant tout infléchie par les promesses qui avaient été autrefois faites à Israël, l'ombre de ces figures gigantesques plane encore sur le présent, elle a traversé les siècles. Sans les grandioses interprétations des intentions de Yahvé et la confiance inébranlable accordée à ses promesses en dépit de tout, ou plutôt *à cause* de toutes les infortunes que Dieu fit s'abattre sur son peuple, conformément aux prédictions de malheur qui avaient été faites, l'évolution interne d'Israël, qui rendit seule possible la perpétuation de la communauté de Yahvé après la destruction de Jérusalem, aurait été impensable : le groupement politique n'aurait pu devenir un groupement confessionnel. Là encore, ce fut avant tout la puissante *actualité* émotionnelle de l'attente eschatologique qui s'avéra décisive. C'est elle qui fut absolument nécessaire pendant l'exil. La seule Thora et les exhortations et consolations morales des intellectuels deutéronomiques n'auraient pas suffi. La soif de vengeance et l'espoir étaient évidemment les moteurs de toute l'action des fidèles et seule la prophétie qui donnait à chacun l'espoir de connaître *de son vivant* la satisfaction de ces attentes passionnées pouvait assurer la cohésion religieuse de la communauté qui, d'un point de vue politique, avait été laminée. C'est justement parce que les prophètes n'avaient pas donné matière à la constitution d'une communauté religieuse *nouvelle*, et que la sublimation de la religion traditionnelle dans le sens d'une éthique, en l'occurrence d'une éthique de la disposition d'esprit, constituait le seul contenu éthique pratique immédiat de leur révélation eschatologique, que le nouveau groupement confessionnel put se définir, en vertu de la séparation rituelle, comme le prolongement direct de l'ancienne communauté rituelle du peuple israélite. Longtemps, le christianisme fut privé de cette possibilité.

5. Développement de la séparation rituelle et dualisme de la morale interne et de la morale externe

L'action de la prophétie se conjugua avec les coutumes rituelles traditionnelles d'Israël pour produire ce qui conféra au judaïsme sa position de paria dans le monde. L'éthique israélite, en particulier, fut marquée de manière décisive par le caractère exclusif que lui donna l'évolution de la Thora des prêtres. L'éthique égyptienne elle aussi était exclusive, au sens où elle ignorait le non-compatriote, comme toutes les éthiques de l'Antiquité. Les Égyptiens ne semblaient cependant pas exclure le *connubium* avec des étrangers, ni poser en principe l'impureté rituelle de ces derniers. En revanche, à la différence d'Israël, les Égyptiens proscrivaient apparemment, comme les Indiens, le contact par la bouche ou la vaisselle avec les peuples qui mangeaient de la viande bovine. En Israël, à l'origine, il n'existait pas de séparation rituelle des étrangers ; l'exclusivité, qui correspondait au modèle le plus répandu chez les autres peuples, n'acquit sa tonalité particulière qu'avec l'évolution qui fit d'Israël un groupement confessionnel. Cette transformation de la communauté israélite débuta, au demeurant, dès avant l'exil, sous l'influence de la Thora et de la prophétie. Elle se traduisit, dans un premier temps, par l'intégration croissante des métèques (*gérim*) dans l'ordre rituel. À l'origine, nous l'avons vu, le statut du *ger* n'avait rien à voir avec le rituel. La circoncision n'était pas une institution particulière à Israël et, au sein d'Israël, elle n'était obligatoire que pour l'armée de défense. Le sabbat était un jour de repos sans doute répandu au-delà du cercle des Israélites de plein droit et peut-être au-delà du cercle des adorateurs de Yahvé, et il n'accéda que progressivement au rang de commandement parénétique fondamental. Si le *ger* acquit le droit de se faire circoncire et de prendre part au repas de Pessah (Ex 12, 48), ce fut là, à n'en pas douter, une innovation déjà conditionnée par le tournant pacifiste des cercles yahvistes pieux. Ce droit devint ensuite un devoir pour le *ger* (Nb 9, 14). Auparavant, déjà, les *gérim* s'étaient vu interdire, sous peine de mort, de boire du sang (Lv 17, 10) et de sacrifier à Moloch (Lv 20, 2), et, surtout, ils s'étaient vu imposer le sabbat. La doctrine deutéronomique et, surtout, celle des prêtres pendant l'exil (Nb 9, 14 ; 15, 15-16) supprima ensuite toutes les distinctions rituelles entre les Israélites de plein droit et les *gérim* : « un seul droit » devait s'appliquer, pour l'éternité, à ces derniers comme aux Israélites. (D'où l'ajout du passage qui constitue manifestement une interpolation : Ex 12, 49.) D'après Dt 29, 10, les *gérim* faisaient partie de l'alliance avec Yahvé et cette précision fut même ajoutée, dans le Livre de Josué (Jos 8, 33), à la cérémonie de malédiction et de bénédiction de Sichem (la prescription tardive que l'on trouve dans le Deutéronome [Dt 31, 12] postulait que la Thora devait également être lue en public pour les *gérim*). L'intérêt des prêtres à accueillir la clientèle des *gérim,* parmi lesquels se trouvaient des fidèles d'une piété aussi exemplaire que celle des éleveurs yahvistes – tandis que, dans le récit de la révolte de Qorah [Nb 16], les gens « distingués » faisaient alliance avec ces derniers contre les prêtres –, ainsi que la démilitarisation des paysans et des agriculteurs citadins israélites, jouèrent ici un rôle décisif. Les couches privées de droits politiques ou désavantagées dans leurs droits représentèrent, dans ce contexte, comme ce fut souvent le cas ailleurs, une cible de plus en plus importante pour les lévites et, durant l'exil, pour les prêtres. Les prescriptions que l'on trouve dans la version actuelle du Deutéronome (Dt 23, 8) au sujet de l'intégration d'étrangers proprement dits, les Égyptiens et les Édomites en premier lieu, dans la pleine communauté rituelle, ne datent certainement que de l'époque de l'exil. L'ancien groupement des guerriers indigènes et des tribus-hôtes associés à eux par *berith* fit dès lors place, de plus en plus, à un groupement territorial dont Jérusalem était censée être la capitale.

Sur la question de la forme que pourrait revêtir, à l'avenir, la communauté de Yahvé, les avis, dans un premier temps, étaient partagés. Peu après la première vague de départs, Jérémie exhorta les exilés à s'installer à Babylone [Jr 27, 16-17]. Après la destruction de Jérusalem, il défendit, par contre, l'idée que ceux qui avaient été laissés au pays devaient y rester. Une communauté rurale aurait pu voir le jour, sous l'autorité de Babylone, autour de Mitspa. À l'inverse, Ézéchiel se montra extrêmement hostile à une telle perspective (d'après l'interprétation, semble-t-il correcte, de Ez 33, 25). Pour lui, le prêtre, Jérusalem était l'unique lieu de culte légitime, et il n'était pas d'espoir d'avenir si les promesses relatives à Sion étaient abandonnées. En pratique, il avait incontestablement raison. Le commandement d'unité rituelle du peuple, *gérim* compris, fut alors mis en relation avec l'idée, défendue par Amos, que la terre donnée par Yahvé à Israël se distinguait des autres par une pureté rituelle spécifique. Le zèle confessionnel croissant des prêtres de l'exil les conduisit à revendiquer, en théorie, que ne fût pas tolérée, en Israël, l'installation durable de ceux qui étaient rituellement impurs. C'est donc presque au moment où Israël perdit sa base territoriale réelle que fut fixée, d'un point de vue rituel, la valeur idéale de ce territoire politique pour le peuple-hôte qui était en train de se développer avec une assise internationale : on n'avait le droit de faire de sacrifices qu'à Jérusalem et seuls des individus rituellement purs pouvaient s'établir durablement dans le territoire d'Israël. Tous les adorateurs de Yahvé rituellement purs, qu'il s'agisse d'Israélites, de *gérim* ou de nouveaux convertis, étaient désormais égaux d'un point de vue confessionnel.

La nature purement religieuse de la communauté, fondée sur les promesses prophétiques, eut pour effet de substituer à une définition politique cette séparation confessionnelle vis-à-vis de l'extérieur, et de renforcer considérablement cette dernière. En témoignait, en premier lieu, l'évolution de l'éthique matérielle. Comme c'était le cas, à l'origine, pour tous les peuples de la terre, les devoirs de l'Israélite n'étaient évidemment pas les mêmes selon qu'ils concernaient un membre de la même tribu ou le membre d'un tribu étrangère. L'éthique des Patriarches ne condamnait pas les ruses ni les mensonges pour peu que la victime fût étrangère à la tribu, même en cas de proximité ethnique [Gn 27, 1-40 ; 30, 25-43] : les Édomites (Ésaü) ou les nomades de l'Est (Laban). Yahvé recommandait à Moïse de tromper le pharaon (Ex 3, 18 ; 4, 23 ; 5, 1) et aidait les Israélites à acquérir des biens égyptiens en les soutirant à leurs propriétaires au moment de la sortie d'Égypte [Ex 12, 35]. En Israël même, nous l'avons vu, la séparation des tribus entraînait des conséquences semblables. Juridiquement, dans le cadre de la *berith* qui le rattachait à sa communauté, le *ger* n'était protégé, d'un point de vue éthique, que par la parénèse lévitique. Cependant, « l'hostilité aux étrangers » n'existait pas dans les temps anciens, sous aucune forme. On comptait, la tradition le rapporte, des communautés cananéennes parmi les *gérim* (Gabaon en était le paradigme [Jos 9]). Ce n'est qu'avec le puritanisme yahviste, ennemi des orgies sexuelles des Cananéens, d'un côté, et le royaume national de Salomon, de l'autre, que l'hostilité à l'égard des Cananéens, y compris des *gérim* cananéens, se renforça. Tous les Cananéens étaient regardés, à l'époque de l'exil, comme des ennemis, voués à l'esclavage par Yahvé, en raison de leurs obscénités sexuelles, et, plus tard, à l'extermination, en raison du caractère sacré de la terre d'Israël et afin d'éviter qu'ils ne poussent Israël à la déchéance (Ex 23, 23 sq. ; 34, 15). Selon cette conception, il n'était pas licite de conclure une *berith* avec eux, à moins qu'ils ne fussent entrés dans la communauté rituelle par la circoncision, comme le soulignait la tradition de Sichem [Gn 34, 15-16] : sachant que, nous l'avons vu, la circoncision n'était sans doute pas de règle parmi les Cananéens, il s'agissait certainement là d'une interpolation tardive. En effet, dans les temps anciens, à l'inverse, la relation d'Israël avec les non-Israélites avait été entièrement déterminée par des enjeux politiques, y compris pour les questions cultuelles et rituelles. À l'origine, la commensalité n'était pas exclue et les sacrifices étrangers n'étaient pas jugés incompatibles avec la religion israélite. Les repas pris en commun avec les Gabaonites n'étaient pas des « repas de sacrifice », comme le dit littéralement le passage, mais une simple commensalité liée à la *berith*. Cependant, quoi qu'il en soit, les Israélites partageaient de la nourriture avec des étrangers pour une occasion rituelle. Le récit du repas de Joseph et ses frères avec les Égyptiens (Gn 43, 32) montre que le refus, par les Égyptiens, de la commensalité avec des étrangers passait, à l'époque où cette tradition se constitua, pour une particularité de ces derniers, par opposition à Israël. L'interdit de partager un repas de sacrifice avec des étrangers, qui se renforça de plus en plus, sous l'influence du puritanisme yahviste (Ex 34, 16 ; Nb 25, 1 sq.), n'aurait certainement pas été nécessaire si ce genre de repas n'avait pas existé chez les Israélites, comme, à l'origine, partout dans le monde. On peut se demander si, du point de vue de l'Élohiste (qui voyait en

Laban le serviteur d'autres dieux), le contrat de Jacob et Laban, associé à des sacrifices (Gn 31, 53 sq.), serait tombé sous le coup de cet interdit. Dans les histoires d'Élisée [2 R 5, 17-19], il était dit qu'un adorateur de Yahvé en service dans un pays étranger, tel Na'aman, avait le droit de prendre part au culte du dieu de son roi, selon la conception de l'époque, parce que c'était là un acte politique : une conception qui aurait été jugée inacceptable dans la perspective confessionnelle juive ultérieure, selon laquelle il valait mieux subir le martyre qu'être soupçonné de prendre part au culte du roi et de l'empereur. Ce n'est qu'à l'époque de la confessionnalisation, en effet, que l'on tira toutes les conséquences de la stricte monolâtrie conditionnée par la *berith*.

Le *connubium* lui non plus n'était pas jugé irrecevable. Une prisonnière, en l'occurrence, d'après le contexte, une prisonnière cananéenne, pouvait être prise pour épouse [Dt 21, 10-14]. Si elle était définie comme une concubine et si, dans son cas, s'appliquait le principe « Le fils de la servante ne doit pas hériter en Israël » [Gn 21, 10], ce n'était là, dans un premier temps, comme partout ailleurs, que le produit d'une époque où les clans fortunés donnaient à leurs filles une dot pour le mariage et exigeaient, par suite, que les enfants de ces dernières soient seuls reconnus comme légitimes. Les premières manifestations d'une prévention contre le *connubium* avec des étrangers venaient peut-être de là ; à l'époque des mariages avec des princesses, elles se renforcèrent rapidement, chez les fidèles, pour des motifs religieux. Cependant, l'interdit des mariages mixtes ne fut véritablement adopté qu'à l'époque de l'exil. L'arbre généalogique de David comprenait encore une étrangère, selon le récit de Ruth.

La relation interne que les Israélites entretenaient avec les non-Israélites se reflétait très clairement dans l'évolution de la position de Yahvé à l'égard de ces derniers [1].

---

1. Sur ce point, voir la bonne étude de Peisker (*Die Beziehungen der Nicht-Israeliten zu Jahwe*, *op. cit.*). Nous avons déjà évoqué plus haut,

Celle-ci ne fut cependant déterminée, dans un premier temps, que par des motifs purement politiques. En eux-mêmes, les non-Israélites lui étaient indifférents. Lorsque une guerre éclatait, Yahvé était naturellement du côté d'Israël. Mais il n'avait pas de haine contre les étrangers en tant que tels, même si ceux-ci vénéraient d'autres dieux. Lorsqu'ils venaient en aide à Israël dans une guerre ou lui étaient utiles d'une façon ou d'une autre (ce fut le cas de Hovav, qui servit de guide à travers le désert, Nb, 10), ou, mieux encore, lorsqu'ils trahissaient leur peuple en faveur d'Israël (Rahav et les espions, Jos 2), ils obtenaient le privilège de pouvoir s'installer en Israël avec le statut de *gérim.* Il n'était pas question d'attaquer des peuples étrangers au seul motif qu'ils étaient étrangers. Au contraire : Yahvé désapprouvait très ouvertement les manœuvres politiques inopportunes et les trahisons qui visaient les étrangers (à Sichem, notamment [Gn 34, 25-29]). Le Dieu pacifiste des Patriarches se réjouissait manifestement de la bonté d'Abraham vis-à-vis de Lot dans le partage pacifique des terres (Gn 13) et prêtait une oreille bienveillante à la requête d'Abraham en faveur d'Abimélekh [Gn 20, 17-18]. À l'occasion, Yahvé semblait désapprouver le fait qu'Israël commît des méfaits pour acquérir des biens étrangers. Dans la tradition ancienne, le nom de Yahvé n'était jamais invoqué pour reprocher à d'autres peuples de vénérer leurs propres dieux ; la légitimité de ces derniers pour les Israélites, à l'inverse, n'était reconnue qu'à titre d'exception (dans le récit de Jephté [Jg 10, 17] et dans la première version du récit du sacrifice de son fils par le roi de Moab [2 R 3, 26-27]). Ces positions étaient les mêmes que partout ailleurs, à ceci près qu'elles étaient quelque peu infléchies par le rapport spécifique que Yahvé entretenait avec Israël, en vertu de la *berith.* Selon la légende des Patriarches, cependant (Gn 27, 40), Yahvé

à défaut de pouvoir la préciser dans le détail, l'importance de l'alliance palestinienne pour le droit des peuples en guerre.

avait également fait une promesse à Édom, son vieux sanctuaire, même si cette promesse demeurait relativement modeste, et il en allait de même pour Ismaël, qui inclinait lui aussi, semble-t-il, à vénérer Yahvé.

La rationalisation universaliste de ces représentations débuta lorsque se fit sentir le besoin théologique de théodicée : c'est de la *berith* conclue avec Yahvé que découlait, de ce point de vue, le droit de ce dernier à châtier Israël en cas de désobéissance, ce qui pouvait expliquer les menaces politiques et les défaites subies par Israël. Comme auparavant, Yahvé demeurait indifférent aux autres peuples. Mais il les utilisait comme des « verges divines » (Peisker) pour punir la désobéissance d'Israël, avant de les laisser vaincre à nouveau par son peuple dès que celui-ci s'était amendé. Le pragmatisme du Livre des Juges illustrait typiquement cette façon de voir. C'est Israël, et seulement Israël, qui intéressait Yahvé, les autres peuples n'étaient que des moyens en vue d'une fin.

Pour arriver à ses fins, cependant, Yahvé devait pouvoir utiliser ces peuples à sa guise. Il devait donc décider aussi de leur destin, du moins partiellement. Il n'en disposait pas seulement à leur désavantage, loin s'en faut. La délimitation du territoire de résidence d'Israël, qui fut son œuvre [Jg 3, 1-3], ne s'opéra pas dans l'intérêt des autres peuples, mais elle profita à ces derniers. Les explications fournies par le Deutéronome portaient certainement la marque de la paix qui régnait alors entre Israël et Moab et Édom : Yahvé avait donné Séïr aux enfants d'Ésaü, et Moab aux enfants de Lot, afin qu'ils s'y installent, et il en découlait l'interdit de leur faire la guerre (Dt 2, 4-9). À bien des égards, les dispositions de Yahvé relatives aux étrangers ressemblèrent de plus en plus à celles qui concernaient Israël. Dans la version sacerdotale de la légende de l'Exode, c'est Yahvé qui endurcissait le cœur de Pharaon – ce qui était conforme aux représentations du Deutéronome – afin de pouvoir magnifier d'autant plus sa propre puissance (Ex 7, 2). D'un point de vue subjectif, il est vrai, les étrangers, tel

Pharaon, ne connaissaient pas Yahvé (Ex 5, 2, version élohiste) ; pourtant, l'idée que c'était lui qui avait fait venir de loin les Philistins et les Araméens [Am 9, 7] avait été formulée avant même les premiers prophètes, chez qui elle était déjà présupposée. Ce n'est qu'avec l'universalisme croissant de la conception du Dieu que la position spécifique conférée à Israël par Yahvé devint un paradoxe. On chercha alors à la justifier en invoquant à nouveau l'ancienne notion de *berith* : celle-ci revêtait désormais la forme d'une acceptation unilatérale accordée par Dieu à cause de l'obéissance d'Israël, d'un amour sans motif, de la confiance inconditionnelle que les ancêtres lui avaient manifestée, et qui lui agréait, ou encore des abominations cultuelles des autres peuples. Alors qu'elle avait été, dans un premier temps, une forme sociale de groupement politique, historiquement déterminée, la *berith* devint, dès lors, le fondement d'une construction théologique. Ce n'est qu'à ce moment, lorsque Yahvé se transforma toujours davantage en un souverain divin du ciel, de la terre et de tous les peuples, qu'Israël devint le peuple « élu » par lui. Cet état d'élection était regardé comme le fondement des droits et devoirs particuliers des Israélites, du point de vue rituel et moral, comme on le voit chez Amos [Am 3, 2]. Ce fut là, pour la communauté de Yahvé, le soubassement pathétique du *dualisme de la morale interne et de la morale externe,* qui se manifeste, à l'origine, dans toute communauté.

Dans le domaine économique, ce dualisme trouva une expression particulièrement exacerbée dans l'interdit de l'usure, mais il régissait également les dispositions caritatives de la parénèse en matière de protection sociale et de fraternité. À l'origine, étaient seulement condamnés (Ex 22, 24), en effet, ceux qui abusaient d'un frère *pauvre,* autrement dit, sans doute, d'un frère *appauvri* (Lv 25, 36), et cet interdit ne valait que pour les Israélites de plein droit (*'am*). Le Deutéronome autorisait expressément l'usure avec ceux qui étaient étrangers à la confession israélite (*nokhri*). À l'origine, comme en témoignaient les promesses du Deutéronome qui allaient dans ce sens et les menaces de malheur correspondantes (ces dernières mentionnaient encore le *ger* à la place du *nokhri*), c'est l'usure avec les *gérim* qui était autorisée. L'usure restait l'usure, il est vrai. Cependant – c'est ainsi qu'on pouvait entendre le passage Dt 23, 21 – Yahvé couronnerait de succès l'usurier, comme il le faisait pour toutes les autres entreprises des Israélites, à condition qu'il *s'abstînt* de pratiquer l'usure aux dépens de son frère. De la même façon, toutes les autres dispositions relatives à l'éthique sociale – année de sabbat, coin du champ laissé au pauvre, droit de glaner – ne s'appliquaient qu'aux *gérim* et *evyonim* du peuple d'Israël. Le « prochain » devait toujours appartenir au même peuple ou, désormais, à la même confession. Ce principe s'appliquait également à la parénèse et à son éthique de la disposition d'esprit : c'est à l'encontre du membre de son peuple qu'il ne fallait pas porter de haine en son cœur, c'est lui qu'il fallait « aimer comme soi-même » [Lv 19, 18]. « L'ennemi » dont il ne fallait pas laisser errer le bétail (Ex 23, 4) n'était pas un étranger au pays, au sens politique, mais, comme on le voit en Dt 22, 1, le ressortissant de son propre peuple avec lequel on était en conflit. La conduite bienveillante et juste d'un Israélite à l'égard d'un étranger pouvait favoriser la bonne renommée d'Israël et, par suite, elle agréait à Dieu. Cependant, les commandements moraux de la parénèse ne valaient que pour les « frères ». Le droit d'asile demeurait sacré, comme il l'avait toujours été. Yahvé désapprouvait, par ailleurs, les atteintes graves portées à des étrangers, qui mettaient en cause la réputation d'Israël.

La distinction entre morale économique interne et externe joua longtemps un rôle important dans le jugement porté par la religion sur le profit économique. L'économie de profit rationnelle située dans le cadre de la légalité formelle ne put jamais se voir attribuer une *valeur* positive du point de vue *religieux*, comme ce fut le cas dans le puritanisme. De fait, il n'en alla jamais ainsi en Israël. Le dualisme de l'éthique économique s'y opposait : certaines attitudes strictement proscrites à l'écart du coreligionnaire étaient regardées comme des *adiaphora* vis-à-vis du non-frère. C'était là le point décisif. Il causa des difficultés aux théoriciens juifs de l'éthique : si Maïmonide inclinait à penser que le prélèvement d'intérêts auprès de l'étranger constituait à proprement parler un *commandement* religieux, ce point de vue était certainement conditionné, pour une part du moins, par les réticences que lui inspirait la reconnaissance de tels *adiaphora,* qui représentait un danger pour toute éthique formaliste. L'éthique juive tardive condamna l'usure, au sens d'un abus pratiqué sans états d'âme, y compris à l'encontre des non-juifs. Cependant, compte tenu des termes très explicites de la Thora et de la situation sociale qui régnait alors, le succès de cet interdit fut sans doute mitigé ; dans tous les cas, le dualisme continua de jouer un rôle dans la question du prêt à intérêt. Les difficultés théoriques rencontrées par les penseurs de la morale sont évidemment d'une importance secondaire. En pratique, cependant, ce dualisme qui traversait toute l'éthique entraîna une conséquence importante : l'idée spécifique d'une « confirmation » religieuse par « l'ascèse intramondaine » rationnelle, qui fut le propre du puritanisme, ne put voir le jour dans le judaïsme. En effet, celle-ci ne pouvait s'appuyer sur une pratique en soi condamnable, qui n'était « autorisée » que pour certaines catégories de personnes. La possibilité d'une évolution vers la conception religieuse du « métier » comme « vocation », qui fut celle du protestantisme ascétique, fut ainsi écartée d'emblée dans le judaïsme, et l'image très positive (mais traditionaliste) qui était donnée de la fidélité au travail du métier dans le Siracide [Si 38, 25-32] n'y put rien changer. La différence saute aux yeux. Il est vrai que, nous le verrons, les rabbins prônèrent avec une extrême insistance, surtout à l'époque de la propagande prosélytique, une attitude honnête et licite des juifs à l'égard des peuples-hôtes. Sur ce point, la doctrine talmudique ne se distinguait en rien des principes éthiques d'autres communautés de croyants. En particulier, le christianisme ancien (Clément d'Alexandrie) fut enclin, concernant l'éthique économique, à admettre le dualisme inauguré par le droit de l'usure de l'Ancien Testament. Le combattant de la foi puritain manifestait, à l'égard de celui qui ne partageait pas sa foi, la même aversion – nourrie pour une part de l'état d'esprit de l'Ancien Testament – que la législation des prêtres d'Israël à l'égard des Cananéens, et un puritain n'aurait jamais pu imaginer qu'un roi ne partageant pas sa confession pût être un « Serviteur de Dieu », comme la prophétie israélite le disait explicitement de Nabuchodonosor et de Cyrus, par exemple. Dans le domaine de l'éthique *économique*, en revanche, on sentait percer dans les déclarations des membres des sectes chrétiennes des XVIIe et XVIIIe siècles (les baptistes et les quakers, en particulier) leur fierté d'avoir imposé, *justement* dans les relations économiques avec les *impies*, le légalisme, l'honnêteté et l'équité, au lieu de la fausseté, de l'inéquité et de l'absence de fiabilité qui avaient cours jusqu'alors, d'avoir établi le système des prix fixes, de livrer à leurs clients une marchandise toujours identique pour un prix identique, l'achat fût-il effectué par un de leurs enfants, et de garantir la sécurité des dépôts et crédits ; ils se félicitaient que, pour toutes ces raisons, leurs commerces, leurs banques et leurs marchands fussent préférés à tous les autres par leurs clients impies, en un mot, que leur *ethos économique* supérieur, fondé sur la religion, assurât leur suprématie sur la concurrence des impies, conformément au principe : « *Honesty is the best policy** ». Dans les dernières décennies encore, le même phénomène pouvait être observé dans la classe moyenne américaine. Il en alla de même des jaïna et des parsis en Inde, à ceci près que les obligations rituelles, dans leur cas, imposaient des limites à la *rationalisation* des activités économiques. Jamais un jaïna correct, un parsi ou un puritain pieux n'auraient pu se mettre au service du capitalisme colonial, du capitalisme des commandes d'État, des financiers ayant pris à ferme les impôts et les droits de douane, ou encore du capitalisme des monopoles d'État. Ces catégories spécifiques du capitalisme antique, extraeuropéen et prémoderne, antérieur au développement de la bourgeoisie, représentaient pour eux des formes grossières d'accumulation d'argent, moralement condamnables et réprouvées par Dieu.

Il en allait tout autrement de l'éthique économique du judaïsme. En premier lieu, un facteur ne put manquer de produire des effets : vis-à-vis des non-juifs, l'éthique des Patriarches était très fortement marquée par la maxime « *Qui trompe-t-on ?* »*. Le judaïsme ne connaissait, en tout cas, aucun motif *sotériologique* de rationalisation éthique des relations économiques avec l'extérieur : celle-ci n'était associée à aucune prime religieuse. Ce facteur eut des répercussions importantes sur le type d'activité économique exercé par les juifs. Dès l'Antiquité, le capitalisme de parias des juifs, tout comme celui des castes de marchands hindous, par exemple, fut précisément investi – outre dans l'usure proprement dite et le commerce – dans les formes de capitalisme d'État et de capitalisme de rapine honnies par le puritanisme. Ni les juifs ni les hindous ne jugeaient ces activités immorales. Bien entendu, ceux qui exploitaient leur propre peuple en lui soutirant les taxes douanières de princes impies ou même de puissances étrangères étaient profondément réprouvés, et les rabbins les déclaraient impurs. Vis-à-vis d'un peuple étranger, cependant, ce mode d'acquisition d'une fortune était, du point de vue moral, un *adiaphoron* – même si les moralistes objectaient évidemment que la tromperie caractérisée était dans tous les cas un acte condamnable. Par suite, le profit économique ne put jamais être le lieu d'une « confirmation » religieuse. Lorsque Dieu accordait aux siens la « bénédiction » du succès économique, il ne le faisait pas parce que le fidèle s'était « confirmé » *sur le plan économique*, mais parce que la vie qu'il avait menée *en dehors de* cette activité agréait à Dieu (c'était déjà le cas dans la doctrine de l'usure du Deutéronome). En effet – nous le verrons plus loin – le terrain de confirmation de la piété d'une conduite de vie, pour le juif, n'était nullement celui d'une maîtrise rationnelle du « monde », en particulier de l'économie. Nous examinerons plus loin quelles composantes de la conduite de vie infléchie par la religion ont permis aux juifs de jouer un rôle dans le développement de notre économie. Dans tous les cas, cependant, les régions de l'Orient, de l'Europe du Sud et de l'Europe de l'Est où ils ont le plus longtemps et le plus fréquemment séjourné n'ont développé ni dans l'Antiquité, ni au Moyen Âge, ni à l'époque moderne, les traits *spécifiques* du capitalisme moderne. La part prise par les juifs dans l'histoire de l'Occident repose dans une très large mesure sur le caractère de *peuple-hôte* qui a été leur marque, en vertu de la séparation rituelle qu'ils ont eux-mêmes recherchée.

Cette position de peuple-hôte était justifiée par la fermeture *rituelle* qui fut promue, nous l'avons vu, à l'époque deutéronomique, et fut appliquée, pendant la période de l'exil, par la législation d'Esdras et de Néhémie.

La chute de l'État national et l'exil n'eurent pas la même signification pour l'Israël du Nord et pour Juda. À Samarie, les rois assyriens implantèrent des colons de Mésopotamie, échangés contre les guerriers qui avaient été faits prisonniers, et, la tradition le suggère, ces nouveaux venus s'adaptèrent très vite aux « dieux du pays », c'est-à-dire aux formes locales du culte de Yahvé. Ils y furent encouragés, prétendait-on, par de terribles miracles de Yahvé. Nabuchodonosor hésita longuement à détruire Jérusalem et se montra extrêmement réticent à le faire – il aurait voulu utiliser la ville comme un avant-poste contre l'Égypte – mais une fois qu'il eut pris sa décision, il la dévasta de fond en comble et déporta à plusieurs reprises les familles de patriciens et de fonctionnaires qui y étaient établis, autrement dit la noblesse de cour, mais aussi les guerriers instruits et les artisans royaux, les autorités et sans doute aussi les notables des campagnes. Il ne resta plus guère que des petits paysans et Israël ne fut *pas* repeuplé avec des colons mésopotamiens, ni venus d'ailleurs – Babylone avait cessé depuis longtemps de disposer d'une forte population paysanne [1]. À Babylone, les exilés connurent différents destins. Une grande partie d'entre eux, à coup sûr – sans doute pas tous, cependant – furent installés à proximité de la capitale, dans des zones rurales ; comme l'indiquaient les inscriptions des grands rois de Mésopotamie, ils devaient creuser un canal (ou en reconstruire un) ; ils vivaient dans des lieux qui leur étaient réservés et devaient s'acquitter auprès du roi d'un impôt sur les terres qui leur avaient été attribuées et, selon les besoins, de corvées. Celles-ci étaient mentionnées par les prophètes (Es 47, 6 ; Jr 5, 19 ; 28, 14 ; Lm 1, 1 ; 5, 5). L'indigence et même, dans un cas, la famine étaient déplorées (Es 51, 14). Il ne serait pas étonnant, comme Klamroth le suppose, que, par rapport au traitement subi sous Ewil-Merodakh, l'oppression se soit aggravée sous le roi Nabouna'id : les inscriptions de Cyrus suggéraient que ce roi avait réclamé davantage de corvées, y compris à ses propres sujets. Quelques Israélites furent emprisonnés, à en croire les textes prophétiques ; sans doute s'étaient-ils rebellés, sous l'influence des prophètes de salut apparus au moins jusqu'à la chute de Jérusalem sous Sédécias (Jr 29, 21). D'un point de vue purement objectif, cependant, le sort des Israélites ne fut sans doute pas intolérable : dans sa lettre aux chefs de la communauté en exil, Jérémie laissait entendre que les exilés avaient le droit de s'enrichir et de s'installer à Babylone à leur convenance. Une

1. Ce point est souligné à juste titre par Erich Klamroth, *Die jüdischen Exulanten in Babylon, op. cit*. Cette étude précieuse a été mobilisée à plusieurs reprises dans ce qui va suivre. Son seul point faible est peut-être de vouloir tirer des textes des prophètes davantage d'indications qu'ils ne peuvent en fournir sur la situation réelle de la communauté en exil, et de prendre un peu trop au pied de la lettre les descriptions de la misère des exilés.

part croissante d'entre eux s'établissaient effectivement dans la capitale, où, selon les documents de Murashu, découverts et édités par une équipe de chercheurs de Pennsylvanie, ils exerçaient les métiers les plus variés, même s'ils ne pouvaient occuper de charges politiques proprement dites, faute d'avoir reçu une formation de *scribes* (dont les juifs étaient semble-t-il exclus comme les autres non-Babyloniens [1]). La fréquence des noms juifs à Babylone augmenta, surtout à partir de l'époque des Perses, et on trouvait désormais des juifs parmi les propriétaires terriens, les collecteurs d'impôts, les employés au service de notables babyloniens et perses. Mais aussi, et de plus en plus, parmi les marchands et, surtout, les financiers ; c'est à Babylone qu'apparut pour la première fois, dès l'époque d'Hammourabi, le type du « marchand d'argent ». L'absence de réelles différences ethniques et, après l'adoption de l'idiome populaire araméen par les exilés, de barrières linguistiques, empêcha d'emblée que les juifs ne subissent des persécutions, comme en Égypte, ou ne soient contraints de mener une vie de ghetto comme celle que décrivaient, à la même époque, les papyrus d'Assouan. La communauté juive était toujours plus florissante. Parmi les peuples étrangers, c'est elle qui jouait semble-t-il le rôle le plus en vue, à côté des Perses. Une part considérable des exilés augmentèrent leur fortune de manière tout à fait conséquente, comme en témoignèrent, à leur retour, les dons importants qu'ils firent pour la construction du Temple [Esd 8, 24-25]. Un nombre non négligeable d'enrichis choisirent de rester à Babylone pour ne pas perdre leurs biens. Il est vrai que cette embellie fut associée au règne des Perses, notoirement favorables aux juifs ; des eunuques juifs, comme Néhémie, étaient alors les hommes de confiance du roi et faisaient partie de son entourage personnel. Cepen-

1. Cf. Samuel Daiches, *The Jews in Babylonia in the Time of Ezra and Nehemiah according to Babylonian Inscriptions. Jew's College Publications t. II,* Londres, 1910.

dant, il n'est aucunement vraisemblable que les exilés aient fait l'objet d'une persécution systématique de la part des autorités babyloniennes. Les sources ne signalaient aucune forme d'intolérance religieuse et même si les grands rois, le cas échéant, tenaient beaucoup à ce que les vaincus rendent les honneurs à leurs dieux, ils n'intervenaient, comme tous les souverains de l'Antiquité, que lorsque la raison d'État l'exigeait. Toutes ces monarchies orientales ne connaissaient pas de véritable *culte* du souverain à la manière du culte impérial de la Rome tardive : les monarques exigeaient la proskynèse et une soumission inconditionnelle, mais ils étaient situés au-dessous des dieux. Ce fut là un facteur favorable à la tolérance. Néanmoins, la haine de Babel était très forte parmi les juifs, comme en témoignaient les prophéties de malheur du Deutéro-Ésaïe, qui jubilait à l'approche de la guerre des Perses. Durant l'exil, la communauté juive se développa comme une communauté très soudée. Ce fut surtout là l'œuvre des *prêtres*, qui n'avaient été exilés, pour la plupart d'entre eux, qu'au cours de la dernière grande vague de déportation consécutive à la destruction de Jérusalem : auparavant, Nabuchodonosor avait manifestement espéré trouver auprès d'eux un soutien.

Parmi les exilés, l'autorité revenait avant tout aux « anciens » qui, dans la lettre de Jérémie, étaient cités en premier, avant les « prêtres et prophètes » (Jr 29, 1). Officiellement, ils restèrent sans doute les représentants de la communauté responsables devant le gouvernement de Babylone. Le roi Ewil-Merodakh avait certes gracié puis invité à sa table l'avant-dernier roi de Juda, Yoyakhin, après une longue captivité [2 R 25, 27-30]. Le clan royal des descendants de David avait acquis ainsi une position privilégiée dans la communauté des exilés. Mais guère davantage, dans un premier temps. De fait, les prêtres occupèrent de plus en plus le devant de la scène – avec quelques prophètes dont il sera question plus loin. Pour les mêmes raisons que les évêques acquirent du pouvoir à l'époque des grandes migrations.

Le Livre d'Ézéchiel porte témoignage de l'importance qui revint aux prêtres. Ézéchiel était lui-même d'ascendance sacerdotale [Es 1, 3]. Son projet d'État israélite à venir [Ez 40-48] attestait que le pouvoir royal était discrédité. Au fond, le prince (*nasi*) n'était qu'un patron d'Église pour une communauté organisée sur un mode théocratique [Ez 44, 3 ; 45, 9-17]. C'est chez Ézéchiel que le « grand prêtre » du Temple de Jérusalem fut pour la première fois présenté comme une figure centrale de l'ordre hiérocratique à venir. Nous ne nous intéresserons pas ici aux détails à la fois utopiques et schématiques de ce projet. En pratique, outre la figure du grand prêtre, il contribua surtout à promouvoir la distinction, qui fut d'abord une distinction de *Stand,* entre les prêtres du culte, les *kohanim*, et les « lévites », qui n'étaient pas qualifiés pour célébrer les cultes de sacrifices. Mais c'est justement là que résidait la difficulté : chez Ézéchiel, les Tsadoqites de Jérusalem se voyaient attribuer un rôle prépondérant ; il ne reconnaissait pas d'autres *kohanim* [Ez 40, 36 ; 44, 6-31]. Par suite, une fusion des différents clans de prêtres n'était pas envisageable. Seule l'évolution ultérieure permit de trouver un compromis avec les prêtres non-Tsadoqites, les Aaronides. Dans les premiers temps de la domination perse, les prêtres accédèrent à une suprématie sans partage. Les rois de Perse poursuivaient en effet, de façon tout à fait conséquente, une politique visant à imposer partout la hiérocratie afin de l'utiliser comme instrument de domestication des peuples soumis. Cyrus rendit les honneurs aux dieux de Babylone, mais il se flatta, par ailleurs, d'avoir restitué à leurs anciens sanctuaires tous les dieux que les Babyloniens s'étaient appropriés et dont ils avaient transporté jusqu'à Babylone les effigies et les trésors. Conformément à un tel principe, il autorisa les Israélites à rentrer chez eux. Dans sa politique d'utilisation des prêtres, cependant, il ne fut pas aussi conséquent que Darius. Dans un premier temps, les Perses cherchèrent à prendre appui sur la dynastie légitime, celle des descendants de David. Deux d'entre eux, Chechbatsar et Zorobabel, se succédèrent comme *nasi* à la tête des anciens exilés. Cependant, le clan de David perdit sa position privilégiée, peut-être parce que les remous provoqués par le faux Smerdis avaient révélé qu'il n'était pas un allié sûr. Le prophète Aggée prédit alors à Zorobabel la restauration imminente de la couronne de David. On ne sait si Zorobabel fit des tentatives en ce sens. Toujours est-il qu'il disparut par la suite et qu'il ne fut plus question, pour les Perses, de traiter avec son clan. De façon tout à fait générale, Darius menait une politique d'alliance avec les clergés nationaux. Pour l'Égypte, des documents attestent qu'il rétablit les anciennes écoles sacerdotales. Ce n'est qu'alors que se mit en place l'organisation ecclésiale de la religion égyptienne, avec ses synodes et son autorité nationale. Il en alla de même pour les cultes d'Apollon en Asie Mineure. Quant à la Grèce ancienne, on sait que les Perses avaient le soutien non seulement de l'oracle de Delphes, mais aussi de toutes sortes de prophètes plébéiens ; seule l'issue des batailles de Marathon, Salamine et Platée permit d'éviter que la culture grecque, qui ne connaissait pas les prêtres, ne fût livrée à la doctrine orphique de la transmigration des âmes ou à d'autres mystagogies et à la tutelle d'une hiérocratie placée sous la protection des Perses. Ceux-ci menèrent, avec succès, une politique tout à fait analogue avec les prêtres israélites, à partir de Darius, mais, de façon plus conséquente encore, à partir d'Artaxerxès. Les prêtres n'avaient pas intérêt à une restauration du pouvoir royal du clan de David ; ils préféraient, le cas échéant, être soumis à l'autorité de gouverneurs étrangers à leur tribu, et donc éloignés de leur communauté, et remplir eux-mêmes les fonctions de pouvoir pour toutes les questions sociales et les affaires de politique intérieure. Cette position favorisait les intérêts de la politique perse. La création de la figure du « *grand prêtre* », totalement inconnue avant l'exil, fut l'œuvre commune de la prophétie exilique, influencée par les prêtres, et de l'entreprise de révision et d'interpolation des commandements rituels menée par ces derniers. Le grand prêtre, représentant de la hiérocratie, se distinguait par le privilège d'accès au saint des saints, à l'intérieur du Temple, dû au respect de règles de pureté particulières, et par le fait que lui seul était qualifié pour l'accomplissement de certains rites. La version sacerdotale des *michpatim* et de la Thora ne mentionnait le « prince » (*nasi*) que pour condamner la malédiction de son nom [Ex 22, 27] ; pour le reste, elle l'ignorait complètement. Tout ceci répondait parfaitement aux exigences de la politique perse. Les prêtres avaient préparé, de façon très conséquente, leur collaboration avec la royauté perse, qui se développa sous le règne d'Artaxerxès. Ils avaient d'abord répertorié très assidûment les clans de prêtres pleinement légitimes, et établi également les listes des lévites, séparés des précédents, et non habilités à occuper les fonctions sacerdotales, les listes de serviteurs du culte et l'inventaire des membres de la communauté. C'est à cette époque que furent composés les registres de familles détaillés qui étaient, pour une part, en contradiction patente avec la tradition ancienne et qui représentent, aujourd'hui, une part si conséquente de la tradition, dans sa version sacerdotale ; ils étaient censés constituer la seule et unique garantie de la qualification rituelle. Ensuite, les prêtres établirent et fixèrent par écrit l'ordonnance du culte ainsi que les commandements rituels de la conduite de vie et ils entreprirent de réviser l'ensemble des textes historiques transmis par la tradition, ainsi que la Thora lévitique. C'est à cette époque, au Ve siècle, que celle-ci adopta pour l'essentiel la forme qui est la sienne aujourd'hui. Une fois ces préliminaires achevés, les prêtres parvinrent à imposer, grâce aux relations qu'ils nouèrent à la cour sous le règne d'Artaxerxès, que 1. un eunuque juif favori du roi, Néhémie, se vît attribuer les pleins pouvoirs de gouverneur pour réorganiser la communauté de Jérusalem et assurer sa survie en construisant une enceinte autour de la ville et en instaurant le *synoikismos* ; 2. qu'un prêtre, Esdras, proclamât, sous mandat royal, l'entrée en vigueur de la « loi » révisée à Babylone par les prêtres de la communauté en exil et engageât, par le biais d'un décret officiel, les représentants de la communauté à s'y soumettre désormais. Le point qui nous intéresse au premier chef dans ces événements est la mise en place d'une *séparation* rituelle de la communauté. C'est pendant l'exil qu'elle fut réalisée : l'exemple des Israélites du Nord déportés en Assyrie qui s'étaient presque entièrement fondus dans un environnement prêt à les accueillir fit comprendre aux prêtres et aux maîtres de la Thora l'intérêt décisif que pouvait présenter, de leur point de vue, la mise en place de barrières de protection rituelle.

L'interdit absolu des *mariages mixtes* était, en pratique, le point le plus important [Esd 9-10]. Il fut finalement imposé par Esdras à l'aide d'une mise en scène très théâtrale et appliqué avec la dernière rigueur : les unions mixtes déjà existantes furent dissoutes. Auparavant, cet interdit n'existait pas : en témoignaient, outre les sources anciennes (Gn 34, 8-17 ; Jg 3 ; Dt 21, 10) et les mariages mixtes des descendants de David (Ruth ! [Rt 4, 18-22]), le fait que, parmi ceux qui étaient établis en Israël, ce sacrilège avait été commis par des familles en vue, par un grand nombre de prêtres et lévites et même par la famille du grand prêtre (Es 10, 18 sq.). Dans la version des textes revue par les prêtres, cette lutte contre le *connubium* trouva un prolongement dans toute une série de théologoumènes. Ainsi, dans l'interdit de mélanger différents types de graines dans les champs, de tisser avec différents types de fils et d'élever des animaux bâtards [Lv 19, 19]. Il n'est pas impossible que ces interdits se soient rattachés, pour une part du moins, à d'anciennes superstitions d'origine inconnue. De façon générale, cependant, ces théologoumènes représentaient beaucoup plus vraisemblablement des ajouts tardifs introduits par des prêtres formalistes parce qu'ils honnissaient les « mélanges » avec des non-juifs. Il est en effet établi, par exemple, que l'usage du mulet n'était en aucun cas proscrit à l'époque préexilique. À côté du *connubium*, la *commensalité* fut une autre composante de cette fermeture vis-à-vis de l'extérieur, comparable à celle des castes. Nous avons vu que le partage de repas avec des personnes étrangères, d'un point de vue rituel, ne posait pas problème ; ce n'était le cas, cependant, comme partout ailleurs, qu'à l'intérieur d'un cercle d'alliés permanents (par *berith*) ou temporaires (par le droit d'asile). Dans l'histoire de Joseph, les Égyptiens et les Hébreux mangeaient à part, mais le refus de la commensalité était imputé aux Égyptiens et à leurs représentations, par opposition aux Israélites [Gn 43, 32]. En pratique, les difficultés réelles ne commencèrent qu'à partir du moment où la législation des prêtres mit l'accent, avec une insistance extraordinaire, sur les *règles alimentaires.*

Les interdits alimentaires qui furent par la suite tout à fait caractéristiques des Israélites n'étaient ni contenus ni mentionnés dans le « Décalogue cultuel » (qui contenait pourtant des prescriptions alimentaires extrêmement spécialisées, étendues plus tard à d'autres cas, comme l'interdit de faire cuire le chevreau dans le lait de sa mère [Ex 34, 26]) ni dans d'autres codes datés avec certitude de la période préexilique. Outre l'interdit de consommer un grand nombre d'animaux parfois très communs (Lv 11), il s'agissait : 1. de l'interdit de consommer le nerf sciatique [Gn 32, 33], qui, plus tard, en se spécialisant, revint à exclure la consommation de presque toutes les parties postérieures des animaux ; 2. de l'interdit du gras (Lv 3, 17 ; 7, 23-25) qui fut plus tard interprété comme limité aux seuls quadrupèdes et imposa alors le recours à la graisse d'oie ; 3. de l'interdit du sang, qui imposa la salaison et la dessication des viandes ; 4. de l'interdit de consommer les viandes de bêtes tombées à terre ou déchiquetées, qui rendit nécessaire (avec 3.) la régulation rituelle de l'abattage. Certains de ces interdits (Lv 3, 17, par exemple) étaient rédigés sous une forme caractéristique de la législation des prêtres. En 2 R 6, 25, il était question de viande d'âne. Ézéchiel considérait que l'interdit de consommer les bêtes tombées à terre ou déchiquetées ne concernait que les seuls prêtres (Ez 4, 14 ; voir aussi Ez 44, 31). Dans le Trito-Ésaïe (Es 66, 3), seul le sacrifice de *sang de porc* était considéré comme condamnable. Certaines composantes remontaient peut-être à une époque ancienne : ainsi, sans doute, les réticences à l'égard de la viande de porc et de lièvre [Lv 11, 6-7] et l'interdit de boire du sang, mentionné dans la tradition de Samuel (1 S 14, 33 sq.). Peut-être s'agissait-il de tabous universels, ou bien de tabous sacrificiels au profit du Dieu [1], ou encore de tabous sacerdotaux de pureté. On ne trouvait de légende étiologique – un signe certain d'ancienneté, de façon générale – que pour la coutume de ne pas manger le nerf sciatique ; l'interdit du sang reçut quant à lui une interprétation métaphysique, donc relativement tardive (liée à la croyance en l'âme) ; l'interdit de faire cuire le chevreau dans le lait de sa mère, formulé pour la première fois dans le « Décalogue cultuel », puis étendu, dans la période tardive, à toute forme de cuisson simultanée de viande et de lait, était semble-t-il issu d'un tabou local du culte de Sichem ; c'était une règle positive, qui n'était pas motivée. L'interdit de consommer les bêtes tombées à terre ou déchiquetées était peut-être lié à des règles de sacrifice. On ne trouvait nulle part de légende étiologique pour les interdits associés à certaines espèces d'animaux. À la place, il existait plutôt des sortes de distinctions de sciences naturelles, qui, loin d'être anciennes, étaient le produit de la schématisation des prêtres, et qui contribuèrent sans doute à allonger considérablement la liste des variétés de viande proscrites ; on en rencontre de très semblables, parfois les mêmes, dans le Livre de Manu (V, § 11 sq.). Il serait sans doute parfaitement vain de vouloir expliquer la genèse de chacun de ces interdits. À l'époque des

1. Jg 13,4 semble suggérer que, à l'origine, les laïcs n'étaient tenus de respecter l'interdit de manger des aliments « impurs » que lorsqu'ils en avaient fait le vœu.

Évangiles encore, il restait des porcs en Palestine, et même par troupeaux [Mc 5, 1-10]. Plus tard, leurs soies n'étaient toujours pas tenues pour impures ; seule la consommation de viande l'était. Ce n'est qu'à partir de l'époque talmudique que le petit éleveur fut regardé comme impur, y compris l'éleveur de chèvres, qui avait été, à l'origine, le porteur de la piété yahviste : mais la raison n'en était pas qu'il mangeait de la viande de porc ; c'était sa conduite impure, du point de vue des lévites, qui était incriminée. En soi, l'hypothèse la plus vraisemblable serait donc que ces interdits, tout comme celui de la viande de cheval dans l'Église allemande, aient été liés à la proscription des repas de sacrifice des cultes étrangers. Celle-ci, assez fréquemment répandue – y compris en Égypte et en Inde – trouva cependant peut-être son origine ailleurs.

Ce refus d'une série de plats de viande au demeurant très appréciés fut au demeurant moins lourd de conséquences, pour les possibilités de commensalité, que l'interdit de boire du sang et la proscription de plus en plus anxieuse de toutes les viandes ne provenant pas de bêtes abattues conformément à la règle : à l'époque post-exilique, on en conclut à la nécessité d'imposer une méthode d'abattage particulière pour tous les animaux, qui faisait l'objet d'un contrôle rituel et de règles précises (*chaḥot*) [Lv 1, 5]. Toutes les bêtes qui n'avaient pas été abattues correctement étaient désormais des « charognes » (*névéla*), même si l'entaille incorrecte était dûe à un défaut de la lame du couteau ou à une maladresse de l'ouvrier, dont l'art exigeait un long apprentissage. La nécessité d'avoir à proximité un « abatteur » rituellement correct rendait difficile, pour les juifs corrects, l'habitat isolé ou en petites communautés. Aux États-Unis, jusqu'à l'époque actuelle, ce motif a favorisé l'entassement des juifs orthodoxes dans les grandes villes (alors que les juifs réformés étaient en mesure de s'installer à la campagne et de se livrer au commerce très lucratif de prêts usuraires individuels aux Noirs). L'habillage casuistique de ce rituel d'abattage et de cette règle alimentaire ne date que de la fin de l'époque antique, même si tous ses fondements remontent à la doctrine des prêtres élaborée pendant la période de l'exil.

Cette ritualisation des coutumes alimentaires rendit évidemment beaucoup plus difficile la commensalité. Cependant, le judaïsme officiel ne connut jamais de véritable interdit de la commensalité. L'exhortation du Livre (apocryphe) des Jubilés (22, 16) à se séparer des païens et *à ne pas partager de repas avec eux* ne fit pas l'objet d'une réception, pas davantage que ne fut proclamée l'impureté des maisons des païens ni des contacts personnels avec eux. L'obligation de rompre tout contact avec les païens (Jn 18, 28), à l'époque tardive, ne s'appliquait qu'aux juifs souhaitant effectuer un acte rituel. Au demeurant, les récits des auteurs grecs et romains attestent que les juifs corrects ne regardaient évidemment pas d'un bon œil la commensalité avec les non-juifs ; c'est ce qui leur valut, à n'en pas douter, le reproche d' « *odium generis humani* » [1].

À l'époque de l'exil, l'un des plus importants commandements rituels de « séparation » était le strict respect du *sabbat* sacré, d'abord parce que, à la différence de la simple circoncision, il fournissait un critère sûr attestant aux yeux de tous que le juif concerné prenait au sérieux son appartenance à la communauté, ensuite parce que les célébrations cultuelles étaient liées au sanctuaire de Jérusalem et que le sabbat était la seule fête qui pût être célébrée sans l'appareil du culte. Le repos du sabbat rendait évidemment très difficile le travail dans un atelier en compagnie de non-juifs et il contribua ainsi, par le fait qu'il était très visible, à isoler très fortement les juifs. Le

1. Ces règles alimentaires avaient pour conséquence que les juifs corrects ne voyaient pas d'inconvénient à recevoir chez eux des non-juifs, mais refusaient par contre l'hospitalité des païens et des chrétiens. Les synodes francs dénonçaient cet état de fait, humiliant pour les chrétiens, et incitaient les chrétiens à refuser l'hospitalité des juifs.

sabbat reçut l'appui d'un mythe étiologique extrêmement marquant, qui, dans la rédaction des prêtres, prit la forme du somptueux récit de la Création et des œuvres de Yahvé pendant les six jours de la Genèse. La ritualisation du sabbat trouva son expression dans des dispositions détaillées qui furent interpolées dans le texte du Décalogue. Le commandement d'interrompre le travail des champs, d'inspiration yahviste (Ex 34, 21), et la prescription générale du jour de repos, élohiste (Ex 23, 12), donnèrent naissance à l'interdit de toute activité, à l'interdit de quitter la maison (Ex 16, 29) – atténué par la suite par la délimitation d'un « parcours de sabbat » qui offrait toutes sortes de possibilités de contourner l'interdit –, d'allumer du feu (Ex 35, 3 : il fallait donc cuisiner dès le vendredi) – un interdit atténué et qui pouvait être contourné de multiples façons en ce qui concernait les lampes –, de porter des charges et d'enterrer des bêtes de somme, d'aller au marché, de conclure des affaires, de mener des combats et de parler fort (Jr 17, 21-22 ; Trito-Ésaïe : Es 58, 13 ; Ne 10, 32 ; 13, 15 sq.). À l'époque des Séleucides, le service militaire fut déclaré impossible en raison du sabbat et des interdits alimentaires : la démilitarisation définitive des juifs pieux, en dehors des cas de guerres de religion où, selon les Maccabées, la fin justifiait les moyens [1 M 2, 34-41], fut ainsi scellée.

La création d'un *costume* particulier, comme les « *tephillin* » que portèrent plus tard les juifs d'une piété exemplaire, fut amorcée mais, du moins dans un premier temps, les choses en restèrent là.

Il fallut attendre les rabbins pour voir se manifester, en pratique, dans le judaïsme tardif comme dans le christianisme ancien, des réticences vis-à-vis de toute participation à des tâches impliquées ne fût-ce qu'indirectement dans les cultes sacrificiels païens, et vis-à-vis de toute sociabilité susceptible d'entraîner une participation indirecte à de telles formes de culte. Cependant, les fondements d'une telle réserve avaient été posés dans la prophétie et dans la Thora. Le refus de partager un quelconque repas de *sacrifice* fut le facteur décisif, unique dans l'Antiquité, qui expliqua la position de parias politiques occupée par les juifs. Le fait caractéristique, dans ces tendances séparatistes, est qu'elles furent portées par la communauté en *exil* à Babylone et par les organisateurs de la communauté des anciens exilés retournés en Palestine, largement influencée par la précédente. À la différence de la communauté des exilés d'Égypte qui, à en juger par les patronymes les plus fréquents, était fortement liée à l'Israël du Nord, et avait par suite perpétué la tradition syncrétique du Royaume du Nord, la communauté de Babylone était originaire de Juda et strictement yahviste – comme en témoignaient les nombreux patronymes créés pendant l'exil de Babylone, tous formés sur « *ya* » et non sur « *el* ». Ce fut surtout elle qui assura la continuité de la tradition *prophétique*, à la différence de l'Égypte, vers laquelle s'étaient tournés les adversaires juifs de la prophétie et où Jérémie fut conduit de force [Jr 43, 6]. L'alliance avec l'Égypte fut toujours fustigée avec beaucoup de virulence par les prophètes. De façon générale, les exilés babyloniens bénéficièrent d'une situation beaucoup plus favorable que les exilés d'Égypte, et firent surtout l'objet d'un rejet bien moindre dans leur nouvel environnement ; pourtant, ce sont surtout les juifs de Babylone et non ceux d'Égypte qui prirent l'initiative, vis-à-vis de l'extérieur, de créer les barrières rituelles décisives et, vis-à-vis de l'intérieur, de réorganiser la communauté ; plus tard, ils furent également les porteurs de l'enseignement talmudique : on mesure ainsi le rôle tout à fait considérable qui revint à la prophétie et aux espérances dont elle était porteuse dans la constitution et la perpétuation de la communauté juive. Bien entendu, on trouvait aussi des prêtres dans les communautés d'Égypte. Mais le clergé de Babylone, influencé par la prophétie, qui gardait vivante la tradition du Deutéronome, fut à lui seul le noyau des développements ultérieurs. En Palestine, la tradition puritaine fut portée par la population *bourgeoise*, par opposition aussi bien aux riches clans ruraux qu'aux prêtres fortunés. Les antagonismes sociaux de l'époque postexilique, lourds de conséquences, se firent sentir d'emblée. Dès le début, les *Samaritains* manifestèrent de l'hostilité vis-à-vis des anciens exilés. Cette population issue, selon la tradition, de villes mésopotamiennes et araméennes (2 R 17, 24) et mêlée aux Israélites de souche, avait adopté le culte de Yahvé, sous la direction de prêtres nord-israélites, mais elle vénérait également dans bien des cas d'autres divinités. Ses couches les plus influentes étaient, d'une part, les fonctionnaires et autres professions attachés à l'entourage du gouverneur, toujours installé à Samarie, et, d'autre part, les riches clans des campagnes et des localités rurales, qui avaient intérêt à la perpétuation des cultes ruraux. Lorsque débuta la construction du Temple, sous Darius, semble-t-il, ils proposèrent leurs services, mais un oracle d'Aggée (Ag 2, 10 sq.) convainquit Zorobabel qu'il valait mieux les renvoyer (Esd 4, 3), comme l'a montré Rothstein [1] ; à la suite de quoi ils parvinrent à obtenir la suspension du chantier. Leur hostilité à l'égard des Jérusalémites se perpétua et ils s'employèrent, en particulier, à empêcher toute tentative de fortification de la ville. Les Jérusalémites vivaient en permanence dans l'angoisse suscitée par ces adversaires, appelés *'ammé ha-aratsoth.* Sous Néhémie, cependant, une bonne partie des couches possédantes de la cité de Jérusalem et des campagnes alentour, laïcs, prêtres et fonctionnaires réunis, et surtout la famille du grand prêtre lui-même, étaient unis par des mariages avec les adversaires du puritanisme babylonien, et approuvaient ces derniers ou adoptaient à leur égard une position qui n'était pas tranchée (Ne 5,

1. Cf. Johann Rothstein, *Juden und Samaritaner. Die grundlegende Scheidung von Judentum und Heidentum. Eine kritische Studie zum Buche Haggai und zur jüdischen Geschichte im ersten nachexilischen Jahrhundert,* Leipzig, 1908. À l'époque de Jérémie (Jr 41, 5), des fidèles venaient de Sichem et de Samarie pour prendre part aux sacrifices du Temple.

1 ; 6, 17 sq.). Il en alla de même par la suite. À l'époque hellénistique encore (comme semble l'indiquer Flavius Josèphe*), un frère du grand prêtre fit alliance par son mariage avec un gouverneur samaritain et partit s'installer à Samarie [1]. Seuls les pleins pouvoirs reconnus par le roi à Esdras et Néhémie incitèrent les notables à faire allégeance. Les plébéiens de Teqo'a prirent part à l'édification du rempart (Ne 3, 5), mais non les grands de la ville (*adirim*). Les couches fortunées de Jérusalem recommencèrent à exploiter par l'usure les petits possédants, comme avant l'exil, ce qui donna lieu à de vifs conflits (Ne 5, 7). Néhémie, quant à lui, s'appuyait à la fois sur son escorte, sur sa fortune personnelle semble-t-il très conséquente et sans doute aussi sur celle des exilés de Babylone ; pour le reste, il était soutenu par les masses. Afin de contraindre les riches de Jérusalem d'accepter une remise des dettes (Ne 5, 7), il convoqua une « grande assemblée » (*Qehila Gedola*). De la même façon, Esdras convoqua la « communauté des exilés » (*Qehal ha-Gola*) afin d'imposer la dissolution des mariages mixtes ; il eut recours pour cela à la menace de sanctions religieuses : l'exclusion de la communauté de la *Gola* et le *ḥérem* pour les biens de ceux qui boycotteraient l'assemblée. Nous ne savons pas si le *ḥérem*, dans ce cas, n'impliquait que la tabouisation des biens, autrement dit le boycott, ou bien une destruction effective : beaucoup de conflits éclataient, comme en témoigne le récit de Néhémie. Dans les annales d'Esdras (Esd 6, 21), on rencontre l'expression « *nivdalim* » (« ceux qui se mettent à part ») pour désigner la communauté formée par les exilés rituellement corrects et ceux qui s'étaient joints à eux. La formation même de cette *communauté* fut cependant, à coup sûr, l'œuvre de Néhémie [Ne 11, 1-19].

D'un point de vue formel, l'action de Néhémie eut deux conséquences : 1. l'instauration d'un *synoikismos* réunissant les grandes familles et une partie du peuple

---

1. Cet épisode eut peut-être lieu dès l'époque de Néhémie.

des campagnes, tirée au sort, dans la cité de Jérusalem désormais entourée de remparts ; 2. la constitution d'une communauté qui s'engagea à remplir certaines obligations minimales : un serment de fraternité fut signé et scellé par Néhémie, les représentants des prêtres, des lévites et des « chefs » du peuple (*raché ha'am*). Plus précisément (Ne 10), les dispositions adoptées furent les suivantes : 1. interdiction du *connubium* avec les*'ammé ha-aratsoth* ; 2. boycott du marché le jour du sabbat ; 3. remise d'un septième du revenu annuel et de toutes les dettes de l'année ; 4. impôt annuel de 1/3 de *chéqel* par personne pour les besoins du Temple ; 5. livraisons de bois pour les besoins du Temple ; 6. rachat du ou des premiers-nés, conformément à la loi sacerdotale ; 7. livraisons en nature pour les prêtres du Temple et dîme pour les lévites ; 8. entretien du Temple lui-même. Le récit des Chroniques suggère que ce serment fut prêté après l'octroi de la loi mosaïque, c'est-à-dire des prescriptions relatives au culte et au rituel qui avaient été rédigées par les prêtres en exil [Esd 8-9]. Cependant, malgré la place importante prévue pour le grand prêtre dans le culte, celui-ci ne prit aucunement part à la cérémonie : sa signature ne figurait pas parmi celles des garants de la communauté nouvellement constituée sous Néhémie. Le caractère bicéphale de cette nouvelle organisation était manifeste et se perpétua dans presque tout le cours ultérieur de l'histoire du judaïsme. D'un côté, il s'agissait d'une communauté religieuse librement constituée, d'un point de vue formel. D'un autre côté, cependant, cette communauté de juifs exemplairement corrects se prétendait la seule héritière de l'autorité sacrée et donc aussi de l'autorité politique d'Israël [Ne 9, 7-8]. Dans le même temps, la réalité du pouvoir politique était toujours aux mains des satrapes perses ou, plus tard, du gouverneur hellénistique et de ses fonctionnaires, ou bien d'un régent auquel le roi avait donné les pleins pouvoirs, comme Néhémie, dans les faits. De la même façon, la position d'Esdras ne reposait, d'un point de vue formel, que sur l'autorité qui lui était reconnue par le roi de Perse. Nous ignorons si la lettre dans laquelle le roi lui confiait par écrit la mission d'imposer la loi du « Dieu du ciel » (Esd 7, 23) en ayant, au besoin, recours à la force, était vraiment authentique ; mais il est évident qu'Esdras n'aurait pu disposer d'une telle autorité, par rapport au grand prêtre, si le roi ne lui avait pas confié les pleins pouvoirs. Le roi s'abstint, semble-t-il, de reconnaître aux fonctionnaires de la nouvelle communauté certains pouvoirs temporels, en particulier le pouvoir judiciaire. Lorsque Néhémie arriva à Jérusalem, le gouverneur résidant à Samarie exerçait apparemment l'autorité pénale, tandis que des fonctionnaires juifs locaux géraient l'administration de chaque district. Cette structure ne fut pas modifiée, et les redevances dues au roi restèrent les mêmes. Seuls les prêtres, lévites et serviteurs du Temple en étaient exemptés par la lettre (prétendue) du roi [Esd 7, 24]. Il n'était cependant pas question que la communauté se vît reconnaître un droit de gouvernement. De même, les dîmes dues aux prêtres et aux lévites ne furent prélevées de force [Ne 13, 4-12] que dans les époques intermédiaires où un prince juif rituellement correct était au pouvoir, et avait les moyens de faire respecter cette règle. Les instruments de contrainte religieuse, le bannissement dans l'alliance de Néhémie et, plus tard, le déclassement rituel de ceux qui ne versaient pas la dîme, rétrogradés au rang de *'am ha-arets*, étaient censés garantir les rentrées fiscales. Les ambiguïtés de cette situation, qui furent à la source de conflits toujours recommencés, ressortent nettement dans les sources. Les juifs formaient un groupement communautaire purement religieux : même les redevances qu'ils s'imposaient à eux-mêmes étaient semble-t-il librement consenties. La lettre des juifs de Haute-Égypte qui, en 408-407, envoyaient de l'argent pour la reconstruction du Temple de Yahvé, était adressée à la fois au gouverneur de Samarie et au gouverneur de Jérusalem ; ils avaient d'abord écrit « au grand prêtre et aux prêtres de Jérusalem, ses collègues » mais n'avaient pas reçu de réponse. À l'évidence, ils ignoraient quelle était l'instance compétente. Au demeurant, il n'est pas étonnant que les prêtres de Jérusalem ne leur aient pas répondu.

La formation de la communauté juive, en effet, impliqua une séparation rituelle par rapport aux Samaritains et à tous les habitants du pays, israélites ou semi-israélites, qui n'étaient pas officiellement admis à en faire partie. Surtout par rapport aux Samaritains, même si ces derniers avaient adopté l'ensemble de la Thora dans la version des prêtres en exil et étaient encadrés par des prêtres aaronides. Le monopole du culte reconnu à Jérusalem était la véritable pomme de discorde. De façon significative, les exilés de Babylone tenaient beaucoup à le faire respecter. Mais ils étaient les seuls. La communauté d'Égypte avait créé son propre temple, comme en témoignent les sources d'Éléphantine ; plus tard, le grand prêtre Onias, qui avait fui en Égypte au moment des luttes intestines des Maccabées, n'hésita pas à en bâtir un autre. Rien ne traduit mieux l'influence des exilés de Babylone, qui se perpétua pendant un bon millénaire, que le fait qu'ils soient finalement parvenus à imposer le principe qu'ils avaient défendu d'emblée. On trouvait parmi ces déportés de Babylone, où ils furent les garants de la tradition, les grandes familles de prêtres et les cercles distingués, influencés par la prophétie, qui avaient rédigé le Deutéronome, et ce facteur fut plus décisif que leur suprématie économique : par la suite, en effet, la richesse de la communauté d'Alexandrie fut au moins aussi grande que la leur. À cela s'ajoutaient des facteurs ethniques, en particulier linguistiques : les juifs de Babylone, en parlant l'araméen populaire, restaient proches de leur langue maternelle, à la différence de ceux des régions hellénisées – de façon caractéristique, cette différence se fit encore sentir dans le destin que connut la mission chrétienne auprès des prosélytes juifs, d'un côté et de l'autre. D'un point de vue sotériologique, l'établissement du monopole du culte à Jérusalem, en lien avec l'existence de la diaspora juive, joua un rôle éminemment important : le *sacrifice* revêtit pour la première fois le caractère d'un sacrifice *communautaire.* Dès lors que des sacrifices furent réalisés chaque jour à Jérusalem, les *individus cessèrent* de pratiquer les leurs. Pour les juifs de la diaspora tout au moins, *ḥattath* et *acham* ne subsistèrent plus qu'en théorie : les individus versaient désormais un tribut fixe à Jérusalem, au lieu de faire eux-mêmes les sacrifices. En pratique, cependant, cette victoire de la conception babylonienne présentait les plus grands avantages, du point de vue de la diffusion internationale du judaïsme. Pour les juifs de la diaspora, il était essentiel que le culte fût célébré à Jérusalem, conformément à l'ordre voulu par Yahvé. En tant que peuples-hôtes en terre étrangère, cependant, ils gagnaient une grande liberté de mouvement, puisqu'ils n'étaient pas tenus de bâtir des temples hors d'Israël.

En principe, la *gola* rejetait comme illégal tout autre temple que celui de Jérusalem. Par suite, le conflit avec les Samaritains ne cessa de s'aviver. Dès l'époque des Ptolémées, juifs et Samaritains étaient dans un rapport de concurrence féroce en Égypte. Le destin des Samaritains ne nous intéresse pas ici dans le détail. Du point de vue de l'histoire des religions, ils présentent cependant un intérêt négatif qui n'est pas négligeable : on peut comparer leur destin avec celui des juifs et comprendre ce qui manqua à la religion des prêtres israélites orientée en fonction de la seule Thora pour devenir une religion universelle. Les *bné Yisraël*, ainsi qu'ils s'intitulaient eux-mêmes, conservèrent une orientation purement ritualiste. Leur fit défaut 1. le lien avec le *prophétisme* de Juda, qu'ils rejetèrent : leurs espérances messianiques se réduisirent par suite à l'attente de la venue d'un prince intramondain, le *ta'eb* (« celui qui est de retour »), et il leur manqua le pathos extraordinaire de la théodicée prophétique et des espoirs de révolution sociale à venir. Leur fit également défaut, 2. malgré l'existence de synagogues, l'activité législative de la couche plébéienne d'autorités populaires représentée par les rabbins et le produit de celle-ci : la Michna. Nous reviendrons plus loin sur l'importance de cette dernière. Ils ne connurent pas davantage le pharisianisme, dont l'esprit donna naissance au Talmud ; ils rejetèrent les espoirs de résurrection. Sur ce point, ils étaient en accord avec le parti des sadducéens de Jérusalem, avec lequel ils partageaient également une plus grande ouverture à l'hellénisme. Ce qui leur fit donc défaut, pourrait-on dire, ce fut l'évolution vers une *confession*, ancrée dans le contenu de la sotériologie prophétique et rabbinique et dans le rationalisme spécifique des pharisiens. Au Moyen Âge encore, ils connurent des « *revivals* » (XIVe siècle) et au XVIIe siècle encore, il existait en Orient (jusqu'en Inde) beaucoup de colonies de Samaritains ; cependant, elles ne furent pas en mesure de développer une éthique religieuse nationale susceptible de gagner l'Occident. Ils n'ont subsisté, jusqu'à nos jours, que comme une minuscule secte (qui rassemble notoirement les pires escrocs de tout l'Orient : des savants sérieux se sont laissés prendre au piège de leurs faux).

Le résultat de cette évolution fut que les « juifs », puisque tel était désormais le nom officiel de la communauté, étaient devenus une communauté confessionnelle rituellement séparée, qui recrutait ses membres héréditairement et par l'accueil de *prosélytes.* Au moment où fut imposée la séparation rituelle, en effet, l'ouverture à ces derniers fut favorisée. Le prophète proprement dit du prosélytisme fut le Trito-Ésaïe (Es 56, 3-6). Tandis que le codex sacerdotal évoquait seulement l'égalité du « *ger* » et de l'Israélite de plein droit, mais excluait expressément l'« étranger » (*ben nekhar*) de la fête de Pessah (Ex 12, 43), le Trito-Ésaïe offrait à ce dernier de prendre part à « l'alliance » et, par là, au salut d'Israël à condition qu'il respectât le sabbat, avant toute chose, et se pliât, en outre, aux autres commandements de Yahvé. Des prosélytes furent, semble-t-il, accueillis dès la première période de l'exil. À l'époque des Perses, lorsque les juifs commencèrent à occuper des charges à la cour, leur nombre augmenta encore. L'histoire d'Élisée et de Na'aman, qui fut intégrée dans le Livre des Rois [2 R 5, 1-27], illustrait apparemment de façon paradigmatique le très grand laxisme qui régnait, chez les juifs de cour, vis-à-vis des divinités des empires étrangers. Les pratiques qui furent alors sans doute autorisées furent plus tard strictement proscrites, en réaction contre le culte romain et hellénistique des souverains. Peut-être l'admission des eunuques jusque-là exclus fut-elle une innovation du Trito-Ésaïe expressément introduite pour la personne de Néhémie. À l'époque postexilique, le principe général formulé dans la Thora stipulait que, au bout de trois générations, les clans étrangers pouvaient être mis sur un pied d'égalité avec les clans israélites anciens [Dt 23, 8-9], à condition que les obligations de la loi eussent été respectées et le *connubium* avec les prêtres exclu [Lv 21, 14]. Comme nous l'expliquerons plus loin, les vieux principes qui avaient régi l'attitude à l'égard des *gérim* furent appliqués aux étrangers qui, sans pour autant s'engager à respecter pleinement les commandements, entretenaient des relations amicales avec la communauté. Parmi les juifs eux-mêmes, l'auteur du texte ne mentionnait que les *Stände* des *kohanim* (les prêtres), c'est-à-dire les descendants des Aaronides, le *Stand* des lévites et les *nethinim*, disparus par la suite, qui étaient l'équivalent d'une caste déclassée (des serviteurs du temple, auxquels s'ajoutaient d'autres catégories inférieures de personnel du temple). Les *Stände* privilégiés, quant à eux, avaient accès au plein *connubium* et à la pleine commensalité avec tous les autres juifs de clans anciens ; à l'origine, ils ne devaient se soumettre qu'à des obligations de pureté spécifiques, relativement simples, qui étaient plus strictes pour le grand prêtre. Nous reviendrons plus loin sur la différenciation sociale entre les familles sacerdotales distinguées et le tout-venant des Aaronides, et sur la notion d'*'am ha-arets*, qui se rapporta dans un premier temps, à la suite de l'exil, aux habitants des campagnes et surtout aux Samaritains extérieurs à la *qehal ha-gola*, la communauté organisée autour de l'observance du rituel, mais se chargea par la suite d'un sens rituel nouveau. Dans tous les cas, la proclamation de la loi rituelle imposée par la communauté des exilés de Babylone et la formation de la communauté de la *gola* firent des juifs un peuple *paria* dont le culte était organisé autour d'un centre, Jérusalem, où était également implantée la communauté centrale, assortie de filiales internationales.

D'emblée, leur particularité sociale la plus lourde de conséquences fut que l'observance vraiment correcte du rituel présentait d'extrêmes difficultés pour les *paysans.* Pas seulement parce que le sabbat, l'année de sabbat et les prescriptions alimentaires étaient en soi difficilement conciliables avec la vie rurale. Mais surtout parce que le développement d'une casuistique de commandements pratiques fit de l'*enseignement* rituel une des conditions d'une vie correcte. Or, la Thora des prêtres ne pénétrait guère dans les localités des campagnes. Enfin, le respect des commandements de pureté proprement lévitiques, plus tard propagés avec toujours davantage d'insistance par les Israélites à la piété exemplaire, était pour ainsi dire exclu dans le cas des paysans, nous le verrons. Aucun attrait supplémentaire ne venait, pour les paysans, compenser ces ajouts de nouvelles prescriptions. Le calendrier des fêtes fixé par les prêtres de l'exil et validé par Esdras rompait le lien que les fêtes anciennes avaient autrefois entretenu avec le calendrier des travaux agricoles et des récoltes. Enfin, les juifs qui vivaient au milieu de peuples étrangers ne pouvaient guère mener une vie rituellement correcte dans les localités rurales. Pour l'essentiel, les juifs tendirent dès lors à devenir un peuple paria *d'assise urbaine* – ce qui se produisit effectivement.

6. L'exil. Ézéchiel et le Deutéro-Ésaïe

Jamais, cependant, une communauté religieuse de plus en plus « bourgeoise » n'aurait pu se placer délibérément dans cette position de paria et accueillir avec succès, dans le monde entier, des prosélytes désireux de la rejoindre, si elle n'avait été inspirée par les promesses de la *prophétie.* Un Dieu qui non seulement protégeait de ses ennemis le peuple qu'il avait élu, mais le laissait sombrer et sombrait lui-même dans l'opprobre et la servitude, et n'en était pourtant adoré qu'avec davantage de ferveur encore : ce paradoxe inouï et sans équivalent dans l'histoire ne s'explique que par le prestige immense qui était celui du message prophétique. Ce prestige se fondait, nous l'avons vu, sur un critère purement extérieur : la réalisation de certaines prédictions des prophètes ou, plus exactement, le fait que certains événements étaient interprétés comme une réalisation de ces prédictions. Il se renforça manifestement au sein de la communauté exilée de Babylone. Tandis que le parti égyptien avait emmené de force Jérémie et le haïssait, même si ses oracles se réalisaient, ou pour cette raison même – il fut lapidé, dit-on –, l'opinion de Babylone, après s'être dans un premier temps moquée d'Ézéchiel et l'avoir tenu pour fou, se renversa complètement lorsque fut annoncée la nouvelle terrible de la chute de Jérusalem. Ceux qui n'avaient pas perdu tout espoir se tournaient vers lui pour entendre ses avis, implorer consolation auprès de lui et lui demander conseil. Alors que les Samaritains, de façon bien compréhensible, rejetaient une prophétie qui n'avait prédit que des malheurs au vieux royaume de Samarie et ne s'intéressait qu'à Jérusalem, celle-ci fut définitivement acceptée au sein de la communauté exilée à partir du moment où se réalisèrent les prédictions de salut qui annonçaient le retour d'exil. Durant le séjour à Babylone, ces oracles avaient été très écoutés ; la fondation de la communauté de la *gola* à Jérusalem était regardée comme leur réalisation. Cette communauté était le « reste » dont le salut avait été annoncé depuis Amos et, surtout, depuis Ésaïe. Le sort qu'elle connaîtrait pendant l'exil avait dès lors constitué l'objet de la prophétie, devenue une prophétie de salut. Ce passage à la prophétie de salut intervint, chez Jérémie et, surtout, chez Ézéchiel, juste après la chute de Jérusalem, qui fut regardée comme le plein accomplissement des terribles menaces de Yahvé [Jr 50, 17-20 ; Ez 39, 25-29]. Chez Jérémie, mélancolique et tendre, le contenu des attentes d'avenir était au fond limité à la chaleur d'une consolation et à l'espérance modeste qu'il fût, un jour, à nouveau possible de cultiver les champs en paix dans son pays natal ; l'extatique Ézéchiel, quant à lui, rêvait d'une catastrophe terrible dans laquelle les ennemis d'Israël seraient éliminés, de miracles inouïs et d'un avenir glorieux [1]. Il n'eut pas l'audace de proférer des menaces directes contre Babylone, comme l'avaient fait, jusqu'à la chute de Jérusalem, certains prophètes de salut extatiques, avant que l'intervention sévère du gouvernement et les mises en garde de Jérémie n'incitent à la patience et à l'obéissance. Les Perses n'avaient pas encore fait leur apparition. Ézéchiel n'avait donc que de vagues pressentiments de la réalisation de ses espoirs. Les oracles de malheur lancés contre les voisins qui se réjouissaient du malheur d'Israël, Tyr, Sidon, Ammon, Moab, Édom, les villes philistines et l'Égypte, démasquée comme une alliée peu fiable, laissaient seulement espérer qu'Israël serait rétabli par la puissance de Yahvé. Les menaces contre l'Égypte faisaient intervenir les motifs mythiques d'une catastrophe universelle [Ez 25 sq.]. Gog, un roi barbare dont la légende avait été forgée à partir de la figure réelle d'un prince des terres d'Asie Mineure (de Tuval et Méchekh, Ez 38, 2) et qui était devenu ainsi un souverain des contrées du Nord, la source ancienne de toutes les grandes migrations, prendrait la tête de tous les peuples sauvages pour aller attaquer le peuple saint de Yahvé ; dans un tumulte effroyable, qui ne laisserait plus guère aux Israélites d'autre choix que de fuir l'opprobre de la Terre sainte transformée en un vaste champ de cadavres, Yahvé causerait la chute de Gog ainsi que celle de tous les ennemis

1. Sur Ézéchiel, voir Johannes Herrmann, *Ezechielstudien. Beiträge zur Wissenschaft vom Alten Testament, Bd. 2*, Leipzig, 1908.

d'Israël qu'il avait lui-même convoqués (Ez 38 et 39). Qu'adviendrait-il ensuite ? À l'origine, Ézéchiel songeait au retour de David ou d'un membre de sa dynastie (Ez 34, 23). Mais le comportement peu exemplaire de ce clan royal et la conviction que seul le pouvoir des prêtres pouvait préserver la cohésion de la communauté le convertirent à de nouveaux idéaux. Lui-même était un Tsadoqite et, après vingt-cinq ans de captivité, ses espérances finirent par se porter, on l'a vu, sur une théocratie à fondement rationnel. Les espoirs placés dans le roi étaient abandonnés. Mais ceux qui étaient restés fidèles étaient assurés de connaître la prospérité et la richesse en ce monde et – Jérémie le prédisait également – une nouvelle alliance avec Yahvé, qui donnerait au peuple un cœur neuf et vivant, un cœur de chair et de sang pour remplacer le cœur de pierre qui les avait menés à la ruine (Ez 36, 26-27). Israël occuperait la place d'honneur devant toutes les nations, afin d'honorer le nom de Yahvé. C'en était fini des extases visuelles et auditives qu'Ézéchiel avait connues dans sa jeunesse et de leurs déchaînements ; désormais, il peignait les vastes fresques de l'ordre à venir et convertissait ses visions dans une utopie intellectuelle raffinée et pédante (Ez 40 sq.). Il fut le premier prophète-écrivain au sens propre du terme [1].

Cependant, on l'a dit, Ézéchiel n'était pas seulement un écrivain, mais aussi un prêtre qui avait en charge la cure des âmes et – pour ainsi dire – un conseiller « politico-religieux », aussi bien pour les exilés individuels que pour les représentants majeurs des Israélites en exil, les anciens. Il se regardait lui-même comme un « veilleur »

1. En effet, le tribunal de l'avenir ne se confondait pas avec les projets qui furent plus tard ceux des prêtres exilés en matière de politique d'Église, et que réalisèrent Esdras et Néhémie. Il n'y a donc pas lieu de penser que ces parties étaient des ajouts tardifs, comme on l'affirme souvent. Qu'un même individu connaisse d'abord les visions semi-pathologiques de l'extatique, apocalyptiques et eschatologiques, puis les raffinements intellectualistes de la conception d'un État futur ne constitue absolument pas, en soi, une exception.

pour son peuple. L'expérience de la cure des âmes le confronta sans doute très directement au problème de la « culpabilité » ressentie face au malheur d'Israël, notamment de la culpabilité collective et de la responsabilité solidaire, dont il était question dans la doctrine de la Thora. On sent bien que ce problème le taraudait. Les souffrances qu'il éprouvait en raison de ses infirmités de paralytique lui faisaient penser, parfois, que son destin était d'expier la vieille faute collective du peuple d'Israël (Ez 4, 5). Dans les déchaînements de colère de ses oracles de malheur, à l'inverse, il accusait souvent le peuple tout entier et sa dépravation sans remède, comme l'avaient fait ses prédécesseurs, et annonçait, semble-t-il, la chute définitive qui n'épargnerait personne. Cette idée lui était pourtant intolérable. Il considérait que les exilés subissaient, pour une part du moins, une souffrance imméritée, tandis que ceux qui étaient restés à Jérusalem se rendaient coupables d'une conduite politique douteuse et d'un enrichissement économique égoïste ; la *gola* était le seul porteur des espérances et du salut à venir, et ceux qui étaient restés à Jérusalem les responsables de tous les malheurs d'Israël (Ez 11, 16). Après la chute de Jérusalem, Ézéchiel abandonna encore cette conviction, pour les besoins de la théodicée ; elle marqua cependant d'une empreinte forte la conscience religieuse de la communauté en exil et lui apporta un soutien. Une différenciation économique vit le jour parmi les exilés, et ne fit que se renforcer : ceux qui avaient bien réussi tendirent alors à l'indifférence et à l'acceptation, tandis que le ressentiment des Israélites pauvres grandissait. L'idée qu'il faudrait encore expier indéfiniment, à titre collectif, les fautes des pères, était intolérable et ne pouvait être maintenue. Le besoin de recevoir une prime récompensant la fidélité manifestée à l'égard de Yahvé se fit irrépressible, et, à l'exemple de l'école deutéronomique, Ézéchiel rompit résolument avec la vieille idée de responsabilité solidaire (Ez 18 et 33). Il abandonna, dans le même temps, l'idée que les sanctions de Yahvé étaient impitoyables, que « nos péchés pesaient sur nous » comme un destin. Cette vision, peut-être inspirée par les impressions qu'avaient produites sur lui les croyances astrales babyloniennes, ne pouvait qu'entraîner des conséquences fatalistes fâcheuses pour la cure des âmes, ou encore conduire à la magie ou à la mystagogie. Dès lors, Ézéchiel ne croyait plus que le poids de la faute pèserait à jamais sur l'individu, qu'il s'agît de ses propres péchés ou de la faute héréditaire de ses pères. Yahvé pardonnait à l'individu selon sa conduite : le juste, qui respectait les *michpatim,* les commandements de charité de Yahvé et son *ḥuqoth*, vivrait ; la conversion sincère effaçait même les fautes graves. Tel fut le fondement religieux de l'esprit de *pénitence* qui régna désormais dans la *gola.* Telle fut aussi l'origine de la distinction entre la « piété » et l'humilité de ceux qui étaient seuls appelés à connaître le salut et la frivolité des riches et des puissants ; plus tard, dans les Psaumes surtout, elle fut la marque de la religiosité juive. Cependant, le besoin de signes distinctifs permettant aux prêtres – dont Ézéchiel faisait partie – de tenir fermement en main la communauté fit que les exigences positives formulées en matière de conduite revêtirent chez lui une tournure cultuelle et ritualiste, comme on l'a vu plus haut. Ainsi, l'éthique de la disposition d'esprit – la belle image de la transformation du cœur de pierre en cœur de chair et de sang – et le formalisme des prêtres se faisaient face sans médiation : la première était un héritage de la prophétie ancienne, celle de Jérémie, en particulier, mais aussi, chez Ézéchiel, le produit de son propre vécu religieux ; la seconde reflétait les intérêts pratiques du prêtre.

Il en allait de même chez les prophètes des premiers temps après l'exil. Aggée et Zacharie, les prophètes de salut de la courte période d'espoir que représenta le règne de Zorobabel, avaient encore une orientation purement nationale, favorable à la royauté et au Temple. Les visions nocturnes de Zacharie, un prêtre instruit, étaient une composition artistique [Za 1-8]. L'évocation des esprits des planètes dans les sept yeux (Za 3, 9), de l'« accusateur » et des anges des cieux traduisait des influences babyloniennes. Zacharie citait les prophètes anciens comme des autorités (Za 1, 6) et les anges de Yahvé comme les porteurs des commandements divins, au lieu d'invoquer son inspiration immédiate ; il présentait ainsi sa prophétie comme une œuvre puisée à des sources littéraires et trahissait la gêne qu'il éprouvait devant la crudité naturaliste de l'ancien temps. Du point de vue du contenu, tout tournait autour de la construction du Temple, dont l'aboutissement serait l'annonce du salut. À l'inverse, on rencontrait curieusement dans les oracles du Trito-Ésaïe (Es 66, 1 sq.) un rejet du Temple : le temple de Yahvé, c'était le ciel – une réminiscence de l'ancienne prophétie et de sa relative indifférence à l'égard du culte, et de l'importance autrefois attachée aux obligations sociales et humanitaires (Es 58, 1 sq.), qui primaient sur les pratiques de jeûne. L'idolâtrie et les cultes étrangers étaient regardés comme les pires sacrilèges, de la même façon qu'avant l'exil. D'un autre côté, ce prophète insistait fortement sur l'accomplissement des ordonnances rituelles extérieures, qui étaient désormais le seul signe d'appartenance à la communauté. Il laissait libre cours à son espoir de voir le « Jour de Yahvé » (Es 66, 12 sq.), qui serait un jour de consolation pour Israël, et de malheur pour ses ennemis. Une effroyable soif de vengeance contre ces derniers se faisait jour dans l'image grandiose du Dieu dévalant la montagne comme un vigneron taché de rouge par le sang des Édomites* (Es 63, 1 sq.). De même, on retrouvait chez Joël la figure désormais typique de « l'ennemi venu du Nord » et le tableau fantastique d'un tribunal des peuples (Jl 4, 1 sq.). De façon générale, cependant, un déplacement s'était effectué, conditionné par les relations que cette communauté petite-bourgeoise entretenait avec un patriciat hostile ou indifférent : les hommes de piété, par opposition aux impies, étaient les porteurs des attentes de salut chez le Trito-Ésaïe et chez les autres prophètes du temps, tel

Malachie (Ml 3, 18), et Dieu était un Dieu des humbles (Es 57, 15). Chez le Deutéro-Zacharie, le roi de l'avenir chevauchait un âne parce qu'il était le prince des humbles et des pauvres. L'idée de la justice par la foi, chez Habaquq (Ha 2, 4), rejoignait les conceptions d'Ésaïe, sans posséder leur grandiose actualité utopique. Tout était transposé, en effet, dans une veine petite-bourgeoise. Chez Joël, une terrible invasion de sauterelles fournissait le prétexte d'un sermon de pénitence unique dans sa conception, mais qui revenait en fin de compte à prôner le jeune, le sacrifice et une journée de contrition et de prière (Jl 2, 25) ; selon Malachie, les mariages mixtes portaient la responsabilité de la colère de Yahvé. Ce dernier aimait son peuple (Ml 1, 1) mais l'homme pieux attendait son salaire (Es 58, 6-9). Malachie empruntait aux Perses l'idée que Dieu tenait comptabilité des actes des hommes. D'un autre côté, on retrouvait dans le Deutéro-Zacharie, semble-t-il, une reprise de la théorie des quatre règnes universels (Za 11, 4 sq.). Joël, quant à lui, retournait à la vieille espérance utopique d'un paradis de la fin des temps, déjà présente à l'époque préprophétique, qu'il dépeignait de façon très réaliste dans le tableau, conforme aux vieilles attentes populaires, d'une communauté riche et prospère [Jl 4, 18]. Une bonne partie de cette prophétie tardive était marquée par un mélange spécifique de culture lettrée et de ferveur religieuse parfois impressionnante, mais aussi de conformité aux bonnes mœurs et aux besoins d'une communauté bourgeoise paisible et tranquille, qui vivait peut-être un peu petitement. Il est attesté que les prophètes intervenaient *publiquement* sur les questions politiques, à l'époque de Néhémie : celui-ci eut fort à faire avec les prophètes de salut de son temps [Ne 6, 14]. Cependant, beaucoup d'oracles et de chants prophétiques de l'époque présentaient un caractère purement littéraire, comme certains textes des temps de l'exil, à partir de la dernière période d'Ézéchiel, ou comme bon nombre de Psaumes, qui ne devaient souvent qu'à des motifs purement contingents de ne pas avoir été intégrés parmi les chants des prophètes (et inversement). Cela ne signifie aucunement qu'ils n'aient pas joué un rôle important dans l'histoire religieuse, même si ce ne fut pas toujours le cas pour celle de leur propre temps.

La prophétie littéraire de l'exil donna surtout naissance à la *théodicée* la plus radicale et, pourrait-on dire, à la seule théodicée vraiment sérieuse que le judaïsme antique ait jamais produite. Elle fut, en même temps, une apothéose de la souffrance, de la misère, de la pauvreté, de l'abaissement et de la laideur qui atteignit une cohérence inégalée, avec laquelle le message du Nouveau Testament ne put rivaliser. L'auteur que l'on appelle aujourd'hui le « Deutéro-Ésaïe » (Es 40-55 [1]), qui fut à

1. Alors qu'il est établi de façon certaine que ce chapitre de l'actuel Livre d'Ésaïe fut composé à l'époque de l'exil, et que l'on admet de plus en plus que son auteur n'était pas le même que celui des textes suivants (Trito-Ésaïe), on dispute encore pour savoir si les chapitres attribués au Deutéro-Ésaïe avaient tous le même auteur ou si les « chants de Yahvé *'eved* » étaient dus à quelqu'un d'autre. Ces chants du « Serviteur de Dieu » sont restés, aujourd'hui comme hier, une *crux interpretum.* Dans la littérature secondaire, mentionnons, outre le commentaire d'Ésaïe par Duhm, l'ouvrage de Ernst Sellin, *Das Rätsel des deuterojesajanischen Buches*, Leipzig, 1908. Parmi les autres travaux, on consultera les analyses de Greßmann dans *Der Ursprung der israelitisch-jüdischen Eschatologie*, *op. cit.* et l'article de Erich Laue, « Nochmals die Ebed-Jahwe-Lieder im Deuterojesaja », *Theologische Studien und Kritiken,* 77, 1904, p. 319-379, ainsi que l'étude de Friedrich Giesebrecht, *Der Knecht Jahwes des Deuterojesaja,* Königsberg, 1901. On lira surtout la critique très fouillée que Rothstein a consacrée aux anciennes analyses de Sellin (*Studien zur Entstehungsgeschichte der jüdischen Gemeinde nach dem babylonischen Exil*, t.1, Leipzig, 1901). Parmi les parutions les plus récentes, signalons en particulier Willy Staerk, *Die Ebed-Jahwe-Lieder in Jesaja 40 ff. : Ein Beitrag zur Deuterojesaja-Kritik*, Leizpig, 1913 : l'auteur établit une distinction entre les quatre chants Es 42, 1 sq. ; 49, 1 sq. ; 50, 4 sq. ; 52, 13 sq. et les autres « chants du Serviteur de Dieu », où l'*'eved* représentait sans doute le peuple d'Israël. Dans les quatre chants en question, l'*'eved* était une figure individuelle, en l'occurrence, dans les trois premiers, tantôt un héros, tantôt un martyr ; c'était un sauveur universel préexistant : en réalité, les espoirs placés dans la dynastie de David se trouvaient reportés sur les prophètes. Les critiques adressées à Sellin sont à bien des égards

l'origine de sa conception, demeura anonyme, sans doute pour échapper à la censure de Babylone [1], dont il pouvait en effet redouter l'intervention, étant donné le caractère passionné des espoirs qu'il plaçait (à tort) dans l'éventualité d'une destruction de Babylone par Cyrus.

La conception de la pauvreté et de la *souffrance* en général connut différents stades dans la religiosité israélite, et les stades les plus anciens ne furent jamais entière-

---

pertinentes. Cependant, les analyses de ce dernier demeurent précieuses sur des points importants. Sellin est le principal représentant de la thèse identifiant Yoyakhin comme le Serviteur divin et il défendait également l'idée de l'unité du Livre du Deutéro-Ésaïe. Une lecture non prévenue et sans parti pris donne l'impression que ce livre, sans doute composé à partir de fragments écrits dans l'enthousiasme des espérances éveillées par Cyrus, puis réunis par la suite, fut effectivement l'œuvre d'un auteur unique. En revanche, l'hypothèse relative à Yoyakhin semble difficilement tenable, notamment parce qu'il ne s'agissait pas d'un roi mais d'un homme qui avait le don d'enseigner la Thora, autrement dit d'un prophète. Ce texte était l'œuvre d'art religieux d'un penseur de haut vol, plein d'enthousiasme, qui écrivait pour un petit cercle de lecteurs qui partageaient son état d'esprit. Par suite, on est en droit de formuler l'hypothèse que l'ambiguïté entretenue au sujet de la nature individuelle ou collective du « Serviteur divin » était voulue, et qu'elle constituait une dimension artistique de cette théodicée prophétique. De notre point de vue, le point important de la thèse de Sellin est l'idée que les chants qui, au moment de leur composition, se rapportaient à un individu (Yoyakhin) furent adressés, après la mort de ce dernier, au peuple d'Israël par l'auteur lui-même et, par suite, harmonisés avec ceux qui ne virent le jour qu'à cette époque, sous l'effet des avancées de Cyrus. Ainsi, Sellin se range finalement à l'idée que, dans la rédaction finale du Deutéro-Ésaïe, le porteur des qualités dans un premier temps attribuées au roi n'était plus Yoyakhin mais le peuple d'Israël, ou, en l'occurrence, le noyau de ses hommes de piété. Quant à la construction subtile de ces textes, seuls des philologues spécialisés pourront avoir le dernier mot. Quoi qu'il en soit, l'intention de l'auteur, au moment de la rédaction finale, était bien celle que présupposait Sellin : la plurivocité.

1. Curieusement, à l'instar de Duhm, Hölscher s'est lui aussi prononcé récemment en faveur de la thèse d'une provenance extérieure à Babylone (à cause des passages d'Es 52, 11 et 43, 14) ; selon lui, le texte viendrait d'Égypte (de Syène, en particulier, à cause d'Es 49, 12). Mais cette hypothèse me paraît inacceptable, ne serait-ce qu'en raison de l'actualité, dans le texte, de l'intérêt pour Cyrus, sans parler de la place importante qu'y occupaient les affaires de Babylone.

ment refoulés par ceux qui leur succédèrent. L'idée de départ était, là comme ailleurs, que la fortune, la santé et le bon renom étaient le signe d'une grâce divine. Les Patriarches, ou encore Boaz, Job et d'autres hommes de piété étaient riches. Les revers de fortune, la maladie et la misère étaient regardés comme des signes de la colère divine. Pour les amis de Job, cela allait de soi ; quant aux prophètes, ils brandissaient la menace d'un tel destin comme châtiment de ceux qui avaient fauté. Nous avons vu que, avec le passage à une culture d'assise urbaine, la configuration des couches sociales se modifia : le paysan et le berger israélite qui avaient autrefois porté les armes devinrent de plus en plus des périèques démilitarisés et des pauvres menacés d'esclavage pour dettes (*evyonim*) ; des voyants pieux se substituèrent aux prophètes de guerre ; les princes patriarcaux des campagnes furent refoulés au profit du roi, du régime des corvées, des chevaliers et des patriciens qui vivaient de leurs créances et de leurs rentes foncières ; enfin, l'éthique caritative des royaumes voisins influença la parénèse des maîtres de la Thora. La conduite de vie des riches et des notables n'était manifestement pas irréprochable, du point de vue du culte comme de la morale. De surcroît, leur prestige décrut parce que l'État perdit de son pouvoir. Sophonie, déjà, établissait un lien entre la pauvreté et la piété du peuple : au jour du Jugement, celui-ci serait préservé [So 3, 12]. Pour le reste, cependant, l'éthique préexilique ne valorisait pas la pauvreté comme une forme de piété. Le pauvre, le malade, l'infirme, l'orphelin, la veuve, le métèque, le journalier faisaient l'objet d'une charité obligée, mais n'étaient pas eux-mêmes les porteurs d'une haute moralité ni d'une dignité religieuse particulière. Le règne des plébéiens était associé au jour du Jugement. Sous l'influence de la parénèse lévitique, au demeurant, Yahvé était regardé de plus en plus comme un Dieu qui aidait les misérables et les opprimés à défendre leurs droits ; sans pour autant, bien entendu, autoriser en quelque façon une revendication d'égalité inspirée par un droit naturel. La conception prophétique et deutéronomique qui identifiait Yahvé à un Dieu honnissant pardessus tout l'orgueil revenait à valoriser de façon de plus en plus exclusive la vertu spécifiquement plébéienne d'*humilité*. Le Deutéro-Ésaïe, dans la détresse de l'exil, tira les ultimes conséquences de telles représentations et de la conception universaliste de Dieu qui, logiquement, en découlait. Chez lui, le riche était à tel point identifié à l'impie – dans un passage certes douteux, Es 53, 9 – qu'il était tout simplement dit que le Serviteur de Dieu avait eu « son tombeau parmi les riches/Quoi qu'il n'eût point commis de violence/Et qu'il n'y eût point eu de fraude dans sa bouche ». Les hommes pieux, pendant l'exil, étaient souvent opprimés et maltraités par les ennemis. On n'acceptait plus que les péchés des ancêtres fussent invoqués pour justifier un pareil sort ; par suite, le Deutéro-Ésaïe inventa une nouvelle théodicée. Pour lui, Yahvé était un Dieu universel. L'existence d'autres dieux n'était pas nécessairement niée, mais Yahvé les convoquerait devant son trône et réduirait à néant leur prétendue grandeur. Yahvé seul était le créateur du monde et dirigeait le cours de l'histoire universelle ; celle-ci était l'accomplissement de ses intentions cachées. Le destin pitoyable d'Israël était un moyen, et même le plus important, de réaliser ces projets de salut universel. C'était d'abord un moyen de purification pour Israël même (Es 48, 10). Yahvé ne purifiait pas ses fidèles comme on « sépare une veine d'argent » mais les faisait passer par « le brasier de la misère » pour qu'ils devinssent le peuple élu. Il n'en allait pas seulement ainsi pour Israël, comme chez tous les autres prophètes, mais aussi pour les autres peuples. Ce thème était traité dans les chants du « Serviteur de Dieu » (*'eved Yahvé*), qui ont donné lieu à beaucoup de commentaires. En ce qui concerne en tout cas le texte dans sa version finale, cette figure correspondait manifestement tantôt à un individu, tantôt à une personnification du peuple d'Israël, ou plutôt de son noyau le plus pieux. Pour ce qui était de l'individu, on a songé à différentes personnalités, en formulant des hypothèses irrecevables, et on a également invoqué le nom du roi Yoyakhin, qui avait été conduit à Babylone alors qu'il était encore adolescent, puis gracié après des années d'enfermement dans un cachot et enfin invité à la table du roi, comme le relataient les Livres des Rois, qui s'achevaient avec sa libération. Si l'on refuse l'idée que les porteurs de la qualité de « Serviteur de Dieu » aient varié entre les différents chants, ni l'hypothèse de Yoyakhin ni aucune autre ne sont pleinement satisfaisantes et il n'est *pas* possible d'apporter une réponse univoque à la question de savoir si ce « Serviteur » était une personne particulière ou une personnification collective. Les destins et souffrances que le public de ces chants connaissait bien pour les vivre chaque jour, en particulier la mention des os « transpercés » des prisonniers, furent, semble-t-il, mis en relation par l'auteur avec les traits d'une figure eschatologique de provenance inconnue. Si cet auteur hésitait entre un porteur personnel et un porteur collectif de ce destin de souffrance, au point qu'il est parfois difficile de privilégier une interprétation par rapport à l'autre, c'était là, selon toute apparence, un choix artistique délibéré. Israël était le Serviteur de Yahvé, était-il dit (Es 49, 3) ; auparavant, déjà, Yahvé avait sauvé son « serviteur » Jacob (Es 48, 20). Juste après le premier de ces deux passages (Es 49, 5-6), cependant, le Serviteur de Yahvé était appelé à convertir Jacob et à relever les tribus d'Israël. Yahvé lui « donnait la langue exercée » d'un disciple, afin qu'il s'adressât au bon moment à ceux qui étaient « abattus » (Es 50, 4) : par la suite encore, son savoir était présenté comme une source de salut (Es 53, 11, un passage au demeurant douteux). C'étaient là les qualités communément attribuées aux prophètes et aux maîtres de la Thora : on peut être tenté de voir dans le Serviteur de Dieu une personnification de la prophétie. D'autant plus que l'auteur, qui connaissait et rejetait la magie et l'astronomie des sages babyloniens, prédisait que le Serviteur de Dieu était appelé à être « une lumière pour les païens » et à apporter le « salut pour tous, jusqu'aux confins de la terre » (Es 49, 6). N'était-ce pas là l'assurance puissante de la prophétie, qui, au moment où les anciennes promesses étaient sur le point d'être accomplies par Cyrus, avait le sentiment d'être une puissance supranationale et universelle ? D'autres passages semblent le suggérer, et cette hypothèse possède une certaine évidence. Cependant, dans bien d'autres textes, le Serviteur de Dieu revêtait indiscutablement les traits d'un souverain et non d'un prophète. Il est vrai que Moïse, l'archétype du prophète, avait aussi été un hiérocrate et un chef populaire [Dt 18, 15 ; 34, 10] ; à l'époque de l'exil, justement, la figure du sage Melchisédech, prêtre et prince à la fois, avait été remise à l'honneur. L'universalisme de la mission s'accordait à l'universalisme du Dieu. Même si le Deutéro-Ésaïe ne traitait pas cette question dans le détail, il n'est pas fortuit que le compilateur ultérieur de ce qui forme aujourd'hui le Livre d'Ésaïe ait choisi de faire suivre le texte du Deutéro-Ésaïe de celui d'un auteur anonyme postexilique (le Trito-Ésaïe), qui fut le partisan le plus acharné d'une propagande religieuse universelle et de la reconnaissance d'une égalité religieuse des prosélytes acceptant de se plier aux commandements de Dieu (Es 56, 6-7). Le Deutéro-Ésaïe présentait déjà, de fait, les fondements idéels de la mission universelle, ses objectifs et sa dignité ; parmi les prophètes de salut, c'était aussi celui qui évoquait le moins comme une finalité de salut la suprématie sociale des juifs sur les autres peuples ; il ne promettait pas davantage qu'Israël se vengerait de ses ennemis, à la différence de presque tous les autres prophètes, y compris le Trito-Ésaïe, qui regardait la soumission des païens comme une compensation future de la longue humiliation subie par Israël (Es 60, 10 et 14-15). Le Deutéro-Ésaïe proclamait, il est vrai, que Babel serait jugée (Es 47) et que les ennemis d'Israël seraient rabaissés et punis (Es 49, 23-26 et *passim*) ; mais ce n'était pas là le cœur de sa prophétie de salut. Chez lui encore, Dieu cachait son visage devant Israël, à cause de l'impiété des ancêtres, et il exhortait à chercher le Seigneur, à se convertir et à proscrire actes et pensées impies (Es 55, 6-7). Cependant, cette valorisation de la misère comme châtiment des péchés ou les exhortations à la pénitence que ce prophète ne formulait qu'occasionnellement cédaient nettement le pas, chez lui, à une tout autre interprétation de la souffrance en tant que telle : celle-ci se voyait attribuer une signification sotériologique positive. En particulier la souffrance subie par un *innocent*, ce qui était en contradiction flagrante avec la prophétie préexilique. Là encore, les formulations étaient fluctuantes, et le porteur de cette souffrance décisive pour le salut était tantôt Israël, tantôt la prophétie, tantôt une figure eschatologique individuelle. Ceux qui connaissaient la justice et la doctrine (la Thora) étaient exhortés à ne point redouter l'opprobre et les menaces du monde (Es 51, 7). Le prophète, à qui le Seigneur avait donné le don d'enseigner (Es 50, 4), parlait à la première personne pour se flatter d'avoir « livré son dos à ceux qui le frappaient », de n'avoir pas « dérobé son visage aux ignominies et aux crachats » et de l'avoir « rendu semblable à un silex » ; il avait la certitude que le Seigneur était à ses côtés et ne le laisserait pas « déshonorer » (Es 50, 6-7). Dans ce texte, le Serviteur de Dieu désignait manifestement le prophète en tant que tel. Dans d'autres chants, cependant, cette figure était à nouveau clairement personnalisée et réinterprétée dans un sens sotériologique. Beaucoup étaient épouvantés à la vue du Serviteur de Yahvé, parce qu'il était plus laid que les autres (Es 52, 14 : de nombreux exégètes identifient ce passage comme une glose). Il était le plus méprisé de tous les hommes, abandonné de tous, « homme de douleur et habitué à la souffrance », on détournait de lui son visage, on le comptait pour rien (Es 53, 3-4) et on imaginait que Dieu l'avait désigné pour subir le châtiment et être frappé. « Nous l'avons dédaigné », était-il écrit, ce qui pouvait renvoyer aussi bien à une personnification d'Israël bafoué qu'à celle du prophète conspué par son propre peuple. Le Serviteur de Dieu intercédait pour les méchants (Es 53, 12) : quant au rôle de la prophétie, l'idée n'était pas neuve (voir Jr 15, 1 ; Ez 14, 14). Il donnait sa vie pour « porter les péchés de beaucoup d'hommes » [Es 53, 12] : à la limite, cette spécificité pouvait être rapprochée, non sans difficultés, de ce qui était dit de certains hommes de piété de l'ancien Israël, tel Moïse, prêt à offrir sa vie si son peuple ne pouvait être pardonné (Ex 32, 32). L'ancien Israël connaissait bien le sacrifice d'une victime expiatoire offerte à titre de substitution. Il était dit, par exemple, à propos des convulsions extatiques d'Ézéchiel (Ez 4, 5), que le prophète expiait par des jours et des jours de paralysie les années et les années de méfaits d'Israël ; il le faisait pour son peuple, livré à la risée des païens (Ez 5, 15). Le Deutéro-Ésaïe mettait principalement l'accent sur le fait que le Serviteur de Dieu, à cause de ses souffrances, avait été *compté parmi les pécheurs* et enterré parmi les impies, bien qu'il ne fût *pas* l'un des leurs. Il avait endossé les péchés de la multitude en étant « transpercé pour nos péchés,/torturé pour nos iniquités » ; « l'Éternel » l'avait « frappé pour l'iniquité de nous tous » (Es 53, 5-6). Son œuvre de salut avait consisté à subir son martyre « sans ouvrir la bouche,/Semblable à un agneau qu'on mène à la boucherie », et à offrir son âme, c'est-à-dire sa vie, en sacrifice expiatoire (53, 7-10). Comme Job plus tard, il avait enduré la pire des souffrances : non pas le sacrifice de soi, subi ou volontaire, mais le fait de passer de surcroît pour un pécheur visé par la colère divine. Ces conceptions n'étaient pas si éloignées des formes de pensée du Deutéro-Ésaïe : il n'est pas nécessaire d'imaginer qu'elles furent importées d'ailleurs. En soi, elles ne représentaient qu'une synthèse cohérente et une réinterprétation rationnelle de conceptions antérieures. Les descriptions purement extérieures, par exemple celles du corps « transpercé », pourraient suggérer l'existence d'un type du martyre juif. Mais il n'est évidemment pas impossible qu'on ait affaire ici à la réminiscence d'une figure eschatologique de la mythologie populaire, issue d'un des cultes les plus répandus, soit celui de Tammuz (c'est l'hypothèse que l'on retient souvent), soit celui d'un autre Dieu ayant connu la mort, Hadadrimmon de Megiddo, par exemple, évoqué par la même image du « corps transpercé » chez le Deutéro-Zacharie (Za 12, 10). Cependant, si la réalité d'un tel emprunt ou d'une telle influence pouvait être établie, ce qui demeure *plus que* douteux, le déplacement majeur subi par rapport à son sens initial n'en serait que plus remarquable. Chez ces dieux qui avaient connu la mort faisait défaut tout lien avec les péchés d'une communauté et toute mise en relation avec le projet sotériologique de les expier. Il en allait tout autrement chez le Deutéro-Ésaïe. Alors que, dans le premier cas, la mort du Dieu ou du fils du Dieu s'inscrivait dans le cadre mythologique d'une cosmologie ou d'une théogonie, cette figure était devenue, chez le Deutéro-Ésaïe, conformément à la nature du yahvisme, un *serviteur* de Dieu qui s'offrait lui-même en sacrifice expiatoire. Le sauveur n'était pas le Serviteur de Dieu en proie à la mort, mais Yahvé lui-même (Es 54, 8). Conformément aux prédictions d'autres prophètes, il nouait avec son peuple une nouvelle alliance de paix, plus éternelle que les montagnes (Es 54, 10), et renouvelait ainsi la grâce de David (Es 55, 3). Le martyre du Serviteur de Dieu innocent était pour Yahvé *l'instrument* de cette nouvelle alliance. *Telle* était, de fait, la différence entre cette conception et celles de la tradition. *Pourquoi* Dieu avait-il besoin d'un tel instrument ? « Mes pensées ne sont pas vos pensées,/Et vos voies ne sont pas mes voies, dit l'Éternel » (Es 55, 8). En d'autres termes, il s'agissait d'un mystère qui n'était accessible qu'à un cercle d'initiés, ce qui tend encore à accréditer l'hypothèse selon laquelle l'imagination du prophète était influencée par un mythe eschatologique [1]. Cependant, le

1. L'idée d'une vocation « dès le ventre de la mère » (Es 49, 1) correspondait à la terminologie de la royauté babylonienne, d'une part, mais aussi, d'autre part, à la vocation providentielle de Jérémie dans le

fait a souvent été souligné, la tournure éthique de cette sotériologie était une nouveauté par rapport à tous les mythologèmes antérieurs relatifs à la mort ou à la résurrection de dieux de la végétation ou d'autres divinités et héros. Toute dimension éthique faisait généralement défaut à ces derniers. Autant qu'on puisse en juger, ce trait était une spécificité de la pensée du prophète. Il importe cependant de le caractériser plus précisément. L'enjeu n'était pas d'attribuer à la souffrance une fonction d'expiation de péchés anciens, comme c'était le cas dans la tradition prophétique ; si le Deutéro-Ésaïe ne faisait pas exception, de ce point de vue, cet aspect n'était pas décisif et demeurait marginal. L'idée était tout autre : le prophète mettait en avant la figure du Serviteur de Dieu pour souligner avec insistance que sa souffrance était *imméritée* [Es 53, 9]. De fait, les autres peuples et les impies n'étaient certainement pas meilleurs que le peuple élu de Yahvé, en proie à la souffrance. Ce prophète mettait moins l'accent que d'autres sur la rupture de l'ancienne *berith.* En revanche, contrairement aux prophètes antérieurs, il invoquait les promesses faites à Abraham (Es 51, 2) et à Jacob [Es 49, 5-6]. Mais ce n'était, là encore, qu'un aspect secondaire. Selon lui, ce n'étaient pas les promesses ni la *berith* qui posaient problème, mais la question de la théodicée : s'il existait, d'un point de vue tout à fait universel, un ordre du monde régi par un Dieu de sagesse, comment expliquer la souffrance d'Israël ? À partir d'une telle problématique, quel sens le Deutéro-Ésaïe attribuait-il à son idéalisation de la souffrance, de la laideur et de l'humiliation ? Ce n'était évidemment pas un hasard, mais un choix délibéré, si, dans le texte du prophète, la figure eschatologique ne cessait de basculer vers une personnification d'Israël ou de la

ventre de sa mère (Jr 1, 5). De façon convaincante, Sellin (*Das Rätsel des deuterojesajanischen Buches, op. cit.*, 101 sq.) a relevé dans la diction de l'auteur de forts échos d'hymnes et de complaintes babyloniens (voir aussi, auparavant déjà, Rudolph Kittel, « Cyrus und Deuterojesaja », *Zeitschrift für Alttestamentliche Wissenschaft* 18, 1898, p. 149-162).

prophétie, et inversement, et si, par suite, Israël apparaissait tantôt comme le porteur, tantôt comme l'objet de la délivrance. Le sens général était justement l'*idéalisation de la situation de peuple paria et de l'acceptation patiente de sa perpétuation.* Elles seules transformaient en porteurs de salut le Serviteur de Dieu et le peuple dont il était l'archétype. Le Serviteur de Dieu ne pouvait être identifié à un sauveur personnel que dans la mesure où il endossait volontairement le statut de paria de son peuple en exil et endurait sans une plainte et sans résistance la misère, la laideur et le martyre. Tous les éléments de la prédication utopique des Évangiles étaient déjà présents : « Ne résistez pas au mal par la force » [Mt 5, 39]. La situation de peuple paria en tant que telle et son acceptation obéissante étaient par là même élevées au plus haut degré de dignité religieuse et d'honneur devant Dieu, et revêtaient la signification d'une mission dans l'histoire universelle. Cette idéalisation enthousiaste de la souffrance, entendue comme le moyen d'œuvrer pour le salut du monde, représentait pour le prophète, semble-t-il, l'ultime accomplissement, le plus élevé, en un sens, de la promesse adressée à Abraham : son nom était appelé à devenir une « bénédiction pour tous les peuples » [Gn 12, 2].

L'éthique spécifiquement misérabiliste de la non-résistance connut un renouveau dans le Sermon sur la Montagne, et le modèle de la mort sacrificielle du Serviteur de Dieu martyrisé en dépit de son innocence contribua à l'avènement de la christologie [1] – non pas à lui seul, bien

1. La péricope du Serviteur de Dieu fut beaucoup utilisée dans les Synoptiques et les Actes des Apôtres, l'Épître aux Romains et la première Épître aux Corinthiens, mais aussi chez Jean. Le passage 1 Co 15, 3 atteste que la représentation de la mort du Sauveur en sacrifice expiatoire était déjà un élément de la tradition repris par Paul. On trouve une référence explicite de Jésus à la prophétie en Mt 26, 24 (Es 53, 7-8). Beaucoup de parallèles reprennent littéralement le Deutéro-Ésaïe : Jésus, l'élu (Lc 9, 35 = Es 53, 12), réalise la volonté de Dieu (Mt 3, 17 = Es 42, 1), il est sans péché (Jn 8, 46 = Es 53, 5), il est l'agneau de Dieu (Jn 1n 29-36 = Es 53, 4 sq.), la lumière des nations

entendu, mais en relation avec des textes apocalyptiques plus tardifs, comme la théorie du Fils de l'Homme [1] du Livre de Daniel et d'autres mythologèmes. Le mot de Jésus sur la Croix : « Mon Dieu, mon Dieu, pourquoi m'as-tu abandonné ? » [Mt 27, 46] correspond au début du Psaume 22, qui représente, du début à la fin, une variation sur le misérabilisme et la prophétie du Serviteur de Dieu du Deutéro-Ésaïe [2]. S'il s'avérait que cette parole sur la Croix ne fut pas, dans un premier temps, formulée par la communauté chrétienne mais réellement appliquée par Jésus à sa propre personne, il ne faudrait donc pas l'interpréter, comme on le fait paradoxalement souvent, comme

---

(Jn 1, 5 = Es 42, 6 sq.), il est appelé à soulager ceux qui souffrent (Mt 11, 28 = Es 55, 1 sq.), il a vécu humblement (Ph 2, 7 = Es 53, 2-3), enduré en silence, tel l'agneau, le mépris (Ac 8, 32 sq. = Es 53, 7-8), les accusations (Mt 26, 63) et les mauvais traitements (Mt 27, 26), il a intercédé pour les hommes sacrilèges (Lc 23, 34 = Es 53, 5 sq.), il est mort en rançon pour les péchés des autres (Mt 20, 28 = Es 53, 10 sq.) et Dieu l'a glorifié (Jn 13, 31 ; 14, 13 ; Ac 3, 13 = Es 49, 5 ; 55, 5). L'épître aux Romains Rm 4, 25 (= Es 53, 12) est particulièrement caractéristique : Paul jette les bases de la traduction tout à fait ambiguë de la Septante. Il arrive à l'occasion que le rôle des apôtres soit défini à l'aide d'images tirées du Deutéro-Ésaïe (Ac 13, 47 = Es 49, 6). Tous ces passages sont répertoriés de façon très commode par Eugen Hühn, *Die messianischen Weissagungen des israelitisch-jüdischen Volks*, t. II, Fribourg/Brisgau, 1900.

1. « Fils de l'homme » remplace très souvent « Serviteur de Dieu », ce qui suggère un emprunt (mystères).

2. Le verset 17, où il est question des « pieds et des mains percés », est une variante corrompue. On peut donc se demander si le Serviteur était ligoté ou s'il avait les os transpercés comme un prisonnier. La traduction de la Septante semble indiquer que tel était bien le cas. Les versets suivants également, qui évoquent le partage de ses vêtements et le tirage au sort de sa tunique. La communauté chrétienne, cependant, peut-être à cause de la Septante, voulut absolument voir dans ce verset une allusion à la crucifixion ; en effet, tout l'exposé des Évangiles est influencé par le Psaume 22. Par suite, un lien avec le « transpercé » du Deutéro-Ésaïe était tout à fait vraisemblable ; quoi qu'il en soit, le Psaume 22 fut couramment interprété en ce sens. La communauté chrétienne regarda les chants du Serviteur de Dieu et ce Psaume comme des prédictions *promiscue* de la venue du Christ et les prit pour modèle de son récit de la Passion.

l'expression d'un désespoir et d'une déception très profondes, mais, tout à l'inverse, comme la traduction d'une assurance messianique au sens du Deutéro-Ésaïe et d'une confiance dans les espérances énoncées à la fin du Psaume 22.

Dans la littérature canonique juive, en revanche, ce Psaume est *le seul* texte dont le contenu soit en tout point conforme à la sotériologie du Deutéro-Ésaïe, même si l'on trouve dans les Psaumes un certain nombre de citations et de références isolées. *L'esprit* du Deutéro-Ésaie, le sentiment d'être « un vermisseau » (Es 41, 14) et la valorisation positive de l'abaissement et de la laideur ne furent pas sans répercussions dans le judaïsme, il est vrai, et firent plus tard sentir leur influence dans le christianisme, jusque dans le piétisme. Le judaïsme, cependant, abandonna dans un premier temps complètement la conception du Serviteur de Dieu innocent qui souffrait et offrait volontairement sa mort en sacrifice pour les péchés des autres. Cela s'explique par les événements de l'époque. Selon le Deutéro-Ésaïe, la délivrance était proche et, avec elle, le salaire de ceux qui avaient souffert et obéi. Cyrus, l'oint du Dieu de l'univers, était aux portes de Babel et détruirait la ville (Es 45, 1). Mais Babel ne fut pas détruite et Cyrus se comporta comme son roi légitime. En revanche, il est vrai, le retour d'exil eut bien lieu. Mais la manière dont il se déroula fit qu'il ne fut pas perçu comme un moment de délivrance. De plus, il était en soi impossible que cette théodicée, œuvre d'un penseur théologien, devînt une croyance partagée par toute une communauté ; il en alla de même avec les conceptions de la délivrance des intellectuels indiens. L'image du juste transpercé injustement mais récompensé à la fin des temps se retrouvait, il est vrai, dans le Deutéro-Zacharie [Za 12, 10] et dans les Psaumes, comme une métaphore d'Israël. Dans le Livre de Daniel (Dn 11, 33 et 12, 3) et, surtout, le Livre de la Sagesse (apocryphe), le Deutéro-Ésaïe était largement utilisé. Conformément à la position de l'auteur, les prophéties concernant les souffrances du Serviteur de Dieu puis sa réhabilitation étaient appliquées aux maîtres de la Thora ou au peuple des justes d'Israël. Cependant, l'usage qui était fait du Deutéro-Ésaïe était tout à fait lacunaire et, surtout, ne permettait pas de forger la figure d'un martyre expiant, par des souffrances volontaires et endurées sans mot dire, les péchés du peuple d'Israël, voire ceux du monde entier. Job ignorait tout de la théodicée de la souffrance et de son agrément aux yeux de Dieu selon le Deutéro-Ésaïe et jamais les espérances messianiques du peuple ne purent se fonder sur cette prophétie. Il en alla de même de la littérature rabbinique ancienne. Il y était bien question d'un Messie tombé à la guerre, mais celui-ci n'avait pas souffert pour devenir un Sauveur. Ce n'est que dans le Talmud qu'une telle figure fit son apparition (Talmud de Babylone, Sanhédrin 98 b) et seulement à partir du IIIe siècle apr. J.-C. environ que, sous la pression des événements, le modèle d'une souffrance du Messie et l'idée que la souffrance était méritoire en tant que telle s'imposèrent à nouveau [1]. Jusque-là, seules les conceptions du Deutéro-Ésaïe relatives à la souffrance endurée en silence, bien connues car souvent citées, notamment dans certains Psaumes, et le pathos qui s'en dégageait, exercèrent un effet durable. Le pathos de la situation de paria, fait d'acceptation et d'attente, et le regard étranger que les juifs portaient sur le monde, trouvèrent dans ce livre extraordinaire leur soutien intérieur le plus décisif, avant que ce produit de l'exil ne devienne le ferment le plus puissant de la genèse de la croyance dans le Christ.

Les prophètes de l'exil et une bonne partie des auteurs religieux postexiliques n'étaient plus des démagogues préoccupés par l'actualité des questions politico-

1. Sur ce point, voir Dalman, *Der leidende und sterbende Messias der Synagoge im ersten nachchristlichen Jahrhundert,* Berlin, 1888. À l'époque rabbinique, en revanche, l'idée de la souffrance comme substitut était tout à fait répandue (4 M 6, 29 ; 17, 22).

religieuses ; les conditions de l'époque ne le permettaient plus. Ce facteur entraîna non seulement des conséquences sur la forme et le style mais aussi sur la conception du charisme prophétique. La prophétie ancienne ne partageait généralement pas la terminologie des anciens extatiques de l'Israël du Nord et ne disait pas que « l'esprit » de Yahvé (*ruaḥ*) habitait le prophète [1]. Nous avons vu que cette conception leur était étrangère. La voix de Dieu en personne s'adressait à eux, ou parlait à travers eux comme à travers un instrument ; ils ne pouvaient résister à la parole de Dieu et si ce dernier était parfois appelé « esprit », c'était pour marquer la grande distance qui le séparait de l'homme. Yahvé portait directement la « main » sur le prophète, et celui-ci, tel Ésaïe, proclamait « la Thora de Dieu » [Os 9, 7]. Le facteur caractéristique, sinon prédominant dans tous les cas, était donc un puissant habitus d'extase actuelle et émotionnelle, même si ses manifestations étaient contrôlées et si son interprétation était orientée par certaines représentations des relations entre Dieu et les hommes. Il n'en alla plus de même lorsque la prophétie perdit son caractère d'actualité politique. Les oracles tardifs d'Ézéchiel, déjà, avaient perdu toute la crudité caractéristique de ses premiers temps [Ez 40-48]. On ne trouvait plus de trace d'extase émotionnelle dans le Deutéro-Ésaïe. Dans le Trito-Ésaïe (Es 61, 1), « l'esprit » prophétique « du Seigneur Yahvé » (*ruaḥ adonaï Yahvé*) était « sur » le prophète comme un habitus *durable* et le poussait à enseigner. Les états émotionnels actuels se rencontraient chaque fois que des décisions politiques concernant le présent immédiat pouvaient être influencées, ou que la soif de vengeance se déchaînait contre les ennemis, comme dans la vision du vigneron chez le Trito-Ésaïe [Es 63, 1-10]. Cependant, même la prophétie de salut liée

1. Osée appelait cependant le prophète « l'homme de l'esprit » [Es 1, 10 ; 5, 24 ; 30, 9].

à l'actualité de l'époque de Zorobabel se distinguait, dans son habitus caractéristique, de la prophétie préexilique. Les visions nocturnes, autrement dit les visions en rêve, que celle-ci avait rejetées ou tout au moins regardées avec condescendance, étaient à nouveau à l'honneur comme chez les « voyants » de l'ancien temps : Zacharie était justement un prêtre, et non un démagogue. « L'esprit », qui jouait à nouveau un rôle chez Aggée, puis chez Joël et le Deutéro-Ésaïe [Ag 2, 5 ; Jl 3, 1-2 ; Es 40, 7], était à la fois, désormais, un théologoumène permettant d'écarter les représentations anciennes, dont l'anthropomorphisme était jugé embarrassant, et une espérance prophétique d'avenir. Mais surtout, le porteur de cet « esprit » était la *communauté*. Chez Ézéchiel, Yahvé déclarait (dans un passage peut-être révisé tardivement, Ez 39, 29) qu'il avait répandu son esprit sur la maison d'Israël et ne se détournerait plus de celle-ci à l'avenir, après la venue du salut ; chez le Deutéro-Ésaïe (Es 44, 3), cette prédiction s'était transformée en une promesse d'avenir : Dieu répandrait son esprit, autrement dit l'esprit de la prophétie (voir Es 42, 1), sur la semence d'Israël. C'est tout le « peuple du pays » qui était porteur de l'esprit. Lorsque le Trito-Ésaïe (Es 63, 10-11) évoquait les méfaits du peuple d'Israël à l'époque de Moïse, qui avaient porté atteinte à « l'esprit saint » distribué par Yahvé au peuple, et qu'Aggée, déjà, promettait le retour de l'esprit de Yahvé, en invoquant la promesse faite par ce dernier au moment de la sortie d'Égypte (Ag 2, 6), aucun des deux ne faisait référence, littéralement, à l'épisode où les soixante-dix anciens avaient été saisis par l'esprit extatique de la prophétie (Nb 11, 25) ; tous deux songeaient à l'habitus durable de sainteté spécifiquement reconnu au peuple fidèle à l'alliance (Ex 19, 5). À l'époque préexilique, au demeurant, la théorie hostile aux prêtres (celle des qorahites) en avait déduit que tous les membres de la communauté, et pas seulement les prêtres, possédaient une égale sainteté et une égale qualification charismatique.

Chez les prophètes de l'époque postexilique tardive, Joël (Jl 3, 1) et le Deutéro-Zacharie (Za 12, 10), la conception de l'esprit revêtit à nouveau des formes tout à fait différentes. À la communauté, aux « citoyens (*yochev*) de Jérusalem » et aux descendants de David qui étaient à leur tête, le Deutéro-Zacharie ne laissait entrevoir, pour le Jour de Yahvé, que l'esprit *de la prière*. Cependant, celui-ci se manifesterait dans des lamentations passionnées, analogues à celles qui étaient en usage dans les cultes de la végétation, autrement dit dans des accès extatiques de pénitence, qui auraient pour objet le « transpercé », nouvel avatar, à l'évidence, de la figure eschatologique du Serviteur de Dieu et du martyre pieux du Deutéro-Ésaïe. Chez Joël, en revanche, à l'aube du « Jour de Yahvé », où ne devaient être sauvés que ceux qui invoquaient son nom, c'était le vieil esprit prophétique extatique et émotionnel qui se répandait sur tous les membres de la communauté, leurs fils, filles, serviteurs et servantes, qui inspirait des rêves aux anciens, des visions aux jeunes gens et des prophéties aux enfants. Il s'agissait là, manifestement, d'un retour aux anciennes traditions d'extase des laïcs, et les espérances ultimes étaient rattachées à un renouveau de l'universalisme du don de prophétie. Ces conceptions jouèrent un rôle essentiel dans le développement du christianisme. Il était fait référence à ce passage de Joël, cité intégralement, dans le récit du miracle de la Pentecôte (Ac 2, 16 sq.). Si la mission chrétienne attacha une telle importance à ce dernier, c'est seulement parce qu'il annonçait avec certitude, selon la prédiction de Joël, l'imminence du « Jour du Seigneur » (au sens chrétien). Pour la piété chrétienne primitive, ce passage était le seul, dans toute la littérature prophétique juive, qui légitimât la venue de « l'esprit » comme un phénomène d'extase *de masse*, telle que la communauté chrétienne le valorisait, en s'opposant très fortement sur ce point à la prophétie exilique.

7. Les prêtres et la restauration confessionnelle après l'exil

Dans l'évolution du judaïsme, de tels passages attestaient seulement que « l'esprit » originel de la prophétie ancienne était en train de disparaître. Il ne disparut pas en raison d'une loi psychique « immanente », de nature mystérieuse. Il disparut parce que la police représentée, au sein de la communauté juive, par le *pouvoir sacerdotal* s'assura la maîtrise de la prophétie extatique [Za 13, 2-6], tout comme les évêques et les presbytes contrôlèrent la prophétie pneumatique dans la communauté des premiers chrétiens. Le charisme prophétique extatique continua d'exister dans le judaïsme. Les visions attribuées à Daniel et Énoch présentaient un caractère extatique, tout comme bon nombre d'expériences d'autres auteurs apocalyptiques, même si les manifestations psychiques et l'interprétation de ces phénomènes s'étaient fortement déplacées par rapport à la prophétie ancienne et si, surtout, l'art littéraire avait pris le dessus sur l'actualité du vécu émotionnel. Parmi tous ces textes tardifs, cependant, seul le Livre de Daniel put bénéficier d'une reconnaissance officielle et imposer plus tard son intégration dans le canon. Tous les autres furent tolérés mais ils étaient regardés comme des exercices privés, non classiques, sinon hétérodoxes. La pratique des visions devint ainsi l'affaire de sectes et de communautés de mystères. De la même façon, la prophétie politico-religieuse liée à l'actualité continua d'exister jusqu'à la fin du second Temple. L'opinion populaire était convaincue que le don prophétique présentait un caractère divin, et les prophètes attiraient les foules. Cependant, les prêtres n'avaient pas cessé de s'opposer à eux. Les représentants de la prophétie politique se montrèrent hostiles aux réformes sacerdotales d'Esdras et de Néhémie. Des oracles de ces prophètes, rien n'a été conservé : les prêtres ne recevaient que ce qui pouvait se conformer à l'ordre de la communauté sacerdotale. Les oracles se contredisaient entre eux, et ce facteur contribua en un sens à jeter le discrédit sur le charisme prophétique. À elle seule, l'opposition entre les oracles d'Ésaïe et de Michée, d'Ésaïe et de Jérémie, de Jérémie et d'Ézéchiel pouvait remettre en cause la croyance selon laquelle l'extase prophétique était en soi la garantie de l'accès à un message divin. Comment établir désormais l'authenticité d'une prophétie ? On savait, d'expérience, que des faux prophètes avaient possédé le pouvoir de faire des miracles (Dt 13, 3). La réponse apportée à cette question à partir du Deutéronome fut la suivante (Dt 18, 22) : la prophétie était vraie si elle se réalisait. Néanmoins, pour la période antérieure à la définition d'un tel critère, c'est-à-dire pour celle où il fut adopté, il n'existait pas de norme. Par suite, Jérémie proposa un second critère (Jr 23, 22) : le prophète n'était authentique que lorsqu'il corrigeait les pécheurs, c'est-à-dire soumettait la communauté à Yahvé et *à sa loi* ; dans tous les autres cas, on avait affaire à un prophète de mensonge. On peut établir un parallèle entre cette conception et le rôle croissant attribué au critère *éthique* dans la communauté des premiers chrétiens [1 Co 14, 27-40]. Le respect bien établi pour le travail réalisé par la *Thora lévitique* portait ici ses fruits dans la communauté juive, tout comme, plus tard, la réception de « l'Ancien Testament » dans la communauté chrétienne. Au sein de la communauté postexilique, les prêtres parvinrent à ruiner entièrement le prestige de l'ancienne extase des *neviim.* Le résultat était là : le Deutéro-Zacharie affichait son mépris à l'égard des prophètes, les porteurs de l'esprit « d'impureté » (Za 13, 1 sq.). Au Jour de Yahvé, ils seraient chassés du pays, avec les idoles. Ceux qui se prétendaient prophètes seraient démasqués et poignardés par leurs parents, ils auraient honte de leurs visions en rêve, ils ne revêtiraient plus le manteau à poil (le manteau des prophètes), ils passeraient aux aveux et révéleraient qu'ils étaient paysans et que leurs prétendus stigmates n'étaient que les marques laissées sur leur peau par les ongles des prostituées. Avec cet exercice caustique d'autodérision de la prophétie, la version sacerdotale poussa au suicide cette dangereuse rivale. De la même façon que l'administration de l'Église chrétienne, le judaïsme officiel déclara l'époque prophétique achevée, et l'esprit prophétique éteint : une évolution que l'on observe partout où une hiérocratie sacerdotale est parvenue à son plein développement et entend se prémunir contre les novateurs religieux. L'expression « *ruaḥ haqodech* », qui apparut pour la première fois chez le Trito-Ésaïe, dans l'un de ses sermons de pénitence prophétique les plus vigoureux (Es 63, 10-11 : « Esprit Saint », « πνεῦμα τὸ ἅγιον » dans la Septante), fut reprise dans un Psaume de pénitence profondément pessimiste (Ps 51, 13) pour désigner, là encore, l'habitus de celui qui avait reçu la grâce de Yahvé [Talmud de Babylone, Berakhot 3a]. La colombe, le symbole d'Israël persécuté (Ps 74, 19), était désignée par les rabbins comme porteuse d'un tel habitus, aussi éloigné du *pneuma* émotionnel chrétien que de l'ancien esprit des prophètes. Ce dernier, selon la doctrine tardive, n'anima plus personne après Malachie. Si Dieu le voulait, on pouvait encore entendre une mystérieuse voix céleste (*bath qol*) crier fort ou chuchoter doucement. Mais il ne suffisait pas de l'entendre pour avoir le don prophétique. Elle pouvait, selon les cas, retentir aussi bien aux oreilles des pécheurs que des justes et des maîtres, elle pouvait annoncer le malheur, le bonheur ou la grandeur, ou appeler à la conversion, comme dans le Nouveau Testament. La capacité à la percevoir n'était pas le privilège de certains individus ; on ne pouvait la « posséder » ni être possédé par elle, comme les prophètes l'étaient autrefois par l'esprit de Yahvé. L'entendre était un don de grâce pour Israël (Yoma 9b) mais un don de grâce moins grand que l'esprit prophétique ancien.

C'est le rationalisme bourgeois toujours plus affirmé du peuple intégré dans le monde pacifié de l'empire perse, d'abord, hellénistique, ensuite, qui permit aux prêtres d'étouffer ainsi la prophétie. Mais aussi la fixation *par écrit* de la tradition autorisée et les modifications que cette innovation entraîna dans la doctrine et la discipline des mœurs. Lorsque les événements de l'époque des Maccabées provoquèrent à nouveau l'apparition de meneurs politiques qui dressaient le peuple contre le clergé distingué et fustigeaient, dans l'empire hellénistique, l'indifférence des riches et des gens cultivés, ces démagogues présentaient un tout autre visage que les prophètes du passé.

L'évolution des formes de piété dans la communauté juive, désormais privée du charisme prophétique, fut très fortement déterminée par ces différences sociales, ainsi que l'attestaient les récits de Néhémie. Les « pieux », les *Hassidim*, comme on les appelait au début de l'époque des Maccabées, ou les *'anavim*, comme ils étaient désignés dans les Psaumes, les principaux porteurs de l'évolution ultérieure de la religion juive, étaient principalement (sinon exclusivement) un *dêmos* urbain composé de cultivateurs, d'artisans, de marchands qui s'opposaient très fortement, selon l'antagonisme typique de l'Antiquité, aux clans fortunés des villes et des campagnes, aussi bien profanes que sacerdotaux. Il n'y avait là, en soi, rien de nouveau. La seule nouveauté résidait dans l'exacerbation et les modalités du conflit. La responsabilité en incombait au caractère essentiellement *urbain* du *dêmos.* Alors que, dans la prophétie préexilique, ils n'étaient que les objets de la charité prônée dans les cercles prophétiques et lévitiques, deutéronomiques surtout, les hommes de piété commençaient désormais à s'exprimer et à se définir, par opposition à leurs adversaires, comme le peuple élu par Yahvé. Parmi les sources dont nous disposons, le lieu où leurs dispositions religieuses trouvèrent le plus clairement à s'exprimer fut le psautier.

LES PHARISIENS

1. Le pharisaïsme comme religiosité de secte

À partir de l'époque des Maccabées, le judaïsme connut un changement très important qui acheva de lui imprimer son caractère définitif : le développement du *pharisaïsme.* Il trouva des précurseurs dès l'époque du soulèvement national des Maccabées. L'enjeu central fut d'abord la réaction contre l'hellénisation [1] à laquelle avaient succombé les couches supérieures. Les Psaumes évoquaient les « *Ḥassidim* » en les désignant comme les « hommes de piété » parce qu'ils perpétuaient les coutumes des pères. C'étaient les partisans de Judas Maccabée, qui, d'un côté, critiquaient même le sabbat [1 M 2, 39-41] – et l'interprétation la plus stricte de la loi – mais, de l'autre, étaient particulièrement attachés à la fidélité ancienne à l'égard de la loi. Il n'y a pas lieu, semble-t-il, d'identifier ces « saints de l'ancien temps » (*ḥassidim-ha-*

1. C'est certainement aux graves dangers de l'hellénisation que faisait allusion le Psaume 12, 2.

richonim), comme ils étaient appelés dans le Talmud, à une secte dotée d'une organisation particulière, même si certains passages pourraient le suggérer (cf. 1 M 7, 12). La συναγωγή Ἀσιδαίων des Livres des Maccabées était tout simplement le *qehal ḥassidim* des Psaumes, l'assemblée du peuple pieux, hostile à l'hellénisation, qui soutint ce mouvement [1]. Les 18 Bénédictions évoquaient les *Ḥassidim* à côté des *tsadiqim*, ce qui ne parle pas en faveur de l'hypothèse de la secte. Certaines spécificités, comme la coutume de se concentrer une heure durant par la méditation avant la prière rituelle, leur étaient cependant attribuées. Ce mouvement dépérit lorsque le régime des Maccabées, sous la pression de la nécessité, fut contraint de s'adapter aux besoins qui étaient ceux d'un petit État séculier et revêtit nettement les traits d'un petit royaume hellénistique [2]. La conscience de la nécessité politique d'une telle évolution convainquit les fidèles de l'époque que la souveraineté étrangère était en réalité préférable à celle d'un roi prétendument juif et jouissant du prestige national, mais inévitablement infidèle à la loi dans toute sa rigueur. C'est ainsi que, après la mort d'Hérode, les juifs pieux adressèrent une supplique à Auguste* pour qu'il ne désignât pas Archélaos comme souverain. Le mouvement hassidique fit place, à partir de cette époque, à celui des « pharisiens [3] ».

Le mot *paruch* (*peruchim* au pluriel, *perichaya* en araméen, d'où le grec φαρισαῖοι) désignait celui qui se « tenait éloigné » – des personnes et des choses impures, s'entend. C'était aussi le sens de l'ancien mouvement des *Ḥassidim*. Cependant, les pharisiens donnèrent à leur mouvement la forme d'un *ordre*, d'une « confrérie », *ḥavura*, dans laquelle n'étaient accueillis que ceux qui

1. Peu importe que leur potentiel directement militaire fût restreint, comme le suppose Wellhausen.

2. On considère généralement que le mouvement prit fin avec Yoshua Qatnutha.

3. Voir l'étude récente de Ismar Elbogen, *Die Religionsanschauungen der Pharisäer*, Berlin, 1904.

s'engageaient formellement devant trois autres membres à respecter la plus stricte pureté lévitique. Tous ceux qui menaient, de fait, une existence de « pharisiens » n'étaient pas nécessairement des *ḥaverim*, des membres de l'ordre. Mais celui-ci représentait le noyau du mouvement. Il possédait des ramifications dans toutes les villes où vivaient des juifs. Parce qu'ils partageaient la même pureté, ses membres revendiquaient la même sainteté personnelle que les prêtres menant une vie correcte, et une sainteté supérieure à celle des prêtres menant une vie incorrecte. Le charisme du prêtre en tant que tel fut dévalorisé au profit de la qualification religieuse personnelle dont la conduite de vie apportait la confirmation. Ce changement n'intervint, bien entendu, que progressivement. Au IIe siècle encore, à l'époque de la rédaction du Livre des Jubilés, les autorités religieuses auprès de la bourgeoisie étaient encore des érudits et des maîtres ou, du moins, des membres des familles sacerdotales et lévitiques. Peu à peu, cette situation se modifia profondément, en raison de l'attitude de l'aristocratie qui, plus ou moins favorable aux revendications nationales et religieuses des fidèles, heurta fréquemment ces derniers parce qu'elle fut contrainte à des compromis politiques.

Pour le judaïsme, l'enjeu décisif de ce mouvement fraternel était le suivant : les pharisiens ne prenaient pas seulement leurs distances par rapport aux Grecs, mais aussi et surtout par rapport aux juifs qui ne vivaient pas saintement. Un antagonisme vit le jour entre les « saints » pharisiens et les *'am-ha-arets* [1], les « gens des campagnes », les « ignorants », qui ne connaissaient ni ne respectaient la loi. Cette opposition revêtit un tour extrême et frisa la séparation rituelle en castes. Le *haver* devait s'engager à ne pas recourir aux services d'un

1. À partir de la rédaction des Livres d'Esdras (Es 9, 1) et de Néhémie (Ne 10, 31), le terme *'am-ha-arets* devint un terme technique. Mais ils furent d'abord une « masse » dévalorisée, d'un point de vue religieux, par rapport aux *Ḥassidim*, puis, à partir de l'époque des Maccabées, par rapport aux pharisiens.

prêtre ou lévite qui ne menait pas une vie rituellement pure, d'un *'am-ha-arets*, en d'autres termes, à proscrire *la communauté de repas avec des païens ou des 'am-ha-arets*, ainsi que le *connubium* et l'association avec ces derniers et, de façon générale, à limiter autant que possible les contacts avec eux. De par leur radicalité, ces mesures représentaient *une innovation*. Il en résulta, sinon dans tous les cas, du moins fréquemment, une haine terrible entre *ḥaverim* et *'am-ha-arets* : les diatribes furieuses de Jésus de Nazareth contre les pharisiens en témoignaient à l'envi [Mt 9, 11 ; 23]. Cette fois, il s'agissait bien d'une *secte*. En l'occurrence, d'une secte interlocale, qui fournissait au *ḥaver* en déplacement dans une autre localité des lettres de recommandation de la confrérie, lui garantissant un accueil immédiat dans une communauté en affinité avec ses idées. Par suite, cette secte produisait, à l'avantage de ses membres, exactement les mêmes effets sociaux (et, sans le vouloir, économiques) que les autres sectes, partout ailleurs dans le monde (et surtout dans les régions où se développèrent, à l'époque moderne, les sectes puritaines et baptistes). Paul apprit auprès des pharisiens les techniques de propagande et de création d'une communauté indestructible. L'essor puissant de la diaspora juive à partir de l'époque des Maccabées et sa résistance sans faille dans tous les contextes étrangers, grâce à leurs pratiques de séparation, fut pour une large part le produit du mouvement de la confrérie pharisienne. L'importance historique des pharisiens pour la diaspora, justement, et pour la constitution de l'identité juive, apparaît plus clairement encore si l'on examine les pratiques qui étaient les leurs.

Les pharisiens avaient pour adversaires l'aristocratie juive de naissance, les grandes familles patriciennes et, surtout, la noblesse sacerdotale des Tsadoqites (les « sadducéens ») et tous ses alliés. Ces conflits ne s'exprimaient pas sur le plan formel ni dans les attitudes extérieures : au contraire, le pharisien pieux était rigoureusement attentif à l'acquittement de la dîme, conformément à la loi sacerdotale. Mais l'antagonisme était réel, comme en témoignait, à elle seule, l'exigence que le prêtre, s'il voulait trouver à s'employer, menât une vie rituellement correcte, au sens où l'entendaient les pharisiens. Il existait, en outre, des institutions communautaires créées, soit officiellement par les pharisiens comme des confréries, soit sous leur influence. Désormais, c'était la « communauté » qui était le porteur de la religion, et non plus le charisme héréditaire des prêtres et des lévites. À l'exception d'une série de différences rituelles minimes, ce furent les innovations suivantes qui traduisirent le mieux ce changement.

Les confréries célébraient des eucharisties (des « repas d'amour ») très comparables, dans leur caractère, à celles des institutions chrétiennes ultérieures, qui les prirent certainement pour modèle. Les bénédictions prononcées au début des repas étaient déjà les mêmes. Les pharisiens créèrent encore la procession de l'eau, très populaire, qui ressemblait à celle des gourous charitonitiques de l'Inde. Ils créèrent surtout la synagogue, l'institution centrale du judaïsme tardif, qui, nous allons le voir, remplaça le culte sacerdotal pour les juifs de la diaspora, et mirent en place un enseignement de la loi de niveau supérieur et élémentaire qui marqua le judaïsme de manière décisive. Lentement, mais profondément, ils transformèrent la signification du sabbat et des fêtes. La fête sacerdotale du Temple fit place à la fête domestique ou à la fête de la synagogue – en Inde aussi, cette évolution représenta le symptôme d'une émancipation par rapport aux brahmanes ; il s'ensuivit, inévitablement, une dévaluation du sacrifice et des prêtres, avant même la chute du second Temple. Mais surtout : on rendait désormais visite, non plus au prêtre, mais à un maître compétent en matière de loi, pour faire face aux difficultés extérieures ou intérieures ou en cas de doute sur les obligations rituelles. Les décisions des *sopherim* formés selon les critères des pharisiens avaient force de loi pour les juifs – et leur non-respect était puni de mort. Inversement, le *sopher* revendiquait le droit de pouvoir, le cas échéant, dispenser du respect de la loi et des vœux – une fonction extrêmement populaire, on peut le comprendre. Dans sa façon de rendre ses décisions, le *sopher* formé à l'école pharisienne se conformait très nettement – tout en exigeant un strict respect des règles de pureté rituelle – aux intérêts des couches bourgeoises. En particulier des couches petites-bourgeoises dans lesquelles, là comme ailleurs, ces confréries recrutaient principalement leurs adeptes. La spéculation philosophique était, bien entendu, rejetée comme dangereuse, surtout parce qu'elle était identifiée comme une marque d'hellénisation. Il ne fallait pas discuter les fondements des prescriptions rituelles mais simplement y obéir : « La crainte du péché est plus grande que la sagesse. » Ce rejet du rationalisme philosophique, cependant, allait de pair avec le rationalisme éthique et pratique que les couches petites-bourgeoises ont coutume de développer. Les besoins pratiques du quotidien et le « bon sens » décidaient de la manière dont étaient traités les points de controverse. En l'occurrence, dans cette époque qui marqua l'évolution du judaïsme de manière décisive, au cours des deux siècles entourant le début de notre calendrier, ces points de controverse furent très rarement « dogmatiques » (au point que l'existence, sinon la possibilité et la nature religieusement licite d'une « dogmatique » juive n'ont jamais cessé de faire débat) ; ils concernaient bien plutôt, pour l'essentiel, des problèmes du quotidien. De la même façon que le Talmud valorisait les prophètes parce qu'ils étaient « compréhensibles » par tout un chacun, les enseignements du Talmud étaient parfaitement accessibles, adaptés à l'entendement du bourgeois moyen et, en ce sens, « rationnels ». Partout, la pratique des sadducéens s'en tenait à la lettre : par exemple, au respect littéral du talion, « œil pour œil ». La pratique des pharisiens, en revanche, telle qu'elle était représentée, par exemple, par un Rabbi Chim'on ben Yohai, cherchait à se fonder sur la « *ratio* » des prescriptions et écartait celles qui étaient privées de sens, ou les réinterprétait (ainsi, par exemple, elle autorisait que le talion fût remplacé par une pénitence décidée avec l'accord des deux parties). La pratique des pharisiens se conformait aux intérêts économiques des fidèles – attachés à eux parce qu'ils étaient les représentants d'une forme de piété intériorisée – : la reprise de la prescription de *kethuva* et d'autres mesures de protection des biens matrimoniaux fut sans doute leur œuvre. Le rationalisme éthique se traduisait dans une certaine approche de la tradition. Le « Livre des Jubilés », une œuvre spécifiquement pharisienne[1], révisa toute l'histoire de la Création et des Patriarches en éliminant les éléments choquants. D'un autre côté, cependant, les pharisiens se montrèrent tolérants à l'égard de la croyance aux esprits, qui a existé en tous temps et partout dans le monde. L'angélologie et la démonologie que connut le judaïsme antique dans sa période tardive, soumises à des influences perses, furent admises, de toute évidence, sous l'influence des pharisiens, contre le gré des couches cultivées distinguées. Il s'agissait là d'une accommodation aux croyances existantes des masses, mais elle répondait aussi à des raisons « rationnelles » : le Dieu suprême était ainsi déchargé, pour une part du moins, de sa responsabilité pour les failles et les imperfections du monde. Le développement de la croyance dans la Providence[2] et l'accent mis sur la « grâce » de Dieu correspondaient à des motifs analogues, même s'ils revêtaient une forme différente, et ils s'accordaient aux tendances religieuses partout répandues dans les couches plébéiennes. Le caractère bourgeois des couches qui étaient les princi-

---

1. Elle fut écrite à la fin du IIe siècle av. J.C. Cf. Robert H. Charles, *The Book of Jubilees. Or The Little Genesis. Translated from the editor's Ethiopic text and edited,* Londres, 1902.

2. Dans tous les cas, la conception païenne de la prédestination, du moins la conception orthodoxe, ne remettait pas en cause la *behira,* la liberté morale de la volonté : la liberté de choix entre le salut ou la corruption. Parfois, on préféra concéder que l'omniscience de Dieu n'était pas absolue plutôt que de toucher à ce dogme.

paux porteurs de la religiosité explique aussi que les attentes d'un sauveur et les attentes d'au-delà se soient considérablement renforcées sous l'influence des pharisiens : l'espoir messianique et la croyance dans la résurrection des morts et dans l'accès de ces derniers à une vie nouvelle furent de toute évidence portés par les pharisiens, alors que la seconde, en tout cas, était inconditionnellement et résolument rejetée par les sadducéens distingués*.

D'un autre côté, il est vrai, les exigences imposées par les pharisiens aux juifs pieux étaient très grandes. Ils devaient proclamer le « royaume des cieux », et ceux qui voulaient y prendre part devaient porter le « joug » de ce royaume (*'ol malkhuth chamaïm*) ou le « joug des commandements » (*'ol ha-mitswoth*)[1]. Cela supposait un entraînement rigoureux, que les rabbins pharisiens avaient l'ambition d'assurer dans les institutions d'enseignement du judaïsme tardif. Une vie « sainte » était requise. Il fallait observer les commandements de Dieu pour Dieu lui-même et non pour obtenir récompenses et avantages. Mais surtout : observer les lois qui avaient pour objectif la stricte séparation des juifs pieux et des païens ou de ceux qui étaient « aussi des juifs ». Ce n'est qu'en raison de leur caractère discriminant, parce qu'ils servaient à distinguer les juifs pieux, que la circoncision et le repos du sabbat étaient considérés comme des commandements d'une importance capitale et que la condamnation des infractions au repos du sabbat fut considérablement renforcée.

Dans notre contexte, il importe de préciser que ces exigences s'orientaient dans une direction bien précise. Le pharisaïsme présentait, pour l'essentiel, un caractère bourgeois et urbain. Cela ne signifiait pas, bien entendu, que cette règle ne souffrît pas d'exceptions. Au contraire : parmi les rabbins du Talmud les plus remarquables, un nombre tout à fait considérable étaient des propriétaires

1. C'est ce qui était dit dans la prière quotidienne, le *chema*.

terriens. Cependant, le type de sainteté qu'ils défendaient et le poids que non seulement les autorités, mais aussi chacun d'entre eux attachaient à l'*instruction* (hébraïque, ce qui signifiait de plus en plus une instruction en langue étrangère) – nous y reviendrons – excluait de plus en plus la possibilité que leurs adeptes pussent se recruter parmi les paysans. Ce n'est pas un hasard si le *'am ha-arets*, le non-pharisien, était, à l'origine, « l'homme de la campagne », et si les petites villes juives ne pouvaient pas jouer un rôle moteur : « Que peut-il venir de bon de Nazareth ? » [Jn 1, 46] La *ḥavura*, l'ordre pharisien, était un substitut du groupement de voisinage paysan à l'usage de citadins qui n'étaient plus établis sur des terres ; en tant que tel, il était en adéquation avec leurs intérêts extérieurs et intérieurs. C'est principalement sous l'impulsion des pharisiens que les juifs devinrent un peuple-hôte interlocal, essentiellement urbain, ou, en tout cas, majoritairement dépourvu d'attaches terriennes.

Leur mainmise sur les instances traditionnelles n'explique qu'en partie que les pharisiens aient pu accomplir cette transformation en fin de compte très profonde de la religiosité juive. Sous Jean Hyrcan, ils représentaient un parti puissant, Salomé Alexandra (78-69) leur livra le sanhédrin, Aristobule [II] les chassa à nouveau, tandis qu'Hérode chercha à entretenir de bonnes relations avec eux. Ils prirent définitivement le pouvoir à partir de la chute du Temple : désormais, tout le judaïsme devint pharisien, et les sadducéens furent rabaissés au rang de secte hétérodoxe. Cependant, la transformation de l'autorité religieuse qui décida de leur suprématie avait déjà commencé auparavant. L'aristocratie de naissance dut s'effacer derrière l'aristocratie de « l'instruction » : les esprits les plus remarquables, parmi les pharisiens, furent souvent des descendants de prosélytes. Mais surtout, l'essor de la puissance des *rabbins* fut un produit de l'évolution du judaïsme dans le sens du pharisaïsme bourgeois. Dans les époques décisives de l'évolution du judaïsme, les rabbins représentèrent une couche sociale comme seuls en connurent le christianisme des premiers temps et les sectes chrétiennes – même si cette analogie n'excluait pas des différences très importantes.

2. Les rabbins

Les rabbins ne furent pas une « institution pharisienne » : ils n'avaient rien à voir, officiellement, avec la confrérie. Au premier stade de leur évolution, ils entretinrent cependant des liens extrêmement étroits avec ce mouvement ; les plus grands maîtres de l'époque où la Michna fut composée étaient des pharisiens, sinon en titre, du moins par les idées, et leur doctrine était marquée par « l'esprit » du pharisaïsme. Remarquons d'abord que le *nom* « rabbi » (de *rav,* « grand » : « rabbi » = « mon maître ») ne devint un titre [1] qu'après la chute du Temple [2], aussi loin que remontent les sources juives. Auparavant, le terme de « *sopher* » avait un sens bien défini, il désignait celui qui était compétent dans les Écritures ; mais la formule de respect était « maître ». Cependant, il n'est pas illégitime d'utiliser le mot « rabbi » pour désigner les autorités compétentes en matière d'Écritures durant l'époque antérieure à la chute de Jérusalem : il est très probable que ce titre leur était alors donné de façon privilégiée, même s'il n'était pas employé exclusivement pour eux. Que signifiait le nom de « rabbin », pris en ce sens-là ?

La légitimation officielle comme « rabbin » n'apparut qu'avec la genèse du patriarcat, c'est-à-dire après la chute du Temple : les rabbins furent dès lors officiellement

1. D'un point de vue juif, par suite, le passage Mt 23, 7-8 est regardé comme un « anachronisme ».

2. Il fut employé pour la première fois pour désigner Gamaliel l'Ancien.

ordonnés, et la naissance des académies mésopotamiennes et palestiniennes fut à l'origine d'un cursus de formation bien défini. Rien de tout cela n'existait auparavant. D'après nos sources, il n'existait, à l'origine, aucune légitimation officielle des « rabbins ». La tradition des *sopherim*, qui se distinguaient par leur connaissance des Écritures et la compétence d'interprétation qu'ils avaient acquise, et tiraient leur autorité de ces prérogatives, était jusque-là l'unique critère valide : leurs disciples directs et les disciples de ces derniers étaient prioritairement considérés comme qualifiés. Les personnalités dont le Talmud citait les avis n'étaient pas toujours, loin s'en faut, des *sopherim* ni des rabbins instruits : au contraire, à l'occasion, des interprétations particulièrement fines de la Thora et de la doctrine des commandements étaient intentionnellement placées par la tradition dans la bouche d'un homme qui conduisait l'âne du rabbin (Jonathan) ; des rabbins instruits allaient prendre conseil auprès d'un ouvrier des champs connu pour sa piété et sa sagesse (Abba Hilqiya). Mais il s'agissait là de cas particuliers. La séparation n'était pas absolue, mais il était tout de même précisé que l'homme qui menait l'âne était un « ignorant » par rapport au rabbin. Ce n'était pas un « *rabbi* ». La situation à laquelle se référaient les Évangélistes montre également que, à l'époque du moins, il n'existait pas d'organisation fermée vis-à-vis de l'extérieur ; on consultait ceux qui étaient légitimés, de fait, par leur charisme de connaissance de la loi et de l'art d'interpréter cette dernière. Les interventions de la collectivité, des actes de répression qui émanaient des prêtres, des masses guidées par quelques individus (lynchage) ou (le plus souvent sans doute) de la communauté des pharisiens, étaient seulement négatives, lorsque le mode d'interprétation était jugé choquant et soulevait *une hostilité suffisamment forte*. Les récits des Évangiles attestent que l'on tenait compte de la popularité d'un maître. Les instances officielles hésitaient à intervenir lorsque le « peuple » était attaché à la personne d'un enseignant, même si ses doctrines étaient ouvertement fausses[1]. On peut établir une analogie entre l'autorité charismatique officielle des maîtres rabbiniques, qui ne se fondait que sur la possession d'une instruction scolaire et sur l'existence de leur école, et beaucoup d'autres phénomènes semblables, depuis les juristes romains qui délivraient des « réponses » (avant l'époque où l'obtention d'une licence devint obligatoire) jusqu'aux gourous indiens. Pourtant, il existait également des différences importantes, des caractéristiques spécifiques des rabbins, et c'est elles que nous allons étudier à présent.

Les rabbins formaient d'abord une couche d'intellectuels essentiellement *plébéienne*. Certains d'entre eux étaient, il est vrai, issus de familles distinguées et fortunées. Mais il suffit d'examiner le statut personnel des rabbins (et autres personnages modèles) qui, dans le Talmud, étaient présentés comme des autorités ou comme des figures exemplaires pour se rendre compte que les plébéiens étaient largement prédominants, jusqu'aux journaliers agricoles, et que, parmi les rabbins proprement dits, ceux qui étaient issus de familles possédantes et distinguées représentaient une petite minorité. Pour l'époque de la composition du Talmud et la période antérieure, cela ne fait aucun doute. Nous avons vu que, dans d'autres religions, beaucoup de mystagogues et de chefs de sectes étaient aussi des « plébéiens ». Mais les rabbins (anciens) se distinguaient principalement de ces derniers par le fait qu'ils exerçaient leur fonction consultative et leur office de jurisprudence rituelle comme une *activité bénévole*, à côté de leur métier profane. Ce n'était pas un hasard, mais la conséquence du strict *interdit de recevoir une rétribution* pour l'enseignement (et l'interprétation) de la Loi[2]. Cet interdit – dont le principe

1. Ce n'était généralement le cas, il est vrai, que lorsque le maître concerné n'était *pas seulement* un enseignant, mais un « prophète » qualifié par son pouvoir de faire des miracles [Mt 21, 11 ; Jn 11, 47-53].

2. Il n'était pas rare, et c'est encore le cas de nos jours, que les gourous indiens aient eux aussi une activité principale, marchand, par

paulinien « Qui ne travaille pas ne mange pas non plus » [2 Th 3-10]* ne fut que le prolongement – eut pour conséquence que les rabbins ne purent en aucun cas devenir des mystagogues à l'indienne, et, deuxièmement, explique les spécificités de leur doctrine sur beaucoup de points importants. On a souvent procédé à un inventaire des professions des rabbins les plus en vue. Bien entendu, on comptait parmi eux beaucoup de propriétaires terriens. Des rentiers, le plus souvent, car ces derniers avaient le loisir de s'adonner entièrement à l'étude. Mais il est frappant de constater que, parmi les plus importantes autorités anciennes du Talmud – à l'époque antérieure à la chute du Temple – on trouvait, outre quelques marchands – assez peu nombreux – surtout des artisans : forgerons, savetiers, charpentiers, cordonniers, mégissiers, contremaîtres, passeurs, goûteurs de vin et bûcherons et que les deux premiers fondateurs d'école les plus célèbres et les deux champions de la controverse, Hillel l'Ancien et Chammaï, étaient des artisans. Ils appartenaient donc exactement à la même couche sociale que Paul et les personnalités mentionnées dans ses épîtres. Le droit de la communauté juive, à l'époque talmudique, il est vrai, concédait des allègements aux rabbins[1] : exemption d'impôts et exemption de la plupart des corvées (pas toutes), droit de vente prioritaire des produits sur le marché (Baba Batra 22a). Au demeurant, que ces privilèges se soient ou non perpétués à l'époque du second Temple, il demeura dans l'ordre des choses, par la suite encore, que les rabbins tirent leurs revenus d'une

---

exemple, propriétaire terrien ou rentier ; mais pour les rabbins juifs de l'ancien temps, tirer son revenu d'autres sources que des tâches « spirituelles » était une *nécessité*, alors que le gourou indien, en règle générale, vivait aussi, du moins pour une part, et souvent pour l'essentiel, des casuels et des dons associés à ses fonctions spirituelles. Par suite, dans le judaïsme (oriental), l'équivalent du gourou n'est pas le rabbin mais le mystagogue charismatique néohassidique, dont il sera question un peu plus loin.

1. Dans le Talmud, il faut entendre par là les rabbins ordonnés.

profession. Ils étaient censés travailler un tiers de la journée et étudier le reste du temps, ou bien travailler en été et étudier en hiver. Il exista plus tard bien des manières de contourner cette règle : les rabbins furent autorisés à recevoir une compensation pour le « temps perdu » (*Lucrum cessans*), du moins lorsqu'ils exerçaient l'activité de juge, et les cadeaux étaient, naturellement, toujours les bienvenus. En principe, jusqu'au XIVe siècle environ, cependant, les rabbins juifs ne furent pas rétribués pour remplir les fonctions qui leur incombaient, et qui constituaient, à l'origine, une « activité annexe ». « Mieux vaut l'argent gagné en travaillant de ses mains que la richesse du *Rech Galutha* [le chef d'Église !], qui vit de l'argent des autres », disait la maxime des rabbins de l'ancien temps. Les porteurs spirituels de la religiosité, dans ce cas, exerçaient donc un métier, souvent dans le domaine de l'artisanat. C'est la première fois que nous rencontrons ce phénomène – si l'on excepte quelques amorces allant dans ce sens dans l'Inde médiévale. Cherchons à en évaluer la portée en comparant les rabbins avec d'autres couches sociales.

D'abord et avant tout, les rabbins[1] n'étaient ni des magiciens ni des mystagogues. Par là, ils se distinguaient fondamentalement de la grande masse des pasteurs d'âme plébéiens de toute espèce que l'on rencontrait aussi bien en Inde qu'en Asie orientale. Leur mode d'action était l'enseignement oral et écrit, et non les actes magiques ; leur autorité reposait sur la connaissance et la formation intellectuelle, et non sur le charisme magique. Ce fut d'abord là la conséquence du statut de la magie en général dans le judaïsme postprophétique. Celui-ci élimina radicalement l'idée qu'il était possible de contraindre la divinité par la magie. La conception prophétique de Yahvé eut pour effet d'exclure une fois

1. Sauf précision contraire, on entend *a priori* toujours par « rabbins » ceux de l'époque qui nous concerne : celle qui livra les matériaux utilisés ensuite pour la composition du Talmud.

pour toutes cette conception. Par suite, la magie en ce sens premier était regardée par le Talmud comme absolument condamnable et blasphématoire. En fin de compte, toute forme de magie en général était tenue pour suspecte et sujette à caution. Cette règle connaissait il est vrai d'importantes exceptions. La magie se perpétua sous deux formes, l'exorcisme et la guérison des malades *par des formules magiques*, et, dans ce cas, elle fut pour une part tolérée dans les faits, pour une part regardée comme légitime : il ne s'agissait pas de contraindre Dieu mais les démons, qui, nous l'avons vu, jouèrent un rôle reconnu dans le pharisaïsme. Cependant, ces activités ne faisaient pas partie des tâches normales des rabbins. Le charisme du miracle, par ailleurs, ne fut en aucun cas ignoré par le judaïsme, y compris le judaïsme pharisien. Les Évangiles affirment à plusieurs reprises que les juifs, et tout spécialement les érudits de l'écrit et les pharisiens, réclamèrent un « signe » à Jésus [Mc 8, 11 ; Mt 16, 1 ; Luc 11, 16 ; Mt 12, 38]. Cependant, le pouvoir de faire des miracles était attaché au *prophète* qui se présentait comme envoyé par Dieu et tirait de lui sa légitimation, à supposer que ce don lui vînt vraiment de Dieu et non des démons. Néanmoins, les rabbins érudits entretenaient tout naturellement avec le prophétisme le rapport de tension qui est propre à toutes les couches de possesseurs d'un savoir ritualiste, fondé sur un code de lois, dans leurs relations avec le charisme prophétique. La possibilité qu'un prophète fît son apparition n'était pas niée – à l'origine du moins. Les mises en garde contre les faux prophètes n'en étaient que plus insistantes. Le point décisif était que la prophétie juive était tenue, une fois pour toutes, d'être une prophétie *de mission* : le prophète se voyait confier par un Dieu supramondain la mission de proclamer un message, il ne le faisait pas parce qu'il était lui-même divinisé ou possédé par le Dieu. Les prophètes de ce type, en revanche, s'exprimaient et enseignaient « sans en avoir reçu la mission ». Comment reconnaître les uns et les autres ? Quel était le critère de la fausseté ou de l'authenticité d'un prophète ? C'est surtout Jérémie (Jr 23, 9 sq.) qui énonça les critères déterminants d'un point de vue rabbinique. On n'avait pas seulement affaire à un faux prophète lorsque celui-ci proclamait de faux dieux ou que ses prophéties ne se réalisaient pas. Tout prophète était tenu de respecter la loi et les commandements de Dieu et ceux qui incitaient à les renier étaient de faux prophètes. Mais surtout : seuls ceux qui convertissaient le peuple et le détournaient de ses péchés pouvaient vraiment être des envoyés de Dieu. En effet, la preuve de l'authenticité d'un prophète n'était pas fournie par des visions et des rêves, mais par son dévouement aux commandements que Dieu avait clairement énoncés dans la loi. Lui seul attestait que le prophète n'était pas un « rêveur ». Les visions et les rêves avaient déjà été discréditées par la tradition sacerdotale ancienne, parce qu'il s'était avéré que certaines visions avaient aussi (et surtout) converti le peuple au culte orgiaque de Ba'al [Dt 13, 2-6]. De la même façon, les miracles pouvaient être accomplis au nom de démons. Par suite, le simple pouvoir de faire des miracles n'apportait pas la confirmation de l'authenticité du charisme prophétique. Et même si la doctrine du prophète semblait attester que celui-ci était porteur des signes d'une mission divine, le charisme des miracles n'était pas, en soi, la preuve définitive qu'il en était bien ainsi : le simple pouvoir de miracle pouvait tout au plus valoir au prophète, si son enseignement était correct, l'autorité d'accorder, dans certains cas particuliers, des dispenses par rapport à la loi – une prérogative que revendiquaient également les rabbins – mais pas davantage.

De notre point de vue, le point intéressant était le suivant : le respect de l'*éthique* correcte exposée dans la loi et la lutte contre le péché étaient les critères ultimes et inconditionnels permettant d'évaluer l'authenticité d'une prophétie (Dt 13, 2-3 ; 18, 20 sq.).

Les rabbins ne faisaient pas non plus dériver leur autorité de mystères cultivés dans leurs cercles. Même si toute une série de visions et de pratiques cosmologiques, mythiques et magiques furent empruntées – en l'état ou avec un certain nombre de transformations – aux prêtres babyloniens et, peut-être, dans certains cas, aux prêtres égyptiens, pour les besoins du calendrier rituel, en particulier, toute réception des composantes majeures et ésotériques de la sagesse des prêtres babyloniens fit en revanche défaut : ni la science des astres, l'astronomie et l'astrologie, ni la divination (examen des foies et observation du vol des oiseaux). Cette dernière était expressément défendue (Dt 18, 11), même si, à n'en pas douter, elle était certainement pratiquée dans la population. Parmi les métiers exercés par les talmudistes, on trouvait également un astrologue, et, à l'occasion, comme dans le monde entier, des horoscopes étaient établis. Cependant, la doctrine rabbinique interdisait expressément la consultation des Chaldéens : « Pour Israël, il n'est pas de prophètes. » Le clergé juif avait également éliminé ces concurrents avec succès et les anciennes conceptions rabbiniques rejetaient résolument cette science païenne et proscrivaient, en particulier, le déterminisme astrologique, du moins à l'époque talmudique ancienne, parce qu'elles voyaient en lui une atteinte à la majesté et à l'arbitraire de Dieu. Étant donné la situation sociale des rabbins, ceux-ci, au demeurant, n'avaient à leur disposition ni les traditions ni les outils scientifiques nécessaires pour pratiquer l'astrologie.

Si les rabbins n'étaient ni des magiciens, ni des prophètes, ni des philosophes ésotériques, ni des astrologues, ni des augures, ils n'étaient pas non plus les porteurs d'une doctrine de salut ésotérique, d'une gnose. La gnose était absolument proscrite et réprouvée, non seulement sous la forme qu'elle revêtait en Asie antérieure, avec son démiurge et son anomisme, mais aussi sous toutes ses formes, du moins à l'époque talmudique classique. À nouveau, le facteur décisif était que la quête de salut gnostique et mystique impliquait une dévalorisation de la loi et compromettait la rectitude de la conduite, d'un point de vue éthique. Étaient regardées comme suspectes non seulement les formes typiques de la mystique en usage dans les couches d'intellectuels distingués, mais aussi toute quête du salut purement mystique : ceux qui s'adonnaient à cette « rêverie » couraient le risque d'être égarés par les démons. Ce rejet s'appliquait plus particulièrement, dans la tradition de la lutte des prophètes contre les cultes orgiaques, à la possession extatique du Dieu. De la même façon que, pour le Talmud, le caractère « compréhensible » des prophètes faisait partie des critères de valorisation de ces derniers, de même, la doctrine rabbinique rejetait implicitement, mais de façon parfaitement conséquente, toutes les méthodes d'accès à Dieu fondées sur l'irrationalité et l'enthousiasme. Il ne s'agissait pas là, par exemple, du corrélat d'une « situation de classe » : en Orient comme en Occident, des masses de démagogues trouvèrent un public dans la petite bourgeoisie, dont les prédispositions en faveur de la religiosité mystique et extatique sont partout manifestes et se traduisent sous différentes formes. C'était plutôt la conséquence du caractère que la tradition juive avait historiquement revêtu, tel qu'il avait été fixé, d'un côté, par la loi sacerdotale, et, de l'autre, par la prophétie. En tout cas, pour les juifs qui ne voulaient pas renoncer à la loi, autrement dit pour les pharisiens. Non seulement l'obligation d'étude continuelle de la loi avait pour effet purement négatif, en soi, de détourner des formes irrationnelles de quête du salut, en vertu du contenu éthiquement rationnel de la Thora et des livres prophétiques. Mais les Saintes Écritures fournissaient également une compensation à ce manque, lorsqu'il était éprouvé comme tel. Le pathos puissant des grands prophètes, la force entraînante et l'enthousiasme de l'historiographie nationale, le sérieux simple et passionné des mythes de la Création et de l'humanité, le puissant contenu dramatique des Psaumes, du Livre de Job, des autres légendes et de la sagesse des Proverbes fournissaient le cadre d'une vie religieuse intérieure qui déclinait presque tous les états émotionnels imaginables ; ils ne connurent d'équivalent à aucune autre époque. La spécificité du judaïsme, de ce point de vue, résidait moins, en soi, dans le contenu concret d'un « vécu » dont les composantes se retrouvent à n'en pas douter partout sur la terre, dans les textes sacrés les plus variés, que dans le fait que ce contenu était réuni dans un espace aussi restreint, et revêtait un caractère populaire, les textes sacrés étant absolument compréhensibles par tout un chacun. L'important n'est pas que des motifs babyloniens, mythiques et cosmologiques aient été repris dans les récits de la Bible, mais que ce corpus révisé par les prêtres ait été restitué à un public populaire. C'est la conception prophétique de Dieu, immédiatement intelligible et en même temps extrêmement pathétique, qui explique ce trait spécifique : le caractère « particulièrement accessible » à tout un chacun, y compris aux enfants [1], non seulement des récits relatés, mais aussi et surtout, de la « morale » qui en découlait. Les héros homériques étaient compréhensibles pour les enfants de la Grèce (et ils le sont pour tous les enfants), les parties narratives du *Mahābhārata* pour les enfants de l'Inde. Mais le contenu éthique de la *Bhagavat-Gītā* n'est pas accessible à un enfant, pas même à un enfant indien ; il en va de même de la doctrine authentique de la délivrance du Bouddha. Ou encore de la cosmologie et de l'anthropologie grecques et indiennes, produits d'un travail intensif de pensée. En revanche, le « rationalisme » qui ressort des textes sacrés juifs, un rationalisme moral, mais aussi cosmologique et pragmatique, est plus immédiatement populaire et davantage adapté, dans ses parties décisives, à l'intelligence d'un enfant, qu'aucun autre texte sacré au monde, à l'exception peut-

1. Lorsque, en réalité, ce contenu n'était pas si évident à comprendre, comme c'était le cas, par exemple, du problème de Job et, à l'occasion, d'autres récits, il l'était au moins en apparence.

être des histoires de Jésus de Nazareth [1]. Parmi tous les mythologèmes cosmogoniques et anthropologiques, en effet, le *pragma* du Dieu unique supramondain qui dirige les destinées du monde tantôt comme un père, tantôt comme un roi bienveillant ou courroucé, aime son peuple mais le châtie durement lorsqu'il est désobéissant, tout en se laissant fléchir par la prière, l'humilité et la bonne conduite morale, est une construction qui confère une telle intelligibilité *rationnelle* à tous les événements du monde et de la vie qu'elle en devient accessible à l'entendement naïf des masses et des enfants, qui n'a pas été sublimé par la spéculation philosophique. Cette intelligibilité rationnelle, cependant, qui était la marque distinctive des mythes, hymnes et prophéties et de leur pragmatisme du salut religieux, connus de tous, dans la communauté, grâce à l'enseignement, la prédication et la lecture, imposa également un cadre à la pensée rabbinique. Un aristocratisme du salut ésotérique et gnostique ne pouvait pas facilement se développer sur de telles bases, du moins *dans un premier temps,* ni, lorsqu'il apparut, plus tard, se diffuser facilement. Tout au plus un ésotérisme pouvait-il voir le jour à partir des visions prophétiques, en elles-mêmes obscures, ou dont le sens premier avait été oublié, qui promettaient un avenir meilleur au peuple déchu de la grâce divine. De fait, ce fut là le point de départ des spéculations de philosophie religieuse qui seront évoquées plus loin. Dans notre contexte, retenons cependant déjà deux points. En premier lieu, le fait que les eschatologies proprement spéculatives qui firent leur apparition, dans le prolongement des textes de Daniel et d'Énoch et avec la reprise de spéculations sur le sauveur d'origine perse et babylonienne, les doctrines du « fils de l'homme », du Métatron, étaient certes connues du cercle des rabbins pharisiens proprement dits, mais lui restaient étrangères. Elles furent particulièrement prisées

1. Ou bien de la doctrine chinoise à l'usage de la jeunesse, mais pour de tout autres raisons.

dans les conventicules d'*'am-ha-arets* – pas seulement, mais, à l'évidence, davantage qu'ailleurs – et il ne fait pas de doute que ce sont elles qui inspirèrent à Jésus et aux siens leurs représentations du fils de l'homme, qui n'étaient pas issues de la doctrine pharisienne, ni de la doctrine rabbinique. Pour celles-ci, le Messie restait un roi des juifs, un souverain terrestre dont la venue était promise et qui, avec l'aide de Dieu réconcilié, élèverait à nouveau son peuple, lui ferait retrouver sa splendeur d'autrefois, détruirait ses ennemis, les réduirait en esclavage – comme dans les Psaumes – ou les convertirait enfin à la religion d'Israël. Ou bien, en lien avec la résurrection : le Messie régnait sur un royaume où les fidèles ressuscités mèneraient une vie nouvelle, dans la pureté. Enfin, cependant : toutes ces espérances, qui pouvaient se prêter facilement à des spéculations métaphysiques et incliner à l'ésotérisme, étaient précisément des espérances et des attentes relatives à l'avenir. Il est clair qu'elles donnèrent à la piété des juifs un pathos puissant, chaque fois qu'elles étaient évoquées : c'est dans l'existence de telles attentes « finales » que résidait l'une des différences fondamentales entre la piété juive et toute religiosité indienne du sauveur. Enfin, lorsque leur accomplissement semblait proche, au vu de signes inhabituels, de bouleversements ou sous l'effet de prophéties eschatologiques, elles pouvaient devenir la source d'un enthousiasme infiniment puissant et, dans certains cas, complètement effréné. De fait, c'est ce qui se produisit. Dans l'existence quotidienne, cependant, ou lorsque le regard ne se portait plus sur elles parce que les circonstances l'en détournaient, leur effet se réduisait inévitablement à éveiller la nostalgie d'une délivrance de la souffrance et de la détresse, un sentiment qui portait tout à la fois le fidèle à mettre en cause les défauts de l'ordre du monde, de son peuple et les siens propres, et à se réconcilier à nouveau avec lui-même et avec son destin : ce facteur ne put que favoriser le caractère de « religion de foi » qui était attaché à la religiosité juive. Il en fut ainsi, notamment, à l'époque talmudique, après la chute du Temple, sous Hadrien, lorsque les espérances messianiques furent renvoyées à un avenir lointain. Une seule question était susceptible d'influencer l'action pratique : quelle conduite les hommes devaient-ils donc adopter pour hâter la revue du sauveur et pour garantir ou augmenter leurs chances de prendre personnellement part au règne des ressuscités ? Bien entendu, la réponse apportée à cette question par la doctrine rabbinique, qui se fondait sur le paradigme sacerdotal des histoires saintes et sur les prophètes, consistait à renvoyer à la loi, dont l'importance fut ainsi renforcée de manière pathétique. Le péché de la communauté, de ses autorités officielles en tant que telles (par-dessus tout, le fait de se détourner de Dieu) était certainement, aux yeux des rabbins, le pire de tous, parce qu'il repoussait la venue du Messie à des temps lointains et revenait ainsi à tromper les espérances des fidèles. D'un autre côté, les promesses universalistes de la Thora et des prophètes, selon lesquelles tous les peuples devaient se tourner vers Dieu et vers Israël, furent certainement une des impulsions les plus décisives du prosélytisme, nous le verrons. Pour l'individu, cependant, le seul point à prendre en considération était la loi et le respect de cette dernière. Il n'existait aucune autre voie de salut. En revanche, cette voie toute tracée était *accessible à tout un chacun.* En effet, les rabbins étaient en fin de compte aussi hostiles à l'*ascèse* qu'à l'aristocratisme du salut intellectualiste et mystique.

3. Doctrine et éthique du judaïsme pharisien

Le judaïsme pharisien, tout comme le judaïsme ancien, était parfaitement étranger au dualisme éthique de « l'esprit » et de la « matière », de « l'esprit » et du « corps », de « l'esprit » et de la « chair » ou de la pureté divine et de la corruption du « monde », tel que le forgea l'intellectualisme grec, et que le néoplatonisme poussa jusqu'à l'idée que le corps était la « prison » de l'âme, un *pudendum*, avant que cette conception fût reprise, ensuite, par certains cercles d'intellectuels juifs helléniques (Philon) puis devînt, enfin, une des conceptions fondamentales du christianisme de Paul et de son image éthique du monde. Le judaïsme pharisaïque et talmudique ne connaissait rien de tout cela. Bien sûr, Dieu était le créateur et le seigneur du monde et des hommes, ceux-ci étaient ses créatures et non ses rejetons ni ses émanations. Il les avait créés et non pas engendrés, comme le peuple élu. Pour le judaïsme prophétique, c'était là la conséquence de l'universalisme du Dieu et des puissants attributs de pouvoir qui lui étaient ainsi conférés, afin qu'il pût faire valoir, y compris vis-à-vis de son propre peuple, sa souveraineté absolue : c'était le Dieu de *l'histoire* universelle. Cependant, ce « dualisme », dans lequel on a voulu voir un trait spécifiquement juif ou « sémite », par opposition aux autres conceptions évoquées, ne représentait un enjeu décisif, du point de vue de l'éthique pratique, que dans la mesure où il permettait de se passer de toute théodicée et impliquait le constat de l'impuissance absolue de l'homme vis-à-vis de Dieu, au sens, notamment, où toute contrainte magique du Dieu était entièrement exclue. La « foi » religieuse ne pouvait, dès lors, qu'adopter la coloration spécifique d'une « obéissance » d'enfant face au monarque universel. C'était là, bien entendu, un point tout à fait important. Mais il n'en découlait en aucun cas un « rejet du monde » ni une « dévalorisation du monde ».

Le Dieu juif est un monarque patriarcal : il apparaît comme un « père » bienveillant envers ses enfants, qui sont créés à son image. Le monde n'est pas mauvais, il est bon, comme en témoigne l'histoire de la Création. L'homme est faible comme un enfant, et, par suite, versatile dans ses volontés et enclin au péché, c'est-à-dire à la désobéissance envers le Père Créateur. Cette faiblesse n'est pas seulement celle de l'individu mais surtout

– l'accent est mis sur ce point – celle de la collectivité, du peuple. Par là, non seulement l'individu mais le peuple pris comme un tout se prive de l'amour et de la grâce de Dieu, pour lui-même et pour ses descendants, souvent pour longtemps et, à bien des égards, pour toujours. Par leur désobéissance, Adam et Ève se sont rendus coupables d'imposer à tous leurs descendants la mort, les douleurs de l'enfantement, la soumission de la femme à l'homme, la nécessité du travail et le caractère pénible de ce dernier. Cependant, la vision rabbinique, justement, était encline à tenir l'oubli de Yahvé par le peuple, l'adoration du Veau d'or et des *ba'alim*, responsables de la chute du peuple juif, pour beaucoup plus graves que la chute d'Adam. Même si le peuple désobéissant était vilipendé, l'idée du « péché originel », de la corruption de la créature ou de la déchéance du sensible était totalement absente. Les conceptions rabbiniques étaient également très éloignées de l'idée que le rejet du monde fût la condition du salut religieux. L'interdit des « images et des paraboles » fut certainement un présupposé extrêmement important du rapport négatif du judaïsme avec la culture esthétique et artistique. Mais, tout comme la crainte de prononcer le nom de Jéhovah, il trouvait son origine dans des motifs magiques et dans la lutte contre les idoles ; il fut ensuite mis en relation avec les représentations de la majesté et de l'omniprésence de Dieu dans sa Création. Surtout, les pharisiens virent là un critère de distinction important vis-à-vis des peuples étrangers idolâtres. Mais il ne s'agissait pas là d'une « hostilité à l'égard des sens », ni d'un rejet du monde.

Le judaïsme pharisien était également étranger au rejet de la *richesse* ou à l'idée que celle-ci présentât un danger et que la jouissance ingénue des biens mît en péril le salut. La richesse était, au contraire, une condition nécessaire à l'exercice de certaines fonctions sacerdotales. Pour le reste, les prophètes et les Psaumes avaient sévèrement fustigé l'usage non fraternel du pouvoir économique, qui avait détruit l'ancienne éthique de voisinage et l'ancienne fraternité des compatriotes, sanctifiées par les commandements de Dieu. L'éthique petite-bourgeoise des pharisiens leur donnait, bien entendu, raison sur ce point. Les anciennes dispositions destinées à combattre les usuriers et à défendre les débiteurs et les esclaves et les inventions sacerdotales de l'année de sabbat et de la remise des dettes durant l'année jubilaire reçurent un habillage casuistique, comme nous le verrons. Cependant, la moindre prémisse d'une méthode ordonnée d'ascèse économique intramondaine faisait défaut. Il en allait de même de l'ascèse sexuelle. À l'occasion, on se demandait s'il n'était pas préférable que le rabbin demeurât célibataire, afin de pouvoir se consacrer à l'étude sans être dérangé. Mais cela n'avait rien à voir avec une « ascèse », même si, de façon remarquable, le devoir d'œuvrer pour le salut des membres de la communauté représentait un enjeu suffisamment important pour éclipser le vieux commandement de procréation. Pour le reste, parmi les obligations de pureté cultuelles et magiques connues à l'intérieur comme à l'extérieur du judaïsme, on ne trouve nulle trace d'une prévention contre les relations sexuelles ni contre le plaisir pris avec des femmes. L'ingénuité dans l'ouverture au monde, qui recommande de laisser à l'ancien guerrier israélite le temps de « profiter de sa femme » [Dt 24, 5], n'avait pas disparu au temps des juifs talmudiques. Le combat sans merci contre la « prostitution » – regardée comme le troisième péché capital, à côté du meurtre et de l'idolâtrie – était un héritage de l'ancienne lutte des prêtres contre les orgies de Ba'al, et la stricte limitation des relations sexuelles au cadre conjugal correspondait parfaitement aux interdits indiens (et autres) du même type ; la lutte acharnée contre toute forme d'onanisme (y compris l'*onanismus matrimonialis*) rejoignait, en revanche, la malédiction biblique née du combat sans merci contre les orgies onanistes de Moloch (Lv 20, 2-3). La recommandation extrêmement insistante de se marier jeune – tous ceux qui dépassaient un certain âge étaient considérés comme des pécheurs – découlait (comme chez Luther) de la conviction, chez ce peuple ouvertement sensuel, que, dans les autres cas, le péché était inévitable. Les relations sexuelles demeuraient cantonnées dans un cadre naïvement naturaliste. La vieille condamnation de la mise à nu et de toute nudité – née, à n'en pas douter, de la lutte contre l'orgie, et peut-être renforcée par l'antagonisme vis-à-vis du *gymnasion* grec – allait de pair avec un type de discours d'une grande crudité et (par la suite) une réglementation des conduites sexuelles, dans l'intérêt de la pureté lévitique, d'une part, et, d'autre part, de l'hygiène ; ces deux phénomènes se retrouvent, on le sait, dans l'islam et dans d'autres religions ritualistes soucieuses de « pureté ». Ils furent en partie prolongés dans la pratique catholique du billet de confession et du confessionnal. Ils produisent une impression déplaisante et souvent répugnante, du point de vue de notre sensibilité érotique moderne et du sentiment de la dignité propre au *Stand* féodal ou au *Stand* cultivé distingué, qui étaient, de fait, aussi étrangers au judaïsme qu'à la caplanocratie catholique. L'abstinence d'alcool et de viande à laquelle se soumettait l'hindou correct, surtout dans les couches distinguées, était inconnue des rabbins et des laïcs pieux juifs : les vieilles orgies de Ba'al, combattues par les prêtres et les prophètes, étaient précisément, pour l'essentiel, des orgies sexuelles, autrement dit des orgies de la fertilité et des orgies d'ivresse non alcoolisée.

Si les femmes et le vin réjouissaient le cœur de l'homme, il en allait de même de la richesse et de tous les plaisirs de la vie rituellement autorisés. La tonalité fondamentale de l'attitude des anciens rabbins à l'égard du monde s'exprime certainement dans la formule talmudique qui dit que le paradis appartient à celui qui « fait rire son compagnon ». En aucun cas, le judaïsme pharisien ne présentait de trace d'une méthode de vie fondamentalement *ascétique*. Il exigeait un strict ritualisme, comme la religiosité indienne officielle, et était, pour le reste, une religiosité de la foi, qui s'épanouissait dans la confiance en Dieu et en ses promesses et dans la crainte du péché comme acte de désobéissance envers lui, dont les conséquences étaient redoutées ; mais il n'impliquait certainement pas une conduite de vie ascétique. Sur un point, il est vrai, ce type de conduite de vie rappelait les principes ascétiques rationnels : le commandement de contrôle de soi vigilant et de maîtrise absolue de soi. La nécessité de la première était la conséquence inévitable de l'obligation de mesurer en permanence la rectitude de sa propre conduite de vie en la confrontant à la loi et à l'extraordinaire multiplicité de commandements rituels et, notamment, d'interdits à respecter : on comptait 613 prescriptions transmises par Moïse et la casuistique rabbinique les multiplia encore. La seconde se rattachait, pour une part, à ce type de contrainte, et, d'autre part, à la lutte ancienne contre l'orgie. Tandis que le Jéhovah de l'ancien Israël était, plus que tout autre, un Dieu aux colères passionnées, les rabbins considéraient, comme on le faisait en Chine, toute excitation comme un phénomène démoniaque, mettant en péril le salut, autrement dit comme un péché. Extérieurement, du moins, l'attitude qui prédominait dans le Talmud était fort différente, et tranchait nettement par rapport à la religiosité des Psaumes, baignée à bien des égards, nous l'avons vu, dans une atmosphère de colère et de haine passionnées, ou de fort ressentiment contre les impies auxquels tout réussissait ; elle contrastait également avec la débauche de fantasmes de vengeance du Livre d'Esther, ou encore avec l'ébionisme de l'Évangile de Luc et sa haine de la richesse, qui s'exprimait, par exemple, dans la prière de Marie [Lc 1, 46-55]. Cette rationalisation religieuse du besoin de vengeance contre les ennemis ou contre les hommes heureux, qui se substituait à la vengeance personnelle contre l'injustice, parce que Dieu l'accomplirait de façon plus radicale encore dans l'ici-bas ou dans l'au-delà, ou cette forme de sublimation plus poussée qui invitait à tout pardonner à ses ennemis afin de pouvoir leur faire honte devant autrui et, surtout, les mépriser soi-même, étaient non seulement évoquées dans le Talmud, mais percées à jour et rejetées avec vigueur. Aucun impératif n'était en effet plus fortement souligné que celui de ne pas « faire honte » aux autres.

Ce commandement s'appliquait d'abord aux relations de piété filiale : qu'un enfant évitât d'humilier ses parents en dépit des torts qu'ils lui avaient causés était célébré comme un acte de piété magnifique. Il en allait de même vis-à-vis d'un interlocuteur qui se mettait dans son tort, notamment au cours d'une dispute ou d'une discussion. Avec la déroute sans appel du judaïsme au moment de la chute du Temple, l'éthique rabbinique eut manifestement l'occasion d'examiner plus avant ce problème du ressentiment, du refoulement et de la sublimation de la vengeance, du point de vue d'une éthique de la disposition d'esprit. Le fait est connu : le christianisme ancien, dont les positions étaient plus naïves et moins réflexives, se posait moins de questions à ce sujet et portait par suite, à bien des égards, la marque d'une éthique du ressentiment assez peu dissimulée, tandis que celle-ci était combattue par le judaïsme talmudique.

Au demeurant, cependant, la lutte des rabbins contre l'intériorisation religieuse de la vengeance, qui possédait une portée éthique impressionnante et était la preuve d'un degré très élevé de sublimation du sentiment moral, atteste, avant tout, qu'ils n'ignoraient pas l'importance qu'avait eue, de fait, dans le judaïsme antique tardif, un facteur comme le besoin de vengeance condamné à l'impuissance. – La vigilance du juif dans le contrôle de soi, cet exemple en témoigne, était déjà très fortement développée dans l'Antiquité. Mais elle ne l'était en aucun cas sur la base d'une méthode de vie *ascétique*.

Il existait, bien entendu, des institutions ascétiques au sein du judaïsme. Sans parler des prescriptions cultuelles d'abstinence et de pureté qui s'appliquaient aux prêtres, il y avait surtout le jeûne rituel prescrit à certaines époques. Mais les motivations de ce dernier étaient strictement cultuelles : le jeûne était, avant tout, un moyen de réconciliation avec Dieu lorsqu'il était en colère. Il en allait de même du jeûne individuel. Cette finalité était si répandue que tous ceux qui jeûnaient étaient ni plus ni moins regardés comme des pécheurs. Ce domaine constituait, à n'en pas douter, un terrain propice à un certain ascétisme de la conduite de vie : l'idée de prêcher la nécessité de la *pénitence* était une spécificité du judaïsme antique et une conséquence très importante de sa conception de Dieu. Pour l'individu, il allait de soi qu'une vie de pénitence était une voie de salut : cette idée se répandit au fur et à mesure que les sacrifices autrefois exécutés par les prêtres furent dévalorisés. Les quelques grands praticiens du jeûne que l'on rencontre dans l'histoire de la religion juive étaient certainement aussi de grands pénitents (un seul cas est à vrai dire attesté : celui de Rabbi Ze'éra). Si des vœux tels que ceux de l'ancien nasirat se perpétuaient, dans la pratique, c'est parce qu'ils étaient un moyen d'agréer à Dieu ou de détourner sa colère : Paul lui-même fit encore un vœu (temporaire), on le sait – sans doute pour la guérison de ses crises d'épilepsie [Ga 4, 14] – et l'accomplit alors qu'il était déjà chrétien [Ac 18, 18 ; 21, 24]. Cependant, la formation d'une secte ascétique n'intervint que beaucoup plus tard, sur cette même base, avec « Ceux qui pleuraient Sion », les Qaréens, auxquels nous ne nous intéresserons pas davantage ici. Ce qui ressemblait à une « ascèse », dans le judaïsme pharisien, n'était, en réalité, que le produit de l'aspiration à la *pureté* lévitique, décisive pour le pharisaïsme. Cette aspiration pouvait être cultivée de façon plus ou moins approfondie. Au sein du pharisaïsme normal, elle entraîna un renforcement de l'exclusivité vis-à-vis de l'extérieur et du respect systématique de la rectitude rituelle, nous l'avons vu : mais ces tendances n'exigeaient pas une rupture avec le monde du quotidien économique et social. Cependant, bien entendu, ce principe pouvait aussi conduire, fondamentalement, à une surenchère par rapport à la moralité intramondaine. C'est sur un tel fondement que reposa le phénomène tout à fait caractéristique de l'*essénisme*, qui, en ce sens-là, ne fut pas autre chose qu'une secte pharisienne radicale. La date de sa création, qui remontait au moins au IIe siècle av. J.-C., est controversée, tout comme ses possibles liens avec les rékhavites ; de la même façon, beaucoup de questions importantes concernant sa doctrine ne peuvent être résolues que de manière tout à fait hypothétique. Quoi qu'il en soit, l'aspiration à la pureté lévitique absolue, d'un point de vue extérieur et du point de vue des dispositions intérieures, constituait l'une de ses composantes fondamentales. Les esséniens étaient un ordre, comme le reste de la confrérie pharisienne. Mais les conditions d'entrée étaient beaucoup moins strictes. Elles comprenaient, notamment, un vœu solennel, un noviciat et plusieurs années de probation. L'organisation de l'ordre était beaucoup plus rigide et monacale : le supérieur (*michmar*) d'une communauté locale jouissait d'une autorité absolue ; l'excommunication pouvait être prononcée par un conseil de cent membres de plein droit. Chez les esséniens comme dans la communauté juive officielle, l'apostolat avait probablement pour première fin les collectes au bénéfice de la caisse de l'ordre. Si les apôtres allaient toujours par deux – comme dans le christianisme ancien –, c'était certainement pour assurer un contrôle mutuel de la rectitude rituelle.

4. L'essénisme, son rapport avec les enseignements de Jésus

Les esséniens se mettaient à l'écart de ceux qui ne partageaient pas leur pureté en proscrivant, non seulement le *connubium* et la commensalité, mais tout contact en général. Eux aussi rejetaient les prêtres qui ne menaient pas une vie correcte, et, chez eux, semble-t-il, il n'en découlait pas seulement une dévalorisation du clergé, mais une méfiance puissante à l'encontre des prêtres en général, qui avait certainement à voir avec leurs positions spécifiques à l'égard des sacrifices, dont il va être question dans un instant. D'un point de vue rituel, l'aspiration radicale à la pureté s'exprimait à la fois dans l'importance accordée au baptême des novices et aux bains de purification prescrits dans toutes sortes d'occasions, et dans la reprise, sous une forme plus stricte, des commandements spécifiques des pharisiens. La crainte de la souillure rituelle et toutes les prescriptions de pureté étaient radicalisées à l'extrême. Hormis celle de la loi et de la cosmologie biblique, l'étude était considérée comme dangeureuse, parce que païenne ; tout plaisir purement temporel était jugé répréhensible et devait être proscrit. Chez les esséniens, le sabbat n'était pas un jour de joie, comme chez les pharisiens normaux, mais un jour de repos absolu : l'accouplement ne devait avoir lieu que le mercredi, afin que l'enfant, disait-on, ne vînt pas au monde le jour du sabbat. Les prescriptions vestimentaires (*tsitsith*) étaient considérées comme absolument contraignantes. La prière du matin était précédée d'un temps de contemplation obligatoire. Non seulement le meurtre, mais aussi toute atteinte à l'égard du prochain, y compris par mégarde, passait pour une grave souillure de soi-même. Le commandement de ne pas voler fut renforcé : il ne fallait pas avoir sur la conscience le moindre profit – le caractère licite de ce dernier apparaissait comme problématique. Les esséniens proscrivaient, par suite, le commerce et la guerre, condamnaient les possessions et la propriété d'esclaves et limitaient la liste des biens autorisés à ce qui était indispensable pour les besoins personnels et pouvait être gagné par la culture de la terre ou un travail artisanal personnel. Corrélativement, ils renforcèrent les anciens commandements de fraternité sociale, jusqu'à aboutir, de façon conséquente, à la forme achevée de l'acosmisme de l'amour dans le domaine économique. Non seulement l'*agapè*, le repas d'amour, pour lequel les possédants versaient un tribut, était mentionné, mais Philon évoquait aussi des maisons et des entrepôts communautaires et un « trésor » de la communauté : peut-être l'excédent par rapport aux besoins personnels y était-il déposé, afin de servir à l'entretien des pauvres, très conséquent. En revanche, il n'est pas sûr que les esséniens aient connu le plein communisme des biens, ni même que ces institutions, chez eux, aient été partout complètement développées. En effet, s'ils vivaient pour l'essentiel en Palestine, ils ne menaient manifestement pas dans tous les cas une vie cénobitique sédentaire. Au contraire : à côté de l'assistance aux pauvres, le devoir d'accueil et de soutien aux frères en voyage (des artisans apprentis, donc, sans doute) était une de leurs institutions majeures. La caisse commune était certainement avant tout employée à cette fin.

La colère et toutes les passions étaient considérées comme des états d'infection démoniaque, et les esséniens les tenaient pour plus dangereuses encore que ce n'était le cas chez les pharisiens normaux. Dans ce contexte, l'antidote radical qui était conseillé au fidèle était la prière pour ceux qui lui avaient causé du tort : « l'amour de l'ennemi », sous une forme renforcée. La sacralisation du nom de Dieu ne les conduisit pas seulement à rejeter les serments ; elle donna lieu au développement d'une véritable doctrine secrète et d'une discipline des arcanes. Cette dernière exigeait l'abstinence rituelle pour ceux qui cherchaient à acquérir les charismes escomptés. D'où une stricte continence sexuelle et de fortes réticences à l'égard du mariage (dans certaines conceptions, nous l'avons vu, le rabbin pharisien pouvait être incité à ne pas prendre femme) qui, lorsqu'elle aboutissait à un rejet pur et simple, faisait l'objet de controverses au sein même de leurs cercles. Les dons de grâce de la doctrine secrète et l'aspiration à les recevoir constituaient, semble-t-il, la motivation proprement dite de la conduite de vie spécifiquement essénienne. On peut reconnaître là un élément clairement identifiable comme un corps étranger par rapport au pharisaïsme et au judaïsme en général. D'après Flavius Josèphe*, la doctrine secrète avait été consignée dans des écrits sacrés spécifiques, soigneusement tenus secrets, et, lors de l'admission d'un nouveau membre de plein droit, il devait s'engager par serment à ne pas se dévoiler à des tiers, tout en parlant ouvertement aux frères de son ordre. Le contenu de la doctrine secrète résidait, semble-t-il, dans une réinterprétation allégorique des récits sacrés, dans une croyance en la Providence très marquée, dans une angélologie encore plus développée qu'à l'ordinaire, dans des pratiques de culte solaire isolées – la composante la plus visiblement hétérogène – et dans le remplacement de la croyance pharisienne en la résurrection par une promesse d'immortalité, avec le ciel et l'enfer. D'un point de vue rituel, les esséniens avaient la particularité de proscrire les sacrifices animaux : ils s'excluaient, par là même, du culte du Temple, avec lequel ils n'interrompaient cependant pas toute relation puisqu'ils envoyaient des présents. Le charisme censé assurer la discipline des arcanes était, selon toute apparence, le don de prophétie que Flavius Josèphe attribuait aux esséniens et qui entretenait certainement un lien avec leur croyance en la Providence. De plus, leurs compétences thérapeutiques étaient fameuses, notamment leur connaissance des pouvoirs des minéraux et des racines. Leur religiosité était, de façon tout à fait essentielle, une religiosité de la prière, manifestement associée à des formes de dévotion très intensives.

Il apparaît d'emblée que ces composantes de la doctrine et des pratiques esséniennes, qui ne représentaient plus un renforcement et une surenchère par rapport au ritualisme pharisien de la pureté, ne trouvaient pas leur origine dans le judaïsme. L'angélologie, y compris chez les pharisiens, venait de la Perse. C'est ce que confirmait le dualisme assez accentué de leur doctrine du corps et de l'âme – même si on pouvait également penser à des influences grecques. L'influence perse (ou perso-babylonienne) était également tout à fait perceptible dans le culte du soleil qui – par opposition à la doctrine précédente – n'avait manifestement rien de juif : il semble étonnant, au premier abord, qu'il ait été toléré par le judaïsme correct. La propension à refuser le mariage, la hiérarchie de l'ordre et le rejet des sacrifices animaux pourraient traduire des influences indiennes – qui se seraient exercées par l'entremise d'une autre culture. D'autres pratiques, comme les ablutions et les sacrements, pouvaient être issues des mystères grecs et orientaux, dont l'influence expliquait peut-être, en soi, la création de la doctrine secrète. De fait, l'ordre essénien opérait une conjonction entre la religiosité sacramentelle des mystères et le ritualisme de la pureté lévitique. Il se distinguait des formes de mystères du sauveur répandues en Asie antérieure par le fait qu'il ne prenait pas pour objet de culte un sauveur personnel : l'espérance messianique fortement entretenue chez les esséniens comme dans le judaïsme pharisien était clairement une espérance d'avenir. De ce point de vue, en toute rigueur, l'essénisme aurait dû être regardé comme hétérodoxe. Cependant, en raison de son caractère ritualiste, le judaïsme s'abstint de toute mise à l'index, de la même façon que l'hindouisme, en pareil cas. Dans la mesure où la communauté était préservée, grâce au Temple, et que la fidélité à la loi mosaïque que le pharisaïsme prônait par-dessus tout était maintenue, voire renforcée et observée de la façon la plus stricte, conformément au modèle pharisien, la communauté juive fermait les yeux sur les quelques positions manifestement hétérodoxes de la secte essénienne et tolérait celle-ci comme une confrérie juive dont la spécificité résidait dans des vœux particuliers et une doctrine particulière, indifférentes en soi ; elle adoptait ainsi l'attitude qu'elle conserva le plus longtemps possible à l'égard de la communauté judéo-chrétienne des nazaréens, demeurée fidèle au Temple de Jérusalem et à la loi.

La frontière entre le pharisaïsme et les esséniens était cependant fluide, du moins en ce qui concernait la conduite de vie. Le pharisaïsme de l'époque ne connaissait pas d'organisation de ce type en confrérie fermée condamnant le profit – au contraire, du point de vue des

Évangiles, les pharisiens étaient l'incarnation de « l'appât du gain » [Lc 16, 14]. Cependant, beaucoup de phénomènes spécifiques allaient dans le sens de cet état d'esprit. En premier lieu : l'acosmisme de l'amour. On désignait sous le terme d'« *hachaïm* » (« ceux qui gardent le secret ») les personnes fortunées qui versaient systématiquement, à grande échelle et en secret des dons pour les pauvres, que ces derniers recevaient également en secret et sans dévoiler leur identité. Cette pratique n'était pas seulement occasionnelle, elle était organisée : une caisse commune avait été créée à cet effet. D'après le Talmud, des caisses de ce type existaient apparemment dans presque toutes les villes : le commandement rabbinique de ne faire honte « à personne » et le principe plus tard radicalisé par Jésus, « Quand tu fais l'aumône, que ta main gauche ne sache pas ce que fait ta main droite » [Mt 6, 3], parce que seul le don fait en secret méritait un salaire dans le ciel, alors que les dons faits « au son de la trompette » anticipaient ce salaire dès l'ici-bas, exprimaient un trait caractéristique de la charité talmudique, qui vaut encore pour les œuvres de bienfaisance du judaïsme moderne unifié, mais est étranger, par exemple, aussi bien au puritanisme qu'au christianisme en général.

De l'aspiration à la pureté absolue découlait, chez les *qadoch* (les « saints »), sur le modèle des esséniens, le rejet de tous les « plaisirs » du monde ; on rencontrait également quelques ermites, « *bannaïn* » (les « paysans », c'est-à-dire les paysans des ermitages). Ces phénomènes de refus réel du monde étaient aussi étrangers au pharisaïsme normal que les règles esséniennes correspondantes et ils s'expliquent certainement aussi par des influences non juives. D'un point de vue rituel, on rencontrait chez les « *wathiqin* » certains échos des anciennes pratiques hassidiques et esséniennes : la prière du matin était réglée par des contraintes formelles strictes, elle devait se terminer au lever du soleil. D'autres phénomènes semblables pouvaient être observés de manière ponctuelle. En effet, en dépit de sa rectitude rituelle et de la stricte séparation par rapport aux païens, le judaïsme pharisien était exposé à l'invasion des rites étrangers les plus variés (par exemple les rites liés au culte du soleil). Même si le pharisaïsme ne connut en rien le développement d'une véritable doctrine secrète, il ne put empêcher la diffusion d'attentes et de prophéties apocalyptiques, eschatologiques et messianiques qui, sur le fond, produisirent les mêmes effets. À cette époque, l'atmosphère en était saturée, comme en témoigne, à l'évidence, le contexte dans lequel se jouent les histoires et les mythes des Évangiles. L'organisation des esséniens, leur conduite de vie religieuse et leur éthique ont souvent été rapprochées, notamment par des auteurs juifs, des pratiques des premiers chrétiens. Comme les chrétiens, les esséniens connaissaient le baptême, le repas d'amour (*agapè*), le communisme de l'amour acosmique, l'assistance aux pauvres, l'apostolat (au sens juif du terme), l'aversion contre le mariage (pour les fidèles accomplis), les charismes, la prophétie, surtout, et l'identification de ces derniers à un état favorable au salut, auquel il fallait aspirer [1]. Comme celle du christianisme ancien, leur éthique était *strictement* pacifiste, elle recommandait d'aimer l'ennemi, et elle évaluait favorablement les espoirs de salut des pauvres et défavorablement ceux des riches, de la même façon que les parties ébionites des Évangiles. À cela s'ajoutaient les composantes qui, dans l'éthique pharisienne en général, étaient apparentées au christianisme ancien, et qui se trouvaient, à bien des égards, radicalisées par l'éthique des esséniens, comme par celle des premiers chrétiens. Cependant, le type de radicalisation était très différent dans les deux cas. En effet, en ce qui concernait la pureté rituelle (lévitique), le message de Jésus était déjà engagé dans une tout autre direction. La parole du Seigneur, d'une portée monumentale : « Ce n'est pas ce qui entre dans la bouche qui la

1. Le terme d'ἐκκλησία était aussi employé pour désigner leurs assemblées communautaires.

rend impure, mais ce qui en sort et provient d'un cœur impur » [Mc 7, 15 ; Mt 15, 11], signifiait que, pour lui, l'essentiel n'était pas de prôner une surenchère ritualiste par rapport aux lois de pureté juives, mais la sublimation dans le sens d'une éthique de l'état d'esprit. À la fermeture anxieuse des esséniens à l'égard des individus rituellement impurs s'opposait, c'est là un point attesté avec certitude, l'insouciance avec laquelle Jésus fréquentait ces derniers et partageait des repas avec eux.

Les conceptions éthiques qui se retrouvaient d'un côté comme de l'autre étaient diffusées sous les formes les plus variées dans la région où les deux communautés virent le jour et des institutions semblables existaient déjà dans la *hevra* pharisienne, mais aussi, on peut le supposer, dans toutes sortes de communautés cultuelles. Mais surtout : pour autant que l'on sache, les esséniens ne connaissaient ni l'épiphanie d'un sauveur personnel présent ici et maintenant, ni le culte de ce dernier, et pas davantage le rôle capital accordé par le christianisme primitif à « l'esprit » (πυευμα).

Le *pneuma*, en tant que charisme et que signe confirmant un état de grâce exemplaire, n'était pas une notion étrangère au judaïsme, ni à la doctrine du pharisaïsme. « L'esprit de Yahvé » qui venait sur le héros (Samson [Jg 13, 25]) et roi sous la forme d'un charisme de *Berserker*, qui fondait sur Saül sur la forme d'une rage effrénée [1 S 10, 10 ; 11, 6 ; 19, 23], mais se manifestait surtout sous la forme d'un charisme de la vision et de la proclamation prophétique, voire du miracle, chez le voyant, le prophète et le faiseur de miracle ; le *pneuma*, dont le grand prêtre avait besoin pour absoudre efficacement le peuple qui se détournait de lui (Phinées [1 S 4, 4]) et qui abandonnait le roi ou le héros lorsqu'il commettait le péché, était aussi à l'œuvre chez tout enseignant ; de la même façon que le prophète voyait et entendait par l'intermédiaire de l'esprit, le maître enseignait aussi à travers lui. Dans le Talmud, il était appelé *ruaḥ ha-qodech* et, dans la traduction de la Septante, πυεῦμα τὸ ἅγιου en Ps 51, 13 et Es 63, 10-11.

Son pendant démonique était la doctrine de « l'esprit impur », l'esprit de Ba'al zévuv, appelé le « premier des démons » par les érudits de l'écrit qui composèrent les Évangiles. Par crainte du nom de Dieu, les rabbins employaient souvent le mot « *chekhina* » à la place « d'esprit saint ». Une doctrine vit le jour, selon laquelle « l'esprit de Dieu » qui, au commencement de la Création, planait au-dessus des « eaux », avait été créé par le Créateur au premier jour. La colombe, le symbole d'Israël persécuté, était parfois identifiée, dans le Talmud, à son véhicule [Ps 74, 19 ; Talmud de Babylone Berakhot 3a].

Dans la littérature talmudique, on rencontrait également l'idée que l'esprit saint était, pour les hommes, le « *synegor* », le « *paraclet* [1] » : il intercédait pour les hommes auprès de Dieu, et leur venait en aide. Cependant, la doctrine de la clôture de l'époque prophétique éveilla l'idée que, depuis Malachie, l'esprit saint avait quitté le monde. Il n'était plus possible d'accéder à lui ; il ne restait plus que la « *bath qol* », l'esprit dont le rabbin avait besoin pour interpréter correctement la loi de Dieu. D'un autre côté, Joël avait défendu une conception de la pureté et de la sainteté des élus après la venue du Messie selon laquelle *tous* prendraient part à l'esprit saint, les fils et les filles prophétiseraient, les anciens feraient des rêves, les jeunes auraient des visions et l'esprit se déverserait même sur les domestiques et les servantes (Jl 2, 28-29). Le réveil de l'esprit saint en tout homme passait, par suite, pour un signe de la venue du messie et de l'imminence du royaume de Dieu. Dans le christianisme ancien, cette représentation joua un grand rôle dans la conception du miracle de la Pentecôte [Ac 2, 1-13]. Les rabbins ne pouvaient ni prétendre à l'exclusivité de « l'esprit » dans ce sens spécifique d'un don de prophétie irrationnel et divin ni identifier ce dernier à un signe de l'état de grâce des membres de la communauté.

1. Philon emploie ce terme pour désigner le « *logos* » qui assiste le grand prêtre.

Même si, par suite, le maître rabbinique jouissait d'une autorité très grande, jamais il ne put songer à revendiquer le statut d'un « surhomme » animé par le *pneuma.* Son autorité se fondait toujours sur la parole fixée par écrit dans la Thora et chez les prophètes. Toute évolution dans le sens d'une adoration du pasteur d'âmes, sur le modèle du culte des gourous en Inde, en Asie et dans le christianisme, était absolument exclue. En outre, elle était rendue impossible par la conception juive de Dieu, qui imposait de rejeter toute idolâtrie de la créature comme une abomination païenne. Cependant, il n'était pas davantage question que le rabbi fît l'objet d'un culte comme un saint ou un mystagogue, sur le modèle du christianisme ou des religions de l'Asie. Il exerçait un métier religieux, mais il ne dispensait pas la grâce : cet acte était, à l'origine, dans une mesure limitée, le charisme du prêtre, et il demeura la prérogative – au demeurant essentiellement formelle – des « *kohanim* » qualifiés par leur origine kéramitique, seuls légitimés à prononcer la « bénédiction sacerdotale » [Nb 6, 24-26]. Ce n'est qu'avec le courant hassidique, en Europe orientale, qu'une figure comparable à celle des sauveurs et mystagogues asiatiques fit son apparition : le *tsadiq*, le virtuose de la mystique hassidique, dont les prétentions entraient ainsi puissamment en conflit avec l'autorité des rabbins et étaient rejetées par ces derniers comme une forme d'hérésie. Le rabbin juif ne dispensait pas le salut sacramentel et n'était pas davantage un sauveur charismatique. Le bien religieux spécifique qui était en sa possession était le « savoir ». Ce dernier, au demeurant, était extrêmement valorisé : le rabbin était davantage honoré encore que les anciens et même les parents, car « rien n'était plus grand que le savoir ». L'importance et l'autorité personnelle du rabbin tenaient avant tout au fait qu'il donnait l'exemple : à sa conduite de vie exemplaire. La caractéristique de cette dernière était la recherche d'un strict respect de la parole divine.

Dans la sphère de ses obligations professionnelles encore, le rabbin était un serviteur de la « parole ». Mais non un « prédicateur » : c'était un « enseignant ». Il enseignait la loi à un cercle fermé d'élèves, mais il ne la commentait pas en public en prêchant devant la communauté. Il est vrai qu'il enseignait aussi à la synagogue. Mais, dans le judaïsme antique, il ne le faisait en public, autant que l'on sache, que les jours de sabbat précédant les grandes fêtes, et les jours de kallabe. L'objectif était encore alors d'instruire la communauté des fidèles au sujet des obligations rituelles, aussi bien dans ces moments de fête que le reste du temps, où le rabbin secondait les individus dans les cas difficiles, en les instruisant de leurs devoirs rituels. En effet, mis à part la formation systématique des élèves à la connaissance de la loi, les obligations professionnelles du rabbin consistaient avant tout à répondre à des questions, à la manière des juristes romains, à exercer des fonctions d'arbitrage et, le cas échéant, pour les rabbins convoqués dans le *Beth Din*, à rendre des jugements. Dans le judaïsme antique, en revanche, l'activité de prédication publique, religieuse et éthique, les après-midi de sabbat, n'était absolument pas organisée. Pour autant qu'elle ait réellement existé – ce fut sans doute le cas dans une large mesure – elle était assurée par des personnalités fort différentes des rabbins locaux proprement dits : le « *magid* », le maître itinérant de l'époque tardive, doté d'une instruction rabbinique, était certainement apparu très tôt. Il voyageait et visitait les communautés comme un sophiste itinérant, auquel les membres fortunés de la communauté offraient l'hospitalité : ce fut le cas de Paul, qui prêchait effectivement dans les synagogues. Bien entendu, on ne rencontrait pas seulement ces orateurs itinérants. La liberté d'enseignement et de prédication, qui était très grande, autorisait à prêcher tous ceux qui se sentaient qualifiés pour cela et étaient tenus pour tels par la communauté. Même les « érudits de l'écrit » prêchaient : ils considéraient l'évangile comme une obligation rituelle. Mais non comme une obligation professionnelle normale. Pour le reste, les seules obligations qui incombaient au rabbin, exception faite des fonctions sacerdotales, étaient des tâches relevant de la pure technique rituelle : dans le judaïsme antique, en particulier, l'organisation des bains rituels (*miqwé*) et l'abattage rituel, la *cheḥitah*, qu'il devait surveiller et, dans certains cas, exécuter lui-même. Mais l'essentiel demeurait l'autorité d'interprétation de la loi.

La spécificité technique de cette interprétation de la loi était en accord avec la spécificité socialement conditionnée de la couche qui en était le principal porteur : la petite bourgeoisie, dont étaient issus la majeure partie des rabbins de l'ancien temps. À l'époque, déjà, on faisait valoir que le « bon sens » et le rationalisme moral pratique qui, partout, caractérisent l'attitude intérieure des couches bourgeoises influençaient fortement l'approche rabbinique de la loi : un privilège était ainsi accordé à la « *ratio* » des dispositions plutôt qu'à la lettre, d'une part, et, d'autre part, les besoins contraignants du quotidien, en particulier les besoins économiques, étaient pris en compte. En revanche, la possibilité d'une pensée rationnelle proprement « contructive » – la pensée « juridique » proprement dite, en d'autres termes, telle qu'elle fut activée dans les « réponses » des juristes romains, et chez eux seuls – faisait entièrement défaut, ce qui signifiait, en pratique : la capacité de forger des *concepts* rationnels. Les rabbins n'étaient pas un *Stand* de juristes purement temporel, ni surtout, un *Stand* distingué comme celui des juristes romains ; c'étaient des plébéiens qui enseignaient le rituel religieux. La soumission intérieure aux commandements positifs de Dieu n'était pas seulement plus stricte, en soi, que la soumission des juristes au droit positif ; les formes typiques et les limites inhérentes à tout rationalisme petit-bourgeois jouaient aussi un rôle. L'interprétation de la parole et les analogies d'images prévalaient sur l'analyse conceptuelle, une casuistique concrète se substituait à l'abstraction et à la synthèse. La pratique des sentences chez les anciens rabbins, qui, au demeurant, était orientée pour une large part en fonction des besoins rationnels de la pratique, mais se concentrait avant tout sur des cas singuliers et concrets, connut, il est vrai, une sorte d'élargissement théorique, lorsque, après la chute du Temple, les grandes écoles rabbiniques de Mésopotamie et de Palestine devinrent des centres organisés de délivrance de sentences, et le restèrent, à destination de tout le monde civilisé, jusqu'à l'époque carolingienne et par la suite encore. En même temps, l'accès à la dignité de rabbin fut subordonné à l'ordination (par imposition des mains) par le patriarche ou ses représentants autorisés, et il était prescrit aux futurs rabbins de poursuivre un cursus régulier d'études académiques, comprenant des séminaires, des séances de questions posées à l'enseignant et de discussions avec lui, des bourses d'étude et des séjours en internat. L'organisation spécifique de la confrérie pharisienne avait manifestement disparu : on appela plus tard « *ḥaver* » l'homme qui se plongeait dans l'étude de la loi avec un zèle particulier – le notable typique du judaïsme tardif. « *Peruchim* » était parfois employé pour désigner les étudiants. « L'esprit » du pharisaïsme était prédominant dans le judaïsme. Mais ce n'était plus l'esprit d'une confrérie active ; c'était l'esprit de l'*étude* des textes en général. Selon certaines représentations, Dieu lui-même « étudiait » la loi, dont la validité était intemporelle, afin de s'orienter en fonction de celle-ci, un peu comme, en Inde, le créateur du monde pratiquait l'ascèse afin de se rendre capable de créer le monde. Une pensée systématique détachée des cas particuliers concrets put dès lors se développer. Mais sa spécificité ne tenait pas seulement au fait qu'elle était soumise à la tradition des rabbins anciens : sa structure sociologique propre fut également décisive.

Le ritualisme pharisien de la pureté induisit, dans un premier temps, un renforcement des barrières rituelles, aussi bien vis-à-vis de l'extérieur que vis-à-vis de l'intérieur. Tout particulièrement de l'intérieur : la communauté essénienne vécut à l'écart, par crainte des souillures attachées au *connubium*, à la commensalité et à toute forme de contact étroit avec le reste des juifs ; on peut se demander si elle constituait l'unique conventicule de ce type. De la même façon, la confrérie pharisienne se coupa des *'am ha-arets* [1] ; de même, encore, après que les Samaritains eurent été officiellement exclus des sacrifices à Jérusalem, auxquels ils rechignaient à avoir recours, le judaïsme jérusalémite ou influencé par les prêtres de Jérusalem rompit avec celui des Samaritains et avec toutes les formes anciennes de culte local de Yahvé qui n'avaient subi ni l'influence de la prophétie ni celle des prêtres de Jérusalem. C'est ainsi que se constitua une organisation fixe des anciens fidèles de Yahvé, qui, parce qu'elle était conditionnée par le rituel, rappelait celle des *castes*. Conjointement, à l'intérieur de cette organisation, les privilèges héréditaires des lignées de prêtres et de lévites se perpétuèrent ; ils n'impliquaient pas l'interdit absolu du *connubium* avec d'autres clans juifs, mais ces lignées étaient soumises à l'impératif d'hypergamie. À quoi s'ajoutait désormais le rejet rituel de certains métiers, dévalorisés ou entièrement proscrits, comme facteur religieux de formation de *Stände*. Étaient méprisés, et tenus pour méprisables, outre les âniers et chameliers, et les marchands de poteries, les convoyeurs de marchandises par terre et par mer, les surveillants d'entrepôts, sans doute parce qu'il semblait impossible que ces catégories mènent une vie rituellement pure ; les premiers étaient évidemment réprouvés parce qu'ils étaient, à

1. De façon frappante, dans l'Évangile de Luc (Lc 7, 36-39 ; 11, 38 sq. ; 14, 1), Jésus est à plusieurs reprises reçu à la table d'un pharisien (dans le dernier cas, il s'agissait même d'un supérieur des pharisiens, autrement dit, comme l'atteste un parallèle, un « supérieur de l'école »), alors que les deux Évangiles plus anciens ne relatent rien de tel. Sachant que Luc mettait également en avant, dans les Actes des Apôtres, la conversion de « pharisiens » [Ac 15, 5] et étant donné l'importance attachée par Paul à la communauté de repas de Pierre et d'un Grec* [Ga 2, 11-14], il s'agissait peut-être là d'un ajout à des fins de propagande. Les pharisiens vraiment stricts n'auraient pas toléré la commensalité avec un *'am ha-arets* ni avec un individu menant une vie incorrecte (chez Jn 8, 48, les juifs désignaient Jésus comme un « Samaritain »).

l'origine, des travailleurs issus de tribus-hôtes étrangères. La malédiction du Deutéronome voua également aux gémonies les métiers de magiciens et de devins de toutes sortes [Dt 18, 10-11]. Mais l'homme rituellement pur devait encore éviter les métiers de colporteur, barbier, vétérinaire, certains artisanats de la pierre, et, enfin, les activités de tanneur, vacher, cardeur, tisserand et orfèvre. La raison invoquée, dans bien des cas, était que l'exercice de tels métiers impliquait une proximité toujours suspecte avec des femmes ; pour le reste, cependant, outre certaines représentations sociales traditionnelles, et les liens entre beaucoup de ces métiers et l'émigration (les orfèvres, notamment), le facteur déterminant était, là encore, les doutes quant à la possibilité de concilier ces métiers avec la rectitude rituelle. Le grand prêtre ne devait pas être issu d'une famille ayant pratiqué ces métiers. À l'extérieur de l'ordre pharisien, cependant, tous n'étaient pas proscrits, du moins à l'époque talmudique : on trouvait au moins un tanneur parmi les rabbins les plus fameux (Rabbi José) et même, nous l'avons vu plus haut, un astrologue. La littérature talmudique mentionnait l'existence de synagogues particulières pour certains des artisans royaux de l'ancien temps, les chaudronniers et les collecteurs de redevances ; il était fréquent que les sièges, à la synagogue, fussent regroupés par métiers. Les activités des artisans royaux, justement (mais d'autres également), étaient, de fait, pour une large part, des métiers héréditaires, et les artisans eux-mêmes étaient originaires de tribus étrangères et importés par le roi, ce qui expliquait leur statut particulier. Parmi les activités réprouvées, certaines furent plus tard, au Moyen Âge, souvent exercées par des juifs ; au sein du judaïsme antique, le rejet de ces métiers n'impliquait pas une séparation réelle en castes. Cependant, la structure interne du judaïsme, à la fin de l'Antiquité, présentait certains traits importants qu'elle partageait avec la division des castes.

5. Le renforcement de la séparation rituelle des juifs

Mais c'est surtout vis-à-vis de l'extérieur que le judaïsme tendit de plus en plus, dans un premier temps, vers le type du peuple-hôte rituellement séparé (peuple paria). Il le fit de lui-même, et non sous la pression d'un rejet extérieur. C'est un fait que, dans l'Antiquité, l'« antisémitisme » était universellement répandu. Mais aussi que ce rejet des juifs, qui ne se développa d'abord que progressivement, alla de pair avec un rejet croissant, de la part des juifs eux-mêmes, de la communauté avec des non-juifs. Dans l'Antiquité, l'hostilité à l'égard des juifs était bien loin de procéder d'une antipathie « raciale » : l'importance considérable du prosélytisme, dont il sera question un peu plus loin, en fournit suffisamment la preuve. Ce fut bien plutôt l'attitude de rejet des juifs eux-mêmes qui, dans ces rapports mutuels, représenta le facteur décisif. Dans l'Antiquité, les rites déviants et apparemment absurdes étaient légion : l'enjeu n'était pas là. Il est vrai que l'asébie très prononcée des juifs à l'encontre des dieux de la *polis* qui leur offrait le droit d'asile était sans doute ressentie comme une impiété et une offense. Mais là n'était pas non plus la question décisive. Si l'on va au fond des choses, le reproche ultime et déterminant qui était fait aux juifs concernait leur « haine des hommes » : leur rejet de principe du *connubium*, de la commensalité et de toute forme de fraternisation ou de communauté étroite de quelque type que ce fût, y compris dans le domaine des affaires, mais aussi – l'importance de ce facteur ne doit pas non plus être sous-estimée – le soutien extrêmement puissant que leur confrérie apportait à tous les juifs pharisiens, en vertu de la *ḥevra* – un facteur dont les effets économiques ne purent échapper à l'attention de leurs concurrents païens. L'isolement social des juifs, ce « ghetto » au sens le plus intime du terme, fut d'abord absolument choisi et voulu par eux, et il le fut toujours davantage. D'abord sous l'influence des *sopherim.* Puis sous celle des pharisiens. Les premiers, nous l'avons vu, s'efforcèrent – en principe – de préserver la pureté *de la foi* juive. Il en alla tout autrement des pharisiens. Dans un premier temps, ces derniers défendirent avant tout une doctrine (ritualiste) : une confession, et non – ou, du moins, pas de prime abord – une nationalité. Chez eux, la rupture brutale avec ceux qui étaient rituellement impurs allait de pair avec un travail de propagande passionnée, à l'extérieur, pour leur propre communauté. Jésus leur faisait grief de ce prosélytisme : « Malheur à vous, scribes et pharisiens hypocrites ! parce que vous courez la mer et la terre pour faire un prosélyte » (Mt 23, 15). Les pharisiens les plus acharnés prétendaient qu'il agréait à Dieu qu'ils fissent chaque année un prosélyte au moins : la propagande juive, tout comme celle du christianisme ancien de l'époque postérieure aux apôtres, était principalement le fait de bénévoles privés, et non des autorités officielles. La position de ces dernières, tout comme celle des textes officiels, était fluctuante. La tradition ancienne de la loi (Ex 12, 48) portait encore les traces de l'époque où la religion de Yahvé de la confédération israélite gagnait du terrain en intégrant, dans le groupement des citoyens de plein droit, des tribus voisines ou des clans de « *gérim* », les clans apparentés de métèques et de clients qui résidaient en Israël et y étaient protégés. Le statut juridique des métèques était réglementé et le même texte énumérait les prérogatives rituelles auxquelles ils ne pouvaient avoir accès qu'en se soumettant à la circoncision. La prophétie (Es 14, 1) prédisait que des étrangers viendraient en Israël quand celui-ci aurait récupéré ses terres et qu'ils entreraient dans la « maison de Jacob ». Ce passage, que l'on peut rapprocher de la promesse faite à Abraham [Gn 12, 1-3] et des nombreuses allusions à la venue de tous les peuples de la terre en Israël, dont ils vénéreraient le Dieu, semblait attester que la propagande agréait à

Dieu et qu'elle était peut-être même un moyen de préparer le temps de la venue du Messie. Au demeurant, les avis étaient partagés, même dans les textes sacrés. Les légendes de Ruth et de Jonas étaient résolument favorables au prosélytisme, tandis qu'une autorité aussi importante d'Esdras le désavouait : son projet d'organisation gentilice, non seulement du clergé mais aussi de la *polis* de Jérusalem reconstituée, ne semblait pour le moins guère compatible avec l'entrée de nouveaux individus dans la communauté, et, pour assurer la séparation du peuple saint à laquelle il aspirait, Esdras attachait une importance décisive à la pureté du sang en tant que telle.

6. Le prosélytisme dans la diaspora

Pour la petite bourgeoisie pharisienne, il en allait tout autrement ; chez ses représentants, à l'extérieur, notamment, dans la diaspora, la balance penchait à nouveau du côté de la propagande. Faire entrer un païen dans la « *chekhina* » (la « maison de Dieu ») passait, aux yeux de la majorité des maîtres, pour inconstablement méritoire. Si bien que, en référence à la conception ancienne du métèque, on ne tarda pas à admettre un type de propagande qui prenait ses distances avec l'impératif d'adoption immédiate, par les prosélytes, de la totalité des obligations rituelles, en particulier de la circoncision, et intégrait ceux-ci dans la communauté à titre provisoire, en tant que simples « amis », demi-juifs. En effet, l'impératif de circoncision constituait, on peut le comprendre, un obstacle très sérieux à la propagande parmi les hommes adultes : c'est ce qui explique que le nombre de femmes ait été beaucoup plus élevé que celui des hommes parmi les prosélytes de plein droit. On distinguait trois degrés d'intégration (et pas seulement deux) : 1. Le « *ger ha-tochav* », « l'ami », le semi-converti, qui adoptait la croyance monothéiste et l'éthique juive (le Décalogue), mais non le rituel juif : sa conduite rituelle ne faisait l'objet d'aucun contrôle et il n'entretenait pas de relation officielle avec la communauté ; 2. Le « *ger ha-cha'ar* » (le « prosélyte de la porte »), autrement dit, selon la théorie, le métèque ancien soumis à la juridication juive : devant trois membres de la confrérie, il faisait le vœu de ne pas adorer des idoles, et il devait respecter les sept commandements *noahides*, le sabbat, le tabou du porc et le jeûne rituel, mais n'était pas tenu de se faire circoncire ; enfin, 3. le « *ger ha-tsedeq* » ou « *ger ha-berith* » (le « prosélyte de la justice »), pleinement admis dans la communauté après sa circoncision et son acceptation des obligations rituelles : ses descendants ne devenaient des juifs de plein droit qu'à la troisième génération.

Dans ces pratiques, il était escompté que le *ger ha-tochav* et surtout le *ger ha-cha'ar*, à supposer qu'il rechignât lui-même à se faire circoncire, soumettrait ses enfants à la circoncision et leur permettrait ainsi de devenir des juifs de plein droit ; dans bien des cas, c'est effectivement ce qui se produisait. En effet, cette pratique allait dans le sens des intérêts du pays d'accueil, en particulier des Grecs. Ce qui les attirait dans le judaïsme n'était évidemment pas son rituel : conformément au caractère de la religiosité grecque, il n'aurait pu en aller autrement que si la religion israélite avait pu offrir des voies de délivrance magiques et des promesses du type des mystères, autrement dit des voies de salut et des états de salut irrationnels ; or, tel n'était pas le cas. L'attrait de cette religion venait plutôt de sa conception d'un Dieu qui apparaissait comme absolument immense et majestueux ; il découlait également du rejet radical du culte des idoles et des dieux tenus pour des faux dieux ; il se fondait, avant tout, sur l'éthique juive, qui apparaissait comme pure et forte, et, enfin, sur les promesses d'avenir simples et claires du judaïsme. Il était donc lié à des composantes rationnelles. Le judaïsme attirait ceux qui trouvaient leur satisfaction, d'un point de vue religieux, dans une éthique pure et dans la conception d'un Dieu fort. En tant que tel, l'*ordre* immuable de vie offert par le rituel exerçait une séduction puissante, tout particulièrement dans les temps qui, après l'effondrement des États nationaux grecs, virent la décadence de l'ordre militaire traditionnel par lequel était auparavant régie la vie des citoyens, dans la *polis* et à travers celle-ci. L'époque du rationalisme intellectuel et de la rationalisation « bourgeoise » croissante de la religiosité grecque, dans les dernières décennies de la République romaine, notamment, fut aussi la grande époque du prosélytisme juif. Ceux qui, par l'effet de leur caractère ou de leur destin, étaient enclins à la quête de salut irrationnelle et mystique, restèrent étrangers au judaïsme ; cette époque de recherche croissante d'états de salut irrationnels fut favorable aux religions à mystères et au christianisme, mais non à ce dernier. Le rituel juif fut sans doute adopté dans son intégralité, pour elles-mêmes ou pour leurs enfants, essentiellement par des personnes issues de couches sociales qui avaient intérêt à nouer des liens avec l'organisation de la fraternité pharisienne : les petits-bourgeois, notamment les artisans et les petits commerçants. Pour autant que l'on sache, c'est effectivement là ce qui se produisit. Bien que la foi juive ait été tenue pour une « *religio licita* », ceux qui se convertissaient intégralement au judaïsme perdaient le « *jus bonorum* », selon le droit administratif romain, et la loi juive les rendait inaptes à occuper des charges publiques, parce qu'ils n'avaient pas le droit de prendre part au culte étatique officiel. La diaspora juive, de son côté, avait fortement intérêt, non seulement à augmenter le nombre de ses membres, mais aussi à trouver des « amis » à l'extérieur, en particulier dans les cercles influents, dont les membres pouvaient occuper des charges publiques : de son point de vue, il s'agissait de résoudre le problème de façon tout à fait pragmatique. En pratique, cela signifiait un compromis entre le critère confessionnel et le critère gentilice. Dans la communauté, le juif de naissance correct depuis trois générations était privilégié, d'un point de vue de *Stand*, par rapport au converti, à ses enfants et petits-enfants. Un peu comme, en Inde, les « laïcs » par rapport aux *bhikṣu*, les prosélytes incirconcis mais qui avaient prononcé le vœu et les simples « amis » demeuraient à l'extérieur de la communauté. Les rites étaient obligatoires, sans restriction, pour les juifs de naissance et les convertis circoncis, ils l'étaient en partie pour les prosélytes qui s'étaient engagés par le vœu, mais ne l'étaient pas pour les « amis ». À l'occasion, cependant, on rencontrait des vues beaucoup plus libérales. Certains mettaient en doute le fait que la circoncision ordonnée au peuple juif fût vraiment indispensable pour la conversion de ceux qui n'étaient pas nés juifs, et se demandaient si un bain de purification rituel (en d'autres termes, un baptême) ne suffirait pas. Les mariages mixtes avec des prosélytes (incirconcis) étaient, semble-t-il, dans certains cas, légitimés dans les « réponses » des rabbins. Au demeurant, de telles conceptions demeuraient isolées.

7. La propagande des apôtres chrétiens

Les usages qui prédominaient dans la pratique ressortent clairement dans les luttes que la mission paulinienne déclencha dans la communauté chrétienne primitive, tout comme dans le judaïsme. Les récits du Nouveau Testament, qui, sur les questions décisives, apparaissent comme parfaitement dignes de foi, de ce point de vue, attestent que ce ne furent *pas* les débuts de la mission parmi les *païens* (et les prosélytes incirconcis) qui provoquèrent conflits et remous. Les chefs des communautés jérusalémites, qui respectaient strictement le rituel et le culte du Temple, adoptèrent un point de vue tout à fait pragmatique, d'un côté, et, de l'autre, conforme à l'attitude traditionnelle à l'égard des prosélytes incirconcis. Ils mirent en place, à destination de ces derniers, une éthique minimale, qu'ils firent connaître à la communauté de mission d'Antioche par l'intermédiaire de deux envoyés (Ac 15, 23 sq.) : l'idôlatrie, la consommation de sang, d'animaux étouffés, et la fornication étaient proscrites, mais, pour le reste, les prosélytes n'étaient pas tenus au respect du rituel. S'ils se conformaient à ce dernier, ils étaient des « frères parmi les païens », comme ils étaient appelés dans le texte cité. Il n'y avait là rien de problématique, y compris d'un point de vue pharisien. Mais la nouvelle parvint à Jérusalem que Paul exerçait aussi son activité missionnaire parmi les juifs de plein droit et les encourageait à ne plus respecter le rituel. En se référant à la lettre par laquelle ils en avaient été informés, Jacques et les anciens, au nom de la communauté de Jérusalem, convoquèrent Paul (Ac 21, 21 sq.) et exigèrent qu'il se soumît, afin de se laver de ce soupçon, à l'épreuve ordinaire de purification qui avait lieu au Temple, en compagnie de quatre pénitents engagés par un vœu. Paul s'exécuta. Mais lorsqu'ils le virent dans le Temple, les nombreux juifs de la diaspora qui étaient présents tentèrent de le lyncher, parce qu'il 1. menait une agitation contre la loi et le culte du Temple, et prêchait l'apostasie de la loi (parmi des juifs !) et parce qu'il 2. avait fait entrer dans le Temple un incirconcis (Trophime), un fait contesté par Luc (Ac 21, 28-29) [1]. Le soulèvement qui en résulta fournit l'occasion de son arrestation. On ne lui reprochait pas d'avoir été un missionnaire parmi les païens et les prosélytes incirconcis : Jacques et les anciens faisaient même explicitement son éloge, de ce point de vue (Ac 21, 20). Paul ne prêchait pratiquement que dans les synagogues, et il était clair que

1. Seul le passage Ac 22, 21 adoptait, semble-t-il, un point de vue un peu différent (la foule était indignée que Paul se fût lui-même désigné comme un sauveur envoyé auprès des païens), mais il est évident que si une version était authentique, c'était celle qui exposait la position de Jacques et les motivations de la tentative de lynchage. Du reste, on peut comprendre que les juifs n'aient pas vu d'un très bon œil les tentatives de Paul pour débaucher leurs prosélytes incirconcis. Mais il ne s'agissait pas là, en soi, d'une offensive contre la loi.

le noyau des troupes de ses communautés missionnaires était constitué par la masse des prosélytes incirconcis. Le fait a souvent été souligné. À travers de telles communautés, le judaïsme prépara le terrain de la mission chrétienne. Pour cette dernière, le compromis que les Jérusalémites avaient trouvé pour les prosélytes ne suffisait pas à aplanir les difficultés, y compris d'un point de vue purement extérieur. Les deux parties, aussi bien les anciens de Jérusalem que Paul, louvoyaient et hésitaient sur la conduite à tenir. La question de la commensalité avec des prosélytes incirconcis avait apparemment été résolue dans un sens positif par Pierre et Paul, à Antioche, mais, sous l'influence de Jacques, Pierre s'était ensuite rétracté (Ga 2, 11 sq.). De son côté, alors qu'il avait adopté l'attitude inverse avec Tite (Ga 2, 3), Paul circoncit Timothée (Ac 16, 3) [1], afin de l'autoriser à la commensalité avec les juifs d'Asie Mineure. Les Jérusalémites n'adoptèrent le point de vue de Paul que très progressivement et ne le firent qu'en partie ; Pierre s'y rangea, semble-t-il, après la mort de Jacques. En revanche, la vieille communauté ébionite de Palestine, demeurée fidèle à la loi, considéra Paul comme un apostat. La raison décisive qui expliqua la concession obligée des chefs jérusalémites fut, à en croire les sources (Ac 10, 45-47), la découverte que les convertis qui étaient d'anciens païens étaient saisis par *l'esprit* au même titre que les chrétiens juifs et en proie aux mêmes phénomènes. Par suite, arguait Pierre, qui avait pu faire ce constat lorsqu'il avait prêché à Césarée, le baptême et l'égalité ne pouvaient leur être refusés. Indépendamment de la véracité historique de chaque détail, le fait était certainement réel sur le fond, et il éclaire fortement le grand changement qui était intervenu : dans le judaïsme, l'esprit prophétique était contrôlé à l'aune de la capacité à proclamer la *loi* et c'est en fonction d'un tel critère qu'il

1. Il est vrai que la mère de Timothée était juive, tandis que son père était grec (Ac 16, 1).

était rejeté ou admis. Pour le christianisme ancien, en revanche, c'est *l'esprit* et les signes et dons de ce dernier qui représentaient la norme attestant l'attachement au rituel juif. En même temps, cependant, il était patent que cet « esprit », le *pneuma*, correspondait à une tout autre dynamique que le *ruaḥ ha-qodech* du judaïsme correct.

La concurrence entre judaïsme et christianisme pour la mission auprès des prosélytes prit fin à partir du Ier siècle et, définitivement, à partir de la deuxième destruction du Temple, sous Hadrien : auparavant, surtout au cours la dernière guerre, de nombreux prosélytes avaient trahi les juifs. Au sein des communautés juives, les réticences à l'égard du prosélytisme n'avaient jamais été complètement surmontées. Dès lors, elles tendirent de plus en plus à prendre le dessus.

L'accueil des prosélytes fut soumis à des conditions bien définies et subordonné à l'accord d'une cour plénière de rabbins. L'idée se fit jour que les prosélytes étaient pour Israël « un fléau pareil à la lèpre ». Le nombre des conversions décrut, sous la pression d'un contexte d'hostilité aux juifs. Les empereurs adoptèrent des mesures : puisque la conversion rendait inapte à l'exercice des fonctions publiques, elle ne pouvait être tolérée. Dion Cassius rapportait que des lois rigoureuses avaient déjà été promues sous Domitien. La circoncision de non-juifs fut interdite et assimilée à la castration. Non seulement les conversions complètes, mais aussi et peut-être davantage encore les semi-conversions se raréfièrent rapidement : dès le IIIe siècle, les *gérim-tochavim* se faisaient rares. Par la suite, l'opinion généralement admise était qu'ils n'avaient existé que sur le papier, du temps où Israël était un État indépendant. Sous les empereurs chrétiens, la propagande fit, bien entendu, l'objet d'un interdit absolu (398 apr. J.-C.), tout comme la possession d'esclaves chrétiens, qui pouvait exposer ces derniers au risque de prosélytisme. Les lois d'interdiction de Domitien furent certainement favorables à la propagande chrétienne, qui recueillit partout l'héritage du judaïsme. La détérioration très forte des relations entre judaïsme et christianisme, dont portent témoignage différentes prises de position des Évangiles, selon les époques [1], mais surtout les textes ultérieurs, fut dans un premier temps causée par les juifs. Ces derniers, en tant que *religio licita*, mirent à profit la situation précaire des chrétiens, qui ne bénéficiaient pas comme eux du privilège d'exemption du culte de l'empereur, pour les dénoncer auprès des autorités et inciter celles-ci à sévir contre les chrétiens. Par suite, les chrétiens pensaient que les juifs étaient à l'origine des persécutions. Les barrières dressées de part et d'autres devinrent infranchissables : le nombre de juifs convertis au christianisme décrut très rapidement et, à partir du IVe siècle environ, il était à peu près nul, notamment dans les larges couches de la petite bourgeoisie, avant même que les intérêts financiers des princes, au Moyen Âge, fissent apparaître à leurs yeux la préservation des juifs comme souhaitable. L'objectif de conversion des juifs fut très souvent proclamé par le christianisme, mais, en général, cette intention restait lettre morte ; dans tous les cas, les tentatives missionnaires, tout comme les conversions forcées, furent partout et en tous temps également vaines. Les promesses des prophètes, l'aversion et le mépris pour le polythéisme chrétien, mais, surtout, la force inentamée de la tradition, qui tenait à une éducation intense et sans équivalent de la jeunesse au respect d'une conduite de vie régie par un ordre rituel tout à fait immuable, et, enfin, la puissance

1. Notamment dans l'Évangile de Jean. Non seulement les « érudits de l'écrit » et les « pharisiens » sont très souvent confondus, dans ce texte, en tant qu'adversaires de Jésus, avec les « juifs » tout court, mais surtout, le degré de persécution auquel Jésus est soumis de la part de ces derniers est poussé à l'extrême, par rapport aux autres Évangiles : chez Jean, ils aspirent presque continuellement à porter atteinte à sa vie, alors qu'ils ne sont pas aussi acharnés chez les Synoptiques. (Chez Luc, déjà, les « pharisiens », en tant qu'adversaires de Jean et de Jésus, sont remplacés par « le peuple » ou « certains » [voir, par exemple, Lc 3, 7 ; 11, 15].)

de l'ordre des communautés sociales établies, la famille et le groupement religieux – un appui dont l'apostat risquait de se priver sans être certain de trouver dans les communautés chrétiennes une attache aussi solide et de même valeur – : tout cela eut pour effet, et a encore pour effet, de maintenir la communauté juive dans la situation de peuple paria qu'elle avait elle-même choisie, aussi longtemps que l'esprit de la loi juive, autrement dit l'esprit des pharisiens et des rabbins de l'Antiquité tardive, put se perpétuer et demeurer intact, comme il l'est encore aujourd'hui.

NOTES

p. 69 *Les articles rassemblés dans le premier volume de ces écrits* : la plupart des textes de sociologie religieuse de Max Weber, en dépit de leur longueur, parurent dans un premier temps sous forme d'articles dans la revue *Archiv für Sozialwissenschaft und Sozialpolitik.* Marianne Weber les réunit après sa mort dans les trois tomes des *Gesammelte Aufsätze zur Religionssoziologie* (Tübingen, Mohr, 1920 et 1921). Le premier regroupait *L'Éthique protestante et l'esprit du capitalisme,* l'essai *Les Sectes protestantes et l'Esprit du capitalisme* et *Confucianisme et taoïsme* ; le deuxième reprenait *Hindouisme et bouddhisme* ; le troisième, enfin, *Le Judaïsme antique* et l'essai *Les Pharisiens.*

p. 71 *Du point de vue du problème que nous avons posé* : le problème posé par Weber en tête des trois recueils de *Sociologie des religions* présentés dans la note ci-dessus était formulé dans la « Remarque préliminaire » placée au début du premier tome, avant *L'Éthique protestante.* Weber énonçait une thèse : « L'Occident a donné au capitalisme une portée nouvelle, parce qu'il a produit des modes, des formes et des orientations du capitalisme qui n'ont jamais existé ailleurs » [EP, p. 56], à savoir : « le capitalisme d'entreprise bourgeois avec son organisation rationnelle du travail (formellement) libre » [EP, p. 60]. « Liée à la rationalisation de la technique et à celle du droit, l'émergence du rationalisme économique fut tributaire de la capacité et de la disposition des hommes à adopter des formes spécifiques de *conduite* pratique et rationnelle *de la vie* » [EP, p. 63]. Il s'agissait de montrer « le rôle déterminant qu'ont joué certains contenus de croyance religieux dans l'émergence d'une « mentalité économique », de « l'*ethos* » d'une forme économique », en l'occurrence, « le lien entre l'*ethos* économique moderne et l'éthique rationnelle du protestantisme ascétique ». C'est à la démonstration de cette thèse qu'était consacrée *L'Éthique protestante.* Les études réunies sous le titre *L'Éthique économique des religions mondiales,* qui abordaient ensuite successivement les cas de la Chine, de l'Inde et de l'Israël antique, avaient pour but de « donner une vision globale des relations entre les religions des principales civilisations et l'économie et la stratification sociale du monde qui les entourait » [EP, p. 64], et de fournir par là « des points de *comparaison* avec l'évolution occidentale, qu'il s'agissait toujours d'analyser. » [*ibid.*].

p. 72 *Élimination des traits anthropomorphiques* : pour Weber, il n'existe en aucun cas, dans l'histoire des religions, une « tendance d'évolution » systématique qui conduirait, partout et en tous temps, de la représentation de divinités « naturelles » à celle de divinités « anthropomorphes », ou l'inverse. Cette évolution varie selon les cultures. « La personnification des figures de dieux et le développement de l'anthropomorphisme ne se confondent en rien et ne vont pas nécessairement de pair avec la délimitation et la fixation croissante des compétences divines. Souvent, c'est même le contraire. Les compétences des *numina* romains étaient délimitées de façon incomparablement plus nette et univoque que celles des figures divines de la Grèce ; en revanche, l'humanisation des divinités grecques et la définition plastique et visuelle leur conférant une véritable “personnalité” étaient incomparablement plus poussées que dans la religion romaine traditionnelle » [SR2, p. 95-96].

p. 77 *Pour les castes parias indiennes, nous l'avons vu* : référence à *Hindouisme et bouddhisme* (vol. 2 du *Recueil d'études de sociologie des religions).*

p. 79 *Serviteur de Yahvé* : voir JA, p. 585 sq.

p. 115 *Le passage d'Ézéchiel* : plutôt Jérémie, selon MWG I/21/1.

p. 120 *À l'époque du Siracide* : au début du IIe s. av. J.-C.

p. 122 *'am Tsor, 'am Tsidon* et *'am Kartachdechoth* : « le peuple de Tyr, le peuple de Sidon et le peuple de Carthage ».

p. 186 *Législation sur le bétail* : cf. le passage sur « l'Ancien Israël » dans *Économie et société dans l'Antiquité* : « Puisque la propriété du bétail est la composante essentielle de la propriété aristocratique, on trouve ici le pendant antique de nos controverses sur les “dégâts causés par le gibier” (le fait que la vengeance soit exercée contre le bétail comme contre l'homme est commun à nombre de droits anciens et se trouve à l'état de survivance dans la disposition de la Rome ancienne qui fait obligation d'indemniser les dégâts, quand le bétail cause des dégâts *contra naturam sui generis* : l'homme moderne attendrait la disposition exactement inverse et la loi juive est, dans le fond, plus “moderne” » [ESA, p. 184].

p. 186 *En « J »* : la version jahviste.

p. 192 *Les insignes des sectes indiennes* : cf. H&B, p. 104. On entre dans une secte shivaïte ou vishnouïte après avoir reçu ses enseignements (transmis sous la forme de *mantra* ou formules de prière stéréotypées), en « portant les insignes de la secte (peints sur le front, etc.) » et en « fréquentant ses temples ».

p. 208 *D'après Hérodote* : cf. *Histoires* II, 37-104.

p. 231 *Au* public *que constituait l'auditoire intéressé par la politique* : Weber combine ici les notions de « public » au sens de « l'auditoire » (*Publikum*) et de « public » au sens de « l'espace public » ou de « l'opinion publique » (*Öffentlichkeit*) dans les termes « *Öffentlichkeit des Publikums* ».

p. 251 *Le Chant du Veilleur...* : Max Weber avait une affection particulière pour ce texte, qu'il cite en conclusion de la conférence *La Science, profession et vocation* [SPV, p. 59]. Voir aussi *supra,* l'introduction, p. 21 et p. 61.

p. 270 *Rejeter toute forme de sacrifice comme absolument indifférente à Yahvé* : cf. Amos, 5, 21 sq. : « Je hais, je méprise vos fêtes, / Je ne puis sentir vos assemblées. / Quand vous me présentez des holocaustes et des offrandes, / Je n'y prends aucun plaisir ; / Et les veaux engraissés que vous sacrifiez en actions de grâces / Je ne les regarde pas. »

p. 357 *Surtout lorsqu'il risquait une parabole agricole* : cf. SR 2, p. 232 : « Le christianisme ancien fut d'emblée, spécifiquement, une religiosité d'artisans. Son Sauveur était artisan dans une petite ville de campagne, ses missionnaires compagnons itinérants, et le plus grand d'entre eux fabricant itinérant de toiles de tente, déjà si étranger au monde rural que, dans ses Épîtres, une parabole se référant aux pratiques de la greffe contient une erreur manifeste [Rm, 11, 17] ».

p. 358 *Comme Goethe le soulignait déjà* : « Israel in der Wüste », in : *Noten und Abhandlungen zum besseren Verständnis des west-östlichen Divans.*

p. 360 *Le porteur de la sagesse égyptienne* : cf. Flavius Josèphe, *Antiquitates Judicae* II, 9 ; Philon, *Vita Mosis,* I, 8.

p. 360 *Selon Hérodote...* : cf. *Histoires,* II, 41.

p. 371 *Le tramway électrique* : cf. la conférence « *La Science, profession et vocation* ». « À moins d'être physiciens de profession, ceux d'entre nous qui prennent le tramway ignorent tout des raisons qui le font se mettre en marche. Nous n'avons d'ailleurs pas besoin de le savoir. Il nous suffit de pouvoir "compter" sur le fonctionnement du wagon de tramway. Nous orientons notre comportement en fonction de cette donnée ; mais nous ne savons absolument pas comment on construit des tramways capables de se déplacer. En ce qui concerne ses outils, le sauvage est incomparablement mieux instruit de ces questions ! » [SPV, p. 27-28].

p. 407 *Une conception bien définie...* Cf. Am 5, 15 : « Haïssez le mal et aimez le bien, / Faites régner à la porte la justice ; / Et peut-être l'Éternel, le Dieu des armées, aura pitié / Des restes de Joseph. »

p. 408 *La prophétie à Mykérinos, mentionnée par Hérodote* : cf. *Histoires,* II, 133.

p. 425 *Celle qui étreignait Alphonse de Liguori ou de nombreux piétistes* : Weber évoque dans *L'Éthique protestante* « les effets de l'angoisse du péché » (sexuel, en premier lieu [SR2, p. 436]), qui pousse Alphonse de Liguori, notamment, « à s'imposer toutes les humiliations imaginables » [EP, p. 170-171].

p. 454 « *Va dans les rues et parle* en public » : Weber reprend le même motif dans la conférence *La Science*, en renvoyant les « prophètes » universitaires dans l'espace public. « Le prophète et le démagogue n'ont pas leur place à la chaire d'un amphithéâtre. Il est dit au prophète comme au démagogue : Sors, va dans les rues et parle en public. C'est-à-dire là où la critique est possible. [SPV, p. 41]

p. 455 *Comme il était décrit pour Ithaque* : cf. Homère, *Odyssée,* Chant II.

p. 455 *Il arrivait que le voyant fût interrogé* : cf. Homère, *Iliade,* I 59-120 ; 384-386.

p. 482 *Le fameux oracle livré par l'Apollon de Delphes* : cf. Hérodote, *Histoires*, I, 46-49.

p. 521 *Platon, dans le fragment du* Critias *et dans le* Timée… C'est dans le *Critias* qu'on trouve la légende de l'Atlantide ; voir aussi *Timée* 21a-25d.

p. 553 *« Honesty is the best policy »* : « L'honnêteté est la meilleure des polices » [cf. EP, p. 247 sq. ; p. 320 sq.].

p. 554 *« Qui trompe-t-on ? »* : maxime de Bismarck relative à la « faible moralité » du commerce. Voir *Hindouisme et bouddhisme* : « Les hommes d'affaires européens ont souvent déploré [...] la faible moralité des Japonais "en affaires', par opposition à celle des marchands chinois : ce constat – s'il était justifié – pourrait facilement s'expliquer par l'image que la féodalité en général se fait du commerce, regardé comme une forme de duperie mutuelle (le "*Qui trompe-t-on ?*" de Bismarck en donne une idée) » [H&B, p. 445-446]. Voir aussi CT, p. 320.

p. 570 *Comme semble l'indiquer Flavius Josèphe* : cf. *Antiquitates Judicae* XI, 7, 2 et 8, 2.

p. 583 *Un vigneron taché de rouge par le sang des Édomites*... Cf. Es 63, 1 sq. « Quel est ce guerrier qui vient d'Édom, / De Botsra, en vêtements rouges, / En habits éclatants, / Et se redressant avec fierté dans la plénitude de sa force ? / C'est moi, qui ai promis le salut, / Qui ai le pouvoir de délivrer. / Pourquoi tes habits sont-ils rouges, / Et tes vêtements comme les vêtements de celui qui foule dans la cuve ? / J'ai été seul à fouler au pressoir, / Et nul homme d'entre les peuples n'était avec moi ; Je les ai foulés dans ma colère, / Je les ai écrasés dans ma fureur ; / Leur sang a jailli sur mes vêtements, / et j'ai souillé tous mes habits. / Car un jour de vengeance était dans mon cœur. »

Les pharisiens

p. 608 *Les juifs pieux adressèrent une supplique à Auguste* : cf. Flavius Josèphe, *Antiquitates Judicae* 17, 11, 1-2.

p. 614 *Résolument rejetée par les sadducéens distingués* : cf. Flavius Josèphe, *Bellum Judaicum* 2, 8, 14 ; *Antiquitates Judicae* 18, 1, 4.

p. 619 *« Qui ne travaille pas ne mange pas non plus »* [2 Th 3-10]. Cf. EP, p. 261 : « [Chez les puritains], le principe de Paul, "Si quelqu'un ne veut pas travailler, qu'il ne mange pas non plus" s'applique à tous et ne connaît pas d'exception. Le fait de rechigner au travail est le symptôme d'une absence d'élection. »

p. 638 *D'après Flavius Josèphe* : cf. *Bellum Judaicum* 2, 8, 7.

p. 649 : *La communauté de repas de Pierre et d'un Grec* : « Grec » a ici le sens de « non juif ».

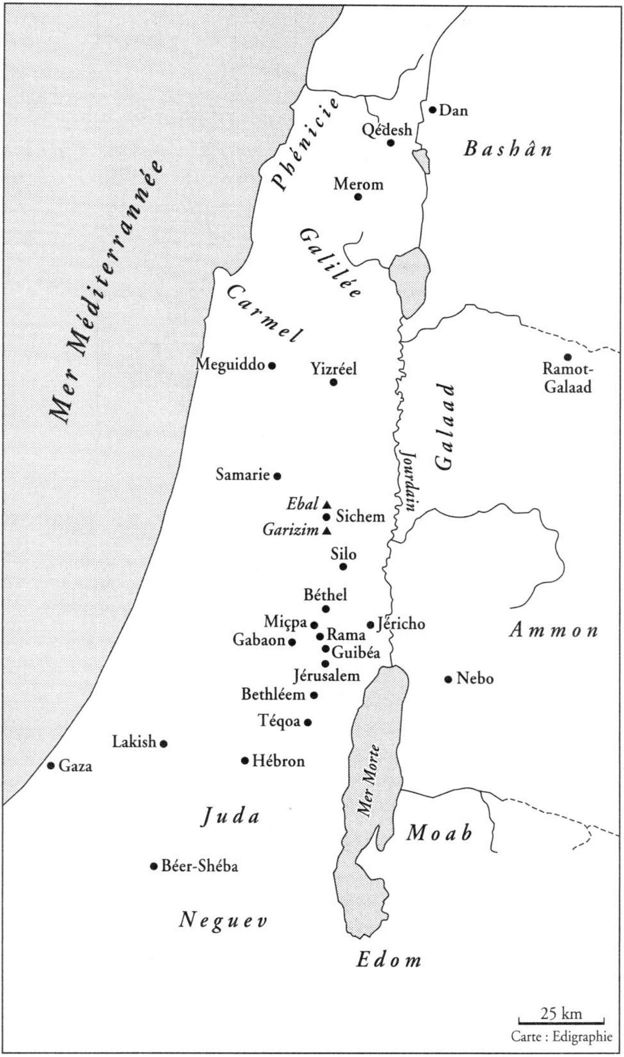

Les Royaumes de Judée et d'Israël

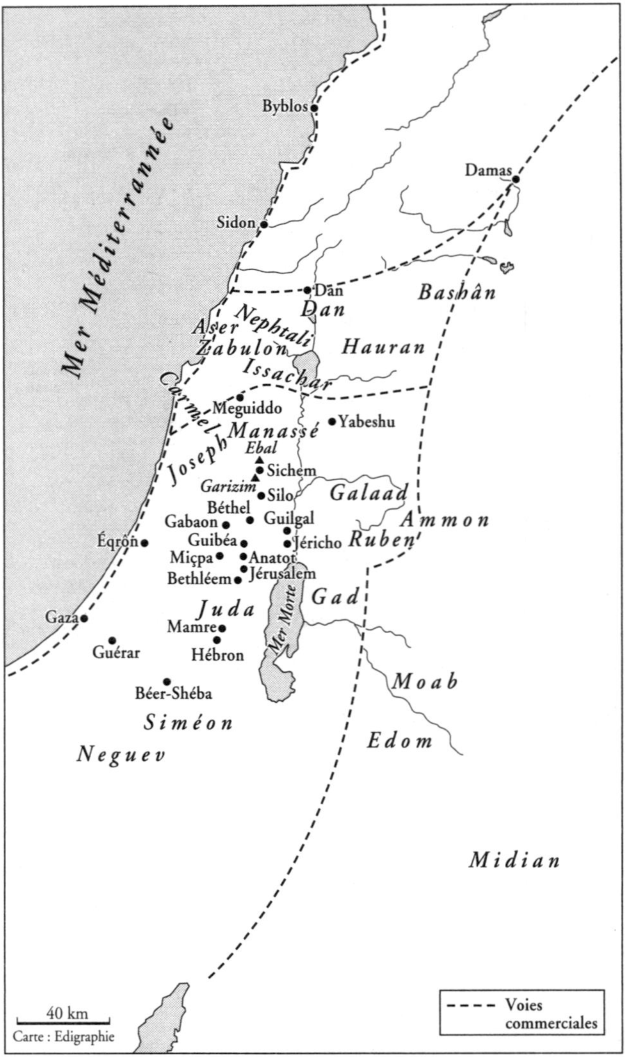

La Palestine au temps de “l’Alliance”

BIBLIOGRAPHIE DES OUVRAGES CITÉS PAR MAX WEBER

ASMUSSEN, Peter, « Gen 14, ein politisches Flugblatt », *Zeitschrift für die Alttestamentliche Wissenschaft*, 34, 1914, p. 36-41.

BACHER, Wilhelm, « The Origin of the Jewish Colony of Syene (Assuan) », *Jewish Quarterly Review* 19, 1907, p. 441-444.

BAENTSCH, Bruno, *Das Bundesbuch Ex. XX, 22–XXIII, 33. Seine ursprüngliche Gestalt, sein Verhältnis zu den es umgebenden Quellenschriften und seine Stellung in der alttestamentlichen Gesetzgebung,* Halle, 1892.

—, *Altorientalischer und israelitischer Monotheismus : Ein Wort zur Revision der entwicklungsgeschichtlichen Auffassung der israelitischen Religionsgeschichte,* Tübingen, 1906.

BAUDISSIN, Wolf Wilhelm Graf, *Die Geschichte des altestamentlichen Priestertums*, Leipzig, 1889.

BAUER, Leonhard, « Ein Land, da Milch und Honig fließt », *Mitteilungen und Nachrichten des Deutschen Palästina-Vereins* 11, 1905, p. 65-71.

BAUMGÄRTEL, Friedrich, *Elohim außerhalb des Pentateuch : Grundlegung zu einer Untersuchung über die Gottesnamen im Pentateuch (Beiträge zur Wissenschaft vom Alten Testament, Bd. 19)*, Leipzig, 1914.

BEER, Georg, « Der biblische Hades », *Theologische Abhandlungen. Eine Festgabe zum 17. Mai für H.J. Holtzmann,* Tubingen, 1902.

—, « Einleitung in die Übersetzung des Mischna-Traktats "Schabbath" », in : *Ausgewählte Mischnatraktaten,* édité par P. Fiebig, n° 5, Tübingen, 1910, p. 10 sq.

BENZINGER, Immanuel, *Hebräische Archeologie,* Fribourg, 1907.

—, *Die Bücher der Könige (Kurzer Hand-Commentar zum Alten Testament, Bd. 5),* Fribourg / Br., 1899.

—, *Die Bücher der Könige (Kurzer Hand-Commentar zum Alten Testament, Bd. 20),* Fribourg / Br., 1901.

BERTHOLET, Alfred, *Das Buch Hesekiel (Kurzer Hand-Commentar zum Alten Testament, Bd. 12),* Fribourg / Br., 1897.

—, *Die Bücher Esra und Nehemia (Kurzer Hand-Commentar zum Alten Testament, Bd. 19),* Fribourg / Br., 1902.

—, *Deuteromium (Kurzer Hand-Commentar zum Alten Testament, Bd. 5),* Fribourg / Br., 1899.

—, *Leviticus (Kurzer Hand-Commentar zum Alten Testament, Bd. (Kurzer Hand-Commentar zum Alten Testament, Bd. 3),* Fribourg / Br., 1901.

BISSING, Friedrich Wilhelm von, « Versuch einer neuen Erklärung des Ka'i der alten Ägypter », in *Sitzungsberichte der Königlich Bayerischen Akademie des Wissenschaften, Philosophisch-philologische und Historische Klasse*, 5, Munich, 1911, p. 3-15.

BÖHL, Franz, « Kanaanäer und Hebräer », *Beiträge zur Wissenschaft von Alten Testament*, 9, Leipzig, 1911.

BÖHL, Franz, *Hebräer und Kanaanäer : Untersuchungen zur Vorgeschichte des Volkstums und der Religion Israels auf dem Boden Kanaans (Beiträge zur Wissenschaft vom Alten Testament, Bd. 9),* Leizpig, 1911.

BREASTED, James Henry, *Ancient Records of Egypt : Historical Documents from the Earliest Times to the Persian Conquest,* t. I : *The First to the Seventeenth Dynasties* ; t. II : *The Eighteenth Dynasty* ; t. III : *The Nineteenth Dynasty* ; t. IV : *The Twentieth to the Twenty-Sixth Dynasties*, Chicago, 1906 (dans le texte, Max Weber abrège ce titre en « *Breadsted's Records* »).

BÜCHLER, Adolph, *Das Synedrion in Jerusalem und das grosse Beth-Din in der Quaderkammer des jerusalemischen Tempels,* Vienne, 1902.

—, *Der galiläische 'Am-ḥa'Ares des zweiten Jahrhunderts : Beiträge zur innern Geschichte des palästinischen Judentums in den ersten zwei Jahrhunderten,* Vienne, 1906.

BUDDE, Karl Friedrich Reinhardt, « Das nomadische Ideal im Alten Testament », *Preußisches Jahrbuch* 85, 1896.

—, *Das Buch der Richter (Kurzer Hand-Commentar zum Alten Testament, Bd. 7),* Fribourg / Br., 1897.

—, *Die Bücher Samuel (Kurzer Hand-Commentar zum Alten Testament, Bd. 8),* Fribourg / Br., 1902.

—*Die fünf Megillot (Kurzer Hand-Commentar zum Alten Testament, Bd. 17)*, Fribourg / Br., 1898.

—, *Die altisraelitische Religion des Volkes Israel bis zur Verbannung,* Gießen, 1905[2].

—, *Die Schätzung des Königstums im Alten Testament* (*Marburgische Akademische Reden, Bd. 8),* Marbourg, 1903.

CUHL, Frants, *Die socialen Verhältnisse der Israeliten*, Berlin, 1899.

CANA'AN, Taufik, « Der Kalender des palästinensischen Fellachen », *Zeitschrift des Deutschen Palästinavereins* 36, 1913, p. 266-300.

CHARLES, Robert H., *The Book of Jubilees. Or The Little Genesis. Translated from the editor's Ethiopic text and edited,* Londres, 1902.

CORNILL, Carl Heinrich, *Der israelitische Prophetismus,* Strasbourg, 1894.

CUQ, Édouard, « Essai sur l'organisation judiciaire de la Chaldée à l'époque de la première dynastie babylonienne », *Revue d'assyriologie et d'archéologie orientale* 7, 1910, p. 65-101.

DAICHES, Samuel, *The Jews in Babylonia in the Time of Ezra and Nehemiah according to Babylonian Inscriptions (Jew's College Publications, t. II),* Londres, 1910.

DALMAN, Gustav, *Der leidende und sterbende Messias der Synagoge im ersten nachchristlichen Jahrhundert (Schriften des Institutum Judaicum in Berlin, Bd. 9),* Berlin, 1888.

—, « Das Land, das mit Milch und Honig fließt », *Mitteilungen und Nachrichten des Deutschen Palästinavereins* 11, 1905, p. 27-29.

—, « Nochmals Milch und Honig », *Mitteilungen und Nachrichten des Deutschen Palästinavereins* 12, 1906, p. 81-83.

DHORME, Édouard Paul, *La Religion assyro-babylonienne*, Paris, 1910.

DIBELIUS, Martin, *Die Lade Jahves : eine religionsgeschichtliche Untersuchung (Forschungen zur Religion und Literatur des Alten und Neuen Testaments, Bd. 7),* Göttingen, 1906.

DITTMANN, Herbert, « Der heilige Rest im Alten Testament », *Theologische Studien und Kritiken* 86, 1913, p. 603-618.

DUHM, Bernhard, *Das Buch Hiob (Kurzer Hand-Commentar zum Alten Testament, Bd. 16),* Fribourg / Br., 1897.

—*Die Psalmen (Kurzer Hand-Commentar zum Alten Testament, Bd. 14)*, Fribourg / Br., 1899.

—*Das Buch Jeremia (Kurzer Hand-Commentar zum Alten Testament, Bd. 11)*, Fribourg / Br., 1901.

—, *Das Buch Jesaja. Göttinger Hand-Commentar zum Alten Testament, 3. Abteilung, Band 1*, Göttingen, 1914.

EERDMANS, Bernardus, *Alttestamentlische Studien*, tome 1 : *Die Komposition der Genesis*, Gießen, 1908.

ELBOGEN, Ismar, *Die Religionsanschauungen der Pharisäer*, Berlin, 1904.

ERMAN, Adolf, « Denksteine aus der thebanischen Gräberstadt », *Sitzungsberichte der Königlich-Preussischen Akademie der Wissenschaften. Philosophisch-Historische Klasse*, 1911/2, p. 1086-1110.

EXNER, Felix, « Zum Klima von Palästina », *Zeitschrift des Deutschen Palästinavereins* 33, 1910, p. 107-164.

FIEBIG, Paul, *Altjüdische Gleichnisse und die Gleichnisse Jesu*, Tübingen, 1904.

FOOTE, Theodore C., « The Ephod », *Journal of Biblical Literature* 21, 1902, p. 1-47.

GALL, August Georg Freiherr von, « Die Entstehung der humanitären Forderungen des Gesetzes », *Zeitschrift für Altertumswissenschaft* 30, 1910, p. 91-98.

GENOUILLAC, Henri de, « Textes juridiques de l'époque d'Ur », *Revue d'assyriologie* 8, 1911, p. 1-32.

GIESEBRECHT, Friedrich, *Die Berufsbegabung der Alttestamentlichen Propheten*, Göttingen, 1897.

—, *Die alttestamentliche Schätzung des Gottesnamens und ihre religionsgeschichtliche Grundlagen*, Königsberg, 1901.

GREßMANN, Hugo, *Der Ursprung der israelitisch-jüdischen Eschatologie (Forschungen zur Religion und Literatur des Alten und Neuen Testaments, Bd. 6)*, Göttingen, 1905.

—, *Die älteste Geschichtsschreibung und Prophetie Israels : Von Samuel bis Amos und Hosea*, Göttingen, 1910.

—, « Sage und Geschichte in den Patriarchenerzählungen », *Zeitschrift für die Alttestamentliche Wissenschaft* 30, 1910, p. 1-34.

—, *Mose und seine Zeit : Ein Kommentar zu den Mose-Sagen (Forschungen zur Religion und Literatur des Alten und Neuen Testaments, Bd. 18)*, Göttingen, 1913.

—, *Die Anfänge Israëls : Von 2. Mosis bis Richter und Ruth,* Göttingen, 1914.

—, Ranke, Hermann, et Ungnad, Arthur, *Altorientalische Texte und Bilder zum Alten Testament*, 2 t., Tübingen, 1909.

GRÜNEISEN, Carl, *Der Ahnenkultus und die Urreligion Israels,* Halle, 1900.

GUNKEL, Hermann, *Schöpfung und Chaos in Urzeit und Endzeit : eine religionsgeschichtliche Untersuchung über Gen I und Ap Joh 12*, Göttingen, 1895.

—, « Die geheimen Erfahrungen der Propheten Israels. Eine religionspsychologische Studie », in : Friedrich Daab/Hans Wegener (éds), *Das Suchen der Zeit. Blätter deutscher Zukunft,* t. 1, Gießen, 1903, p. 121-153.

—, « Über die Beschneidung im Alten Testament », *Archiv für Papyrusforschung und verwandte Gebiete* 2, 1903, p. 13-21.

—, *Die Urgeschichte und die Patriarchen : Das erste Buch Mosis,* Göttingen, 1911.

GUTHE, Hermann, *Geschichte des Volkes Israel,* 2e édition, Tübingen, 1904.

HALLER, Max, *Das Judentum : Geschichtsschreibung, Prophetie und Gesetzgebung nach dem Exil,* Göttingen, 1914.

HÄNSLER, Heinrich, « Noch einmal 'Honig im hl. Lande' », *Zeitschrift des Deutschen Palästinavereins* 35, 1912, p. 186-199.

HEHN, Johannes, *Siebenzahl und Sabbat bei den Babyloniern und im Alten Testament (Leipziger Semitische Studien, Bd. 2/5),* Leipzig, 1907.

—, *Die biblische und die babylonische Gottesidee. Die israelitische Gottesauffassung im Lichte der altorientalischen Religionsgeschichte,* Leipzig, 1913.

HELL, Joseph, « Die Beduinen der Gegenwart im Lichte ihrer Lieder », *Beiträge zur Kunde des Orients* 5, 1908, p. 162-179.

HERRMANN, Johannes, *Ezechielstudien (Beiträge zur Wissenschaft vom Alten Testament, Bd. 2),* Leipzig, 1908.

HÖLSCHER, Gustav, *Die Profeten : Untersuchungen zur Religionsgeschichte Israels,* Leipzig, 1914.

HOLZINGER, Heinrich, *Genesis (Kurzer Hand-Commentar zum Alten Testament, Bd. 1),* Fribourg / Br., 1898.

—, *Exodus (Kurzer Hand-Commentar zum Alten Testament, Bd. 2),* Fribourg / Br., 1900.

—, *Das Buch Josua (Kurzer Hand-Commentar zum Alten Testament, Bd. 6),* Fribourg / Br., 1901.

—, *Numeri (Kurzer Hand-Commentar zum Alten Testament, Bd. 4),* Fribourg / Br., 1903.

HÜHN, Eugen, *Die messianischen Weissagungen des israelitisch-jüdischen Volks bis zu den Targumim*, t. II, Fribourg / Br., 1900.

JEREMIAS, Alfred, *Das Alte Testament im Lichte des Alten Orients. Handbuch zur biblisch-orientalischen Altertumskunde,* Leipzig, 1906.

—, *Handbuch der altorientalischen Geisteskultur,* Leipzig, 1913.

KARO, Georg, « Altkretische Kultstätten », *Archiv für Religionswissenschaft* 7, 1904, p. 117-156.

KAUTZSCH, Emil, *Biblische Theologie des Alten Testament,* éd. par Karl Kautzsch, Tübingen, 1911.

KEANE, Augustus Henry, « ea ; Yahveh ; Dyaus ; Zeus ; Jupiter », *Jewish Quarterly Review* 15, 1903, p. 559-582.

KITTEL, Rudolph, « Cyrus und Deuterojesaja », *Zeitschrift für Alttestamentliche Wissenschaft* 18, 1898, p. 149-162.

—, *Geschichte des Volkes Israel,* 2 t., 2e édition, Gotha, 1909 et 1912.

KLAMROTH, Erich, *Die jüdischen Exulanten in Babylon (Beiträge zur Wissenschaft vom Alten Testament. Bd. 10),* Leipzig, 1912.

KLEIN, Hugo, « Das Klima Palästinas auf Grund der alten hebräischen Quellen », *Zeitschrift des Deutschen Palästina-Vereins* 37, 1914, p. 217-249 et 297-327.

KLOSTERMANN, August, *Der Pentateuch : Beiträge zu seinem Verständnis und seiner Entstehungsgeschichte,* Leipzig, 1907.

KNUDTZON, Jorgen Alexander (éd.), *Die El-Amarna-Tafeln mit Einleitung-Erläuterung,* 2 t., Leipzig, 1915.

KÖNIG, Eduard, « Mose, der Medizinmann », *Zeitschrift des Deutschen Morgenländischen Gesellschaft* 67, 1913, p. 660-664.

—, « Der Mondgott bei den Hebräern », *Zeitschrift der Deutschen Morgenländischen Gesellschaft* 69, 1915, p. 283-288.

—, Kraetzschmar, Richard, *Die Bundesvorstellung im Alten Testament in ihrer geschichtlichen Entwickelung untersucht und dargestellt*, Marbourg, 1896.

KRALL, Jakob, « Vom König Bokchoris », in : *Festgaben zu Ehren Max Büdinger's*, Innsbruck, 1898, p. 1-11.

KRAUSS, Samuel, « Honig in Palästina », *Zeitschrift des Deutschen Palästinavereins* 32, 1909, p. 151-164.

KÜCHLER, Friedrich, *Die Stellung des Propheten Jesaja zur Politik seiner Zeit,* Tübingen, 1906.

—, « Der Gedanke des Eifers Jahwes im Alten Testament », *Zeitschrift für die Alttestamentliche Wissenschaft* 28, 1908, p. 42-52.

LANGE, Hans O., « Prophezeiungen eines ägyptischen Weisen aus dem Papyrus I, 344 in Leiden », *Sitzungsberichte der Königlich-Preussischen Akademie der Wissenschaften. Philosophisch-Historische Klasse, Jahrgang 1903, 1/27,* Berlin, 1903.

LAUE, Erich, « Nochmals die Ebed-Jahwe-Lieder im Deuterojesaja », *Theologische Studien und Kritiken* 77, 1904, p. 319-379.

LEHMANN-HAUPT, Carl Friedrich, *Israel ; Seine Entwicklung im Rahmen der Weltgeschichte,* Tübingen, 1911.

LEONHARD, Rudolf, « Die Transhumanz im Mittelmeergebiet : eine wirtschaftsgeographische Studie über den Seminomadismus », in : *Festschrift für Lujo Brentano*, éd. par Edgar Jaffé, Munich, 1916, p. 327-349.

LEVY, Jakob H., « The Tetra(?)grammaton », *Jewish Quarterly Review* 15, 1903, p. 97-99.

LITTMANN, Enno, « Die Inschriften des Königs Kalumu », in : *Sitzungsberichte der Königlich–Preussischen Akademie der Wissenschaften, Jahrgang 1911, 2/45,* Berlin, 1911, p. 976-985.

LÖHR, Max, *Sozialismus und Individualismus im Alten Testament,* Gießen, 1906.

LUTHER, Bernhard, « Die Personalität des Yahvisten », in : Eduard Meyer, *Die Israeliten und ihre Nachbarstämme*, Halle, 1906, p. 105-173.

MARGOLIS, Max L., « The Elephantine Documents », in : *Jewish Quarterly Review New Series* 3, 1912, p. 419-443.

MARTI, Karl, *Das Buch Jesaja (Kurzer Hand-Commentar zum Alten Testament, Bd. 10),* Fribourg / Br., 1900.

—, *Das Buch Daniel (Kurzer Hand-Commentar zum Alten Testament, Bd. 18),* Fribourg / Br., 1901.

—, *Das Dodekapropheton (Kurzer Hand-Commentar zum Alten Testament, Bd. 13)*, Fribourg / Br., 1904.

—, *Geschichte der israelitischen Religion,* Strasbourg, 1907.

—, « Jahwe und seine Auffassung in der ältesten Zeit », *Theologische Studien und Kritiken* 81, 1908.

MATTHES, Jan Carl, « Der Dekalog », *Zeitschrift für die Alttestamentliche Wissenschaft* 29, 1909, p. 81-112.

MEINHOLD, Johannes, « Die Entstehung des Sabbats », *Zeitschrift für die Alttestamentliche Wissenschaft,* 29, 1909, p. 81-112.

MERX, Adalbert, *Die Bücher Moses und Josua : eine Einführung für Laien (Religionsgeschichtliche Volksbücher für die deutsche christliche Gegenwart, Reihe 2, 3/1/2),* Tübingen, 1907.

MEYER, Eduard, *Die Entstehung des Judenthums,* Halle, 1896.

—, « Die Mosesagen und die Lewiten », in : *Sitzungsberichte der Akademie der Wissenschaften,* 31, 1905, p. 640-652.

—, *Die Israeliten und ihre Nachbarstämme*, Halle, 1906.

MORGENSTERN, Julian, *The Doctrine of Sin in the Babylonian Religion (Mitteilungen der Vorderasiatischen Gesellschaft, 10/3),* Berlin, 1905.

MÜLLER, David Heinrich von, *Epigraphische Denkmäler aus Arabien (Denkschriften der Kaiserlichen Akademie der Wissenschaften in Wien. Philologisch–Historische Classe, 37/2),* Vienne, 1888.

MÜLLER, Wilhelm Max, *Asien und Europa nach altägyptischen Denkmälern,* Leipzig, 1893.

—, « An Egyptian Document for the History of Palestine », *Jewish Quaterly Review New Series* 4, 1913-1914, p. 65.

—, « Die Palästinaliste Thutmosis III », *Mitteilungen der Vorderasiatischen Gesellschaft* 12/1, 1907.

NOWACK, Wilhelm, *Lehrbuch der hebräischen Archeologie,* 2 t., Fribourg, 1894.

PEISKER, Martin, *Die Beziehungen der Nichtisraeliten zu Jahve nach der Anschauung der altisraelitischen Quellenschriften*, Gießen, 1907.

PIERRET, *Le Livre des Morts des anciens Égyptiens : Traduction complète d'après le Papyrus de Turin et les manuscrits du Louvre,* Paris, 1882.

POERTNER, Balthasar, *Die ägyptischen Totenstelen als Zeugen des sozialen und religiösen Lebens ihrer Zeit (Studien zur Geschichte und Kultur des Altertums 4/5),* Paderborn, 1911.

PROCKSCH, Otto, *Geschichtsbetrachtung und Geschichtsüberlieferung bei den vorexilischen Propheten,* Leipzig, 1902.

—, *Das nordhebräische Sagenbuch : Die Elohimquelle,* Leipzig, 1906.

PUUKKO, A. Filemon, *Das Deuteronomium : Eine literarkritische Untersuchung (Beiträge zur Wissenschaft vom Alten Testament, Bd. 5),* Leipzig, 1910.

REICHEL, Wolfgang, *Über vorhellenische Götterculte,* Vienne, 1897.

REITZENSTEIN, Richard, *Zwei religionsgeschichtliche Fragen nach ungedruckten griechischen Texten der Strassburger Bibliothek,* Strasbourg, 1901.

ROBERTSON SMITH, William, *Die Religion der Semiten,* traduit de l'anglais par Rudolf Stübe, Fribourg / Br., 1899.

ROTHSTEIN, Johann W., « Rezension von Ernst Sellin, *Studien zur Entstehungsgeschichte der jüdischen Gemeinde nach dem babylonischen Exil* », *Theologische Studien und Kritiken* 75, 1902, p. 282-336.

—, *Juden und Samaritaner. Die grundlegende Scheidung von Judentum und Heidentum. Eine kritische Studie zum Buche Haggai und zur jüdischen Geschichte im ersten nachexilischen Jahrhundert (Beiträge zur Wissenschaft vom Alten Testament, Bd. 3),* Leipzig, 1908.

SCHNEIDER, Hermann, *Zwei Aufsätze zur Religionsgeschichte Vorderasiens (Leipziger Semitische Studien 5/1),* Leipzig, 1909.

SCHOLLMEYER, Anastasius, *Sumerisch-babylonische Hymnen und Gebete an Samas*, Paderborn, 1912.

SCHRADER, Eberhard, *Die Keilinschriften und das Alte Testament*, nouvelles éditions par Hugo Winckler et Heinrich Zimmern, Berlin, 1903.

SCHULTZ, Hermann, « Die Beweggründe zum sittlichen Handeln in dem vorchristlichen Israel », *Theologische Studien und Kritiken* 63, 1890, p. 7-59.

SCHUMACHER, Gustav, « Die Ausgrabungen auf dem Tell el-Mutesellim », *Mitteilungen und Nachrichten des Deutschen Palästinavereins,* t. 10, 11, 12, 1904 sq.

SCHWALLY, Friedrich, *Semitische Kriegsaltertümer 1. Der heilige Krieg im alten Israel*, Leipzig, 1901.

SEESEMANN, Otto, *Die Aeltesten im Alten Testament*, Leipzig, 1891.

SELLIN, Ernst, « Das israelitische Ephod », in : *Orientalische Studien. Theodor Nöldeke zum 70. Geburtstag,* éd. par Carl Bezold, t. 2, Gießen, 1906, p. 699-717.

—, *Das Rätsel des deuterojesajanischen Buches*, Leipzig, 1908.

—, *Der alttestamentliche Prophetismus : drei Studien*, Leipzig, 1912.

SIEVERS, Eduard, *Metrische Studien. Studien zur hebraïschen Metrik (Abhandlungen der Philologisch-Historischen Classe der Königlich-Sächsischen Gesellschaft der Wissenschaften)*, t. 1 et 2, Leipzig, 1901 et 1904.

SIMONSEN, David, « Milch und Honig : eine Erwiderung », *Zeitschrift des Deutschen Palästinavereins*, 33, 1910, p. 44-46.

SLOUSCH, Nahum, « Representative Government among the Hebrews and Phoenicians », *Jewish Quaterly Review New Series* 4, 1913, p. 303-310.

SMEND, Rudolf, *Lehrbuch der alttestamentlichen Religionsgeschichte (Sammlung Theologischer Lehrbücher, Bd. 9)*, Fribourg/ Br., 1893.

SNOUCK HURGRONJE, Christiaan, *Mekka,* t. 1, *Die Stadt und ihre Herren,* La Haye, 1888.

SPIEGELBERG, Wilhelm, « Die erste Erwähnung Israels in einem ägyptischen Texte », *Sitzungsberichte der Königlich-Preussischen Akademie der Wissenschaften 1/25*, 1896, p. 593-597.

STADE, Bernhard, « Beiträge zur Pentateuchkritik : 1. Das Kainszeichen. Zur Entstehungsgeschichte der jahvistischen Pentateuchquelle und zur israelitischen Sagenkunde », *Zeitschrift für die Alttestamentliche Wissenschaft*, 14, 1894, p. 250-318.

—, *Biblische Theologie des Alten Testaments*, t. 1 : *Die Religion Israels und die Entstehung des Judentums,* Tübingen, 1905.

STAERK, Willy, *Lyrik : Psalmen, Hohelied und Verwandtes,* Göttingen, 1911.

—, *Die Ebed-Jahwe-Lieder in Jesaja 40 ff. : ein Beitrag zur Deuterojesaja-Kritik (Beiträge zur Wissenschaft vom Alten Testament, Bd. 14)*, Leipzig, 1913.

STEINDORFF, Georg, « Israel in einer altägyptischen Inschrift », *Zeitschrift für die Alttestamentliche Wissenschaft* 16, 1896, p. 330-333.

STEUERNAGEL, Carl, « Der Hexateuch »,*Theologische Rundschau* 11, 1908, p. 230-243.

STRUNK, H., « Das alttestamentliche Oberpriestertum », *Theologische Studien und Kritiken,* 81, 1908, p. 1-26.

STUTZ, Ulrich, *Die Eigenkirche als Element des mittelalterlich-germanischen Kirchenrechts, Antrittsvorlesung, gehalten am 23. Oktober 1894,* Berlin, 1895.

SULZERBER, Mayer, « Polity of the Ancient Hebrews », *Jewish Quaterly Review New Series*, 1912-1913, p. 17.

SULZERBER, Mayer, « The Polity of the Ancient Hebrews », *Jewish Quaterly Review New Series*, 3, 1912-1913, p. 1-81.

TROELTSCH, Ernst, « Das Ethos der hebräischen Propheten », *Logos. Internationale Zeitschrift für Philosophie der Kultur* 6, 1916/1917, p. 1-28.

UNGNAD, Arthur, *Die Deutung der Zukunft bei den Babyloniern und Assyrern,* Leipzig, 1909.

USENER, Hermann, *Die Sintfluthsagen (Religionsgeschichtliche Untersuchungen, Bd. 3),* Bonn, 1899.

VALETON, Jean, « Bedeutung und Stellung des Wortes YHWH im Priesterkodex », *Zeitschrift für die Alttestamentliche Wissenschaft* 12, 1892, p. 3-22.

—, « Das Wort YHWH in den jehovistischen und deuteronomischen Stücken des Hexateuchs, sowie in den verwandten historischen Büchern », *Zeitschrift für die Alttestamentliche Wissenschaft* 12, 1892, p. 224-260.

—, « Die Israeliten », in : *Lehrbuch der Religionsgeschichte,* t. 1 (éd. par Pierre Chantepie de La Saussaye), Tübingen, 1905.

VÖLTER, Daniel, *Ägypten und die Bibel : Die Urgeschichte Israels im Licht der ägyptischen Mythologie,* Leyde, 1903.

VOLZ, Paul, *Mose : Ein Beitrag zur Untersuchung über die Ursprünge der israelitischen Religion*, Tübingen, 1907.

—, *Weisheit : Das Buch Hiob, Sprüche und Jesus Sirach, Prediger,* Göttingen, 1911.

WEINHEIMER, Hermann, « Die Einwanderung der Hebräer und der Israeliten in Kanaan », *Zeitschrift der Deutschen Morgenländischen Gesellschaft* 66, 1912, p. 365-388.

WELLHAUSEN, *Die Composition des Hexateuchs und der historischen Bücher des Alten Testaments*, Berlin, 1899.

WELLHAUSEN, Julius, *Prolegomena zur Geschichte Israels*, Berlin, 1883.

—, *Israelitische und jüdische Geschichte,* Berlin, 1894.

—, *Die Komposition des Hexateuch und der historischen Bücher des Alten Testaments,* Berlin, 1899.

—, *Ein Gemeinwesen ohne Obrigkeit. Rede zur Feier des Geburtstages Seiner Majestät des Kaisers und Königs am 27. Januar 1900 im Namen der Georg-August-Universität,* Göttingen, 1900.

WESSELY, Carl, « Neue griechische Zauberpapyri », in : *Denkschriften der Kaiserlichen Akademie der Wissenschaften in Wien, Philosophisch-historische Klasse, Bd. 17,* Vienne, 1893, p. 1-96.

WESTPHAL, Gustav, « Aaron und die Aaroniden », *Zeitschrift für die Alttestamentliche Wissenschaft* 26, 1906, p. 201-230.

WILCKEN, Ulrich, « Zur ägyptischen Prophetie », in : *Hermes. Zeitschrift für classische Philologie* 40, 1905, p. 544-560.

WILDEBOER, Gerrit, *Die Sprüche (Kurzer Hand-Commentar zum Alten Testament, Bd. 15),* Fribourg / Br., 1897.

WINCKLER, Hugo, *Geschichte Israels in Einzeldarstellungen,* 2 t., Leipzig, 1895 et 1900.

—, « Vorläufige Nachrichten über die Ausgrabungen in Boghaz Koï im Sommer 1907 », *Mitteilungen der Deutschen Orient-Gesellschaft zu Berlin* 35, 1907, p. 1-59.

ZIMMERN, Heinrich, *Beiträge zur Kenntnis der Babylonischen Religion. Die Beschwörungstafeln Surpu. Ritualtafeln für den Wahrsager, Beschwörer und Sänger* (*Assyriologische Bibliothek*, Bd. 12), Leipzig, 1901.

GLOSSAIRE

Aaron : frère et porte-parole de Moïse (Ex 4, 14-15) et ancêtre de la lignée de prêtres des Aaronides (Ex 28-29).

Abba Hilqiya : personnage charismatique évoqué dans le Talmud, doté de dons magiques, comme celui de faire tomber la pluie (Ier s. av. J.-C.).

Abdias : dans l'Ancien Testament, auteur du livre prophétique éponyme.

Abimélekh de Guérar : roi chez lequel Isaac (Gn 26) ou Abraham (Gn 20 ; 21, 22-34) s'établissent.

Abimélekh de Sichem : à l'époque des Juges, se fait proclamer roi à Sichem, avant d'être assassiné trois ans plus tard (Jg 9).

Abner : général en chef de Saül (2 S 2 ; 3).

Abram/Abraham : premier patriarche d'Israël, venu de Ur en Chaldée, qui, sur l'ordre de Dieu, se rend en Palestine avec son épouse Sarah et son neveu Loth (Gn 12, 1-5). Dieu lui apparaît et lui promet une postérité nombreuse (Gn 15). Abram devient « Abraham » à partir de Gn 17. Dans *Le Judaïsme antique,* il représente un type transitoire entre l'éleveur semi-nomade et le paysan sédentaire : « [Il] n'élevait pas seulement des moutons mais aussi des chameaux, et ne buvait pas de vin mais servait du lait [...]. En tant que *ger* doté par contrat du droit de pâturage, il se déplaçait entre différents lieux et, selon la légende, ce n'est qu'à la fin de sa vie qu'il fit l'acquisition [...] d'un tombeau héréditaire à Hébron » [JA, p.140].

Académie : école philosophique de Platon, fondée à Athènes en 388 av. J.-C.

Achab : roi d'Israël (873-853 av. J.-C.), dont le règne marqua l'apogée du Royaume du Nord. Attaqué par le prophète Élie parce qu'il introduisit à Samarie le culte de Melkart (cf. 1 R 16-22).

Acham : en hébreu, « sacrifice d'expiation ».

Acosmisme de l'amour : la notion d'« acosmisme » ou d'« amour acosmique », chez Weber, renvoie à une attitude fraternelle à l'égard non des frères de sang ou d'origine, d'un objet précis dans le « cosmos de la création interrompue », mais du « premier venu », ou de « n'importe qui ». Cet amour devient ainsi le symbole d'une transcendance par rapport au « cosmos » profane [cf. SR, p. 423-424].

Actes des Apôtres : Livre du Nouveau Testament qui vient après les Évangiles. Il relate les débuts de la première communauté chrétienne de Jérusalem, l'œuvre missionnaire des disciples de Jésus et les voyages de Paul. La tradition attribue ce texte à Luc.

Actio de paupere* (ou *pauperie) : en latin, notion du droit romain ; dans les cas de dommages causés par un animal, chef d'accusation à l'encontre de son propriétaire. Weber écrit dans la *Sociologie du droit* : « Celui qui aspire à se venger ne s'interroge pas sur les motivations subjectives, mais sur le succès objectif de l'action étrangère qui a éveillé son besoin de vengeance : c'est lui qui domine son sentiment. Sa colère se déchaîne contre des objets naturels inanimés au contact desquels il se blesse inopinément, contre les animaux qui le mordent à l'improviste (c'est le sens originel de l'*actio de pauperie* chez les Romains – la responsabilité pour l'animal qui ne s'est pas comporté comme il le fallait !) » [MWG I/22/3, p. 390].

Adad : dieu assyro-babylonien de l'orage, représenté sous l'aspect d'un taureau, et dont l'emblème est la foudre.

Adam : premier homme (Gn 1-4), père de Caïn, Abel et Seth.

Adam : en hébreu, « homme, homme de la terre, paysan ».

Adapa : « premier homme » dans le mythe mésopotamien.

Adiaphoron*, pl. *adiaphora : en grec, « les choses indifférentes », ce qui est « quantité négligeable ».

Adirim : terme hébreu, ici « les grands (de la ville) ».

Adoniya : quatrième fils de David, assassiné sur ordre de Salomon (1 R 13-25).

Adsidui : en latin, *adsiduus* désigne le « contribuable », le citoyen inscrit dans l'une des classes du cens, le « riche », par opposition au *proletarius*, le citoyen des dernières classes.

Agapè : en grec, « amour (spirituel) », puis, à partir de la période chrétienne, « amour inconditionnel de Dieu pour l'homme et de l'homme pour Dieu » ; « repas d'amour » (*agapè* désignait aussi les repas réunissant les premiers chrétiens en commémoration de la Cène).

Aggée : prophète classé parmi les « douze petits prophètes » (VIe s. av. J.-C., sous Zorobabel). Le Livre d'Aggée résume quatre oracles datés de 520 av. J.-C.

Agroikoi : en grec, « les gens de la campagne » (qui, dans les temps anciens, ne pouvaient porter les armes et étaient privés de droits politiques). Weber écrit au sujet de la Grèce ancienne : « Partout, conformément aux règles de formation de la rente foncière, le sol le plus riche, c'est-à-dire celui des vallées, par opposition à celui des versants de montagnes, était tombé entre les mains de la noblesse par le jeu des dettes et des rachats. Seul ce sol pouvait assurer l'existence d'un rentier à côté de celle du cultivateur. C'est pourquoi il était acheté sur les excédents dégagés par l'économie noble

[…]. Cette raison explique pourquoi la *polis* noble a eu tant de peine à s'introduire dans les zones de montagne, mais aussi pour quoi les plaines sont le siège de la noblesse, tandis que les *agroikoi* résident sur les versants. C'est ainsi que la démocratie paysanne et la domination noble se distinguent aussi territorialement (de façon particulièrement nette en Attique) » [ESA, p. 217].

Ahaz : roi de Juda (741-725 av. J.-C.), qui refuse de conclure une alliance avec le Royaume du Nord et la Syrie contre l'Assyrie. Il devient un vassal de cette dernière (Es 7).

Ahiya de Silo : prophète qui consacre le règne de Jéroboam I dans l'Israël du Nord (I R 11, 24-30) puis annonce la chute de sa dynastie (I R 14).

Ahiyam : Weber évoque la lettre du Cananéen Ahiyam, datée du XVe s av. J.-C. Ce document avait été découvert au début du XXe siècle par Ernst Sellin, dans les fouilles de Tell Ta'anak. Voir E. Sellin, *Tell Ta'annek,* Vienne, 1904, p.113-115.

Ahuramazda : principal dieu du mazdéisme puis du zoroastrisme. Il combat son frère jumeau Ahriman, le principe du mal.

Aigos Potamoi (bataille d') : bataille navale décisive de la guerre du Péloponnèse, en 405 av. J.-C., où Sparte détruisit la flotte athénienne ; privée de cette dernière, Athènes ne put que capituler en 404 av. J.-C.

Aisymnètes : dans les *Agrarverhältnisse im Altertum* (1909), Weber évoque à la fois la figure grecque de l'aisymnète et la *seisachtie* de Solon : « Dans les premières grandes réformes prédomine de façon décisive, en Grèce archaïque, le désir de parvenir à un compromis avec les paysans endettés, essentiellement dans le but politique de préserver la capacité défensive de l'État. […] Les représentants radicaux des déclassés réclamaient une nouvelle répartition de terres et la remise des dettes : dans la mesure où, par la mise en gage, la majorité des terres était tombée entre les mains de la noblesse, la première mesure n'était en fait qu'une forme accentuée de la seconde. Les aisymnètes recherchaient le compromis. Outre la fixation du taux des amendes et l'élimination ou l'adoucissement de la contrainte par corps, leur aspiration principale était de paralyser les attaques contre la propriété existante et de tarir la source de la différenciation. La mesure révolutionnaire de la *seisachtie*, due à Solon (remise de toutes les hypothèques pesant sur le sol et la personne) est celle qui a répondu de la manière la plus large aux souhaits des paysans. » [ESA, p. 219].

Akhan : voir Jos 7, 1 ; 7, 18-26. Voleur lapidé avec sa famille.

Akhénaton : pharaon d'Égypte (1364-1347 av. J.-C.), promoteur de la religion du Soleil.

Alliance (Livre de l') : le plus ancien recueil juridique de l'Ancien Testament, présenté en Ex 20, 24- 23, 12. Selon Weber, « un exposé systématique de nature avant tout juridique, assorti d'annexes à caractère plutôt parénétique, relatives aux usages du commerce ».

'am : en hébreu, le « peuple », le « peuple en guerre » ou « l'armée ».

'am ha-arets*, pl. *'ammé ha-aratsoth : en hébreu, « les gens de la terre », « les gens de la campagne ». À l'origine, désigne les propriétaires terriens de Juda, par opposition aux paysans sans terres ; plus tard, se rapporte à la population rurale dans son ensemble, avec le sens figuré de « personnes ne menant pas une vie rituellement correcte ».

'am ha-Elohim : en hébreu, « hommes de Dieu » (Jg 20, 1)

'am ha-milḥama : en hébreu, le « peuple en guerre ».

Amaleq : personnification des Bédouins. Les Amalécites étaient une tribu nomade de la presqu'île du Sinaï, qui, d'après la tradition, fut l'ennemie constante d'Israël dans les temps anciens. Elle fut vaincue par Saül et définitivement soumise par David (2 S 8, 12).

Amana : en hébreu, « alliance » (Ne 10, 1).

Amarna : ville de Moyenne Égypte, qui devint la capitale de l'empire égyptien sous Aménophis IV (Akhénaton). Les *Lettres d'Amarna* sont des tablettes d'argile retrouvées en 1887 lors de fouilles en Égypte (correspondances entre les rois Aménophis III et Aménophis IV et leurs vassaux de Syrie et de Palestine). Elles éclairent la situation politique et sociale de la Syrie et de la Palestine du XIVe siècle av. J.-C.

Aménophis III : pharaon d'Égypte (1402-1364 av. J.-C.).

Aménophis IV : voir « Akhénaton ».

Ammon, Ammonites : le territoire cananéen des Ammonites fut occupé par David et Salomon, redevint indépendant après la mort de Salomon, puis sous domination assyrienne à partir de la deuxième moitié du VIIIe s. av. J.-C.

Amok : en Malaisie, personne atteinte de folie homicide.

Amorréens : peuple voisin d'Israël, qui, selon la tradition, aurait fait partie des premiers habitants de Canaan.

Amon : dieu égyptien de la ville de Thèbes ; dieu de la création et de la fertilité.

Amos : premier prophète de l'écrit. À partir de 750 av. J.-C., cet ancien berger de Teqo'a prophétise, dans le Royaume du Nord, des malheurs à venir pour Israël.

Amphictyonique (rituel) : dans la Grèce ancienne, les alliances « amphictyoniques », à caractère rituel, réunissaient plusieurs peuples voisins d'un même sanctuaire, afin d'assurer la protection de ce dernier et l'organisation commune de fêtes religieuses.

Amrâm : père de Moïse.

'am Yahvé : en hébreu, « hommes de Dieu ».

Anachim : en hébreu, « hommes », « guerriers », « sujets ».

Anak : « Nous y avons vu les géants, enfants d'Anak, de la race des géants ; nous étions à nos yeux et aux leurs comme des sauterelles » (Nb 13, 33).

Anathot : patrie du prophète Jérémie, sur le territoire de la tribu Benjamin, situé au nord-est de Jérusalem.

Anavim : en hébreu, « les hommes pieux ».

Anche ḥayil : en hébreu, « hommes fortunés », citoyens de plein droit.

Ancien Empire : période de l'histoire de l'Égypte qui s'étendit de 2720 à 2300.

Angélologie : « doctrine des anges ».

Aniconisme : « absence d'images », « rejet des images ».

Animisme : la théorie de l'animisme, développée par l'anthropologue anglais Tylor, postulait une continuité entre la croyance en l'âme, la croyance aux esprits et la croyance dans les divinités. Dans la *Sociologie de la religion,* Weber définit les représentations « animistes » de la manière suivante : « Elles conduisent à se représenter "l'âme" comme une entité distincte du corps, présente derrière les objets naturels, près d'eux ou en eux, de la même façon que le corps humain recèle quelque chose qui, dans le rêve, la perte de connaissance, l'extase et la mort, sort de lui. [...] Ces conceptions et celles qui en sont proches sont les représentations "animistes" à proprement parler. Dans d'autres cas, ces entités peuvent "s'incarner" provisoirement dans des choses – des plantes, des animaux ou des hommes –, ce qui correspond à un degré supérieur d'abstraction, auquel on n'accède que très progressivement. » [SR2, p. 85].

Année de jachère : voir « Année de sabbat »

Année jubilaire : commandement de remise des dettes, de libération des prisonniers pour dettes et de restitution des champs vendus par nécessité, tous les sept fois sept ans (cf. Lv 25).

Année de sabbat : « commandement de ne pas cultiver le champ la septième année » (cf. Ex 23, 10-11). « …tous les sept ans, les champs, les vergers et les vignobles doivent être laissés en friche et les fruits qui ont poussé librement doivent revenir aux pauvres et, le cas échéant, aux bêtes sauvages » [JA, p. 149]. Selon Weber, « toute tentative de débarrasser la prescription, dans la formulation que nous possédons aujourd'hui, de son caractère utopique et de lui donner une explication rationnelle renvoyant à des considérations agricoles ou de politique sociale […] semble vaine » [ESA, p. 185].

Anu : dieu du ciel en Mésopotamie.

Apathique (mystique, extase) : Weber regroupe sous ce vocable des techniques de « méditation », de « contemplation » et d'« autoconcentration », particulièrement développées en Inde, qui font entrer l'individu dans un état où il devient « le spectateur intéressé mais impartial des agitations et des émois de son for intérieur » [H&B, p. 299].

Apostasie : terme issu du grec, reniement d'une doctrine ou d'une croyance.

Araméens : groupe de population qui fonda de petits États en Syrie et au Liban aux Xe et IXe siècle av. J.-C., notamment le royaume de Damas. Au VIIIe siècle, ils furent soumis par l'Assyrie et déportés en masse ; leur langue connut alors une large diffusion et devint la langue courante de l'ancien Orient.

Arche de Yahvé : dans le Pentateuque, cet objet de culte remplissait la fonction d'un sanctuaire portatif lors des déplacements et des guerres (Nb 10, 33 ; 14, 44). L'arche était censée avoir été apportée par David à

Jérusalem et avoir ensuite été déposée dans le « saint des saints » du Temple de Salomon.

Archégète : en grec, épithète de certains dieux ou héros fondateurs de cité (titre donné notamment à Apollon à Cyrène et à Naxos et à Héraclès à Sparte).

Archélaos : ethnarque de Judée, Samarie et Idumée de 4 à 6 apr. J.-C., destitué par Auguste.

'arel **:** en hébreu, « incirconcis ».

arhat : en sanskrit, « le saint », ou, selon *Hindouisme et bouddhisme,* « le grand virtuose de l'ascèse » et de la « disposition d'amour mystique "*sans objet*" » [H&B, p. 360].

Aristobule : grand prêtre et roi de 67 à 63 av. J.-C., emprisonné par les Romains.

Artaxerxès : Artaxerxès Ier, fils de Xerxès Ier et de la reine Amestris, souverain de l'Empire perse de 465 à 424 av. J.-C.

Asébie : du grec *asébéia*, « impiété », « sacrilège ».

Asie antérieure : Proche-Orient antique (Mésopotamie, Asie Mineure, Arménie, Perse, Syrie et Arabie).

Asie orientale : Extrême-Orient.

Asser (tribu) : une des tribus d'Israël, installée sur la partie occidentale des montagnes de Galilée (Jg 1, 32).

Assur : nom de la plus ancienne capitale de l'empire assyrien et du dieu de cette ville, qui devint le dieu des Assyriens. Au sens figuré, synonyme de « l'Assyrie ».

Assurbanipal : grand roi d'Assyrie (669-630 av. J.-C.), fin lettré (une partie de sa bibliothèque a été retrouvée à Ninive).

Assurnasirpal II : roi d'Assyrie (vers 884-858 av. J.-C).

Astarté : déesse cananéenne de la fertilité, dont le culte fut pour une part perpétué en Israël (cf. 1 R 11, 5 ; 2 R 23, 13).

Athalie : fille du roi Achab, qui tenta d'introduire le culte de Ba'al à Jérusalem. Elle prit le pouvoir de 845 à 840 av. J.-C. et fit assassiner tous les Davidides. Seul Joas fut sauvé et devint roi en 840 av. J.-C. après un putsch (2 R 11).

Ba'al*, pl. *Baalim : en hébreu, « Seigneur », désigne le ou les dieux de la fertilité cananéens.

Ba'al berith : en hébreu, « Seigneur de l'Alliance » ou « Ba'al de l'Alliance », qui faisait l'objet d'un culte à Sichem à l'époque préisraélite (cf. Jg 9, 4).

Ba'al zevuv : en hébreu, « Ba'al, le Sublime », nom d'un dieu vénéré à Eqron (2 R 1, 2-16), fustigé dans la Bible comme le « Seigneur des Mouches, qui répandait la peste ». Il devint ensuite synonyme de Satan (Belzébuth).

Bacha : roi du Royaume du Nord (906-883 av. J.-C.).

Baptistes : courant calviniste apparu en Hollande au XVIIe siècle, qui se répandit surtout en Angleterre et en Amérique du Nord. Il pratiquait le baptême d'adultes. Weber l'évoque abondamment dans *L'Éthique protestante.*

Baraq : cf. Jg 4, 5. Chef d'armée. La prophétesse Débora envoya chercher Baraq pour qu'il prît la tête des armées qui devaient attaquer le roi Sisera.

Bar Kokhba (Simon) : chef de la deuxième révolte juive contre Rome (132-135 apr. J.-C.), qui fut regardé par certains de ses adeptes comme le Messie.

Barnaïm : en araméen, « ceux dont le mode de vie plaît au dieu ».

Baruch : secrétaire de Jérémie. « Jérémie appela Baruch, fils de Neriya, et Baruch écrivit dans un livre, sous la dictée de Jérémie, toutes les paroles que l'Éternel avait dites à Jérémie. […] Tu liras dans le livre que tu as écrit sous ma dictée les paroles de l'Éternel, aux oreilles du peuple, dans la maison de l'Éternel, le jour du jeûne ; tu les liras aussi aux oreilles de tous ceux de Juda qui sont venus de leurs villes » (Jr 36).

Basar : en hébreu, « corps », « chair ».

Bath qol : en hébreu, « voix de la fille », une « voix céleste » symbolisant l'inspiration prophétique (cf. Mt 3, 13-17). Weber traduit par « esprit » (« dont le rabbin a besoin pour interpréter correctement la loi de Dieu »).

Be'alim : en hébreu, « chefs de famille ».

Béhémoth : en hébreu, « l'hippopotame », évoqué comme une créature de l'Apocalypse en Jb 40, 10, 28.

Behira : en hébreu, « choix », « liberté de la volonté ».

Bel ilanu : « seigneur des dieux », épithète du dieu Mardouk, le dieu suprême de Babylone.

Ben : en hébreu, « le fils ».

Ben nekhar : en hébreu, « l'étranger ».

Bénédiction de Jacob : Gn 49, 1-27.

Bénédiction de Moïse : Dt 33.

Ben-Hadad II : roi araméen de Damas, qui mena une guerre contre Achab d'Israël, mais la perdit. Il fut assassiné par Hazaël sur le conseil d'Élisée (2 R 8, 7-15).

Benjamin (tribu), Benjaminites : tribu d'Israël établie dans les montagnes de Juda. Saül en était originaire.

Berith : en hébreu, « alliance » ; ***berith ahim :*** « alliance fraternelle » ; ***berith'olam :*** « alliance durable ».

Berserker : en norrois, « peau d'ours », « guerrier revêtu d'une peau d'ours ». Dans les légendes nordiques, guerriers qui entraient dans une furie extatique pour aller au combat. Chez Max Weber, une des figures typiques de « charismatiques » (un initié aux vertus héroïques par le biais d'un noviciat de jeunes guerriers).

Beth : en hébreu, « maison » ; ***beth avoth*** : en hébreu, « maisons paternelles ». Cf. Nb 1, 2, 18-47 ; Jg 6, 15 ; 9, 1 ; ***Beth Din :*** en hébreu, « maison du tribunal », tribunal rabbinique suprême.

Béthel : voir carte.

Bethléem : voir carte.

Bethsabée (Bath-Schéba) : Cf. 1 S 11. Épouse d'Urie, enlevée par David, puis épouse de David.

Betsalel : cf. Ex 31 ; 35-38. Yahvé révèle à Moïse qu'il a choisi cet artisan et a mis « de l'intelligence dans son esprit » pour fabriquer « la tente d'assignation, l'arche du témoignage, le propitiatoire qui sera dessus, et tous les ustensiles de la tente ; la table et ses ustensiles, le chandelier d'or pur et tous ses ustensiles, la cuve avec sa base ; les vêtements d'office, les vêtements sacrés pour le sacrificateur Aaron, etc. ».

Bhagavadgītā : un des textes sacrés de l'hindouisme, composé vers 300 apr. J.-C. ; partie du *Mahābhārata*. Weber étudie « la doctrine du salut et l'éthique du métier de la *Bhagavadgītā* » dans H&B, p. 312-328.

Bhikṣu : en sanskrit, « moine mendiant » [voir H&B, p. 420, p. 455, p. 509]

Biléam : voir Nb 22-24. Chargé par le roi des Moabites de maudire Israël, Biléam lui adresse au contraire quatre bénédictions. Selon une autre tradition (Nb 31, 8 ; Jos 13, 22), Biléam combat avec les Madianites contre Israël.

Bitu : « hôtel de ville » (langue non identifiée).

Bné Hamor : en hébreu, « les fils d'Hamor », riche clan de seigneurs de Sichem.

Bné ha-senua : en hébreu, « fils de la répudiée ». À l'époque postexilique, au sens figuré, désigne ceux qui sont privés de biens, les petits artisans et marchands, les mendiants.

Bné ḥayil : en hébreu, « fils fortunés », propriétaires de terres héréditaires ; citoyens de plein droit en mesure de porter les armes.

Bné Élohim : en hébreu, « enfants de Dieu » (Gn 6, 4).

Bné Israël : en hébreu, « fils d'Israël », « Israélites ». Plus tard, « Samaritains ».

Boaz : le Livre de Ruth relate la rencontre, puis le mariage entre la veuve Ruth et Boaz, un riche propriétaire terrien apparenté à son mari défunt, chez qui elle glane les champs.

Bocchoris : roi d'Égypte (720-715 av. J.-C.), vénéré *a posteriori* comme le roi « juste ».

Boghaz Koï : localité d'Anatolie située à 180 km à l'est d'Ankara, non loin de laquelle furent retrouvés les vestiges de la capitale des Hittites. Hugo Winckler retrouva en 1906 sur ce site une tablette d'argile permettant d'identifier cette capitale. Cf. H. Winckler, « Nach Boghasköi ! Ein nachgelassenes Fragment », *Der alte Orient* 3, 1913.

Bokhim : voir carte (cf. Jg 2, 1-5).

Buisson ardent (épiphanie du) : l'ange de Dieu apparut à Moïse « dans une flamme de feu, au milieu d'un buisson. Moïse regarda ; et voici, le buisson était tout en feu, et le buisson ne se consumait point » (Ex 3, 1 sq.). L'épiphanie du buisson ardent est également évoquée en Dt 33, 16.

Byblos : voir carte.

Byssus : tissu de lin très fin.

Caïn : Gn 4, 1-16. Fils d'Adam et Ève et frère d'Abel, Caïn, l'agriculteur sédentaire, tue ce dernier parce que Dieu n'a pas accepté son sacrifice, à la différence de celui d'Abel, le berger. Pour le punir, Dieu le condamne à l'errance ; cependant, afin d'empêcher que le sang soit vengé par le sang, il appose un signe sur son front.

Canaan : nom de la Palestine, conquise par les Israélites au XIIe-XIe siècle av. J.-C.

Cantique de Déborah : voir Déborah.

Cantique des Cantiques : recueil de 30 chants d'amour datant de la période postexilique, qui ne fut intégré que tardivement dans le canon de l'Ancien Testament.

Carmel (mont) : colline qui isole la Samarie de la vallée de Jezréel. Voir carte.

Castes (ordre des) : la question des castes a été longuement traitée par Max Weber dans la première partie d'*Hindouisme et bouddhisme* [H&B, p. 75-245].

Casus foederis : en latin, « cas d'alliance », désigne les cas où la conclusion d'une alliance s'impose.

Catilinaire : en allemand, le terme « existence catilinaire » désigne une vie de hors-la-loi (par allusion au célèbre homme politique romain du Ier siècle av. J.-C., Catilina, contre lequel Cicéron écrivit ses *Catilinaires*).

Cénobite, vie cénobitique : religieux vivant en communauté, moine.

Césarée *(Caesarea maritima)* : port méditerranéen, ville fondée par Hérode (37-4 av. J.-C.) en l'honneur d'Auguste.

Chaddaï : en hébreu, « puissant ».

Chaḥot : en hébreu, désigne l'abattage rituellement correct (dans lequel on laisse l'animal se vider de tout son sang).

Chaldéens : dans l'Antiquité, synonyme d'« astrologue ».

Chalem : voir carte.

Chamach : dans les langues sémitiques, « soleil ».

Chamgar : chef d'armée, un des Juges d'Israël (cf. Jg 3, 31 ; 5, 6).

Chammaï : savant juif (50 av. J.-C.-30 apr. J.-C.) qui fonda une école opposée à celle de Hillel (Beth Chammaï).

Chaqanim : en hébreu, « maîtres de l'art de vivre ».

Charisme, charismatique : dans *Économie et société,* Max Weber définit le « charisme » comme « la qualité d'un individu qui est tenue pour extraquotidienne, et en vertu de laquelle cet individu est considéré comme doté de forces ou de propriétés surnaturelles ou suprahumaines, ou tout au moins spécifiquement extraquotidiennes et non accessibles à tout un chacun, ou bien commme envoyé par Dieu, ou bien comme exemplaire, et, par suite, comme un "chef" » [SPV, p. 138, note].

Charisme héréditaire : cette notion est plus particulièrement mobilisée par Max Weber à propos de l'Inde, dans *Hindouisme et bouddhisme,* où est évoquée « la croyance partout répandue selon laquelle le charisme était une qualité attachée à la lignée en tant que telle » [H&B, p. 136].

Charitonitiques (gourous) : allusion à Chariton d'Aphrodise, saint chrétien particulièrement charismatique, qui, après avoir échappé aux persécutions engagées sous Dioclétien, fut poursuivi par une foule enthousiaste et dut se déplacer dans des lieux toujours plus retirés pour trouver la solitude.

Chathat : en hébreu, « juger, rendre un jugement ».

Chear-yachuv : fils d'Ésaïe.

Chechbatsar : envoyé du roi achéménide Cyrus II, qui fut sans doute aussi gouverneur de Juda et rapporta en 535 av. J.-C. à Jérusalem les objets votifs du Temple dérobés par les Babyloniens (cf. Esd 1, 7-8 ; 5, 14-16).

Cheérith : en hébreu, « le reste ».

Chekhina : en hébreu, « la maison de Dieu ».

Cheḥitah : en hébreu, « abattage rituel ».

Cheik : en arabe, « chef », « ancien », chef de famille ou de tribu.

Chem : en hébreu, « nom », « renom », « généalogie ».

Chema : en hébreu, « la prière quotidienne ».

Chema'ya : prophète israélite de l'époque de Jérémie.

Chemitta : en hébreu, « année de jachère », « année de sabbat » ; ***chemitta kesaphim*** : « remise des dettes » ; ***chemitta qarqa'oth*** : « remise du sol », « restitution des terres vendues ou mises en gage ».

Chenath chemitta : en hébreu, « année de sabbat » ; ***Chenath ratson*** : « année du décret ».

Cheol : en hébreu, « le monde souterrain », l'équivalent de l'Hadès grec.

Cheta (règne des) : voir « Hittites ».

Chévet, **pl.** ***chevatim*** : en hébreu, « tribu ».

Chevna : « maître du palais » évoqué dans un oracle d'Ésaïe (Es 22, 15 sq.)

Chiliasme : millénarisme. Nom grec du millénium, ou doctrine de ceux qui pensaient qu'après le jugement universel, les élus demeureraient mille ans sur la terre et y connaîtraient le bonheur.

Chim'on ben Yohai (Siméon Bar Yohai) : auteur légendaire du Zohar ; vers le milieu du IIe s. apr. J.-C., il fut condamné à mort par les Romains et vécut douze ans en ermite, caché dans une grotte ; plus tard, il fonda une école à Teqo'a.

Chomrom : voir Samarie.

Chophetim : en hébreu, « juges ».

Chrématisme : valorisation de l'argent et du profit (du grec *chrêmata*, « les richesses »).

Chresmologues : en grec, « oracles », « devins ».

Chroniques : le Premier Livre des Chroniques traite de l'ascendance et de la royauté de David ; le deuxième de Salomon, du Temple, et des réformes d'Ézéchias et de Josias.

Chtoniens (cultes) : du grec *chthôn*, « la terre », cultes des divinités souterraines.

Classis : en latin, « classe de citoyens ».

Clément d'Alexandrie : chef d'une école de théologie d'Alexandrie (vers 150-215 apr. J.-C.).

Commenda : dans le commerce outre-mer, une affaire dont un des participants investit un capital sans prendre part au voyage, tandis que l'autre accompagne la marchandise pour la vendre au loin ; les profits sont partagés entre les deux contractants. Weber travailla sur cette question pour sa thèse de doctorat, *Les Sociétés de commerce au Moyen Âge.*

Connubium : en latin, « mariage ».

Conventicule : petite communauté, comme les « collèges de piété » des piétistes.

Corvées (État de) : l'institution de « l'État de corvées » dans l'Égypte ancienne est étudiée par Weber dans une section des *Agraverhältnisse im Altertum* (1909) [ESA, p. 153-181].

Cuchulain : héros irlandais légendaire qui défendit l'Ulster.

Cure des âmes : dans *Le judaïsme antique*, Weber définit la « cure des âmes » comme « la délivrance de conseils pour disposer favorablement Yahvé et détourner sa colère ». Dans la *Sociologie de la religion,* elle est décrite comme « le soin religieux apporté aux individus » par les prêtres. « Elle trouve sa source dans les oracles et dans la pratique qui veut que l'on consulte un magicien lorsque la maladie ou d'autres coups du sort suggèrent qu'un péché magique a été commis, et qu'on se demande comment apaiser l'esprit, le démon ou le Dieu dont on a provoqué la colère. [...] Elle peut aussi impliquer que, dans un cas litigieux, on instruise un individu des devoirs religieux qui sont concrètement les siens. Enfin, elle [...] peut dispenser une consolation religieuse individuelle dans la détresse intérieure ou extérieure » [SR2, p. 197-198].

Cyrus : Cyrus II, dit Cyrus le Grand, fondateur et souverain de l'Empire perse (559-529 av. J.-C.), qui conquit Babylone en 539 av. J.-C.

***Dagath* :** en hébreu, « la connaissance ».

***Dallim* :** en hébreu, les « paysans ignorants ».

Dan (tribu) : tribu d'Israël établie à l'ouest de Jérusalem (Jg 13-16) puis plus au nord, à la source du Jourdain.

Daniel (Livre de) : au Livre de Daniel, écrit pour une part en hébreu, pour une part en araméen, se rattachent des ajouts qui ne figurent que dans les traductions grecques de l'Ancien Testament.

Darius : Darius Ier, dit Darius le Grand, roi de Perse (522-486 av. J.-C.).

***Davar, devar,* pl. *devarim* :** en hébreu, « la parole ». ***Davar Élohim, Davar Yahve* :** « la parole de Dieu ».

David : deuxième roi de Juda et d'Israël, originaire de Bethléem (vers 1004-965 av. J.-C.). D'abord à la tête d'une troupe de mercenaires, dans le désert de Juda (1 S 22, 2), il succède ensuite à Saül sur le trône (vers 1000 av. J.-C.) de Juda, puis du Royaume du Nord (2 S 5, 1-3). Il fait de Jérusalem sa capitale. Selon la tradition, il introduit le chant au Temple de Jérusalem ; par suite, beaucoup de psaumes lui furent attribués.

Davidides : membres de la dynastie de David.

Décemvirs : à Rome, membres de comités (de dix hommes) chargés, notamment, de trouver des compromis dans les conflits entre le patriciat et la plèbe.

Déborah : prophétesse et juge, qui appela victorieusement au combat contre le roi cananéen Sisera (Jg 4).

Déborah (Cantique de) : un des plus anciens textes de l'Ancien Testament (Jg 5, 2-31). Source très fréquemment citée par Weber.

Décalogue (du grec traduit de l'hébreu, « dix paroles ») : série de commandements religieux et éthiques présentés en Ex 20 et Dt 5 (« Décalogue éthique ») et de commandements rituels énumérés en Ex 34 (« Décalogue cultuel »). On désigna parfois sous le nom de « Décalogue sexuel » la série de malédictions exposées en Dt 27, liées aux interdits sexuels de Lv 18 et 20.

Déisidaimonie : en grec, « crainte de la divinité », « superstition ».

Démonologie : « doctrine des démons ».

Dêmos : en grec, « le peuple ».

Derviches : en persan, « mendiant ». Ascète religieux islamique, appartenant ou non à une confrérie, parfois itinérant ; par le chant, la danse, la méditation, il aspire à s'unir avec l'âme du monde.

Deutéro-Ésaïe : Es 44-55. Prophétie selon laquelle Yahvé permettra à ceux qui ont été déportés à Babylone de retourner dans leur pays.

Deutéro-Zacharie : Za 11-14.

Deutéronome : cinquième livre du Pentateuque. Testament fictif de Moïse.

Dharma : en sanskrit, « loi », « obligation rituelle ». Dans l'hindouisme, « le *dharma*, autrement dit l'obligation rituelle, est l'élément décisif : l'hindouisme est d'abord un ritualisme, ce que ses représentants modernes expriment en disant que *mata* (la doctrine) et *marga* (l'objectif de salut) se transforment et "passent", mais que le *dharma* est éternel » [H&B, p. 104].

Dharmaśāstras : dans l'hindouisme, code juridique traitant des questions de *dharma*.

Diakrioi : après les grandes réformes de Dracon et de Solon à Athènes, aux VII et VIe siècles, la crise agraire fait émerger trois factions rivales se disputant le pouvoir : les *Paraloi* (gens de la côte, nouveaux riches, aussi appelés Alcméonides, du nom de la grande famille de l'aristocratie marchande qui les dirigeait), les *Pediakoi* (gens de la plaine, partisans de l'oligarchie) et les *Diakrioi* (qui représentaient la paysannerie pauvre et, en particulier, celle des régions montagneuses du nord-est de l'Attique). C'est sur ces derniers que s'appuya Pisistrate pour instaurer sa tyrannie en 561 av. J.-C.

Διαθήκη (*diathékè*) : en grec, « alliance », équivalent de *berith.*

Dion Cassius : historien grec (vers 155- vers 235), qui fit carrière dans l'administration romaine, auteur d'une *Histoire romaine.*

Dina : fille de Jacob et de Léa (Gn 30, 21), violée par Sichem, puis vengée par ses frères (Gn 34).

Divré ha-berith : en hébreu, « Paroles de l'Alliance »

Divré Yahvé : en hébreu, « Paroles de Yahvé ».

Domitien : (51-96 apr. J.-C.) empereur romain, qui régna de 81 à 96.

Do ut des : en latin, « je donne pour que tu donnes ». Formule souvent citée par Max Weber pour insister sur le fait que toutes les religions attendent de la divinité des avantages pour « l'ici-bas » : « Détourner le mal extérieur dans "l'ici-bas" et obtenir des avantages extérieurs dans "l'ici-bas" est le contenu de toutes les "prières" normales, même dans les religions les plus tournées vers l'au-delà » [SR2, p. 123].

Ea : en Mésopotamie, dieu de la sagesse et père du dieu babylonien Mardouk.

Ebal (mont) : situé au nord du mont Garizim ; la vallée entre ces deux montagnes abrite Sichem. Voir carte.

Ébionites (de l'hébreu *évyon,* « pauvre ») : secte judéo-chrétienne d'Israël pratiquant la vie en communauté et la privation des biens personnels (Ier-Ve s. apr. J.-C.).

'Éda : en hébreu, « assemblée des armées d'Israël ».

Éden : jardin paradisiaque dans lequel Dieu installe le premier homme (Gn 2, 8).

Édom, Édomites : région située au sud de la mer Morte. Ésaü fut le père fondateur des Édomites.

Ehud : chef d'armée, un des Juges d'Israël, qui tue le roi des Moabites Églon en s'introduisant seul dans sa chambre (Jg 3, 12-30).

Ekklesia : en grec, « assemblée » (assemblée populaire, église).

El : dans les langues sémites, « dieu ».

Eldad et Medad (cf. Nb 11, 29) **:** deux hommes qui prophétisent dans le camp de Moïse. On enjoint ce dernier de les en empêcher, et il répond : « Puisse tout le peuple de l'Éternel être composé de prophètes, et veuille l'Éternel mettre son esprit sur eux ! »

El chaddaï : en hébreu, « Dieu tout-puissant ».

El 'elyon : en hébreu, « Dieu suprême ».

Éléazar : ancêtre du clan sacerdotal des Aaronides (Ex 6, 23 ; 1 Ch 5, 29). Une tradition fait de lui le fils de Moïse, avec Guerchom (Ex 2, 22).

Éléphantine : île du Nil, en face d'Assouan, où des fouilles ont fait apparaître, dans les ruines d'un temple ancien, un grand nombre de papyrus attestant, entre autres, l'existence d'une colonie militaire juive à l'époque de la domination perse.

Elhanan : chevalier de David, assassin de Goliath, en 2 S 21, 19 (selon une version qui ne concorde pas avec 1 S 17).

Eliaqim : cf. Es 22, 20 sq. Selon certains commentateurs, Éliaqim fut une préfiguration d'Ézéchias.

Élides : clan de prêtres issu d'Eli, le sacrificateur de Silo (1 S 1-4).

Élie : prophète du IXe s. av. J.-C., dans l'Israël du Nord, adversaire du roi Achab et de son épouse Jézabel. Il accomplit des miracles et tue « les quatre cent cinquante prophètes de Ba'al et les quatre cents prophètes d'Astarté qui mangent à la table de Jézabel » (cf. 1 R 17-19 ; 21 et 2 R 1-2).

Élisée : prophète du IXe s. av. J.-C., dans le Royaume du Nord, disciple et successeur d'Élie ; comme lui, il accomplit des miracles (cf. 1 R 19, 19-21 ; 2 R 2).

Élohim : en hébreu, « divinité ».

Élohiste : terme technique pour désigner une des sources présacerdotales du Pentateuque (sigle : « E »), selon une hypothèse aujourd'hui abandonnée.

Emmanuel : « l'enfant sauveur », cf. Es 7, 14-15 (« C'est pourquoi le Seigneur lui-même vous donnera un signe, / Voici, une vierge deviendra enceinte, elle enfantera un fils, / Et elle lui donnera le nom d'Emmanuel. / Il mangera de la crème et du miel, / Jusqu'à ce qu'il sache rejeter le mal et choisir le bien »).

Enlèvement (en allemand, *Entrückung*) : ascension céleste, assomption d'un personnage vivant (Énoch : Gn 5, 24 ; Élie : 2 R 2, 11 ; l'enfant de l'Apocalypse : Ap 12, 5).

Enlil : dieu sumérien de la tempête.

Énoch : patriarche biblique enlevé au ciel (cf. « Enlèvement »), Gn 4, 17 ; 5, 24.

Énoch (Livre d') : livre apocryphe de la Bible, de type apocalyptique.

Éphod : en hébreu, ceinture ou écharpe de lin faisant partie des vêtements rituels du prêtre.

Éphraïm (tribu) : nom d'une tribu, mais aussi de la région centrale de montagnes de la Palestine dont elle était originaire. Avec la tribu Manassé, Éphraïm forme la maison de Joseph.

Épigénétique (explication) : terme issu du grec, désignant un type de développement qui obéit, non pas à une dynamique interne, mais à des influences extérieures.

Épiphanie : en grec, « apparition », notamment « apparition de la divinité ». Voir, par exemple, l'épiphanie du « buisson ardent », Ex 3, 1 sq.

Eqron : voir « *Baal-zévuv* ».

Ésaïe : prophète à Jérusalem, dans la deuxième moitié du VIIIe siècle av. J.-C.

Ésaü : « le rude paysan », frère jumeau de Jacob, qui lui soustrait son droit d'aînesse (Gn 25, 19-34 ; 27 ; 32-33) ; surnommé Édom, ancêtre des Édomites (Gn 36, 1-19 ; Jr 49, 8-10).

Eschatologie : terme issu du grec, « doctrine des fins dernières » ou de la fin du monde.

Esdras : prêtre et scribe, artisan de la restauration de la loi à Jérusalem, sous Artaxerxès (Es 2, 10 ; Ne 8-10).

Essénisme, esséniens : communauté juive fondée vers le IIe s. apr. J.-C. sur les rives de la mer Morte (Qumrân). Elle pratiquait la mise en commun des biens et imposait un noviciat de trois ans.

Eshmun : dieu de la ville de Sidon, en Phénicie, dieu de la vie et de la médecine, dont le symbole était un caducée.

Esther (Livre d') : texte lu chaque année pour la fête de Pourim. Esther, cousine et fille adoptive du juif Mardochée, devient l'épouse d'Assuérus et reine de Perse. Mardochée fait l'objet des attaques du vizir du roi, qui obtient un décret pour mettre à mort la diaspora juive ; mais il est finalement réhabilité, et se venge du vizir qui est mis à mort à sa place.

Étoliens : habitants de l'Etolie, région montagneuse de la Grèce centrale. Au Vᵉ siècle av. J.-C., ils n'étaient qu'un ensemble de tribus qui passaient pour des peuplades semi-barbares, vivant de brigandage et de rapine et se nourrissant de viande crue (cf. Thucydide III, 94). En se fédérant en cités, avec la fondation de la Ligue étolienne au IVᵉ siècle, l'Etolie devint dès le IIIᵉ siècle une puissance politique de premier plan.

Éthique de la disposition d'esprit : Weber observe une grande polarité dans la définition que les religions donnent de l'action « morale ». D'un côté, le caractère « moral » est plutôt associé à des actes isolés et à la conformité extérieure de ces derniers à un ensemble de commandements ; au pôle opposé, c'est la « disposition d'esprit » de l'individu qui est plutôt valorisée, la « moralité » davantage située dans des motivations intérieures, dans la cohérence et la systématicité d'une conduite « méthodique » [voir SR2, p. 319 sq.].

Éthique de la fraternité : issue de « l'éthique de voisinage », elle ajoute le devoir d'assistance à l'égard des « membres de la communauté religieuse » à celui qui était déjà imposé à l'égard des membres de la lignée, « des frères de sang et de la tribu ». Dans le judaïsme, selon Weber, elle est liée à l'opposition entre morale interne et morale externe ; « chez les premiers chrétiens aussi, par exemple chez Clément d'Alexandrie, la fraternité n'est pleinement exercée qu'au sein du cercle des coreligionnaires ; elle ne s'applique pas directement à l'extérieur » [SR2, p.397].

Ethos : en grec, « caractère » (« naturel », « coutume », « usage », « mœurs »). Notion que Weber rapproche de celle de « disposition d'esprit » ; elle désigne le système ou « l'esprit » des conduites caractérisant un certain groupe social.

Étiologique (légende) : du grec *aitia*, « la cause ». Légende destinée à expliquer ou à légitimer un état de fait.

'Etsa : en hébreu, « conseil », « plan » (Jr 18, 18).

Eucharistie : en grec, « repas d'amour ».

'Eved : en hébreu, « le serviteur » ; ***'Eved Yahvé*** : en hébreu, « le Serviteur de Dieu ».

'Ever : « patriarche des tribus d'Arabie jusqu'au Yémen », descendant de Sem et ancêtre des « fils d'Ever », les Hébreux (cf. Gn 10, 21 ; 10, 24).

Evil-Merodakh : roi de Babylone, successeur de Nabuchodonosor II. Il règne de 562 à 560 av. J.-C. et gracie le roi Yoyaqim de Juda (2 R 25, 27).

Evyatar : prêtre qui échappe à un bain de sang provoqué par Saül (1 S 22, 20), puis s'allie à David et prend parti, au moment de la succession de ce dernier, pour Adoniya (1 R 1, 7) ; Salomon l'envoie par suite en exil (1 R 2, 26).

Evyon **(pl.** ***evyonim*****)** : en hébreu, « le pauvre » ; ***evyoné'am*** : les « pauvres de la tribu » (Es 14, 30).

Exode : deuxième livre du Pentateuque, récit de la sortie d'Égypte, de la révélation de la Loi à Moïse sur le Sinaï, de l'épisode du veau d'Or et de la rédaction du Décalogue.

Ézéchias : roi de Juda de 725 à 697 av. J.-C., qui subit le siège de Jérusalem par Sennachérib (701 av. J.-C.) et se fit conseiller par Ésaïe (cf. 2 R 18-20).

Ézéchiel : prophète issu d'une famille sacerdotale tsadoqite, qui fut en activité de 592 à 570 av. J.-C. Il fut déporté à Babylone.

Fas : en latin, « sentence » ; terme renvoyant au droit divin par opposition au droit des hommes, « *jus* ».

Fellah : en arabe, « le laboureur », l'agriculteur par opposition au nomade, au Bédouin.

Fils de la servante : cf. Gn 21, 10. Sarah exige d'Abraham qu'il chasse le fils que ce dernier avait eu avec sa servante Hagar.

Fils de l'homme : dans les textes apocalyptiques, cette formule de salutation à l'origine courante s'applique plus spécifiquement à une figure eschatologique venue du ciel (Dn 7, 13).

Flavius Josèphe (37/38-100 apr. J.-C.), historien juif issu de la grande noblesse sacerdotale de Jérusalem ; après s'être activement impliqué dans une révolte contre les Romains, il est fait prisonnier. Il gagne la bienveillance de Vespasien et Titus et demeure à Rome, où il défend la cause juive par ses écrits. Auteur de *La Guerre juive.*

***Foedus aequum* (pl. *foedera aequa*) :** en latin, alliance militaire entre deux partenaires égaux en droit, qui s'engagent à se défendre mutuellement.

Foedus icere : en latin, « conclure une alliance ».

Foedus iniquum : en latin, alliance militaire entre Rome et une communauté qui reconnaissait la suprématie de Rome.

Fonctionnel (dieu) : voir la section « Le monde des dieux et les dieux fonctionnels » [SR2, p. 94 sq.]. Dans *Le Judaïsme antique*, Weber oppose les *Ba'al* comme « dieux fonctionnels » à Yahvé, le dieu « élu ».

Fraternité : voir « Éthique de la fraternité »

Gabaon : ville de Palestine située à 10 km au nord-ouest de Jérusalem (cf. Jos 10).

Gad : fils de Jacob (Gn 30, 11) et ancêtre de la tribu éponyme.

Gad (tribu) : une des douze tribus d'Israël, dont le territoire se situait en Transjordanie.

Galaad : territoire prospère (commerce avec l'Égypte) situé entre le Jourdain et le désert de Syrie, qui échut au VIIe s. à la tribu de Manassé.

Galilée : région du nord de la Palestine.

Gamaliel l'Ancien : savant juif, maître de l'apôtre Paul (Ac 22, 3) ; membre du Sanhédrin, il prend parti pour les apôtres (Ac 5, 34-39).

Garizim (mont) : voir la carte p. 670. À l'époque hellénistique, le Garizim devint un mont sacré pour les Samaritains qui avaient rompu avec le judaïsme.

Gédéon : chef d'armée, Juge d'Israël, vainqueur des Madianites (Jg 6-8).

Gens **:** en latin, « grande famille »

Gens Claudia : famille qui fut intégrée dans le groupement de la noblesse romaine par *synoikismos.*

Gentilice : lié à une *gens,* une « grande famille ». Weber l'utilise comme un synonyme d'« héréditaire » à propos du « charisme héréditaire » ou « charisme gentilice ».

Ger **(pl.** ***gérim*****) :** en hébreu, « le métèque » ; ***ger acher bich'arékha*** **:** « le métèque dans tes murs » ; ***ger ha-berith*** **:** « étranger intégré dans l'alliance » ; ***ger ha-cha'ar*** **:** « étranger dans la ville » ; ***ger ha-tochav*** **:** « métèque » ; ***ger ha-tsédeq*** **:** « étranger qui a part à la justice ».

Ghetto **:** mot italien du XVIe s. désignant le quartier de résidence forcée des juifs à Venise ; par extension, quartier où les juifs étaient contraints de résider.

Gibor, **pl.** ***giborim*** **:** en hébreu, « propriétaire terrien », « guerrier », « chevalier » ; ***giboré ḥayil*** **:** « héros guerriers fortunés ».

Giléad : territoire de Jordanie orientale, où s'installa la tribu Makhir, liée à la tribu Manassé (Nb 32, 39-40). Voir aussi Nb 26, 29-30 et 1 Ch 2, 21.

Gilgal : sanctuaire proche de Jéricho, situé à la frontière des tribus Éphraïm et Benjamin.

Gilgamesh : héros sumérien de l'*Épopée de Gilgamesh* (retrouvée dans la bibliothèque d'Assurbanipal à

Ninive) ; il part à la conquête de l'immortalité mais se résigne finalement à sa condition mortelle.

Gir : en hébreu, « la ville » (entourée d'une enceinte).

Glossolalie : (du grec *glôssa*, « la langue » et *laleô* « parler »), « don des langues », « don de prier à haute voix dans une langue étrangère que l'on n'a pas apprise et que l'on ne comprend pas », ou d'utiliser sa propre langue de telle façon que l'auditoire est subjugué. Dans l'Ancien Testament, ce type de discours extatique est évoqué en 1 S 10, 5-13 ; 19, 18-24 ; 2 S 6, 13-17 ; 1 R 20, 35-37. Dans le christianisme, la première manifestation de glossolalie intervient lors de la Pentecôte, parmi les disciples de Jésus (Ac 2, 4). Paul en parle comme d'un don spirituel (1 Co 12-14) que lui-même possède à un degré exceptionnel.

Gnose : du grec *gnôsis,* « la connaissance ».

Gog : selon Ez 38-39, roi mythique du pays de Magog (voir Gn 10, 2), qui, à la fin des temps, envahit Israël par le nord avant d'être repoussé.

Gola : en hébreu, « la communauté ».

Goliath : Philistin tué par David selon 1 S 17, par Elhanan selon 2 S 21, 19.

Gourou : en sanskrit, « le maître ». Chez Weber, voir surtout H&B, p. 406-421.

Grand prêtre : fonction à l'origine purement religieuse (au Temple de Jérusalem) mais qui acquit par la suite une dimension politique. Elle disparut avec la destruction du Temple de Jérusalem de 70 apr. J.-C.

Griyasutras : terme sanskrit désignant les manuels de prescriptions pour les cérémonies et rituels de la vie courante.

Gudea : souverain sumérien de la ville de Lagach, au sud de la Mésopotamie, à la fin du IIIe millénaire av. J.-C.

Guedalya : En 587 av. J.-C., après la conquête de Jérusalem, engagé comme gouverneur de Juda par Nabuchodonosor, il fut assassiné deux mois plus tard (Jr 40-41).

Guérar : ville située dans le territoire des Philistins, environ 25 km au sud-est de Gaza.

Guerchom : ancêtre des prêtres du sanctuaire de Dan (Jg 18, 30) ; la tradition fait de lui le fils de Moïse, avec Éléazar (Ex 2, 22).

Guibéa : l'épisode du « lévite à Guibéa » évoqué par Weber figure en Jg 19-20.

Habaquq : prophète du royaume de Juda, au VIIe ou VIe s. av. J.-C.

Ḥabiru : évoqués dans les *Lettres d'Amarna,* ils représentaient, dans tout l'Orient ancien, en particulier au IIe millénaire av. J.-C., un groupe social déclassé, vivant à la marge de la société.

Habitus : Weber emploie couramment ce terme latin, proche du mot grec *ethos.* Il désigne un ensemble de dispositions « durables », forgées dans un temps long, propre à un groupe social ou, par exemple, à certaines figures religieuses typiques (« habitus religieux durable »), comme les prophètes dans le *Judaïsme antique,* où Weber évoque « l'habitus prophétique » ou « extatique ». Selon Marcel Mauss, « le mot traduit, infiniment mieux qu'"habitude", l'"exis", l'"acquis" et la "faculté" d'Aristote (qui était un psychologue). Il ne désigne pas ces habitudes métaphysiques, cette "mémoire" mystérieuse, sujets de volumes ou de courtes et fameuses thèses. Ces "habitudes" varient non pas simplement avec les individus et leurs imitations, elles varient surtout avec les sociétés, les éducations, les convenances et les modes, les prestiges. Il faut y voir des techniques et l'ouvrage de la raison pratique collective et individuelle, là où on ne voit d'ordinaire que l'âme et ses facultés de répétition » (Marcel

Mauss, « Les techniques du corps », *Sociologie et anthropologie*, PUF, 1999[8], p. 368-369).

Hachaïm : en hébreu, « les hommes secrets ».

Hadad : divinité sémitique vénérée par les Cananéens et les Phéniciens comme le dieu des pluies d'orage.

Hadadrimmon : dieu suprême des Araméens, dieu de l'orage.

Hadès : en Grèce, maître des Enfers (le séjour des morts). Par métonymie, les Enfers eux-mêmes.

Hadrien (76-138 apr. J.-C.) : empereur romain qui régna de 117 apr. J.-C. à sa mort. C'est sous son règne qu'eut lieu la révolte des juifs menés par Bar Kokhba.

Hagar : servante de Sarah, l'épouse d'Abraham, et mère d'Ismaël, elle fut renvoyée à la demande de Sarah (Gn 16 ; 21, 8-21).

Hagiolâtrie : (du grec *hagios*, « saint »), culte exacerbé des saints.

Ha-kohen : en hébreu, « le prêtre ».

Ha-machiaḥ : en hébreu, « le messie », « l'oint de Yahvé »

Hammourabi : fondateur du premier empire de Babylone, sur lequel il régna pendant quaranate-trois ans, sans doute à partir de 1730 av. J.-C. Le Code d'Hammourabi est une stèle trouvée à Suse en 1901-1902, aujourd'hui conservée au Louvre, et comprenant 282 dispositions légales.

Hanani : dans l'Ancien Testament, ce nom désigne à la fois un prophète et le père du roi Jéhu (1 R 16, 1).

Hananya : « antiprophète », contemporain de Jérémie, dont il fut l'adversaire acharné (Jr 28, 1-17).

Hasmonéens : lignée sacerdotale de Modîn ; sous leur conduite, la Judée se libéra de l'emprise des Séleucides.

Ḥassidim : en hébreu, « les pieux » ; ***Ḥassidim ha-richonim*** : « les pieux de l'ancien temps ».

Ḥata : en hébreu, « commettre une faute ».

Hatserim : en hébreu, « les camps » ; campements non fortifiés, par opposition aux « villes ».

Ḥattath : en hébreu, « sacrifice expiatoire ».

Hauran : **voir carte.**

Ḥaver, **pl.** *ḥaverim* : en hébreu, « compagnon », « membre d'un ordre ».

Ḥavura : en hébreu, « confrérie ».

Ḥayil : en hébreu, « la fortune », « le bien ».

Hazaël : roi de Syrie (842-800 av. J.-C.), évoqué, en lien avec Élisée, en 2 R 8, 7-15.

Hébron : ville située à 36 km au sud de Jérusalem, où David réside jusqu'à la conquête de Jérusalem (2 S 2, 1 ; 5, 6).

Hêgemôn : en grec, « celui qui marche en tête », « le guide », « le chef ».

Heimarménè : en grec, « la destinée » (« ce qui a été décrété par la loi divine »). Notion stoïcienne mettant l'accent sur l'enchaînement inflexible des causes, la nécessité du destin en tant que loi rationnelle et providentielle.

Ḥeleq : en hébreu, « part allouée », « parcelle de terre » (cf. le *kleros* grec).

Hénothéisme : (du grec *heis*, « un seul » et *theos*, « dieu »). Concept créé par Max Müller, désignant une forme particulière du polythéisme, où un dieu joue un rôle prédominant par rapport aux autres, ce qui lui vaut un culte préférentiel. Selon Weber, « la doctrine qui traite le Dieu présentement invoqué, dans l'instant, comme le seul puissant ».

Ḥerdath élohim : en hébreu, « terreur divine ».

Ḥérem : en hébreu, « tabou rituel relatif au butin de guerre, qui imposait de consacrer ce dernier au dieu guerrier de l'Alliance ».

Hérode : roi des Juifs (73 av. J.-C.-4 apr. J.-C.), qui régna de 40 av. J.-C. à sa mort.

Hérodote : historien grec (484-425 av. J.-C.).

***Herzog* :** en allemand, titre militaire puis nobiliaire, duc.

Hésiode : poète grec (VIIIe-VIIe s. av. J.-C.), auteur de la *Théogonie* et des *Travaux et les Jours.*

***Hetairoi* :** en grec, « les camarades », « les compagnons » (par exemple, les compagnons d'Ulysse dans l'*Odyssée*) ; « les disciples » (par exemple, les compagnons de Socrate) ; « les partisans » (politiques).

***Ḥéver* :** en hébreu, « compagnie » ; ***Hever ha-yehudim* :** « groupement du peuple de Juda ».

Hexateuque : ensemble constitué par l'addition du Pentateuque et du Livre de Josué.

Hidalgo : en espagnol, noble doté de certains privilèges.

Hiérodules : du grec *hiéros*, « sacré » et *doulos* « esclave ». Esclaves attachés à un temple – notamment des femmes qui exerçaient la fonction de « courtisane sacrée », de « prostituée du temple ».

Hillel : vers le début de l'ère chrétienne, savant juif qui fonda une importante école rabbinique d'interprétation des textes (Beth Hillel), opposée à celle de Chammaï.

Hilqiya : grand prêtre à l'époque du roi Josias. Selon 2 R 22-23, il trouva dans le Temple le « livre des Lois » (Deutéronome) et fut ainsi à l'origine de la réforme de Josias.

***Hiph'il* :** en hébreu, « racine causative d'un verbe ».

Hiram : 1. roi de Tyr (v. 973-942 av. J.-C.), qui livra à Salomon d'importantes fournitures de matériaux pour le Temple de Jérusalem (1 R 5, 15-26) ; 2. maître d'œuvre de la construction du Temple de Salomon (1 R 7, 13-45).

Hithnadev : en hébreu, « volontaire (pour le service militaire) ».

Hithpael : en hébreu, « racine intensive d'un verbe ».

Hittites : L'empire hittite, adversaire de l'Égypte, connut son apogée au XIVe ou XIIIe s. apr. J.-C. Dans l'Ancien Testament, « hittite » est souvent un synonyme de « non-israélite ».

Hittihp : en hébreu, « prédire ».

Ḥokhma : en hébreu, « la sagesse ».

Holocauste : type de sacrifice dans lequel la victime était entièrement brûlée par le feu.

Homme-médecine : dans les cultures amérindiennes, chamane guérisseur.

Hoplite : dans la Grèce ancienne, les hoplites constituaient l'infanterie lourde des cités, formée de citoyens qui ne pouvaient subvenir à l'entretien d'un cheval, mais qui avaient les moyens de s'équiper d'une armure et de subvenir aux besoins de leur famille lorsqu'ils étaient en campagne.

Ḥoq*, *Ḥuq*, pl. *ḥuqim : en hébreu, « traditions rituelles », « loi religieuse », par opposition au droit profane des *michpatim.*

Ḥoqeq*, pl. *ḥoqeqim : en hébreu, « le chef », « le commandant ».

῞Ορκια τεμνειν (*horkia temnein*) : en grec, « conclure une convention » (littéralement : « frapper ou couper la victime sur laquelle on jure »).

Horeb : voir carte.

Ḥorim : en hébreu, « nobles ».

Houlda : prophétesse qui, sur ordre de Josias, fut interrogée au sujet du « Livre de lois » (Deutéronome) trouvé dans le Temple de Salomon (2 R 22, 14-20).

Ḥozé : en hébreu, « homme à visions », « voyant ».

Ḥuqath' olam : en hébreu, « loi éternelle » ; ***ḥuqoth*** : en hébreu, « décrets divins ».

Hybris : en grec, « la démesure », « l'excès ». Le terme peut désigner la violence ou l'outrage. Mais il a aussi une portée religieuse : l'homme coupable d'*hybris* est l'homme qui refuse de se contenter de la part qui lui a été attribuée par le destin, et qui se révolte contre l'ordre divin : *hybris* peut dès lors se traduire par « sacrilège », « orgueil dangereux (pour l'ordre universel) ».

Hyksos (règne des) : époque de domination étrangère (asiatique) sur l'Égypte (1785-1580 av. J.-C.), au cours de laquelle fut introduit le char de combat.

Ich : en hébreu, « l'homme », « le guerrier » ; ***ich ha-Élohim*** : « homme de Dieu », personne dotée de dons divinatoires (1 S 9, 6) ; ***ich ha-milḥama*** : en hébreu, « guerrier » ; ***ich Hasidekha*** : « les hommes du fidèle » ; ***ich sadé*** : « l'homme des champs ».

Idéal nomade : cette notion, empruntée au théologien protestant Karl Budde (spécialiste de l'Ancien Testament), se référait à « l'idéalisation de l'égalité et de la simplicité fraternelle des confédérés israélites à l'époque du désert » [JA, p. 239] et, plus généralement, à « l'idéalisation, par la tradition lettrée, du passé antérieur à la royauté » [JA, p. 475].

Ilani : nom donné aux dieux des Ḥabiru.

Ilotes (ou **hilotes**) : désigne, à Sparte, une catégorie de la population, non libre, dépourvue de tout droit politique, dont la tâche consiste à cultiver la terre possédée par les citoyens spartiates. Ils sont la propriété de l'État, les esclaves de la communauté, mis à la disposition des citoyens (qui en ont l'usufruit mais ne peuvent ni les affranchir ni les vendre à l'étranger).

Indra : en Inde, un des grands dieux védiques. Dans la *Sociologie de la religion*, Weber note : « La concurrence qui oppose les dieux des étoiles Varuna et Mitra, protecteurs de l'ordre sacré, et Indra, le dieu de l'orage aux armes puissantes, qui tue les dragons, est un symptôme de la concurrence entre le corps des prêtres, qui aspire à un ordre stable et à une maîtrise ordonnée de la vie, et le pouvoir de la noblesse guerrière, qui trouve dans le dieu héros avide d'action et dans l'irrationalité de l'*aventiure* et du destin, étrangers à l'ordre, une modalité adéquate de relation avec les puissances supraterrestres » [SR2, p. 115].

In mancipium dare : en latin, « vendre au comptant ».

Inquilin : terme allemand issu du latin, « colon ».

Intramondain : chez Weber, l'opposition intramondain/extramondain recouvre celle de l'ici-bas et de l'au-delà.

Isaac : un des patriarches d'Israël, père d'Ésaü et de Jacob (Gn 25, 21-28).

Issachar (tribu), **Issacharites** : tribu d'Israël dont le territoire se situe en Galilée.

Ismaël : fils d'Abraham et de sa servante Hagar, demi-frère d'Isaac (Gn 16 ; 21, 1-21).

Istar : en Syrie et Mésopotamie, déesse de l'amour.

Ivri : en hébreu, « les Hébreux ».

Jacob : « le doux Jacob, le "berger pieux qui restait dans les tentes" », frère d'Ésaü, voir Gn 25, 21 ; 35, 29.

Jaïnisme, jaïna : courant religieux indien évoqué par Weber dans *Hindouisme et bouddhisme* parce qu'il présentait certaines analogies avec les sectes protestantes puritaines [cf. H&B, p. 328-346].

Japhet : troisième fils de Noé (Gn 5, 32) et ancêtre des peuples d'Asie Mineure (Gn 10, 2).

Jean Hyrcan : grand prêtre et prince juif hasmonéen, qui régna de 135 à 105 av. J.-C.

Jéhoviste : selon une hypothèse aujourd'hui abandonnée, rédacteur censé avoir opéré la synthèse des sources du Yahviste et de l'Élohiste dans le Pentateuque.

Jéhu : roi de l'Israël du Nord (845-818 av. J.-C.). Selon 2 R 9, 1-10, il reçut l'onction royale des mains d'un disciple du prophète Élisée.

Jephté : chef d'armée, un des Juges d'Israël, qui repoussa une attaque des Ammonites dans la région de Giléad (Jg 10, 17 ; 12, 7).

Jérémie : prophète actif à Jérusalem de 626 à 587 av. J.-C. (cf. Jr 1, 1-3).

Jéricho : voir carte.

Jéroboam II : dernier grand roi de l'Israël du Nord (787-747 av. J.-C.), voir 2 R 14, 23-29.

Jéthro : prêtre des Madianites, père de Tsippora et beau-père de Moïse (Ex 3, 1 ; 4, 18 ; 18, 1-12).

Joab : neveu et général en chef de la troupe de mercenaires de David, puis de son armée (2 S 2, 13 ; 8, 16). Plus tard, tué par Salomon (1 R 1, 7).

Joas : 1. premier souverain du Royaume de Juda (840-801 av. J.-C.), qui accède au trône après le putsch contre Athalie. Tué par une conspiration (2 R 11-12) ; 2. deuxième souverain du Royaume du Nord (802-787 av. J.-C.).

Joël : prophète actif dans la première moitié du IVe s. av. J.-C., qui annonçait le « Jour de Yahvé ».

Jonas : oracle, fils d'Amittaï de Gath, en Galilée.

Jonathan : fils aîné de Saül, qui prit part aux combats contre les Philistins (1 S 13-14) et perdit la vie à cette occasion (1 S 31, 2).

José ben Chalafta (Rabbi) : disciple de Siméon ben Yochai, à Teq'oa ; il était tanneur.

Joseph : fils de Jacob et de Rachel, vendu par ses onze frères, qui devient ministre du pharaon d'Égypte (Gn 37 ; 39-47 ; 50).

Joseph (groupement de tribus), « Maison de Joseph » : réunion d'Éphraïm et de Manassé/Makhir.

Josias : roi de Juda (639-609 av. J.-C.), voir 2 R 22, 1- 23, 30. Il réforma le culte en faisant du Temple de Jérusalem le seul sanctuaire autorisé. Il fut tué par les Égyptiens à la bataille de Megiddo (609 av. J.-C.).

Josué : chef d'armée, assistant de Moïse (Ex 17, 8-16 ; 24, 13), qui en fit son successeur.

Josué (Livre de) : relate l'entrée dans la Terre promise, la conquête, le partage des territoires entre les tribus et la mort de Josué.

Jubilés (Livre des) : livre biblique apocryphe présentant la révélation, à Moïse, de l'histoire sacrée du peuple juif, divisée en périodes jubilaires (de 49 années). Paraphrase non canonique de la Genèse.

Juda (désert de) : voir carte.

Juda (tribu) : tribu de David, qui devint le Royaume de Juda. Sa capitale était Jérusalem.

Judas Maccabée : guerrier engagé dans la lutte contre l'hellénisation (200-160 av. J.-C.).

Juges : titre donné, dans l'Ancien Testament, à des chefs militaires qui exercèrent leur autorité sur Israël vers les XIIe-XIe s. av. J.-C. (Déborah, Gédéon, Jephté, Samson, Samuel…). Weber observe que, dans un premier temps, il s'agissait surtout de « chefs guerriers charismatiques et peut-être aussi, pour une part, d'individus ayant reçu une grâce, le charisme de la sagesse de juge ». « Leur pouvoir restait purement personnel » et n'était pas transmis héréditairement.

Juges (époque des) : « L'époque des Juges dans son ensemble est en général une succession d'usurpations alternées de quelques clans nobles, puissants, possédant beaucoup de propriétés, et aussi des esclaves, qui arment leurs colons et qui, à leur tête, entreprennent des expéditions incessantes contre les villes philistines et les tribus du désert » [ESA, p. 186].

Juges (Livre des) : récit des rechutes d'Israël dans le polythéisme, des hauts faits des Juges et de leurs efforts pour restaurer le culte de Yahvé.

Jus : en latin, « le droit humain » (par opposition au « droit divin », *fas*).

Jus honorum : en latin, « droit des honneurs ».

Ka : notion égyptienne, « la force de vie, autrement dit "l'âme", et, en même temps, la nourriture dont l'âme a besoin pour exister ».

Kallabe : « Kalla » désigne, dans le Talmud, les mois Elul et Adar (à l'automne et au début du printemps), où les écoles rabbiniques babyloniennes de Sura et Pumbedita proposaient des cours publics.

Kammalar : caste hindoue évoquée à plusieurs reprises par Weber dans *Hindouisme et bouddhisme.* Les Kammalar étaient des artisans royaux « du métal, du bois et de la pierre, qui prétendaient être des descendants du dieu des artisans Viśvakarma » et « revendiquaient un rang supérieur à celui des prêtres, y compris à celui des brahmanes immigrés. Sans doute parce qu'ils étaient les porteurs d'arts magiques, ils furent amenés à remplir, y compris pour d'autres castes, la fonction de gourou, de directeur spirituel des âmes » [H&B, p. 152].

Karath berith : en hébreu, « conclure une alliance ».

Karman : en sanskrit, principe causal des actes, qui infléchit les différentes renaissances.

Kassites : peuple nomade qui s'empara de Babylone en 1531 av. J.-C. ; cette dynastie régna sur la ville jusqu'en 1155 av. J.-C.

Kavod : en hébreu, « majesté » de Dieu.

Kémoch (Jg 11, 24 ; 2 R 3, 27) : « Dieu des Ammonites et plus tard aussi des Moabites ».

Kéramitique : ce terme ne se rencontre que chez Max Weber et son sens n'a pas été élucidé.

Kérétiens et Pélétiens : garde personnelle de David (cf. 2 S 8, 18 ; 1 R 1, 38).

Kethuva : en hébreu, « l'écrit », contrat de mariage.

Kleros : en grec, « lot », « héritage », « parcelle donnée aux hoplites ».

Kohen : en hébreu, « prêtre » ; ***kohen ha-gadol*** : « Grand Prêtre » ; ***kohen ha-roch*** : « chef des prêtres ».

Koinonia : en grec, « communauté », « association ».

Kouchite : éthiopienne (Tsippora, l'épouse de Moïse).

Kudur (Kédor) Laomer : roi d'Elam (cf. Gn 14).

Kyrios Christos : en grec, « Christ est notre Seigneur » (cf. 1 Co 12, 3).

Laban : père des épouses de Jacob, Léa et Rachel (Gn 29-30).

Lakhich : nom préisraélite de la ville de Dan (cf. Jg 18, 27-29). Voir carte.

Léa : fille de Laban et épouse de Jacob (cf. Gn 29-30).

Lévi (tribu) : tribu sans territoire fixe, vouée aux fonctions sacerdotales (Jg 17).

Léviathan : monstre mythique vaincu par Yahvé. Voir « Béhémoth ».

Lévirat : « droit et devoir d'épouser la veuve du frère resté sans descendance »

Lévites : dans le Temple de Jérusalem, à l'époque post-exilique, les lévites occupaient un rang inférieur à celui des prêtres.

Lévitique : troisième livre du Pentateuque, qui détaille les commandements rituels.

Li : en chinois, « cérémonial », « rites », notion importante dans le confucianisme.

Liturgies : les liturgies étaient des services publics qui étaient imposés, à Athènes, aux plus riches des citoyens et des métèques (ceux dont la fortune dépassait trois talents). Les liturgies ordinaires étaient la chorégie (préparation et direction d'un chœur pour les concours lyriques ou dramatiques), la gymnasiarquie (entretien des gymnases et préparation des équipes participant à la course aux flambeaux), l'architéorie (envoi d'une ambassade officielle à l'une des fêtes panhelléniques) et l'hestiasis (organisation de banquets offerts aux membres d'une tribu ou d'un dème au cours d'une fête). S'y ajoutait, en temps de guerre, la triérarchie (dont les métèques étaient exclus), consistant à équiper et entretenir une trière, le navire de guerre athénien.

Locus classicus : en latin, « lieu classique », « paradigme ».

Logos : *en grec, le « discours », la « raison ».*

Lögsögumadr : « diseurs de loi » des pays nordiques.

Loi sacerdotale ou codex sacerdotal : terme technique pour désigner une des sources du Pentateuque (sigle : « P »).

Loi de sainteté : terme technique utilisé à partir de la fin du XIXe siècle pour désigner le corpus de lois Lv 17-26.

Loth : neveu d'Abraham, qui l'accompagne à Canaan, s'installe à Sodome et échappe à la condamnation (Gn 11, 27-31 ; 12, 4-5 ; 19, 1-29). Selon une autre tradition, Loth est l'ancêtre des Moabites et des Ammonites (Gn 19, 30-38), les « fils de Loth » (Dt 2, 19).

Lucrum cessans : terme latin employé dans le droit romain pour désigner un « gain perdu ».

Ma : en Égypte, « le loyalisme ».

Maccabées : lignée royale des Hasmonéens, à partir de Judas Maccabée (jusqu'en 63 av. J.-C.).

Machal : en hébreu, « la parabole ».

Madianites : peuple nomade de l'Arabie du Nord, détruit par Gédéon.

Magid : « l'annonciateur », prédicateur populaire, surtout en Europe de l'Est.

Mahābhārata : la plus importante épopée hindoue.

Maḥmal : mot arabe, « objet sacré des armées islamiques ».

Maïmonide : savant, philosophe et médecin juif (1138-1204).

Maison des hommes : en Océanie, communauté fermée, lieu d'initiation guerrière des jeunes gens [voir SR2, p. 246-247]. Weber établit ici une relation entre le modèle de la « maison des hommes » et « une organisation strictement non gentilice des groupes de jeunes gens ».

Μάχιμοι (*makhimoi*) : en grec, « les troupes », « les guerriers ».

Makhir (tribu) : tribu d'abord établie en Jordanie occidentale, puis à Giléad ; elle se fondit dans la tribu Manassé.

Malachie : un des douze « petits prophètes ».

Malakh : en hébreu, « envoyé ou ange de Dieu ».

Mamitu : mot assyrien désignant « l'impureté rituelle ».

Mana : terme mélanésien, « pouvoir surnaturel » [cf. SR2, p. 81].

Manassé : 1. ancêtre de la tribu éponyme, fils de Joseph et frère d'Éphraïm ; 2. roi de Juda (696-642 av. J.-C.).

Manetho : prêtre égyptien, au IIIe s. av. J.-C., auteur d'une histoire de l'Égypte.

Manne : voir Ex 16, 31 ; Dt 8, 3 et Nb 11, 7-9. Pendant l'exode, la manne est une graine qui descend comme une rosée sur le peuple d'Israël affamé. « La manne ressemblait à de la graine de coriandre, et avait l'apparence du bdellium. Le peuple se dispersait, pour la ramasser ; il la broyait avec des meules, ou la pilait dans un mortier ; il la cuisait au pot, et en faisait des gâteaux. Elle avait le goût d'un gâteau à l'huile. Quand la rosée descendait la nuit sur le camp, la manne y descendait aussi » (Nb 11, 7-9).

Mantique : du grec *mantikè,* divination.

Manu (recueil de) : code de lois hindou.

Marathon (bataille de) : en 490 av. J.-C., bataille victorieuse des Athéniens contre les Perses.

Mardonios : général perse tué à la bataille de Platées (479 av. J.-C.).

Mardouk : dieu de la ville de Babylone, créateur du monde et fondateur du Temple de Babylone.

Marie (prière de) : « Mon âme exalte le Seigneur » (Luc 1, 46-55).

Massorétique : texte hébreu de l'Ancien Testament établi par les « massorètes », savants juifs qui, du VIIe au XIe s. surtout, assurèrent sa transmission (« massorah »).

Mattathias : père des Maccabées, mort en 167 av. J.-C.

Mazkir : « chancelier », « rédacteur des annales de l'Empire ».

Mécha : roi de Moab au IXe s. av. J.-C. (cf. 2 R 1, 1 ; 3, 5) ; la « pierre de Mécha » portait une inscription célébrant une de ses victoires.

Medad : voir « Eldad ».

Megiddo : ville de la plaine de Yisré'el. Voir carte. En 609 av. J.-C., le roi Josias fut tué par les Égyptiens à la bataille de Megiddo.

Melchisédech : roi de Salem, prêtre légendaire du dieu El Eyôn dans la Jérusalem préisraélite (Gn 14, 18-20 ; Ps 110, 4).

Ménahem : roi de l'Israël du Nord (746-737 av. J.-C.), voir 2 R 15, 14 ; 15, 17-22.

Ménephtah : roi d'Égypte, fils et successeur de Ramsès II (1224-1204 av. J.C).

Mer : en Égypte, « la charité »

Meriva : en hébreu, « le tribunal ». Nom donné à un lieu proche de Qadech.

Mérom : lieu situé dans les montagnes de Galilée. Voir carte.

Méroz : ville évoquée dans le Cantique de Déborah (Jg 5, 23).

Messianisme : attente du Messie (en hébreu, « l'oint », « le roi »).

Métatron : dans la littérature ésotérique juive, un des anges suprêmes. Selon une autre tradition, il serait lié à Énoch, qui, après son ascension dans le ciel, se transforme en ange au service d'un scribe consignant les actes de l'humanité.

Métèque : « Qui n'appartient pas aux lignages capables de porter les armes et dont le patrimoine est inscrit au cadastre est juridiquement un métèque : soit, au minimum, tous ceux qui ne sont pas propriétaires fonciers. »

Michée : 1. prophète du Royaume de Juda, dans la deuxième moitié du VIIIe siècle ; 2. fils de Yimla, prophète du Royaume du Nord, au IXe s. av. J.-C.

Michmar : en hébreu, « supérieur d'une communauté locale ».

Michméreth : en hébreu, « tâche à accomplir », « ordre donné » (cf. Gn 26, 5).

Michna : compilation d'interprétations rabbiniques de la Thora, comprenant 63 traités (vers 200 apr. J.-C.).

Michpaha*, pl. *michpahoth : en hébreu, « clan », « lignée », unité intermédiaire entre la tribu et la famille.

***Michpat* (pl. *michpatim*)** : en hébreu, « disposition juridique, décret ».

Midyan (oasis) : voir carte.

Migrachim : en hébreu, « faubourgs ».

Mikha : grand propriétaire foncier cité par Weber en exemple pour la question des sanctuaires privés (cf. Jg 17)

Mikhal : épouse de David (1 S 18, 27 ; 2 S 3, 13-16).

Milk ou Melkart : dieu phénicien de la ville, à Tyr et Carthage.

Mina : tribu d'Arabie du Sud.

Minḥa : en hébreu, « sacrifice ».

Miqdach : en hébreu, « sanctuaire »

Miqwé : en hébreu, « bain rituel de purification ».

Miryam : prophétesse, sœur d'Aaron (Ex 15, 20) ; plus tard désignée comme la sœur de Moïse (Nb 26, 59). Selon Nb 12, elle se rebelle avec Aaron contre Moïse.

Mitspa : voir carte (cf. Jos 18, 26 ; 1 S 7, 16 ; 1 S 10, 17-27).

Mitswoth : en hébreu, « commandements ».

Moab : fils de Loth (Gn 19, 36). Territoire situé à l'est de la mer Morte, peuplé par les Moabites.

Mochi'a : en hébreu, « le sauveur ».

Moïse : conduit Israël dans le désert (Exode), conclut l'alliance avec Yahvé sur le Sinaï.

Moloch : nom de dieu dont le culte était associé à des sacrifices d'enfants (Lv 20, 2).

Monolâtrie : « adoration exclusive d'un seul Dieu parmi plusieurs » (cas particulier d'hénothéisme).

***Morts* (*Livre des*) :** recueil égyptien de sentences, qui était déposé dans les tombeaux à côté de la dépouille mortelle. Le 125e chapitre présente un catalogue de péchés.

Moyen Empire : période de l'histoire de l'Égypte qui s'étend de 2065 à 1785 av. J.-C.

***Mukhtar* :** en arabe, « chef de famille (c'est-à-dire le chef de la communauté qui partageait la même tente) ».

Mykérinos : nom grec du pharaon Menkaourê de l'Ancien Empire égyptien, dont le règne s'étendit de 2490 à 2473 av. J.-C.

Mystagogie, mystagogues : dans la Grèce ancienne, les « mystagogues » (qui conduisaient [*agô*] l'initié [*mystês*]) veillaient sur des doctrines secrètes et initiaient aux cultes à mystères.

Mystères (sectes à) : cultes antiques dont les rites étaient maintenus secrets et réservés à des initiés.

Mythologème : unité de signification minimale commune à plusieurs mythes, chaque mythe naissant de l'association de divers mythologèmes.

Na'aman : chef de l'armée du roi de Syrie, guéri de la lèpre par le prophète Élisée (2 R 5).

***Naba'* :** en arabe, « annoncer ».

Nabou-na'id (Nabonide) : dernier roi de Babylone (556-539 av. J.-C.), vaincu par Cyrus.

Nabu : dans la langue de Babylone, « le scribe » ; « dieu babylonien des scribes ».

Nabuchodonosor II : roi de Babylone (605-562 av. J.-C.), qui prit Jérusalem, détruisit la ville et le Temple (587 av. J.-C.) et déporta la population.

***Nadiv* :** en hébreu, « le prince », « le noble ».

Naga : mot sanskrit désignant « l'ascète nu, mais armé, qui propage la foi, placé sous le contrôle strict d'un gourou » [cf. H&B, p. 500]

Nahash : roi des Ammonites, vaincu par Saül (voir 1 S 11, 1).

Nahol, nahala : en hébreu, « bien », « propriété », « héritage », « terres héritées ».

Naphtali : fils de Jacob et de la servante de Rachel (Gn 30, 7-8) ; tribu éponyme.

Nasi : en hébreu, « prince ». Selon Weber, « prince charismatique héréditaire ».

Nathan : prophète à la cour de David, précepteur de Salomon (2 S 12, 25).

Navi*, pl. *neviim : en hébreu, « homme des extases magiques », « prophète ».

Nazir : en hébreu, « mis à l'écart » ; « à l'origine, des guerriers extatiques ayant suivi un apprentissage ascétique » ; ***naziruth***, nom collectif, « les nazirs ».

Nechekh : en hébreu, « intérêt », « usure ».

Necho II : pharaon d'Égypte (610-595 av. J.-C.).

Néhémie : fonctionnaire juif du roi de Perse Artaxerxès I, il seconda Esdras pour la restauration de Jérusalem, au Ve s. av. J.-C.

Néoménie : les « jours de néoménie » sont les jours de nouvelle lune ; avec les jours de sabbat, ils représentent « les jours fériés de Yahvé ».

Néphech : en hébreu, « l'âme » (« sise dans le sang et porteuses des affects normaux, de "l'individuation" », selon Weber).

Nephilim : en hébreu, les « géants (des grandes constellations) » (voir Nb 13, 33).

Nergal : dieu babylonien du monde souterrain et dieu de la ville de Kuta (2 R 17, 30).

Nethinim : en hébreu, « serviteurs liturgiques du Temple », à l'époque postexilique.

Nevala : en hébreu, « acte répréhensible ».

Névéla : en hébreu, « charogne » (Jr 16, 18).

Nivdalim : en hébreu, « ceux qui se mettent à part ».

Noé : patriarche, unique juste sauvé du Déluge pour être la souche d'une humanité nouvelle (Gn 6-9).

Noahides : les « 7 lois noahides » ou les « 7 lois de Noé », énoncées dans le Talmud de Babylone (Sanhédrin 56 a).

Nokhri : en hébreu, « étranger ».

Nombres : quatrième livre du Pentateuque. Départ du Sinaï, réunion des Israélites à Qadech et voyage jusqu'au pays de Moab, partage de la Terre promise.

Nouvel Empire : en Égypte, période qui s'étendit de 1580 à 1085 av. J.-C.

Numa Pompilius : selon la légende, deuxième roi de Rome, auteur du premier recueil de lois romaines.

***Numen* (pl. *numina*)** : en latin, « étincelle divine », « action de la divinité », « fonction impersonnelle qui représente une divinité personnelle ».

***Nundinae* (pl.)** : en latin, premier jour de la semaine romaine de huit jours ; la semaine elle-même ; le jour de marché.

Odium generis humani : en latin, « objet de la haine du genre humain ».

'Ol ha-mitswoth : en hébreu, « joug des commandements ».

'Ol malkhuth chamaïm : en hébreu, « joug du royaume des cieux ».

***Omen* (pl. *omina*)** : en latin, « présage ».

Omri : roi d'Israël (884-874 av. J.-C.), fondateur de Samarie (cf. 1 R 16, 16 sq.). Les Omrides ou la « maison d'Omri » sont la dynastie qui lui succéda.

Onan : voir Gn 38, 4-10. La loi du lévirat lui ayant ordonné d'épouser la veuve de son frère, il « se souillait à terre lorsqu'il allait vers elle, afin de ne pas donner de postérité à son frère ».

Orchestique (orgie) : orgie de danse (du grec *orchoumai*, « danser », « bondir », « tressauter », « faire de la pantomime »).

Ordalie : type de jugement impliquant des épreuves physiques (brûlure au fer rouge, eau bouillante, plongée dans l'eau glacée, duel à mort, etc.) dont l'issue (par exemple la guérison de la plaie, ou le décès) livrait une indication (assimilée à un jugement divin) sur la culpabilité ou l'innocence de l'accusé.

***Orenda* :** dans la langue iroquoise, puissance surnaturelle qui peut habiter un homme et se transmettre par contact. Weber associe ce terme à celui de « *mana* » [cf. SR 2, p. 81].

Origène : un des premiers théologiens chrétiens (185-254 apr. J.-C.).

Oronte : grand fleuve de l'ouest de la Syrie.

Orphique (culte) : culte à mystère, que le mythe fait remonter à Orphée, et qui apparut vers le VIe s. av. J.-C.

Osée : prophète de l'Israël du Nord, actif vers 750-725 av. J.-C.

Osiris : en Égypte, dieu des morts et des renaissances.

Othniel : chef d'armée, ancêtre du clan Othniel et juge d'Israël (XIIe s. av. J.C). Voir Jg 1, 13 ; 3, 9.

Panbabyloniens : courant allemand de l'histoire des religions (Friedrich Delitzsch) qui voyait dans la mythologie astrale de la religion suméro-babylonienne l'origine et le modèle de beaucoup d'autres religions, notamment du judaïsme de l'Ancien Testament.

Pandit : en sanskrit, « maître spirituel », versé dans les études sanskrites.

Pané, plur. panim : en hébreu, « le visage ».

Παντοκράτωρ (*pantocratôr*) : en grec, qualificatif du Dieu « tout-puissant ».

Paraclet : du grec *paraklêtos*, « le défenseur », « le consolateur » ; dans l'Évangile de Jean, l'Esprit Saint.

Parénèse : du grec *parainesis*, « exhortation », « conseil », partie d'un sermon qui adresse directement des exhortations à la communauté. Par extension, style littéraire démonstratif (Deutéronome).

Parsisme : en Perse, religion dualiste fondée par Zarathoustra, connue pour ses normes éthiques strictes.

Paruch*, pl. *peruchim : en hébreu, « pharisien » ; ***perichut*** : nom collectif, « les pharisiens ».

Patriarches : nom donné aux fondateurs d'Israël. Weber précise qu'il s'agissait souvent d'éleveurs semi-nomades, qui, selon la tradition, étaient d'une grande richesse. Il observe également que « les cercles théologiques de lettrés [...] semblent avoir été les premiers à attribuer aux Patriarches l'importance qu'ils ont acquise dans la version actuelle » [JA, p. 154].

Pédia : en Grèce, plaine fertile au nord-ouest de l'Attique.

Pentateuque : les cinq premiers livres de l'Ancien Testament (Genèse, Exode, Lévitique, Nombres, Deutéronome).

Pentaur (poème du) : poème relatif à la bataille de Qadech, traduit dans les *Breasted's Records*, t. III, p. 135-142.

Perioikoi : en grec, groupes de population dotés de droits limités, en Thessalie, en Crète et à Sparte. On appelait

« localités périèques » les villes soumises à l'autorité de Sparte et dont les habitants ne jouissaient que de droits restreints.

Pessah : Pâque juive, fête rituelle familiale, commémoration de la sortie d'Égypte. À l'origine, selon Weber, « la grande fête des éleveurs de moutons » [JA, p. 165].

Peuple-hôte : chez Weber, groupe de population bénéficiant de la protection d'une cité : le plus souvent, « travailleurs d'ascendance étrangère, qui séjournaient durablement en assez grand nombre dans les localités de quelque importance, mais restaient liés à leur groupement de tribu » [H&B, p. 87-88].

Peuple paria : chez Weber, peuple-hôte 1. explicitement séparé de la communauté par des barrières rituelles [H&B, p. 88] ; 2. « ayant perdu toute attache locale spécifique, comme les Tziganes et, d'une autre manière, les juifs au Moyen Âge », et donc « totalement impliqué, d'un point de vue économique, dans la couverture des besoins d'autres peuples établis dans un lieu donné » [H&B, p. 88-89].

Φαρισαῖοι (*Pharisaioi*) : en grec, « les pharisiens ».

Philistins : peuple qui s'installa sur le littoral de Canaan vers 1190 av. J.-C. et fut vaincu pour la première fois par David.

Philon d'Alexandrie : théologien et philosophe juif, représentant de « l'hellénisme » juif (20 av. J.-C.-4 apr. J.-C.).

Phinées : 1. Un des deux fils d'Eli, le prêtre sacrificateur de Silo ; porteur de l'arche de l'Alliance tué par les Philistins (cf. 1 S 4, 4 sq.) ; 2. Fils d'Éléazar, ancêtre de la lignée sacerdotale des Élides (Jg 20, 28).

Phoḥazim **:** en hébreu, « bons à rien »

Phulè*, pl. *phulai **:** en grec, « tribu », division administrative.

Pirqé 'aboth : traité talmudique.

Pisistrate : tyran d'Athènes (600-528 av. J.-C.).

Pisistratides : 1. les deux fils du tyran Pisistrate, Hippias et Hipparque, qui héritèrent du pouvoir de leur père à sa mort en 528, et dont la chute (en 510) marqua la fin de la tyrannie à Athènes ; 2. descendants de Pisistrate.

Platées (bataille de) : défaite des Perses face aux Grecs, dernière grande bataille des guerres médiques (479 av. J.-C.).

Plebeii : en latin, « les gens du peuple », « les plébéiens » ; ***plebs***, « la plèbe ».

Pneuma : en grec, « le souffle », « le souffle divin ».

Πνεῦμα τὸ ἅγιον (*pneuma to agion*) : en grec, « l'Esprit Saint ».

Pneumatiques (sectes) : à l'époque hellénistique, sectes dont les adeptes se disaient inspirés par l'Esprit, et rejetaient l'autorité des textes.

Polis : en grec, « la cité », « l'État ».

Popolo grasso : en italien, « le peuple gras », les grands bourgeois des cités italiennes à partir du XIIIe s.

Pragma : en grec, « fait », « chose importante ».

Presbytes : du grec ; désigne d'abord des fonctionnaires de l'administration puis, chez les chrétiens, les chefs des communautés, qui représentaient et soutenaient l'évêque.

Prime religieuse : notion sociologique importante chez Weber. C'est parce que des « primes » sont associées à certains types de conduites que les religions ont, notamment, une incidence importante sur les pratiques économiques [voir EP, p. 14 sq.].

Primus inter pares : en latin, « le premier parmi ses pairs ».

Proletarii : dans la Rome antique, classe pauvre exemptée d'impôts et de service militaire.

Promiscue : en latin, « indistinctement », « pêle-mêle ».

Prosbol : mesure introduite par Hillel l'Ancien pour contourner l'obligation de remise des dettes durant l'année de sabbat.

Prosélytisme, prosélytes : du grec, « ceux qui s'ajoutent », qui adhèrent à ue religion ou à un parti.

Ptah : divinité égyptienne, dieu suprême de Memphis, la résidence de l'Ancien Empire.

Ptahotep : vizir égyptien de l'Ancien Empire, auquel était attribué une doctrine de la sagesse.

Pythagore : mathématicien, philosophe et astronome grec (570-497 av. J.-C.), fondateur d'une communauté religieuse en Italie du Sud.

Pudendum : en latin, « chose honteuse ».

Purohita : mot sanskrit. En Inde, brahmane qui est le « chapelain domestique d'un prince et le directeur de l'âme de ce dernier dans toutes ses affaires personnelles et politiques » [H&B, p. 150].

Qadech : berceau des lévites. Voir carte.

Qadoch*, pl. *qedochim : en hébreu, « saint ».

Qahal : en hébreu, « assemblée » ; ***qehal ha'am*** : « assemblée du peuple » ; ***qehal ha-Gola*** : « communauté de l'exil » ; ***qehal hassidim*** : « assemblée des pieux » ; ***qehila Gedola*** : « grande assemblée ».

Qaro : en hébreu, « crier ».

Qatsin : en hébreu, « chef de guerre ».

Qénites : peuple apparenté aux Israélites qui vivait en symbiose avec la tribu de Juda (cf. Jg 1, 16).

Qina : en hébreu, « la jalousie ».

Qorahites (« les fils de Qorah ») : guilde lévitique de chanteurs du Temple de Jérusalem, à l'époque postexilique.

Quakers : secte protestante puritaine longuement évoquée par Weber dans *L'Éthique protestante*.

Râ : dieu égyptien du Soleil.

Rabbim : en hébreu, « le peuple ».

Rabbi : en hébreu, titre donné, à l'époque talmudique, aux érudits versés dans la Thora, après leur ordination.

Rabbins : terme distinct du précédent ; prêtres chargés par la communauté juive d'assurer des fonctions de prédication et de direction d'une école talmudique.

Raché beth avoth : en hébreu, chefs de famille du clan, « chefs des maisons paternelles ».

Raché ha'am : en hébreu, « chefs du peuple ».

Rachel : épouse de Jacob, mère de Joseph et Benjamin (Gn 29-35).

Rahav : monstre mythique vaincu par Yahvé dans les temps premiers.

Rama : voir carte.

Ramessides : dynastie des Ramsès (XIXe et XXe dynasties) ; Ramsès II (1290-1224 av. J.-C.).

Ratio : en latin, « raison ».

Rea' : en hébreu, « ami », « voisin ».

Rech Galutha : en hébreu, « chef d'Église », chef de la communauté des exilés de Babylone.

Ré'é ha-mélekh : en hébreu, « amis du roi », ses plus proches conseillers.

Rékhavites : communauté religieuse fondée par Yonadav ben Rekhav ; les rékhavites vivaient dans des tentes, ne buvaient pas de vin, ne pratiquaient pas l'agriculture.

Religio licita : en latin, « religion autorisée », notion du droit romain servant à désigner un culte distinct du culte impérial officiel mais qui n'était pas interdit.

Rephaim : en hébreu, « état des morts “amollis” ».

Réponses : du latin *responsum*, « décision ». Décrets juridiques adoptés sous forme écrite par des spécialistes du droit dans des cas litigieux.

Reqim (anachim reqim) : en hébreu, « pauvres gens ».

Retenou (pays de) : terme égyptien désignant la Palestine et la Syrie.

Roch : en hébreu, « chef », « prince », « général ».

Roé : en hébreu, « voyant ».

Rois (époque des) : époque relatée dans les Livres des Rois.

Rois (Livres des) : le premier Livre des Rois relate la fin du règne de David, celui de Salomon et le schisme entre les Royaumes d'Israël et de Juda ; le deuxième Livre des Rois s'achève avec la destruction de Jérusalem par Nabuchodonosor.

Ruaḥ : « esprit » de Dieu, « souffle de vie » ; *Ruaḥ haqodech* : « Esprit Saint ».

Ruben : ancêtre de la tribu éponyme, fils de Jacob et de Léa.

Rudra : en Inde, divinité védique. Selon Weber, le « dieu indien des épidémies », une « puissance qui présente un caractère diabolique relativement marqué » [SR2, p. 133].

Ruth : veuve originaire du pays de Moab ; elle s'expatrie avec sa belle-mère Noémi et épouse le riche propriétaire terrien Boaz. L'histoire est relatée dans le Livre de Ruth.

Sa Gaz : synonyme de Ḥabiru, évoqués dans les *Lettres d'Amarna.*

Sabbat : dans le judaïsme, jour rituel de repos hebdomadaire.

Sabbat (année de) : voir « année de sabbat ».

Sachsenspiegel : le plus important code juridique allemand du Moyen Âge (XIIIe s.).

Sadducéens : parti religieux défendant les intérêts des prêtres et de l'aristocratie, adversaires des pharisiens.

Saïd : en arabe, titre donné au chef de tribu qui s'est illustré à la guerre.

Sakhir : en hébreu, « journalier ».

Salamine (bataille de) : bataille navale au cours de laquelle les Grecs vainquirent la flotte perse (480 av. J.-C.).

Salomé Alexandra (140-67 av. J.-C.) : reine des Hasmonéens à partir de 76 av. J.-C.

Salomon (965-926 av. J.-C.) : fils de David, il lui succède sur le trône et dote Jérusalem de son Temple (1 R 5-7).

Samarie (Chomron) : capitale du Royaume du Nord.

Samnites : peuple de guerriers des montagnes dans l'Italie antique, qui mena plusieurs guerres contre Rome.

Saṃsāra : en sanskrit, la « roue des renaissances », transmigration des âmes.

Samson : Juge d'Israël, nazir d'une force prodigieuse (cf. Jg 14-16), que Weber range dans la catégorie des *Berserker*.

Samuel : prophète et Juge d'Israël (XIe s.), grandi auprès du prêtre Eli, à Silo. Le premier Livre de Samuel relate l'histoire d'Israël de la naissance de Samuel à la mort de Saül, le deuxième Livre de Samuel de la mort de Saül à la vieillesse de David.

Sang (vengeance du) : obligation de venger par le sang le meurtre d'un membre de la famille.

Sanhédrin : autorité juive suprême à Jérusalem, aussi bien dans le domaine temporel que dans le domaine spirituel.

Saphan : haut fonctionnaire sous le roi de Juda Josias, chef d'une prestigieuse famille de scribes.

Sar : en Égypte, « haut fonctionnaire », « personne de qualité ».

Sar, **pl.** *sarim* : en hébreu, « fonctionnaire », « noble », « chevalier ».

Saré ha-ḥayilim : en hébreu, « chef d'armée » (cf. 2 R 25, 23).

Sargon : « fondateur de la puissance babylonienne ».

Saül : premier roi d'Israël (1012-1004 av. J.-C.), proclamé à la suite de sa victoire sur les Ammonites (1 S 11). Il repousse les Philistins d'Israël et vainc les Amalécites.

Sédécias : dernier souverain du Royaume de Juda (597-587 av. J.-C.), qui se révolta contre Nabuchodonosor, et entraîna ainsi la seconde prise de Jérusalem (587 av. J.C).

Séïr : synonyme de « Édom ».

Seisachtie : remise des dettes par Solon ; voir l'entrée « Aisymnètes ».

Séleucides : dynastie hellénistique qui régna sur la Syrie et sur une partie de l'Orient hellénistique de 305 à 64 av. J.-C.

Sem : fils aîné de Noé (Gn 5-10).

Sennachérib : roi d'Assyrie (705-681 av. J.C), dont le règne est marqué par des guerres incessantes.

Sepher ha-berith : voir « Livre de l'Alliance ».

Sepher ha-tora de Josias, « Livre de l'Enseignement », « Livre de la Loi », Pentateuque.

Septante (du latin, « des soixante-dix » : œuvre des « 72 rabbins » isolés 72 jours dans l'île de Pharos) : principale et plus ancienne traduction grecque de l'Ancien Testament, composée à Alexandrie aux IIIe et IIe s. av. J.-C. Elle comprend, en plus des textes de la Bible hébraïque, les livres apocryphes.

Sermon sur la Montagne : Mt 5.

Serviteur de Yahvé : Cf. Es 40-55.

Sésostris Ier : roi d'Égypte au temps du Moyen Empire.

Seth : fils d'Adam et Ève, frère de Caïn et Abel (Gn 4, 25).

Sevach : en hébreu, « sacrifice communautaire », « sacrifice familial ».

Sichem : sanctuaire des tribus Éphraïm et Manassé (Gn 33, 18-20). À l'époque hellénistique, centre d'implantation des Samaritains.

Silo : sanctuaire des Élides. Voir carte.

Siméon : fils de Jacob et Léa (Gn 29, 33) ; tribu éponyme, localisée dans le sud de la Palestine.

Sin : dieu de la Lune, en Mésopotamie.

Sinaï : voir carte.

Sinouhé : protagoniste d'un récit égyptien datant du Moyen Empire, qui relate la fuite d'un Égyptien auprès des nomades de Palestine et de Syrie et son retour à la cour du pharaon.

Siracide : livre apocryphe de l'Ancien Testament (inclus dans la Septante).

Sisera : à l'époque des Juges, chef d'une coalition de rois cananéens vaincue par Déborah et Baraq (Jg 4-5).

Solon : législateur d'Athènes (vers 640-560 av. J.-C.). Il ordonna la remise des dettes (*seisachtie*) et libéra ainsi l'Attique de l'esclavage pour dettes. Voir « Aisymnètes ».

Sopher*, pl. *sopherim : en hébreu, « le scribe », « celui qui est compétent dans les Écritures », « le calligraphe ».

Sophonie : prophète du Royaume de Juda, actif sous le règne de Josias, dans le dernier tiers du VIIe s. av. J.-C.

Sotériologie, sotériologique : du grec, « doctrine du salut ».

Squirearchy : en Angleterre, l'élite traditionnelle des propriétaires terriens.

***Stand* (pl. *Stände*)** : la notion de *Stand* se définit, chez Weber, par son articulation avec la notion de classe. « Qu'est-ce qu'un *Stand* ? Les "classes" sont des groupes de gens dont la situation économique est identique, du point de vue de certains intérêts. La possession ou la non-possession de biens matériels ou de qualifications professionnelles d'un certain type sont constitutifs de la "situation de classe". Le « *Stand* » est une qualité d'honneur ou de privation d'honneur social et, pour l'essentiel, il est à la fois conditionné et exprimé par un certain type de conduite de vie. L'honneur social peut être directement attaché à une situation de classe et il est le plus souvent tributaire du statut moyen de classe des membres du *Stand*. Mais ce n'est pas nécessairement le cas. L'appartenance à un *Stand*, d'un autre côté, influence par elle-même la situation de classe, dans la mesure où la conduite de vie conforme à un *Stand* privilégie certains types de possession ou d'activité professionnelle et en récuse d'autres » [H&B, p. 123].

Suffètes : en Phénicie, « juges », « souverains » (cf. les *chophetim* d'Israël) ; les autorités politiques de Carthage.

Συναγωγή 'Ασιδαίων (*sunagogè asidaiôn*) : en grec, « assemblée des pieux ».

Synegor : voir « Paraclet ».

Synoikismos : en grec, réunion politique de plusieurs villes, villages ou hameaux en une cité.

Synoikos : en grec, « maison commune ».

Synoptiques : Évangiles synoptiques, ceux de Matthieu, Marc et Luc, ainsi nommés parce qu'ils concordent entre eux dans leurs dispositions principales, et qu'on peut, en quelque sorte, les embrasser d'un même coup d'œil, par opposition à celui de Jean, dont le plan est différent.

Συνθήκη : en grec, « l'alliance », synonyme de *berith.*

Tabernacles (fête des) : dite aussi fête des Tentes ou des Cabanes (Sakkot). Fête juive automnale d'action de grâces, cinq jours après le Yom Kippour, le jour de l'Expiation.

Ta'eb : en hébreu, « celui qui est de retour », nom donné au Messie par les Samaritains, qui se représentent ce dernier comme un prince temporel, un nouveau Moïse.

Talion (loi du) : du latin *talio*, « sanction identique ».

Talmud (ou Talmud Thora) : enseignement tiré de la Thora. Ensemble composé de la Michna et de ses commentaires (Guemara). Il existe deux versions du Talmud : le Talmud de Palestine (ou de Jérusalem) et le Talmud de Babylone.

Tamar : cf. Gn 38, 6-30.

Tammuz : dieu babylonien de la fertilité, berger-roi.

Tannaïtes : mot hébreu désignant des savants juifs dont les enseignements furent réunis dans la Michna (Ier-IIIe s. apr. J.-C.).

Tao : en chinois, « la voie », « le fondement premier », principe qui est à l'origine de tous les processus naturels (alternance du Ying et du Yang).

Tartare : dans la mythologie grecque, lieu le plus profond des Enfers, prison où ceux qui avaient enfreint les lois divines subissaient un châtiment éternel.

Tell El-Amarna : voir « Amarna ».

Tephillin : lacets de cuir portés par les hommes, comportant des capsules qui contiennent des extraits du Deutéronome (Dt 6, 4-5).

Teqo'a : voir carte.

Teraphim **:** mot hébreu désignant, dans l'Ancien Testament, des objets de culte dont la nature n'est pas clairement définie (images ? idoles ? figurines ? masques ?). Voir Gn 31, 19 ; 1 S 19, 13 ; 19, 16 ; Jg 17, 5 ; 18, 14-20. Les *teraphim* furent interdits par la réforme de Josias.

Térébinthe : variété de pistachier.

Teru'a **:** en hébreu, « vacarme de la guerre », « vacarme de la fête ».

Tétragramme : YHWH, mot hébraïque composé de quatre consonnes, nom hébreu de Dieu, non prononçable.

Thalès de Milet : philosophe de la nature grec, début du VIe s. av. J.-C.

Théocratie : pouvoir exercé au nom d'une divinité, par exemple par une caste sacerdotale.

Théodicée : le « problème de la théodicée » est le problème de la compatibilité entre le mal dans le monde et l'existence d'une bonté et d'une justice divines.

Théogonie : en grec, « récit des origines des dieux ».

Théologoumène : du grec, « principe théologique », « notion forgée par les théologiens ».

Théophore : en grec, qui porte un nom de dieu.

Thérapeutes : communauté juive ascétique décrite par Philon d'Alexandrie dans le *De vita contemplativa* ; il oppose les thérapeutes et les esséniens.

Thersite : personnage de l'*Iliade*, soldat le plus laid de l'armée grecque à Troie, incarnant la bassesse morale, l'insolence et la lâcheté.

Thora**, pl.** ***thoroth*** **:** en hébreu, « l'enseignement », « la loi » ; le Pentateuque ; la Bible hébraïque dans son ensemble.

Thoutmès III : pharaon d'Égypte sous le Nouvel Empire (1504-1450 av. J.-C.), père d'Aménophis ; grand conquérant, il mena dix-huit expéditions en Asie qui aboutirent à la victoire de Megiddo en Palestine, et repoussèrent les frontières de l'Égypte jusqu'à l'Euphrate.

Tiamat (Tehom) : dragon primitif de Babylone, que Mardouk tue et à partir duquel il crée le ciel et la terre.

Tichbé : patrie du prophète Élie, en Jordanie orientale (1 R 17 , 1).

Timothée : compagnon et collaborateur de Paul (Ac 16, 1-4).

Tite : compagnon et collaborateur de Paul (2 Co 2, 13).

Tobie (Livre de) : livre apocryphe de l'Ancien Testament (fin du IIIe-début du IIe s.), histoire du juif pieux Tobie.

Tochav : en hébreu, « le résident étranger », « le métèque ».

Tola : chef d'armée, un des Juges d'Israël (Jg 10, 1).

Tophsé ha-Tora : en hébreu, « maîtres de la Thora », « ceux qui s'occupent de la Thora ».

Tribu : dans *Le Judaïsme antique*, elle est définie comme un « groupement de clans » et comme le « porteur de la défense militaire » de ce dernier.

Trito-Ésaïe : Es 56-66.

Tsadiq*, pl. *tsadiqim : en hébreu, « juste ».

Tsadoq : grand prêtre de Jérusalem sous David et Salomon.

Tsadoqites : « fils de Tsadoq », prêtres du Temple de Jérusalem, dès l'époque préexilique ; à l'époque postexilique, les grands prêtres du Temple de Jérusalem étaient issus de leurs rangs (cf. Ez 40, 46).

Tsaq : en hébreu, « vieillard », « savant ». Mystique hassidique.

Tsava : en hébreu, « étoile ».

Tsevaoth **:** en hébreu, serviteurs célestes de Yahvé, armée des esprits des étoiles.

Tsippora : épouse de Moïse (Ex 2, 21-22 ; 4, 25 ; 18, 2-4).

Tsitsith : mot hébreu, franges de laine accrochées sur un vêtement.

Tudèle (Benjamin de) : voyageur et rabbin du XIIe siècle, auteur d'un récit dans lequel était décrite la situation des juifs de Rome et de Constantinople. Voir Marcus Nathan Adler, *The Itinerary of Benjamin of Tudela. Critical Text, Translation and Commentary,* Londres, 1907.

Tummim : voir « *Urim* ».

Tydée : un des protagonistes de la légende grecque des « Sept contre Thèbes ». Combattant vaillant et cruel, il mange le cerveau d'un de ses ennemis morts.

Tyr : cité phénicienne de la côté méditerranéenne.

Tyrtée : poète grec du VIIe s. av. J.-C. Maître d'école boiteux et difforme, prêté par les Athéniens aux Spartiates contraints par un oracle de Delphes de demander un conseiller à leurs adversaires.

Unio mystica : en latin, « union mystique » avec la divinité.

Ur : cité sumérienne.

Urie : voir « Bethsabée ».

Urukagina : roi sumérien. Dans une inscription datée de 2345 av. J.-C., il est question de ses réformes sociales.

Urim et tummim : en hébreu, « tablettes d'oracles » (cf. Dt 33, 8 ; Esd 2, 63).

Uriyahu : « prophète de malheur venu d'Égypte ».

Uzia : roi de Juda (787-736 av. J.-C.).

Varuna : en Inde, dieu du panthéon védique, « gardien d'un ordre immuable dont le caractère sacré était déjà établi » [voir aussi H&B, p. 108 ; SR 2, p. 115].

Vaticinatio ex eventu : en latin, « prédiction à partir de l'événement ».

Veau d'or : symbole de l'idolâtrie (Ex 32).

Veda : ensemble des livres sacrés de l'hindouisme. [Voir H&B, p. 106 sq.].

Wadd : dieu de la lune en Arabie du Sud.

Wathiqin : en hébreu, « les valeureux », « les preux », « les perspicaces ».

Wen Amon : scribe égyptien envoyé par le prêtre d'Amon à Byblos pour des achats de bois. Le récit qu'il composa éclaire l'histoire économique et religieuse du Proche-Orient au tournant du Ier millénaire av. J.-C.

Wergeld : terme allemand, « prix du sang », système de tarification pragmatique des fautes et des crimes.

Xénophane : philosophe grec, originaire de Colophon, fondateur de l'école d'Élée et maître de Parménide : philosophe grec (570 ?-475 ? av. J.-C.).

Xénophon : écrivain grec (430 ou 425-354 av. J.-C.), disciple de Socrate, qui s'engagea dans l'armée perse et fut l'auteur d'une *Cyropédie* (« Éducation de Cyrus »).

Yabech : ville de Giléad, particulièrement liée à la tribu Benjamin (cf. Jg 21, 8-14). Parce qu'elle avait manqué à ses engagements envers l'Alliance, la cité fut totalement détruite (Jg 21, 10).

Yaël : en Jg 4, 17, cette femme s'allie à Déborah, accueille le roi cananéen Sisera et le tue.

Yahviste : terme technique pour désigner une des sources présacerdotales du Pentateuque (sigle : « J »), selon une hypothèse aujourd'hui abandonnée.

Yahvé Tsevaoth : en hébreu, « Yahvé des armées ».

Yaïr (clan de) : clan de la tribu Manassé (cf. Nb 32, 41).

Yehoyada : grand prêtre de Jérusalem, qui sauve la vie de Joas et lui donne plus tard l'onction qui fait de lui le roi de Juda (2 R 11, 4 ; 12, 10).

Yeroubba'al-Gédéon : voir Gédéon.

Yisré'el : ville des plaines fertiles du nord de la Palestine.

Yochev*, pl. *yochevim : cf. Jos 9, 3.

Yokévèd : mère d'Aaron, Moïse et Miryam (cf. Ex 6, 20 sq. ; Nb 26, 59).

Yom mehuma : en hébreu, « Jour de terreur », cf. Es 22, 5.

Yom Midyan : en hébreu, « Jour de Gédéon », cf. Es 9,3.

Yonadav ben Rékhav : ancêtre de la communauté des rékhavites (voir 2 R 10, 15 ; Jr 35).

Yoyaqim : roi de Juda (608-598 av. J.-C.). Voir 2 R 23-24.

Yuval : ancêtre des joueurs de cithare et de flûte (Gn 4, 21).

Zacharie : prêtre et prophète associée à Aggée pour la restauration du judaïsme après l'exil (fin du VIe s. apr. J.-C.).

Zarathoustra (vers 630-553 av. J.-C.) : en Iran, fondateur de la religion zoroastrienne.

Zeqénim : en hébreu, « doyens des clans », « anciens » ; ***ziqné ha-'ir*** : synonyme du précédent.

Zoroastrisme : religion dualiste de l'Iran.

Zorobabel : gouverneur achéménide de Juda, vers 520 av. J.-C., qui posa la première pierre pour la reconstruction du Temple de Jérusalem. Il était regardé par certains comme un messie (cf. Ag 2, 20-23 et Za 4, 6-10).

Zwingli (1484-1531) : réformateur protestant de Zurich.

INDEX DES NOTIONS

INDEX DES NOMS PROPRES

TABLE

LE JUDAÏSME ANTIQUE

Mise en page par Méta systems
Roubaix (59100)

N° d'édition : L.01EHQN000180.N001
Dépôt légal : janvier 2009
Imprimé en Espagne par Novoprint (Barcelone)